Die Freimaurer und die katholische Kirche

ADNOTATIONES IN IUS CANONICUM

Hrsg. von Elmar Güthoff und Karl-Heinz Selge

Band 45

PETER LANG
Frankfurt am Main · Berlin · Bern · Bruxelles · New York · Oxford · Wien

Klaus Kottmann

DIE FREIMAURER UND DIE KATHOLISCHE KIRCHE

Vom geschichtlichen Überblick zur geltenden Rechtslage

PETER LANG
Internationaler Verlag der Wissenschaften

Bibliografische Information der Deutschen Nationalbibliothek
Die Deutsche Nationalbibliothek verzeichnet diese Publikation in der Deutschen Nationalbibliografie; detaillierte bibliografische Daten sind im Internet über <http://www.d-nb.de> abrufbar.

Zugl.: Bochum, Univ., Diss., 2008

D 294
ISSN 0946-9176
ISBN 978-3-631-58484-2

www.peterlang.de

MEINEN ELTERN

Vorwort

Die vorliegende Arbeit wurde im Sommersemester 2008 von der Katholisch-Theologischen Fakultät der Ruhr-Universität-Bochum als Dissertation angenommen. Für die Drucklegung wurde sie geringfügig überarbeitet.

Mein besonderer Dank gilt meinem Doktorvater, Herrn Prof. Dr. Heinrich J.F. Reinhardt, seiner guten, stets motivierenden und engagierten Betreuung und Begleitung sowie für die Erstellung seines Gutachtens. Mein Dank gilt auch Herrn Prof. Dr. Wilhelm Damberg, der das Zweitgutachten erstellte, und seinen hilfreichen Anregungen.

Dankbar bin ich für jede erfahrene Unterstützung des Doktorandenkolloquiums und den Mitarbeiterinnen und Mitarbeitern am Lehrstuhl Kirchenrecht in Bochum. Viele aus meinem privaten und beruflichen Umfeld haben durch ihre ganz konkrete Hilfe und ihren ermutigenden Beistand zum Gelingen der Arbeit beigetragen. Ihnen allen habe ich zu danken.

Dank schulde ich ebenso dem Generalvikar des Erzbistums Hamburg, Herrn Domkapitular Franz-Peter Spiza, der das Entstehen der Arbeit wohlwollend gefördert hat. Besonders danke ich für seine großzügige finanzielle Unterstützung zur Drucklegung der Arbeit.

Schließlich bedanke ich mich bei Herrn Prof. DDr. Elmar Güthoff und Herrn PD Dr. Karl-Heinz Selge für die Aufnahme der Arbeit in die Reihe „Adnotationes in Ius Canonicum“ sowie dem Peter Lang Verlag.

Hamburg, im Juli 2008

INHALTSVERZEICHNIS

Abkürzungsverzeichnis

AAS	Acta Apostolicae Sedis, Romae 1909 ff.
AASR	Ancient and Accepted Scottish Rite
Abs.	Absatz
AfkKR	Archiv für katholisches Kirchenrecht, Innsbruck 1, 1857 – 1998; Paderborn 1999 ff.
Anm.	Anmerkung
Ap. Konst.	Apostolische Konstitution
AQC	Ars Quatuor Coronatum
Art., art.	Artikel, articulus
ASS	Acta Sanctae Sedis, Romae 1865-1908
Aufl.	Auflage
Bd (e)	Band, Bände
bearb.	bearbeitet
begr.	begründet
Br., Brr.	Bruder, Brüder
bzw.	beziehungsweise
c.	canon
can.	canon
cc.	canones
CCEO	Codex Canonum Ecclesiarum Orientalium
CEI	Conferenza Episcopale Italiana
CIC, CIC/1983	Codex Iuris Canonici von 1983
CIC-Fontes	P. Gasparri/I. Serédi, Codicis Iuris Canonici Fontes, vol. I-X, Romae 1926-1939
CIC/1917	Codex Iuris Canonici von 1917
Com.	Communicationes, Città del Vaticano 1969 ff.
Conc.	Concilium. Internationale Zeitschrift für Theologie, Einsiedeln u.a. 1965 ff.
Const.	Constitutio
Const.Ap.	Constitutio Apostolica
DBK	Deutsche Bischofskonferenz
ders.	derselbe
DH	Heinrich Denzinger. Kompendium der Glaubensbekenntnisse und kirchlichen Lehrentscheidungen, hg. von Peter Hünermann, Freiburg – Basel – Wien, 40. Auflage 2005
dies.	dieselbe
ebd.	ebenda
encycl.	Enzyklika
Ep.	Epistola
etc.	et cetera

f., ff.	folgende (Seite, Seiten)
FS	Festschrift
gegr.	Gegründet
ggf.	gegebenenfalls
GL A.F.u.A.M.v.D.	Großloge der Alten Freien und Angenommenen Maurer von Deutschland
GrNKirchR	Grundriß des nachkonziliaren Kirchenrechts, hg. v. Joseph Listl/Hubert Müller/Heribert Schmitz, Regensburg 1980
HdbKathKR	Handbuch des katholischen Kirchenrechts, zweite grundlegend neubearbeitete Auflage, hg. von Joseph Listl und Heribert Schmitz, Regensburg, 2. Auflage, 1999
HerKorr	Herder-Korrespondenz, Freiburg i.Br. 1946 ff.
Hg., Hrsg.	Herausgeber
hg.	herausgegeben
HKG	Handbuch der Kirchengeschichte, hg. v. Hubert Jedin, 7 Bde., Freiburg 1962-1979
IKZCommunio	Internationale Katholische Zeitschrift „Communio", Köln 1972 ff.
i.V.m.	in Verbindung mit
Jurist	The Jurist, New York 1941 ff.
KLBL	Klerusblatt, München 1925 ff.
LG	Vatikanum II, Dogmatische Konstitution ‚Lumen gentium'
Litt.	Litterae
Litt. apostol.	Litterae apostolicae
$LThK^2$	Lexikon für Theologie und Kirche, 2. Auflage, Bd. I-X und Register, Freiburg i.Br. 1957-1967
$LThK^3$	Lexikon für Theologie und Kirche, 3. völlig neu bearbeitete Auflage, Bd. I-XI, Freiburg i.Br. 1993-2001.
Mansi	Joannes Dominicus Mansi, Sacrorum conciliorum nova et amplicissima collectio, Florenz, Venedig 1757-1798; Neudruck und Fortsetzung, Paris 1899-1927
MK	Münsterischer Kommentar zum Codex Iuris Canonici, unter besonderer Berücksichtigung der Rechtslage in Deutschland, Österreich und der Schweiz, hg. v. Klaus Lüdicke, Loseblattsammlung, Essen 1984 ff.
MP	Motu Proprio
MThZ	Münchener Theologische Zeitschrift, München 1950-1978, Schaffenburg 1979-1984, St. Ottilien 1985 ff.
No., n., nn.	Numero, numeri

NKD	Nachkonziliare Dokumentation. 58 Bde. Trier 1967 – 1977
o.J.	ohne Jahr
ÖAKR	Österreichisches Archiv für Kirchenrecht, Wien 1950 ff.
OR	L'Osservatore Romano. Wochenausgabe in deutscher Sprache, Città del Vaticano 1968 ff.
Paenit.Ap.	Paenitentiaria Apostolica
PCI	Pontificium Consilium de Legum Textibus interpretandis (vor 1989: Pontificia Commisssio Codicis Iuris Canonici recognoscendo [bzw. ab 1984:] authentice interpretando
PerRMCL	Periodica de re morali canonica liturgica, Roma 1905 - 1990
RHE	Revue d'Histoire ecclésiastique Louvain 1900 ff.
RTL	Revue Théologique de Louvain, Louvain 1970 ff.
S.C.	Sacra Congregatio
S.Cong.	Sacra Congregatio
S.Cong. S.R.U.	Sacra Congregatio S.R.U. Inquisitionis
S.C. de Prop. Fide.	Sacra Congregatio de Propaganda Fide
S.C.S.Off.	Sacra Congregatio Sancti Officii
Schema CIC/1980	Schema Codicis Iuris Canonici iuxta animadversions S.R.E. Cardinalium, Episcoporum Conferentiarum, Dicasteriorum Curiae Romanae, Universitatum Facultatumque ecclesiasticarum, necnon Superiorum Institutorum vitae consecratae recognitum, Città del Vaticano 1980
Schema CIC/1982	Codex Iuris Canonici. Schema Novissimum post consultationem S.R.E. Cardinalium, Episcoporum Conferentiarum, Dicasteriorum Curiae Romanae, Universitatum Facultatumque ecclesiasticarum, necnon Superiorum Institutorum vitae consecratae recognitum, iuxta placita Patrum Commissionis deinde emendatum atque SUMMO PONTIFICI praesentatum, Città del Vaticano 1982
S.J.	Societas Jesu
SML	Stimmen aus Maria Laach, Katholische Monatsschrift, Freiburg im Breisgau 1872 – 1914
S.Poenit.	Sacra Poenitentiaria Apostolica
StdZ	Stimmen der Zeit, Katholische Monatsschrift für das Geistesleben der Gegenwart, Freiburg 1914 ff. (zuvor Stimmen aus Maria Laach, Freiburg 1872 – 1914)
SWR	Südwestrundfunk
ThGL	Theologie und Glaube, Paderborn 1909 ff.

ThPQ	Theologisch - praktische Quartalsschrift, Linz/Donau 1848 ff.
THQ	Theologische Quartalsschrift, Tübingen 1818 ff.
TRE	Theologische Realenzyklopädie. Hg. von G. Krause und G. Müller. Berlin, New York 1977 ff.
Typ.Pol.Vat.	Typis Polylottis Vaticanis
u.a.	und andere, unter anderem
UGL	United Grand Lodge
u.v.a.m.	und vieles andere mehr
v.	von, vom
Verf.	Verfasser
vgl.	vergleiche
VGLvD	Vereinigte Großlogen von Deutschland
VGLAFuAMvD	Vereinigte Großloge der Alten Freien und Angenommenen Maurer von Deutschland
vol.	Volumen/Band
www	world wide web
z.B.	zum Beispiel
z.Zt.	zur Zeit

Einleitung

I. Thematische Einführung

Zuletzt im März 2007 erklärte der Regent der Apostolischen Pönitentiarie, Bischof Gianfranco Girotti, dass die Mitgliedschaft von Katholiken in Freimaurerlogen verboten bleibt.[1] Anlass dafür war der kurz zuvor bekannt gewordene Fall eines Paulinerpaters, der hinsichtlich seiner Mitgliedschaft in einer Freimaurerloge und seines religiösen Bekenntnisses keine Schwierigkeit erkennen konnte.

Mit dem erneuten Hinweis auf die Unvereinbarkeit bzw. das Verbot der Mitgliedschaft von Katholiken in Freimaurerlogen setzt sich eine seit mehr als 250 Jahren bestehende Haltung der katholischen Kirche gegenüber den Freimaurern fort, die im Laufe der Geschichte eine in der Tendenz zwar gleichbleibende, in der inhaltlichen Begründung und den rechtlichen Konsequenzen jedoch eine je verschieden nuancierte Beurteilung erkennen lässt.

Die erste kirchliche Verurteilung der Freimaurerei nahm Papst Clemens XII. in seiner Bulle „IN EMINENTI“ im Jahr 1738 vor, gut 20 Jahre nach dem Entstehen der sogenannten ‚modernen Freimaurerei'. Darin wurde die Mitgliedschaft in der Freimaurerei mit der von selbst eintretenden Tatstrafe der Exkommunikation belegt. Die letzte, päpstlich autorisierte Erklärung zur Freimaurerei wurde seitens des damaligen Präfekten der Glaubenskongregation und des derzeitigen Papstes, Joseph Kardinal Ratzinger, am 26.11.1983 veröffentlicht. Anlass dieser am Tag vor dem Inkrafttreten des neuen CIC veröffentlichten Erklärung waren die Irritationen, die entstanden waren wegen der darin fehlenden, im Vorgängercodex von 1917 noch enthaltenen ausdrücklichen Nennung der Freimaurer als einer für katholische Christen verbotenen Vereinigung.

Diese als ‚Declaratio' betitelte Veröffentlichung der Glaubenskongregation ging im Wesentlichen zurück auf die von der Deutschen Bischofskonferenz publizierte Unvereinbarkeitserklärung der gleichzeitigen Zugehörigkeit zur Freimaurerei und der katholischen Kirche vom 12. April 1980.

Dieser Erklärung der deutschen Bischöfe waren seit 1974 offizielle Gespräche zwischen Vertretern der Vereinigten Großlogen von Deutschland und der Deutschen Bischofskonferenz vorausgegangen, in denen die Vereinbarkeit einer gleichzeitigen Zugehörigkeit zur katholischen Kirche und zur Freimaurerei geprüft werden sollte.

---

1 Vgl. dazu die Pressemitteilung der Katholischen Nachrichtenagentur vom 06.03.2007, in: www.kath.net/detail.php?id=16154.

Schon seit 1968 hatte es in vielen Ländern der Welt von der römischen Glaubenskongregation veranlasste Untersuchungen zur Erforschung des Wesens der Freimaurerei in den jeweiligen Nationalstaaten gegeben.
Die in Rom dazu eingehenden Berichte und Ergebnisse der nationalen Untersuchungen waren nicht einheitlich. Neben Voten für eine weiter im CIC aufzunehmende Verurteilung der Freimaurerei plädierten verschiedene kirchliche Autoritäten auch für eine tolerante oder freundschaftliche Haltung der Kirche gegenüber den Freimaurern, die sich im Laufe der Geschichte verändert hätten.

Der im Zuge der Codexreformdiskussion gestellte Antrag auf die Beibehaltung des mit der Tatstrafe der Exkommunikation belegten Mitgliedschaftsverbots in Freimaurerlogen für katholische Christen fand jedoch keinen Eingang in das neue Kirchenrecht von 1983.

Mit der erwähnten Erklärung der Glaubenskongregation aber wurde das Ergebnis der Deutschen Bischofskonferenz rezipiert und übertroffen, insofern sie das Verbot der gleichzeitigen Mitgliedschaft einerseits für die gesamte Kirche erneut bestätigte und andererseits die Mitgliedschaft in Freimaurerlogen moralisch als schwere Sünde klassifizierte.

II. Forschungsstand

Während von Freimaurerseite in der Folgezeit keinerlei Initiativen mehr ergriffen wurden, die Erklärung konstruktiv zu kritisieren, finden sich in der kanonistischen Literatur, sei es in speziellen Untersuchungen oder in Kommentaren, unterschiedliche Auffassungen über den Rechtscharakter und die Verbindlichkeit dieser Erklärung.

Die bisher zu dieser Thematik in deutscher Sprache erschienen umfangreichen Untersuchungen – besonders zu erwähnen sind die mit dem Ziel der Aufklärung über die Freimaurer historisch angelegten Arbeiten von Michel Dierickx[2] für die Zeit bis vor dem CIC/1983 und Dieter A. Binder[3], der auch auf die geltenden kirchenrechtlichen Bestimmungen eingeht – stellen in den entsprechenden Kapiteln eine gute Übersicht über die Entstehung der modernen Freimaurerei und die Entwicklung des Verhältnisses zwischen ihr und der katholischen Kirche dar. Beide Autoren geben darüber hinaus weiter Einblick in das Wesen der Freimaurerei, ihre rituellen Arbeiten und ihre Symbolik.

---

2 MICHEL DIERICKX, Freimaurerei, die große Unbekannte, ein Versuch zu Einsicht und Würdigung, deutsch übersetzt von H.W. LORENZ, Innsbruck – Wien 1999.

3 DIETER A. BINDER, Die diskrete Gesellschaft, Geschichte und Symbolik der Freimaurer, Innsbruck 2004. Dabei handelt es sich um die zweite Neuauflage der erstmals 1988 unter demselben Titel erschienen Ausgabe.

Als kanonistischer Beitrag ist neben den dazu veröffentlichten Aufsätzen von Reinhold Sebott S.J.[4] auf die in italienischer Sprache erschienene Dissertation von Zbigniew Suchecki „La Massoneria. Nelle Disposizioni del ‚Codex Iuris Canonici' del 1917 e del 1983" hinzuweisen.[5] Beginnend mit den Bestimmungen des CIC/1917 skizziert Suchecki unter Angabe umfangreichen Quellenmaterials die Entwicklung der jüngeren Auseinandersetzung der katholischen Kirche mit den Freimaurern bis zur Erklärung der Glaubenskongregation vom 26.11.1983 und der Rechtslage des geltenden CIC.

Da eine umfassende kanonistische Aufarbeitung und Darstellung des Verhältnisses zwischen der katholischen Kirche und den Freimaurern, das heißt eine Abhandlung unter Bezugnahme auf sämtliche kirchenamtlichen Verlautbarungen der Päpste seit Clemens XII. oder der dem Papst zugeordneten Behörden sowie einiger anderer lokaler Autoritäten und deren Einordnung in den jeweiligen gesellschafts- und kirchenhistorischen Kontext bisher fehlt, soll es Ziel dieser Arbeit sein, grundlegend die Entstehung und Entwicklung der Freimaurerei in den konkreten historischen Zusammenhängen vorzustellen und die jeweilige Haltung der katholischen Kirche und die dafür bedeutsamen Hintergründe ihr gegenüber zu illustrieren.

Dabei beschränkt sich die kanonistische Untersuchung im Wesentlichen auf die so genannte reguläre Freimaurerei, die sich im Unterschied zur irregulären auch dadurch unterscheidet, dass sie von ihren Mitgliedern den Glauben an ein höchstes Wesen, an Gott, fordert.

Zugleich verfolgt die Darstellung der Genese der katholischen Auseinandersetzung mit der Freimaurerfrage bis in die Zeit nach Abschluss der Codexreform und die darin erkennbare durchaus nicht homogene Beurteilung der Freimaurerei das Ziel, den Bedarf einer weiteren Beschäftigung mit ihnen, insbesondere in Bezug auf die Rechtsstellung der katholischen Freimaurer zu demonstrieren.

III. Aufbau der Arbeit

Um zunächst eine Grundlage für das Verstehen der Freimaurerei zu schaffen, befasst sich der erste Teil der Arbeit mit dem Entstehen der modernen Freimaurerei (Kapitel 1), ihrer Ausbreitung in West- und Südeuropa sowie in Amerika

---

4 REINHOLD SEBOTT S.J., Die Freimaurer und die Deutsche Bischofskonferenz, in: Stimmen der Zeit, Bd. 199 (1981), S. 75 – 87; ders., Das neue kirchliche Gesetzbuch, in: HerKorr 37 (1983), S. 128 – 134; ders., Der Kirchenbann gegen die Freimaurer ist aufgehoben, in: Stimmen der Zeit, Bd. 201 (1983), S. 411 – 421; ders., Das kirchliche Strafrecht, Kommentar zu den Kanones 1311 – 1399 des Codex Iuris Canonici, Frankfurt am Main 1992.

5 ZBIGNIEW SUCHECKI, La Massoneria. Nelle Disposizioni del ‚Codex Iuris Canonci' del 1917 e del 1983, Città del Vaticano 1997.

(Kapitel 2), ihrer Organisationsstruktur und ihrem Ritual (Kapitel 3) als auch ihrem aktuellen Selbstverständnis (Kapitel 4). Bei der historischen Übersicht wird dabei besonderes Gewicht gelegt auf die dafür bedeutsame geistesgeschichtliche Epoche der Aufklärung in Europa und der spezifischen Haltung der katholischen Kirche zu ihr.

Der zweite, kanonistische Teil der Arbeit setzt den historischen Überblick aus kirchlicher Perspektive zunächst fort und beginnt mit der Darstellung der kirchlichen Verurteilungen und Strafnormen bis zum CIC/1917 (Kapitel 5). Über die Dokumentation und Kommentierung der spezifischen Rechtslage im CIC/1917 handelt das anschließende Kapitel (Kapitel 6) und bietet somit den in rechtlichen Normen verfassten Ausgangspunkt für die mit dem Zweiten Vatikanischen Konzil neu angestoßene inhaltliche Auseinandersetzung mit der Freimaurerei (Kapitel 7). In einem den geschichtlichen Abriss unterbrechenden Exkurs (Kapitel 8) wird die Erklärung der Deutschen Bischofskonferenz kritisch gewürdigt. Mit den Auswirkungen der Anstöße des Zweiten Vatikanischen Konzils auf die Codexreform setzt sich die chronologische Darstellung dann fort (Kapitel 9).

In den beiden folgenden Kapiteln werden die gegenüber den alten Regelungen bedeutsamen Veränderungen in der geltenden Rechtslage nach dem CIC/1983 beschrieben und kommentiert (Kapitel 10) und die Declaratio der Glaubenskongregation vom 26.11.1983 kanonistisch untersucht und eingeordnet (Kapitel 11). Nach der Sicherung des kanonistischen Befundes schließt die Untersuchung mit einer Zusammenfassung der Ergebnisse und dem sich daraus ergebenden Extrakt (Kapitel 12)

Im dritten Teil, dem Anhang, werden abschließend die wichtigsten Dokumente, das ‚Grundgesetz' der Freimaurer, eine Liste der wichtigsten kirchlichen Verurteilungen sowie die maßgeblichen Erklärungen der Glaubenskongregation und der Deutschen Bischofskonferenz zitiert.

IV. Problemanzeige

Als ein klassischen Werten verbundener Traditionsverein und Freundschaftsbund mit eigenen Riten und gewiss auch einem deswegen immer noch Geheimnis umwobenen Habitus sind Freimaurerlogen heute Anziehungspunkt für solche, die Werte wie Freundschaft, Toleranz, Humanität und Fürsorge in einem exklusiven Raum pflegen wollen. Auch Katholiken lassen sich davon anziehen und geraten somit zwischen die Fronten ihres Interesses an der Freimaurerei und dem kirchlichen Verbot, dort Mitglied zu werden.
Die Mitgliederzahl in den weltweit verbreiteten Freimaurerlogen wird mit derzeit etwa 4 bis 6 Millionen angegeben.[6] In Deutschland wird ein prozentualer

---

6 Vgl. dazu in: www.freimaurerei.de/index.php?id=39 vom 05.11.2007

Anteil von Katholiken in Freimaurerlogen von etwa fünf bis zehn Prozent angenommen.[7] Bei derzeit ca. 14.000 deutschen Freimaurern in ca. 500 Logen macht das einen Anteil von 700 bis 1400 katholischen Freimaurern aus.[8]

Dass sich diese katholischen Christen durch die Unvereinbarkeitserklärung der Deutschen Bischofskonferenz und dem Verbot der Glaubenskongregation offenbar nicht getroffen fühlen, dennoch Mitglied ihrer Freimaurerloge bleiben und wenigstens anteilig gleichzeitig auch in ihren Gemeinden ihren Glauben praktizieren, gegebenenfalls auch kirchliche Ämter übernehmen wollen, ohne darin ein Problem zu sehen, war Anlass dieser Untersuchung.

Die Freimaurer sind in Geschichte und Gegenwart immer wieder in den Verdacht der Ketzerei, der Urheberschaft blutiger Revolutionen oder auch der Weltverschwörung gestellt worden. In den nördlichen Ländern Europas, namentlich in Deutschland, hat sich die Freimaurerei im Ganzen, auch wenn es einzelne religionsfeindliche Aktionen gegeben hat, während des vergangenen Jahrhunderts nie in besonderer Weise antikirchlich verhalten und auch heute sind die in den deutschen Großlogen vereinigten Freimaurer nach ihrem Selbstverständnis nicht antikirchlich ausgerichtet. Es ist daher zu prüfen, ob das nicht differenzierende kirchliche Verbot der Mitgliedschaft von Katholiken in Freimaurerlogen noch sach- und zeitgemäß ist.

Dass das Thema „Freimaurerei" in Geschichte und Gegenwart auch gesellschaftlich aktuell ist, belegt die Vielzahl dazu jüngst veröffentlichter Monographien aus dem Blickwinkel unterschiedlicher Fachrichtungen.[9]

---

7 Da die Zugehörigkeit zu einer bestimmten Konfession oder Religion in der Regel für die Aufnahme in eine Freimaurerloge keine Bedeutung hat, gibt es über das religiöse Bekenntnis innerhalb der deutschen Freimaurerlogen keine offiziellen Erhebungen.

8 In traditionell katholischen Ländern Südeuropas sowie Mittel- und Südamerikas darf von einem höheren Katholikenanteil in Freimaurerlogen ausgegangen werden.

9 Eine Auswahl: ANGELA PELLICCIARI, Papi e la Massoneria, Milano 2007; EUGENIO LAZZARI, L'ideologia massonica nella vita e nella musica di Mozart, Foggia 2007; ANDREA CUCCIA, Più luce!: gli aspetti massonici nella vita e nelle opere di Johann Wolfgang Goethe, Soveria Mannelli 2007; JEREMY HARWOOD, Die Freimaurer: Zeremonien, Zeichen, Symbole und Riten, Wien 2007; KRISTIANE HASSELMANN, Die Rituale der Freimaurer. Performative Grundlegungen eines bürgerlichen Habitus im 18. Jahrhundert, Bielefeld 2007; ALEXANDER GIESE, Freimaurer heute. Lebens- und Geisteshaltung, Böhlau 2007; ANDREAS GÖSSLING, Die Freimaurer. Weltverschwörer oder Menschenfreunde?, München 2007; MICHAEL KRAUS, Die Freimaurer, Salzburg 2007; THOMAS GRÜTER, Freimaurer, Illuminaten und andere Verschwörer, München 2006; TOM GOELLER, Freimaurer. Aufklärung eines Mythos, Berlin 2006.

Teil I Entstehung, Ausbreitung und Selbstverständnis der Freimaurer

1. Wurzeln und Entwicklung der Freimaurer

1.1 Historischer Ursprung und der Begriff „Freimaurer“

In der freimaurerischen Literatur wird der Beginn der modernen, so genannten spekulativen Freimaurerei auf das Jahr 1717 datiert. In diesem Jahr haben sich in London vier Freimaurerlogen zur ersten Großloge zusammengeschlossen, unter deren maßgeblicher Autorität sich bis heute die moderne Freimaurerei weltweit ausgebreitet hat. Tatsächlich reichen die Anfänge und die Wurzeln der Freimaurerei aber weiter zurück.

1.1.1 Der historische Ursprung der Freimaurer

Wenn auch einige Autoren die Entstehung der Freimaurerei bis in die Antike und ihre Mysterienkulte zurückverfolgen[10], werden die eigentlichen Vorläufer der Freimaurer in den handwerklichen Bruderschaften des Mittelalters gesehen.[11]

Um die dafür maßgeblichen Zusammenhänge nachzuvollziehen, ist der Blick zurück in die Architekturgeschichte hilfreich. Bis ins 12. Jahrhundert hinein hatte sich der romanische Baustil behauptet. Er zeichnete sich durch die strikte Anwendung einfacher geometrischer Gesetzmäßigkeiten aus. Künstlerische Elemente fanden sich allein an den Kapitellen. Der Zisterzienserorden – gegründet zu Beginn des 12. Jahrhunderts – trug dazu bei, einen neuen Baustil in Europa zu verbreiten – die Gotik.[12] Diesen neuen Baustil architektonisch umzu-

---

10 Über die Entstehung und die Entwicklung der Freimaurerei gibt es eine Vielzahl von Veröffentlichungen. Hier seien lediglich genannt: HOSRT RUDOLF KÖNEKE, Freimaurerlogen, Die letzten Mysterienbünde, Delmenhorst 1998; WOLFGANG SCHERPE, Das Unbekannte im Ritual, Handschrift für Brr. Freimaurer-Meister, Braunschweig 1981; POSNER/VOGEL, Am Rauen Stein, Leitfaden für Freimaurerlehrlinge, Handschrift für Brr. Freimaurer, Arbeitsgemeinschaft freimaurerischer Verleger, Frankfurt – Hamburg – Mainz 1951; MICHAEL BAIGNET/RICHARD LEIGH, The Temple an the Lodge, London 1989; deutsche Ausgabe: Der Tempel und die Loge. Das geheime Erbe der Templer in der Freimaurerei, Bergisch Gladbach 1990; DIETER A. BINDER, Die diskrete Gesellschaft, S. 16 – 20.

11 Zur Freimaurerei allgemein vgl. ROLF APPEL/JENS OBERHEIDE, Freiheit, Gleichheit, Brüderlichkeit, Graz 1986; ders., Was ist Freimaurerei?, Münster 1985. ROLF APPEL, Die großen Leitideen der Freimaurerei, Münster 1986; CHARLES VON BOKOR, Winkelmaß und Zirkel, Die Geschichte der Freimaurer, Wien – München 1980.

12 Zum Begriff und zur Entstehung der Gotik vgl. MARTIN RASPE, Art. Gotik, in: Lexikon für Theologie und Kirche³ (= LThK), Bd. 4, Sp. 848 – 852, hier Sp. 849 f.

setzen, setzte hohes technisches Verständnis voraus und eine Intensivierung der Qualifikation der Handwerker.

Schon im 10. und 11. Jahrhundert hatten sich im Schutz der Klöster handwerkliche Bruderschaften gegründet. Die Abtei Hirsau im Schwarzwald gehörte zu den ersten, die unter ihrem Abt Wilhelm, Pfalzgraf derer zu Scheyern, Handwerker ausbildeten und in Bruderschaften zusammenschlossen[13], welche dann an vielen Orten Klöster und Kirchen errichteten.[14] Abt Wilhelm erließ für seine Bauhütten Statuten, die unter anderem eine interne Hierarchie normierten und die von anderen Klöstern in Deutschland, Frankreich und England übernommen wurden.[15]

Mit dem Bau der großen gotischen Kirchen und Kathedralen schlossen sich die Handwerker dann auch zu bruderschaftlich organisierten Dombauhütten zusammen.[16] Neben dem eigentlichen Bauherrn, der Kirche, sahen sich die Arbeiter im Dienst Gottes, des Baumeisters der Welt, dem sie für die Ewigkeit eine Kirche errichteten. Da an vielen Orten neue Gotteshäuser gebaut wurden, zogen die Handwerker von einer Baustelle zur anderen, wo sie als Gesellen nach Abschluss ihrer Lehre in einer solchen Bauhütte dann als ausgewiesenes Mitglied der Bruderschaft sofort Arbeit fanden.[17]

Neben technischen Fertigkeiten, die in diesen Bruderschaften vermittelt wurden, wurden die Mitglieder auch im sittlichen Umgang unterwiesen. Das handwerkliche Können und ein sittlich integeres Auftreten wurden dem Gesellen durch das ihm ausgestellte Zeugnis und die Bekanntgabe eines Losungswortes, mit

---

13 Im Jahr 1080 gründete sich im Kloster Hirsau die „Bruderschaft des hl. Aurelius“. Vgl. ALFRED SCHOTTNER, Das Brauchtum der Steinmetzen in den spätmittelalterlichen Bauhütten und dessen Fortleben und Wandel bis zur heutigen Zeit, Münster – Hamburg 1992, S. 18. Vgl. auch CARL HEIDELOFF, Die Bauhütte des Mittelalters in Deutschland. Eine kurzgefasste geschichtliche Darstellung, Nürnberg 1844, S. 6 ff., sowie GÜNTHER BINDING, Baubetrieb im Mittelalter, Darmstadt 1993.

14 Dazu gehörten unter anderem Canterbury, Cluny, Dijon, Tours, Corvey, Münster, Köln. Vgl. CARL HEIDELOFF, Die Bauhütte des Mittelalters, S. 7 f.

15 Vgl. JOHANNES TRITHEMIUS, Chronicon Hirsaugiense, St. Gallen 1690, S. 296 ff.

16 Im Jahr 1275 berief der Straßburger Dombaumeister Erwin von Steinbach die wichtigsten Dombaumeister des Deutschen Reiches, aus England, Frankreich und Italien zusammen, um einen Bund zu schließen, dessen Inanspruchnahme durch die Bauherren nicht nur eine ordentliche Bauausführung garantieren, sondern auch für eine gerechte Verteilung der Bauaufträge sorgen sollte. Die Straßburger Dombauhütte wurde zur selben Zeit als ‚oberste Hütte' anerkannt und führte die Aufsicht über alle in dem Bund zusammengeschlossenen Hütten. Namhafte Hütten befanden sich noch in Wien, Zürich bzw. Bern und Köln. Vgl. ALFRED SCHOTTNER, Das Brauchtum der Steinmetzen, S. 28 f.

17 Vgl. zur Geschichte der alten englischen Werklogen, WILHELM BEGEMANN, Vorgeschichte der Freimaurerei in England, I. Buch, Die alten englischen Werklogen und ihre Sprösslinge, Berlin 1909.

dem er sich als Mitglied der Bruderschaft ausweisen konnte[18], bestätigt. Durch die strikte Geheimhaltung des Losungswortes sowie sämtlicher Interna aus der Hütte konnte vor allem das Fachwissen der Bruderschaft gegen Eindringlinge von außen gesichert werden.

Die Anwendung mathematischer Sätze und die Kenntnisse der Geometrie ermöglichten die Umsetzung der architektonisch kolossalen Planungen und der biblischen Symbolik der Gotik, was die Bauhütten zu Ansehen und Selbstwert führte. Innerhalb der Bruderschaften entwickelte sich deshalb ein Elitedenken, das geschützt werden musste. Die planenden Architekten, Steinmetze, Künstler und diejenigen, die sich um Verwaltungsangelegenheiten sorgten, standen unter der Aufsicht und Führung eines Meisters, der oft ein Geistlicher war.[19] Man lebte und arbeitete auf engstem Raum zusammen, was eine Ordnung erforderte, die durch eine eigene Gerichtsbarkeit gesichert werden musste. Es entwickelten sich Funktionen und Ämter. Fehlverhalten in der Hütte wurde von der Geldbuße bis zum Ausschluss aus der Hütte judiziert.[20]
So wie nach außen die Verpflichtung nach Verschwiegenheit bestand, bestand nach innen die Verpflichtung zu gegenseitiger Unterstützung und Erbauung. Anders als in den ausschließlich unter dem Gesichtspunkt der Tätigkeit organisierten Handwerkszünften versammelten sich bei den Bauhütten in brüderlicher Gleichheit alle Grade – die Lehrlinge, die Gesellen und die Meister – in einer einzigen Körperschaft.[21]

Diese Bauhütten, die es in der Zeit der Gotik in den romanischen Ländern, Deutschland und vor allem in England gab, verloren aber mit dem Abklingen der Bautätigkeit und der Fertigstellung der Kathedralen an Reiz und auch ihre Notwendigkeit, in der gewohnten Weise weiter zu existieren. In den romanischen Ländern und Deutschland lösten sich die Bauhütten zusehends auf[22], doch

18 Neben dem Losungswort gab es auch andere Erkennungszeichen, wie z.B. ein bestimmter Händedruck, eine bestimmte Körperhaltung oder die besondere Bewegung von Händen und Füßen, wodurch der Ausbildungsort und die Landsmannschaft erkenntlich wurden, vgl. BERNHARD WEIN, Die Bauhütten und ihre Entwicklung zur Freimaurerei, Hamburg 1977, S. 25.

19 Vgl. ebd. S. 6.

20 Außer den Regelungen zur Gerichtsbarkeit finden sich die wichtigsten Regeln der Straßburger Hüttenordnung (1459) bei ALFRED SCHOTTNER, Das Brauchtum der Steinmetzen, S. 39 ff. Meister aus Zürich, Speyer, Frankfurt, Augsburg, Ulm, Leipzig, Heilbronn, Nürnberg, Regensburg, Colmar, Salzburg, Heidelberg, Freiburg, Basel, Stuttgart, Saarbrücken, Konstanz u.a. gehören zu den die Ordnung Unterzeichneten. Vgl. CARL HEIDELOFF, Die Bauhütte des Mittelalters, S. 34 – 46.

21 Vgl. BERNHARD WEIN, Die Bauhütten, S. 22.

22 Vgl. CARL HEIDELOFF, Die Bauhütte des Mittelalters, S. 28 f. Vgl. auch OTTO WINKELMÜLLER, Die deutschen Bauhütten. Ihre Ordnungen und die Freimaurerei, Bad Harzburg 1964, S. 26 f. Winkelmüller weist anhand seiner Untersuchung der Hüttengebräuche mit dem ‚Freimaurer-Brauchtum' nach, dass die deutschen Bauhütten zu Straßburg, Köln, Wien und Zürich in keinem unmittelbaren Zusammenhang stehen zu

in den englischen ‚Lodges' gelang es, sich auf neue Geistesströmungen einzulassen und so „aus der Werkmaurerei einen allgemeinen Menschheitsbund zu schaffen"[23].

Neben der fachlichen Ausrichtung und Qualifizierung der Mitglieder in den Bauhütten hatten diese mehr und mehr auch soziale Aufgaben übernommen. Die Unterstützung der Witwen gehörte dazu wie auch die Hilfe bei Arbeitslosigkeit.[24] Weil neue Aufträge ausblieben, die finanziellen und ideellen Verpflichtungen aber fortbestanden, gingen die Bauhütten in England deswegen schon seit der Mitte des 15. Jahrhunderts dazu über, auch Männer, die zwar keinen Bezug zum Handwerk hatten aber finanziell potent waren, zunächst als Ehrenmitglieder aufzunehmen.

Für diese Nichtfachleute, die angenommenen Maurer, waren die Hütten interessant, da sie einerseits ein elitäres Selbstbewusstsein nach einem strengen Codex entwickelt hatten und ihnen gewisse Privilegien eingeräumt waren, andererseits aber auch und vor allem die Geselligkeit förderten.[25] Durch diese Mitglieder, die sich vornehmlich aus dem Adel und der Beamtenschaft wie im Allgemeinen aus der intellektuellen Schicht rekrutierten, erweiterte sich der geistige Horizont der Bauhüttenschaft, die sich seit der Mitte des 17. Jahrhunderts auch örtlich und

---

den Freimaurerlogen. Zu Beginn des 18. Jahrhunderts existierten die deutschen Bauhütten in der ursprünglichen Form nicht mehr, insofern sie bedingt durch verschiedene Einflüsse – zu nennen sind neben den seltener werdenden kirchlichen Bauaufträgen die Renaissance, die Reformation und die politischen Wirren in Deutschland – etwa seit Beginn des 16. Jahrhunderts mehr und mehr an Bedeutung verloren. Die deutsche Freimaurerei hat, wie später gezeigt werden wird, ihren Ursprung in den Freimaurerlogen Englands. Vgl. ebd.

23 BERNHARD WEIN, Die Bauhütten, S. 26.

24 Vgl. HORST KISCHKE, Die Freimaurer - Fiktion, Realität und Perspektiven, München 1999, S. 17 ff.

25 Neben diesen Motiven mag auch das Geheimnisvolle in den Logen das Interesse geweckt haben. „Es ist möglich, aus den bekannten Neigungen von Leuten, wie Elias Ashmole und Randle Home, einiges abzuleiten. [...] Gerade dieses Geheimnis mag unter anderem der Beweggrund für den Beitritt gewesen sein. Ein Geheimnis zu entdecken oder zu teilen, ist kein ungewöhnliches menschliches Begehren; und in gewissem Sinne darf man annehmen, dass sich das 17. Jahrhundert mehr als andere Zeitabschnitte mit der Verfolgung von Geheimnissen – der Alchimie, der Astrologie, des Rosenkreuzertums, der Offenbarung des Johannis und der Bibel im ganzen – beschäftigt hat. Es ist daher nicht unmöglich, dass einige Anschlusssuchende meinten, sie wären auf der Spur eines secretum secretorum [...]. (Der) gefeierte walisische Dichter Goronwy Owen [...] erwartete, in der Freimaurerei die verborgene Weisheit der alten Druiden zu finden; Dr. William Stukeley [......] sagt [...], dass ihn Wissbegier dazu führte, sich in die Mysterien der Freimaurerei einweihen zu lassen, da er meinte, sie konnten die Überbleibsel der Mysterien der Alten sein." DOUGLAS KNOOP/ GWILYM P. JONES, The Genesis of Freemasonry (= Publications of the University of Manchester, Bd. 299), Manchester 1948. Deutsche Übersetzung: Die Genesis der Freimaurerei. Ein Bericht vom Ursprung und der Entwicklung der Freimaurerei in ihren operativen, angenommenen und spekulativen Phasen. Bayreuth 1968, S. 137 f.

organisatorisch von den Hütten des Werkmaurertums getrennt hatte. Ursächlich für das sich anschließende Anwachsen der Mitgliederzahl war unter anderem, dass das Clubleben gerade der englischen Mentalität sehr entsprochen hat.[26]
Der 24. Juni 1717, der Festtag des Hl. Johannes des Täufers, gilt als der Gründungstag der modernen Freimaurerei.[27] Vier Londoner Freimaurerlogen gründeten die erste Großloge der Welt, der bis heute weltweit eine Vorrangstellung innerhalb der nach alter Tradition arbeitenden Freimaurerei zukommt.

Mit der Aufnahme von Mitgliedern, die mit der Ausübung eines Handwerks nichts zu tun hatten, die Logen aber durch ihre je eigenen Begabungen bereicherten, war aus der Werkmaurerei die spekulative Maurerei geworden, die die alten Traditionen, Symbole und Rituale wie auch die Geheimhaltung interner Belange weiter pflegte, die in die Mitte ihrer Arbeit aber nun die Bildung und Prägung des Menschen selbst setzte.

1.1.2 Die Begriffe „Freimaurer" und „Loge"

Wie der historische Ort der Gründung der modernen Freimaurerei England ist, so stammt auch der Begriff der Freimaurer aus dem Englischen.[28] Heute werden im Wesentlichen zwei Erklärungen für den Begriff der Freimaurer tradiert.
Danach bezeichneten sich als ‚freemasons' diejenigen Steinmetze (engl. masons), die die ‚freestones' bearbeiteten. Diese Steine waren weiche Kalksandsteine, die - anders als die ‚roughstones' - geeignet waren, künstlerisch gestaltet zu werden, um aus der Fassade des Bauwerks zu dessen Schmuck herauszuragen.[29]

Eine andere, in der Forschung seltener vertretene Erklärung ist die, dass die Steinmetze, die nicht in den örtlichen Zünften organisiert waren, sich als *frei* bezeichneten und sich daher die ‚freien Maurer', die ‚freemasons', nannten.[30]

---

26 „Intellektuelle traten den Logen bei, um in Vorträgen über Architektur mehr über die neue große Baukunst zu erfahren. [...] Schließlich spielte der Geselligkeitsfaktor in der Freimaurerei eine nicht zu unterschätzende Rolle. Das Ende des 17. und der Beginn des 18. Jahrhunderts waren in England, wie auch in anderen Ländern, die Zeit der Clubs. Diese Logenzusammenkünfte [...] übten eine nicht geringe Anziehungskraft auf die Männer aus, die so in geselligem Kreise miteinander Gedanken austauschen konnten, wobei tüchtig getrunken und geraucht wurde." MICHEL DIERICKX, Freimaurerei, S. 29 f.

27 Mit dem Gründungsdatum, dem Festtag des Hl. Johannes, hängt zusammen, dass die nach dem englischen Ritual arbeitenden Logen auch „Johannislogen" genannt werden.

28 Vgl. dazu die Stichworte ‚freestones' und ‚free', in: INTERNATIONALES FREIMAURERLEXIKON, LENNHOFF/POSNER/BINDER, überarbeitete und erweiterte Neuauflage der Ausgabe von 1932, München 2000, S. 306 f.

29 Vgl. ALEC MELLOR, Unsere getrennten Brüder die Freimaurer, Graz – Wien – Köln 1964, S. 20; HORST KISCHKE, Die Freimaurer, S. 23; ROLF APPEL/HERBERT VORGRIMLER, Kirche und Freimaurer im Dialog, Frankfurt a.M 1975, S. 15.

30 Vgl. DOUGLAS KNOOP/GWILYM P. JONES, The Genesis of Freemasonry, S. 18 ff.

Die Bauhütte nannte sich in England ‚lodge', wobei der Begriff im weiteren Verlauf der freimaurerischen Entwicklung eine dreifache Bedeutung annahm. Zunächst bezeichnete er nur die Werkstätte des Handwerkers, später die Personalgemeinschaft sämtlicher Steinmetze und schließlich, zu Beginn des 18. Jahrhunderts, die territoriale Organisation der Zunft, die die Aufsicht über die Maurerorganisation ausübte.[31]

1.2 Der historische Kontext der Entstehung der modernen Freimaurerei

Die historischen und gesellschaftlichen Bedingungen des 18. und 19. Jahrhunderts sind für das Entstehen und die Entwicklung der Freimaurerei in Zentraleuropa von großer Bedeutung.

Die gesamteuropäische Geschichte des 18. Jahrhunderts ist sicher nicht in politischer und ideologischer Hinsicht durch die Freimaurerei gestaltet, wohl aber durch sie geprägt und auch mitgetragen worden, insofern sich Angehörige der Freimaurerei zum einen unter den die Politik bestimmenden Autoritäten befanden, zum anderen aber auch durch die in den Freimaurerlogen entwickelte Opposition gegen die absolutistischen Regime. Trotz ihrer genealogischen Verflechtung haben die europäischen Dynastien die Entwicklung der Freimaurerei nicht homogen begleitet. Je nach Einstellung der herrschenden Autorität, ob sie als Unterstützer der Freimaurerei auftrat, ihr indifferent gegenüberstand oder die Freimaurerei bekämpfte, sahen sich die Freimaurer über die wechselhafte gebietsmäßige Zuordnung der nationalen Territorien oft sehr plötzlich neuen, veränderten Rahmenbedingungen gegenüber. Dabei war die Konfessionalität der jeweiligen Dynastie nicht unwichtig.
Die protestantischen Fürsten, die den aufklärerisch liberalen Ideen des 18. Jahrhunderts weit aufgeschlossener begegneten, waren häufig selbst Mitglieder der Freimaurerlogen. In Abgrenzung dazu standen die Herrscher der katholischen Länder den Freimaurern ablehnend gegenüber.

Im Folgenden soll daher die im 18. und 19. Jahrhundert bestehende historische Situation, insbesondere auch die der katholischen Kirche, in England, Frankreich und Italien kurz skizziert werden, da sie jeweils für das Verhältnis zwischen katholischer Kirche und Freimaurerei bestimmend war. Eine besondere Rolle nimmt dabei Italien und die dort die Kirchenpolitik beherrschende „römische Frage" ein. Die Bewahrung bzw. Wiederherstellung des Kirchenstaates war im Zuge der italienischen Reformbemühungen um die Einheit Italiens, an denen auch Freimaurer beteiligt waren, für das gesamte 19. Jahrhundert und noch darüber hinaus ein zentraler Punkt der Auseinandersetzungen.

---

31 Vgl. GUSTAV R. KUÉES, Die Vorgeschichte der Freimaurerei im Lichte der englischen Forschung, Hamburg o. J., (Die Blaue Reihe 11), S. 6.

1.2.1 Die historische Situation in England

Im 16. Jahrhundert hatte die Weigerung Papst Clemens VII. (1478-1534), die Ehe König Heinrichs VIII. (1491-1547) mit Katharina von Aragón (1485-1536) zu annullieren, zu einer Kirchenspaltung in England geführt, aus der die anglikanische Kirche hervorging. Die oberste Leitung der Kirche von England wurde vom Papst auf den König übertragen, wobei die Kirche selbst noch der katholischen Tradition verbunden blieb und von reformatorischen Ideen anfangs nur wenig betroffen war.

Die Einführung protestantischer Lehren mit dem Book of Common Prayer und den 42 Anglikanischen Artikeln führte dann aber zu einer weiteren Distanzierung, die rückgängig zu machen die Tochter Heinrichs VIII., Maria (1516-1558), bemüht war. Deren Stiefschwester Elisabeth I. (1558-1603) versuchte einen Mittelweg zu beschreiten, den ihre Untertanen zu gehen aber nicht bereit waren. Elisabeth I. wurde durch Papst Pius V. (1504 – 1572) im Jahr 1570 exkommuniziert und in der Folgezeit wurden katholische Christen in England durch die Regierung zunehmend benachteiligt und verfolgt.[32] Jacob I. (1566-1625) versuchte einen anglikanischen Absolutismus durchzusetzen.
Nach dem Bemühen verschiedener Monarchen, die Diskriminierung katholischer Christen in England einzudämmen und ihnen gleiche Rechte wie den Anglikanern einzuräumen, wurde der letzte katholische König, Jakob II. (1633-1701), in dessen Regierungszeit (1685-1688) die Wiederherstellung der bischöflichen Jurisdiktion möglich wurde, von Wilhelm von Oranien III. (1650-1702) gestürzt (1688), da viele Engländer mit der Religionspolitik ihres Monarchen nicht einverstanden waren und einen weiteren katholischen König ablehnten.[33] Es kam zur gesetzlichen Regelung, dass Katholiken von der Thronfolge ausgeschlossen wurden und keinen Grundbesitz erwerben durften, was auch dazu führte, dass der Anteil von Katholiken an der Einwohnerzahl deutlich abnahm.

Seit Heinrich VIII. und seinem Sohn und Nachfolger Eduard VI. (1537-1553) war die Bevölkerung Englands in konfessioneller Hinsicht nicht mehr zur Ruhe

---

32 Zur Situation der Katholiken in England seit dem 16. Jahrhundert vgl. MICHAEL A. MULLETT, Catholics in Britain and Ireland, 1558-1829, New York 1998; COLIN HAYDON, Anti-Catholicism in eighteenth-century England, c. 1714-80, Manchester and New York 1993. Vgl. auch VIVIANE BARRIE-CURIEN, Die Reformation auf den Britischen Inseln, in: Die Geschichte des Christentums. Religion, Politik, Kultur, hg. von JEAN-MARIE MAYEUR, CHARLES und LUCE PIETRI, ANDRÉ VAUCHEZ und MARC VENARD, deutsche Ausgabe hg. von NORBERT BROX, ODILO ENGELS, GEORG KRETSCHMAR, KURT MEIER, HERIBERT SMOLINSKY, Bd. 8, Die Zeit der Konfessionen (1530-1620/30), Freiburg – Basel – Wien 1992, S. 523 – 572.

33 Vgl. KLAUS FITSCHEN, Der Katholizismus von 1648 bis 1879 (= Kirchengeschichte in Einzeldarstellungen, III/8), hg. von ULRICH GÄBLER, GERT HAENDLER und JOACHIM ROGGE, Leipzig 1997, S. 68 ff.

gekommen. Religiös motivierte Kämpfe gab es aber nicht nur zwischen Protestanten und Katholiken, sondern auch innerhalb des Protestantismus selbst, das heißt zwischen Anhängern der anglikanischen Hochkirche, den Presbyterianern, Puritanern und anderen mehr.

Unter Georg I. (1660-1727), der aus dem protestantischen Haus Hannover stammte, konnten sich aufklärerische Ideen in England ausbreiten. Schon vor Beginn des 18. Jahrhunderts waren Gesellschaften von Freidenkern entstanden, die als solche deistische[34] Auffassungen vertraten und erstmalig von John Toland (1670-1722) so bezeichnet wurden.[35]

Erst 1778 wurde die Regelung über den Erwerb von Grundbesitz durch Katholiken gegen den Widerstand der Protestanten wieder gelockert und das Regelwerk konnte 1791 noch auf weitere Zugeständnisse gegenüber dem katholischen Anteil der Bevölkerung ausgeweitet werden. Die Revolution in Frankreich (1789) trieb viele katholische Geistliche von dort nach England. Englische Ordensniederlassungen und katholische Schulen durften wieder errichtet werden und seit 1829 waren Anglikaner und Katholiken beinah wieder gleichberechtigt.[36]

1.2.2 Die historische Situation in Frankreich

Nach dem Edikt von Nantes (1598)[37] hatte sich in Frankreich eine in religiösen Dingen tolerantere und alle religiösen Richtungen, einschließlich des Atheismus, vertretende Gesellschaft gebildet, wenn auch der Katholizismus Staatsreligion geblieben war. Kardinal-Minister Richelieu (1585-1642), dem Premierminister Ludwig XIV. (1638-1715), der um die nationale Einheit und Wiedererstarkung Frankreichs bemüht war, war es ein vor allem politisch motiviertes Anliegen gewesen, die protestantische Minderheit in Frankreich wieder mit der katholischen Kirche zu versöhnen, insofern im 17. Jahrhundert religiöse Spaltung als Zeichen von Schwäche, konfessionelle Einheit aber als „Zeichen und Ursa-

---

34 Zur Lehre und Bedeutung des Deismus siehe Kapitel 4.2, Fußnote 480.

35 In den sich parallel in Frankreich bildenden Gruppen, den „libres penseurs", sammelten sich dem gegenüber eher Atheisten. Vgl. OSKAR KÖHLER, Die Aufklärung, in: Die Kirche im Zeitalter des Absolutismus und der Aufklärung (= Handbuch der Kirchengeschichte, hg. von HUBERT JEDIN, Bd. 5), Freiburg – Basel – Wien 1985, S. 368 – 408, S. 377 ff.

36 Vgl. DENIS BRADLEY, Art. England, in: LThK³, Bd. 3, Sp. 661 – 672, Sp. 666. Vgl. auch WILLIAM REGINALD WARD, Kirchengeschichte Großbritanniens vom 17. bis zum 20. Jahrhundert (= Kirchengeschichte in Einzeldarstellungen III/7), Leipzig 2000, S. 88 ff.

37 Das Edikt von Nantes, erlassen am 13.04.1598, beendete eine dreißigjährige Auseinandersetzung zwischen den reformierten Hugenotten und den Katholiken. Den Reformierten räumte es Gewissensfreiheit, das Recht zum öffentlichen Gottesdienst, Zutritt zu allen Staatsämtern und militärische Garantien ein. Vgl. GEORG KREUZER, Art. Nantes, in: LThK³, Bd. 7, Sp. 634.

che politischer Einheit"[38] und Stärke galt.[39] Gleichwohl wurde der Protestantismus eine Zeitlang toleriert, bis 1658 das Edikt von Nantes wieder aufgehoben wurde und 200.000 Protestanten aus Frankreich flohen.[40]

Der französische Absolutismus, das Gottesgnadentum, der sakrale Charakter der Königswürde, und die Machtvollkommenheit des Königs begünstigten die Forderung nach den gallikanischen Freiheiten, welche die Unabhängigkeit der Kirche vom Papst und die königliche Kirchenhoheit deklarierten.[41]

Nach dem Tod von Ludwig XIV., dem absolutistisch regierenden französischen Monarchen, der seine von Prunk und Pracht strotzende Monarchie zum Vorbild anderer europäischer Monarchen aufgebaut hatte, übernahmen zunächst Philipp II. von Orléans (1674-1723) und dann Ludwig XV. (1710-1774) die Regierung in Frankreich für mehr als ein halbes Jahrhundert.

Der selbsternannte ‚Sonnenkönig' Ludwig XIV. hatte seinen Nachfolgern ein nach kostspieligen Kriegen, Epidemien und Hungersnöten frustriertes und erschöpftes Volk hinterlassen. Nach dem Tod seines Premierministers Fleury (1653-1743), in dessen Amtszeit sich das Land nach den Eskapaden Ludwigs XIV. langsam erholte, sah sich Ludwig XV. zunehmend einer Opposition gegenüber, die die absolutistische Staatsform und die bestehende Gesellschaftsordnung ablehnte.

Im 18. Jahrhundert wurde Frankreich zur Hochburg aufklärerischer Ideen. Aufklärer wie Montesquieu (1689-1755)[42], Voltaire (1694-1778)[43] und Rousseau

---

38 Vgl. BERNARD DOMPNIER, Frankreich, in: Die Geschichte des Christentums, Bd. 9, Das Zeitalter der Vernunft (1620/30-1750), Freiburg – Basel – Wien 1998, S. 117 – 142, S. 133.

39 Die Kirchenpolitik Ludwigs XIV. sollte der Einheit des Staates dienen, führte aber dazu, dass auch im 18. Jahrhundert das französische Staatskirchentum nicht wesentlich reformiert werden konnte und somit sich die Kritik am monarchischen Absolutismus und der Kirche in der Französischen Revolution besonders heftig entlud.

40 Vgl. MARCEL ALBERT, Art. Frankreich, in: LThK³, Bd. 4, Sp. 11 – 28, Sp. 14.

41 Nach Einberufung einer Generalversammlung des französischen Klerus durch Ludwig XIV. im Jahr 1682 waren dort vier Artikel verabschiedet worden, die für die gallikanische Kirche Freiheiten von päpstlicher Autorität deklarierten. Dazu gehörte unter anderem, dass weltliche Herrscher mit Bezug auf das Pauluszitat, „denn es gibt keine Macht, die nicht von Gott stammt" (Röm 13,1b) keiner kirchlichen Gewalt unterworfen sind (Art. 1), und dass Entscheidungen der höchsten kirchlichen Autorität in Glaubensfragen zur Wirksamkeit der Zustimmung der [gallikanischen] Kirche bedürfen (Art. 4). Vgl. LOUIS CHATELLIER, Art. Gallikanismus, in: LThK³, Bd. 4, Sp. 274 – 279, Sp. 277.

42 Montesquieu, der 1730 in London Freimaurer geworden war, verstand die christlichen Kirchen nicht als eine die politischen und natürlichen Grenzen übertreffende spirituelle Einheit sui generis, sondern als einen integralen Bestandteil der Gesellschaftsordnung. Er begriff vor allem den italienischen Kirchenstaat, in dem dem Papst höchste religiöse

(1712-1778)[44] versuchten nicht nur die bestehenden Strukturen zu verbessern, sondern wollten sie durch eine völlig andere Gesellschaftsform ersetzt wissen.

Die Auseinandersetzung um die rechte Staatsform fand mehr und mehr zustimmende Anhänger der neuen Ideen, gleichermaßen bei Adligen und Bürgerlichen. Über die Salons, Akademien und auch die Freimaurerlogen wurden die Ideen schnell verbreitet und sehr bald geriet die alte Ordnung ins Wanken. Freimaurer hatten an dem politischen Prozess nicht wenig Anteil. Dabei ist jedoch zu unterscheiden, dass die in Frankreich nach schottischem Vorbild orientierten Logen zunächst konservativ und religiös tolerant arbeiteten, sich dann aber im 1773 gegründeten „Grand Orient de France" zu antiklerikal und radikal orientierten Logen zusammengeschlossen hatten.[45]

Der Jesuitenschüler Denis Diderot (1713-1784), der nach seiner anfangs antiklerikalen Einstellung zunächst zu deistischen Auffassungen gelangte und schließlich Vertreter eines pantheistischen, biologistischen Naturalismus wurde, begann mit der Arbeit an seiner Enzyklopädie, an der sich viele europäische Philosophen, unter ihnen Montesquieu, Voltaire, Rousseau, Baron von Holbach (1723-1789) und Turgot (1727-1781), beteiligten und deren Artikel das wach-

und weltliche Gewalt zukam, aber auch solche Staaten mit einer Staatskirche als zum Untergang bestimmte Gesellschaftsformen. In solchen despotischen Staaten, in denen wegen der Phantasien des Oberhauptes Mangel an Rechtssicherheit herrsche, habe das Volk kein Interesse an Arbeit, Fortpflanzung und Familie und würde entweder an der Vergeudung seiner Ressourcen zugrunde gehen oder wegen seiner Verteidigungsunfähigkeit Opfer seiner Nachbarn werden. Vgl. VEIT ELM, Die Moderne und der Kirchenstaat, Berlin 2001, S. 33 ff.
Neben Montesquieu wurde das Ende der päpstlichen Macht auch von anderen erwartet. Vgl. dazu CARLANTONIO PILATI, Nouovo progetto d'una riforma d'Italia ossia Dei mezzi di liberar l'Italia dalla tirannia de pregiudizi e della superstizione col riformare i più cattivi costumi e le più perniciose leggi, Venedig 1767; THOMAS DENHAM, The Temporal goverment of the Pope's State, London 1788; MAURICE LEVESQUE, Tableau politique, religieux et moral de Rome et des états ecclésiastiques, Paris 1791; V. REINHARDT, Der doppelt stilisierte Anachronismus. Kirchenstaat und päpstliche Herrschaftsausübung im Bild der europäischen Aufklärung, Zeitschrift für Schweizerische Kirchengeschichte, Bd. 88 (1994), S. 7 – 25.

43 Voltaire, der 1778 Freimaurer wurde, sah in der überstaatlichen und internationalen Organisation der katholischen Kirche eine sich aus dem Katholizismus an sich ergebende Quintessenz, wobei sich das Christentum, dessen Aufstieg im Mittelalter er als staatsmännische Leistung charakterisierte, durch den Fortschritt der Wissenschaft als Irrweg erweisen würde und das Papsttum wie die Kirche selbst zum Untergang bestimmt sei. Vgl. VEIT ELM, Moderne und Kirchenstaat, S. 35 – 42.

44 Auch Rousseau wandte sich gegen jede Art von Institution und gegen den Herrschaftsanspruch der christlichen Offenbarungsreligion. Vgl. MAXIMILIAN FORSCHNER, Art. Rousseau, in: LThK³, Bd. 8, S. 1332 f.

45 Vgl. OSKAR KÖHLER, Die Aufklärung, S. 383.

sende Vordringen der empirischen Wissenschaften belegen.[46] Das schließlich 35bändige Werk stellte nicht nur eine Summe aufklärerischer Kritik an Kirche und Staat dar, sondern auch eine umfassende Begründung für die Prinzipien der Rechtsstaatlichkeit, des Naturrechts, der Freiheit und der Gleichberechtigung. Verstand der König seine Regierung noch als nach göttlichem Recht eingesetzt, musste er sich dennoch zunehmend auch mit den Parlamenten auseinandersetzen, die seine absolute Allmacht mehr und mehr zu reduzieren versuchten. 1770 sollte es zwischen dem Parlament und dem französischen Monarchen zum offenen Streit kommen, der endlich zur Auflösung der Monarchie führte.[47]

Finanzielle Probleme des Staates bedingten 1789 die Einberufung der Generalstände. Der dritte Stand, der die eigentliche Revolution mit dem Sturm auf die Bastille entfachte, konstituierte sich zur Nationalversammlung und erstellte eine neue Verfassung, die die Privilegien der Stände abschaffte.
Wenn auch der katholische Klerus auf soziale und wirtschaftliche Vorrechte verzichtete, behielt die katholische Kirche zunächst dennoch ihr Monopol. Es gelang nämlich, die unbedingte Kultfreiheit gegen den Widerstand der Protestanten aus der Erklärung der Menschenrechte vom 26.08.1789 herauszuhalten. Wenige Monate später, am 02.11.1789, wurde der vom Bischof von Autun und Generalbevollmächtigtem der gallikanischen Kirche, Charles-Maurice de Talleyrand (1754-1838), gestellte Antrag, das unbewegliche Vermögen der Kirche zur Sanierung der Staatsfinanzen zu nutzen, von der Nationalversammlung angenommen.[48] Mit der daraufhin 1790 erlassenen Zivilkonstitution des Klerus, die die Finanzierung des Kultes und des Klerus zur staatlichen Aufgabe machte, die Kirche Frankreichs weitgehend neu ordnete[49] und das Recht einführte, Pfarrer und Bischöfe ohne Beteiligung des Papstes frei zu wählen, wurde das Eigenrecht der Kirche stark beschnitten, weswegen Papst Pius VI. (1717-1799) die Regelung scharf verurteilte.[50] Die romtreuen Kleriker in Frankreich wurden verfolgt, zahlreiche Priester ermordet, ca. 30.000 flüchteten ins Ausland.[51]

---

46 Denis Diderot veröffentlichte 1764 zunächst die antiklerikale Schrift „Pensées philosophique“, die deswegen öffentlich verbrannt wurde. Seine mit John le Rond d'Alembert (1717-1783) herausgegebene Enzyklopädie war nach einem anfänglichen Imprimatur der Sorbonne 1752 verboten und von Papst Clemens XII. auf den Index gesetzt worden. Vgl. OSKAR KÖHLER, Die Aufklärung, S. 382 f.

47 Ludwig XV. versuchte die Rechte des Pariser Parlaments auf eine nur beratende Funktion zu reduzieren, woraufhin das Parlament geschlossen zurücktrat. Erst 1774 wurde es mit beschränkten Rechten wieder eingesetzt.

48 Vgl. JOHANNES BECKMANN, Die Französische Revolution und Pius VI., in: Die Kirche in der Gegenwart. Erster Halbband. Die Kirche zwischen Revolution und Restauration (= Handbuch der Kirchengeschichte, Bd. 6/1), Freiburg – Basel – Wien 1985, S. 13 – 59, S. 24 ff.

49 Die 130 französischen Diözesen wurden auf 83 reduziert, die mit den jeweiligen Grenzen der Départements übereinstimmten.

50 Mit Datum vom 10.03.1791 verurteilte Pius VI. (1717-1799) die Zivilkonstitution in seiner Bulle „Quot aliquantum“ und verbot den nach der Zivilkonstitution ins Amt ge-

Revolutionäre Kräfte bemühten sich um eine Dechristianisierung Frankreichs und führten „Kulte der Vernunft und des Höchsten Wesens“[52] ein. Mit Napoleon Bonaparte (1769-1821), der die Religion als ordnendes Element innerhalb des Staates begriff, und seiner Machtübernahme im Jahr 1799 wurde wieder ein Weg größerer religiöser Toleranz beschritten, der 1801 zum Konkordat mit dem Heiligen Stuhl führte und wodurch das Schisma wieder beendet werden konnte.[53]

1.2.3 Die historische Situation in Italien

Das Territorium Italiens teilten sich im 18. Jahrhundert das Großherzogtum Toskana, die Herzogtümer Modena, Parma, Piacenza, Mantua, das Königreich beider Sizilien und der Kirchenstaat[54].
Am 28. Oktober 1748 hatten die kriegerischen Auseinandersetzungen um die italienischen Territorien im Frieden von Aachen ein Ende gefunden und seit der Mitte des 18. Jahrhunderts war Italien zum Testfeld zukunftsweisender Ideen geworden. In der ersten Hälfte des Jahrhunderts hatte der englische Einfluss auf die italienischen Staaten das reformbereite Klima geschaffen. Gewisse gesellschaftliche Zustände, vor allem die auf Privilegien und Sonderrechten aufgebaute Staatsverwaltung, sollten überwunden werden.[55]

Neben den durch die Aufklärung bedingten Ursachen waren der Spanische Erbfolgekrieg (1701-1714), der Polnische Thronfolgekrieg (1733-1755) sowie der Österreichische Erbfolgekrieg (1740-1748), der die spanische Vorherrschaft in Italien zu Beginn des 18. Jahrhunderts durch die der Österreicher ablöste, von Bedeutung für die politische Situation Italiens, das in das Spiel dynastischer Interessen seit langem hineingezogen war.[56] Österreich, dem an der Beibehaltung des fürstlichen Absolutismus sehr gelegen war, erhielt das Herzogtum Mailand,

---

langten Bischöfen die Ausübung ihres Amtes. Vgl. JOHANNES BECKMANN, Die Französische Revolution und Pius VI., S. 32.

51 Vgl. BERNARD PLONGERON, Bekräftigungen und Anfechtungen des christlichen Staatsbürgers (1789 – 1792), in: Die Geschichte des Christentums, Bd. 10 Aufklärung – Revolution – Restauration (1750 – 1830), S. 311 – 368.

52 MARCEL ALBERT, Art. Frankreich, in: LThK³, Bd. 4, Sp. 18.

53 Vgl. ROGER AUBERT, Die scheinbaren Erfolge der Kirche Frankreichs während des Zweiten Kaiserreichs und der „Ordre Moral“ in: Die Kirche in der Gegenwart. Erster Halbband. Die Kirche zwischen Revolution und Restauration (= Handbuch der Kirchengeschichte, Bd. 6/1), Freiburg – Basel – Wien 1985, S. 517 – 532.

54 Zur Ausbreitung des Kirchenstaates im 18. Jahrhundert vgl. CHRISTOPH WEBER, Die Territorien des Kirchenstaates im 18. Jahrhundert, Frankfurt am Main – Bern – New York – Paris 1991.

55 Vgl. KARL OTMAR FREIHERR VON ARENTIN, Italien im 18. Jahrhundert, in: Handbuch der europäischen Geschichte, Bd. 4, hg. von THEODOR SCHIEDER, Stuttgart 1968, S. 585 – 633, S. 599.

56 Vgl. MARIO ROSA, Der zersplitterte Katholizismus in Italien, in: Die Geschichte des Christentums, Bd. 10, S. 25 – 30, S. 25.

die ehemals spanischen Gebiete in der Toskana sowie das Königreich Neapel und Sardinien. Aufgrund einer Vereinbarung von 1735 übernahm 1737 der Gemahl der österreichischen Kaiserin Maria Theresia (1717-1780), Franz Stephan von Lothringen (1708-1765), das Großherzogtum Toskana.

Die aufklärerischen Ideen breiteten sich auch in Italien aus. Italienische Aufklärer, Ludovico Antonio Muratori (1672-1750), Giovanni Battista Vico (1668-1744) und Pietro Giannone Muratori (1676-1748), unterhielten zwar Kontakte zu den französischen Enzyklopädisten, nahmen aber auch eine zu ihnen unterschiedliche Position ein, insofern sie gemäßigter als ihre französischen Gesinnungsgenossen gegen die Kirche agierten. Dabei stellte die Kirche in Italien einen starken Gegner dar, gegen den aufgrund des enormen Grundbesitzes und wegen des gesellschaftlichen Einflusses Front gemacht werden musste, um Reformen überhaupt durchsetzen zu können.

Vor diesem Hintergrund entstand zusammen mit den philosophischen und gesellschaftspolitischen Ideen der Aufklärung eine starke antiklerikale Ausrichtung der Reformer, die sich in den einzelnen italienischen Staaten nuanciert verschieden darstellte, sich aber vor allem gegen den Kirchenstaat richtete.[57]

War der Kirchenstaat in der ersten Hälfte des 18. Jahrhunderts vor allem noch in zahlreiche kriegerische Auseinandersetzungen verwickelt, insofern die Päpste ihre Lehenshoheiten zu verteidigen und zu behaupten versuchten, kam es in der zweiten Hälfte des 18. Jahrhunderts zu einem der zentralen kirchlichen Ereignisse jener Zeit: zum Verbot des Jesuitenordens (1773), der in den katholischen Ländern hohen gesellschaftlichen und politischen Einfluss besaß, was Gegner auf den Plan gerufen hatte.[58] Der Jesuitenorden wurde als die stärkste Stütze der

---

57 Zu Einzelheiten der politischen und gesellschaftlichen Reformbemühungen vgl. KARL OTMAR FREIHERR VON ARENTIN, Italien im 18. Jahrhundert, S. 599 – 622.

58 Die Verfolgung der Jesuiten hatte in Portugal ihren Anfang genommen. Ein Attentat auf den portugiesischen König Joseph I. (1750-1777) hatte 1759 seinem Staatsminister Marquis von Pombal (1699-1782) Gelegenheit geboten, die in seinen Augen den Fortschritt behindernden Jesuiten als Teilnehmer der Verschwörung zu beschuldigen, verfolgen zu lassen und in den Kirchenstaat auszuweisen. In Frankreich hatten finanzielle Streitigkeiten zwischen der Ordensprovinz und dem Pariser Parlament 1762 zur Auflösung des Ordens und 1764 schließlich zur Aufhebung des gesetzlichen Schutzes der Jesuiten geführt. Aus Spanien, wo der Freimaurer und Minister Aranda die Jesuiten als Anführer eines Volksaufstandes beschuldigte und den König gegen sie aufbrachte, wurden sie ausgewiesen. So auch aus den Königreichen Neapel und Parma, die sie 1767 bzw. 1768 verlassen mussten. Auf Drängen der bourbonischen Höfe verfügte Papst Clemens XIV. (1769-1774) die Auflösung des Ordens durch das Breve „Dominus ac Redemptor“ am 21.07.1773. Die Jesuitenausweisung war insofern eine Folge der in Europa, besonders in Frankreich und Portugal, gewachsenen Abneigung gegen den einflussreichen Orden. Vgl. CHRISTINE VOGEL, Der Untergang der Gesellschaft Jesu als europäisches Medienereignis (1758-1773), Mainz 2006, S. 199 – 290. Vgl. auch BERNARD PLONGERON, Die Konfrontation zwischen Kirchen und Moderne.

katholischen Kirche begriffen. Auf Veranlassung der den aufklärerischen Ideen anhängenden Politiker, unter ihnen auch einflussreiche Freimaurer, war die Stellung der Jesuiten gefährdet worden, die in weiten Teilen Europas zu wichtigen Trägern des Bildungswesens avanciert waren.[59] Wegen ihrer traditionellen Ausrichtung galten die Jesuiten auch den Jansenisten[60] als Gegner. In enger Verbindung mit den Reformern unterstützten die Jansenisten, wenn auch aus ganz anderen Gründen als die politisch motivierten Reformer, die italienischen Reformbemühungen, insofern sie eine Veränderung des Verhältnisses von Staat und Kirche anstrebten[61], um eine verbesserte Seelsorge zu erreichen.

Die Reform-Resistenz des Heiligen Stuhls führte zu einem zeitweilig engen Bündnis zwischen den italienischen Jansenisten, zu denen auch einige hohe römische Würdenträger gehörten[62], und den reformfreudigen Kräften, das aber aufgelöst wurde, als auf Seiten der Jansenisten die Erkenntnis wuchs, dass es dem aufgeklärten Absolutismus nicht um die Sache der Kirche, sondern um ihre Unterwerfung unter den Staat ging.

Überhaupt sah sich die Kirche in einer für sie bisher ungewohnten Situation, weil sie auf die selbstbewusster und mächtiger werdenden weltlichen Fürsten immer weniger Einfluss nehmen konnte, auch wenn diese noch generell bereit waren, die Autorität des Papstes anzuerkennen. Ausdruck dafür waren etwa das Entstehen des ‚Placetregium', das die Veröffentlichung und damit die Wirksamkeit päpstlicher Erlasse an die Zustimmung des Landesherren band[63], aber auch die Fülle von Konkordaten, in denen der Papst „allmählich die Komponen-

---

Über den „Fanatismus" des katholischen Europas, in: Die Geschichte des Christentums, Bd. 10, S. 165 – 173.

59 Sie beeinflussten auch die Höfe, insofern sie Beichtväter der Könige und Königinnen waren. Vgl. ULRICH IM HOF, Das Europa der Aufklärung, München 1995², S. 156.

60 Als Jansenismus wird eine im 16. und 17. Jahrhundert entstandene Bewegung bezeichnet, die, benannt nach Cornelius Jansen (1585-1638), Bischof von Ypern/Niederlande, zunächst der Frage nach dem Verhältnis der menschlichen Freiheit zur Allmacht Gottes nachging, später aber auch das Verhältnis von Staat und Kirche zueinander zu klären suchte, was zum Streit innerhalb der Kirche führte. Der Jansenismus, der sich in Italien auch mit aufklärerischen Ideen verband, wurde daher von Seiten der Kirche mehrfach verurteilt, so unter Urban VIII. (1568-1644) am 06.03.1640, unter Innozenz X. (1574-1655) am 31.05.1653 (DH 2001-2007), unter Alexander VII. (1599-1667) am 16.10.1656 (DH 2010-2012) und unter Clemens XI. (1649-1721) am 16.07.1705 (DH 2390). Vgl. FRANCOISE HILDESHEIMER, Art. Jansenismus, in: LThK³, Bd. 5, Sp. 739 – 744, S. 739 – 741. Vgl. LOUIS COGNET, Der Jansenismus in Frankreich des 18. Jahrhunderts, in Handbuch der Kirchengeschichte, Bd. 5, S. 445 – 461, S. 445 ff.

61 Vgl. dazu die Synode von Pistoia (1786).

62 Vgl. KARL OTMAR FREIHERR VON ARENTIN, Papsttum und moderne Welt, München 1970, S. 15

63 In Venedig wurde die Notwendigkeit des Plazet 1754, in Mailand 1758, in Neapel 1761 und in Parma 1765 eingeführt. Vgl. ANDREAS VEIT, Die Kirche im Zeitalter des Individualismus, S. 152.

ten seiner eigenen Macht auf die einzelnen Herrscher"[64] übertrug. Hinzukamen die Bestrebungen der übrigen italienischen Länder, Ansprüche auf die weltlichen Territorien des Kirchenstaates zu erheben, und der Papst sollte sich diesbezüglich in nächster Zeit mit einem der ihn drängendsten Probleme konfrontiert sehen.[65]

Im Februar 1798 wurde Pius VI. (1717-1799) nach dem Einmarsch der Franzosen in Rom unter Militäraufsicht gestellt und nach Frankreich verschleppt, wo er am 14.07.1799 starb.[66] In Rom sollte sein Nachfolger, Pius VII. (1742-1823), 1809 erneut eine Niederlage erleiden, als er verhaftet und der Kirchenstaat dem Königreich Italien zugeschrieben wurde. Mit reduziertem Territorium stellte der Wiener Kongress (1815) den Kirchenstaat nach vornapoleonischer Verfassung wieder her.[67]

Der Ansatz von Reformen im Kirchenstaat, den Kardinal Ercole Consalvi (1757-1824) auf dem Kongress zugesagt hatte, wurde nach dem Tod von Pius VII. wieder zurückgenommen, so dass der Kirchenstaat zu Beginn des 19. Jahrhunderts zu den rückständigsten Staaten Europas gehörte.[68] In der Zeit des Risorgimento (Wiederaufleben), der nach dem Wiener Kongress entstandenen Einheitsbewegung in Italien, die zuerst von der Geheimgesellschaft der Carbonari getragen wurde und sich im zweiten Anlauf mit der von dem Antiklerikalen Giuseppe Mazzini (1805-1872) 1831 gegründeten Gesellschaft „Giovine Italia" verband und innerhalb des Kirchenstaates durch Aufruhr den Hass gegen die

64 ISABELLE POUTRIN, Spanien, Portugal und Italien, in: Die Geschichte des Christentums. Religion, Politik, Kultur, Bd. 9, Das Zeitalter der Vernunft (1620/30 – 1750), S. 143 – 161, S. 155.

65 Die französische Revolution hatte auch bei den „Italienern den Traum von einem geeinten, unabhängigen und liberalen Italien geweckt", MICHEL DIERICKX, Freimaurerei, S. 77.

66 Pius VI. hatte die Revolution erst zwei Jahre nach ihrem Ausbruch verurteilt und der Beitritt des Papstes zur Koalition gegen Frankreich führte nach dem italienischen Feldzug Napoleons zunächst zum Verlust großer Teile des Kirchenstaates und 1798 zur napoleonischen Besetzung und zum vorübergehenden Ende des Kirchenstaates, als in Rom die Republik ausgerufen wurde. 1801 kam es zwischen Pius VII. und Napoleon zum Konkordat, das die Kirche in Frankreich unter staatliche Aufsicht stellte und das zum Vorbild weiterer Konkordate mit anderen europäischen Staaten im 19. und 20. Jahrhundert wurde. Die Absetzung französischer Bischöfe führte trotz der Salbung Napoleons zum Kaiser (1804) zur Konfrontation mit Rom und Pius VII. wurde im Juli 1809 gefangen genommen. Vgl. GEORG SCHWAIGER, Papsttum und Päpste im 20. Jahrhundert, von Leo XIII. zu Johannes Paul II., München 1999, S. 22 f.

67 Pius VII. (1742-1823) hatte Kardinal Consalvi (1757-1824) nach Wien geschickt, um die Interessen Roms dort zu vertreten. Dessen Mission war aber auch deswegen nicht leicht, da der Papst im August 1814 das Verbot für Katholiken, Freimaurerlogen anzugehören, erneut erlassen hatte und damit viele der auf dem Wiener Kongress anwesenden Minister und Monarchen traf. Vgl. hierzu ILARIO RINIERI, Il Congresso di Vienna e la Santa Sede, Rom 1904.

68 Vgl. ERWIN GATZ, Art. Kirchenstaat, in: LThK[3], Bd. 6, Sp. 58 – 62, Sp. 61.

päpstliche Herrschaft und Österreich schürten, sah sich die Kirche einer gegen sie, ihren Einfluss und ihren Besitz gerichteten Politik gegenüber. Mazzini, der sich einen demokratischen italienischen Staat vorstellte, hatte es sich zur Aufgabe gemacht, die Italiener durch revolutionäre Aktivitäten zu den Idealen von Einheit und Freiheit zu erziehen. Seine Aktionen aber schlugen fehl.[69]

Bis 1870, als im Zuge des Deutsch-Französischen Krieges die Franzosen aus Rom abzogen und italienische Truppen die Stadt besetzten, hatten die italienischen Einheitsbemühungen gegen die Interessen des Papstes und vor allem gegen die Österreichs und anderer katholischer Fürsten keinen Erfolg. Mit der nach der Besetzung Roms durch eine spätere Volksabstimmung legitimierten Annexion des Kirchenstaates durch das Königreich Italien ging dieser 1870 schließlich unter, wobei bis zum Abschluss der Lateranverträge (1929) die „römische Frage" virulent blieb und die Politik der Päpste in Italien weiter bestimmen sollte.

Als kirchenfeindliche Monarchie – schon 1861 hatte sich Emanuel II. (1820-1878) als König von Italien krönen lassen – stellte sich der neue Staat dar und 1876 übernahm in Italien die antiklerikale Linke die Macht, der viele Freimaurer, unter anderem der Staatspräsident Agostino Depretis (1813-1887) selbst, angehörten.
Schon seit 1850 waren in einzelnen Staaten Italiens antikirchliche Gesetze erlassen worden[70], doch die antiklerikale Haltung potenzierte sich noch, je mehr die Kirche die liberalen Forderungen des Einheitsstaates ablehnte.[71]

---

69 Vgl. KARL OTMAR FREIHERR VON ARENTIN, Papsttum und moderne Welt, S. 76 f.

70 Im Piemont waren 1850 die ‚leggi Siccardi' erlassen worden, die die Abschaffung kirchlicher Gerichtshöfe vorsahen, den Staat von der Pflicht entbanden, kirchliche Feiertage beachten zu müssen, und eine staatliche Genehmigung für den Kauf oder Donationen an die Kirche vorsahen. 1855 trat dort auch ein Gesetz über die Religionsgemeinschaften in Kraft, das die Abschaffung der kirchlichen Privilegien vorsah und die Kirche mit anderen Vereinen gleichsetzte. Vgl. GUIDO VERUCCI, Antiklerikalismus und Laizismus in den Jahren des Kulturkampfes, in: der Kulturkampf in Italien und in den deutschsprachigen Ländern, hg. von RUDOLF LILL und FRANCESCO TRANIELLO (= Schriften des Italienisch-Deutschen Historischen Instituts in Trient, Bd. 5), Berlin 1993, S. 27 – 56, S. 29.
Später, 1875, kam es auch zu der Regelung, dass Geistliche von der Ableistung des Militärdienstes nicht länger befreit sind.

71 Vgl. ebd. S. 30 und zu weiteren Gesetzvorhaben ders., L'Italia prima e dopo L'Unita, 1848-1876, Anticlericalismo, libero pensiero e ateismo nella società italiana, Roma/Bari 1981, S. 244 ff.

1.3 Der geistesgeschichtliche Hintergrund und seine Bedeutung für die Entstehung der Freimaurerei

Parallel zum Erstarken der freimaurerischen Vereinigungen in England verlief in der europäischen Geistesgeschichte die Zeit der Aufklärung, die so auch zum „rationalen Standbein der Freimaurer“[72] wurde. Viele wichtige Vertreter der Aufklärung waren Freimaurer oder hatten doch wenigstens engen Kontakt zu ihnen.[73]

Die als Aufklärung bezeichnete Epoche des 17. und 18. Jahrhunderts[74] stellt einen komplexen, vielfältig gegliederten und von zum Teil gegensätzlichen Strömungen geprägten Zeitraum dar. So kennzeichnen die Aufklärung in England[75] und Frankreich[76] zum Teil andere Merkmale als etwa in Deutschland[77]. Der in-

---

72 HORST KISCHKE, Die Freimaurer, S. 74. Zum Verhältnis Freimaurerei und Aufklärung vgl. MANFRED AGETHEN, Geheimbund und Utopie. Illuminaten, Freimaurer und deutsche Spätaufklärung, München 1984; RICHARD VAN DÜLMEN, Die Gesellschaft der Aufklärer. Zur bürgerlichen Emanzipation und aufklärerischen Kultur in Deutschland, Frankfurt am Main 1986.

73 Dazu gehörten d'Alambert, Diderot, Beaumarchais, Chenier, Condorcet, Danton, Desmoulins, Helvetius, Baron Holbach, Lafayette, Lalande, Montesquieu, La Rochefoucauld, Abbé Siéyès, Talleyrand und Voltaire.

74 Im Englischen wird diese Epoche als „Age of Enlightenment“, im Französischen als „Siècle des Lumières“ bezeichnet. Die Epoche der Aufklärung erstreckt sich von der Mitte des 17. bis zum Ausgang des 18. Jahrhunderts.

75 Die englische Aufklärung zeichnete sich durch eine zu Beginn insbesondere von John Locke (1632-1704) und Isaac Newton (1643-1727) beeinflusste antimetaphysische und empiristische Haltung aus, die in Bezug auf die Religion übernatürliche Wahrheiten verliert und auf nur rational fassbare Wahrheiten beschränkt. Vgl. RAFFAELE CIAFARDONE, Art. Aufklärung, I. Die Philosophie der Aufklärung, in: LThK³, Bd. 1, Sp. 1207 f. Vgl. dazu auch OSKAR KÖHLER, Die Aufklärung, S. 376 – 381. Vgl. RAINER PIEPMEIER, Art. Aufklärung I, in: Theologische Realenzyklopädie, hg. von GERHARD KRAUSE und GERHARD MÜLLER, Bd. IV, Berlin – New York 1979, S. 575 – 594, bes. S. 581 f. Vgl. auch ALBRECHT BEUTEL, Art. Aufklärung I. Geistesgeschichtlich, in: Religion in Geschichte und Gegenwart (= RGG), Handwörterbuch für Theologie und Religionswissenschaft, vierte völlig neu bearbeitete Auflage, hg. von HANS DIETER BETZ, DON S. BROWNING, BERND JANOWSKI, EBERHARD JÜNGEL, Bd. 1, Sp. 930 – 942.

76 Die französische Aufklärung wurde stark von der englischen Aufklärung bestimmt, war aber politisch radikaler. Im religiösen Bereich lassen sich zwei Strömungen unterscheiden: die von Voltaire vertretene natürliche Religion in Anlehnung an den englischen Deismus und eine atheistische u.a. von Baron von Holbach vertretene Position. Vgl. RAFFAELE CIAFARDONE, ebd., und ausführlich OSKAR KÖHLER, S. 381 – 389.

77 In Deutschland vollzog sich die Aufklärung eher konservativ, insofern sie weder durch eine radikale Religions- und Staatskritik nach französischem Vorbild geprägt war, noch die in England vertretene natürliche Religion und die Ansicht über die einzig durch die wissenschaftliche Methode erkennbare Wahrheit teilte, sondern sich eher – wenn auch nicht nur – auf die geistige Befreiung des Menschen, seiner eigentlichen Bestimmung

dividuelle und gesellschaftliche geistige Emanzipationsprozess, der die Abhängigkeit von kirchlichen und staatlichen Autoritäten sowie von Mode und Zeitgeist kritisch hinterfragte, die Selbstbestimmung und das eigene Denken forderte und den absoluten Wahrheitsanspruch der Offenbarungsreligionen kritisierte ist die gemeinsame Tendenz innerhalb der europäischen Aufklärung, die von einem naturwissenschaftlichen und technischen Erkenntnisfortschritt begleitet wurde. Gerade die Erträge der Naturwissenschaften waren prägend für das Zeitalter der Aufklärung, insofern Beobachtungen und Experimente die Souveränität des Menschen bewusst machten.[78]

Der Mensch lernte sich als Krönung der Schöpfung zu begreifen und die „christliche Askese, die Vormundschaft der Kirche im weltlichen Handeln, die Körperfeindlichkeit, das Dogma der Erbsünde, alles was einer freien Entfaltung des ganzen Menschen entgegensteht, sollte überwunden werden."[79]
Francis Bacon (1561-1621) und Thomas Hobbes (1588-1697) hatten die wissenschaftliche Methode reformiert und das Zeitalter der exakten Beobachtung und des Experiments eingeleitet. Gegenüber der Tradition und jeder äußeren Autorität und dogmatischen Vormundschaft wurde die Vernunft zur maßgeblichen Größe und zum Mittel, sich aus der Abhängigkeit von oder der Leitung durch Staat oder Kirche zu befreien. Der Spätaufklärer Immanuel Kant (1724-1804) bezeichnete die Zeit der Aufklärung als den „Ausgang des Menschen aus seiner selbstverschuldeten Unmündigkeit"[80].
Die bisherigen Autoritäten, Kirche und Staat, wurden angegriffen und demontiert. Die eigene Erfahrung, das Vertrauen in die eigene Vernunft und solche Prinzipien wurden gefördert, aus denen sich schließlich die drei Säulen der Französischen Revolution entwickelten: Freiheit, Gleichheit, Brüderlichkeit.

Unter den Zirkeln und Gruppen, die zu Beginn des 18. Jahrhunderts vor allem in England und Frankreich die jeweiligen nationalen Ideen der Aufklärung unter-

---

und der Würde der menschlichen Natur konzentrierte. Vgl. RAFFAELE CIAFARDONE, ebd.

78 Vgl. OSKAR KÖHLER, Die Aufklärung, S. 373.

79 KURT OTTEN, England – Wiege der Aufklärung?, in: Europäische Aspekte der Aufklärung. Deutschland, England, Frankreich, Italien, Spanien, hg. v. ANSELM MALER, Studien zur neueren Literatur Bd. 6, Frankfurt am Main 1998, S. 37 – 56, S. 44 f.

80 „Aufklärung ist der Ausgang des Menschen aus einer selbst verschuldeten Unmündigkeit. Unmündigkeit ist das Unvermögen, sich seines Verstandes ohne Leitung eines anderen zu bedienen. Selbstverschuldet ist diese Unmündigkeit, wenn die Ursache derselben nicht am Mangel des Verstandes, sondern der Entschließung und des Muthes liegt, sich seiner ohne Leitung eines andern zu bedienen. Sapere aude! Habe Muth dich deines eigenen Verstandes zu bedienen! ist also der Wahlspruch der Aufklärung." Immanuel Kant zur Beantwortung der Frage: Was ist Aufklärung?, in: Berlinische Monatsschrift, hg. v. F. GEDIKE und J.E. BIESTER, II/1784, Berlin 1784, S. 481 – 494, S. 481.

stützten, nahmen neben den Lesegesellschaften die Freimaurer einen bedeutsamen Platz ein.[81] In ihren Logen, die frei waren von gesellschaftlichen und konfessionellen Fesseln, bot sich den Freimaurern die Möglichkeit, aufklärerische Forderungen umzusetzen: sei es der Abbau der Standesschranken, die Grundsätze der bürgerlichen Freiheit und Gleichheit, der Toleranz, der freien Meinungsäußerung und der religiösen Freiheit. Vor diesem Hintergrund entstand ein freimaurerisches Selbstbewusstsein, das nicht durch die soziale „Stellung innerhalb der feudalen Gesellschaft, sondern aus dem Bekenntnis zur modernen Wissenschaft, zur Aufklärung und bürgerlichen Moral, vor allem aus der Zugehörigkeit zu einer rational-vernünftigen, überständischen und überkonfessionellen Gemeinschaft"[82] entwickelt wurde.

Während sich die Aufklärung in England und Deutschland maßvoll vollzog, führte sie in Frankreich zur Revolution, deren blutige Folgen ganz Europa für ein Vierteljahrhundert bestimmen sollten. Frankreich bildete im 18. Jahrhundert die Hochburg der Aufklärung und wurde das wichtigste Land für die Entwicklung der Kirche in ihrer Auseinandersetzung mit den neu aufkommenden philosophischen Ideen.[83]
Wenn auch die Aufklärung als das eine „rationale Standbein der Freimaurerei"[84] verstanden werden kann, so steht ihr als irrationales Standbein die Einsicht gegenüber, dass der Mensch nicht ausschließlich ein rational Handelnder ist, sondern er sich auch durch unbestimmte, irrationale Impulse steuern und ansprechen lässt. Insofern half die Aufklärung einerseits, sich gegen jeden Dogmatismus im Sinne der Verpflichtung zum fraglosen Fürwahrhalten zu stellen, ließ sich jedoch andererseits nicht ohne Weiteres mit der freimaurerischen Tradition der Pflege von Mystik und Ritual und seiner Symbolik vereinbaren.

Deswegen entwarfen die Freimaurer eine eigene freimaurerische Anthropologie. Im Vordergrund dieser Anthropologie steht die ethische Vervollkommnung des Menschen.[85] Diese fordert die Freiheit des Menschen, die Toleranz in Bezug auf

---

81 Vgl. OSKAR KÖHLER, Die Aufklärung, S. 377 und 383. Vgl. auch ULRICH IM HOF, Das Europa der Aufklärung, S. 106 ff. sowie HOLGER ZAUNSTÖCK, Sozietätslandschaft und Mitgliederstrukturen. Die mitteldeutschen Aufklärungsgesellschaften im 18. Jahrhundert, Tübingen 1999, S. 34 ff.

82 RICHARD VON DÜLMEN, Kultur und Alltag der frühen Neuzeit. Dritter Band: Religion, Magie, Aufklärung 16. – 18. Jahrhundert, München 1994, S. 230.

83 Zu Einfluss und Wirkungsgeschichte der Aufklärung in der Theologie vgl. ARNO SCHILSON, in: Art. Aufklärung IV., Die Theologie in der Aufklärung, $LThK^3$, Bd. 1, Sp. 1213 – 1216, sowie ALBRECHT BEUTEL, Art. Aufklärung, II. Theologisch-kirchlich, in RGG, Bd. 1, Sp. 942 – 948.

84 HORST KISCHKE, Die Freimaurer, S. 74.

85 Vgl. GIULIANO DI BERNARDO, Die Freimaurer und ihr Menschenbild. Über die Philosophie der Freimaurer; aus dem Italienischen übersetzt von WALTER HESS, Wien 1989, S. 15.

die Andersartigkeit der Mitmenschen und hat einen transzendenten Bezug auf den „Großen Baumeister aller Welten“, auf Gott.[86]

86 Dieser transzendentale Bezug begründet moralische Werte und bildet das letzte Ziel des Menschen, das seine Selbstverwirklichung ist, welche in der Initiation, in den Ritualen der Freimaurer erfahrbar und letztlich auch erreicht und ausgedrückt werden soll.

2. Die Ausbreitung der Freimaurerei

Bevor die spekulative Maurerei zu Beginn des 18. Jahrhunderts England verließ und sich weiter in Europa und Übersee ausbreitete, erstarkte sie zunächst in ihrem Heimatland. Mit der schon lange vor dem 17. Jahrhundert begonnenen Aufnahme der „angenommenen Maurer" hatte sich die Werkmaurerei sukzessive verwandelt in eine Gemeinschaft, die geistig oder symbolisch baute oder tätig war, und umso mehr wurde sie von philosophischem Gedankengut geprägt.

Von England aus gelangte sie nach Frankreich und Spanien, in den 30er Jahren des 18. Jahrhunderts in einige Staaten Italiens, nach St. Petersburg, den Niederlanden, Polen und nach Deutschland. Von hier aus nach Breslau, Wien, Prag und in den 40er Jahren auch nach Skandinavien. Zur selben Zeit breitete sie sich auch in den überseeischen Kolonien Englands und Frankreichs aus. In den Kolonien Spaniens und Portugals werden Freimaurer erst im späten 18. Jahrhundert aktiv.

Neben der räumlichen Ausbreitung erfuhr die Freimaurerei auch inhaltlich eine Weiterentwicklung in dem Sinn, dass so genannte Hochgrade entwickelt wurden, womit vor allem esoterische, spirituell-mystische Strömungen in die Freimaureridee Eingang fanden, was wiederum zu Abspaltungen und mehr oder weniger klaren Differenzierungen der verschiedenen Systeme führte.[87]

2.1. Die Freimaurer in England, im angelsächsischen und angloamerikanischen Raum

Die geographische Nähe einerseits und die vielfältigen Beziehungen andererseits bieten den Hintergrund dafür, die Entwicklung der Freimaurerei in England, Schottland und Irland auf der einen und den Vereinigten Staaten von Amerika und Kanada auf der anderen Seite in einem Kapitel vorzustellen.

2.1.1 Die Freimaurer in England

Nach der Gründung der ersten Großloge in London im Jahr 1717 kam der Aufschwung der Logen zunächst nur langsam in Gang.[88] Erst mit dem dritten Großmeister, John Theophilus Desaguliers (1683-1744), der 1719 das Amt

87 Vgl. zur Bedeutung und Entwicklung der Hochgradsysteme unten unter 2.3.1.

88 Ausführlich beschreibt Eugen Lennhoff die Geschichte der englischen Logen. EUGEN LENNHOFF, Die Freimaurer. Geschichte, Wesen, Wirken und Geheimnis der königlichen Kunst, Wien 1932, S. 53 – 63; vgl. auch JOHN HAMILL, The Craft. A History of English Freemasonry, London 1986; GEORG KLOSS, Geschichte der Freimaurerei in England, Irland und Schottland aus ächten Urkunden dargestellt (1685-1784) nebst einer Abhandlung über die Ancient Masons, Graz 1971; FRED L. PICK/NORMAN G. KNIGHT, The Pocket History of Fremasonry, London 1991.

übernahm und dem es gelang, einflussreiche Persönlichkeiten für die Logenarbeit zu interessieren, erstarkte die Freimaurerei, breitete sich rasch aus und führte zu zahlreichen Logenneugründungen.[89]
Die englische Freimaurerei konnte sich frei und vom Staat und der Staatskirche geduldet entwickeln. Im Jahr 1732 gab es im englischen Königreich schon über hundert Logen, die auch wegen der Mitgliedschaft von Adligen hohes gesellschaftliches Ansehen genossen.[90]

Unter dem Großmeister John Herzog von Montague (1690-1749) erhielt der protestantische Geistliche Dr. James Anderson (1678-1739) im Jahr 1721 den Auftrag, aus den übernommenen Urkunden und mündlichen Überlieferungen der alten Freimaurer[91] eine Art Grundgesetz zusammenzustellen, eine Logenverfassung, die er im Jahr 1723 unter dem Titel „Die Alten Pflichten" fertig stellte und übergab. Bis heute bilden die „Alten Pflichten"[92] Andersons die Grundlage für die reguläre freimaurerische Arbeit[93] und das Auftreten der Logen in der Welt.[94]
Zu den wichtigsten Regeln der regulären Freimaurerei in den „Alten Pflichten" gehört es, dass das Mitglied in der Loge an ein höchstes Wesen glauben muss

---

89 Vgl. dazu im einzelnen WILHELM BEGEMANN, Die Freimaurerei in England, S. 328 – 368.

90 Die Offenheit der Logen für jedermann beweist die Mitgliedschaft des katholischen Herzog von Norfolk, Thomas Howard, der das Amt des Großmeisters der englischen Großloge 1730 übernahm. Vgl. ROBERT A. MINDER, Freimaurer, Politiker, Lexikon, Innsbruck 2004, S. 24.
1772, zu einer Zeit, als Katholiken in England zur diskriminierten Minderheit gehörten, gelangte der katholische Lord Edward Petre (1733-1810) in das Amt des Großmeisters der Großloge von England. Vgl. M.D. PETRE, The ninth Lord Petre, or Pioneers of Roman Catholic Emancipation, London 1928.
Vgl. zur Geschichte der englischen Freimaurerei auch SIEGBERT DREYER, England und die Freimaurer, Berlin 1940.

91 Vgl. hierzu die ausführliche Darstellung bei WILHELM BEGEMANN, Freimaurerei in England, Berlin 1909.

92 Siehe dazu: The Constitutions of the Free-Masons, containing the History, Charges, Regulations etc. of that most Ancient and Right Worshipful Fraternity. For the use of the lodges. London. Printed by William Hunter, for John Senex at the Globe, and John Hooke at the Flower-de-luce over against St. Dunstan's Church, in Fleet-street. In the year of Masonry 1723 Anno Domini 1732. INTERNATIONALES FREIMAURERLEXIKON, S. 16. Ein Auszug der Alten Pflichten findet sich im Anhang.

93 Zur Frage der Regularität vgl. Friedrich WILHELM SCHMIDT, Irregularität und Regularität – Bewertungsmaßstäbe im historischen Wandel, in: JOACHIM BERGER und KLAUS-JÜRGEN GRÜN (Hrsg.), Geheime Gesellschaft, Weimar und die deutsche Freimaurerei, München – Wien 2002, S. 117 – 122.

94 Nachdem die erste Auflage vergriffen war, gab Anderson 1738 eine leicht überarbeitete Fassung der „Alten Pflichten" mit dem Titel „The old charges of the free and accepted Masonry" heraus.

und seine Verpflichtung auf ein ihm heiliges Buch, in der Regel die Bibel, ablegt.

Die „Alten Pflichten" stellen nach einer 57 Artikel umfassenden, historisch unkritischen Einleitung über die Geschichte der Freimaurerei von Adam bis zur Zeit König Williams (1688), was lediglich das Alter des Bundes dokumentieren soll, die Grundlagen der Freimaurerei im zweiten Teil vor, insbesondere die Pflichten der Freimaurer, und geben dem Logenleben im dritten Teil eine Organisation.

Im zweiten, dem entscheidenden Teil[95], wird zuerst auf religiöse Pflichten des Freimaurers eingegangen (Artikel I), dann auf seine Pflichten gegenüber den staatlichen Autoritäten (Artikel II). Im Anschluss wird die Loge definiert und wer zugelassen werden kann (Artikel III), die verschiedenen Funktionen innerhalb der Bruderschaft werden beschrieben (Artikel IV), das Auftreten und die Pflichten der Brüder bei der Arbeit in der Loge (Artikel V) skizziert und zuletzt das Benehmen der Brüder innerhalb und außerhalb der Loge (Artikel VI) geregelt.

Nach diesen Konstitutionen soll der Freimaurer ein Mensch sein, der, von Wohlwollen und Menschlichkeit erfüllt, ein guter Mensch ist, treu, ehrenhaft und ehrlich, ein Freund der Reichen und der Armen, sofern sie tugendhaft sind. Konfessionelle Unterschiede und religiöse Verschiedenheiten werden formal aufgehoben oder relativiert, wobei die jeweiligen religiösen bzw. konfessionellen Wahrheiten allerdings nicht egalisiert werden sollten. Die Verpflichtung, sich an den Großen Baumeister aller Welten zu binden, aber wurde als Basis mitmenschlicher Ethik verstanden, insofern es nach freimaurerischem Verständnis keine Ethik losgelöst von religiösen Vorstellungen geben kann.[96]
Gegenüber dem Staat sollen die Freimaurer Loyalität üben, in ihrer freimaurerischen Arbeit eifrig und gegenüber Fremden schweigsam sein. Untereinander sollen sie sich Brüder nennen, ohne Unterscheidung des gesellschaftlichen Ranges.

Freimaurerlogen sollten und wollten Schulen der Toleranz sein und ihre Mitglieder zu keiner anderen als der natürlichen Religion verpflichten. Mit „natürlicher Religion" war in englischer Tradition der dort entstandene Deismus gemeint, der Gott als Schöpfergott begreift und somit die Erschaffung der Welt auf ihn zurückführt, ihn aber nicht, wie im Theismus vertreten, als in das Weltgeschehen eingreifend versteht. Diese natürliche Religion wurde von Anderson,

95 Der Gesamttext des zweiten Teils in deutscher Übersetzung findet sich im Anhang.

96 Diese von jedem individuellen Glaubensbekenntnis und weltanschaulicher Überzeugung unabhängige Verpflichtung sollte ein friedvolles Zusammeleben innerhalb der Loge trotz religiöser oder weltanschaulicher Differenzen der Logenbrüder sichern. Vgl. HELMUT REINALTER, Die Freimaurer, München 2000, S. 42.

der selbst gläubiger Calvinist der Presbyterianischen Kirche war, als der größte gemeinsame Nenner aller Religionen verstanden.[97]

Die Andersonschen Konstitutionen verpflichteten die Maurer somit zu einer toleranten Haltung gegenüber jeder Religion, was also nicht nur die christlichen Konfessionen betraf, sondern jede andere Glaubensgemeinschaft einschloss. Anderson unterstellte dem Menschen eine in ihm grundgelegte Religiosität, die sich in den verschiedenen Kulturen der Welt auf je andere Art und Weise zeigt. Die Forderung an den Glauben an Gott auf der Grundlage des Deismus bedeutete für ihn daher keine Abkehr vom Christentum, wohl aber schon vom christlichen Absolutheitsanspruch.[98]
Anders als in den romanischen Ländern und im Verhältnis zur katholischen Kirche wurde die Freimaurerei in England durch die protestantische Staatskirche respektiert.[99] Auch Katholiken wurden Mitglieder in den Logen und selbst katholische Würdenträger, apostolische Vikare und katholische Missionare werden auf den Mitgliederlisten geführt.

---

97 Vom Freimaurer wird der Glaube an ein höchstes Wesen, an den Großen Baumeister aller Welten, gefordert und er darf somit kein Atheist sein. Das Kapitel über die religiösen Pflichten beginnt mit dem Satz: „Wenn er [der Freimaurer] seine Kunst recht versteht, wird er niemals ein stupider Atheist noch ein unreligiöser Freibeuter sein." Heribert Vorgrimler vertritt die Auffassung, dass das Bild Gottes als einem Großen Architekten dann legitim sei, wenn es nicht als ausschließlich verstanden werden würde. Vgl. RUDOLF APPEL/HERIBERT VORGRIMLER, Kirche und Freimaurer, S. 17. Vor diesem Hintergrund wäre die deistische Position kein Dogma, sondern vom Einzelnen interpretier- und entwickelbar bei gleichzeitiger Verpflichtung zur Toleranz gegenüber Andersglaubenden. Vgl. GERHARD B. WINKLER, Mensch und Gott in den Alten Pflichten (1723) der Freimaurer, in: Gottesherrschaft – Weltherrschaft, Festschrift für Bischof Dr. Dr. h.c. RUDOLF GRABER, hg. von JOHANN AUER – FRANZ MUßNER – GEORG SCHWAIGER, Regensburg 1980, S. 261 – 267, S. 266.

98 Vgl. HERMANN PRINKE, Frühe Freimaurerei und Aufklärung, in: Das Vermächtnis der Aufklärung, Akademie Forum Masonicum, Jahrbuch 1988, St. Ingbert 1989, S. 9 – 21, S. 17.
Im schwedischen System wird die Formulierung „in der alle Menschen übereinstimmen" in der Weise aufgefasst, dass nach damaligem Verständnis die Religion, in der alle Menschen übereinstimmen, das Christentum in seinen jeweiligen und von allen zu respektierenden konfessionellen Unterschieden sein müsse, insofern Anderson zu Beginn des 18. Jahrhunderts eine weltweite Ausbreitung der Freimaurerei nicht im Blick gehabt habe, sondern sich auf England und das europäische Festland bezogen hätte. Vgl. REINHARD LAMER, Die Freimaurer in Österreich, Innsbruck – Wien – München – Bozen 2001, S. 37.

99 Vgl. GIULIANO DI BERNARDO, Die Freimaurer und ihr Menschenbild. S. 178. Di Bernardo sieht in der Tatsache, dass die Freimaurerei sich gerade in England ohne staatlichen Widerstand entwickeln konnte, eine Folge des in England nie geltenden Verbots nicht offiziell anerkannter Gesellschaften. In den Ländern des ehemaligen Römischen Reichs – in England hatte das römische Recht nie Fuß gefasst – galten die Digesten Justinians, worin im Titel XXII „De Collegiis et corporibus" alle nicht offiziell anerkannten Gesellschaften verboten waren.

Schwerpunkt der freimaurerischen Arbeit in den englischen Logen war und ist wohltätiges oder karitatives Engagement, die Pflege des Rituals und die Vertiefung der Symbolik.[100] Verdächtigungen, dass französische Freimaurer maßgebliche Unterstützer und Anführer der Französischen Revolution gewesen seien und dass Ähnliches in England zu erwarten wäre, trat der von Georg IV. (1762-1830) ernannte Geschäftsführer der Großloge der Moderns[101], sein Neffe Francis Rawdon (1754-1826), glaubhaft entgegen, was somit die Ausbreitung der von fehlenden staatlichen Sanktionen unbehelligten Freimaurerei beförderte.[102]

Gleichwohl entstanden auch in England so genannte politische Korrespondenzgesellschaften, die der Staat mit Blick auf die Ereignisse in Frankreich fürchtete und daher verbieten ließ, wovon die Freimaurerlogen unter der Auflage, jährlich die Mitgliederlisten vorzulegen, aber ausdrücklich ausgenommen waren.[103]

Neben der ersten Großloge, der Grand Lodge of England, waren bis zum Ende des 18. Jahrhunderts drei weitere Großlogen mit je eigenem Charakter und Nähe zur alten Tradition gegründet worden[104], von denen zwei aber wieder an Bedeutung verloren, so dass nur die beiden Übrigbleibenden, die „Antients" (Ancient Masons), gegründet 1751, und die „Moderns", gegründet 1717[105], zunächst nebeneinander existierten und sich schließlich, im Jahr 1813, zur „United Grand Lodge of England" zusammenschlossen.

---

100 Vgl. dazu JÜRGEN HOLTORF, Die Logen der Freimaurer, München (ohne Jahr), S. 35. WILHELM BEGEMANN, Freimaurerei in England, schränkt die Bedeutung der Formulierung noch weiter ein und sagt: „Wir haben hier ausschließlich an Großbritannien und die dortigen Verhältnisse zu denken, denn was im Auslande galt oder gegolten hatte, davon konnte A. gar nichts wissen, und wenn er weiter von ‚guten und redlichen Männern oder Männern von Ehre und Rechtschaffenheit' spricht […], so können damit zu damaliger Zeit nur Angehörige der verschiedenen christlichen Gemeinschaften gemeint gewesen sein. […] An der Beschränkung auf die christlichen Religionen Englands brauchen wir uns in keiner Weise zu stoßen, denn die Pflichten kündigen sich in der Überschrift selbst an als nur bestimmt ‚für die Logen in London' […]." Ebd., II. Buch, Anfänge und Weiterentwicklung der Londoner Großloge, S. 206 ff.

101 Zur Bedeutung der „Moderns" siehe unten.

102 Vgl. ROBERT A. MINDER, Freimaurer, S. 26

103 Vgl. ebd. S. 27.

104 1725 hatte sich die selbständige Großloge „The Grand Lodge of All England" gebildet, der höchstgestellte Mitglieder der Grafschaft York angehörten, und 1751 die „Grand Lodge of Free and Accepted Masons of the old Institution", deren Mitglieder vor allem irische Freimaurer waren. Die vierte Großloge, „The Lodge of England south of the River Trent", gegründet 1779, sollte nur 12 Jahre Bestand haben. Vgl. ebd., S. 31 f.

105 Die ältere Londoner Großloge hatte 1730 überarbeitete Regeln für die Aufnahme neuer Logen in den Logenbund erlassen, die von konservativen Logen innerhalb der Großloge kritisiert wurden. Diese fühlten sich den alten Bräuchen weiterhin verbunden und gaben sich daher das Prädikat „Antients", den anderen das Prädikat „Moderns", was das Paradox erklärt.

Zur Zeit des Zusammenschlusses im frühen 19. Jahrhundert existierten in England 387 zu den Moderns und 260 zu den Antients gehörende Logen, wobei beiden Großlogen Mitglieder des Königshauses vorstanden.[106] In der Folgezeit gab es daher enge Kontakte zwischen den Großlogen und dem englischen Königshaus, dessen Prinzen Großmeister der Großlogen und fast alle Könige seit Georg IV. (1762-1830) Freimaurer waren.[107] Eine antiklerikale Haltung haben die Logen in England nie eingenommen.
Bis heute arbeiten die in der Großloge von England zusammengeschlossenen Logen nach den alten freimaurerischen Prinzipien. Neben der beachtlichen weltweiten Ausdehnung der zur englischen Mutterloge gehörenden regulären Freimaurerei ist der Amtsverzicht des Marquis George Frederick Samuel Ripon (1827-1909) als besonderes Ereignis zu erwähnen, der das Amt des Großmeister zwei Mal innehatte, in seiner zweiten Amtszeit aber am 02.09.1874 überraschend seinen Verzicht erklärte, nachdem er zum katholischen Glauben konvertiert war.[108]

In der Folgezeit musste sich die englische Mutterloge mit den vor allem von der französischen Freimaurerei ausgehenden, durch politische und aufklärerische Einflüsse bedingten Abspaltungen von den ursprünglichen freimaurerischen Grundsätzen auseinandersetzen. 1875 wurde der spätere König Eduard VII. (1841-1910)[109] Meister der Großloge, der der englischen Freimaurerei zu populärem Ansehen verhalf, insofern Eduard als Freimaurer öffentlich auftrat und als Großmeister Grundsteine öffentlicher Gebäude legte. Weitere Mitglieder des Königshauses folgten in wichtigen Ämtern.[110]
Im Ersten Weltkrieg versuchten die englischen Freimaurer über alle patriotischen Befindlichkeiten hinweg die brüderlichen Bande zu den Mitgliedern aus den Kriegsgegner-Nationen nicht zu verletzen, was jedoch nicht gelang. Durch ein gegenseitiges Besuchsverbot wurden Auseinandersetzungen vermieden.

Nach Revolutionen und langen politischen und konfessionellen Auseinandersetzungen in England stellten die Logen im 18. Jahrhundert einen Ort der Geselligkeit, des Gemeinschaftslebens, der Toleranz und der Ruhe dar. Seit 1717 haben sie sich in England über mehr als zweieinhalb Jahrhunderte zu einer festen gesellschaftlich akzeptierten und beachteten Institution entwickelt.

---

106 Vgl. ROBERT A. MINDER, Freimaurer, S. 24.

107 Vgl. MICHEL DIERICKX, Freimaurerei, S. 104; HANS RIEGELMANN, Die Europäischen Dynastien in ihrem Verhältnis zur Freimaurerei, Nachdruck der 1943 erschienen Ausgabe, Preußisch Oldendorf 1985, S. 18 – 39.

108 Vgl. INTERNATIONALES FREIMAURERLEXIKON, Art. England, S. 254 – 262, S. 259.

109 In seine Zeit fällt die Trennung des „Grand Orient de France“ von der Mutterloge in England.

110 Vgl. HANS RIEGELMANN, Die Europäischen Dynastien, ebd.

Derzeit wird die Mitgliederzahl der United Grand Lodge of England auf mehr als 300.000 in über 8500 Logen geschätzt.

2.1.2 Die Freimaurer in Irland und Schottland

Ausgehend von England wurden auch in anderen Ländern und in Übersee Logen gegründet. Die Gründer waren meist Engländer, die im Ausland ihrem Beruf nachgingen, oder aber solche, die als Ausländer in England in eine Loge aufgenommen worden waren und die Idee in ihre Heimatländer mitnahmen und dort fortentwickelten.

Die Nähe zu England und die gemeinsame Tradition befruchtete das Entstehen und Wirken der Freimaurer in Schottland und Irland. Nahezu unauffällig konnte sich die schottische Freimaurerei, die sich 1736 zu einer Großloge zusammenschloss[111], unter königlichem Protektorat entwickeln und auch in Irland, wo schon 1725 die Großloge von Irland gegründet wurde[112], gab es nur vorübergehende Behinderungen seitens der weltlichen Machthaber, stets aber von Seiten der katholischen Kirche[113], wenn auch oder obwohl die Mehrheit der irischen Logenbrüder Katholiken waren.[114]
Sowohl die schottischen wie auch die irischen Logen haben heute zahlreiche Niederlassungen (Provinziallogen) im Ausland, die mehrheitlich auf die seit 1747 dort gegründeten Militärlogen zurückgehen.

Im Jahr 1814 haben die britischen, schottischen und irischen Großlogen eine Allianz gebildet und fällen seitdem gemeinsame Entscheidungen, gerade in Fragen der Anerkennung neu entstandener Großlogen.

Heute zählen zur Großloge von Irland in mehr als 800 Logen etwa 50.000 Freimaurer im In- und Ausland. Die schottische Großloge zählt in 665 Logen, von denen annähernd 500 im Ausland arbeiten, etwa 300.000 Mitglieder.

2.1.3 Die Freimaurer in Nordamerika

In die amerikanischen Kolonien Englands wurde der freimaurerische Gedanke rasch getragen und schon 1730 gründete sich in Philadelphia die erste Freimau-

---

111 Der schottischen Großloge gehörten 33 Logen an, die sich am Andreastag (30.11) in Edinburgh versammelten und sich zusammenschlossen. Vgl. WILHELM BEGEMANN, Vorgeschichte und Anfänge der Freimaurerei in Schottland, Berlin 1914, S. 24 f.

112 1721 war in Dublin die erste Loge auf irischem Boden ins Leben gerufen worden.

113 Vgl. HORST KISCHKE, Die Freimaurer, S. 30.

114 Erst im 19. Jahrhundert sollten die päpstlichen Bullen ihre Wirkung in Irland entfalten, was parallel zur Reduzierung der Mitgliederstärke durch Auswanderungen nach Übersee zu einer deutlichen Schwächung der Logen führte. Vgl. ROBERT A. MINDER, Freimaurer, S. 31 f.

rerloge auf amerikanischem Boden.[115] In den folgenden Jahren kam es unter dem Einfluss von Engländern zu zahlreichen Neugründungen zunächst im Osten des Landes.[116]

Im amerikanischen Unabhängigkeitskrieg (1763-1781) engagierten sich viele Freimaurer für die Menschenrechte und viele Freimaurerbrüder waren einflussreiche Politiker oder Militärs.[117] 1769 entstand die erste Großloge in Boston, die unter dem Patent der Großloge von Schottland vier Logen vereinigte, und deren erster Großmeister General Joseph Warren (1720-1775) im Kampf um die Befreiung des Vaterlandes als Führer des Unabhängigkeitskrieges am 17. Juni 1775 in der Schlacht von Bunker Hill fiel.

Ohne dass in den Logen bewusst politische Arbeit betrieben wurde, wurden sie zu Keimzellen der Vereinigten Staaten, in denen politische Diskussionen brüderlich und ohne Schärfe geführt wurden.[118] Bemerkenswert ist, dass „die 13 Gouverneure der Gründerstaaten der USA und Washingtons ganzes erstes Kabinett"[119] Freimaurer waren. George Washington (1732-1799) selbst, der erste Präsident der Vereinigten Staaten, war 1752 in Virginia Freimaurer geworden

---

115 Siehe dazu MELVIN MAYNARD JOHNSON, The Beginnings of Freemasonry in America; containing a reference to all that is known of freemasonry in the Western hemisphere prior 1750, New York 1924; HENRY WHITTERMORE, Free masonry in North America from the colonial period to the beginning of the present century: Also the history of masonry in New York from 1730 to 1888, in connection with the history of the several lodges included in what is now known as the Third Masonic District of Brooklyn, compiled by HENRY WHITTEMORE, New York 1889.
Der Loge in Philadelphia gehörte auch Benjamin Franklin an, der am 08.12.1730 der Bevölkerung von Philadelphia Logengründungen als besondere Neuigkeit mitteilte und 1734 die Andersonschen Konstitutionen in Amerika veröffentlichte. Vgl. ROBERT A. MINDER, Freimaurer, S. 237. Siehe dazu auch ALAIN DE KHEGEL, La franc-maçonerie en Amérique du Nord, Paris 2002.

116 So in Boston, Philadelphia, Savanna, Charleston, Portsmouth, New York, New-Jersey und Pennsylvania, die sich wie in England in die „Antients" und „Moderns" aufteilten. Dabei unterstützten die Antients die amerikanischen Unabhängigkeitsbestrebungen während den Moderns vorwiegend Tories angehörten, die die Bindung an England beibehalten wollten. Vgl. EUGEN LENNHOFF, Die Freimaurer, S. 229.

117 So z.B. Benjamin Franklin, Samuel Adams, Robert E. Lee, John Sullivan, Baron Friedrich Wilhelm von Steuben, Marquis de Lafayette, Richard Montgomery.

118 Vgl. EUGEN LENNHOFF, Die Freimaurer, S. 230.

119 JÜRGEN HOLTORF, Die Logen der Freimaurer, S. 41. Vgl. auch ROBERT A. MINDER, Freimaurer, S. 238. Diese seitens der Freimaurerei aufgestellte Behauptung ist historisch jedoch nicht ganz unumstritten. Vgl. JAMES W. BELESS, in: http://srjarchives.tripod.com/1998-03/beless.htm vom 19.02.2008. Vgl. auch MICHEL DIERICKX, Freimaurerei, der erwähnt, dass nur für sechs der 56 Unterzeichner der Unabhängigkeitserklärung sicher nachgewiesen ist, dass sie Freimaurer gewesen sind. Vgl. ebd. S. 59.
Eine Liste der amerikanischen Präsidenten, die Freimaurer waren, findet sich im Internationalen Freimaurerlexikon, Art. Nordamerika, Vereinigte Staaten von Amerika, Präsidenten, S. 612, sowie EUGEN LENNHOFF, Die Freimaurer, S. 236.

und erschien zur Grundsteinlegung des Kapitols in Washington mit freimaurerischen Insignien.[120]

Thomas Jefferson (1743-1826), der der dritte Präsident der USA werden sollte (1801-1809)[121], gilt als der maßgebliche Verfasser der amerikanischen Unabhängigkeitserklärung, die am 04.07.1776 proklamiert wurde.[122] Inhalte der dreiteilig verfassten Erklärung sind in der Präambel die naturrechtlich begründete Gleichheit aller Menschen und die Einsetzung bzw. Absetzung der Regierung durch das Volk. Im zweiten Teil werden einzelne, die englischen Kolonien in Amerika betreffenden missbräuchlichen Regierungsmaßnahmen des englischen Königs Georg III. (1738-1820) aufgezählt und im dritten Teil schließlich unter ausdrücklichem Hinweis auf das Naturrecht die Konsequenz gezogen, dass die 13 Staaten Amerikas zukúntig unabhängig sind.[123]

Jefferson selbst war Mitglied des Kongresses in Virginia, als er die Unabhängigkeitserklärung entwarf, die vom Kongress mit nur wenigen Änderungen akzeptiert wurde.[124] Auch wenn keine Sicherheit darüber herrscht, dass Jefferson selbst wirklich Freimaurer war, ist unstreitig, dass er engen Kontakt zur Freimaurerei unterhielt.[125]
Dass die politisch Verantwortlichen die freiheitlich geprägte amerikanische Verfassung so verfasst und verabschiedet haben, mag durch ihre (mehrheitliche) Mitgliedschaft in der Freimaurerei beeinflusst worden sein. In Jeffersons Verfassungsentwurf hieß es, dass alle Menschen in ihrer Religionsausübung völlig frei sein sollen und niemand gezwungen werden darf, eine religiöse Einrichtung zu besuchen oder zu unterstützen.
Vor allem aber im Memorandum Jeffersons an die gesetzgebende Versammlung in Virginia über die religiöse Freiheit, verfasst im Jahr 1779, verabschiedet im

---

120 Vgl. INTERNATIONALES FREIMAURERLEXIKON, Art. Washington, S. 889.

121 Jefferson hat zahlreiche politische Führungspositionen besetzt. Er war Gouverneur von Virginia (1779-1781), Botschafter Amerikas in Paris (1785-1789), Außenminister unter George Washington (1789-1797), Vizepräsident unter John Adams (1797-1801) und schließlich Präsident. Als Botschafter in Frankreich hatte er den Ausbruch der Französischen Revolution miterlebt.

122 Vgl. zur Geschichte Nordamerikas BERNARD PLONGERON, Die Entwicklung in Nordamerika, in: Die Geschichte des Christentums, Bd. 10, S. 482 – 514.

123 Der Text der Unabhängigkeitserklärung ist abgedruckt bei ALLEN JAYNE, Jefferson's Declaration of Independence. Origins, Philosophy and Theology, Kentucky 1998, S. 175 – 178.

124 Vgl. HARTMUT WASSER, Thomas Jefferson: Philosoph, Staatsmann, Gelehrter und Literat, in: Thomas Jefferson. Historische Bedeutung und politische Aktualität, hg. von HARTMUT WASSER, Paderborn – München – Wien – Zürich 1995, S. 11 – 48, S. 25.

125 Allerdings reklamieren auch Freidenker, Agnostiker und Atheisten Thomas Jefferson für sich. Vgl. CUSHING STROUT, Jeffersonian Religious Liberty and American Pluralism, in: The Virginia Statute for Religious Freedom. Its Evolution and Consequences in American History, hg. von MERRILL D. PETERSON and ROBERT C. VAUGHAN, Cambridge 1988, S. 201 – 235, S. 213.

Gesetz zur Einrichtung der Religionsfreiheit am 16.01.1786[126], lassen sich bezogen auf die grundlegenden Prinzipien Parallelen zum Bekenntnis der Religionsfreiheit in den Andersonschen Konstitutionen erkennen.[127]
Dieses zunächst nur in Virginia geltende Gesetz wurde im ersten Zusatzartikel der Bill of Rights 1791 übernommen und bildet bis heute die Rechtsgrundlage für die praktische Verwirklichung der Trennung von Kirche und Staat in den Vereinigten Staaten.[128]

Jefferson, der Toleranz als eine konfliktlösende soziale Haltung begriff[129], erklärte, dass es dem Einzelnen überlassen bleiben solle, in Sachen der Religion eigene Entscheidungen zu treffen und ihm die Freiheit gegeben sein muss, ohne Nachteile fürchten zu müssen, die eigene Ansicht frei zu äußern und werbend dafür einzutreten. Weil Freiheit für Jefferson die Voraussetzung für wahre Religion ist, durfte es auch keine Allianz zwischen Staat und Kirche geben, die diese Freiheit hätte gefährden können.[130] 1791 wurden die zwei Jahre zuvor verfassten Bill of Rights, die ersten zehn Ergänzungsartikel zur Verfassung, verabschiedet, die unter anderem das Recht auf Glaubensfreiheit garantierten.[131]

---

126 Das Gesetz ist im Wortlaut abgedruckt bei CRAIG R. SMITH, To form a more perfect Union. The Ratification of the Constitution and the Bill of Rights 1787 – 1791, Laham – New York – London 1993, S. 198 f. Eine deutsche Übersetzung findet sich bei HARTMUT WASSER, Thomas Jefferson. Historische Bedeutung und politische Aktualität, S. 169 f.

127 Jefferson hielt den exklusiven Wahrheitsanspruch einer Religion für die Wurzel von Tyrannei und Verfolgung und zitierte John Locke, der in seinem ‚Letter concerning Toleration' erklärte hatte: „For every church is orthodox to itself; to others, erroneous or heretical. Whatsoever any church believes, it believes to be true; and the contrary thereunto it pronounces to be error." Zitiert nach ALLEN JAYNE, Jefferson's Declaration of Independence. S. 140. Zum Einfluss Lockes auf das Denken Jeffersons vgl. ebd. S. 41 – 61. Jefferson war inspiriert durch den englischen Empirismus und die Philosophie der französischen Aufklärung. Selbst gehörte er keiner Religionsgemeinschaft an, war dennoch aber religiös, ein Sympathisant des englischen Deismus und des ethisch begründeten Christentums, in dem die Beziehung zwischen Gott und Mensch als Grundlage und Voraussetzung moralischen Handelns begriffen wird. Gerade hierin liegt eine deutliche Parallele zu den Andersonschen Konstitutionen Gott und die Religion betreffend. Vgl. THOMAS E. BUCKLEY S.J., The Political Theology of Thomas Jefferson, in: The Virginia Statute for Religious Freedom, ebd. S. 75 – 107, S. 87. Vgl. auch Wege zur Toleranz. Geschichte einer europäischen Idee in Quellen, hg. von HEINRICH SCHMIDINGER, Darmstadt 2002, S. 263 f.

128 Vgl. SIDNEY E. MEAD, Das Christentum in Nordamerika. Glaube und Religionsfreiheit in vier Jahrhunderten, Göttingen 1987, S. 77.

129 Vgl. ADRIENNE KOCH, The Philosophy of Thomas Jefferson, Gloucester, MA 1957, S. 22.

130 Vgl. EUGENE R. SHERIDAN, Freiheit und Tugend. Religion und Republikanismus im Denken Thomas Jeffersons, in: Thomas Jefferson. Historische Bedeutung und politische Aktualität, S. 153 – 168, S. 158.

131 Virginia war der erste amerikanische Bundesstaat, der sich eine Konstitution gegeben hatte (1776) und darin die freie Ausübung der Religion garantierte. Vgl. LEONARD W. LEVY, Origins of the Bill of Rights, Harrisonburg 1999, S. 9.

Ein Ereignis aus dem Jahr 1826 im Staate New York führte in Nordamerika zu einer großen antifreimaurerischen Kampagne. Dort hatte der Steinmetz William Morgan angekündigt, dass er beabsichtige, ein Buch herauszugeben, in dem er die Lehren, Symbole, Rituale und Erkennungszeichen der Freimaurer veröffentlichen wolle. Vermutlich in Unkenntnis dessen, dass solche Verräterschriften schon früher und an anderen Orten der Welt aufgetaucht waren und von daher die Geheimhaltungspflicht nicht zum ersten Mal gebrochen werden sollte, beschlossen die ortsansässigen Freimaurer, Morgan zu entführen, um so die Veröffentlichung des Buches zu verhindern. Morgan wurde nach Kanada verschleppt und verschwand dort unter ungeklärten Umständen.

Sein spurloses Verschwinden und vor allem den unbewiesenen Verdacht, dass Morgan ermordet oder in den Niagara geworfen worden wäre, nutzten freimaurerfeindliche Gruppen, um gegen die Freimaurer zu agitieren.[132] Als wenige Zeit später eine Wasserleiche an Land gespült wurde, wurde der Leichnam von Angehörigen Morgans als William Morgan identifiziert, was der Antifreimaurerkampagne neuen Elan gab.[133]
Obwohl die Schuld oder Unschuld der Freimaurer am Verschwinden Morgans nie geklärt werden konnte, begann im Jahr 1838 unter dem Großmeister der Großloge von New York, Stephen van Rensselaer III. (1764-1839), zunächst ein Wiedererstarken der Freimaurerei in Nordamerika, das, wenn auch unterbrochen durch den Bürgerkrieg von 1861 – 1865, länger als ein ganzes Jahrhundert anhalten sollte.
Nach einem Höchststand von annähernd 5.000.000 Mitgliedern im Jahr 1970[134] sinken die Mitgliederzahlen seitdem wieder, wofür die karitative Ausrichtung der Freimaurerlogen in Amerika bei gleichzeitigem Verlust ihrer symbolisch-spirituellen Arbeit verantwortlich gemacht wird, so dass es inzwischen nur noch etwa 2.000.000 amerikanische Freimaurer gibt.
Heute nehmen die Freimaurer am öffentlichen Leben in Amerika teil und sind als gesellschaftliche Größe akzeptiert und angesehen.[135] Freimaurerische Orga-

132 Vor allem neuevangelikale religiöse Gruppen nahmen die Ereignisse zum Anlass, die Freimaurerei als solche zu diffamieren. Vgl. INTERNATIONALES FREIMAURER-LEXIKON, Art. Morgan-Affäre, S. 578 f.

133 Zu den Einzelheiten der Kampagne vgl. ebd.

134 Die hohen Zahlen belegen nicht unbedingt eine besondere gesellschaftliche Bedeutung der amerikanische Freimaurerei, insofern die Zugangsvoraussetzungen einerseits niedriger sind als in Europa, andererseits die Identifikation mit dem Bund vergleichsweise weniger intensiv ist, wenn nur ca. 15 Prozent der Mitglieder an den Arbeiten und Versammlungen teilnehmen. Gleichwohl scheint das rituelle Erleben der freimaurerischen Tempelarbeiten Anziehungskraft zu haben. Vgl. MICHEL DIERICKX, Freimaurerei, S. 107 f.

135 Die Rolle der amerikanischen Freimaurerei war aber nicht immer untadelig. Freimaurer wurden, unter anderem auch von amerikanischen Präsidenten, in den Verdacht des Rechtsbruchs gesetzt und ihr Eid, ihre freimaurerischen Verpflichtungen und die Strafen als mit christlicher Moral unvereinbar bezeichnet. Siehe dazu BOBBY J.

nisationen unterhalten öffentliche Restaurants, Krankenhäuser und Altenheime und setzen sich für die Errichtung öffentlicher Schulen ein, an denen alle Kinder ohne Rücksicht auf Stand, Religion oder Klasse unterrichtet werden sollten.

2.1.4 Die Freimaurer in Kanada

Die Logen in Kanada haben ihren Ursprung in den in der zweiten Hälfte des 18. Jahrhunderts dort entstehenden Militärlogen.[136] 1738 wurde unter dem Patent der Großloge aus Boston die erste Loge in Annapolis gegründet, 1750 die zweite in Hallifax.

In neun der zehn kanadischen Provinzen existieren seit 1855 Großlogen.

2.2 Die Freimaurer in den romanischen Ländern

Die Entwicklung der Freimaurerei nahm in den romanischen Ländern einen von der Entwicklung in Nordeuropa verschiedenen Verlauf, insofern sich, bedingt durch den Einfluss der Aufklärung im Zusammenhang mit der in diesen Staaten einflussreichen katholischen Kirche, eine mehr oder weniger starke atheistische bis antikirchliche Haltung ergab. Besonders in den überseeischen Kolonien Spaniens, aber auch Portugals und Englands, hat sich die Freimaurerei ausgebreitet und die dortige Politik mehr oder weniger geprägt, was Reaktionen der katholischen Kirche provozierte und sie herausforderte, sich zu den Aktivitäten und dem Einfluss der Freimaurer auf die Politik wie die Gesellschaft zu positionieren.

2.2.1 Die Freimaurer in Frankreich

Frankreich war das erste Land, in dem außerhalb Englands 1725 eine Freimaurerloge gegründet wurde.[137] Die Logengründung geht auf den katholischen

---

DEMOTT, Freemasonry in American culture and society, LANHAM u.a., University Press of America 1986. Eine antikatholische Ausrichtung der Freimaurerei in den Südstaaten weist W.J. Whalen nach. Vgl. W.J. WHALEN, Christianity and American freemasonry, Milwaukee 1961.

136 Zur Geschichte der Freimaurerei in Kanada vgl. W. STEWART WALLACE, The Encyclopedia of Canada, Vol. II, University Associates of Canada, Toronto 1948, S. 395 f.

137 Vgl. ausführlich dazu EUGEN LENNHOFF, Die Freimaurer, S. 63 – 87. Zur Entwicklungsgeschichte der französischen Freimaurerei siehe JEAN-ANDRÉ FAUCHER und ACHILLE RICKER, Histoire de la franc-maçonnerie, Paris, Nouvelles Éditions Latines, 1968; DANIEL LIGOU, La franc-maçonnerie, Paris, Presses Universitaires de France, 1977; ders. (Hrsg.), Histoire de Francs-Maçons en France, Paris 1977, sowie JOHEL COUTURA, Le parfait Maçon. Les débuts de la maçonnerie francaise (1736-1748), Saint-Ètienne 1994; PIERRE CHEVALLIER, Histoire de la Franc-Maçonnerie francaise, 3 vol., Fayard 1976; GEORG KLOSS, Geschichte der Freimaurerei in

Schotte und Jacobiten Charles Radclyffe (1693-1764) zurück, der die Loge „Saint Thomas" in der Rue des Boucheries in Saint-Germain gründete und zu deren Patron und Namensgeber er Thomas Becket (1118-1179) heranzog[138]. Die Loge arbeitete unter dem Patronat der Londoner Großloge und vereinigte sich mit zwei anderen im Jahr 1735 zu ersten Großloge als englische Pronvinziallo-ge. Der ersten Logengründung in Frankreich Mitt der 20er Jahre folgten weitere in Bordeaux (1732), Valenciennes (1733) und Aubigny (1735).[139]

Zu den bedeutenderen Vertretern der frühen französischen Freimaurerei gehört der englische Bäckersohn und spätere Großredner der französischen Großloge Andreas Michael Ramsay (1686 - 1743)[140], der aus Begeisterung für den Bischof von Cambrai, Erzbischof Francois Fénelon[141] (1651-1715), in die katholische Kirche konvertiert war und 1724/25 Erzieher des Sohnes des im französischen Exil in Saint-Germain-en-Laye lebenden englischen Königs Jacob III. (1688-1766), des Prätendenten Karl Eduards, wurde.
1737, mittlerweile Freimaurer geworden, wollte Ramsay auf einer Logenversammlung in Paris einen Diskurs mit der Absicht halten, eine katholische Freimaurerei auf den Fundamenten von Menschenliebe, reinen Sitten, Tugend, Wissenschaft und Religion zu begründen.[142] Ramsay hielt die Rede zwar nicht, da

---

Frankreich aus ächten Urkunden dargestellt (1725-1839), zwei Bände, unveränderter Nachdruck der 1852-1853 erschienenen Ausgabe, Graz 1971.

138 Thomas Becket war Anfang des 12. Jahrhunderts zunächst englischer Lordkanzler und dann Erzbischof von Canterbury gewesen, der sich mit König Heinrich II. über die Jurisdiktion krimineller Geistlicher nicht einigen konnte. 1170 erlitt Becket den Märtyrertod und wurde 1173 heilig gesprochen.

139 Böttner weist auf eine erste Logengründung in Frankreich schon im Jahr 1721 in Dünkirchen hin, wobei darüber keine sicheren Erkenntnisse vorliegen. Vgl. FRIEDRICH JOHN BÖTTNER, Zersplitterung und Einigung. 225 Jahre Geschichte der deutschen Freimaurer, hg. von der Loge „Absalom zu den drei Nesseln" (Nr. 1) in Hamburg aus Anlass ihres 225jährigen Bestehens am 06. Dezember 1962. Hamburg 1962, S. 23.

140 Vgl. ALAIN LAUTEL, Art. Ramsay, André Michel, in: Dictionaire de spiritualité, Bd. 13, Paris 1988, Sp. 72 – 81.

141 Francois Fénelon de Salignac de la Mothe war Erzbischof von Cambrai, Frankreich, und Anhänger der französischen Mystikerin Jeanne-Marie Guyon (1646 – 1717), die er gegen Vorwürfe des Quietismus, einer christlichen Mystik, die das Ideal der Vollkommenheit in radikaler Hingabe und Passivität vertritt, verteidigte. Fénelon, ein katholischer Aufklärer, geriet deswegen in Opposition zu König und Kirche. In seinem Roman „Aventures de Télémaque, fils d'Ulysse, veröffentlicht 1699, entwirft er das Bild des guten Monarchen, in welchem er dem König Ratschläge für seine Regierung gibt. Vgl. dazu ausführlich, LOUIS COGNET, Art. Fénelon, in: Dictionaire de Spiritualité, Bd. 5, Paris 1964, Sp. 151 – 170, hier Sp. 154 – 158.

142 Auszug aus der Rede Ramsays: „Die wichtigsten Unterscheidungsmerkmale der Menschen sind nicht die Sprachen, die sie sprechen, die Kleider, die sie tragen, die Länder, die sie bewohnen, noch die Würden, die ihnen verliehen wurden. Die Welt ist eine große Republik, in der jede Nation eine Familie und jeder Einwohner eines ihrer Kinder ist. Wir wollen alle Menschen von aufgeklärtem Geiste und guten Sitten vereinigen [...] durch die erhabenen Grundsätze der Tugend, der Wissenschaft, der Religion, in wel-

der französische Premierminister unter König Ludwig XV., Kardinal André Hercule de Fleury (1653-1743), es ihm untersagt hatte, doch wurde sie in den einzelnen Logen diskutiert.[143]

Neben den katholischen jacobitischen Logengründungen wuchs in Frankreich aber auch die Zahl der englischen Logen, deren Gründungsväter und Mitglieder Anhänger des protestantischen Hauses Hannover in England waren. Sie waren bald stärker als die Katholiken und konnten schon 1738 mit dem Herzog von Antin (1707-1743) das Großmeisteramt in Frankreich besetzen. Den katholischen Jacobiten gelang es in der Folgezeit nicht mehr, ihre Position zu festigen, und sie verloren mehr und mehr an Einfluss.

Die von Papst Clemens XII. (1652-1740) 1738 verfasste Bulle „IN EMINENTI", die die Freimaurerei erstmalig verurteilte und Katholiken die Mitgliedschaft in Freimaurerlogen bei Strafe der Exkommunikation untersagte, wurde vom französischen Parlament nicht rezipiert und konnte insofern in

---

chen das Interesse der Brüderschaft zum Interesse des ganzen menschlichen Geschlechts wird, woraus alle Nationen gründliche Kenntnis schöpfen und die Untertanen aller Königreiche lernen können, sich gegenseitig zu lieben, ohne auf ihr Vaterland zu verzichten. Der Freimaurerorden wurde gestiftet, um gute Menschen, gute Bürger zu formen, Männer, die ihre Versprechungen hochhalten. [...] Wir haben unter uns drei Arten von Brüdern: Novizen oder Lehrlinge, Gesellen oder Bekenner, Meister oder Vollkommene. Den ersten erklärt man die sittlichen Tugenden, den zweiten die Tugenden der Heiden und den letzten die christlichen Tugenden, in der Art, dass unsere Einrichtung die ganze Philosophie der Gefühle und die ganze Theologie des Herzens in sich schließt [...] Der Orden verlangt von jedem von uns eine rege Arbeit, die keine Akademie leisten kann, weil alle diese Gesellschaften nur wenige Menschen umfassen und mit ihrer Arbeit ein so ausgedehntes Werk nicht leisten können. Die Großmeister anderer Länder vereinigen alle dem Bunde angehörenden Weisen und Künstler, um Material zu einem universellen Handbuch zu sammeln, das alle freien Künste und Wissenschaften umfassen soll. Theologie und Politik ausgenommen. Man hat ein solches Werk in England bereits begonnen. Durch Zusammenwirken unserer geeigneten Brüder könnte da in wenigen Jahren etwas Ausgezeichnetes zustande kommen. Man erklärt darin nicht nur technische Worte und ihre Ableitung, man gibt darin auch die Geschichte jeder Wissenschaft und jeder Kunst ihre Grundlehren und die Art, darin zu arbeiten. Man wird so schließlich die Weisheit aller Nationen in einem einzigen Werk vereinigen; einer Universalbibliothek alles dessen, was an Gutem, Großem, Leuchtendem und Nützlichen in Kunst und Wissenschaft existiert. Ein solches Werk wird von Jahrhundert zu Jahrhundert wachsen, wird überall Nacheiferung erwecken. [...]" Zitiert nach Internationalem Freimaurerlexikon, Art. Ramsay, S. 689 f. Im weiteren Verlauf seiner Rede schlägt Ramsay eine historisch ungerechtfertigte Brücke von der modernen Freimaurerei zu Ritterorden, Kreuzrittern und Tempelherren und die Bildung von drei weiteren Graden vor, die im Fortgang der Geschichte zur Einrichtung der 33 schottischen Hochgrade führen würde. Vgl. MICHEL DIERICKX, Freimaurerei, S. 48. Vgl. auch EUGEN LENNHOFF, Die Freimaurer, Wien 1929, S. 91; ALLAN OSLO, Freimaurer, Frankfurt am Main 1988, S. 296 – 303.

143 Vgl. INTERNATIONALES FREIMAURERLEXIKON, Art. Ramsay, S. 689 f., S. 690.

Frankreich keine Rechtskraft erlangen.[144] Schon vor der päpstlichen Verurteilung hatte der französische Premierminister Kardinal Fleury seit 1731 alle freimaurerischen Aktivitäten in Frankreich verboten und durch die Polizei unterbinden lassen[145], was nach Erscheinen der päpstlichen Bulle aber zunehmend

---

144 Nach einem Erlass Ludwig XI. (1423-1483) aus dem Jahr 1475 durften Bullen und andere Verordnungen des Papstes in Frankreich nur dann Anwendung finden, wenn sie zuvor durch das Parlament rezipiert und die Veröffentlichung vom König selbst angeordnet worden war. Das geschah aber nur dann, wenn in ihnen nichts enthalten war, was den französischen Regelungen entgegenstand. So heißt es in einem juristischen Handbuch für die Praxis aus dem 18. Jahrhundert von J.B. DENISART, Collection de décisions nouvelles et de notions relatives à la jurisprudence, Paris 1764: „Erlässe Ludwigs XI. vom 8. Jänner 1475 ordnen an, alle aus Rom kommenden Briefe, Bullen oder anderen Stücke zu untersuchen und nachzusehen, ob in ihnen nichts gegen die Rechte des Königreiches oder der Gallikanischen Kirche enthalten ist. Seither gibt es mehrere Verordnungen des Parlaments, die es verbieten, irgendwelche Bullen oder Breven des Römischen Hofes ohne Offene Briefe des Königs, die deren Verlautbarungen anbefehlen und die bei Gericht registriert sein müssen, entgegenzunehmen, durchzuführen oder durchführen zu lassen [...]. Die Offenen Briefe, die der König zur Durchführung der Bullen erläßt, haben zwei Wirkungen. Die erste ist, daß den Bischöfen gestattet wird, die neue Verordnung Roms in ihren Diözesen zu verlautbaren, die zweite besteht darin, daß den königlichen Beamten befohlen wird, den Bischöfen die Hilfe des weltlichen Arms zur Durchführung ihrer Anordnungen zu gewähren. Die Ultramontanen, denen daran liegt, die Offenen Briefe des Königs als eine unwürdige Formalität erscheinen zu lassen, geben vor, daß die in Rom erfolgte Verlautbarung der Bullen genüge, um alle Gläubigen zu verpflichten, besonders wenn die Bulle ausdrücklich besagt, daß diese Verlautbarung allein ausreichend ist. Aber diese Behauptung ist lächerlich. Kann denn ein neues Gesetz, möge es noch so billig sein, jemandem im Gewissen verpflichten, solange es ihm nicht bekannt ist? Nun, die natürliche Billigkeit fordert, daß jedes kirchliche oder bürgerliche Gesetz verlautbart werde, und daß diese Verlautbarung durch die Dienststellen der unmittelbar Vorgesetzten erfolge: bis dahin ist das Gesetz nicht bekannt und kann nicht durchgeführt werden, denn jedes Gesetz muß den Untergebenen suspekt vorkommen, wenn sie es nicht aus der Hand ihrer unmittelbar Vorgesetzten empfangen. Die Annahme durch diese Vorgesetzten und die rechtsgültige Verlautbarung, die diese anordnen, ist das einzige authentische Siegel, das das Gesetz kennzeichnet und verkündet." Zitiert nach ALEC MELLOR, Die Freimaurer, S. 192 f. Der französische Außenhandelsminister Jean-Jacques Amelot de Chaillou (1732-1795) schrieb nach der Veröffentlichung der Bulle an den Leiter der französischen Botschaft in Rom und beklagte sich, dass es heutzutage kaum noch möglich sei, der Strafe der Exkommunikation zu entgehen und die Strafandrohung darüber hinaus ungeeignet sei, die Ausbreitung der Freimaurerei zu vermeiden: „[...] La bulle [In Eminenti, du 28 Avril 1738] que le pape [Clement XII] a donnée contre les Francs-Maçons ne suffira peut-être pas pour abolir cette confrérie, s'il n'y a pas d'autre frein que la crainte de l'excommunication. La Cour de Rome applique si souvent cette peine qu'elle est aujourd'hui peu capable de retenir. Cette Société avait aussi commencé [en France] à faire quelques progrès; le Roy a témoigné qu'elle lui déplaisait, et elle a cessé." Zitiert nach G.H. LUQUET, La Franc-Maçonnerie et l'etat en France au XVIIIme Siècle, Paris 1963, S. 199.

145 Vgl. ALEC MELLOR, Die Freimaurer, S. 210 f. Der Generalleutnant René Hérault verfasste am 14.09.1739 ein „Verbot an alle", sich zu versammeln, freimaurerische Vereinigungen zu gründen oder freimaurerische Sitzungen zu ermöglichen, wofür vor

eingestellt wurde, um die Staatsregierung nicht als ultramontan oder papsttreu erscheinen zu lassen.

Anders als im Mutterland der Logen rekrutierten sich in Frankreich nur am Anfang die Mitglieder der Logen aus dem Adelsstand. Mehr und mehr übernahmen die Intellektuellen die Mehrheit, wozu das politische Umfeld enorm beigetragen haben mag. In Frankreich nämlich sah sich die Freimaurerei einem absolutistischen und sie ablehnenden Regime sowie dem enormen Einfluss der katholischen Kirche gegenüber, die ihrerseits gegen die Freimaurer vorging und auch den Staat immer wieder zu Maßnahmen gegen die Freimaurer zu veranlassen versuchte.[146] Das führte die Freimaurer in eine Opposition vor allem gegenüber der katholischen Kirche, obwohl sich auch viele Kleriker als Freimaurer bekannten[147], und provozierte die kritische Auseinandersetzung mit der Religion, gefördert durch den Geist der Aufklärung.

Die politische Gesinnung in der französischen Freimaurerei wird mannigfaltig gewesen sein. So mag es linke radikale, liberal sowie antiklerikal ausgerichtete Logen gegeben haben, die aber alle nach mehr oder weniger tiefgreifenden gesellschaftlichen und politischen Veränderungen strebten. Eine von den Freimaurern ausgehende antiklerikale Verschwörung kann aber nicht nachgewiesen werden.[148]

Im Jahr 1743 war die erste, selbständige und als „Grande Loge Anglaise de France" bezeichnete Großloge von Frankreich gegründet worden. Aus ihrer aus den Andersonschen Konstitutionen übernommenen Satzung geht hervor, dass sich in Frankreich schon zu der Zeit ein Hochgradsystem etabliert hatte, da in der Satzung der Großloge eine Vorrangstellung der im vierten Grad, Schottischer Meister, arbeitenden Maurer abgelehnt wird.[149]
1755 erhielt die Großloge eine neue Satzung, in der abweichend zur englischen Ordnung unter Artikel 11 formuliert ist, dass die Logenbrüder getauft sein müs-

---

allem die unterstellte Staatsgefährlichkeit maßgeblich war. Vgl. HANS RIEGELMANN, Die Europäischen Dynastien, S. 40.

146 Vgl. HORST KISCHKE, Die Freimaurer, S. 33 f.

147 Der als französischer Premierminister Ludwigs XV. amtierende Kardinal Fleury war den Freimaurern gegenüber ablehnend eingestellt und hatte seit 1737 repressive Maßnahmen gegen Freimaurer unternommen. Er kennzeichnete das geheime freimaurerische Tun als strafwürdiges Unternehmen, verbot den Untertanten freimaurerischen Umgang und verwehrte den adligen Freimaurern den Zutritt bei Hofe. Vgl. MICHEL DIERICKX, Freimaurerei, S. 49 ff., S. 61. Eine Namensliste französischer katholischer Kleriker, die Freimaurer waren, hat REINHOLD TAUTE in seinem Buch „Die katholische Geistlichkeit und die Freimaurer", Berlin 1909, veröffentlicht.

148 Vgl. dazu EBERHARD WEIS, Frankreich von 1661 bis 1789, in: Handbuch der europäischen Geschichte, Bd. 4, Stuttgart 1968, S. 166 – 303, hier Anmerkungen 29 – 33, S. 297 f.

149 Auf die Bedeutung des Hochgradsystems wird unter 2.3.1 näher eingegangen.

sen. Zudem ergibt sich aus den Artikeln 29, 30 und 39, dass die Satzung eine katholische Prägung hat, wenn die Maurerbrüder darauf verpflichtet werden, am Johannistag die Hl. Messe zu besuchen (Art. 29), die unter der Teilnahme aller Brüder als Trauergottesdienst für die verstorbenen Logenmitglieder gefeiert werden soll (Art. 30 und 39). Die Großloge überlebte nicht, da nach den Berichten von Chronisten in ihr Misswirtschaft, politischer Streit und vor allem Laxheit in der Auswahl ihrer Mitglieder um sich griffen.[150]
Im Jahr 1773 wurde nach Auflösung der Großloge von Frankreich der „Grand Orient de France" gegründet, der sich 100 Jahre später von der „Grand Lodge of England" insoweit unterscheiden sollte, dass er unter Berufung auf die Gewissens- und Dogmenfreiheit der Freimaurer den Glauben an einen persönlichen Gott und die Unsterblichkeit der Seele als Aufnahmekriterien nicht mehr voraussetzte und es den in ihm zusammengeschlossenen Logen freistellte, als Hl. Buch statt der Bibel ein Buch mit weißen, unbeschriebenen Seiten aufzulegen. Die nach schottischem Ritus treu arbeitenden Logen existierten in der Minderheit aber weiter fort.

Neben der Abkehr vom notwendigen Glauben an ein höchstes Wesen sollte es auch zulässig werden, sich politisch zu betätigen, was den überlieferten Grundsätzen der Freimaurerei nicht entsprach[151], weswegen die „Grande Lodge of England" im Jahr 1877 die Beziehungen zum „Grand Orient de France" abbrach und ihn für irregulär erklärte.[152]

Auch die Anfänge der Französischen Revolution beeinflussten die Freimaurerei und umgekehrt wurde die Französische Revolution von Freimaurern und freimaurerischem Gedankengut beeinflusst.[153] Die Freimaurer waren aber nur eine Gruppe unter vielen, wie etwa Lesezirkel und Salons, die die Französische Revolution begünstigten.[154] Gleichwohl wurden aufklärerische Grundgedanken, die persönliche Freiheit, die Gleichheit der Rechte aller Menschen, Toleranz

150 Vgl. GEORG KLOSS, Geschichte der Freimaurer in Frankreich, Bd. 1, S. 53 ff.

151 Es war wohl nicht die Furcht davor, dass die französische Maurerei im Grand Orient de France sich zu einer atheistischen und materialistischen Gesinnung hin orientierte, sondern die Abkehr von den alten Grundsätzen an sich, dem Glauben an den „Allmächtigen Baumeister aller Welten" und der Eidesleistung auf das „Buch des Heiligen Gesetzes", waren der Grund, weswegen es einige Jahre später zum Bruch mit der englischen Mutterloge kam.

152 Die Schwesterloge, der „Grand Orient de Belgique" und alle ihr zugeordneten Logen waren, da sie sich dem Beschluss des „Grand Orient de France" angeschlossen hatten, von dem Abbruch der Beziehung zur englischen Mutterloge gleichfalls betroffen.

153 Ausführlich dazu DANIEL LIGOU, Franc-Maçonnerie et Révolutions. Franc-Maçonnerie et Révolution francaise 1789-1799, Paris 1989.

154 Zuverlässige Belege für die immer wiederkehrende Behauptung, dass die Freimaurer maßgebliche Anführer der Revolution gewesen wären, lassen sich nach EUGEN LENNHOFF, Die Freimaurer, S. 103 ff., nicht finden. Siehe dazu auch ROBERT A. MINDER, Freimaurer, S. 58; A. LE BIHAY, Francs-maçons parisiens du Grand Orient de France à la fin du XVIIIième siècle, 3 Bde., Paris 1966/1972.

und Achtung vor dem Menschen, bei den Logenzusammenkünften diskutiert und gefördert. Das in den Logen selbst geübte Gleichheitsprinzip aller Menschen – in ihnen kamen Adlige, Kleriker, Politiker, Bürgerliche und Intellektuelle zusammen – unterstützte ideell die Vorkämpfer des gewaltsamen Umsturzes, die sich für Demokratie, Gewaltenteilung und für „Freiheit – Gleichheit – Brüderlichkeit" einsetzten.

Der Ausbruch der französischen Revolution (1789) verschonte auch die Logen nicht, in denen Adlige und Bürgerliche bisher friedlich zusammengewirkt hatten. Die Logen zu Beginn der Französischen Revolution waren wohl keine konspirativen Zentren mit dem Ziel, das bestehende Staatssystem zu stürzen. Vielmehr waren sie Orte der Kommunikation und Diskussion, die als solche einen Gegensatz zum absolutistischen französischen Staat bildeten und sich mit Ideen der Aufklärung verbanden. Insofern die Freimaurerei für ein ethisch-humanitäres Menschenbild eintrat, stellte sie sich gegen den Staat, ohne aber eine aktive Rebellion zu unterstützen oder zu fordern.[155]
Während die Adligen dem König die Treue halten und ihre Privilegien sichern wollten, begeisterten sich die Bürgerlichen für den Herzog Philipp von Orleans (1747-1793), der selbst Freimaurer war und sich auf die Seite der Revolutionäre und gegen den König gestellt hatte. Als die Revolution losbrach und die Freimaurer selbst keine gemeinsame Position zur Revolution hatten finden können, stellten die Logen ihre Arbeit ein. Ein Jahr nach der Französischen Revolution existierten von den zuvor 629 Logen nur noch 16.[156]

Der Katholik Joseph de Maistre (1753-1821), der seit 1774 Mitglied der Freimaurerloge „Trois mortiers" in Chambery war, urteilte 1793 in seinem „Memoire à Vignet des Etoles", dass nicht die Freimaurer, selbst wenn es unter ihnen revolutionäre Kräfte gegeben hat, an den blutigen Unruhen Schuld tragen, sondern die Revolution ihrerseits zerstörerischen Einfluss auf die Freimaurerei gehabt hätte.[157]
Nach dem Ende der Revolution belebte sich die französische Freimaurerei nur langsam wieder. Viele Freimaurer hatten während der Revolution ihr Leben verloren und die Logen waren stark dezimiert worden. Unter Napoleon Bonaparte (1769-1821), der vermutlich in Ägypten selbst Mitglied einer Militärloge geworden war[158], konnten die Logen sich wieder verhältnismäßig frei, allerdings

155 Vgl. HELMUT REINALTER, Das demokratische Potential in der Freimaurerei der Spätaufklärung, in: Das Vermächtnis der Aufklärung, Akademie Forum Masonicum, Jahrbuch 1988, St. Ingbert 1989, S. 43 – 65, S. 49 f.; ders., Freimaurerei und französische Revolution, in: Quatuor Coronati, Jahrbuch 1922 (1985), S. 155 ff.

156 Minder sieht in der erheblich dezimierten Zahl der Logen den besten Beweis dafür, dass die Französische Revolution kein Werk der Freimaurer gewesen ist. Vgl. ROBERT A. MINDER, Freimaurer, S. 57.

157 Vgl. EUGEN LENNHOFF, Die Freimaurer, S. 103.

158 Vgl. ebd. S. 109.

unter kaiserlicher Aufsicht entwickeln[159], bevor sie nach Napoleons Sturz vor allem Objekt papsttreuer Autoritäten wurden, die die päpstlichen Bullen gegen sie anzuwenden bemüht waren[160], was deren Opposition und antiklerikale Haltung nur noch herausforderte.
Nach der Revolution von 1848 versuchte Napoleon III. (1808-1873) die beiden Großlogen von Frankreich zu zwingen, sich zu vereinigen, womit er sich jedoch nicht durchsetzen konnte. In der Folgezeit erlebte die französische Freimaurerei eine neue Blütezeit. Unter dem Einfluss des protestantischen Pastors und Freimaurers Frédéric Desmons (1832-1910)[161], der sich auf die unbedingte Gewissensfreiheit berief und die Arbeit der Freimaurer als rational und wissenschaftlich qualifizierte, die keine religiösen Formeln, die dem entgegen stünden, nötig hätte, wurde 1877 das Bekenntnis, an den „Allmächtigen Baumeister aller Welten" zu glauben, aus dem Katalog der Aufnahmevoraussetzungen gelöscht.

1866 hatte der französische Freimaurer Jean Macé (1813-1894) die Liga für die Laienbildung gegründet, die den religionslosen Unterricht an den Schulen forderte, was zu einem schweren Konflikt mit der katholischen Kirche führen musste.[162] Das Dogma von der Unfehlbarkeit des Papstes (1870) förderte die Distanz zwischen katholischer Kirche und dem aufgeklärten Liberalismus. Der Großorient de France wandelte sich zunehmend zu einer antiklerikalen, politisch links orientierten Vereinigung, die mehr und mehr Beamte und Kleinbürger anzog und den katholischen Adel aus den Logen vertrieb.[163] Da viele konservative

159 Ähnlich wie Friedrich Wilhelm III. (1770-1840) in dem von ihm veröffentlichten Edikt vom 20.10.1798 (siehe unten unter 2.3.1) muss auch Napoleon gedacht haben. Auf der Staatsratsitzung, auf der die Anerkennung des Französischen Großorienten beantragt war, sagte Napoleon: „Nein, nein! Wenn die Maurerei protegiert wird, ist sie nicht zu fürchten; sei sie autorisiert, so würde sie zu stark und könnte gefährlich werden. So wie sie ist, hängt sie von mir ab, ich mag nicht von ihr abhängen." Die Bauhütte, Zeitschrift für deutsche Freimaurerei 1858 – 1932, Leipzig 1866, S. 283.

160 König Charles X. (1757-1836), der zwar selbst Freimaurer war, sich aber nicht sonderlich dafür interessierte, folgte dem Drängen französischer Bischöfe nicht, die Freimaurer zu verbieten, da er sie als nicht verbotene Vereinigung für besser zu kontrollieren hielt und mit einem Verbot prominente französische Freimaurer nicht brüskieren wollte. Vgl. ROBERT A. MINDER, Freimaurer, S. 60.

161 Frédéric Desmons war 1861 in Nîmes Freimaurer geworden, gründete 1867 an seinem Wohnort eine eigene Loge, wurde 1873 in den Obersten Rat des „Grand Orient de France" berufen und 1877 mit dem Auftrag auf den Freimaurerkonvent gesandt, die Verpflichtung auf den Gottesglauben und die Unsterblichkeit der Seele aus dem Grundsatzkatalog der freimaurerischen Pflichten entfernen zu lassen, was dort mit Zweidrittelmehrheit der Delegierten angenommen wurde. Der Entscheidung schlossen sich die Goßoriente von Belgien, Italien, Buenos Aires und Ungarn an. Siehe dazu DANIEL LIGOU, Frédéric Desmons et la Franc-Maçonnerie sous la IIIème République, Paris 1966.

162 Vgl. ROBERT A. MINDER, Freimaurer, S. 63.

163 Vgl. ebd.

Politiker katholisch waren, wurde die Kirche selbst zum Gegner des Großorient de France.

Nachdem 1879 einige Freimaurer höchste Regierungsämter in Frankreich übernommen hatten – die Präsidenten der Republik und des Parlaments gehörten Freimaurerlogen an – wurde unter dem Minister Jules Ferry (1832-1893), der gleichfalls Freimaurer und stärkster Vertreter des französischen Antiklerikalismus war, 1880 der kostenlose Volksschulunterricht eingeführt. 1882 wurde der Jesuitenorden in Frankreich abermals verboten. Die Regierung verlangte zudem, dass alle religiösen Orden eine staatliche Anerkennung erhalten müssten und diejenigen, die sich darum nicht bemüht bzw. sie nicht erhalten hatten, wurden aufgelöst. Neben den konfessionellen Schulen wurde die staatliche Volksschule etabliert.

Als der Freimaurer Emile Combes (1835-1921), der sich schon früh für eine Trennung von Staat und Kirche eingesetzt hatte, im Jahr 1902 französischer Ministerpräsident wurde, wurden auf seine Veranlassung hin die katholischen Schulen und Klöster geschlossen und die Ordensleute ausgewiesen. Ab 1904 gab es keine religiöse Institution mehr, die Unterricht erteilen durfte, und ein Jahr später war mit dem Erlass des Gesetzes zur Trennung von Staat und Kirche vom 03. Juli 1905 die gegenseitige Unabhängigkeit vollzogen.[164]

Nach dem Ersten Weltkrieg positionierte sich die französische Freimaurerei immer wieder neu. Freimaurer hatten an der politischen Entwicklung des Landes Anteil und die Freimaurerei wurde je nach politischer Situation gefördert, toleriert oder verfolgt.[165] Erst seit 1945 und dem Ende des Zweiten Weltkriegs können die französischen Freimaurer, mittlerweile ohne politischen Einfluss, ihre Arbeit ungehindert fortsetzen.

Neben dem „Grand Orient de France", der ältesten und mitgliederstärksten französischen Großloge[166], existieren in Frankreich zwei weitere nennenswerte Großlogen, die „Grande Loge de France"[167] und die „Grande Loge Nationale

164 Vgl. INTERNATIONALES FREIMAURERLEXIKON, Art. Frankreich, S. 293 – 302, S. 300 f.

165 Vgl. ebd. S. 301 f.

166 Der „Grand Orient de France" wurde 1772 in Paris gegründet und hat derzeit etwa 40.000 Mitglieder.

167 Die heute existierende, 1880 ins Leben gerufene schottische Großloge „Grande Loge de France" mit etwa 28.000 Mitgliedern ist nicht zu verwechseln mit der 1849 gegründeten „Grande Loge Nationale de France", die entstanden war, nachdem der „Großorient de France" unter dem Vorwand, eine Wohltätigkeitsorganisation zu sein, damit begonnen hatte, nur vermögende Bürgerliche aufzunehmen, um Kleinbürger und Handwerker außen vor zu halten. Die „Grande Loge Nationale de France" bekannte sich zu ehrlicher freimaurerischer Arbeit, zu der jeder, unabhängig seiner sozialen Verhältnis-

Francaise"[168]. Nur die zuletzt genannte Großloge, die 1913 gegründet wurde, mit etwa 20.000 Mitgliedern ist die einzige von der englischen Mutterloge anerkannte französische Großloge.[169]

2.2.2 Die Freimaurer in Belgien

Im 18. Jahrhundert – Belgien gehörte bis 1814 zu den österreichischen Niederlanden – konnte sich die Freimaurerei wegen der ihr gegenüber negativen Einstellung der österreichischen Regierung – Kaiserin Maria Theresia (1717-1780) unterhielt ein Überwachungssystem, ohne aber gegen die Freimaurer einzuschreiten – kaum etablieren.[170] Bestehende Logen wurden Ende des 18. Jahrhunderts unter dem Einfluss der Französischen Revolution dem französischen Großorienten unterstellt.[171]

Nachdem Belgien im Jahr 1814 holländisch wurde, versuchte König Wilhelm I. (1772-1843), der selbst Freimaurer gewesen sein soll[172], die bestehenden 24 Freimaurerlogen unter seinem Protektorat zu vereinigen, was jedoch nicht gelang. König Wilhelm I. galt als autoritärer Monarch, der versuchte die Logen zu gängeln, was diese gegen ihn aufbrachten, wie auch den Adel, der den König verdächtigte, Belgien protestantisch machen zu wollen. Liberale und Adel schlossen daraufhin eine Allianz und im August 1830 wurden die Niederländer aus Belgien verjagt.

---

se, eingeladen war. Nur zwei Jahre nach ihrer Gründung wurde die Großloge staatlicherseits verboten. Vgl. ROBERT A. MINDER, Freimaurer, S. 61.

168 Die „Grande Loge Nationale Francaise" war von einem Mitglied der Großloge „Grand Orient de France" gegründet worden, der, nachdem sein Werben für die Wiederaufnahme der Anerkennung des „Allmächtigen Baumeisters aller Welten" und die Auflegung des „Buches des heiligen Gesetzes" ohne Resonanz blieb, aus dem Großorient ausschied. Da diese Großloge zu den alten maurerischen Grundsätzen zurückgekehrt war, erhielt sie die Anerkennung der englischen Mutterloge. Vgl. ALEC MELLOR, La Grande Loge Nationale Francaise, Paris 1980.

169 Die „Grande Loge de France", deren Gründung auch in die Zeit vor der Französischen Revolution fällt, mit heute etwa 15.000 Mitgliedern, erfüllt zwar die Voraussetzungen zur Anerkennung durch die englische Mutterloge, doch formale Gründe, da es in einem Land nur eine einzige Obödienz geben darf, sind maßgeblich dafür, dass diese Anerkennung durch die englische Mutterloge fehlt.

170 Vgl. dazu ausführlich BERTRAND VAN DER SCHELDEN, La franc-maçonnerie belge, sous le régime autrichien (1721-1794), Loverval 2006.

171 Zur Geschichte der Freimaurerei in Belgien bis in die zweite Hälfte des 19. Jahrhunderts siehe GUILLAUME DU TILLOT (Hrsg.), La Belgique maçonnique, Bruxelles 1887.

172 „Het Huis van Oranje en de Nederlandsche Orde von Vrijmetselaren", Festschrift anlässlich der Hochzeit der Prinzessin Juliana mit dem Prinzen Bernhard von Lippe-Biesterfeld, S-Gravenhage 1937, S. 16

1830 wurde Belgien somit selbständig und war wegen seiner freiheitlichen Verfassung auch Adressat der von Papst Gregor XVI. (1765-1846) 1832 verfassten Bulle „MIRARI VOS“[173]. 1833 gründete sich zunächst aus vier Logen der „Grand Orient de Belgique“[174], der nach seiner Satzung vorerst an dem Verbot der politischen wie der religiösen Diskussion innerhalb der Logen festhielt.
Um gegen die liberalen Tendenzen im Staat ein Gegengewicht zu setzen, beschlossen die katholischen belgischen Bischöfe eine Universität zu gründen, deren Aufgabe es sein sollte, die Religion zu verteidigen, Irrtümer und Ketzereien zu entlarven, die Dogmen des Heiligen Stuhls zu verkündigen und alles zu verdammen, was nicht dieser Quelle entstammen würde.[175] Dies allerdings provozierte die belgischen Freimaurer, die ihrerseits beschlossen, gleichfalls eine Universität zu gründen, was die Unterstützung der politisch Verantwortlichen erfahren sollte, von denen die meisten selbst Freimaurer waren. Die Gründung der Universität am 20.11.1834, die Pierre-Théodore Verhaegen, der Großmeister der Loge und Vorkämpfer des belgischen Liberalismus[176], als einen Ort der akademischen Freiheit beschrieb, an dem die Vernunft diktiert, wird bis heute gefeiert.
Die Bedeutsamkeit der Entwicklung der Freimaurerei in Belgien vor kirchlichem Hintergrund lässt sich im Zusammenhang mit der Gründung der Universität auf ein Ereignis konzentrieren. Zunächst waren viele Veröffentlichungen der Universität kirchlicherseits auf den Index gesetzt worden und zu Neujahr 1838 wurde ein unter der Autorität des Bischofs von Mecheln, Engelbert Sterckx (1792-1867), verfasster Hirtenbrief verlesen, in dem über alle belgischen Frei-

173 In der Bulle wandte der Papst sich gegen die Forderung einer allgemeinen Gewissensfreiheit, gegen die Pressefreiheit und vor allem gegen die rechtliche Gleichstellung aller Religionen sowie die Freiheit zur Verbreitung jedweder Lehre. Vgl. dazu auch ROGER AUBERT, L’enseignement du magistère ecclésiastique au XIXième siècle sur le libéralisme: Tolérance et communauté humaine, Tournai 1952, S. 75 – 82; vgl. auch unten unter 5.1.3.4

174 Vgl. ROBERT A. MINDER, Freimaurer, S. 93 f. Der erste Großmeister der Großloge, Pierre-Théodore Verhaegen (1796-1862), hatte konkrete Vorstellungen von seiner Arbeit. „Der katholischen Kirche muss eine Gegenkirche gegenübergestellt werden, eine starke, gut strukturierte, schlagfertige Organisation. Und das nicht nur auf spirituellem Gebiet, sondern auch in der Politik, sowohl national als auch lokal.“ SVEN-CLAUDE BETTINGER, „Très cher Frère“ – Die Freimaurer in Brüssel, eine einzigartige Symbiose von Wissen, Macht und Kultur, SWR2 Literatur-Manuskriptdienst, 03. Juni 2007.

175 Vgl. ebd.

176 Vgl. zum „belgischen Liberalismus“, ROGERT AUBERT, Die erste Phase des katholischen Liberalismus, in: Handbuch der Kirchengeschichte, Bd. 6/1, S. 320 – 347, hier S. 323 – 335. Die anfangs die Revolution tragende Verbindung von Katholiken und Liberalen zeigte schon nach 1830 erste Risse. 1848 setzte ein Antiklerikalismus ein, der das politische Leben in den nächsten Jahren bestimmen sollte. Gegen das so genannte Klostergesetz (1857), das auch der Geistlichkeit erlaubte, caritative Einrichtungen zu verwalten, wurde demonstriert und 1897 konnte durchgesetzt werden, dass es in jeder Gemeinde eine Schule geben muss, in der die Religion kein Pflichtfach ist. Vgl. ARTHUR SINGER, Der Kampf Roms gegen die Freimaurer, Leipzig 1925, S. 76.

maurer, von denen eine nicht geringe Zahl auch Katholiken waren, der Bannfluch ausgesprochen wurde.[177] Folge dessen waren öffentliche Hetze und gesellschaftliche Ächtung der als Freimaurer bekannt gewordenen Männer. Das führte zu Widerstand vor allem der politischen Klasse und es war wieder Verhaegen, der den Bund gegen die klerikalen Ansprüche verteidigte und 1854 durchsetzte, dass das Verbot, in den Logen über politische und religiöse Fragen zu streiten, aus der Satzung der Großloge gestrichen werde, um als Freimaurer auch im liberalen Sinne am politischen Leben teilzunehmen.[178]

Ausgehend von der Freimaurerloge in Brüssel wurden auch zwei die katholische Kirche provozierende politische Vorhaben initiiert. Das eine war die Forderung nach Bereitstellung von kommunalen Friedhöfen, das andere die Einführung nichtkonfessioneller Schulen. Die katholische Kirche beanspruchte ein Bestattungsmonopol, was soweit ging, dass zivile Leichenzüge angegriffen und Särge derjenigen, die den kirchlichen Beistand abgelehnt hatten, auch wieder ausgegraben wurden.[179] Ein 1850 von der liberalen Regierung erlassenes Gesetz weist für ganz Belgien zunächst zehn Gymnasien und 50 Grundschulen als nichtkonfessionelle Schule aus, was zu einer Art „Schulkampf“ zwischen der katholischen Kirche und der Regierung führte. Später wurde der kostenlose Grundschulunterricht eingeführt und es entstanden nichtkonfessionelle Real- und Berufsschulen und auch eine Pädagogische Hochschule.

Einige Jahre später kehrte man zu der unpolitischen Ausrichtung der Freimaurerei zurück. Das päpstliche Unfehlbarkeitsdogma von 1870 führte bei den Logen zu einer weiteren Abkehr von den alten freimaurerischen Prinzipien, die nun den Hinweis auf den Großen Baumeister aller Welten und die Unsterblichkeit der Seele aus den Statuten streichen wollten. Mit der Streichung, die auch der Großorient von Frankreich, von Italien und von Ungarn vollzog, verlor der belgische Großorient die Anerkennung der englischen Mutterloge.

---

177 „Mit Verdruss stellen wir fest, dass manche Gläubige meinen, ohne Gewissensbisse Mitglied von Freimaurerlogen sein zu können. Wir haben die Pflicht, dieses Fehlverhalten, das dem Seelenheil ungemein schadet, zu unterbinden. Die päpstlichen Hoheiten haben die Freimaurer in Acht und Bann getan. Sie haben ebenfalls ausdrücklich verboten, mit Freimaurern umzugehen. Wer dem zuwiderhandelt, wird von den Sakramenten und der Absolution ausgeschlossen.“ SVEN-CLAUDE BETTINGER, „Très cher Frère“.

178 Vgl. INTERNATIONALES FREIMAURERLEXIKON, Art. Belgien, S. 120 – 123, S. 122. G. Schneemann weist daraufhin, dass den Mitgliedern der Logen der Ausschluss drohte, wenn sie sich im Kampf gegen die Klerikalen als lässig erweisen oder mit denen sympathisieren. Vgl. G. SCHNEEMANN, Die Staatsgefährlichkeit der Loge, in: Stimmen aus Maria Laach (= SML), Katholische Monatszeitschrift, Bd. 7 (1874), S. 3 – 24, S. 11.

179 Vgl. SVEN-CLAUDE BETTINGER, ebd.

Als Papst Leo XIII. (1810-1903) 1884 seine Enzyklika „HUMANUM GENUS“ veröffentlichte, in der die Freimaurer als geheime Sekte verurteilt werden und als solche nicht nur die liberalen Regierungen zu beeinflussen versuchen, sondern auch für die Französische und weitere Revolutionen Verantwortung tragen, stehen in Belgien die Parlamentswahlen an, die erstmals seit 1848 die Liberalen verlieren, so dass bis 1914 das Land von Katholiken regiert wird. In dieser Zeit kommt es zu politischem Streit innerhalb der Logen und Zerwürfnissen und Zersplitterungen.

1979 bildete sich die „Grande Loge régulière de Belgique“[180] mit englischer Anerkennung, während zwei weitere, der „Grand Orient de Belgique“, gegründet 1833, und die „Grand Loge de Belgique“, gegründet 1959, als irregulär gelten.

2.2.3 Die Freimaurer in Italien

In Italien, dessen heutiges Territorium in mehrere selbständige Staaten geteilt war, wurde die erste Loge von Engländern im Jahr 1733 in Florenz gegründet[181]. Es folgten Logengründungen in Pisa, Livorno, Siena und Perugia.[182] 1735 wur-

---

180 Die Loge besteht derzeit aus 41 Einzellogen. Über die Mitgliederzahlen ist nichts bekannt.

181 Charles Sackville (1711-1769), ein englischer Earl und Herzog von Middlesex, gilt als Gründer der ersten Loge in Italien. Da er, als er mit 19 Jahren England verließ, das für die Aufnahme in eine Loge erforderliche Alter (25) noch nicht erreicht hatte, ist es wahrscheinlicher, dass er in die in Florenz schon bestehende Loge aufgenommen wurde, die ihn aber schon im Jahr 1733 zum Meister vom Stuhl wählte. Wie die nur kurze Zeit später in Rom gegründete Loge wird sie als jacobitische Gründung vermutet. 1685 hatte der katholische englische König Jacob II. (1633-1701) die Regierung übernommen, war durch Wilhelm von Oranien 1688 aus England vertrieben worden und nach Frankreich ins Exil gegangen, von wo er 1689 zunächst nach Irland zurückkehrte, aber 1690 erneut fliehen musste. Auch seinem Sohn Jacob III. (1670-1734), der zunächst im Exil bei Paris lebte bis er als Flüchtling nach Rom kam, gelang es nicht, dauerhaft nach England zurückzukehren. Aus Anhängern seines Sohnes, des in Rom geborenen katholischen Prinzen Karl Eduard, soll die erste Loge in Rom entstanden sein. Vgl. ALEC MELLOR, Die Freimaurer, S. 141 – 146.
Carlo Francovich berichtet von der Möglichkeit einer ersten Logengründung in Neapel aus dem Jahr 1731. Danach hätte die englische Großloge ein entsprechendes Patent den Brüdern Georges Olivares und Franceso Saverio Geminiani ausgestellt mit dem Auftrag, eine Loge in Neapel ins Leben zu rufen. Vgl. CARLO FRANCOVICH, Storia della Massoneria in Italia. Dalle Origini alla Rivoluzione Francese, Florenz 1974, S. 41 f.

182 Vgl. JÜRGEN HOLTORF, Die Logen der Freimaurer, S. 50. Renata Targheta weist für das Jahr 1729 schon eine in Venedig bestehende Loge aus und nennt Philip Wharton (1698-1731) ihren Gründer, der ein Jahr zuvor schon in Portugal die erste Freimaurerloge erreichtet hatte. Vgl. RENATA TARGHETA, La Massoneria veneta dalle origini alla chiusura delle Logge (1729-1785), Udine 1988, S. 27 ff.

de eine weitere Loge in Rom ins Leben gerufen. Dieser Loge gehörten nahezu ausschließlich Engländer beider Konfessionen an.[183] Auf päpstlichen Druck hin wurde diese Loge schon zwei Jahre später wieder geschlossen.[184]
Über das Geschehen in der Loge in Florenz und das freimaurerische Tun im Allgemeinen wurde auf einer vom Hl. Offizium für den 25. Juli 1737 einberufenen außerordentlichen Konferenz, an der unter dem Vorsitz des Papstes Cle-

---

Philip Wharton hatte vom 24.06.1722 bis 24.06.1723 das Amt des Großmeisters der englischen Großloge inne, war vor 1717 ein Anhänger der katholischen Stuarts gewesen, um dann das protestantische Haus Hannover zu unterstützen, das er von 1721 wieder heftig bekämpfte. Wharton war 1725 katholisch geworden und hatte als Gesandter der Stuarts auch die erste Loge in Spanien in Madrid gegründet. Wharton war zudem auch Vorsitzender des Höllenfeuerclubs gewesen, der 1721 wegen der gotteslästerlichen Angriffe gegen die Grundsätze der Religion und der Propagierung des Sittenverfalls durch den König verboten worden war. Vgl. HERMANN GRUBER, Zweihundert Jahre Freimaurerei im Lichte des freimaurerischen Grundgesetzes von 1723, in: Stimmen der Zeit. Katholische Monatsschrift für das Geistesleben der Gegenwart, Bd. 93 (1917), Freiburg i.Br., S. 251 – 278, S. 266 f. Vgl. zur Bedeutung der Freimaurerei in der politischen Geschichte Italiens ENRICO FOSCHI, La Massoneria nella storia politica d'Italia, Dalle Origini al primo governo a guida massonica e alla politica della Loggia Universo, Città di Castello 1999.

183 Die Mitgliedschaft von vermutlich ausschließlich englischen Brüdern ergibt sich aus den Statuten der Loge, die in Art. 3 die Beherrschung der englischen Sprache als Voraussetzung für die Aufnahme normieren. „Art. 3: Perigrini rejiciuntor si linguam anglicam non intellegunt." CARLO FRANCOVICH, Storia della Massoneria in Italia, S. 43.

184 Die Loge in Rom wurde 1737 nach Intervention der Kirche bei der staatlichen Gewalt durch sie wieder geschlossen. Im August 1737 hatte es einen entsprechenden Befehl von Seiten der päpstlichen Regierung gegeben. Um einerseits ein Zeichen zu setzen, andererseits aber unter den adligen Mitgliedern der Loge kein Aufsehen zu erregen, wurde ein unbedeutendes Mitglied der Loge, ein so genannter „fratello servente", verhaftet, nach wenigen Tage aber wieder auf freien Fuß gesetzt. Vgl. CARLO FRANCOVICH, Storia della Massoneria in Italia, S. 45. Carlo Francovich vermutet den Hintergrund für die Aufhebung der römischen Loge schon in einer Protestaktion des Hl. Stuhls gegen das sich in den Freimaurerlogen verbreitende Freidenkertum. Auf die vor allem katholischen Mitglieder der römischen Loge konnte dabei keine Rücksicht genommen werden. Vgl. ebd., S. 45 ff.
Die erste amtliche päpstliche Verurteilung der Freimaurer erfolgte erst durch die Bulle „In eminenti" aus dem Jahr 1738, weswegen das veröffentlichte päpstliche Verbot noch nicht Hintergrund der Auflösung der römischen Loge im Jahr 1737 gewesen sein kann. Vielmehr ist anzunehmen, dass Jacob III. selbst die Kirche in Person des Kardinal Corsini, einem Neffen von Papst Clemens XII., um Hilfe bat, ein behördliches Einschreiten gegen die Loge zu veranlassen. Offenbar war die Loge von aus der Loge in Florenz in die römische Loge eingeschleusten Mitgliedern des protestantischen Hauses Hannover für politische Zwecke benutzt worden. Vgl. im einzelnen ALEC MELLOR, Die Freimaurer, S. 145 f. Vgl. auch WILLIAM JAMES HUGHAN, The jacobite Lodge at Rome, 1735 – 1737, Leicester 1910; GILBERTO MARTIRE, La Massoneria italiana. A proposito di una Massoneria Filo-Cattolica, Mailand 1984.

mens XII.[185] die Kardinäle Ottoboni, Spinola und Zondadari teilnahmen, beraten und die Verurteilung der Freimaurerei kirchlicherseits erstmalig beschlossen.[186] Im selben Jahr hatte Gaston von Medici (+ 1737) die Freimaurerei in der Toskana schon verboten.
Was war dem vorausgegangen? Die Loge in Florenz war vermutlich von Charles Sackville, einem Vertreter des englischen Katholizismus, gegründet worden, hatte aber auch, dem freimaurerischen Gedanken nach der Unerheblichkeit des Bekenntnisses folgend, Vertreter und Anhänger des protestantischen Hauses Hannover, englische Lords und Offiziere, die als Reisende nach Florenz kamen, sowie die sich aus architektonischem, archäologischem oder künstlerischem Interesse am Hof der Medici schon seit jeher in Florenz aufhaltenden Briten aufgenommen.[187] Italienische Adlige, Bürger und Geistliche schlossen sich an.

Über die Logenarbeit bestand enger Kontakt zur Regierung in Florenz, in deren Reihen es auch einige Freimaurer gab. Nach dem Tod des letzten Medici – Großherzog Gian Gastone[188] starb am 09.07.1737 – übernahm Großherzog

185 Dass der Papst tatsächlich den Vorsitz führte, ist nicht belegt, wird aber angenommen. Vgl. MICHEL DIERICKX, Freimaurerei, S. 63.

186 Vermutlich nicht erst durch die erste Logengründung in Italien wird die römische Kurie auf die Freimaurer aufmerksam geworden sein. In England, Frankreich, Deutschland und auch anderswo waren katholische Geistliche und andere Katholiken als Mitglieder in den Freimaurerlogen aufgenommen worden und abgesehen von den Berichten tatsächlicher oder vermeintlicher Spione, dazu gehörte etwa der Bischof von Namur, Abbé Thomas John Francis de Strickland de Sizorghe (+ 1740), kann angenommen werden, dass man beim Hl. Offizium über die freimaurerische Praxis, ihre Idee und ihr Ziel, informiert war und es über mehr als 20 Jahre nicht für nötig erachtet hatte, gegen die Freimaurerei einzuschreiten. Vgl. zur „Strickland Affäre“, ALEC MELLOR, Die Freimaurer, S. 123 – 131.

187 Mitglieder der Loge in Florenz waren auch zwei aus Irland wegen der dortigen Katholikenverfolgung geflüchtete Mönche aus dem Kloster San Spirito. Vgl. JOHN HERON LEPPER, The Earl of Middlesex and the English lodge in Florence, AQC (= Ars Quatuor Coronatorum, Transactions of the Quatuor Coronatorum Lodge number 2076), London seit 1888, Bd. 58 (1945).

188 Großherzog Gian Gaston Medici, ein Freund und Anhänger von Leibniz, hatte nach seiner Regierungsübernahme eine den neuen wissenschaftlichen Strömungen tolerante Haltung eingenommen, so dass sich unter seiner Regentschaft an den Universitäten diese Strömungen etablieren konnten. Dennoch hat er kurz vor seinem Tod und noch vor der ersten päpstlichen Verurteilung ein Verbot der Freimaurerei erlassen. Vgl. INTERNATIONALES FREIMAURERLEXIKON, Art. Italien, S. 424 – 430, S. 424. Sein früher Tod ist für Henry Charles Lea der Grund dafür, dass das Verbot nicht angewandt wurde und deswegen der Papst einen Inquisitor nach Florenz sandte. Vgl. HENRY CHARLES LEA, Geschichte der Spanischen Inquisition, deutsch bearbeitet von PROSPER MÜLLENDORF, Bd. 3, Leipzig 1912, S. 227.

Franz Stephan von Lothringen (1708-1765) die Regierungsgeschäfte, der sich als Freimaurerfreund erwies.[189]
Die Regierungsmitglieder in Florenz schienen nach den Berichten katholischer Logenmitglieder an die kirchlichen Oberen vom englischen Gesandten Horace Mann[190] abhängig zu sein, der wiederum im Auftrag des englischen Ministers Sir Robert Walpole (1676-1745) darum bemüht war, den Einfluss Englands auf die Regierung in Florenz zu erhöhen. Hintergrund dafür war, dass ein Krieg auf dem europäischen Festland die Machtverhältnisse in England hätte gefährden und die katholischen Stuarts über die Unterstützung Frankreichs und Spaniens wieder nach England hätte zurückführen können.[191] Der in den Augen der Kirche ungute und gefährliche Einfluss auf die katholische politische und intellektuelle florentiner Elite seitens nichtkatholischer Engländer, die für „stupide Atheisten" und „glaubenslose Libertiner" gehalten wurden, sowie deren Ideen und Absichten veranlassten das Hl. Offizium tätig zu werden.[192]

Auf die Berichte des Gesandten der Republik Lucca, Lorenzo Diodati, an seine Regierung gehen aus der Zeit vom 12.06. bis 16.07.1737 einige Dokumente zurück, die die Ereignisse unter anderem in Florenz im unmittelbaren Vorfeld des ersten Beschlusses zur Verurteilung der Freimaurer seitens der katholischen Kirche zu illustrieren vermögen.[193] Diodati berichtet davon, dass florentinische Schriftsteller, beeinflusst von Lehrern der Universität Pisa, eine Vereinigung nach dem Muster einer in Frankreich verbotenen Sekte, die ihrerseits die englische Sekte „freemasons" zum Vorbild habe, gegründet hätten, in der alle Mitglieder einen Eid zu leisten hätten, über Interna der Versammlungen zu schweigen, und dass der römische Gerichtshof entschieden habe, zwei Apostolische Delegaten oder solche der Inquisition nach Florenz zu schicken, um die von diesen Gruppen ausgehende Gefahr zu untersuchen, die, wollte man fatale Folgen

---

189 Franz von Lothringen war 1731 in Haag in die dortige Loge als Lehrling aufgenommen worden. Vgl. LUDWIG FREIHERR VON PASTOR, Geschichte der Päpste im Zeitalter des fürstlichen Absolutismus von der Wahl Klemens XI. bis zum Tode Klemens XII. (1700-1740) (= Geschichte der Päpste seit dem Ausgang des Mittelalters, 16 Bände, Freiburg i.B. 1925 – 1932, Bd. 15), Freiburg i.Br. 1930, S. 685.

190 Horace Mann war 1737 als Stellvertreter des englischen Gesandten Fane nach Florenz gekommen und trat 1740 dessen Nachfolge an. Er erwies sich als antijacobinischer und antikatholischer, der englischen Dynastie ganz ergebender Diener.

191 Dass die englische Politik die Logen außerhalb Englands bewusst politisch zu nutzen versuchte, ist durchaus denkbar und wahrscheinlich. Vgl. ALEC MELLOR, Die Freimaurer, S. 148.

192 Vgl. ebd., S. 148 f.

193 Die Dokumente sind veröffentlicht bei F. SBIGOLI, Lettere del Diodati e del Marchi, agenti della Republica di Lucca e decreti del Governo di questo intorno al Frammasonis, Archivio di Lucca. Cancelaria della Republica. Scritture segrete. Cons. Gen. 685. Zitiert nach ALEC MELLOR, Die Freimaurer, S. 158.

des freimaurerischen Wirkens vermeiden, an der Wurzel gepackt werden müsse.[194]
Weiter berichtete er seiner Regierung in einer Stellungnahme vom 16.06.1737, dass die Loge in Florenz von Adligen, Klerikern, Bürgern und Studenten besucht werden würde, wobei die dort vermittelte Lehre bei Todesstrafe geheim zu halten sei. Im Zuge von Versuchen, eine Loge in Turin zu gründen, könne er weiter berichten, dass es nach der Darstellung zweier von der Inquisition in die Loge eingeschleusten Dominikanermönche Teil der dort vermittelten Lehre sei, dass es gestattet sei, geschlechtliche Beziehungen zu einer verheirateten Frau zu unterhalten, die Beichte bei Vorliegen von Reue überflüssig und die Einhaltung des Fastengebots unnötig seien.[195] Deswegen würden Nuntius und Erzbischof ein Verbot der Freimaurer erwirken wollen.
Am 29.06. desselben Jahres teilt der Gesandte mit, dass es der Inquisition gelungen sei, Angehörige des niederen Klerus und ein paar Mönche zu verhaften, wobei Adlige und auch die ausländischen Gründer der Loge verschont worden wären. Wenn auch keine Gefahr für die jeweilige Religion bestehe, zu der sich die Logenmitglieder bekennen, würden selbst häretische, das heißt nichtkatholische Staaten mittlerweile eine von den Logen und ihren Versammlungen ausgehende Gefahr für die Regierung sehen.[196]
Im Bericht vom 16.07.1737 trifft Diodati eine bemerkenswerte Differenzierung und erklärt, dass die auf die englischen Freimaurer zurückgehenden Logen und ihre Anhänger als unbedenklich zu bezeichnen seien. Sofern die florentiner Loge aber ein Sammelbecken eben dieser unbedenklichen Vertreter der englischen

194 „Da qualche tempo il Governo Spirituale è in allarme a causa di diverse massime che troppo audacemente sfidano la nostra religione, correntemente discusse tra di qui e derivate in massima parte della scuola di Pisa, ivi propugnate da alcuni virtuosi sul modello di quelli che si dicono frammassoni, che provarono a stabilirsi in Francia, e furono soppressi perché simili a quelli che esistono in Inghilterra, nelle cui riunioni, si dice, sia amministrato un giuramento che copre tutto quanto si cola fatto o detto. La Corte di Roma ha deciso di inviare a Firenze due Delegati Apostolici o Delegati dell'Inquisizione per studiare la questione, ed altri messaggeri, si dice, sono stati inviati con notizie a quel riguardo, non sappiamo ancora a quale scopo, se per intralciare il lavoro di quelli o per spronarli a strappare la mala pianta sul nascere, poiché se questa si espandesse fatali conseguenze ne deriverebbero." Zitiert nach JOHN HERON LEPPER, The Earl of Middlesex and the English lodge in Florence, Traduzione in italiano del Lucca Ferruzzi, in: http://www.freemasons-freemasonry.com/loggia_firenze.html vom 16.07.2007.

195 "Ho udito però che quando si provò a fare quella società a Torino, si scoprì che si basava sui seguenti tre detestabili principi cioè la conoscenza carnale di donna non è peccato; la Confessione non è necessaria, essendo il pentimento sufficiente a restituire lo stato di grazia; e che la carne può essere mangiata anche di venerdì e di sabato." Ebd.

196 Vgl. ebd.

Maurerei und zugleich Zufluchtsort religionsfeindlicher italienischer Freidenker sei oder werden würde, sei Vorsicht geboten.[197]

Nachdem die erste päpstliche Verurteilung 1738 veröffentlicht worden war, blieb sie auch in Italien nahezu ohne Folgen. Im Kirchenstaat, das heißt für Rom, Bologna, Ferrara und Benevent, erließ der damalige Kardinalstaatssekretär Firrao (1670-1744) am 14.01.1739 zur päpstlichen Bulle Durchführungsbestimmungen[198], wonach denjenigen, die Freimaurern Unterschlupf boten, die Todesstrafe, die Konfiszierung ihres Vermögens und der Abbruch ihrer Häuser angedroht wurden, sowie die Anweisung erging, Versammlungen der Brüder der Behörde anzuzeigen.[199] Angewandt wurden die Bestimmungen aber nicht.[200]

---

197 "Non è provato che l'Imperatore abbia conferito con il Marchese Bartolomei riguardo alle novità delle quali molti dei messaggeri inviati da quella Corte a Roma avevano a che fare col Vescovado di Pescia, il quale spregiò alle procedure usuali di Sua Santità, la quale innovazione riguarda il Duca di Lorena, che appartiene, patrizi di quel luogo alla società dei frammassoni d'Inghilterra, la quale è molto antica, e si dice che, a parte osservato dai membri, non abbia altre caratteristiche di rilievo. Potrebbe anche darsi che ciò fosse vero, poiché essi ammettono ogni genere di persona senza distinzione die rango o di nazione, e si pensa che il segreto, in verità, non sia nulla, e i loro incontri senza alcuna importanza. Se però a Firenze la cosa ha prodotto conseguenze più grandi di tutto ciò, allora si dovrà certamente fare attenzione per salvarne." Ebd.

198 Kardinal Firrao: „È perché tali Aggregazioni, Radunanze e Conventicole non solo sospette di occulta eresia, ma inoltre sono pericolose alla pubblica quiete, ed alla sicurezza dello Stato Ecclesiastico, giacché se non contenessero materie contrarie alla Fede Ortodossa, ed allo Stato, e quiete della Repubblica non si userebbero tanti vincoli di segretezza, come prudentemente si considera nella Bolla suddetta, volendo la Santità di Nostro Signore che nello Stato suo e della Santa Sede Apostolica, cessino totalmente e si disciolghino tali perniciosissime Aggregazioni, Radunanze e Conventicole, ed acciocché quelli che non vengono contenuti dal timore delle Censure, venghino almeno raffrenati dalle pene temporali; col presente Editto d'ordine della Santità di Nostro Signore si proibisce a qualunque Persona di ogni sesso, stato e condizione, ancorché Ecclesiastica, Secolare, o Regolare, di qualunque Istituto, grado, e dignità, ancorché privilegiata, e privilegiatissima, e di cui dovesse farsi espressa, e speciale menzione, comprese ancora le quattro Legazioni di Bologna, Ferrara, Romagna, Urbino e la città, e ducato, di Benevento, che nessuno ardisca di radunarsi, e congregarsi, e di aggregarsi in luogo alcuno, sotto le suddette società o Congregazioni di Liberi Muratori, Francs Massons, o sotto qualisvoglia altro titolo o velame, né di trovarsi presente a tali Radunanze e Congregazioni, sotto pena della morte, e confiscazione de'Beni, da incorrersi irremissibilimente senza speranza di grazia." Zitiert nach JOSÈ ANTONIO FERRER BENIMELI, Origini, motivazioni ed effetti della condanna vaticana, in: Storia d'Italia, Annali 21, La Massoneria, A cura di Gian Mario Cazzaniga, Turin 2006, S. 143 – 165, S. 146 f. Auffällig ist in der Anordnung das eklatante Missverhältnis zwischen Delikt und Strafe. Der Verdacht der heimlichen Ketzerei und die Gefahr für die Ruhe des Staates werden ohne Hoffnung auf Gnade mit dem Tode bedroht, der Zerstörung der Häuser und der Konfiszierung des Besitzes. Dabei scheinen die Sorge um die Ruhe und Sicherheit des (Kirchen-) Staates gegenüber dem Verdacht der heimlichen Ketzerei schwerer zu wiegen.

199 Vgl. HEINRICH REUSCH, Der Index der verbotenen Bücher, 2 Bände, Aalen 1883 – 1885, Bd. 2, S. 801.

Einen Monat später erfolgte lediglich die Verbrennung eines vermutlich zur Irreführung der Inquisition verfassten Buches mit dem Titel „Relation apologique de la Société des Francs-maçons“[201].

In Florenz hatte das päpstliche Dekret der Logenarbeit ein Ende gesetzt und die Logenbrüder traten aus Angst vor der Inquisition nicht mehr zusammen. Dem Sekretär der florentiner Loge, dem Dichter Tommaso Crudeli (1703-1745), der durch bissige Verse gegen den Klerus bekannt geworden war, wurde von der Inquisition der Prozess gemacht.[202] Einen solchen inquisitorischen Musterprozess in Florenz zu führen, war günstig, da er ohne politischen Widerstand geführt werden konnte. Die Regierung des Nachfolgers des letzten Medici Gian Gastone, des Herzogs Franz Stephan von Lothringen[203], der zwar selbst Freimaurer war aber den Abbruch der Beziehungen zum Hl. Stuhl fürchtete, war nämlich noch schwach und der Herzog war Ausländern sowie der Bevölkerung noch weitgehend unbekannt. Um an Autorität zu gewinnen, waren er und seine Regierung auf die Unterstützung des Hl. Stuhls angewiesen.[204]
1742 wurde vom Engländer Martin Folkes (1690-1754) in Rom eine neue Loge ins Leben gerufen, nachdem die erste 1737 aus politischen Gründen aufgelöst worden war. 1787 entstand ebenda eine weitere Loge, die als Tochter des Grand

---

200 Vgl. MICHEL DIERICKX, Freimaurerei, S. 67.

201 Vgl. W.E. MOSS, A Note on the Relation apologique et historique de la Société des Francs-maçons, in: AQC, Bd. 51 (1938), 2. Teil. Dieses Buch war von der Inquisition in Irland angezeigt worden und wurde am 18. Februar 1739 auf dem Platz der Hl. Maria-Minerva in Rom verbrannt. Vgl. REINHOLD TAUTE, Die katholische Geistlichkeit und die Freimaurerei, S. 26.

202 Vgl. LUDIWG FREIHERR VON PASTOR, Geschichte der Päpste, Bd. 15, S. 685. Francovich kommt zu dem Schluss, dass der Musterprozess gegen Crudeli nicht gegen ihn als Person stattfinden, sondern die Freimaurerei als solche getroffen werden sollte. In der Toskana hatte die päpstliche Bulle wegen des Fehlens des staatlichen „Placet“ keine formelle Gesetzeskraft erlangt. Zudem sollte über die Verurteilung Crudelis gegen die wegen einiger Professoren unter freidenkerischem Einfluss stehende Universität von Pisa ein Zeichen gesetzt werden Vgl. zum Prozess gegen Tommaso Crudeli CARLO FRANCOVICH, Storia della Massoneria in Italia, S. 73 ff.

203 Herzog Franz Stephan stand unter dem Druck des Hl. Stuhls in Person des Kardinals Corsini. Corsini hatte dem Herzog brieflich mitgeteilt, dass der päpstliche Nuntius aus der Toskana abgezogen werden würde, wenn die Forderungen des Hl. Stuhls, dazu gehörte die Ausweisung des letzten Meisters vom Stuhl, des englischen Doppelspions Stosch, sowie die Verhaftung Crudelis und zwei weiterer Logenmitglieder, nicht erfüllt werden würden. Vgl. CARLO FRANCOVICH, Storia della Massoneria in Italia, S. 76 f. Vgl. auch HANS WAGNER, Politische und kulturelle Bedeutung der Freimaurer im 18. Jahrhundert, in: Beförderer der Aufklärung in Mittel- und Osteuropa. Freimaurer, Gesellschaften, Clubs, hg. von EVA H. BALASZ, LUDWIG HAMMERMAYER, HANS WAGNER und JERZY WOJTOWICZ (= Studien zur Geschichte der Kulturbeziehungen in Mittel- und Osteuropa, Bd. V), Berlin 1979, S. 69 – 86, S. 74.

204 Vgl. CARLO FRANCOVICH, Storia della Massoneria in Italia, S. 74.

Orient de France gegründet worden war[205] und zu deren Mitgliedern auch Don Sigismondo Chigi (1735-1793), Kustode des Konklaves und Ständiger Marschall der Römischen Kurie, gehörte.[206]

Im Königreich Neapel, wo vor allem Militärlogen mit einem nur geringen Mitgliederanteil von Kaufleuten und Klerikern existierten, konnte sich die Freimaurerei zunächst ungestört entwickeln.[207]
Anders als in Spanien und Portugal war die Stellung des Hl. Offiziums außerhalb des Kirchenstaates in Italien nicht so gefestigt, da Gerichte in Glaubensangelegenheiten ursprünglich nicht bekannt gewesen waren.[208]

Obwohl sich im Kirchenstaat wegen des geistigen und sozialen Gefüges der Bevölkerung die Gedanken der Französischen Revolution nicht so leicht ausbreiten konnten, gab es wegen interner Missstände, vor allem der chronischen Misswirtschaft, bei den Bürgern Roms eine erhebliche Unzufriedenheit, die die Kurie um Ruhe und Ordnung im Staat bangen ließen. Im selben Jahr noch (1789) unternahm die römische Inquisition Maßnahmen gegen Franzosen, die man der Mitgliedschaft in der Freimaurerei verdächtigte, und gegen die mit ihnen sympathisierenden Römer.[209]
In napoleonischer Zeit erhielt die Freimaurerei in Italien durch französische Armeeangehörige, die in Italien Logen gründeten, eine antiklerikal dominierte Prägung, auf die Pius VII. (1742-1823) vor allem wegen ihrer Staatsgefährlichkeit scharf reagierte. Die Logen in Piemont, Ligurien und im Vatikan waren dem Großorient de France unterstellt worden und im Königreich Neapel, wo ein Schwager Napoleons der Maurerei vorstand, wies der nationale Großorient Ähnlichkeiten mit seiner französischen Schwesterloge auf. Schließlich schloss sich auch das Großherzogtum Toskana der französischen Maurerei an, wofür die Sympathie für Napoleon maßgeblich gewesen sein dürfte, mit dessen Hilfe man hoffte, auch die absolutistische Monarchie Italiens zu überwinden. Nach der Niederlage Napoleons 1815 erlebte die italienische Freimaurerei eine Zeit der Starrheit.[210]

205 Die römische Loge „Amici sinceri“ war von fünf Franzosen und je einem Amerikaner und Polen gegründet worden. Vgl. INTERNATIONALES FREIMAURERLEXIKON, Art. Italien, S. 424 – 430, S. 425.

206 Vgl. INTERNATIONALES FREIMAURERLEXIKON, Art. Chigi, S. 178.

207 Vgl. Geschichte des Schicksals der Freymäurer zu Neapel, Frankfurt, ohne Namen, 1779. Vgl. auch CARLO FRANCOVICH, Storia della Massoneria in Italia, S. 90 – 131.

208 Das Königreich Neapel verfügte 1746 einen Erlass zur Aussetzung der Inquisitionsverfahren, da diese nach den Gesetzen des Königreichs wegen ihrer Heimlichkeit als irregulär galten. Vgl. F. BETHENCOURT, L'Inquisition à l'époque moderne: Espagne, Italie, Portugal, XVième – XIXième siècles, Paris 1995, S. 429.

209 Vgl. Geschichte der Kirche in 5 Bänden, hg. v. L.J. ROGIER, R. AUBERT und M.D. KNOWLES, Einsiedeln – Zürich – Köln 1963 – 1977, Bd. IV, S. 53.

210 Vgl. ROBERT A. MINDER, Freimaurer, S. 137.

Wegen der in Italien bis 1870/71 herrschenden Vielstaaterei und der je unterschiedlichen Haltung zu den Freimaurern seitens der Regierenden ergab sich, dass sich trotz der päpstlichen Verurteilungen in ganz Italien vielerorts Logen gründeten[211], deren Mitglieder ähnlich wie in Frankreich für Freiheit und nationale Einheit warben. So geteilt wie der Staat war, so verschieden waren auch die Logen und ihre Ansichten.[212] Dennoch konnte im Dezember 1861 der erste italienische „Grande Oriente" gegründet werden, der im März 1864 wieder aufgelöst wurde, um noch im selben Jahr im Dezember 1864 in Florenz wiedererrichtet zu werden.[213] Im Jahr 1869 konnten sich ca. 150 Logen in Florenz auf gemeinsame, teilweise antiklerikale[214] Grundsätze verständigen.[215]

Nach der Auflösung des Kirchenstaates und der Vereinigung des Königreichs im Jahr 1870 florierte die italienische Freimaurerei[216] und auch die päpstlichen Verurteilungen – zur schärfsten sollte es 1884 durch Papst Leo XIII. kommen – änderten daran kaum etwas.[217]
Im Herbst 1896 wurde in Trient ein internationaler antifreimaurerischer Kongress abgehalten, der sich zur Aufgabe gemacht hatte, wirksame Maßnahmen gegen die von der Kirche verbotene Geheimgesellschaft zu beraten. Neben den auf dem Kongress in vier Ausschüssen zu beratenden Fragen bzgl. der freimau-

---

211 Vgl. ROSARIO F. ESPOSITO, La massoneria e l'Italia: dal 1800 ai nostri giorni, Roma, Edizione Paoline 1979. Darüber hinaus bietet Francovich einen guten Überblick über die Entstehung der Freimaurerlogen in Venedig, Mailand, Genua und Piemont. Das Erscheinungsbild der Logen war in den einzelnen Ländern je verschieden. So gab es rationalistisch, materialistisch und deistisch orientierte Logen, bspw. die erste Loge in Florenz, oder auch christliche Logen, bspw. eine Loge in Venedig, in der es ausnahmslos katholische Mitglieder gab. Vgl. die Liste der Mitglieder in dieser Loge, ebd. S. 295 f.

212 Nach dem Wiener Kongress (1815) und der Wiederherstellung des Alten Regimes blieb Italien so gespalten wie vor der Revolution. Geheimgesellschaften, unter ihnen die Carbonari, die schon 1814 päpstlicherseits auch für Katholiken verboten worden waren, hatten sich gegründet, um die nationale Einheit Italiens voranzutreiben. Das sprach viele Mitglieder in den Freimaurerlogen an, die sich nun in diesen neuen Gruppen engagierten, worunter die eigentliche freimaurerische Arbeit litt. Vgl. ROBERT A. MINDER, Freimaurer, S. 136 f.

213 Vgl. ALDO A. MOLA, Storia della Massoneria italiana dalle origini ai nostri giorni, Milano 1992, S. 64 ff.

214 „Le adesioni al programma ricciardiano suonavano con diversi accenti. 'Figuratevi se io non applaudisca pienamente a qualunque propaganda che promuova la Ragione e combatta le favole cristiane e le superstizioni cattoliche [...]' dichiarò, aderendo, il pur moderato Fratello Michele Amari, storico degli arabi in Sicilia e dei Vespri siciliani." ALDO A. MOLA, Storia della Massoneria italiana, S. 137 f.

215 Vgl. INTERNATIONALES FREIMAURERLEXIKON, Art. Italien, S. 424 – 430, S. 426.

216 Anlässlich des Begräbnisses des radikalen Republikaners Giuseppe Mazzini (1805-1872), der Mitglied der Großloge von Palermo gewesen war, waren im März 1872 auf den Straßen Roms erstmalig Freimaurerfahnen zu sehen, die den Trauerzug begleiteten.

217 Vgl. INTERNATIONALES FREIMAURERLEXIKON, ebd.

rerischen Lehre, der freimaurerischen Aktion, einer gemeinschaftlichen Gebetsaktion[218] und der antifreimaurerischen Aktion seitens der Kirche stellt der so genannte Taxil-Schwindel bzw. seine Entlarvung eine Zäsur in der antifreimaurerischen Agitation dar.

Der französische Journalist Gabriel Antoine Jogand-Pagès (1854-1907), der sich den Namen Léo Taxil gegeben hatte, hatte schon seit über zehn Jahren mit schier unglaublichen Enthüllungen über die Freimaurer vor allem in der katholischen Presse Aufsehen erregt. Den kirchlichen Autoritäten galt er als verlässlich, da er für kurze Zeit im Jahr 1881 Mitglied einer Pariser Loge geworden war, die Mitgliedschaft seitens der Loge jedoch sehr bald wieder aufgekündigt wurde. Taxil behauptete unter anderem, dass der Teufel selbst in den Logen den Vorsitz führe und eine Miss Diana Vaughan, die er als Tochter des Teufels ausgab, ihm allerlei Geheimnisse der Freimaurerei anvertraut hätte. Auf dem Kongress erklärte Taxil nun, dass er sich einen Spaß daraus gemacht habe, seit Jahren die kirchlichen Autoritäten und seine Leserschaft zu täuschen.[219]

In der Zeit des italienischen Faschismus (1920-1943/44) wurden Freimaurer national bekämpft und es kam zur Selbstauflösung aller Logen, nachdem die Faschisten[220] – nach Mussolinis Ansicht waren Faschismus und Freimaurerei un-

---

218 Mit einem Gebet ‚Zur Bekehrung der Freimaurer' konnte ein zeitlicher Ablass gewonnen werden, wenn man es an 100 aufeinander folgenden Tagen je einmal betete. „Herr Jesus Christus, der du deine Allmacht ganz besonders durch Schonung und Erbarmen kundgibst und der du gesagt hast: Betet für diejenigen, die euch verfolgen und verleumden; wir rufen die Güte deines heiligsten Herzens an für die Seelen, die nach Gottes Ebenbilde geschaffen, aber durch die arglistige Verführung der Freimaurer schnöde betrogen, mehr und mehr die Wege des Verderbens wandeln. Laß doch nicht länger zu, dass die Kirche, deine Braut, von ihnen unterdrückt werde, sondern laß dich durch die Fürsprache der seligsten Jungfrau Maria, deiner Mutter, und durch die Gebete der Gerechten besänftigen, sei deiner unendlichen Barmherzigkeit eingedenk, vergiß ihre Bosheit und bewirke, dass auch sie zu dir zurückkehren, die Kirche durch möglichst vollkommene Buße trösten, ihre Übeltaten wiedergutmachen und die ewige Seligkeit erlangen mögen; der du lebest und regierest in alle Ewigkeit. Amen." FRANZ BERINGER, Die Ablässe, ihr Wesen und Gebrauch, bearbeitet von PET. AL STEINEN, 2 Bde., Paderborn 1921 f., Bd. 1, S. 278, Nr. 571.

219 Vgl. den ausführlichen Bericht von P.M. (Autor nur mit Initialen ausgewiesen) "Der antifreimaurerische Congreß zu Trient" in: Historisch-politische Blätter für das katholische Deutschland, 1896, hg. von EDMUND JÖRG und FRANZ LINDER, Bd. 118, 2, S. 657 – 689.

220 Vgl. hierzu FULVIO CONTI, Storia della massoneria italiana. Dal Risorgimento al facismo, Bologna 2003, S. 300 – 320.

vereinbar[221] – 1925 in Florenz viele Freimaurer ermordet, interniert und die Logen zerstört hatten.[222]

Seit 1960 sind die nach dem zweiten Weltkrieg wiedererrichteten Logen zur Großloge „Grande Oriente d'Italia, Rom" zusammengeschlossen, der 1972 von der englischen Großloge anerkannt wurde. Im Zuge der Wirren um die so genannte ‚P2 Loge' verlor der Großorient die Anerkennung, die er erst 1999 wiedererlangte.[223]

Die Geschehnisse um die legendäre P2 Loge in Italien, die im Jahr 1981 zum Sturz der italienischen Regierung führten, haben dem Ansehen der Freimaurer nachhaltig geschadet.[224] Der Großmeister Giuseppe Mazzoni (1808-1880), der in der Zeit des Risorgimento eine bedeutende Rolle übernommen hatte, hatte eine reguläre und exklusive Loge namens „Propaganda Massonica" bzw. „P1" ins Leben gerufen, die bedeutende und herausragende Mitglieder des Freimaurerbundes in sich vereinigte.[225] Deren Mitgliedschaft aber war nur den höchsten maurerischen Behörden bekannt, um diese vor Verfolgungen des Staates und der Kirche zu bewahren.
Im Jahr 1887 wurde eine zweite Loge unter dem Namen „Propaganda Due" bzw. „P2" als „Pendant" zur Congregatio Propaganda Fidei, der späteren Glaubenskongregation, gegründet.[226] Beide Logen wurden im Faschismus aufgelöst, wobei sich die P2 Loge nach dem Krieg wiedererrichten konnte.

Der 1965 in die Freimaurerei aufgenommene Licio Gelli (geb. 1919), dem es seinerseits gelang, Persönlichkeiten des öffentlichen Lebens für die Freimaurerarbeit zu gewinnen, wurde 1967 Mitglied der P2 Loge, in der er schon bald das Amt des Meisters vom Stuhl bekleidete.[227] Bis Anfang der 70er Jahre blieb die Loge quasi unauffällig, wurde dann, nachdem es seit 1971 unter Gelli zu einer

221 Vgl. ALDO A. MOLA, Storia della Massoneria italiana, S. 512 ff. Vgl. auch EUGEN LENNHOFF, Die Freimaurer, S. 334 ff.

222 Vgl. ROBERT A. MINDER, Freimaurer, S. 140. Am 20.11.1925 hatte der italienische Senat ein Gesetz erlassen, das Geheimgesellschaften verbot. Vgl. CRONISTORIA DELL'ANNO SANTO MCMXXV, Typ. Poly.Vat. 1928, S. 432 f.

223 Vgl. INTERNATIONALES FREIMAURERLEXIKON, Art. Italien, S. 424 – 430, S. 430.

224 Vgl. dazu ausführlich ALDO A. MOLA, Storia della Massoneria italiana, S. 761 ff. Vgl. auch GÜNTHER BERGEMANN, „Geheimloge P 2": Skandal oder Intrige, in: Humanität 1, 8 (1982), S. 13 – 19.

225 Vgl. DIETER A. BINDER, Die diskrete Gesellschaft, S. 135.

226 Vgl. ROBERT A. MINDER, Freimaurer, S. 141.

227 Licio Gelli hatte auch das Amt eines Komtur im Ritterorden vom Heiligen Grab inne. Vgl. GÜNTHER BERGEMANN, Geheimloge P2, S. 18 f.

immer größeren Verselbständigung der Loge gekommen war[228], 1976 vom italienischen Großorienten aufgelöst.[229]
Gelli gelang es, mit den 62 Mitgliedern der Loge diese unter einem anderen, kriminellen Vorzeichen, das mit den Ideen der Freimaurer nicht vereinbar war, als Geheimbund wieder zu eröffnen und diesen auszubauen.[230]

Als 1981 durch die italienischen Finanzbehörden das Unternehmen ausgehoben wurde, war das Ausmaß der von Gelli und der P2 Loge betriebenen Unterwanderung des italienischen Staats- und Wirtschaftsapparats erschreckend. Zu den mittlerweile annähernd 2500 Mitgliedern der Loge, die eng mit dem italienischen und ausländischen Geheimdiensten kooperierten und in Waffengeschäfte verstrickt waren, gehörten Mitglieder der Armeespitze, Polizeiführer und Carabinierigeneräle.

Am 04.09.1982 wurde Gelli aus dem Freimaurerbund ausgeschlossen, auf den aufgrund der Machenschaften Gellis weit über Italien hinaus ein dunkler Schatten gefallen war.[231]

2.2.4 Die Freimaurer in Spanien und Portugal

Durch die enge Verbindung von Staat und Kirche in Spanien und Portugal, wo es seit 1728 in Madrid und 1735 in Lissabon Logen gab, waren die Freimaurer, nachdem die Bulle Clemens XII. hier veröffentlicht worden war, der kirchlichen wie der staatlichen Verfolgung ausgesetzt und wurden von der Inquisition gejagt und des Hochverrats verdächtigt.
Die katholische Kirche beherrschte in den beiden Nachbarländern das zivile Leben wie in keinem anderen Land Europas. Daher nahmen auch die Auseinandersetzungen zwischen Kirche und Freimaurerei in den beiden klassischen Ländern der Inquisition wie an sonst keinem Ort fatale Formen an.

2.2.4.1 Die Freimaurer in Spanien

Der spanische König Philipp V. (1683-1746) ließ die Bulle Clemens XII. unnachgiebig anwenden, wobei er die Behandlung der Freimaurerfrage dem Inquisitionsgericht überließ[232]. Zahlreiche Mitglieder der Freimaurerlogen, die auch

---

228 Vgl. ALDO A. MOLA, Storia della Massoneria italiana, S. 745 ff. und 761 ff.

229 Vgl. INTERNATIONALES FREIMAURERLEXIKON, ebd.

230 Vgl. zur Geschichte der P 2 Loge, insbesondere ihre Verwicklung in die internationale Finanzwirtschaft und ihre politischen Ambitionen GIUSEPPE D'ALEMA, Der aufhaltsame Aufstieg der Loge P2, Reinheim (ohne Jahr), S. 7 ff.

231 Vgl. INTERNATIONALES FREIMAURERLEXIKON, Art. Propaganda 2 (Due), Loggia, S. 677.

232 Vgl. HANS RIEGELMANN, Die europäischen Dynastien, S. 329. Vgl. auch HENRY CHARLES LEA, Geschichte der Spanischen Inquistition, S. 229.

in Spanien zunächst von Engländern gegründet worden waren[233] und als solche auch politische Bedeutung für die in Spanien nicht willkommene Ausbreitung des englischen Imperialismus hatten, verfielen der Galeerenstrafe, was jedoch die Ausbreitung der Logen nicht verhindern konnte.[234]

1740 wurden Logengründungen verboten und alle Freimaurer sollten aus Spanien vertrieben werden.[235] Nach Veröffentlichung der Bulle „PROVIDAS ROMANORUM PONTIFICUM" durch Benedikt XIV. im Jahr 1751 erließ auch der spanische König Ferdinand VI. (1713-1759) ein Verbot der Geheimbünde[236] und ließ sie mit unerbitterlicher Härte verfolgen, nachdem er von seinem Beichtvater, Josè Torrubia (1698-1761), auf die von der Freimaurerei ausgehende Gefahr, die nach dessen Darstellung den Umsturz in Staat und Kirche wolle und nur deswegen ins Land gekommen sei, um es von der Kirche zu befreien, hingewiesen worden war.[237] Der Franziskanerpater Torrubia hatte als Zensor und Revisor des Hl. Offiziums den geheimen Auftrag erhalten, die Freimaurer zu überwachen und dem König zu berichten, wozu er sich unter falschem Vorwand in eine Loge hatte aufnehmen lassen.[238]
Erst mit Karl III. (1716-1788), der als liberal und aufgeklärt galt und selbst Freimaurer gewesen sein soll[239], änderte sich das Klima, wenn auch wohl gegen einen latenten Widerstand der durch die Kirche geprägten katholischen Bevöl-

---

233 Die erste Loge in Spanien „Las Tres Flores de Lys o Matritense" wurde im Jahr 1728 von dem Engländer Philip Wharton (1698-1731) gegründet. Vgl. MANUEL AYLLON, Historias de Masones, De El Escorial a Banesto 1577-1993, Barcelona 2001, S. 111 ff. Die Gründungsurkunde dieser ersten Loge auf spanischem Territorium findet sich ebd., S. 405 f. Philip Wharton werden auch Logengründungen in Italien, beispielsweise in Venedig im Jahr 1729, zugeschrieben. Vgl. RENATA TARGHETA, La Massoneria veneta, S. 27 ff.. Vgl. auch WILHELM BEGEMANN, Freimaurerei in England, II. Buch, S. 368 ff.

234 Vgl. ROBERT A. MINDER, Freimaurer, S. 195. Vgl. auch verschiedene die Freimaurer betreffende Edikte staatlicher Behörden im 18. Jahrhundert in: JOSÉ ANTONIO FERRER BENIMELI, La Masonería Espanola, La Historia en sus textos, Madrid 1996, S. 19 – 37; ders., Maçoneria espanyola: mite i realitat, in: Maçoneria i educació a Espanya, hg. von der Fundacio caixa de pensions, Barcelona 1986, S. 15 – 67.

235 Vgl. PAUL SIEBERTZ, Freimaurer im Kampf um die Macht, Hamburg 1938, S. 29. Schon 1750 sollen der spanischen Inquisition eine Liste mit 97 Logen übergeben worden sein. Vgl. LUDWIG VON PASTOR, Geschichte der Päpste im Zeitalter des fürstlichen Absolutismus, von der Wahl Benedikts XIV. bis zum Tode Pius VI. (1740-1799) (= Geschichte der Päpste seit dem Ausgang des Mittelalters), Bd. 16/1, S. 265.

236 Vgl. JOSÉ ANTONIO FERRER BENIMELI, La Masonería Espanola, S. 32.

237 Gleichwohl wird noch 1758 in den Akten der spanischen Inquisition deren Vorgehen gegen einen französischen Freimaurer erwähnt. Vgl. LUDWIG VON PASTOR, Geschichte der Päpste, Bd. 16/1, S. 265.

238 Vgl. HANS RIEGELMANN, Die europäischen Dynastien, S. 330 f.

239 Vgl. ebd., S. 332 f.

kerung Spaniens, so dass 1766 eine englische Provinzialloge gegründet werden konnte[240], die sich als „Grande Logia Espanola“ für unabhängig erklärte.

In den Zeiten der napoleonischen Herrschaft (1808-1814) wurden die Freimaurer geduldet, so dass sich 1808 unter dem Großorient de France ein spanischer Großorient, der „Grand Orient d'Espagne“, bilden konnte.[241] Neben dem unter französischem Einfluss stehenden „Grand Orient d'Espagne“ existierten andere unter der Großloge von England arbeitende Logen weiter, deren Mitglieder vor allem Spanier waren, die einerseits zwar Gegner des Königs Joseph waren, sich andererseits aber mit den französischen Logen vereint wussten im Kampf gegen die katholische Kirche.

Danach wurden die Freimaurer unter Ferdinand VII. (1784-1833), der 1814 als König nach Madrid zurückgekommen war und sie von der Inquisition verfolgen ließ, erneut staatlicherseits bekämpft.[242]

---

240 Die Loge hatte sich Richtlinien gegeben, die nur die Aufnahme von Vermögenden gestatteten, worin ein Grund der sich immer wieder ergebenden Auseinandersetzungen vermutet werden kann, wenn nicht ein starker König die Gegner, die katholische Kirche und die Freimaurerei, auseinander zu halten vermochte. Vgl. ebd., S. 333.

241 Diese in Madrid ansässige Loge führte den Namen „Santa Julia“ und vereinigte andere dort befindliche Logen sowie Logen in Salamanca und Sevilla, deren Mitglieder sich vor allem aus den Offizieren der französischen Armee rekrutierten, die aber auch das Interesse der in der Regierung von Joseph Bonaparte (1768-1844), dem Bruder Napoleons, amtierenden Minister und Staatsräte fanden. Vgl. HEINRICH BRÜCK, Die geheimen Gesellschaften in Spanien und ihre Stellung zu Kirche und Staat, Mainz 1881, S. 16.

242 Am 19. Januar 1812 wurde unter Bezugnahme auf das schon 1751 erlassene Verbot der Freimaurer in Spanien folgendes Dekret erlassen: „El Rey D. Fernando VII y en su ausencia y cautividad el Consejo de Regencia de Espana è Indias, autorizado interinamente por las Còrtes generales y extraordinarias. Siendo uno de los mas graves males que afligen à la Iglesia y á los Estados la propagacion de la secta Fracmasónica, tan repetidas veces proscrita por los Sumos Pontifices y por los Soberanos Católicos en toda Europa, y contra cuyos sectarios expidió el Senor Rey Fernando VI, de gloriosa memoria, el dos de Julio de mil setecientos cincuenta y uno un Real Decreto, con las reglas y modo de proceder de los jueces que los aprehendiesen, conviniendo para el bien espiritual de los fieles y la tranquilidad de los pueblos evitar con la más escrupulosa vigilancia la reunión de semejante clase de gentes [...]; he resuelto, habiendo oido à mi Consejo de las Indias, y lo expuesto por mi Fiscal, en conformidad de lo pervenido en el Real Decreto del dos de Julio de mil setecientos cincuenta y uno, ordenar y mandar que todos los Jueces que ejercen en esos dominios la Jurisdicción Real ordinaria, y con derogación de todo fuero privilegiado, con inclusión del militar, procedan contra los expresados Fracmasones, arrestando sus personas y aprehendiéndoles los papeles que se les encontraren.“ Zitiert nach VICTORIA HIDALGO NIETO, Masoneria y libertad de asociación, in: JOSÉ ANTONIO FERRER BENIMELI, La Masonería en la España del Siglo XIX, Bd. II, Salamanca 1985, S. 409 – 439, S. 409. Vgl. weitere Texte bei JOSÉ ANTONIO FERRER BENIMELI, La Masonería Espagnola, S. 59 – 82.

Am 19.03.1812 hatte die spanische Monarchie die katholische Religion als Staatsreligion promulgiert und die Errichtung irgendeiner anderen verboten.[243] Wenn sich die Freimaurer auch nicht als eine Religionsgemeinschaft verstanden, so waren sie dennoch einerseits wegen ihrer feindlichen Einstellung gegen die katholische Kirche und andererseits wegen der in ihr vertretenen Toleranz gegenüber jeder anderen Religion Adressaten des Verbots. Folge der Repressalien war, dass sich die Freimaurer gegen die Monarchie auflehnten und für eine moderne Verfassung eintraten, was 1820 zu einem Aufstand führte, dem der König damit begegnete, dass er einen Meldezwang für Freimaurer einführte. Sollten diese ihre Mitgliedschaft in einer Loge nicht innerhalb von 30 Tagen anzeigen, würden sie ohne ordentliches Verfahren vor Ablauf eines Tages hingerichtet werden.[244]

Unter dem Herzog Amadeo von Savoyen (1845-1890), der selbst Freimaurer war, konnten die Logen nach der Absetzung der Königin Isabell (1833-1868) für einige Jahre frei arbeiten und sich entfalten.[245] Aber schon zum Ende des 19. Jahrhunderts wurden die Freimaurer für staats- und kirchenfeindliche Machenschaften in Spanien und für überseeische Konflikte in den spanischen Kolonien verantwortlich gemacht[246], was zwar nicht nachzuweisen war, aber zu ihrer erneuten Verfolgung führte.[247]

Die Aktion der Kirche gegen die Freimaurerei in Spanien war im 19. Jahrhundert vor allem politisch motiviert. Die Kirche fürchtete eine von freimaurerischen Ideen unterwanderte Beeinflussung der spanischen Regierung, zu der sie enge Verbindungen unterhielt, mit dem Ziel, diese enge Bindung aufzulösen und die kirchlichen Privilegien abzuschaffen.[248]

---

243 „La religión de la Nación espanola es y será perpetuamente la católica, apostólica, romana, única verdadera. La Nación la protege por leyes sabias y justas, y prohibe el ejercicio de cualquier otra." Zitiert nach VICTORIA HIDALGO NIETO, ebd., S. 410.

244 Vgl. INTERNATIONALES FREIMAURERLEXIKON, Art. Spanien, S. 793 – 796, S. 794.

245 Es gründeten sich ein Nationaler Großorient und einige untereinander allerdings zerstrittene Großlogen. Vgl. ROBERT A. MINDER, Freimaurer, S. 196.

246 Aus einer am 09.05.1897 erstellten Liste der den Freimaurern zur Last gelegten Verantwortlichkeiten geht hervor, dass sie unter anderem an den Revolutionen von 1820, 1848, 1854, 1868, 1873 beteiligt gewesen seien, dass sie sich um die Minderung des kirchlichen Einflusses sowie um die Zerstörung der katholischen Einheit im Land bemühten, dass sie für die drei Separatistenkriege auf Kuba verantwortlich wären und den Sozialismus unterstützen. Vgl. Visison de la masonería dada por el órgano del Apostolado de la Prensa, JOSÉ ANTONIO FERRER BENIMELI, La Masonería espagnola, S. 140 f.

247 Vgl. EUGEN LENHOFF, Die Freimaurer, S. 218.

248 „Frente a la tentativa de los clericales de ejercer sobre la sociedad civil una influencia o poder, en virtud de su ministerio, se levanta la masonería. Tal es la base de anticlericalismo, que radica en la separacion de ambas sociedades, la civil y la religosa. Complementariamente reivindica la separacion del Estado y la Iglesia, la libertad de conciensia

General Franco (1939-1975) verbot die Freimaurerei und ließ ihre Anhänger inhaftieren und hinrichten. Zusammen mit den Kommunisten und anderen Geheimgesellschaften wurden die Freimaurer 1940 zum „Schutz des Vaterlandes" verboten.[249]
1978, zwei Jahre nach Francos Tod und nachdem die spanische Freimaurerei, die im Exil in Mexiko fortbestand, in Spanien wieder Fuß gefasst hatte, vereinigten sich die Großloge von Spanien mit dem spanischen Grand Orient, wobei es zwei weitere sich auf ein Patent des Grande Orient de France berufende Großlogen gab.
Erst 1982 wurde eine nach schottischem Ritual arbeitende Loge, die Großloge „Gran Logia de Espana, Barcelona", gegründet, die auch die Anerkennung der englischen Mutterloge erhielt.[250] Neben den mit Anerkennung der Mutterloge arbeitenden Logen existiert in Spanien auch eine Reihe von irregulären Großlogen, so zum Beispiel die „GL Federal de Espana".

2.2.4.2 Die Freimaurer in Portugal

Das Schicksal der Freimaurer in Portugal war ähnlich dem der Freimaurer in Spanien. Die erste unter englischem Einfluss in Lissabon gegründete Loge wurde 1735 von der Großloge in England anerkannt[251] und konnte zunächst für drei Jahre bis zur ersten kirchlichen Verurteilung durch Papst Clemens XII. ungestört arbeiten. Danach wurde sie von der portugiesischen Inquisition auf Veranlassung und Unterstützung des Königs Johann V. (1689-1750) auf schärfste verfolgt.[252] Der erteilte nach dem Bericht eines katholischen Denunzianten eine Anweisung, dass alle überführten Freimaurer ohne Appelationsmöglichkeit zum Tode verurteilt werden sollten.[253]

---

y el derecho a la eleccion libre de creencia religosa. Peticiones que entran en el laicismo y que se apoyan en la ideologia del individualismo liberal." LUIS P MARTIN, Un ejemplo de la prensa masónica en Castilla-León en el siglo XIX.: „LA Acacia", de Salamanca, in: J.A. FERRER BENIMELI, La Masonería en la España del Siglo XIX, Bd. II, Salamanca 1985, S. 899 – 909, S. 907.

249 Vgl. Boletin Oficial del Estado, núm. 62, Madrid, 2 de marzo de 1940, págs. 1537-1538, abgedruckt in: JOSÈ A. FERRER BENIMELI, La Masonería Espagnola, S. 205 f. Zur Verbindung der Freimaurerei mit kommunistischen Kräften vgl. VITALIANO MATTIOLI, Massoneria e Communismo contro la Chiesa in Spagna (1931-1939), Milano 2000.

250 In der spanischen Großloge sind z.Zt. 140 Einzellogen zusammengeschlossen. Über die Gesamtmitgliederzahl liegen keine Angaben vor.

251 Im Register der Großloge von England trägt sie die Nummer 135. Gegründet worden war die erste Loge „Hereges Mercantes", deren Mitglieder vor allem Protestanten waren, schon im Jahr 1727. 1733 kam es am selben Ort zur zweiten Logengründung, „Casa Real dos Pedreiros-Livres da Lusitania", die weitgehend aus Katholiken bestand. Vgl. A.H. DE OLIVEIRA MARQUES, A Maçonaria em Portugal, Lissabon 1998, S. 27.

252 Vgl. ROBERT A. MINDER, Freimaurer, S. 203.

253 Vgl. EUGEN LENNHOFF, Die Freimaurer, S. 220 f.

Alec Mellor berichtet über den portugiesischen Prozess der Inquisition vom 06.10.1742 – 25.04.1743 gegen den englischen Freimaurer John Coustos (1703-1746), der in Lissabon Leiter der dort 1741 gegründeten Loge war.[254] Coustos war beim Inquisitor Trigoso angezeigt worden, Katholiken für seine Sekte abzuwerben. Die gleichfalls als Mitglieder der Loge vermuteten Zeugen belasteten Coustos, der in seiner Einvernahme umfassend über das Logenleben berichtete. Aus den Protokollen der Befragung Coustos geht hervor, dass der Inquisitor die Freimaurerei als eine „neue Religion" bezeichnet, die durch das freimaurerische Geheimnis zu schützen versucht werden würde. Auf die Frage, zu welcher Religion sich die Freimaurerei bekenne, erklärte Coustos, dass es den Brüdern gemäß den Andersonschen Konstitutionen freigestellt sei, welchem Glauben sie anhängen, der Glaube an Gott bzw. den Großen Baumeister aller Welten aber verpflichtend sei. Gerade in dieser Freiheit, den jeweiligen Glauben nach seinem Gewissen selbst zu wählen, erkennt der Inquisitor den Grund, Coustos zunächst zu foltern und schließlich zu bestrafen.[255]

Mit der Machtübernahme durch Joseph I. (1714-1777) im Jahr 1750 erlebte die portugiesische Freimaurerei eine Zeit größerer Toleranz[256], was vor allem dem Einfluss des vom König ernannten Ministerpräsidenten Sebastiao de Mello, dem späteren Marquis de Pompal (1699-1782), der selbst Freimaurer war und politische Erfahrungen aus Österreich und England mitbrachte, zuzuschreiben war.[257] Die reaktionäre Tochter Josephs I., Königin Maria I. (1734-1816), belebte die Inquisition erneut und ließ die Freimaurer verfolgen.[258] Viele von ihnen gingen ins Exil. 1792 entzogen sich Freimaurer aus Madeira der Inquisition durch

254 Vgl. ALEC MELLOR, Die Freimaurer, S. 201 – 210. Vgl. dazu auch die Darstellung in der Veröffentlichung der Forschungsloge Quatuor Coronati, Bd. 66, 1953, S. 107 – 123.

255 John Coustos wurde zu vier Jahren Galeeren-Dienst verurteilt, wurde aber durch Intervention des englischen Gesandten vorzeitig entlassen. Vgl. MANUEL CARLOS GRAINHA, História da Franco-Maçonaria em Portugal, 1733-1912, Lisboa 1976, S. 57 – 60.

256 Zu den einzelnen Logengründungen siehe A. H. DE OLIVEIRA MARQUES, A Maçonaria em Portugal, S. 28 f.

257 Der Ministerpräsident, der ein Toleranzedikt erließ und die Inquisition beseitigte, bemühte sich auch und erfolgreich um wirtschaftliche Reformen, für die er die Kirche in den Staatsapparat einfügen wollte und zunächst die Orden, insbesondere die Jesuiten, denen Verbrechen und Vergehen zur Last gelegt wurden, angriff. Nachdem ein Verwandter des Präsidenten zum Visitator des Jesuitenordens in Portugal durch Benedikt XIV. ernannt worden war, wurde der Orden aus Portugal und seinen überseeischen Kolonien 1759 vertrieben. Vgl. BURKHARD SCHNEIDER, Benedikt XIV., in: Handbuch der Kirchengeschichte, Bd. V, S. 618 – 626, S. 623 f. Vgl. besonders CHRISTINE VOGEL, Der Untergang der Gesellschaft Jesu als europäisches Medienereignis (1758-1773), Mainz 2006, S. 41 – 198.

258 Vgl. MANUEL CARLOS GRAINHA, História da Franco-Maçonaria em Portugal, S. 67 – 73.

Flucht nach New York.[259] Im Untergrund aber lebte die Freimaurerei in Portugal weiter, so dass nach einer Generalversammlung im Jahr 1801 drei Jahre später (1804) die Großloge „Grande Loja“ installiert werden konnte.[260]

Nachdem die Franzosen 1807 das Land besetzt hatten, erhielten die Freimaurer nur vorübergehend ihre Freiheit zurück. Sie widersetzten sich dem Erlass, ein Bild Napoleons in ihren Logen anzubringen. Englische Armeelogen provozierten mit einem öffentlichen Umzug die Inquisition und seit 1809 arbeiteten die Freimaurer wieder im Untergrund. Dennoch wurden am 25.05.1817 auf Betreiben des englischen Befehlshabers in Portugal und nach der Denunziation eines katholischen Priesters der portugiesische Großmeister und 11 weitere Freimaurer öffentlich hingerichtet, da sie sich der Fremdherrschaft nicht hatten unterwerfen wollen.[261]

Die Zeit nach der Gegenrevolution (1820-1823), in der die Freimaurerei „seu primeiro periodo de apogeu e de aparecimento à luz do dia“[262] erlebte und es zu zahlreichen Neugründungen kam, brachte den absolutistischen Monarchen Johann VI. (1767-1826) auf den Thron des portugiesischen Königs zurück, der die freimaurerische Tätigkeit, die er schon aus dem Exil in Brasilien als todeswürdiges Verbrechen gebrandmarkt hatte, wieder verbot und jedem Freimaurer eine mehrjährige Verbannung nach Afrika androhte. Freimaurer wurden auch von der Kirche weiterhin verfolgt und auch ermordet, so dass der portugiesische Großmeister die Schließung der Logen veranlasste.
Unter der Regierung von Pedro IV. (1798-1834) und Königin Isabel Maria II. (1801-1876) konnte sich die Freimaurerei wieder entfalten, wobei es immer noch zu einzelnen antifreimaurerischen Aktionen kam.[263] Dennoch wurden in der Folgezeit mehrere Großlogen errichtet, die sich erstmalig 1870 zu einem Großorient zusammenschlossen. Nach einem vorübergehenden Verbot der Freimaurer (1935) unter dem Regime von António de Oliveira Salazar (1889-1970)[264] und nach seinem Sturz (1968) errichtete sich die portugiesische Freimaurerei nach dem Vorbild des Grand Orient de France erneut.

Im Jahr 1984 gründete sich eine von der englischen Mutterloge anerkannte Großloge, die „Grande Loja Regular de Portugal“, in der etwa 50 Logen zusammenfasst sind.

259 Vgl. EUGEN LENNHOFF, Die Freimaurer, S. 224.
260 Vgl. A.H. DE OLIVEIRA MARQUES, A Maçonaria em Portugal, S. 30 f.
261 Vgl. ebd.
262 Vgl. ebd., S. 34.
263 Vgl. ebd., S. 35 f.
264 António de Oliveira Salazar war von 1932-1968 Ministerpräsident und stützte seine Regierung auf eine autoritäre katholisch-ständestaatliche Verfassung.

2.2.5 Die Freimaurer in Mittel- und Südamerika

Die politisch unsicheren Verhältnisse in vielen Staaten Mittel- und Südamerikas, der häufige Wechsel der Regierungen und der politisch Verantwortlichen waren für eine dauerhafte Etablierung der Freimaurerei ein ungünstiges Klima. Lediglich in den Staaten, in denen die politische Lage verlässlicher war[265], lassen sich freimaurerische Aktivitäten seit Beginn des 19. Jahrhundert nachweisen. Großen Einfluss hatten die Kolonialmächte Spanien und England auf die freimaurerischen Aktivitäten in ihren amerikanischen Kolonien. Im Folgenden wird daher nur auf die Länder eingegangen, in denen sich nennenswerte freimaurerische Aktivitäten etablieren konnten oder spezielle Situationen Reaktionen der kirchlichen Autoritäten provozierten.[266]
Kirchenpolitisch ist feststellbar, dass der Einfluss der Freimaurer auf die Regierungen seit der Mitte des 19. Jahrhunderts zunahm[267] und seit 1870 auch zu Kündigungen der Konkordate mit dem Heiligen Stuhl führte.[268]

2.2.5.1 Mexiko

Im ersten Jahrzehnt des 19. Jahrhundert war es Don Enrique Moni, der mit mehreren katholischen Priestern und dem Rechtsanwalt Francisco Primo de Verdad

---

265 Neben der Französischen Revolution hatte auch die Spanienpolitik Napoleons Einfluss auf die Unabhängigkeitsbestrebungen des so genannten „Spanisch-Amerika". Seit 1812 entwickelte sich von Spanien ausgehend auch in Südamerika der Liberalismus, der zu heftigen Auseinandersetzungen zwischen den Einwohnern und den Kolonialherren führte. Es dauerte Jahre bis sich die einzelnen Staaten über den Inhalt ihrer Verfassungen einigen konnten. Lediglich Brasilien und Chile fanden schnell zu einer staatlichen Einheit. Erst seit 1880 hat das bestehende Staatengerüst Bestand.

266 Zur Geschichte der Freimaurerei in Südamerika vgl. EMILIO J. CORBIÈRE, La Masoneria, Ed. Sudamericana, Buenos Aires 1998.

267 Entstehende Auseinandersetzungen innerhalb der südamerikanischen Freimaurerlogen zwischen dem europäisch-schottischen und dem nordamerikanisch-yorkschen Ritus trugen sich bis in die Politik der einzelnen Staaten hinein. Vgl. MARY CRESCENTIA THORNTON, The Church and Freemasonry in Brasil 1872-1875, Washington D.C. 1948.

268 Der Heilige Stuhl hatte in der Zeit von 1852 bis 1862 Konkordate mit Ekuador, Haiti, Guatemala, Nicaragua, Honduras, Salvador, Costa Rica und Venezuela geschlossen. Freimaurer waren Träger des aufgeklärten Liberalismus und vertraten gegenüber der Kirche den Anspruch der menschlichen Freiheit, weswegen gerade die Freimaurer für den antiklerikalen Anstrich der südamerikanischen Unabhängigkeitsbewegung als verantwortlich gelten. Vgl. MANFRED JACOBS, Die Kirchengeschichte Südamerikas spanischer Zunge, in: Die Kirche in ihrer Geschichte, Ein Handbuch, hg. von KURT DIETRICH SCHMIDT und ERNST WOLF, Bd. 4, Göttingen 1963, S. 35 – 63, S. 50. Vgl. auch JOSEF SCHMIDLIN, Papstgeschichte der neuesten Zeit, Zweiter Band, Papsttum und Päpste gegenüber den modernen Strömungen, Pius IX. und Leo XIII. (1846-1903), München 1934, S. 150 ff. Vgl. auch CARLOS PAPE SVD, Katholizismus in Lateinamerika, Veröffentlichungen des Missionspriesterseminars St. Augustin bei Siegburg, Steyl 1963, S. 87 – 92.

y Ramos (1760-1808)[269] die erste Loge „Arquitectura moral“ 1806 auf mexikanischem Boden gründete.[270] Der katholische Pfarrer Don Hidalgo y Castillo (1753-1811), der später zum Anführer des ersten Unabhängigkeitskrieg in Mexiko werden sollte[271], wurde in den Bund aufgenommen Nach einer Anzeige und der Verhandlung vor der Heiligen Inquisition wurden zahlreiche Freimaurer gefangen genommen. Zur Zeit der napoleonischen Herrschaft in Spanien (1808-1814) kamen auch französische Truppen nach Mexiko, die dort weitere Logen gründeten, die jedoch, nachdem Ferdinand VII. (1784-1833) die Herrschaft zurück erhalten hatte, erneut bekämpft wurden. In den folgenden Jahren kam es, wenn auch im Verborgenen, zu weiteren Logengründungen unter amerikanischem Patent.

1823 wurde die Republik Mexiko geründet.[272] Seit 1825 bildeten sich innerhalb der mexikanischen Freimaurerei unterschiedliche Schwerpunkte aus, insofern ein Teil sich politisch betätigen wollte, der andere nicht. Zahlreiche katholische Geistliche gehörten dem Freimaurerbund an, unter ihnen Don José Maria Alpuche (1780-1840), der zugleich ein Mandat im mexikanischen Senat hatte und 1826 Meister der Loge „Tolerancia religiosa“ wurde. Großmeister der Großloge „Gran Logia Mexicana“ wurde der Kanonikus der Kathedrale in Puebla, Don Ignacio Esteba.[273]

Während die politisch aktiven Freimaurer sich aus dem Lager der Republikaner rekrutierten[274], gehörten zum apolitischen Zweig die eher konservativ eingestellten Adligen und Kleriker. Nach heftigen Auseinandersetzungen zwischen den konkurrierenden Logen ging der apolitische Zweig unter und, erst nachdem sich auch die andere Fraktion aus der Politik zurückzog, konnte mit dem „Rito Nacional Mexicano“ 1833 ein neuer Anfang gesetzt werden, der die Freiheit des

269 Der 1808 hingerichtete Francisco Primo de Verdad y Ramos war der erste, der in Spanien die Souveränität des Volkes einforderte.

270 Vgl. INTERNATIONALES FREIMAURERLEXIKON, Art. Mexiko, S. 563 – 565, S. 563.

271 Dem von Don Hidalgo y Castillo zunächst mit kreolischen Bauern begonnenen Befreiungskampf gegen die Spanier schloss sich bald schon Leutnant Ignacio Allende (1769-1811) an. Beide wurden 1811 gefangen genommen und enthauptet.

272 Viele der mexikanischen Präsidenten, darunter auch der erste Präsident General D. Guadalupe Victoria (1786-1843), gehörten dem Freimaurerbund an. Vgl. INTERNATIONALES FREIMAURERLEXIKON, Art. Mexiko, Staatspräsidenten, S. 565.

273 Vgl. ebd.

274 Die revolutionäre Politik hatte einen starken antiklerikalen und antikirchlichen Charakter angenommen, da die Kirche als Verbündete der Spanier betrachtet wurde, von deren Besatzung und Einfluss sich die Mexikaner befreien wollten. Vgl. ADOLF WILHELM ZIEGLER, Das Verhältnis von Kirche und Staat in Amerika, 3. Band des Handbuches: Religion, Kirche und Staat in Geschichte und Gegenwart, München 1974, S. 77.

Denkens und des Gewissens forderte, sich gegen Militarismus und Klerikalismus wandte und unter anderem auch für die Zivilehe eintrat.[275]
Unter dem Einfluss politischer Veränderungen[276] und einigen weiteren Auseinandersetzungen innerhalb der Logen[277] gründete sich 1895 die Großloge „Gran Logia Valle de Mexico“, die bis 1910 alle regulär arbeitenden Logen Mexikos unter sich vereinigte. 1911 erfolgte zwischen den mexikanischen Logen einerseits und den englischen und amerikanischen Logen andererseits eine Trennung. Auch die deutsche Großloge „Zu den drei Weltkugeln“ unterhält seit 1923 in Mexiko eine Tochterloge, ebenso der Grand Orient de France.

2.2.5.2 Kuba

Auf Kuba, ehemals spanische Kolonie, arbeitete als erste Loge 1762 eine irische Regimentsloge und erst zu Beginn des 19. Jahrhunderts fasste die Freimaurerei über französische Flüchtlinge, die 1802 und 1803 Logen in Santiago und 1804 in Havanna gründeten, dort wirklich Fuß.[278] Die Logen arbeiteten unter amerikanischem Patent und nach dem Spanisch-Französischen Krieg 1809 wuchs auch die Zahl der Einheimischen in den Logen. Neben weiteren Neugründungen durch amerikanische Großlogen entstanden auch solche Logen, die ihr Patent vom Grand Orient de France erhielten. Die freimaurerische Tätigkeit wurde unter dem Einfluss des spanischen Königs Ferdinand VII. (1784-1833) schwer in Mitleidenschaft gezogen. Er ließ die Freimaurer verfolgen und hinrichten und verbot jede freimaurerische Arbeit.[279] 1859 wurde die regulär arbeitende Großloge „Gran Logia de la Isla de Cuba“ gegründet, die bis 1959 gesellschaftlich fest verankert war, ca. 35.000 Mitglieder hatte und noch bis heute existiert.
Bis Kuba im Jahr 1898 im Pariser Vertrag die Unabhängigkeit erlangte, hatte die katholische Kirche in den Kämpfen um die Unabhängigkeit schwere Verluste hinnehmen müssen. Der spanische Klerus hatte versucht, sich den vom liberalistischen Bürgertum und den antiklerikalen Freimaurern getragenen Unabhängigkeitskämpfen zu widersetzen. Nach dem Scheitern der Bemühungen gingen viele in ihr Heimatland zurück.[280]

---

275 Vgl. ebd.

276 Nach dem Einmarsch der Amerikaner im Jahr 1847 kam das freimaurerische Leben fast zum Erliegen.

277 Seit 1884 wurden in einigen Logen beispielsweise Frauen aufgenommen, was zu Abspaltungen führte.

278 Vgl. INTERNATIONALES FREIMAURERLEXIKON Art. Kuba, S. 489. Der Bischof von Havana, Juan José Díaz de la Espada y Landa (1756-1832), wurde von dem auf Kuba tätigen Inquisitor Elosua 1815 der Mitgliedschaft bei den Freimaurern angeklagt. Das Verfahren wurde nach Spanien verwiesen und dort 1819 eingestellt. Der Bischof blieb im Amt bis zu seinem Tod im Jahr 1832. Vgl. HENRY CHARLES LEA, Geschichte der Spanischen Inquisition, S. 233.

279 Siehe oben unter 2.2.4.1.

280 Vgl. ADOLF WILHELM ZIEGLER, Das Verhältnis von Kirche und Staat in Amerika, S. 118.

Das kommunistische Kuba hat die Freimaurerei nicht verboten, unterstützt sie aber auch nicht.[281]

2.2.5.3 Argentinien

Der Portugiese Juan de Silva Cordeiro, der in Baltimore in den Bund der Freimaurer aufgenommen worden war, hatte 1806/07 in Buenos Aires die erste Loge gegründet, die jedoch schon 1810 unter dem Druck der spanischen Kolonialherren ihre Arbeit wieder einstellen musste.[282] Gegen sie begannen die kreolischen Bauern ihren Freiheitskampf, deren Anführer der in Spanien geborene Offizier José de San Martin (1778-1850) wurde, der im Jahr 1812 die Loge „Lautaro" ins Leben rief. Sie gehörte später zur „Gran Logia di Buenos Aires", in der sich die argentinischen Patrioten versammelten.[283] Ohne dass sie selbst Politik betrieben hätten, wurden die Logen zu Trägern der Unabhängigkeitsidee. Neben dem Großorient de France gründeten aber auch die Großloge von England und die Großloge von Pennsylvania eigene Logen.

Die Kirche hielt sich in den Auseinandersetzungen um die Staatswerdung Argentiniens weitgehend zurück, fühlte sich zur Einflussnahme nur dann herausgefordert, wenn es um die Wahrung ihrer eigenen Interessen ging, beispielsweise die Infragestellung der christlichen Ehe durch die Einführung der Zivilehe und der Möglichkeit zur Ehescheidung sowie die Preisgabe der katholischen Kindererziehung.[284]

2.2.5.4 Brasilien

Auch in Brasilien propagierten die Freimaurer Bildungsideale der Aufklärung und liberal-demokratische Ideen. Seit Anfang des 19. Jahrhunderts lassen sich Logen in Brasilien nachweisen, wobei aller Wahrscheinlichkeit nach aber auch

---

281 Damit ist Kuba das einzige kommunistische Land, das die Freimaurerei nicht verboten hat, was damit zusammenhängen dürfte, dass Che Guevara (1928-1967) Freimaurer war. Auf dem vierten Kongress der Kommunistischen Internationale war der Beschluss gefasst worden, alle Brücken zum Bürgertum, einschließlich zu den Freimaurern, abzubrechen. Fidel Castro selbst war Jesuitenschüler gewesen und nachdem er sich am 01.12.1961 offen zum Marxismus-Leninismus bekannt hatte, war vom kubanischen Klerus darüber debattiert worden, ob die von Pius XII. über den atheistischen Kommunismus verhängte Strafe der Exkommunikation auf Catsro angewandt werden müsse. Die Apostolische Nuntiatur riet nicht dazu. Vgl. ADOLF WILHELM ZIEGLER, ebd. S. 118 f.

282 Zur Geschichte der Freimaurerei in Argentinien vgl. ANIBAL A. ROTTJER, La Masonería en Argentina y en el mundo, Ed. Nuevo Orden 1976.

283 Vgl. INTERNATIONALES FREIMAURERLEXIKON, Art. Argentinien, S. 86 f., S. 87.

284 Vgl. HANS-JÜRGEN PRIEN, Die Geschichte des Christentums in Lateinamerika, Göttingen 1978, S. 433 – 440.

schon früher Freimaurer vor allem in den brasilianischen Unabhängigkeitsbewegungen gegenüber den portugiesischen Kolonialherren aktiv gewesen waren und im Zuge dessen den Tod fanden.[285]
In den ersten Jahren des neuen Jahrhunderts wurden zwar zahlreiche Logen gegründet, in denen sich diejenigen sammelten, „die von der Freiheit des Landes träumten“[286], doch hatten die Logen nicht lange Bestand, da ihre Arbeit vonseiten der zivilen Gewalten unterbunden wurde.

1822 wurde Pedro d'Alcantara (1798-1834), der im selben Jahr Freimaurer geworden war, zum Kaiser ausgerufen, der seinerseits einen Erlass verkündete, dass die Logen bis auf weiteres ihre Arbeit einzustellen hätten, was bis zum Rücktritt des Kaisers (1831) abermals zum Stillstand der freimaurerischen Tätigkeit führte.[287] Der erstmals 1819 gegründete Großorient nahm 1831 seine Arbeit wieder auf. In der Folgezeit und unter der liberalen Regierung von Kaiser Pedro II. (1840-1889) gründeten sich weitere Großlogen unter je neuen Namen, die zum Teil untereinander fusionierten.
1863 bildete sich neben der bestehenden Großloge „Rua Lavradio“ ein weiterer Großorient, der „Rua dos Benedictinos“. Beide Großlogen hatten eine antikirchliche Grundhaltung, wobei die „Großloge dos Benedictinos“ diesbezüglich entschiedener auftrat als die in diesem Punkt versöhnlichere „Großloge Rua Lavradio“[288].

Seit der Mitte des 19. Jahrhunderts hatte sich in Brasilien nicht nur ein dramatischer Verfall der katholischen Orden eingestellt, sondern auch die Zahl der Weltpriester ging bei gleichzeitigem enormem Anstieg der Bevölkerung deutlich zurück. Es wird als Folge der schwachen Lebenskraft der Geistlichen zu bewerten sein, dass sich die Ideale der Aufklärung, zu deren Trägern auch in Brasilien die Freimaurer zu rechnen sind, in den maßgeblichen Schichten Brasiliens durchzusetzen begannen und die „Dogmen, Riten und Moralvorschriften der institutionellen Kirche durch eine ‚natürliche' Religion mit einer ‚natürlichen' Moral“[289] ersetzt wurden. Auch deswegen, weil zahlreiche Kleriker Mitglieder in den Freimaurerelogen geworden waren, unternahmen 1872 drei der zwölf Bischöfe Brasiliens, wenn auch unabhängig voneinander, eine Initiative zur Neubesinnung der kirchlichen Institution, indem jeder für sich und aufgrund

---

285 Vgl. INTERNATIONALES FREIMAURERLEXIKON, Art. Brasilien, S. 150 f., S. 150.

286 Ebd.

287 § 5 der Verfassung Brasiliens normierte die katholische Religion als Staatsreligion und Kleriker waren staatliche Beamte, was mit dem sich entwickelnden Liberalismus nicht vereinbar war und Widerspruch provozierte.

288 Die Großlogen waren benannt worden nach den Straßen, in denen sie ihren Sitz hatten. Ein Bezug zum Benediktinerorden ist für den Großorient „Rua dos Benedictinos“ also rein zufällig.

289 HANS-JÜRGEN PRIEN, Die Geschichte des Christentums in Lateinamerika, S. 431.

eines anderen Anlasses beschloss, gegen die Infiltration freimaurerischen Gedankengutes in das Staats- und das Kirchenwesen vorzugehen.
In Brasilien hatte die päpstliche Enzyklika Pius IX. „QUANTA CURA" nebst dem veröffentlichten „SYLLABUS" das erforderliche Plazet[290] des Kaisers zur Wirksamkeit nicht erhalten, weswegen man davon ausging, dass die brasilianischen Logen von dem päpstlichen Verbot nicht betroffen sein würden, was den unbefangenen Umgang des brasilianischen Klerus mit den Freimaurern rechtfertigte.

Anlass der Initiative des Bischofs von Rio de Janeiro, Pedro Maria Lacerda (1830-1890), war die von dem Priester P. Antonio Martins zu Ehren des brasilianischen Premierministers Vicomte de Rio Branco (1819-1880)[291] in der Großloge Rua Lavradio gehaltene Rede. Der Bischof missbilligte das Tun Martins und forderte ihn auf, seinen Austritt aus der Loge zu erklären. Da Martins dem nicht Folge leistete, suspendierte ihn der Bischof, was sowohl den Regierungschef als auch die Großloge herausforderte, Front gegen den Bischof zu machen.

Etwa zeitgleich wandten sich die Bischöfe der Bistümer Olinda und Belém gegen die Freimaurer.[292] Der erst 26jährige Bischof von Olinda, der Kapuziner Dom Vital Maria Goncalves de Oliveira (1844-1878), und Bischof Antonio de Macedo Costa (1830-1891) verfassten eigene Hirtenschreiben gegen die Freimaurer und forderten katholische Laien und Priester in den kirchlichen Bruderschaften[293] auf, ihren Austritt aus den Logen zu erklären.[294] Obwohl fast alle es taten, widersetzen sich einige und rekurrierten, nachdem Bischof Vidal über sie die Kirchenstrafe des Interdikts verhängt hatte, an den Kaiser, der den Bischof über den Internuntius in Rio de Janeiro zur Mäßigung aufforderte.

Dom Vidal unterrichtete daraufhin den Papst, der am 29.05.1873 sein Schreiben „QUAMQUAM DOLORES"[295] verfasste und Vidal aufforderte, darüber seine bischöflichen Mitbrüder zu unterrichten. Da Vidal damit wegen des Fehlens des kaiserlichen Exequator die Verfassung verletzte, forderte er den Kaiser heraus

290 Zur Geschichte des Plazet vgl. GERHARD SCHNEEMANN, Zur Geschichte und Kritik des Placet, in: Stimmen aus Maria Laach (= SML), Katholische Monatszeitschrift, Bd. 2 (1872), S. 21 – 35.

291 Branco hatte 1872 auf einer Versammlung der Freimaurer zum Kampf gegen die Kirche aufgerufen. Vgl. ADOLF WILHELM ZIEGLER, Das Verhältnis von Kirche und Staat in Amerika, S. 259.

292 Vgl. GIACOMO MARTINA, Pio IX (1867-1878), Rom 1990, S. 441 – 450.

293 In der Kolonialzeit waren so genannte ‚Bruderschaften' in Südamerika weit verbreitet. In ihnen sammelten sich unter dem Schutz eines Heiligen Gleichgesinnte, um neben religiösen und karitativen Zwecken auch kooperative Ziele unter Ausschluss anderer gemeinsam zu verfolgen.

294 Vgl. HANS-JÜRGEN PRIEN, Die Geschichte des Christentums in Lateinamerika, S. 432.

295 Siehe unten unter 5.1.3.5, Fußnote 599.

und Vidal und der ihn unterstützende Bischof von Pará wurden 1874 inhaftiert, da sie sich weigerten, die Kirchenstrafe aufzuheben.[296] Im Sommer 1875 wurde die Regierung gestürzt und die Bischöfe und ihre Administratoren amnestiert, die nun der Papst selbst aufforderte, die Interdikte aufzuheben.[297]

2.2.5.5 Andere südamerikanische Länder

In Uruguay, wo mit dem Zuzug vieler Franzosen 1827 auch die Freimaurerei Einzug gehalten hatte, war die Auseinandersetzung um die Beerdigung eines vom Protestantismus zum katholischen Glauben konvertierten Freimaurers auf einem katholischen Friedhof, die der Apostolische Vikar Vera untersagt hatte, Teil der Streitigkeiten zwischen der gegen die Ansprüche der ultramontanen Jesuiten arbeitenden Staatsregierung, die von den den liberalen Ideen anhängenden Freimaurern beeinflusst war, und den katholischen Autoritäten.
Der Minister autorisierte die Beerdigung und verschärfte damit das Klima zwischen Staat und Kirche, das 1861 darin seinen Höhepunkt fand, als die das Patronatsrecht beanspruchende Regierung den Vikar und seinen Provisor Conde ihrer Ämter enthob und außer Landes verwies, nachdem diese den Priester und Freimaurer Juan José Brid suspendiert hatten.
1864 und auf Betreiben des katholischen Unabhängigkeitskämpfers Venancio Flores (1808-1868), der für die Rechte der Kirche eintrat, wurden sie vom Staatspräsidenten Bernardo Prudencio Berro (1803-1868) wieder in ihre Ämter eingesetzt.

Dennoch gelang es den Freimaurern im weiteren Verlauf der Geschichte, die Gesellschaft zu spalten, indem sie als Träger der Aufklärung und des Rationalismus Kultur und Politik dem kirchlichen Einfluss entzogen.[298]

Die Frage des Begräbnisses von Freimaurern, das heißt die Säkularisierung der Friedhöfe, sowie die Einsetzung der Zivilehe und die Einführung eines staatlichen Personenstandsregisters waren unter anderem Themen, die aufgrund des Einflusses der Freimaurer auch in Chile[299] und Venezuela – der dortige Diktator

---

296 Vgl. JEFFREY D. NEEDELL, Brasilien 1830 – 1889, in: Handbuch der Geschichte Lateinamerikas, hg. von WALTHER L. BERNECKER, RAYMON TH. BUVE, JOHN R. FISHER, HORST PIETSCHMANN, HANS WERNER TOBLER, Bd. 2, Stuttgart 1992, S. 441 – 679, S. 477.

297 Vgl. ebd., S. 433 und MARY CRESCENTIA THORNTON, The Church and Free Masonry in Brazil 1872-1875, S. 225 f. und S. 248.

298 Vgl. JEFFREY D. NEEDELL, Brasilien 1830 – 1889, S. 444.

299 In Chile lag die politische Macht in den Händen einer liberalistischen Oligarchie. Chilenische Präsidenten und Diktatoren waren fast alle Freimaurer, wobei in Chile die katholische Religion Staatsreligion blieb. Anlässlich der Besetzung eines chilenischen Bischofsstuhls wurde der Apostolische Nuntius aus dem Land verwiesen und im Zuge dessen wurden durch den Kongress liberale Forderungen durchgesetzt. Dem Verbot kirchlicher Akte auf staatlichen Friedhöfen folgten die staatliche Schließung katholi-

Antonio Guzmán Blanco (1829-1899) war selbst Freimaurer gewesen[300] – gegen die katholische Kirche durchgesetzt werden konnten und zur institutionellen Trennung von Staat und Kirche führten.[301]

Auch wenn der Einfluss der Freimaurer in Guatemala noch nicht groß war – hier wurde die erste Loge erst 1873 gegründet – vollzog sich auch dort seit 1871 ein liberaler Reformprozess, insofern unter anderem das Schulwesen verstaatlicht, der Religionsunterricht abgeschafft, Friedhöfe säkularisiert, die obligatorische Zivilehe eingeführt und die Päpstliche Universität San Carlos aufgelöst wurden.[302]

2.3 Die Freimaurer in Deutschland, Österreich und der Schweiz

Im deutschsprachigen Raum ist die Entwicklung der Freimaurerei im Verhältnis zu ihrer Geschichte in den romanischen Ländern moderat verlaufen, was – bis auf wenige historische Ausnahmen – an der größeren Toleranz der regierenden Klasse gelegen haben mag. Nennenswerten politischen Einfluss haben die Freimaurer hier nicht nehmen können, wenn sie auch als eine gesellschaftliche Größe seit dem 18. Jahrhundert nicht übersehen werden können.

2.3.1 Die Freimaurer in Deutschland

In Deutschland fassten die Freimaurer zuerst im Jahr 1737 in Hamburg Fuß[303], wofür die Handelsbeziehungen zwischen England und der Hafenstadt Hamburg relevant gewesen sind.

---

scher Friedhöfe und das Verbot der Bestattungen in Kirchen. Vgl. ADOLF WILHEM ZIEGLER, Das Verhältnis von Kirche und Staat in Amerika, S. 223.

300 1873 erließ Blanco das Gesetz, das die obligatorische Zivilehe einführte, erlaubte den Priestern, Ehen einzugehen und hob 1874 alle Klöster und religiösen Einrichtungen auf, deren Vermögen er einziehen ließ. Kirchliche Schulen wurden geschlossen. Vgl. ebd., S. 164.

301 Vgl. CARLOS PAPE, Katholizismus in Lateinamerika, S. 108. In Ekuador waren die Freimaurer beschuldigt worden, den katholischen Präsidenten Gabriel Garcia Moreno (1821-1875), der 1873 sein Land dem ‚Herz Jesu' geweiht hatte, ermordet zu haben. Moreno hatte die katholische Religion als Voraussetzung erklärt, die Staatsbürgerschaft zu erhalten, weswegen Angehörige von Sekten (Geheimgesellschaften) ihre Staatsbürgerrechte verloren hatten. Vgl. ADOLF WILHELM ZIEGLER, Das Verhältnis von Kirche und Staat in Amerika, S. 171.

302 Vgl. HANS-JÜRGEN PRIEN, Das Christentum in Lateinamerika (= Kirchengeschichte in Einzeldarstellungen IV/6), Leipzig 2007, S. 309.

303 Noch vor der Errichtung der ersten Loge, die sich erst 1740 den Namen „Absalom zu den drei Nesseln" gab, nachdem hier eine zweite Loge „Zu den drei Weltkugeln" errichtet worden war, lassen sich Aktivitäten von Freimaurern auch schon für das Jahr 1730 nachweisen, als nämlich der dritte Großmeister der englischen Mutterloge, Thomas Howard, Herrn Thuanus zum Provinzial-Großmeister von Niedersachsen in Hamburg ernannte, was aus einer entsprechenden Mitteilung im Konstitutionsbuch der

Die im Verhältnis zu absolutistisch regierten deutschen Ländern freiheitlich geprägte und generell tolerante Haltung der Freien und Hansestadt Hamburg fand nur wenige Monate nach der Gründung der ersten Freimaurerloge dennoch eine Einschränkung, indem der Senat einerseits ein Versammlungsverbot für Freimaurer erließ und andererseits ein Verbot für jeden Staatsdiener verkündete, Mitglied einer Loge zu werden.[304]
Unter dem Einfluss der englischen und der französischen Aufklärung entwickelte sich die Freimaurerei von Hamburg ausgehend ziemlich schnell im deutschsprachigen Raum, wobei die Struktur der Kleinstaaterei ihre einheitliche Ausbildung verhinderte.[305] Englische und französische Einflüsse sind bei den Logengründungen erkennbar und auch entstanden den Freimaurerlogen nachgebildete Orden mit je eigenen Schwerpunkten und Zielen.[306] Zunächst traf man sich auch in den deutschen Freimaurerlogen in Gasthäusern. Die Namen dieser Gasthäuser standen häufig Pate für den jeweiligen Logennamen.[307] Erst später er-

---

Großloge von England hervorgeht. Darin enthalten ist ferner eine Nachricht, dass der Großmeister James Lyon im Jahr 1733 elf deutschen Gentlemen die Konstitution zur Errichtung einer Loge in Hamburg gegeben habe. Mitglied dieser Loge wurde am 14./15.08.1738 der Kronprinz von Preußen, der spätere König Friedrich der Große (1712-1786). Vgl. zur Geschichte der deutschen Freimaurerei WINFIED DOTZAUER, Quellen zur Geschichte der deutschen Freimaurerei im 18. Jahrhundert, Frankfurt am Main 1991; FERDINAND RUNKEL, Geschichte der Freimaurerei in Deutschland, 3. Bde., Berlin 1933. Eine Übersicht über die Logen in Deutschland im 18. und 19. Jahrhundert bietet CARL BRÖCKER, Freimaurer-Logen Deutschlands von 1737 bis einschließlich 1893, Nachdruck der Ausgabe 1894, Osnabrück 1984.

304 Vgl. FRIEDRICH KNEISNER, Geschichte der deutschen Freimaurerei, Berlin 1912, S. 42. Im Januar 1745 sollte vonseiten der evangelischen Kirche ein Verfahren gegen den cand. theol. Kirchmann aus Harburg seinen Abschluss finden, der Freimaurer geworden war und wegen seines ‚ungebührlichen Vorwitzes', als Predigerkandidat in den Bund eingetreten zu sein, dort seinen Austritt wieder erklären musste. Vgl. ebd. S. 43.

305 Im Deutschen Reich trafen die Freimaurer auf nicht einheitliche Rahmenbedingungen. Während sie sich in den preußischen Staaten im vorwiegend protestantischen Norden relativ ungehindert von Staat und Kirche entwickeln konnte, wurde ihre Ausbreitung im eher katholischen Süden unter den Habsburgern erschwert, wenn auch die katholischen Habsburger die päpstlichen Bullen Clemens XII. und Benedikt XIV. nicht in Kraft setzten. Erst 1764 bzw. 1795 wurde die Freimaurerei dort verboten. Vgl. HELMUT REINALTER, Die Freimaurerei zwischen Josephinismus und frühfranzösischer Reaktion. Zur gesellschaftlichen Rolle und indirekt politischen Macht der Geheimbünde im 18. Jahrhundert, in: Freimaurer und Geheimbünde im 18. Jahrhundert in Mitteleuropa, Frankfurt a.M. 1983, S. 35 – 84.

306 Dazu gehörten etwa der Orden der Abeliten, eine an die Freimaurerei angelehnte, 1745 in Greifswald gegründete Vereinigung, die sich darum bemühte, christlich-moralisch-philanthropisch zu leben, und auch der Orden der Glückseligkeit, in dem sowohl Männer als auch Frauen Mitglieder waren, sowie der Orden der Hoffnung und andere mehr. Vgl. dazu INTERNATIONALES FREIMAURERLEXIKON, Art. Deutschland, S. 217 – 225, S. 218 f.

307 Vgl. dazu die aufschlussreiche Abhandlung über die Provenienz der Namen der deutschen Freimaurerlogen von ERNST-GÜNTHER GEPPERT, die Herkunft die Gründer

standen die Logen eigene Häuser, in denen die Treffen abgehalten wurden. Vor allem die großen deutschen Städte wurden zu freimaurerischen Zentren.[308]

Die Freimaurer in Deutschland strebten – wie in England und Frankreich auch – Veränderungen in Kultur und Gesellschaft im Geist der Aufklärung an.[309] Dabei verlief die Aufklärung in Deutschland weit weniger radikal als etwa in Frankreich und wirkte sich auch auf die deutsche Bevölkerung weitaus weniger dramatisch aus. Vertreter der deutschen Aufklärung sowie der geistigen und politischen Elite waren Freimaurer oder standen ihr zumindest nahe.[310] Friedrich II. (1712-1786), König von Preußen, der 1738 selbst Freimaurer geworden war, förderte die Aufklärung, indem er Vertreter der Aufklärung an seinen Hof holte und sie lehren und publizieren ließ.[311]

Arbeiteten die deutschen Logen zunächst nach den Prinzipien der Johannismaurerei[312], wurde die einheitliche Arbeit seit der Mitte des 18. Jahrhunderts durch das Herausbilden von so genannten Hochgradsystemen[313] und dem Entstehen konkurrierender Gesellschaften[314] empfindlich gestört.

---

die Namen der Freimaurerlogen in Deutschland seit 1737 (= Quellenkundliche Arbeit Nr. 8 der Freimaurerischen Forschungsgesellschaft Quatuor Coronati), Hamburg 1976.

308 Neben Hamburg sollten in den nächsten Jahren Berlin, Dresden und Frankfurt zu Freimaurerzentren avancieren.

309 Vgl. zur deutschen Kirchengeschichte im Zeitalter der Aufklärung von der Mitte des 17. bis zum Ende des 18. Jahrhunderts ALBRECHT BEUTEL, Aufklärung in Deutschland, Göttingen 2006.

310 Zu ihnen gehörten Hardenberg, Blücher, Scharnhorst, Hegel, Humboldt, Herder, Goethe und Lessing, der in der Ringparabel aus seinem Drama „Nathan der Weise“ den Grundtext des aufgeklärten Religionsverständnisses formulierte.

311 Bezüglich der Religion schreibt Friedrich II. in einem Brief aus dem Jahr 1740 auf die ihm vorgelegte Frage, ob die katholischen Schulen im Land abgeschafft werden sollen, dass jeder nach seiner Facon selig werden müsse.

312 Johannismaurerei bezeichnet die rituelle Arbeit in Logenvereinen, die die freimaurerischen Lehrinhalte in drei Graden, das sind Lehrling, Geselle und Meister, im Sinne der „Alten Pflichten“ von 1723 vermitteln. Der 17. Juni 1717, der Tag, an dem in England die erste Großloge der spekulativen Maurerei gegründet wurde, ist der Gedenktag Johannes des Täufers, der der Johannismaurerei ihren Namen gab.

313 In der Großen Landesloge der Freimaurer von Deutschland und den gleichfalls im schwedischen System arbeitenden Logen in Dänemark, Norwegen, Schweden, Finnland und Island bilden die Johannisgrade mit den sogenannten Andreas- und Kapitelgraden zusammen eine Einheit. Ansonsten entfalten die Hochgrade, systemisch getrennt von den Johannisgraden, das in den Johannisgraden Enthaltene, wofür entwicklungsgeschichtliche Divergenzen maßgeblich sind.
Zu den Hochgraden im Allgemeinen vgl. HEINRICH LACHMANN, Geschichte und Gebräuche der maurerischen Hochgrade und Hochgrad-Systeme, Braunschweig 1866; G.A. SCHIFFMANN, ANDREAS MICHAEL RAMSAY, Eine Studie zur Geschichte der Freimaurerei, Leipzig 1878; ALFRED FRANTIS, Beitrag zur Entwicklung der Hochgradsysteme in Mitteleuropa im 18. Jahrhundert, in: Quatuor Coronati, Bd. 20 (1983), S. 87 – 98. Vgl. auch PAUL NAUDON, Geschichte der Freimaurerei. Aus dem

Auf dem Konvent in Wilhelmsbad[315] im Jahr 1782 wurde die Rückkehr zur Johannismaurerei zwar beschlossen, doch gelang es nicht, die Hochgradsysteme gänzlich abzuschaffen[316], wobei die Reformideen des Hamburger Theaterdirektors Ludwig Schröder (1744-1816), der sich dafür einsetzte, die Hochgradsysteme aufzugeben, die freimaurerische Symbolsprache beizubehalten und ausschließlich die drei ursprünglichen Grade zu bearbeiten, für weite Teile der deutschen Freimaurerei bestimmend wurden.[317]
Am 20. Oktober 1798 wurde ein von Friedrich Wilhelm III. (1770-1840) verfasstes Edikt zur Unterdrückung geheimer Verbindungen veröffentlicht, das in den zu verurteilenden Tatbeständen mit der von Papst Benedikt XIV. im Jahr 1751 erlassenen Bulle „PROVIDAS ROMANORUM PONTIFICIUM" große Ähnlichkeit aufweist, insofern der König in geheimen Gesellschaften aufgrund der Geheimhaltungspflicht staatsgefährdende Aktionen befürchtet und den dort zu leistenden Eid kritisiert.

Darin heißt es:

„§ 2 Wir erklären daher für unzulässig und verbieten hierdurch Gesellschaften und Verbindungen,

I. deren Zweck, Haupt- und Nebengeschäft darin besteht, über gewünschte oder zu bewirkende Veränderungen in der Verfassung oder Verwaltung des Staates oder über die Mittel, wie solche Veränderungen bewirkt werden könnten oder über die zu diesem Zweck zu ergreifenden Maßregeln Beratschlagungen, in welcher Absicht es sei, anzustellen;

Französischen übersetzt und bearbeitet von HANS-HEINRICH SOLF, Frankfurt am Main – Berlin – Wien 1982.

314 Dazu gehörten bspw. der Orden der Gold- und Rosenkreuzer, ein Mysterienbund, der seit der Mitte des 18. Jahrhunderts als christliche Sekte mit alchimistischen Tendenzen im Geheimen wirkte, sowie der Geheimbund der Illuminaten. Der Illuminatenorden war 1776 vom Professor für Natur- und Kanonisches Recht Adam Weishaupt (1748-1839) in Ingolstadt mit der Absicht gegründet worden, eine geheimnisvolle und deswegen für junge Studenten interessante Alternative zum Orden der Rosenkreuzer aufzubauen, um so die jungen Leute vom Hang der Goldmacherei abzubringen. Später gab sich der Orden Statuten, die als Ziel die Bildung einer gelehrten Gesellschaft auswiesen. Franz Friedrich von Knigge (1752-1796) und Johann Wolfgang von Goethe (1749-1832) gehörten dem Orden an. Vgl. FRIEDRICH KNEISNER, Geschichte der deutschen Freimaurerei, S. 90 ff.

315 Vgl. hierzu LUDWIG HAMMERMAYER, Der Wilhelmsbader Freimaurer-Konvent von 1782. Ein Höhe- und Wendepunkt in der Geschichte der deutschen und europäischen Geheimgesellschaften, Heidelberg 1980.

316 Vgl. MATTHIAS PÖHLMANN, Verschwiegene Männer, Freimaurer in Deutschland (= EZW-Texte 182), Berlin 2005, S. 43 ff.

317 Vgl. ebd., S. 49. Vgl. auch FRIEDRICH KNEISNER, Geschichte der deutschen Freimaurerei, S. 135 ff.

II. worin unbekannten Obern, es sei eidlich, an Eides Statt, durch Handschlag, mündlich, schriftlich, oder wie es sei, Gehorsam versprochen wird;
III. worin bekannten Obern auf irgend einer dieser Arten ein so unbedingter Gehorsam angelobt wird, dass man dabei nicht ausdrücklich alles dasjenige ausnimmt, was sich auf den Staat, auf dessen Verfassung und Verwaltung oder auf den vom Staat bestimmten Religionszustand bezieht, oder was für die guten Sitten nachteilige Folgen haben könnte;
IV. welche Verschwiegenheit in Ansehung der den Mitgliedern zu offenbarenden Geheimnisse fordern oder sich angeloben lassen;
V. welche eine geheim gehaltene Absicht haben oder vorgeben oder zur Erreichung einer namhaft gemachten Absicht sich geheim gehaltener Mittel oder verborgener mystischer, hieroglyphischer Formen bedienen.

Wenn eines der No. I, II, III angegebenen Kennzeichen unerlaubter Gesellschaften und Verbindungen stattfindet, können solche in Unsern gesamten Staaten nicht geduldet werden. Ein gleiches soll auch in Ausdehnung der No. IV und V bezeichneten Gesellschaften und Verbindungen, jedoch mit der im nächstfolgenden Paragraphen gemachten Ausnahme stattfinden.

§ 3 Von den Freimaurerorden sind folgende drei Mutterlogen:
die Mutterloge ‚Zu den drei Weltkugeln',
die ‚Große Landesloge',
die Loge ‚Royal York de l'Amitié'
und die von ihnen gestifteten Tochterlogen toleriert und sollen die im vorstehenden Paragraphen No. IV und V enthaltenen Verbote auf gedachte Logen nicht angewendet werden, diese jedoch verpflichtet sein, die in den nachstehenden §§ 9 und 13 enthaltenen Vorschriften auf das genaueste zu befolgen.

§ 4 Dahingegen soll außer den in § 3 benannten Logen jede andere Mutter- oder Tochterloge des Freimaurerordens für verboten erachtet und unter keinerlei Vorwand geduldet werden.

§ 5 Ein jeder Versuch, verbotene Verbindungen und Gesellschaften zu stiften, soll, sowie die Teilnehmung an einer solchen bereits gestifteten Verbindung oder Gesellschaft, wie nicht minder deren Fortsetzung nach der Zeit des gegenwärtigen Verbots für diejenigen, welche in einer öffentlichen Bedienung als Militär- oder Zivilbeamte oder sonst in unseren Diensten stehen, unausbleibliche Kassation bewirken. Außerdem sollen diejenigen, welche eine verbotene Gesellschaft stiften oder deren Fortdauer nach dem jetzigen Verbot veranlassen, zehn Jahre Festungs-, Arrest- oder Zuchthausstrafe, die wirklichen Mitglieder und Teilnehmer aber sechs Jahre Festungs-, Arrest oder Zuchthausstrafe verwirkt haben.

[...]

§ 10 ferner müssen die Vorgesetzten der drei in § 3 genannten Mutterlogen Unserer Allerhöchsten Person jährlich das Verzeichnis der sämtlichen von ihnen abhängigen sowohl in den hiesigen Residenzen als sonst in Unseren gesamten Staaten gestifteten Tochterlogen nebst der Liste sämtlicher Mitglieder nach ihrem Namen, Stand und Alter einreichen. Im Unterlassungsfall wird eine Geldstrafe von 200 Reichstalern verwirkt und die Weigerung mit dem Verlust der Protektorie und der Duldung bestraft.

§ 11 Es soll auch gedachten tolerierten Freimaurerlogen nicht gestattet werden, jemanden vor erfülltem 25. Jahre seines Alters zum Mitgliede aufzunehmen [...]

§ 12 Eine jede Loge ist verbunden, der Polizeibehörde den Ort ihrer Zusammenkunft anzuzeigen [...]

§ 13 Jede Mutterloge muß die Mitglieder, welche den vorstehenden Verordnungen zuwiderhandeln, sogleich ausstoßen [...]"[318]

Offenbar sollte versucht werden, durch die Tolerierung bestimmter Logen eine Art offizielle Freimaurerei zu schaffen bei gleichzeitiger Abwehr der von geheimen Logen ausgehenden möglichen Gefahr für den Staat.

Zum Beginn des 19. Jahrhunderts hatten sich neun deutsche Großlogen gebildet, wofür unter anderem die politische Teilung des Landes maßgeblich gewesen war. Durch den Wiener Kongress 1815 wurden die Territorien neu geordnet, was auch zu neuen Zuordnungen innerhalb der deutschen Freimaurerei führte. Im weiteren Verlauf der deutschen Geschichte und parallel zum Bemühen, aus den vielen deutschen Ländern eine deutsche Nation zu bilden[319], versuchten auch die Freimaurer, eine gemeinsame Organisation zu schaffen, in der alle Systeme unter einem Dach miteinander verbunden wären.
So unterschiedlich wie die Schwerpunkte, die Riten und Grundsätze der einzelnen Logen und Großlogen gewesen sind[320], so schwierig war es, Gemeinsamkeiten zu finden und Einigkeit über allgemeine Grundsätze zu erreichen.

---

318 Ebd., S. 145 f.

319 Am 18.05.1848 wurde die Frankfurter Nationalversammlung gegründet mit dem Ziel, eine gemeinsame Verfassung für einen deutschen Nationalstaat zu entwerfen.

320 Eine unterschiedliche Handhabe und Position war beispielsweise hinsichtlich der Zulassung von Nichtchristen festzustellen. Eine Übersicht über die verschiedenen Zugangsbedingungen bietet FRIEDRICH KNEISNER, ebd., S. 183.
1836 hatten 12 jüdische Freimaurer aus Wesel bei den altpreußischen Großlogen um freien Besuch gebeten, was dort abgelehnt wurde. In den unter dem französischen Grand Orient arbeitenden Logen in Frankfurt und Mainz waren Juden als Mitglieder zugelassen. Die Aufnahme eines jüdischen Freimaurers in die Loge „Emanuel" im Jahr 1846 führte zum Abbruch der Beziehungen zwischen der Großloge von Hamburg und

Seit 1868, als zu Pfingsten in Berlin der erste „Deutsche Großmeistertag" abgehalten wurde, bemühte man sich, allgemeine freimaurerische Grundsätze zu erarbeiten. 1870 wurden vom Großmeistertag von Hamburg die Allgemeinen freimaurerischen Grundsätze verabschiedet: Darin heißt es:

1. „Die Freimaurerei bezweckt, in einer zumeist den Gebräuchen der zu Bauhütten vereinigten Werkmaurer entlehnten symbolischen Form die sittliche Veredelung des Menschen und menschliche Glückseligkeit zu fördern. Indem sie von ihren Mitgliedern den Glauben an Gott als den obersten Baumeister der Welt, an eine höhere sittliche Weltordnung und an die Unsterblichkeit der Seele voraussetzt, verlangt sie von ihnen die Betätigung des höchsten Sittengesetzes: „Liebe Gott über alles und deinen Nächsten mehr als dich selbst."
2. Bibel, Zirkel und Winkelmaß sind dem Freimaurer die Symbole der jedem Maurer obliegenden Pflichten und als solche Hauptsymbole der Freimaurerei.
3. Nur freie Männer von gutem Ruf[321] und von einer solchen geistigen Bildung, wie sie die Ausübung des freimaurerischen Berufes voraussetzen muss, können als Mitglieder des Bundes zugelassen werden. Stand, Religionsbekenntnis und politische Meinung dürfen kein Hindernis für die Aufnahme sein.
4. Sinn und Zweck der Freimaurerei sind in den drei Johannisgraden vollständig erhalten. In den maurerischen Systemen, die höhere Grade bearbeiten, berechtigt deren Besitz zu keinem Vorzug in der Leitung in der Johannisloge. Jene drei (Johannis-)Grade genießen in allen maurerischen Systemen gleichmäßige Anerkennung.
5. Aller Vorzug unter den Maurern gründet sich einzig auf wahren Wert und eigenes Verdienst.
6. Der Freimaurerbund ist keine geheime Verbindung. Zweck, Geschichte, Gesetzgebung und Statistik des Freimaurerbundes sind kein Geheimnis und können der Regierung auf Verlangen vorgelegt werden. Das von jedem Freimaurer bei der Aufnahme und der Beförderung eidlich abzunehmende Gelübde der Verschwiegenheit bezieht sich nur auf die Formen des maurerischen Ritus, auf die Gebräuche.

---

der Großen Landesloge der Freimaurer von Deutschland, was erst 1857 wieder behoben werden konnte. Vgl. ebd., S. 181 f.

321 Mit der Eigenschaft des guten Rufs setzt sich Dieter A. Binder auseinander. Vgl. dazu DIETER A. BINDER, Freimaurerei als Erziehung zum Gentelman?, in: Ojnikov Zbornik, Cerkev, Drzava, Pravo, Zgodovina, hg. von BORUT HOLCMAN und FRANCI RAMSAK, Festschrift zum 70. Geburtstag von Stanislava Ojnika, Maribor 2002, S. 91 – 116.

7. Privathändel oder Streitigkeiten sollen nicht zur Türe der Loge hereingebracht werden, noch weniger aber Streitigkeiten über Religion, Politik oder Staatsverwaltung."[322]

Die meisten Großlogen stimmten den Grundsätzen zu. Zwei der drei Preußischen Großlogen[323] wünschten Ergänzungen, die dritte, die Große Landesloge der Freimaurer, lehnte die Grundsätze ab. Somit scheiterte das Projekt.
Nach der Gründung des Deutschen Reiches im Jahr 1871 wurde im darauffolgenden Jahr mit dem Ziel, Einigkeit und Zusammenarbeit der deutschen Großlogen zu gewährleisten und zu fördern, der „Deutsche Großlogenbund" ins Leben gerufen, dessen Protektorat Kaiser Wilhelm I. (1797-1888) übernahm. Reichskanzler von Bismarck (1815-1898) äußerte unter Hinweis auf die Rücksichtnahme gegenüber der kritischen Position der katholischen Kirche zu den Freimaurern starke Bedenken gegen die Übernahme und konnte sich damit durchsetzen, was zur Folge hatte, dass der Bund seine Arbeit nicht aufnahm bzw. keine Einheit stiftende Arbeit in die Logen hinein leisten konnte.

Der spätere Kaiser Friedrich III. (1831-1888) musste schon 1877 feststellen, dass das Trennende in der deutschen Freimaurerei stärker war als die politisch beschworene Einheit der Deutschen. Es gab Kontroversen in verschiedenen Zusammenhängen. Dabei ging es um die Ideen und Grundsätze einer christlichen oder humanitären Freimaurerei, um eine kosmopolitische oder eine nationale Ausrichtung, um eine antisemitische oder integrative Prägung sowie um Auseinandersetzungen über die Hochgradsysteme im Verhältnis zur einfachen Johannismaurerei. Dennoch prosperierte die Freimaurerei und immer mehr schlossen sich dem Bund an.
Hatte es im Jahr 1878 in 352 Logen etwas mehr als 41.000 Mitglieder gegeben, waren es 1910 in 506 Logen knapp 60.000.[324]

Nach dem Ende des ersten Weltkrieges waren in Deutschland trotz der Kriegsverluste und den internen Auseinandersetzungen in den Logen immer noch an die 60.000 Männer Mitglieder und bis 1925 wuchs ihre Zahl noch auf mehr als 80.000 an.[325] Ihre Organisation aber blieb uneins. 50 Jahre nach seiner Gründung zerbrach der Großlogenbund, als die drei mächtigen Preußischen Großlogen ihren Austritt erklärten. So verlor er an Bedeutung.

---

322 Allgemeine freimaurerische Grundsätze, aufgestellt vom Deutschen Großmeistertag in Hamburg am 07. Juni 1870, zitiert nach INTERNATIONALES FREIMAURER-LEXIKON, S. 368 f.

323 Die Große National-Mutterloge „Zu den drei Weltkugeln" und die Große Loge von Preußen, genannt „Royal York zur Freundschaft".

324 Vgl. die Statistik bei FRIEDRICH KNEISNER, Geschichte der deutschen Freimaurerei, S. 270 ff.

325 RALF MELZER, Freimaurerei im politischen Kräftefeld der Weimarer Republik, in: JOACHIM BERGER und KLAUS-JÜRGEN GRÜN (Hrsg.), Geheime Gesellschaft, Weimar und die deutsche Freimaurerei, München – Wien 2002, S. 291 – 296, S. 291.

Bis 1933 entstanden in Deutschland 13 Großlogen, die ihr je eigenes Profil entwickelten.[326] Seit 1930 sahen sich die Freimaurer jedoch einem neuen, einflussreichen Gegner gegenüber – dem Nationalsozialismus. Die Nationalsozialisten führten einen offenen Kampf gegen das Freimaurertum.[327] Wegen des Pauschalverdachts staatsgefährdender Machenschaften, der Skepsis gegenüber einer weltweiten Vernetzung und einer überstaatlichen Organisation war unter anderem auch die gleichzeitige Mitgliedschaft in einer Loge und der NSDAP verboten worden.[328]

Bis 1935 wurden die Logen zur Selbstauflösung gezwungen, das Vermögen der Logen wurde staatlichen Institutionen zugeführt[329], einzelne Freimaurer wurden

---

326 Zu ihnen gehörten: 1. Die Großloge „Zu den drei Weltkugeln" (gegr. 1744/1772) in Berlin; 2. Die Große Loge von Preussen „Zur Freundschaft" (gegr. 1789); 3. Die Große Landesloge von Deutschland (Freimaurerorden) (gegr. 1770); 4. Die Großloge von Hamburg (gegr. 1811), 5. Die Großloge des Königreichs Hannover (gegr. 1828, später: Der Großorient von Westphalen); 6. Die Große Mutterloge des Eklektischen Freimaurerbundes Frankfurt (gegr. 1761); 7. Die Große Freimaurerloge „Zur Eintracht" in Darmstadt (gegr. 1846); 8. Die Große Landesloge von Sachsen (gegr. 1811); 9. Die Großloge „Zur Sonne Bayreuth" (gegr. 1811); 10. Die Mutterloge „Die Wachsende zu den drei Schlüsseln" in Regensburg (gegr. 1767); 11. Die Große Deutsche Bruderkette, Leipzig (gegr. 1924, später: Christlicher Orden Deutscher Dom); 12. Der Freimaurerbund „Zur aufgehenden Sonne" (gegr. 1905); 13. Die Symbolische Großloge von Deutschland (gegr. 1931). Vgl. dazu im Einzelnen JÜRGEN HOLTORF, Die Logen der Freimaurer, S. 66 – 76.

327 Vgl. HELMUT NEUBERGER, Freimaurerei und Nationalsozialismus. Bd. 1: Der völkische Propagandakampf und die deutsche Freimaurerei bis 1933. Bd. 2: Das Ende der deutschen Freimaurerei, Hamburg 1980; ARMIN PFAHL-TRAUGHBER, Der antisemitische - antifreimaurerische Verschwörungsmythos in der Weimarer Republik und im NS-Staat, Wien 1993; WERNER PFEIFENBERGER, Internationalismus gegen Nationalismus, in: Freiheit und Verantwortung. Jahrbuch für politische Erneuerung, Wien 1994, S. 494 – 546; ELLIC HOWE, The Collapse of Freemasonry in Nazi Germany 1933-35, in: AQC (= Ars Quatuor Coronatum), Bd. 45 (1982), S. 21 – 326. JOCHEN SCHUSTER, Freimaurer und Justiz in Norddeutschland unter dem Nationalsozialismus: die beruflichen Folgen der Mitgliedschaft in Logen für Richter und Staatsanwälte, Frankfurt am Main u.a. 2007.

328 Alfred Rosenberg: „Deshalb darf kein Maurer der N.S.D.A.P. angehören und umgekehrt. Jeder soll wissen, daß er zu wählen hat. Jeder, der Maurer bleiben will, muß auch das Odium nationaler Anrüchigkeit mittragen. Man kann auch den internationalen Marxismus nicht reformieren, sondern muß ihn weltanschaulich überwinden und organisatorisch zerschlagen. Das gleiche gilt für das längst überlebte Maurertum. Es gehört als Ganzes zum alten geistigen Plunder wie die anderen Ideen des 18. Jahrhunderts, die im 19. noch vergrößert wurden. Die deutsche Freiheitsbewegung (N.S.D.A.P.) hat der Freimaurerei den Kampf angesagt und Gegensätze dürfen nicht überkleistert, sondern müssen bis zur Entscheidung durchgekämpft werden." Auszug aus einem Artikel des Herausgebers des „Völkischen Beobachters" Alfred Rosenberg. Zitiert nach INTERNATIONALES FREIMAURERLEXIKON, Art. Nationalsozialisten, S. 596 – 598, S. 597.

329 „Der Reichs- und preußische Minister des Inneren, Dr. Frick, hat die Landesregierungen [...] angewiesen, sämtliche Freimaurerlogen, die sich noch nicht selbst freiwillig aufgelöst haben, auf Grund der Verordnung des Herrn Reichspräsidenten zum Schutze

geschäftlich boykottiert und auch inhaftiert.[330] Im Jahr 1933 gab es in Deutschland etwa 80.000 bis 90.000 Maurer.

Nach 1945, die Zahl der Mitglieder war durch die Kriegsereignisse auf 5000 reduziert, begannen die Freimaurer damit, sich zu reorganisieren.[331] Das Bemühen um eine Gesamtvertretung hatte im Jahr 1948 einen ersten Erfolg, indem der „Verein der Großlogen von Deutschland" ins Leben gerufen wurde.

Schon bald darauf, am 19. Juni 1949, kam es in Frankfurt a.M. zur Gründung der „Vereinigten Großlogen von Deutschland"[332], einer Art Dachverband, dem zunächst 174 Logen angehörten. In den folgenden Jahren schlossen sich weitere Großlogen an[333] und 1970, als am 23.10.1970 auch die Große National-Mutterloge „Zu den drei Weltkugeln", die „Provinzialgroßloge der britischen Freimaurer in Deutschland" sowie die „American-Canadian Provincial Grand Lodge AF&AM" beitraten, erhielt die Freimaurerei in Deutschland die Struktur, die sie bis heute hat.

Im Osten Deutschlands blieben die Freimaurerlogen bis zur Wiedervereinigung verboten bzw. wurde deren Wiedererrichtung nicht erlaubt. Die nach 1945 gel-

---

von Volk und Staat vom 28. Februar 1933 aufzulösen. Er hat ferner auf Grund des Gesetzes über die Einziehung von volks- und staatsfeindlichem Vermögen vom 14. Juli festgestellt, daß das Vermögen solcher Freimaurerlogen zu volks- und staatsfeindlichen Bestrebungen gebraucht und bestimmt war und hat die Landesregierungen angewiesen, diese Vermögen zu beschlagnahmen und einzuziehen." Zitiert nach REINHOLD DOSCH, Deutsches Freimaurerlexikon, Bonn 1999, S. 207.

330 Vgl. dazu im Einzelnen JÜRGEN HOLTORF, Die Logen der Freimaurer, S. 91 ff., und RENATE ENDLER, Geschichte der beschlagnahmten Archive deutscher Freimaurerlogen, in: JOACHIM BERGER und KLAUS-JÜRGEN GRÜN (Hrsg.), Geheime Gesellschaft, S. 337 – 343, S. 338.

331 Während der Zeit des Nationalsozialismus hatten die Freimaurer versucht, andere Organisationsformen zu finden, die nicht unter die gegen sie erlassenen Gesetze fielen, indem etwa die „Große Loge von Hamburg" sich in den „Deutschen Orden Hamburg" umwandelte. Aus der Leipziger Großloge „Deutsche Bruderkette" wurde der christliche Orden „Deutscher Dom" und die „Große Landesloge von Sachsen" verwandelte sich in den „Deutsch-Christlichen-Orden Sachsen". Vgl. MATTHIAS PÖHLMANN, Verschwiegene Männer, S. 60. Vgl. auch ROLAND HOEDE und JOACHIM BERGER, Freimaurerei nach 1945, Einführung, in: JOACHIM BERGER und KLAUS-JÜRGEN GRÜN (Hrsg.), ebd., S. 335 – 337.

332 Später erhielt der Zusammenschluss den Namen „Vereinigte Großloge der Alten Freien und Angenommenen Maurer von Deutschland (VGLAFuAMvD)

333 Die „Große Landesloge von Deutschland" und die „Große National-Mutterloge zu den drei Weltkugeln" kamen erst 1958 dazu, nachdem die Vereinigte Großloge von England, die Mutter aller Logen, zunächst die „Vereinigte Großloge von Deutschland" anerkannt und damit den Anschluss an die Weltfreimaurerei geschaffen hatte und zugleich auf eine Einigung der deutschen Großlogen drängte. Vgl. INTERNATIONALES FREIMAURERLEXIKON, Art. Deutschland, S. 217 – 225, S. 224.

tende Verordnung des Alliierten Kontrollrates, wonach die von den Nationalsozialisten aus politischen, weltanschaulichen oder religiösen Gründen verbotenen Vereinigungen das Recht hatten, sich in ihrer alten Form wieder zu errichten[334], wurde im Westteil Deutschlands problemlos angewandt, im Ostteil dagegen nur selten.
Mit der Gründung der Sozialistischen Einheitspartei Deutschlands (1946) und ihrer uneingeschränkten Herrschaft wurde das Aufleben der ostdeutschen Logen unterbunden, wobei es nie ein ausdrückliches Verbot gegeben hat. Die Staatsdoktrin hielt die Freimaurerei für ein durch den Klassenkampf überwundenes Relikt des Großbürgertums und betrachtete den freimaurerischen Fortschrittsgedanken als „auf die revolutionäre Arbeiterklasse und ihre Partei übergegangen“[335]. Schon bald nach der Wiedervereinigung war man um die Wiederbelebung und Neugründung von Freimaurerlogen in den neuen Bundesländern bemüht. Zur Jahrtausendwende waren im Osten Deutschlands 45 Logen wieder errichtet oder neu gegründet worden.

Die reguläre Freimaurerei in Deutschland ist heute wie folgt strukturiert. Sie besteht aus fünf Großlogen, deren Gesamtvertretung, die „Vereinigten Großlogen von Deutschland“ (= VGLvD), ihren Sitz in Berlin hat. Sie versteht sich als souveräne Vertretung der Freimaurerei in Deutschland gegenüber ausländischen freimaurerischen Organisationen und der Öffentlichkeit. Die Magna Charta, der Vertrag über den Zusammenschluss von 1958[336], regelt Struktur und Verfassung der Großloge. Organe sind der von den Meistern gebildete Konvent, der den Großmeister und seinen Stellvertreter wählt.[337] Die Mitgliedslogen bestimmen das Beschlussorgan der vereinigten Großloge, den Senat. Beschlüsse erfolgen mit 4/5-Mehrheit. Die Besetzung der 11 Posten richtet sich nach der Größe der Großlogen. Der Senat beruft auch das zehnköpfige Oberste Gericht, das über Fragen der freimaurerischen Ordnung entscheidet. In der Vereinigten Großloge von Deutschland sind zusammengeschlossen:

1. Die Großloge der Alten Freien und Angenommenen Maurer von Deutschland.[338]

---

334 Vgl. THOMAS RICHERT, Der Wiederaufstieg der deutschen Großlogen nach 1945, in: Quatuor Coronati – Jahrbuch 37/2000, S. 135 ff., S. 145.

335 MATTHIAS PÖHLMANN, Verschwiegene Männer, S. 70.

336 Die „Magna Charta“ wurde zuletzt 1982 überarbeitet.

337 Der Konvent tritt alle drei Jahre in Berlin zusammen. Großmeister und Stellvertreter besetzen die ihnen zugeordneten Ämter des Großsekretärs, des Großschatzmeisters, den Ausschuss für äußere Angelegenheiten und das Amt für Öffentlichkeitsarbeit, wobei die Besetzungen der Zustimmung des Senats bedürfen.

338 Die Großloge der „Alten Freien und Angenommenen Maurer von Deutschland“ ist die größte deutsche Oboedienz (Begriff für die Zusammenfassung aller unter ihr arbeitenden Logen), die die humanitäre Richtung repräsentiert und Männer aller Religionen aufnimmt. Sie fühlt sich dem Erbe der Aufklärung und der Toleranz verpflichtet, entwickelt keine Theologie, kennt keine Dogmen und Sakramente, verwendet jedoch Symbole aus dem religiösen Bereich. Sie will weder Nebenkirche noch Ersatzreligion

2. Große Landesloge der Freimaurer von Deutschland.[339]
3. Große National-Mutterloge „Zu den drei Weltkugeln".[340]
4. American-Canadian Grand Loge.[341]
5. Grand Loge of British Freemasons in Germany.[342]

---

sein, wobei der freimaurerische Gottesbegriff „Großer Baumeister aller Welten" Ausdruck der Überzeugung sein soll, dass die Voraussetzung für moralisches Handeln in der Anerkennung eines übergeordneten Sinn gebenden Prinzips liegt, was eine moralische und keine religiöse Pflicht begründet. Die zu ihr gehörenden Logen (ca. 8.000 Mitglieder) bearbeiten ausschließlich die drei Grade der Johannismaurerei. Vgl. dazu die Selbstdarstellung im Internet: http://www.freimaurerei.de/index.php?id=5 vom 21.08.2007.

339 Die „Große Landesloge der Freimaurer von Deutschland" ist ausdrücklich christlich orientiert, was sich z.B. darin ausdrückt, dass nur Männer christlichen Glaubens aufgenommen werden, die in der Regel auch kirchlich gebunden sind, wobei die unterschiedlichen Konfessionen keine Bedeutung haben. Die Große Landesloge, die sich als Orden bezeichnet, will keine Religion und kein Religionsersatz sein, vielmehr wird das Bekenntnis zur Nächstenliebe und zum Alten und Neuen Testament als „dem größten Licht" der Freimaurer vorausgesetzt. Dogmen, Glaubensbekenntnisse und Katechismen, Gottesdienst, Verkündigung und Sakramentenverwaltung werden als „Sachen der Kirchen" ausgewiesen. Vgl. dazu die Selbstdarstellung im Internet: http://www.freimaurerei.com/beitraege/beitraege_01/inhalt.html vom 21.08.2007. In der Großen Landesloge der Freimaurer von Deutschland sind die Hochgrade erhalten geblieben. Auf die drei Johannisgrade folgen zwei Andreasgrade und darauf noch einmal vier Kapitelsgrade. Dieser Großloge gehören derzeit in Deutschland ca. 3.300 Mitglieder an. Vgl. im Einzelnen dazu den Art. Schwedische Lehrart, in: INTERNATIONALES FREIMAURERLEXIKON, S. 768 – 770, S. 769.

340 Die Große National-Mutterloge „Zu den drei Weltkugeln" ist die älteste Großloge in Deutschland und kennt wie die „Große Landesloge der Freimaurer von Deutschland" auch das Hochgradsystem, wobei auf die drei Johannisgrade zunächst der Schottengrad und dann weitere drei Erkenntnisstufen (Tugend der Demut, Vertiefung der Selbsterkenntnis, Kraft der Liebe) folgen. Die Loge nimmt Männer jeder Religion sowie politischer und weltanschaulicher Überzeugung auf und orientiert sich bei der Arbeit am „Tempelbau der Humanität", an den Grundsätzen der Toleranz, der Gewissens- und Geistesfreiheit, der Wohltätigkeit und dem „Menschsein" an sich. Vgl. dazu die Selbstdarstellung im Internet: http://www.3wk.org/ vom 21.08.2007. Die Großloge hat in Deutschland derzeit knapp 800 Mitglieder.

341 Die „Amerikanisch-Canadische Großloge in Deutschland", die aus den von amerikanischen, kanadischen und britischen an den Militärstützpunkten in Deutschland tätigen Freimaurern gegründeten Feldlogen hervorging, wurde 1970 Mitglied der Vereinigten Großlogen von Deutschland. Derzeit gehören ihr in Deutschland etwa noch 850 Mitglieder an. Vgl. dazu MATTHIAS PÖHLMANN, Verschwiegene Männer, S. 126.

342 Die „Großloge der Britischen Freimaurer in Deutschland" entstammt gleichfalls den von den britischen Soldaten nach dem Zweiten Weltkrieg in Deutschland gegründeten Feldlogen. Die Großloge bearbeitet die Johannisgrade und pflegt das so genannte „Emulation-Ritual", nach dem Rituale auswendig zelebriert werden, was der Idee der Geheimhaltung des Brauchtums zuzuschreiben ist. Vgl. M. PÖHLMANN, ebd., S. 128. Vgl. auch KARL HEINZ FRANKE, Militär- und Feldlogen des 18., 19. und 20. Jahrhunderts, in: Quatuor Coronati, Bd. 3 (1976), S. 87 – 98.

Die beiden letztgenannten Logen rekrutieren ihre Mitglieder aus den in Deutschland stationierten angloamerikanischen Streitkräften und sind für die freimaurerische Landschaft in Deutschland eher unbedeutend. Die Gesamtmitgliederzahl aller in Deutschland ansässigen regulären Logen beläuft sich z.Zt. auf ca. 14.000 Maurer.[343]

Der zur Hochgradmaurerei gehörende, weltweit verbreitete Schottische Ritus, „Alter und Angenommener Schottischer Ritus in der Bundesrepublik Deutschland", bearbeitet ausschließlich 29 weitere über die drei Johannisgrade hinausgehenden Grade. Ursprünglich entstammt dieses Hochgradsystem den französischen Systemen der Schottischen Maurerei des 18. Jahrhunderts und kam erst Anfang des 20. Jahrhunderts aus den USA nach Deutschland. Aufgenommen werden können die seit wenigstens neun Monaten im Meistergrad der Johannismaurerei stehenden Männer.
Die Hochgrade werden als weiterführende Grade verstanden, die das freimaurerische Gedankengut rituell vermitteln und vertiefen, wobei in Deutschland nur die Grade IV (Geheimer Meister), XVIII (Ritter Rosenkreuzer), XXX (Ritter Kadosch) und der XXXII. Grad (Prinz des königlichen Gewölbes) praktiziert werden.[344] Der Ritus versteht sich als elitär. Seine Mitglieder rekrutiert er nach eigener Auswahl vornehmlich aus der „Großloge der Alten Freien und Angenommenen Maurer von Deutschland", da die beiden anderen deutschen Großlogen eigene Hochgrade kennen.[345]

2.3.2 Die Freimaurer in Österreich

In Österreich, bis zum Ende des ersten Weltkrieges eine Monarchie mit mehrheitlich katholischer Bevölkerung, wurde die erste Freimaurerloge im Jahr 1742 in Wien gegründet.[346] Abhängig von der Politik der Regierenden und dem je-

343 Weltweit wird von einer Mitgliederzahl von ca. 6 Millionen Freimaurern in regulären Logen ausgegangen. Vgl. HELMUT REINALTER, Die Freimaurer, München 2000, S. 8.

344 Vgl. im Einzelnen dazu INTERNATIONALES FREIMAURERLEXIKON, Art. Schottischer Ritus, S. 753 – 756.

345 Derzeit hat der Ritus in Deutschland knapp 1850 Mitglieder. Vgl. FRIEDRICH WILHELM SCHMIDT, 75 Jahre AASR, in: Eleusis 59 (6/2004), S. 4 f., S. 4.

346 Die erste Logengründung in Österreich, die Gründung der Loge „Aux trois canons", geht auf den Domherrn und späteren Fürstbischof von Breslau Philipp Gotthard Graf Schaffgotsch (1716-1795) zurück. Der gab seine Mitgliedschaft bei den Freimaurern bekannt, weswegen sich andere Domherren weigerten, mit ihm Gottesdienste zu feiern, und ihm verboten, die Kirche zu betreten. 1742 leistete Schaffgotsch einen Eid darauf, sich von den Freimaurern getrennt zu haben und Papst Benedikt XIV. verzichtete auf seine Bestrafung. Tatsächlich aber setzte Schaffgotsch seine freimaurerische Arbeit im Geheimen fort. 1743 wurde die Loge durch die Königin von Ungarn, Maria Theresia (1717-1780), aufgelöst, aber nicht weil sie sich gegen die Religion oder gegen die Kirchenfürsten geäußert hatte, sondern wegen der per se verdächtigen Geheimhaltung des freimmaurerischen Unternehmens.

weils der Kirche zugestandenen oder des von ihr in Anspruch genommenen gesellschaftlichen Einflusses konnten sich die Freimaurer entwickeln oder wurden zurückgedrängt.[347] Unter der katholischen Maria Theresia (1717-1780) kam es zu zahlreichen Logengründungen in ganz Österreich, in denen angesehene Bürger Mitglied wurden. Wenn die Kaiserin auch Verbote gegen die Freimaurer erließ, wurden diese jedoch kaum umgesetzt.[348]
Ihr Sohn Joseph II. (1741-1790) prägte Österreich durch seine weitreichenden Reformen. Er schaffte die Leibeigenschaft ab, gründete Wohlfahrtseinrichtungen, reformierte das Justizwesen, erließ ein Toleranzpatent und verbesserte die Rechtsstellung der Juden. Freimaurer, denen gegenüber er zunächst vorurteilsfrei eingestellt war, wobei er selbst aber nie Freimaurer wurde[349], gehörten zu seinen Ratgebern.[350]

Der Ehegatte der Kaiserin, Franz von Lothringen (1708-1765), der 1739 die Regierung in der Toskana übernommen hatte und seit 1731 Freimaurer war, hatte der Loge eine moralische Autorität verliehen, die der österreichische Nuntius, der 1737 den Inquisitor von Florenz bei seiner Aktion gegen die dortige Freimaurerloge unterstützt hatte, zu bekämpfen suchte. Mitglied dieser Loge war auch ein schottischer Priester, der bei seiner Vernehmung erklärte, dass die gegen ihn verhängte Strafe der Exkommunikation bedeutungslos sei, da der Papst nicht wisse, worüber er urteilte. Vgl. JOSÉ ANTONIO FERRER BENIMELI, Rom und die Verfolgung der Freimaurer in Österreich (1743-1744), in: Beförderer der Aufklärung in Mittel und Osteuropa, Freimaurer, Gesellschaften, Clubs, hg. von EVA H. BALASZ, LUDWIG HAMMERMAYER, HANS WAGNER und JERZY WOJTOWICZ (= Studien zur Geschichte der Kulturbeziehungen in Mittel- und Osteuropa, Bd. V), S. 87 – 102, S. 88 ff.

347 Vgl. zur Geschichte der Freimaurer in Österreich: Auf dem Wege zum Licht. Die Freimaurer in Österreich – Ein historisches Porträt, Rundfunkmanuskript vom 09. Oktober 1975 (Freimaurer-Museum-Bayreuth). Die Bulle Papst Clemens XII. aus dem Jahr 1738 war weder in Niederösterreich noch in den anderen Erbländern veröffentlicht worden, wofür vor allem das Fehlen von wenigstens offiziellen Freimaurerlogen als Grund angenommen werden kann.

348 Neben dem Verbot der Loge „Aux trois Canons“ sechs Monate nach ihrer Gründung ergingen 1766 und 1767 weitere Verbote. Vgl. INTERNATIONALES FREIMAURERLEXIKON, Art. Österreich, S. 633 – 637, S. 633. Vgl. auch LAJOS ABAFI, Geschichte der Freimaurerei in Oesterreich-Ungarn, 4 Bde., Budapest 1890-1893; ERNST KRIVANEC, Die österreichische Freimaurerei im 18. Jahrhundert, in: Österreichische Freimaurerlogen, S. 12 – 14; ders., Humanität und Toleranz. Österreichische Freimaurerlogen im 18. Jahrhundert, ebd. S. 14 – 18; GUSTAV R. KUÉSS/BERNHARD SCHEICHELBAUER, 200 Jahre Freimaurerei in Österreich, Wien 1959; KARLHEINZ GERLACH, Österreichische und preußische Freimaurer im Jahrhundert der Aufklärung 1731/1738-1795/1806, in: Aufklärung, Freimaurerei und Demokratie im Diskurs der Moderne, Festschrift zum 60. Geburtstag von HELMUT REINALTER, hg. v. MICHAEL FISCHER, MARITA GILLI, MANFRED JOCHUM und ANTON PELINKA (= Schriftenreihe der Internationalen Forschungsstelle „Demokratische Bewegungen in Mitteleuropa 1770-1850“, Bd. 36), Frankfurt a.M. – Berlin – Bern – Bruxelles – New York – Oxford – Wien 2003, S. 229 – 273. Vgl. auch REINHARD LAMER, Die Freimaurer in Österreich, S. 60 – 110.

349 Vgl. WILGERT TE LINDERT, Aufklärung und Heilserwartung, Philosophische und religiöse Ideen Wiener Freimaurer (1780-1795) (= Schriftenreihe der Internationalen

Freimaurerische Ideale, Werte der Aufklärung und humanitäre Ideen wurden von ihm übernommen und gesellschaftlich umgesetzt.[351] Vor allem die Angriffe des Kaisers auf die Privilegien der Kirche[352] wurden von freimaurerischer Seite begrüßt und unterstützt.[353]
Im Dezember 1785 erließ Joseph II. allerdings ein Edikt, das die rasche und das ganze Land betreffende Ausbreitung der Freimaurerlogen kritisierte und in Zukunft behindern sollte.[354] Der Kaiser wollte die Freimaurerei unter den Schutz bzw. die Aufsicht des Staates stellen und veranlasste, dass es zukünftig nur in den Städten, in denen eine Landesregierung ihren Sitz habe, noch drei Logen geben dürfe und nur noch dort Zusammenkünfte abgehalten werden dürften, die vorab bei der Polizei anzumelden seien. Zudem sollte auch ein vierteljährlich zu aktualisierendes Mitgliederverzeichnis der verschiedenen Logen bei der Polizei hinterlegt werden.[355]

Forschungsstelle „Demokratische Bewegungen in Mitteleuropa 1770-1850, hg. von HELMUT REINALTER, Bd. 26), Frankfurt am Main 1998, S. 25.

350 So z.B. der niederländische Arzt Gerhard van Swieten (1700-1772), der in Wien die erste Klinik gründete und hohes Ansehen genoss. Vgl. INTERNATIONALES FREIMAURERLEXIKON, Art. Österreich, ebd.
Auch Namen des Hochklerus waren in den Mitgliederlisten der Logen verzeichnet. Dazu gehörte Karl Graf Herberstein (1719-1787), Bischof von Laibach, Johann von Hay (1735-1794), Bischof von Königgrätz, Johann Morosini, seit 1782 Bischof von Verona, Johann Graf Pergen (1725-1814), Bischof von Mantua, Hieronymus Graf Colloredo (1732-1812), Fürsterzbischof von Salzburg, Joseph Maria Graf von Thun und Hohenstein (1713-1763), Bischof von Gurk, Leopold Graf von Spaur, von 1747-1778 Fürstbischof von Brixen, Franz Freiherr v. Splémi, Bischof von Maizen, Maria Thaddäus Graf von Trauttmansdorff (1761-1819), Fürsterzbischof von Olmütz, Mar Berhovacz, Erzbischof von Ungarn, Franz Kardinal Herzan von Harras (1755-1804), Minister am päpstlichen Hof. Vgl. FRANZ ALFRED SIX, Freimaurerei und Christentum, Hamburg 1940, S. 42. Vgl. auch A. ROSSBERG, Freimaurerei und Politik im Zeitalter der Französischen Revolution, o.O. 1942, Neuauflage Bremen – Huchting 1980, S. 122 f.

351 Vgl. HORST KISCHKE, Die Freimaurer, S. 46 f. In dieser Zeit komponierte Mozart, der selbst Freimaurer war, seine „Zauberflöte“, uraufgeführt 1791, und auch das Lied „Brüder reicht die Hand zum Bunde“, das nicht nur zum Volkslied avanciert ist, sondern dessen Melodie die Nationalhymne Österreichs darstellt.

352 Der Kaiser warb um einen praktischen Katholizismus ohne übertriebene Frömmigkeit und für Toleranz gegenüber Andersgläubigen. Vgl. WILGERT TE LINDERT, Aufklärung und Heilserwartung, S. 31.

353 Siehe dazu GRETE KLINGENSTEIN, Österreich und Europa 1780, in: Österreich im Europa der Aufklärung, Kontinuität und Zäsur in Europa zur Zeit Maria Theresias und Josephs II. Internationales Symposion in Wien 20. – 23. Oktober 1980, Bd. I (Wien: Verlag der Österreichischen Akademie der Wissenschaften 1985), Bd. 1, S. 19 – 27, S. 20 f.

354 Der Wortlaut des Edikts ist abgedruckt bei HELMUT REINALTER (Hrsg.), Joseph II. und die Freimaurer im Lichte zeitgenössischer Broschüren, Wien 1987, S. 64 – 66.

355 Vgl. ebd.

Seine Nachfolger verschärften die Haltung gegenüber den Freimaurern. Nach Leopold II. (1747-1792) hatte auch Franz II. (1768-1835) eine gegenüber geheimen Gesellschaften feindliche Einstellung und in seiner Regierungszeit kam das freimaurerische Leben in Österreich fast zum Erliegen.[356] Für Staatsbeamte erließ er ein Mitgliedschaftsverbot in freimaurerischen Logen. Bis zum Ende der Doppelmonarchie hatten Freimaurer keine Möglichkeit, ihre Arbeiten abzuhalten.[357]
Seit 1867 musste Franz Joseph (1830-1916) als König von Ungarn dort ein uneingeschränktes Vereinsgesetz respektieren. In Österreich war es so verfasst, dass sich hier keine Logen ins Leben rufen konnten[358], weswegen Österreicher nun in Ungarn ihre Logen gründeten[359] und sich der „Symbolischen Großloge von Ungarn" unterwarfen, dort dann ihre rituellen Arbeiten abhielten, sich aber auch in Österreich versammelten.

Erst nach dem Ersten Weltkrieg expandierte die Freimaurerei auch wieder in Österreich. Es wurden Fürsorge- und Wohlfahrtsinstitutionen gegründet.
Noch vor dem Aufkommen des Nationalsozialismus übte das katholisch-autoritäre ‚Dollfuß-Regime' allerdings wieder Einfluss auf die Freimaurer aus und dezimierte ihre Mitgliederzahlen um fast die Hälfte, als sich viele Beamte gezwungen sahen auszutreten.[360]

Wie in Deutschland litt auch das Freimaurerwesen in Österreich unter der nationalsozialistischen Politik. Die Logenräume in Wien wurden von den Nationalsozialisten 1938 besetzt, ihr Vermögen beschlagnahmt und Freimaurer verfolgt. Erst nach dem Zweiten Weltkrieg – von zuvor etwa 2000 Freimaurern waren wenig mehr als 60 übriggeblieben – entstanden mit Hilfe von in Österreich sta-

---

356 1793 kommt es bei den verbliebenen zwei Wiener Logen zur Selbstauflösung, nachdem auch in Österreich die Freimaurer für Urheber der Französischen Revolution gehalten worden waren. 1796 erschien ein Buch von Professor Leopold Alois Hoffmann, der die Freimaurer des versuchten Königsmords, der Weltverschwörung zum Schaden der Religion und des sich unter dem Mantel der Wohltätigkeit versteckenden staatsgefährdenden Tuns bezichtigte. Den plötzlichen Tod Leopold II. legte er auch den Freimaurern zur Last. Seit 1797 wurden die Freimaurerlogen überwacht und bespitzelt. Vgl. EUGEN LENNHOFF, Die Freimaurer, S. 191 f.

357 Vgl. Die Freimaurerei in Österreich von der Aufklärung bis zur Revolution 1848/49, in: Zirkel und Winkelmaß, 200 Jahre große Landesloge der Freimaurer, Katalog der 86. Sonderausstellung des Historischen Museums der Stadt Wien, Wien 1984, S. 7 – 25.

358 Das neue Vereinsrecht in Österreich sah vor, dass an allen Sitzungen eines Vereins staatliche Kommissäre teilzunehmen hatten, was für die rituellen Arbeiten der Freimaurerlogen ein undenkbares Vorgehen war. Vgl. dazu die Darstellung im Internet: http://www.aeiou.at/aeiou.encyclop.f/f755927.htm vom 21.08.2007.

359 Die von Österreichern im ungarischen Ausland gegründeten Logen nannten sich ‚Grenzlogen'.

360 Vgl. HORST KISCHKE, Die Freimaurer, S. 49 f.

tionierten alliierten Freimaurern neue Logen oder alte wurden wiederbelebt.[361] Im Jahr 1952 wurde die „Großloge von Wien" von der Mutterloge in England anerkannt, wofür jedoch Voraussetzung war, dass die Loge in Österreich den Kontakt zu irregulären Logen, z.B. dem Großorient von Frankreich, abbrach. Heute existieren in Österreich 59 reguläre Logen mit ca. 2500 Mitgliedern.[362]

Freimaurer, die sich dem Diktat der englischen Mutterloge nicht unterwerfen wollten, gründeten die „Unabhängige Freimaurer Loge Wien", die den Grundstein dafür bildete, dass in den folgenden Jahren und bis heute in Österreich Logen entstanden, die als irregulär gelten, insofern sie z.B. auch Frauen aufnehmen.[363]

2.3.3 Die Freimaurer in der Schweiz

In der Schweiz wurde schon ein Jahr früher als in Deutschland eine Loge in Genf durch englische Freimaurer gegründet.[364] Es folgten Logengründungen in Lausanne, Basel und Zürich. Wenn auch der Staat im Jahr 1744 ein Verbot der Mitgliedschaft und der Logenarbeit aussprach[365], verhinderte das nicht, dass am 24.04.1769 die „Grande Loge Nationale de Genève", bestehend aus zehn Einzellogen, errichtet wurde, der sich zehn weitere anschlossen.
In den beiden folgenden Jahrhunderten durchlebten die Freimaurer in der Schweiz eine wechselhafte Geschichte.[366] Nach der Annexion Genfs durch Frankreich im Jahr 1798 gelangte die Großloge unter den Großorient von Frankreich und bestand bis 1815 fort. Napoléon gliederte die Schweiz in sein System ein.

Die Situation im Kanton Bern war ähnlich der in Genf. Auch hier war 1739 durch Engländer eine Loge gegründet worden und auch hier hatte die Staatsre-

361 Vgl. INTERNATIONALES FREIMAURERLEXIKON, Art. Österreich, S. 633 – 637, S. 636.
362 Vgl. ebd.
363 So etwa der „Großorient von Österreich", der am 26. Juni 1985 nach seiner faktischen Auflösung im Jahr 1963 wieder errichtet wurde. Er ist ein freiwilliger Zusammenschluss von Freimaurerlogen, der Männer-, Frauen- und gemischte Logen gleichberechtigt nebeneinander vereinigt und sich als selbständig und von anderen freimaurerischen Institutionen unabhängig versteht. Vgl. dazu die Darstellung im Internet: http://www.freimaurer.at/german/g_konstitution.html vom 21.08.2007.
364 Im Frühjahr 1736 entstand die „Société des Maçons libres", gegen deren Gründung ein Ratsmitglied kurz danach interpellierte und die kalvinistische Geistlichkeit protestierte. Vgl. ROBERT A. MINDER, Freimaurer, S. 173.
365 Schon Jahre zuvor hatte der „Rat der 25" einen Beschluss gefasst, der die Aufnahme weiterer Bürger in die Freimaurerlogen verhindern sollte. 1745 wurde das Verbot mit Strafe belegt. Zuwiderhandlung sollte mit 100 Dukaten Gold oder Gefängnisstrafe geahndet werden. Vgl. HORST KISCHKE, Die Freimaurer, S. 51.
366 Vgl. dazu ausführlich: Die Freimaurerei in der Schweiz. Buch der Jahrhundertfeier, Zürich 1944.

gierung 1745 die Freimaurerei verboten und auf die Mitgliedschaft in einer geheimen Gesellschaft eine Strafe von 100 Talern und Verlust aller Ämter und Ehren gesetzt und die Freimaurer auch in den folgenden Jahren verfolgt.[367]
Im Kanton Zürich war die politische Regierung den Freimaurern freundlicher gesonnen, wo nach 1740, dem Gründungsjahr der ersten Loge dort, und 1762, dem Gründungsjahr der zweiten Zürcher Loge, im Jahr 1771 unter dem Patent der Genfer Großloge eine weitere Loge errichtet werden konnte.

Die der Französischen Revolution vorausgehenden politischen und religiösen Auseinandersetzungen führten in der Schweiz dazu, dass die Logen ihre Arbeiten aufgeben mussten, wobei es nur in Genf gelang, die Arbeit fortzusetzen. Unter Napoléon konnten die alten und unter dem Einfluss des französischen Großorienten arbeitenden Logen wieder erstarken und zahlreiche neue Logen wurden ins Leben gerufen. Die Patente der Großlogen wechselten und der Anfang des 19. Jahrhunderts war geprägt von Richtungsstreitigkeiten innerhalb der verschiedenen Systeme.[368]
Ihr Überleben sicherten sich die Freimaurer in der Schweiz durch diplomatisches Auftreten und geübte Toleranz. Eine in den 30er Jahren des zwanzigsten Jahrhunderts angestrebte Verfassungsänderung, die die Freimaurerei in der Schweiz verboten hätte, wurde durch Volksentscheid verhindert.[369]
Die 1844 als Verein nach Artikel 60 des schweizerischen Zivilrechts gegründete Großloge „Alpina“ mit Sitz in Lausanne, die wegen der zur Regularität geforderten Vorgaben der „United Grand Lodge of England“ ihre Beziehungen zum französischen „Grand Orient de France“ und der „Grande Loge de France“ 1955 bzw. 1966 abbrach, existiert bis heute und hat in etwa 78 Logen ca. 4000 Mitglieder.[370] Charakteristikum der schweizerischen Freimaurer ist es, dass sie sich öffentlich zu politischen Themen äußern.

Der in der Schweiz ansässige „Großorient der Schweiz“, gegründet am 24.06. 1959 nach Auseinandersetzungen mit der englischen Großloge, ging 1967 in der „Großloge der Schweiz“ auf und hat 1995 wieder den Namen „Großorient der Schweiz“ angenommen. Die in ihm zusammengeschlossenen 20 liberalen Logen

367 Vgl. INTERNATIONALES FREIMAURERLEXIKON, Art. Schweiz, S. 770 – 773, S. 771.

368 Vgl. ebd., S. 772.

369 In den 30er Jahren waren in der Schweiz faschistische Strömungen entstanden, die die Freimaurerei verbieten lassen wollten. Das die Freimaurer unterstützende Votum von 68 Prozent der Befragten gegen das Verbot wird daher eher als eine Absage an die faschistischen Kräfte zu verstehen sein.

370 Der Abbruch der Beziehungen zu den französischen Großlogen führte auch in der Schweiz 1967 zur Gründung einer neuen irregulären Großloge, der „Grande Loge de Suisse“, die 1996 umbenannt wurde in „Grand Orient de Suisse“. Vgl. ebd., S. 773.

praktizieren ausschließlich die drei Grade der symbolischen Maurerei, sind aber dennoch irregulär.[371]

2.4 Resümee der geschichtlichen Rahmenbedingungen für die Ausbreitung der spekulativen Freimaurerei

Bürgertum und bürgerlicher Adel waren in England für die Entwicklung der dortigen Freimaurerei die wirtschaftliche und soziale Grundlage gewesen. Die philosophische Grundlage bildete die Frühaufklärung und die politische die konstitutionelle Monarchie. Auf dem Kontinent passten sich die Freimaurer den jeweiligen feudalen Bedingungen an.

Die Monarchie bildete im 18. Jahrhundert die Europa prägende und dominierende Staatsform. Ludwig XIV. (1638-1715) regierte bis zum Beginn des 18. Jahrhunderts in Frankreich und baute eine von Prunk und Pracht strotzende Monarchie auf, die anderen europäischen Monarchen jener Zeit Vorbild war. Ihm folgte Ludwig XV. (1715-1774), der die Regierungsgeschäfte für über ein halbes Jahrhundert übernahm und in dessen Amtszeit die Grundlegung und das Aufblühen der Freimaurerei in Frankreich fallen.
In Wien, dem zweiten einflussreichen Hof Europas, regierten Kaiser Franz I. (1708-1765) und seine Frau Kaiserin Maria Theresia (1717-1780).
Nach dem Aussterben der Stuarts (1714) hatte das protestantische Haus Hannover in London die Krone Englands, Irlands und Schottlands übernommen. Mit wachsendem politischem Einfluss Englands verbreitete sich der englische Deismus auch auf dem Kontinent.

Etwa ein Dutzend Monarchien waren in Europa versammelt, wobei es in Deutschland und Italien eine Vielzahl von mehr oder weniger großen und einflussreichen Fürstentümern gab. In Deutschland waren es an die 250 souveräne Fürsten, Herzöge und Grafen, die in ihren Territorien fürstliche Herrlichkeit und Macht darstellten.

Spanien und Portugal sowie die italienischen Monarchien und Republiken, Frankreich, Alt-Österreich und Polen, das Kurfürstentum Bayern und viele kleine Souveräne im Süden des Deutschen Reiches waren auch nach der Reformation noch katholisch. Ganz Nordeuropa, einschließlich Englands und Schottlands und weite Teile des Deutschen Reiches waren protestantisch geworden.

Bis über die Mitte des 18. Jahrhunderts hinaus breitete sich die Freimaurerei von England ausgehend vor allem vor dem Hintergrund politischer Auseinandersetzungen zwischen den katholischen Stuarts und dem protestantischen Haus Han-

371 Vgl. die Darstellung im Internet: http://www.g-o-s.ch/04-historique-de.htm vom 21.08.2007.

nover, insbesondere der englischen Frankreichpolitik, aus, insofern sie jakobitische Freimaurer nach Spanien, Italien und Frankreich exportierte.[372]

Die kulturelle Bedeutung der Freimaurer lag in ihrem Bemühen, um Toleranz unter den christlichen Konfessionen und den monotheistischen Religionen zu werben, ihrem Mitwirken am Abbau ständischer Privilegien und dem Eintreten für die Bürgerrechte.
Der von den Freimaurern vertretene Deismus sowie das in den Alten Pflichten normierte Gebot, Religion und Politik aus den Diskussionen herauszuhalten, übte nach den Jahrhunderten konfessioneller Streitigkeiten Anziehung auf immer mehr Bürger aller Schichten aus und Politiker, die Freimaurer waren, nahmen Einfluss auf das politische Geschehen in Europa und Übersee.

Die Idee des Liberalismus hatte sich in Folge der Französischen Revolution ergeben und sollte das 19. Jahrhundert maßgeblich bestimmen. Der Liberalismus verfolgte auf religiösem Gebiet die Freiheit des Glaubens und des Gewissens, politisch unter anderem die Neubestimmung des Verhältnisses von Staat und Kirche, was im Ergebnis zur Verdrängung der Religion aus dem öffentlichen Leben führen sollte.

Meist aus Anlass oder in Folge von machtpolitischen Konflikten in den Nationalstaaten kam es zu Verselbständigungen der nationalen Großlogen, die auf die politischen Verhältnisse Einfluss zu nehmen bemüht waren oder mitunter auch Träger der politischen Umbrüche im 18. und 19. Jahrhundert gewesen sind. Im Zuge dessen kam es auch zur Trennung von der apolitisch orientierten Mutterloge Englands.

In den europäischen Kolonien in Süd- und Mittelamerika waren die politisch aktiven Freimaurer an den nationalen Unabhängigkeitsbestrebungen beteiligt und auch mitverantwortlich für das Bemühen, den gesellschaftlichen Einfluss der katholischen Kirche zu verringern.

Die geschichtlichen Ereignisse, die Folgen der Aufklärung und der Französischen Revolution forderten so die Kirche heraus, die als Gegner der aufkommenden Ideen, sofern sie sich als Kritiker kirchlicher Überzeugungen und katholischer Lehre erwiesen, darum bemüht war, ihren Einfluss auf die nationalen Fürsten und die Gesellschaft nicht zu verlieren.

Es bleibt somit festzustellen, dass es seit der Französischen Revolution bis in die Mitte des 20. Jahrhunderts hinein ein Wechselwirken zwischen dem teilweise auch politisch antiklerikalen Wirken der Freimaurer und den zum Teil heftigen

372 Vgl. LUDWIG HAMMERMAYER, Zur Geschichte der europäischen Freimaurerei und der Geheimgesellschaften im 18. Jahrhundert, in: Beförderer der Aufklärung in Mittel- und Osteuropa, S. 9 – 68, S. 29.

Verurteilungen der Freimaurer seitens der katholischen Kirche gegeben hat, wobei vor allem die jeweilige gesellschaftspolitische Situation in Frankreich, Italien und Belgien dafür maßgeblich gewesen sind.

3. Die Organisationsstruktur und das Ritual der Freimaurer

Unter dem Sujet Freimaurer wird pauschalisierend heute eine Vielzahl von verschiedenen Organisationen und Gruppen gefasst, die mit der eigentlichen, regulären Freimaurerei nichts oder nur wenig zu tun haben. Grund dafür ist, dass der Begriff Freimaurer nicht gesetzlich geschützt ist und so logenähnliche Zusammenschlüsse als Freimaurer firmieren, die im klassischen Sinne tatsächlich aber keine sind.

Die Rosenkreuzer, der Guttempler-Orden oder die legendäre und geheime P2 Loge in Italien haben vielleicht Organisationsstrukturen, Inhalte oder auch die Geheimhaltungspflicht der Freimaurerei übernommen, erfüllen aber neben ihrer grundsätzlich von Freimaureridealen abweichenden Orientierung auch nicht die Voraussetzungen, um von der Muttergroßloge der Welt, der „United Grand Lodge of England“, als reguläre Logen anerkannt zu werden.

Der United Grand Lodge of England kommt seit der Mitte des 19. Jahrhunderts und bis heute die Autorität und Vollmacht zu, wo immer sich auf der Welt neue Großlogen gründen, diese als reguläre Großlogen anzuerkennen. Regulär wird die Loge genannt, wenn sie nach den „Alten Regeln“[373] arbeitet. Als irregulär gelten die Logen, die diese Regeln aufgegeben haben oder aufgeben, die deswegen entweder nicht in die Gemeinschaft aufgenommen werden oder nach Aberkennung der Regularität aus dem Bund ausgeschlossen werden.[374]

Bis etwa zur Mitte des 19. Jahrhunderts war es nicht notwendig gewesen, allgemeine Richtlinien für die Anerkennung als Großloge zu formulieren, da über die wesentlichen Grundstrukturen, Prinzipien und Bräuche kein Zweifel bestand. Einvernehmen bestand darüber, dass die ausschließlich männlichen Mitglieder an ein höchstes Wesen glauben mussten, die Einzellogen die Jurisdiktion ihrer Großloge anerkannten, dass bei den freimaurerischen Ritualen die drei Lichter, die Bibel, das Winkelmaß und der Zirkel aufgelegt wurden[375], und dass innerhalb der Logen Respekt vor der Überzeugung des Einzelnen gefordert war und über Religion und Politik nicht diskutiert werden durfte.
Aufgrund verschiedener nationaler Entwicklungen und besonderer geistesgeschichtlicher Einflüsse auf die Logen wurden von der Mutterloge in England einzelne Großlogen, die die alten Grundsätze ganz oder in Teilen aufgaben, und mit der Großloge auch alle in ihr zusammengeschlossenen Einzellogen für irre-

---

373 Vgl. dazu oben unter 2.1.1.

374 Eine Übersicht über die derzeit in der United Grand Lodge of England zusammengeschlossenen 720 Großlogen mit ca. 7700 Einzellogen findet sich unter http://www.grandlodge-england.org/provinces/lodges/alodges.htm vom 20.07.2007.

375 Vgl. ERNST NITSCHE, Die großen und die kleinen Lichter der Freimaurerei, Hamburg 1962 (Die Blaue Reihe 12/13).

gulär erklärt bzw. erhielten die Anerkennung von der Mutterloge nicht[376], was teilweise von den jeweiligen Logen aber auch gar nicht intendiert gewesen war, insofern sie ihre Selbständigkeit bewusst betonen wollten.
Durch die Beschäftigung mit denjenigen Logen, die sich neu orientierten und die traditionellen Grundsätze aufgegeben hatten, wurden im Jahr 1929 die „Basic Principles" der Freimaurer formuliert, die internationale Wirkung hatten. Im Gegensatz zu den derzeit geltenden Grundsätzen war darin noch an einem theistischen Gottesbegriff festgehalten worden, der alle Freimaurer verpflichtete, an den Großen Baumeister aller Welten und an dessen geoffenbarten Willen zu glauben. In der geltenden Fassung ist der theistische Gottesbegriff von einem deistischen ersetzt worden.

Erst im September 1992 hat die United Grand Lodge of England zusammen mit den Großlogen von Irland und Schottland zuletzt die Regeln für die Anerkennung als reguläre Großloge neu formuliert.[377]

---

376 Auch die als Freimaurerlogen weltweit arbeitenden Frauenlogen gelten als irregulär. In Deutschland gibt es eine „Frauengroßloge von Deutschland" und die in ihr zusammengeschlossenen Logen, die seit 1945 existieren und deren Mitgliederstärke sich auf knapp 300 Frauen beläuft, arbeiten nach den Ritualen der Großloge der Alten Freien und Angenommenen Maurer von Deutschland. Vgl. dazu MONIKA LANIK und HELGA WIDMANN, Frauen und Freimaurerei. Feminine Freimaurerei in Deutschland im Spiegel ihrer Entwicklung, in: Quatuor Coronati, Jahrbuch 40/2003, S. 103 – 119. Für die gemischten Logen existieren in Deutschland drei Großlogen. Das sind die Großloge „Droit Humain", 1893 in Frankreich gegründet, die Großloge „Humanitas", gegründet 1959, und die Großloge „Der Souveräne Großorient von Deutschland", gegründet 2002. Vgl. zu Arbeit, Ausrichtung und Mitgliederzahl der gemischten Großlogen in Deutschland MATTHIAS PÖHLMANN, Verschwiegene Männer, S. 137 ff.

377 „Freimaurerei wird unter vielen unabhängigen Großlogen nach Grundsätzen oder Regeln ausgeübt gleich denen, die durch die United Grand Lodge of England während ihrer geschichtlichen Entwicklung festgelegt wurden. Um als regulär durch die UGL von England anerkannt zu werden, muss eine Großloge die folgenden Regeln beachten:
- Sie muss durch eine reguläre Großloge eingesetzt oder durch drei oder mehr selbständige Logen – jede von ihnen mit Patent einer regulären Großloge – gebildet worden sein.
- Sie muss wirklich unabhängig und autonom sein, mit unbestrittener Autorität gegenüber der Bruderschaft der Freimaurer in den drei symbolischen Graden des Lehrlings, des Gesellen und des Meisters innerhalb ihrer Jurisdiktion, und sie darf in keiner Weise einer anderen maurerischen Körperschaft unterworfen sein oder die Herrschaft mit ihr teilen.
- Freimaurer innerhalb ihrer Jurisdiktion müssen Männer sein, und sie oder ihre Logen dürfen keine maurerische Verbindung zu Logen haben, die Frauen als Mitglieder aufnehmen.
- Freimaurer innerhalb ihrer Jurisdiktion müssen an ein höchstes Wesen glauben.
- Alle Freimaurer innerhalb ihrer Jurisdiktion müssen ihre Verpflichtung auf oder angesichts des Buches des heiligen Gesetzes (die Bibel) oder das Buch, das von dem betreffenden Manne als heilig angesehen wird, ablegen.

Um die Anerkennung als reguläre Loge zu erhalten, ist es bis heute erforderlich, dass die neu gegründete Loge unter dem Konstitutionspatent einer anerkannten Großloge arbeitet.

Entstanden aus den örtlichen Bauhütten, existieren heute die Logen als die kleinste Einheit in der Struktur des Freimaurerwesens. Der Begriff Loge bedeutet dabei aber nicht allein den Zusammenschluss der Maurer, sondern zugleich das Gebäude, in dem sie sich treffen, wie auch die rituelle Handlung an sich, die sie pflegen.[378]
Den Logen im Sinne eines Personenzusammenschlusses übergeordnet sind die Großlogen. Diese sorgen für die Einheitlichkeit der freimaurerischen ordnungs- und traditionsgemäßen Arbeit ihrer Mitgliedslogen und vertreten sie korporativ in der Öffentlichkeit sowie gegenüber anderen Großlogen im In- und Ausland.[379]

Um eine Loge zu gründen, müssen sich mehrere, wenigstens sieben Freimaurer zusammenfinden, wovon wenigstens drei oder fünf dem Meistergrad angehören müssen, um die notwendigen Ämter besetzen zu können.[380] Mitglied der Großloge, die ihrerseits aus den Vorständen der Einzellogen einen Vorstand bildet, wird die Loge auf Antrag. Eine weltweite Organisation der Freimaurer gibt es nicht. Ihre gesellschaftsrechtliche Erscheinungsform ist in der Regel die des eingetragenen Vereins.

3.1 Die Logen

Wie beschrieben, versteht man unter der Loge nicht nur das Gebäude, in dem die Brüder ihre Versammlungen abhalten, sondern auch den Zusammenschluss an sich. Um eine Loge zu bilden, bedarf es wenigstens sieben Männer.[381] Die

---

- Die drei „großen Lichter" der Freimaurerei (das Buch des heiligen Gesetzes, das Winkelmaß und der Zirkel) müssen aufgelegt sein, wenn die Großloge oder die ihr unterstellten Logen geöffnet sind.
- Die Diskussion über Religion und über Politik innerhalb der Logen muss untersagt sein.
- Sie muss die Grundsätze und Lehren (die „Alten Landmarken") und das Brauchtum der Bruderschaft befolgen und darauf achten, dass sie innerhalb ihrer Logen befolgt werden." Zitiert nach JÜRGEN HOLTORF, Die Freimaurer, S. 29 f.

378 So wird z.B. zwischen Wahl-, Trauer-, Fest-, Erhebungs-, Beförderungs- und Rezeptionslogen unterschieden. Vgl. HELMUT REINALTER, Die Freimaurer, S. 66.

379 Vgl. HORST KISCHKE, Die Freimaurer, S. 68.

380 Vgl. INTERNATIONALES FREIMAURERLEXIKON, Art. Logengründung, S. 521 f. Das ursprüngliche Ritual zur Konstituierung einer neuen Loge ist abgedruckt bei WILHELM BEGEMANN, Freimaurerei in England, II. Buch, S. 242 f.

381 Aus nichtfreimaurerischen Veröffentlichungen ist überliefert, dass es zur Neugründung einer Loge im 18. Jahrhundert noch wenigstens 12 Männer bedurfte. Diese setzten sich zusammen aus einem Meister, zwei Aufsehern, vier Gesellen und fünf Lehrlingen. Heute ist in den Großlogenverfassungen die Siebenzahl festgelegt.

Gründungsvoraussetzungen und -verfahren sind nicht einheitlich. In der Regel wird eine Versammlung „unter freiem Himmel" abgehalten, ein Name wird für die Neugründung bestimmt und ein Antrag auf ein Logenpatent bei der Großloge gestellt. Hat diese dann auf ihrer nächsten Großlogengeneralversammlung dem Antrag stattgegeben, wird eine einstweilige oder auch unbefristete Arbeitsbewilligung ausgesprochen.

Die Loge arbeitet daraufhin nach dem Ritualsystem ihrer Großloge, deren Satzung sie folgen muss. Die so genannte Lichteinbringung ist das Stiftungsfest, bei dem durch einen Vertreter der Großloge erstmalig die drei Großen Lichter – das Buch des heiligen Gesetzes, das Winkelmaß und der Zirkel – auf den Altar gelegt und die drei Kleinen Lichter[382], entzündet werden. Mit dem Eintrag in das Großlogenregister ist die Gründung abgeschlossen, was üblicherweise mit dem Eintrag in das staatliche Vereinsregister einhergeht.

3.2 Die Grade

Dem Gefüge der Bauhütten entnommen und bis heute tradiert ist das Stufensystem von Lehrling, Geselle und Meister in den so genannten „blauen Logen" oder „Johannislogen". Dabei bildet sich der Lehrling durch die Arbeit an sich selbst, der Geselle ordnet sich in die arbeitende Gemeinschaft ein und der Meister übernimmt Leitungsaufgaben und Verantwortung.

Der Lehrling, der verglichen wird mit einem rohen, unbehauenen Stein, der sich aus der Gesteinsmasse eines Gebirges gelöst hat, um er selbst zu werden, wird von den Mitbrüdern geleitet und in die Ideenwelt der Freimaurerei eingewiesen. Zunächst erhält er durch seine Initiation Zugang zur Bruderschaft und den Titel „Bruder Lehrling". Seine Bürgen und Meister werden ihn zukünftig auffordern und unterstützen, die Ecken seines Steines, das heißt seiner Persönlichkeit, zu erkennen und in der Weise umzugestalten, dass sich der Stein in einen wohlgestalteten Kubus verwandelt.

Dass er seine Erkenntnisse und Erfahrungen in der Loge im Leben umzusetzen in der Lage ist, muss der Lehrling durch Zeichnungen, das sind von ihm zu haltende Vorträge, belegen.

Die symbolischen Werkzeuge, als nichtsprachliche Ausdrucksmittel des menschlich Unbewussten, die dem Lehrling zugeordnet werden, sind das Winkelmaß, der Spitzhammer, das Senkblei und ein 24-zölliger Maßstab. Das Senk-

382 Als die so genannten ‚drei kleinen Lichter' werden die auf Ständern stehenden Kerzen neben dem ausliegenden Arbeitsteppich bezeichnet. Sie werden als Symbole der Sonne und des Mondes sowie des Meisters vom Stuhl interpretiert, wonach die Sonne den Tag, die Nacht der Mond und der Meister die Loge erleuchtet. Vgl. RITUALKUNDE der Großloge A.F.u.A.M.v.D., Bd. I, Hamburg 1971/72, S. 74.

blei veranschaulicht die erste Perspektive des Freimaurers auf dieser Ebene. Hier geht es um das Ausloten der inneren Tiefe, den Blick in sich selbst.

Der Geselle, der die erlangten Fähigkeiten in die Tat umzusetzen angehalten ist, soll um sich schauen und seine Stellung und Aufgabe in der Gesellschaft finden. Dazu besucht er andere Bauhütten bzw. Logen und nimmt an deren Arbeiten teil.[383] Die bewusste Begegnung mit anderen Brüdern derselben Ebene macht ihn empfänglich für die Würde des Mitmenschen. Der Geselle soll sich als ein Stein unter anderen begreifen und sich in das Gefüge des Großen Bauwerkes der humanitären Gesellschaft einfügen. Nie zu vermeidende Unausgewogenheiten dieses Bauwerkes soll er auszugleichen versuchen. Auch wird er eine Zeichnung anfertigen, einen Vortrag halten, in dem er seine Erfahrungen und neuen Erkenntnisse darlegt. Ihm werden Aufgaben der Fürsorge anvertraut. Ämter innerhalb der Logen kann er noch nicht übernehmen

Zu den symbolischen Werkzeugen des Gesellen zählen neben dem Winkelmaß die Wasserwaage und die Kelle. Die Wasserwaage beschreibt die zweite Perspektive, die Begegnung mit anderen, den Blick um sich herum.

Die Perspektive des Meisters ist es, über sich hinaus zu schauen, nachdem er sein Leben meisterlich geordnet, seinen Platz im Bauwerk und die Rolle, die er zu übernehmen hat, gefunden hat. Er bemüht sich um das Transzendente, ohne das Weltliche aus dem Blick zu verlieren. Er sucht nicht den Sinn des Lebens, sondern gibt dem Leben einen Sinn.

Die Werkzeuge sind daher das Reißbrett, auf dem der Plan des Lebens skizziert ist, sowie der Setzhammer, mit dem die Baustücke in den Plan des Lebens eingefügt werden.

3.3 Die Rituale

Wie die Erkennungszeichen der Mitglieder der Bruderschaften, der besondere Händedruck oder das Passwort, noch aus der Zeit der Werkmaurerei stammen, gehen auch das Ritual und die Symbolik auf die Handwerksbräuche der Steinmetzbruderschaften der Dombauhütten des Mittelalters zurück.
In den Ritualen der Freimaurer zeigt und drückt sich das Bemühen aus, durch bewusstes Nacherleben einer präzisen äußeren Ordnung die innere Ordnung des Menschen anzuregen. Sie sollen dazu dienen, Unsichtbares, gemeint ist damit „das Wesen des Göttlichen sowie der geistige Erkenntnisstand und der Indivi-

383 Die Besuche werden in einem Gesellenpass vermerkt.

duationsprozess der Brüder“[384], zu visualisieren, wobei zu unterscheiden ist zwischen der Wirkung auf den Einzelnen und auf die Brüder im Ganzen.
Ein einheitliches Ritual lässt sich für die verschiedenen Freimaurerlogen nicht nachweisen[385], und dennoch gibt es bestimmte Formen, die allen gemeinsam sind. Diese Gemeinsamkeiten, die Basic Principles, sind die von der United Grandloge of England geforderten Regeln, die zur Anerkennung als reguläre Loge eingehalten werden müssen. Mehrheitlich wird bei den deutschen Logen das dreistufige Gradsystem von Lehrling, Geselle und Meister verwandt.[386] Dabei ist die grundlegende Intention des Rituals, insoweit es meist schriftlich fixiert und streng komponiert ist, festgelegt[387], die Bedeutung dessen für den Einzelnen aber frei interpretierbar.[388]

Es werden rituelle und nichtrituelle Zusammenkünfte der Brüder unterschieden. Zu den rituellen Zusammenkünften gehören die Aufnahmeloge, die Instruktions- oder Unterrichtsloge[389], Feierlogen aus besonderem Anlass, Wahl-, Trauer- und Tafellogen. Der Instruktionsabend, der Schwesternabend[390] und das Brudermahl[391] sind nichtrituelle Zusammenkünfte der Brüder

Neben dem Ritus an sich, dem formellen Akt, beschreibt das Ritual die Ausübung der Riten. Die freimaurerischen Riten sind weltweit ähnlich und die Riten zur Initiation in die Johannisgrade finden sich überall.[392] Der Lehrling wird in seinem Aufnahmeritus mit den vier Elementen konfrontiert, der Geselle erblickt

---

384 KRISTIANE HASSELMANN, Identität – Verwandlung – Darstellung, Das Freimaurer-Ritual als Cultural Performance, (= Quelle und Darstellungen zur europäischen Freimaurerei, Bd. 2, hg. von HELMUT REINALTER), Innsbruck 2002, S. 47.

385 Eine Übersicht über die Verwendung bestimmter Rituale und Symbole in nicht unbedingt einheitlicher Bedeutung findet sich bei CHRISTIAN BRAUN, Zur Sprache der Freimaurerei. Eine textsortenspezifische lexikalisch-semantische Untersuchung (= Berliner Sprachwissenschaftliche Studien, Bd. 5) Berlin 2004, S. 294 ff.

386 Im Folgenden wird ausschließlich auf die Rituale der Großloge der Freien und Angenommen Maurer nach deren Ritualkunde eingegangen. Ritualkunde der GL A.F.u.A.M.v.D., Bde. I – III, Hamburg 1971/72.

387 Deutlich kann das etwa daran werden, dass Vorträge über die freimaurerischen Symbole und den rituellen Handlungen der Freimaurer häufiger Bestandteil der Logenarbeit sind.

388 So wird etwa unter dem Zeichen des „Allmächtigen Baumeisters aller Welten“ der Inbegriff des Göttlichen verstanden, wobei jedem Bruder freigestellt ist, mit welchen religiösen Überzeugungen er diesen Begriff füllt.

389 Bei den Instruktions- oder Unterrichtslogen werden von den Brüdern unter anderem Vorträge über die freimaurerischen Symbole und Rituale gehalten.

390 Der Schwesternabend ist eine gesellige Zusammenkunft der Brüder, an dem auch deren Frauen teilnehmen können.

391 Das Brudermahl findet in den gastronomischen Räumlichkeiten des Logenhauses statt und dient dazu, ggf. neue Brüder in die Gemeinschaft zu integrieren bzw. das soziale Gefüge untereinander zu festigen.

392 Vgl. DANIEL BÉRESNIAK, Symbole der Freimaurer, Augsburg 1999, S. 11.

am Ende seiner Reisen den Flammenden Stern und der Meister macht eine Todeserfahrung.[393]

Die Ausrichtung des Logenraums und die Zuordnung der Sitzplätze, der Sternenhimmel an der Decke des Tempels und die Kleidung der Freimaurer sowie die von ihnen benutzen Werkzeuge sind überall gleich.

Verschiedenheiten finden sich aber in der Einrichtung des Tempels, den Ritualtexten und den Zugangsvoraussetzungen zu den Logenämtern.[394]

3.3.1 Der Tempel

Alle rituellen Arbeiten finden im Tempel statt, einem besonders eingerichteten Raum, der nach dem Grundriss des Tempels von König Salomon gestaltet ist. Im ersten Buch der Könige 7 15-22, und im zweiten Buch der Chronik wird der Tempel Salomons als aus drei Teilen bestehend beschrieben: einem dem eigentlichen Tempel vorgelagerten Hof, dem Tempel selbst und dem Raum, in dem das Allerheiligste aufbewahrt wird. Während in der Zeit König Salomons den Vorhof jeder betreten durfte, war der Zutritt in den Tempel nur den Priestern erlaubt und der Raum des Allerheiligsten wurde vom Hohepriester nur ein einziges Mal im Jahr betreten.[395]

Diese Ordnung findet man auch in den Freimaurerlogen. Vor dem eigentlichen Logenraum befindet sich die „Kammer der verlorenen Schritte“, in der sich stets ein Bruder aufhält, um zum Beispiel Gäste, die die Loge besuchen und an ihren rituellen Handlungen teilnehmen wollen, hinsichtlich ihrer Zugehörigkeit zur Freimaurerei zu prüfen. Die Loge selbst hat die Form eines Rechtecks oder häufiger die eines Vierecks, wobei die Längsseiten doppelt so lang sind wie die Querseiten.
Der Tempel ist vom Westen aus zu betreten und ist im Innenraum nach den Himmelsrichtungen signifikant aufgebaut. Am westlichen Eingang stehen auch die beiden Säulen Jachin und Boas, wobei die Säule Jachin die Lehrlinge, die Säule Boas die Meister symbolisiert. Aufbauend auf der Annahme, dass diese Säulen schon vor dem Bau des Salomonischen Tempels und der Sintflut standen, bezeugen sie heute, dass es die freimaurerische Idee schon immer gab.

393 Vgl. dazu unten unter 3.3.2 bis 3.3.4.

394 Wenn es innerhalb der Freimaurerei auch Kommissionen gibt, deren Aufgabe es ist, das Ritual und die Ritualbücher, die den Brüdern nach ihrer Initiation in den jeweilig nächsten Grad übergeben werden, zu überarbeiten und anzupassen, besteht im Übrigen für die Freimaurerei im Ganzen die Gefahr, dass gesellschaftliche Veränderungen von ihr nicht wahrgenommen und übernommen werden, insofern sie an ihren Traditionen festhält, was vor dem Hintergrund, dass sie ehemals zu den Vorreitern der Anpassung an gesellschaftliche Entwicklungen gehörte, bemerkenswert ist.

395 Vgl. MICHEL DIERICKX, Freimaurerei, S. 122.

Gleichzeitig stehen sie aber auch für Gerechtigkeit und Wohlwollen, den Grundpfeilern der Humanität.[396]

Dem Eingang gegenüber im Osten steht der schmuckvolle Thron des Meisters[397], der die Loge leitet. Vor ihm ist eine Art Altar aufgestellt, auf dem die Bibel, wahlweise auch nur das Johannes-Evangelium, ein Totenkopf und weitere Utensilien ab- bzw. aufgelegt werden.
In der Raummitte liegt ein so genannter Arbeitsteppich[398], der an das Reißbrett der mittelalterlichen Meister als auch wiederum an den Salomonischen Tempel erinnert. Auf ihm finden sich die wichtigsten freimaurerischen Symbole und Zeichen.[399] Je nach Art der Loge wird ein anderer Teppich aufgelegt. Der Teppich wird flankiert von drei weiteren Säulen, die Kerzen tragen, welche im Verlauf der Arbeit, der rituellen Handlung in der Loge, auch entzündet werden. Sie stehen für Weisheit, Stärke und Schönheit der Arbeit zur ethischen Vervollkommnung des Menschen.[400]

An den Längsseiten sitzt die Mehrzahl der Logenbrüder. Lehrlinge sitzen im Norden, Gesellen im Süden. Funktionsträger, so genannte Beamte, haben eigene Plätze. Zu ihnen gehören z.B. die zwei Aufseher[401] rechts und links der beiden Säulen Jachin und Boas. Sie leiten unter dem Vorsitz des Meisters die gemeinsame Arbeit. Ihre symbolischen Abzeichen, die sie auf einem umgelegten Schurz tragen, sind das Winkelmaß, die Wasserwaage und das Senkblei.

Die Decke des Raumes ist meist ein Nachthimmel mit funkelnden Sternen und dem Mond, an dem aber auch die Sonne nicht fehlt. Der Boden ist, gleichfalls

---

396 Vgl. dazu INTERNATIONALES FREIMAURERLEXIKON, Art. Säulen, S. 742 f., S. 743.

397 Der Stuhl des Meisters steht im Osten, da dort das Licht entspringt, wo die Sonne aufgeht. Der Meister selbst wird neben der Sonne und dem Mond als eines der ‚drei kleinen Lichter' bezeichnet.

398 Zunächst, zu Beginn der spekulativen Freimaurerei, wurden auf den Böden der Versammlungsräume Kreide- oder Kohlezeichnungen als Arbeitstafeln aufgebracht, die mittels Schrubber und Eimer, „mop and pail", schnell entfernt werden konnten, wenn sich Unbefugte näherten. Vor der Einführung des Teppichs waren die Konturen mit Reißnägeln und Bändern abgesteckt worden. Vgl. INTERNATIONALES FREIMAURERLEXIKON, Art. Teppich, S. 836; Vgl.auch KLAUS C. FEDDERSEN, Die Arbeitstafel in der Freimaurerei, Quellenkundliche Arbeit No. 16 der Forschungsloge Quatuor Coronati, Bayreuth 1987.

399 Dazu gehören die zwei Säulen Jachin und Boas, ein kubischer Stein mit einer Spitze, Sonne und Mond, Winkelmaß und Zirkel, Senkblei, Setzwaage, Hammer, Meißel und Reißbrett, die alle von einer geknoteten Schnur umfangen werden. Vgl. dazu auch unten, Fußnote 435.

400 Vgl. MICHEL DIERICKX, Freimaurerei, S. 123.

401 Weitere Funktionsträger sind der zugeordnete Meister, der Redner, der Sekretär, der Schatz- und Zeremonienmeister, der Schaffner, der musikalische, der prüfende und der vorbereitende Bruder. Vgl. MICHEL DIERICKX, ebd., S. 124.

nach dem Vorbild des Salomonischen Tempels, mit zweifarbigen Platten ausgelegt[402], was sowohl das Gute wie das Böse versinnbildlicht als auch die entsprechende Wechselhaftigkeit im menschlichen Leben.
Im Raum befinden sich schließlich auch ein rauer und ein kubischer Stein. An der Wand über dem Altar ist ein fünf-, manchmal aber auch ein sechszackiger, so genannter „flammender Stern“ abgebildet. Auf oder in ihm ist ein „G“ notiert, das für Gott steht, der in der Interpretation aber auch im Begriff des Geometer auftaucht.[403] Danach bedeutet das „G“ die planmäßige Ordnung, Harmonie in der Schöpfung, im Tempel und im menschlichen Leben.[404]

Die strenge, feierliche Einrichtung des Tempels dient der Notwendigkeit, aus dem Alltag in eine eigene Welt zu gelangen, um sich auf ethische Ziele und Werte zu besinnen. Der Tempel gilt den Freimaurern nicht als sakraler Raum, wohl aber ist er mit gebotenem Respekt zu betreten.[405] Das heißt zum Beispiel, dass kein Freimaurer die Logen betreten darf, ohne im vorgeschriebenen Ornat, wenigstens aber mit dem Schurz bekleidet zu sein. Zum Ornat gehören zusätzlich zum schwarzen Anzug, bei festlichen Anlässen ggf. auch der Smoking, die schwarze Krawatte und schwarze Schuhe, der je nach Grad anders gestaltete Schurz, weiße Handschuhe und das Bijou sowie das Logenabzeichen. Unter Umständen wird auch ein schwarzer Zylinder getragen. Bei Trauerfeiern bzw. der Trauerloge tragen die Brüder weiße Krawatten.

Sitzungen der Loge, die zuvor halb verdunkelt ist, werden durch das Anzünden der Kerzen oder Lichter eröffnet, so dass der Raum behutsam beleuchtet wird und alle die Sterne sehen können. Eine zu schnelle Beleuchtung würde die Logenbrüder blenden und käme der Dunkelheit gleich.

---

402 Die schachbrettartige Verlegung der weißen und schwarzen Fliesen, auch musivisches Pflaster genannt, soll zur Reflexion über das Widersprüchliche und Komplementäre einladen. Vgl. DANIEL BÉRESNIAK, Symbole der Freimaurer, Augsburg 1999, S. 34.

403 Der Geometer als Kenner der Geometrie beherrscht mehr als nur die Fähigkeit, das Land zu vermessen, zu zeichnen und zu berechnen. War im Mittelalter Wissen (Magister dixit) und Wahrheit (Roma locuta, causa finita) durch Autorität vermittelt worden, war das mit der Geometrie nie möglich, insofern der Geometer prüfen und nachprüfen musste, was kritisches Denkvermögen und freie Entscheidungsmöglichkeit voraussetzten. Winkelmaß und Zirkel als die Werkzeuge des Geometers und des freien, vernunftbegabten Menschen, der das Wort nach seiner Wahrheit und nicht aufgrund der Autorität dessen, der es sagt, beurteilt, sind somit im übertragenen Sinn auch die Werkzeuge des spekulativ arbeitenden Maurers. Vgl. DANIEL BÉRESNIAK, Symbole der Freimaurer, S. 50 ff.

404 Vgl. BERNHARD E. JONES, Freemasons guide and compendium, London 1965, S. 51.

405 Vgl. MICHEL DIERICKX, Freimaurerei, S. 124.

3.3.2 Der Lehrling

Vor der Aufnahme eines neuen Mitglieds, für das ein schriftlicher Antrag gestellt werden muss, wird der Name des Interessenten in allen örtlichen Logen bekannt gemacht.[406] Es werden Erkundigungen über denjenigen eingeholt und nach mehreren Wochen entscheiden die Brüder der Loge per geheimer Abstimmung über die Annahme des Antrags, indem sie bei positivem Votum eine weiße Kugel abgeben, bei negativem Votum eine schwarze Kugel.[407] Unterschiedlich ist die Praxis, ob eine Mehrheit entscheidet oder ob bei wenigstens drei abgegebenen schwarzen Kugeln der Antrag abgelehnt wird.[408] Ein Austritt aus der Loge ist jederzeit möglich.

Zentraler Punkt der mit der Aufnahme des Lehrlings in die Loge endenden Tempelarbeit sind drei symbolische Reisen, die der Aufzunehmende unternimmt.[409]

Vor der förmlichen Aufnahme in den Lebensbund der Freimaurer werden dem Neophyten in einem Vorbereitungsraum von seinem Bürgen, einem Meister, drei rituelle Prüfungsfragen gestellt, die er schriftlich beantworten muss.[410] Die Vorbereitung des neuen Maurers übernimmt sein Bürge, der ihn bis zu seiner Meisterprüfung weiter leiten und begleiten wird.[411] Der Bürge nimmt den Kandidaten auch in die Pflicht, ihm nie Ursache dafür zu geben, seine Bürgschaft bereuen zu müssen.

Die Antwort auf die erste Frage, welche Bedeutung der Große Baumeister aller Welten für den neuen Maurer hat[412], soll seine religiöse Toleranz im Sinne der Alten Pflichten zum Ausdruck bringen.

Die zweite zentrale Frage, was der neue Maurer von seiner Aufnahme in die Freimaurerei für sein Leben erwartet, muss in der Weise beantwortet werden,

406 Vgl. zur Aufnahme im Allgemeinen, AUGUST HORNEFFER, Die Aufnahmehandlung, Hamburg 1976.

407 Das Verfahren wird Ballotage, Kugelung, genannt.

408 Vgl. dazu KARL HEINZ ZUNNECK, Die geheimen Zeichen und Rituale der Freimaurer, Rottenburg 2002, S. 139 f.

409 Findet bei einer Loge keine Aufnahme statt, so wird, falls kein anderer Anlass gegeben ist, dennoch dieses Ritual als Standardritual abgehalten, um alle Maurer daran zu erinnern, dass sie selbst einmal Lehrlinge waren, wobei dann allerdings auf die symbolischen Reisen verzichtet wird.

410 Vgl. hierzu und dem Folgenden die Ritualkunde der Großloge der A.F.u.A.M.v.D., Bd. I, S. 45 f. Eine gute Übersicht bietet auch DIETER A. BINDER, Die diskrete Gesellschaft, S. 187 – 232.

411 Fällt dieser Bürge aus welchen Gründen auch immer aus, kann sich der neue Freimaurer einen anderen Meister seines Vertrauens wählen.

412 Im Ritual nach Friedrich Ludwig Schröder lautet die erste Frage: „Was ist die Bestimmung des Menschen?“ RITUAL DES LEHRLINGSGRADES, Friedrich Ludwig Schröders Ritual von 1801, neu herausgegeben von der Loge „Absalom zu den drei Nesseln“ (Nr. 1) i. Or., Hamburg 1975^3, S. 23.

dass er dazu bereit und fähig ist, die maurerische Arbeit an sich selbst zu leisten. Schließlich soll mit der Antwort auf die dritte Frage, in welcher Weise er zur Idee der Freimaurerei beitragen kann, ausgedrückt werden, dass der neue Lehrling, der noch ein Suchender ist, in der Gemeinschaft der Freimaurer in allgemeiner Weise humanitär mitzuwirken bereit ist.

Zunächst wird der Suchende in eine abgedunkelte Kammer[413] geführt, in der die Reise vom Dunkel ins Licht ihren Anfang nimmt. In der Kammer befinden sich zahlreiche Requisiten. Dazu gehört der Totenschädel und eine brennende Kerze als Symbol für Tod und Wiedergeburt, eine Sanduhr als Symbol des Vergänglichen, die bei den Psalmen aufgeschlagene Bibel als Hilfe zur Meditation sowie manchmal eine Schale mit Salz, die Bezug nimmt auf den Bibelvers „Ihr seid das Salz der Erde“ (Mt. 5,13).
Auch der für das Leben als Lehrling maßgebliche Spruch „Erkenne dich selbst“ mit dem Symbol des unbehauenen Steins findet sich in dem Vorbereitungsraum.[414] Während der Suchende dort eine Zeit zur Meditation verweilt[415], werden gleichzeitig den im Tempel versammelten Maurern die Antworten vorgetragen, die ihrerseits ihre Bereitschaft zur Aufnahme des Suchenden erklären.

Jetzt wird der Suchende aus seiner Kammer vom Redner und dem Zeremonienmeister, die beide in freimaurerischer Kleidung auftreten, abgeholt, die ihn auf den Eintritt in den Tempel, der ihm bisher weder von der Örtlichkeit noch von der Zahl und den Namen der dort versammelten Maurer bekannt ist, vorbereiten. Ihm werden unter anderem die Augen verbunden, so dass ihm bewusst wird, dass er einerseits auf Hilfe angewiesen ist, andererseits aber auch begreift, dass

---

413 Diese Kammer wird auch „Kammer der verlorenen Schritte“ genannt. Nach einigen freimaurerischen Ritualen muss der Neophyt dort sein „philosophisches Testament“ verfassen, in dem er seine weltanschaulichen Überzeugungen darstellen muss. Das Testament wird später den in der Loge versammelten Brüdern vorgetragen werden. Die Isolierung in dem dunklen Raum symbolisiert die beginnende Veränderung oder Verwandlung des neuen Maurers. In der Kammer soll sich der neue Maurer von alten Realitäten trennen und für neue öffnen. Der Zutritt in die Loge, das Überschreiten der Tempelschwelle, erfährt so eine magische Bedeutung. Vgl. DANIEL BÉRESNIAK, Symbole der Freimaurer, S. 22.

414 An der Wand des Raumes finden sich auch folgende Mahnungen: „Erwirb dir die Geistesstärke, im Reden und Handeln vorsichtig und besonnen zu sein; ehre die Wahrheit! Jedes ungerechte Urteil ist ein demütigendes Bekenntnis deiner eigenen Unwürdigkeit; sei tätig auf Geheiß der Vernunft, im Gefühle der Pflicht und ohne Hoffnung auf äußeren Lohn.“ RITUAL DES LEHRLINGSGRADES, ebd.

415 Im Vorbereitungsraum befindet sich eine Tafel, auf der der Neuaufzunehmende lesen kann: „Wenn bloße Neugier dich zu uns führt, so kehre um! Wenn du dich davor fürchtest, über menschliche Fehler und Schwächen aufgeklärt zu werden, so wirst du dich nicht wohl unter uns fühlen! Legst du nur Wert auf äußere Güter oder Vorzüge, so wirst du unter uns keinen Beifall finden! Fehlt dir Vertrauen zu uns, dann gehe nicht weiter! Bist du reinen Herzens und Willens, so sei willkommen.“ RITUAL DES LEHRLINGSGRADES, S. 10.

das „Erkenne dich selbst“ zwar durch die rituelle Arbeit unterstützt wird, die Blickrichtung aber ausschließlich nach innen geht. Da der Suchende sein Versprechen auf Geheimhaltung aller inneren Vorgänge noch nicht geleistet hat, könnte der Suchende an dieser Stelle noch zurücktreten, ohne dass ihm „Geheimnisse“, die er hätte sehen können, schon bekannt gemacht worden wären.

Durch drei Handschläge an die Tür des Tempels erbittet der Suchende Einlass. Er wird dem Meister vom Stuhl durch eine Wechselrede als freier Mann, das heißt frei von religiöser und politischer Intoleranz, vorgestellt.[416] Dieser richtet, nachdem der Suchende durch den Raum vor den Altar und den Stuhl des vorsitzenden Meisters geführt worden ist, an ihn die Frage, ob er an seinem Entschluss, ein Freimaurer zu werden, festhält. Sodann stellt er ihm in einer ritualisierten Rede die Anforderungen und Schwierigkeiten, ein guter Maurer zu werden, abermals vor. Beantwortet der Suchende die Frage mit „Ja“, wird er nun mit der Aufforderung, ohne Furcht zu folgen, auf drei symbolische Reisen geschickt, in denen die Sinne des Fühlens, Hörens und Tastens angesprochen werden, er aber nichts sehen kann.

Der Suchende begibt sich in nördliche Richtung und ihm wird etwa in der Mitte seines Weges mit einem Blasebalg Wind entgegen geblasen, der ausdrücken soll, dass der Weg beschwerlich ist, einen tugendhaften Mann die Widerwärtigkeiten des Lebens aber nicht vom rechten Weg abbringen können. Der Weg durch den Tempel führt den Suchenden in Richtung des Altars, wo ihm suggeriert wird, an einem Abgrund zu stehen, vor welchen ihn ungezügelte Leidenschaften zu bringen vermögen. Dort soll sich der Suchende verbeugen, was nicht nur die Hochachtung vor dem Großen Baumeister aller Welten zum Ausdruck bringt, sondern auch Demutsfähigkeit als Grundstein aller Tugenden symbolisiert. Auf dem Weg zurück wird ihm Feuer zugeblasen, das ihn aber nicht erschrecken soll, denn Furcht vergrößert die Gefahr, die Ruhe zu verlieren, mit der man der Gefahr besser trotzen kann.
Der Rückweg wird dann mit besonderer Eile fortgesetzt, was den Eifer, gute Handlungen auszuführen, versinnbildlichen soll.[417]

Die zweite Reise[418] beginnt an der Südseite des Tempels und wieder wird etwa in der Mitte angehalten und das Stehen an einem Abgrund suggeriert. In dieser Situation weist der Redner abermals darauf hin, dass der Mensch des Mitmenschen bedarf, um Gefahren zu vermeiden, und der eine zur Hilfe am anderen verpflichtet ist. Vor dem Altar wird dem Suchenden wieder eine demütige Haltung anempfohlen, denn der Stolz provoziert das Auflösen fester Bindungen. Wieder wird auf dem weiteren Weg Feuer zugeblasen und erklärt, dass die Un-

---

416 Vgl. RITUAL DES LEHRLINGSGRADES, S. 26 ff.
417 Vgl. zur ersten Reise des Lehrlings DIETER A. BINDER, Die diskrete Gesellschaft, S. 198 f.
418 Vgl. ebd., S. 200 f.

erschrockenheit die Gefährtin der Tugend ist und nur das Laster zum Zittern Anlass gibt. Der Rückweg erfolgt auf der Nordseite und wird wie bei der ersten Reise schnell vollzogen, denn Säumigkeit im Handeln macht die Absicht verdächtig.

Die dritte Reise nimmt ihren Anfang wieder in nördlicher Richtung. Der Suchende wird dem Feuer, in dem Gold auf seine Reinheit geprüft wird, ausgesetzt und er muss tugendhaft bestehen. Ein drittes Mal wird vor dem Altar Demut geübt, und gemeint ist diesmal der Gehorsam gegenüber dem geltenden staatlichen Gesetz. Eine rituelle Reinigung der Hand mit Wasser soll den gesamten Körper reinigen und der zukünftige Lehrling wird aufgefordert, auch für die Reinheit seiner Seele zu sorgen. Er soll lautere Absichten haben und untadelhaft in seinem sittlichen Auftreten sein, um auch dem Ruf der Maurer nicht zu schaden. Der Rückweg geschieht abermals schnell.[419]

Die drei Reisen beginnen im Westen (Abend) und enden sinnfällig im Osten (Morgen) und folgen somit dem Prozess der Lichtwerdung aus der Finsternis zum Licht.

Die symbolischen Reisen haben den historischen Hintergrund, dass die Lehrlinge von einer Bauhütte zur anderen reisten, um Erfahrungen zu sammeln. Ziel der Reisen ist es, sich bewusst zu werden, dass das Leben von zahlreichen Gefahren, äußeren wie inneren, bedroht ist.[420] Der Lehrling soll sich schließlich als schutzloser Einzelner in der Gemeinschaft mit Brüdern wissen, die einen leiten, um die Arbeit an sich selbst zu einem guten Ende zu bringen.

Nach den Reisen und der Frage, ob er immer noch ein Freimaurer werden will, kniet sich der Suchende vor den Altar, auf den die Bibel, das Winkelmaß und der Zirkel gelegt sind. Während des Gelöbnisses werden die Requisiten verschieden drapiert.[421] Der Suchende, dem immer noch die Augen verbunden sind, leistet das Gelöbnis auf die Bibel und erklärt[422]:

> „Ich gelobe bei meiner Ehre und bei meinem Gewissen, mich der Humanität aus vollem Herzen und mit ganzer Kraft zu widmen. Demgemäß meine

---

419 Die Reisen des Suchenden vollziehen sich je nach Landesart und Tradition mit einigen Abweichungen und auch jeweils anderen Interpretationen. Vgl. ebd., S. 271 – 279.

420 Gedacht ist hierbei an Gefahren, die aus maßlosen Wunschvorstellungen und Leidenschaften entstehen. Vgl. HORST KISCHKE, Die Freimaurer, S. 94.

421 Vgl. DIETER A. BINDER, Die Freimaurer, S. 279.

422 Nach dem Schröderschen Ritual des Lehrlingsgrades wird die Heiligkeit einer bloßen Erklärung eines rechtschaffenen Mannes für hinreichend erachtet. Der Neophyt wird darauf verpflichtet, die staatlichen Gesetze zu befolgen, freimaurerische Interna geheim zu halten, ehrenhafte Absichten der Freimaurerbrüder zu unterstützen, dieses Versprechen wie einen heiligen Eid zu erfüllen, die Ordnung der Loge zu befolgen und diese zu fördern, nur rechtschaffene Männer für die Freimaurerei vorzuschlagen sowie der Loge treu zu bleiben. Vgl. RITUAL DES LEHRLINGSGRADES, S. 32.

> Pflichten gegenüber meiner Familie, meiner Gemeinde, meinem Land und der Gemeinschaft aller Menschen gewissenhaft zu erfüllen. Verschwiegenheit zu bewahren über die Gebräuche und inneren Angelegenheiten der Maurerei und mit niemandem darüber zu sprechen, den ich nicht sicher als Maurer erkennen kann. Den Gesetzen der Bruderschaft und dem Hammerschlag des Meisters maurerischen Gehorsam zu leisten. Die Arbeit meiner Loge nach Kräften zu fördern, ihr einen angemessenen Teil meiner Zeit und Arbeitskraft zu widmen und sie nie ohne gültige Ursache zu verlassen. Meinen Brüdern mit Rat und Tat zur Seite zu stehen und die Geheimnisse eines Bruders wie meine eigenen zu verschweigen. Die Zusage auf Maurerwort so gewissenhaft zu halten wie einen heiligen Eid.“[423]

Danach steht der Neophyt auf und der Meister vom Stuhl spricht die dreigliedrige Aufnahmeformel, in der es heißt:

> „In Ehrfurcht vor dem Großen Baumeister aller Welten, im Namen der Großloge von Deutschland und kraft meines Amtes als Meister vom Stuhl nehme ich Sie zum Freimaurerlehrling auf und an.“[424]

Nun erst wird dem Neufreimaurer die Binde abgenommen und die anwesenden Maurer singen mit überkreuzten Armen das Bundeslied „Brüder, reicht die Hand zum Bunde“[425]. Mit seiner Unterschrift im Gelöbnisbuch bestätigt der Lehrling seine Aufnahme.

Es folgen anschließend die Einkleidung des neuen Maurers und die Unterweisung in freimaurerischen Verhaltensregeln[426], wozu auch die Bekanntgabe des Losungswortes, weiterer Sicherheitszeichen[427] sowie des Hilfszeichens[428] gehört, ohne die niemand die Loge betreten kann.[429]

---

423 Ritualkunde, Bd. I, S. 72.

424 Ebd. S. 73.

425 Vgl. Gesangbuch für Freimaurer, hg. von E.G. DIETRICH, Altenburg 1906, Nr. 45.

426 Der Lehrlingsgrad ist die Vorstufe für die beiden folgenden Grade. Im Lehrlingsgrad soll der Freimaurer lernen, als solcher zu denken und zu handeln. Er soll die maurerischen Symbole und Gebräuche kennenlernen, über die Bedeutung ihres moralischen Zwecks nachdenken und in seinem Leben verwirklichen. Bei den Unterrichtslogen darf der Lehrling nur aus triftigem Grund fehlen.

427 Bei den so genannten Sicherheitszeichen wird zwischen dem Hals-, dem Brust- und dem Bauchzeichen, dem Handgriff und dem Fußzeichen unterschieden. Das Halszeichen, das der Lehrling gebraucht, dargestellt etwa auch am Westportal des Stephansdoms zu Wien, führt die rechte Hand zum Hals und zieht sie in der ganzen Länge zur rechten Schulter. Es meint, dass man sich eher den Hals abschneiden lasse als freimaurerische Geheimnisse Unbefugten zu verraten. Das Brustzeichen, das der Geselle gebraucht, führt die rechte Hand zunächst in Richtung des Schenkels und dann direkt zum Herz, was besagt, dass man sich lieber das Herz herausreißen lasse als Geheimnisse der Freimaurer zu verraten. Das Bauchzeichen des Meisters führt die Hand zunächst in die Höhe des Kopfes, wo die Stirn mit dem Daumen berührt wird und dann in Rich-

Zur maurerischen Kleidung des Lehrlings gehört ein Schurz[430], das Bijou, weiße Handschuhe[431] und manchmal auch ein Zylinder[432]. Jeder Freimaurer trägt zudem ein Schwert.[433]

Der Lehrling erhält auch ein Paar Frauenhandschuhe, die er jener Frau geben soll, die ihm am nächsten steht. Damit soll ausgedrückt werden, dass die Freimaurer, auch wenn sie keine Frauen bei sich aufnehmen, sie dennoch hoch schätzen. Die Wertigkeit dieser Geste wird auch dadurch unterstrichen, dass der

---

tung Magen wieder herunter. Sollte es zum Verrat von Geheimnissen kommen, werde man sich die Eingeweide herausreißen, soll es bedeuten. Auch die Handgriffe und Fußzeichen sind in den Graden je verschieden. Vgl. dazu KARL-HEINZ ZUNNECK, Die geheimen Zeichen und Rituale der Freimaurer, S. 202 – 217. Vgl. auch DIETER A. BINDER, Die diskrete Gesellschaft, S. 214 f.

428 Das Hilfszeichen, dabei werden die Hände über dem Kopf mit den Handflächen nach oben gefaltet, soll in großer Gefahr gebraucht werden. Es verpflichtet jeden anwesenden Bruder zum Beistand. Vgl. RITUAL DES LEHRLINGSGRADES, S. 39.
Dass diese Pflicht der Freimaurer untereinander über jeder anderen Pflicht steht, etwa gegenüber dem Staat, der Kirche, gegenüber einem Eid auf das Vaterland im Falle des Krieges, hat die Freimaurer dem Verdacht ausgesetzt, ein Staat im Staate zu sein, insofern sie andere Interessen gegen ihre freimaurerischen Pflichten zurückstellen müssen.

429 Diese Erkennungszeichen haben heute eher symbolischen denn wirklichen Wert. Die Mitgliedschaft in der Loge kann heute durch ein ständig aktualisiertes Mitgliederverzeichnis und durch die Vorlage eines Logenpasses überprüft und nachgewiesen werden.

430 Der Schurz, ein weißes Viereck mit einer dreieckigen Klappe am oberen Ende, nimmt Bezug auf den Arbeitsschurz des Handwerkers, der ihn vor Steinsplittern und Hammerschlägen schützte, und ist ein von allen Freimaurern getragenes äußeres Erkennungszeichen, das den Träger zum Fleiß bei der Arbeit mahnen soll. Der Schurz des Lehrlings ist traditionell aus weißem Lammleder, wobei die dreieckige Klappe aufgestellt ist. Der Geselle trägt denselben Schurz mit herabfallender Klappe und der Schurz des Meisters ist aus Leder oder Satin gefertigt, schwarz gefüttert und, je nach Ritus, mit einem roten, grünen oder blauen Band umfasst. Vgl. DIETER A. BINDER, Die diskrete Gesellschaft, S. 216.
Auf besondere Ämter in der Loge wird durch eine entsprechende Symbolik, die auf die von den Logenbrüdern getragenen Schärpen genäht ist, hingewiesen. Vgl. MICHEL DIERICKX, Freimaurerei, S. 137.

431 Die weißen Handschuhe mahnen zur Einhaltung reiner Sitten, insofern der Freimaurer überall für den guten Ruf der Freimaurerei Zeugnis ablegt. Vgl. DIETER A. BINDER, Die diskrete Gesellschaft, S. 217.

432 Der Zylinder oder „Hohe Hut" versinnbildlicht die Gleichheit unter den Brüdern. Der Zylinder braucht auch vor Fürsten und Königen nicht abgenommen zu werden, sondern nur dann, wenn der Name des Höchsten Baumeisters genannt wird. Vgl. ebd.
In anderer Tradition, in der nur die Meister den Hut tragen, soll er sie daran erinnern, dass sie regieren sollen, nicht nach Art eines Chefs in profaner Hierarchie, sondern im Dienst seines Auftrags, das heißt zu vermitteln, was er selbst empfangen hat und als Teil eines Projekts, das ihn selbst übertrifft. Vgl. DANIEL BÉRESNIAK, Symbole der Freimaurer, S. 64.

433 Im 18. Jahrhundert, als das Tragen eines Schwertes ein Privileg des Adels war, trugen es die Freimaurer als Zeichen ihrer Gleichheit. Vgl. ebd., S. 68.

Lehrling nur einmal diese Frauenhandschuhe in seinem Leben bekommt und sie daher auch nur ein einziges Mal weitergeben kann.[434]
Der Lehrling begibt sich nun zu seiner ersten symbolischen Arbeit, indem er mit einem Spitzhammer einen rauen Stein bearbeitet. Hiermit schließt die eigentliche Investitur ab und der neue Maurer erhält ein Exemplar der Alten Pflichten sowie die Hausordnung und das Mitgliederverzeichnis der Loge und weiterführende freimaurerische Literatur.

Im Folgenden wird dem Lehrling noch der Logeninnenraum erklärt und der ausliegende Arbeitsteppich in seiner symbolischen Bedeutung erläutert.[435] Die Loge schließt damit, dass zunächst eine Kollekte für Bedürftige abgehalten wird, der Meister vom Stuhl die Logenmitglieder zu brüderlichem Umgang miteinander ermahnt und eine Danksagung in Form eines Gebets zum Baumeister aller Welten formuliert. Nachdem die Arbeitsgegenstände zusammengepackt sind, werden die drei kleinen Lichter wieder gelöscht, die Brüder ziehen paarweise aus dem Tempel heraus, wobei der Meister der letzte ist, der den Tempel verlässt.

3.3.3 Der Geselle

Das Ritual zur Aufnahme in einen höheren Grad ist der Aufnahme eines Lehrlings ähnlich[436], doch werden einige Änderungen bezüglich der Logeneinrichtung vorgenommen. Wie oben beschrieben, orientiert sich der zweite Grad nicht

---

434 Ist der neue Freimaurer verheiratet, so sind die Handschuhe für seine Frau bestimmt. Ist er es nicht, soll er sie aufbewahren, bis er sie einst überreichen kann. Vgl. GOTTLIEB IMHOF, Kleine Werklehre der Freimaurerei, Bd. 1, Zürich 1960, S. 74. Heute wird statt den Handschuhen oft eine Rose überreicht. Vgl. DANIEL BÉRESNIAK, Symbole der Freimaurer, ebd.

435 Der Arbeitsteppich, auch Zeichnung genannt, findet sich in allen Logen. Der Teppich ist ein rechtwinkliges, längliches Viereck, das Bezug nimmt auf die vier Himmelsrichtungen. Der Teppich wird von den drei unsichtbaren Säulen Weisheit, Stärke und Schönheit getragen. Jeder Bau soll von Weisheit erdacht, mit Stärke ausgeführt und mit Schönheit geschmückt sein. Den Rand des Teppichs umfasst eine Mauer, die drei Tore aufweist, welche die Plätze der ersten Beamten darstellen, die sich um die Sicherheit der Arbeit sorgen. Neben der Abbildung maurerischer Werkzeuge findet sich auch die Darstellung eines rauen Steines, dem Symbol des Lehrlingsgrades. Vgl. dazu RITUAL DES LEHRLINGSGRADES, S. 44 f., und DIETER A. BINDER, Die Freimaurer, S. 301 – 307.

436 Generell muss aber unterschieden werden zwischen dem Initialritus, der Aufnahme eines neuen Lehrlings in den Freimaurerbund, und den Initiationsritualen in die nächsthöheren Grade. Während bei der Aufnahme in den Freimaurerbund der Übergang von der profanen in eine eigene, neue Welt stattfindet, stellt sich der Freimaurer durch die Beförderung in den höheren Grad einerseits neuen Aufgaben an sich selbst, andererseits aber bestätigt er auch die Zugehörigkeit zum Bund und wächst in einen immer exklusiveren Kreis hinein.

mehr nach innen, sondern nach außen. Im Ritual wird die Einordnung des nunmehr behauenen Steins in die Gemeinschaft ausgedrückt.

Der Lehrling ist auf dem Weg zur Selbsterkenntnis soweit fortgeschritten, dass er nun seine Erkenntnis auch anwenden und seinen Platz bei den gemeinsam arbeitenden Gesellen finden kann. Dem Gesellen werden Fürsorgearbeiten übertragen, Ämter in der Loge kann auch er noch nicht bekleiden.
Bei der Beförderung[437], die etwa ein Jahr nach der Aufnahme in die Loge und mit anderen Lehrlingen zusammen stattfinden soll[438], finden wieder zwei bzw. drei symbolische Reisen statt[439], die vor den Gefahren des Reichtums, des Ruhmes und des Missbrauchs von Macht warnen.[440]

Vor der Beförderung muss sich der Lehrling in der Kammer der verlorenen Schritte, die nun als Kammer des stillen Nachdenkens bezeichnet wird[441], einer Gewissenserforschung unterziehen, ob er in die Gemeinschaft der Freimaurer hineinzuwachsen bereit ist. Der Lehrling legt dort seinen Mantel ab, öffnet sein Hemd und krempelt die Ärmel hoch. Der Lehrling weist sich, nachdem er nach positiver Abstimmung der versammelten Maurer über seine Aufnahme in den Tempel eingelassen wurde, durch seine Erkennungszeichen aus und beantwortet die Frage des Meisters vom Stuhl, warum er sich die Arme entblößt habe, damit, dass er bereit sei, neue und größere Aufgaben zu übernehmen.[442]
Sollen mehrere Gesellen befördert werden, haken sie sich unter, womit ausgedrückt werden soll, dass sie sich nach ihrer Lehrlingszeit und der Arbeit am rauhen Stein nun dazu entwickelt haben, sich als ein Teil der Mauer in das Gefüge einzuordnen.

Die Reisen des Gesellen erledigt dieser nun – anders als der Lehrling – mit unverbundenen Augen. Zunächst wird der Lehrling in den Westen des Raums geführt, wo er rituelle Fragen nach seiner Aufmachung und der Arbeit am rauen Stein beantworten muss.

---

437 Vgl. zu Einzelheiten des Rituals der „Beförderung" DIETER A. BINDER, Die diskrete Gesellschaft, S. 233 – 249.

438 Bei den Großlogen der Freimaurer von Deutschland und der Alten Freien und Angenommenen Freimaurer von Deutschland beträgt die Frist ein Jahr, bei der Großen Nationalen Mutterloge zu den drei Weltkugeln zwei Jahre. Bei den beiden anderen deutschen Großlogen kann die Frist auch kürzer als ein Jahr sein.

439 Die Zahl der Reisen variiert. Ausgehend von der Symbolzahl „5", die die Zahl des Gesellen ist, haben manche Logen nur zwei Reisen, die auf die drei Reisen des Lehrlings aufbauen und somit die Zahl „5" ergeben, andere Logen kennen fünf Reisen beim Aufnahmeritual des Gesellen. Vgl. dazu Ritualkunde, Bd. II, S. 33, und GOTTLIEB IMHOF, Kleine Werklehre der Freimaurerei, Zürich 1961, Bd. 2, S. 31 ff.

440 Vgl. HORST KISCHKE, Die Freimaurer, S. 96.

441 Vgl. DIETER A. BINDER, ebd., S. 234.

442 Vgl. Ritualkunde, Bd. II, S. 27 f.

Die sich anschließende Reise führt den Lehrling an das nördliche Ende des Tempels, wo er auf den Aufgang der Sonne im Osten hingewiesen wird, wohin er sich gleich darauf begibt und ihm dort die Hindernisse vorgestellt werden, die der Wandernde auf seinem Weg zur Vollendung überwinden muss. Im Süden konfrontiert ihn das Ritual mit den Versuchungen des Reichtums, des Ruhmes und der Macht, denen der Maurer widerstehen muss, um zur größeren Erkenntnis und Vollendung zu gelangen. Die Versuchungen werden in Gestalt von Gold, Lorbeer und Schwert symbolisiert.[443]

Nach Abschluss der Reisen leistet der Geselle vor dem Meister vom Stuhl sein Gelöbnis und verspricht, den ihm übertragenen Aufgaben gewissenhaft und eifrig nachzukommen, neue Aufgaben zu übernehmen, an seiner Vervollkommnung zu arbeiten und Verschwiegenheit zu bewahren. Vom Meister wird der Lehrling nun zum Gesellen geschlagen, der ihm auch die Erkennungszeichen der Gesellenloge erklärt. Am Ende wird dem neuen Gesellen der Gesellenschurz überreicht.[444]

Kern der Gesellenloge ist der „flammende Stern" als selbständiges Symbol des Gesellengrades. Der Stern erinnert an die Sonne, die die Erde erleuchtet. Er ist aber auch „Symbol des Sieges des menschlichen Geistes über die Versuchungen der Welt"[445]. Das Ritual der Großloge A.F.u.A.M. von Deutschland erkennt in ihm das Symbol der Vollkommenheit. Er leitet den Suchenden auf seinem Weg zum Licht und mahnt ihn, das Wesentliche zu betrachten.[446]

Die Loge schließt mit den so genannten Katechismusfragen[447] und dem Gesellen wird vermittelt, dass er durch seine Beförderung kein besserer Maurer geworden ist, wohl aber zu eifrigerer Ausübung der freimaurerischen Tugenden verpflichtet ist.

3.3.4 Der Meister

Der Meister hat in der Regel in drei Jahren durch seine Arbeit als Lehrling und Geselle an Erkenntnis über sich und seine Position in der Welt gewonnen. In diesem letzten Grad geht es daher nun nicht mehr um das Leben, sondern um den Tod, um Verwandlung durch Befreiung der unsterblichen Seele. Die im Ri-

443 Vgl. ebd., S. 34 f.
444 Vgl. DIETER A. BINDER, Die Freimaurer, S. 329 f.
445 KLAUS PREIß, Freimaurerei und Ethik, Frankfurt a.M. 1999, S. 74.
446 Vgl. Lehrgespräche II, Katechismus der Gesellen nach dem Ritual der GLAFuAM, Bonn 1996³, S. 48.
447 Vgl. Ritualkunde, Bd. II, S. 29 – 43.

tual erkennbare Anlehnung an den christlichen Auferstehungsglauben wird von Freimaurern nicht verneint, ohne dass sie ihn als solchen definieren wollen.[448]

Bei der Erhebung zum Meister[449] ist der Tempel schwarz geschmückt, Altar und Tische werden mit schwarzen Tüchern umhüllt und es gibt mehr Kerzen als sonst. Auf dem Arbeitsteppich steht nun ein Sarg, auf dem ein Totenschädel aufgestellt ist und ein Akazienzweig liegt, Zeichen des immerwährenden, wiederkehrenden Lebens. Am Kopfende des Sarges liegt das Winkelmaß, am Fußende ein im rechten Winkel geöffneter Zirkel.

Die Meister, und nur sie, treten ein, indem sie die vorgesehenen Passworte, Klopf- und Fußzeichen verwenden. Nach dem Eintritt der Meister eröffnet der Erste Aufseher einen Dialog.[450] In dem Dialog wird deutlich, dass nach der Arbeit an sich selbst im Lehrlingsgrad und in und an der Gemeinschaft im Gesellengrad nun bei der Meistererhebung der Durchbruch zur Transzendenz gelingen soll, da der Tempel der Maurerei tatsächlich nicht im Irdischen, sondern im Unsichtbaren, das heißt auf der geistigen Ebene liegt.

Wie in den anderen Graden auch werden dem zukünftigen Meister, noch bevor er den Tempel betritt, drei ritualisierte Prüfungsfragen gestellt. Sie beziehen sich auf die Erkenntnisse und die Gestaltung des eigenen Lebens, seine Erwartungen an den Meistergrad sowie die Bedeutung des Meistergrades selbst.[451]

In der Kammer der verlorenen Schritte befinden sich zwei Sessel und ein Tisch, auf dem eine Sanduhr und ein Leuchter mit drei brennenden Kerzen stehen, sowie abermals ein Totenschädel liegt. Der Pate des neuen Meisters erklärt dem Gesellen:

> „Betrachte diese Sanduhr mein Bruder. So, wie ihr Sand verrinnt, läuft auch die Zeit deines Lebens ab – unaufhaltsam. Schaue auf diesen Schädel, dein lebendiges Antlitz wird ihm einst ähnlich sein. Blicke auf diese Kerzen, gleich ihnen wird dein irdisches Leben erlöschen.“[452]

Im Ritual der Meistererhebung geht es um das Bewusstwerden der Todesgewissheit anstatt der sonst in der profanen Welt üblichen Verdrängung der Zwangsläufigkeit des Sterbens. Das Vorerleben des Todes im Ritual zur Erhe-

---

448 Vgl. ALFRIED LEHNER, Das wunderbare Wissen vom Wesen der Welt. Eine Ritualkunde für Freimaurermeister, Bonn 1993, S. 182. Vgl. auch KLAUS HORNEFFER, Der Meistergrad, Bonn ohne Jahr.

449 Vgl. die ausführliche Darstellung bei DIETER A. BINDER, Die diskrete Gesellschaft, S. 250 – 271.

450 Vgl. Ritualkunde, Bd. III, S. 15.

451 Vgl. ebd., S. 21.

452 Ebd., S. 23

bung zum Meistergrad hat die frühe Erlangung der geistigen Freiheit zum Ziel. Nur wer bewusst und ohne zu zögern von dem einen in den anderen Seinsbereich wechselt, weist sich aus als einer, der souverän über sich selbst zu herrschen in der Lage ist.

Rückwärts – der Hut, das Zeichen des freien Mannes, und der Degen, das Zeichen seiner Wehrhaftigkeit, sind dem Maurer abgenommen worden – betritt der Geselle nun den Tempel. Der Tempel ist so dunkel, dass er nur den Meister vom Stuhl sehen kann. Dies soll die Einsamkeit des Sterbens anschaulich werden lassen. Der Aufzunehmende wird nochmals in den Katechismusfragen des Lehrlings- und Gesellengrades geprüft und die anwesenden Maurer stimmen über den Antrag der Erhebung ab. Der Meister vom Stuhl führt in das Ritual ein und erklärt:

> „Erst heute weihst du dich uns ganz für Leben und Tod. Nur ein Tor wandert durch sein Leben ohne zu fragen, woher er kommt und wohin er geht. Gleich wie Sonnenuhren unnütz sind, wenn die Sonne untergegangen ist, so sind es die Worte der Wahrheit, die Stimme des Gewissens und die Fingerzeige des Schicksals, wenn das geistige Auge des Menschen geschlossen bleibt. Bedaure den Unwissenden, den am Ende seiner irdischen Wanderung nichts als ein Grab erwartet. Die Stille des Todes ist in den Tempel eingekehrt. Du befindest dich in dem Raum, in dem die Meister arbeiten. Schau in dich, schau um dich, schau über dich. Den rauen Stein zu behauen ist die Aufgabe des Lehrlings. Mutig und fröhlich in der Gemeinschaft zu arbeiten lernt der Geselle. In dunkler Stunde einsam den Tod zu bestehen, das ist die Kunst des Meisters. Bist du bereit, dich so harter Prüfung zu unterwerfen? – So nimm dieses Wort mit auf den Weg: Nicht „werde und stirb“, sondern „stirb und werde.“[453]

Nun treten die anderen Meister um den Sarg herum. Dem Gesellen wird der Totenschädel mit den Worten übergeben: „Der, dessen Schädel du trägst, [...], war einst ein Mensch wie du“[454] und der zukünftige Meister wird, wie in den anderen Graden auch, auf symbolische Reisen geschickt.[455]

Im Norden des Tempels wird dem Gesellen die Vergänglichkeit alles Irdischen vorgestellt. Im Osten erhält er Zuspruch und wird auf das Überirdische und Unvergängliche hingewiesen. Im Süden bekommt er die Aufforderung, so zu leben, dass er ruhigen Gewissens seinen Tod erwarten kann. Im Westen erklärt ihm der Meister schließlich, dass der Tod eine Herausforderung an das Leben ist.[456]

---

453 Ebd., S. 33.
454 DIETER A. BINDER, Die diskrete Gesellschaft, S. 254.
455 Vgl. zur Erhebung in den Meistergrad, ebd. S. 250 – 271.
456 Vgl. Ritualkunde, ebd., S. 37.

Für kurze Zeit verschwören sich die anwesenden Meister gegen den Aufzunehmenden, indem der Meister vom Stuhl Misstrauen ihm gegenüber sät, da er das Meisterwort verraten könnte. Der Geselle wird zum Außenseiter und muss sich nun einer Selbstprüfung unterziehen, die ihn verleiten soll, eifriger das Geheimnis zu bewahren und sich aufrichtiger zu entscheiden. Ihm wird der Schurz abgerissen und er wird vor den Sarg gedreht, wobei zeitgleich zwölf dumpfe Uhrschläge den Ablauf seiner irdischen Zeit verkünden.[457]
Mit dem dreimaligen Überschreiten des Sarges, das nun erfolgt, versinnbildlicht der Geselle, dass er sich vom Irdisch-Sterblichen zum Kult eines höheren Lebens gewandelt hat.

Auf den Knien spricht der Geselle sein Gelöbnis:

> „Ich gelobe auf Maurerwort, mich der Bruderschaft in unauflöslicher Gemeinschaft zu verbinden; verschwiegen zu sein wie der Tod; an mein vergängliches Leben fortan den Maßstab des Ewigen anzulegen“[458],

wobei er seine linke Hand auf die entblößte Brust, die rechte auf die geöffnete Bibel legt. Während nach dem Gelöbnis Lehrling und Geselle von ihrem Paten durch einen spezifischen Griff empor gezogen wurden, muss sich der neue Meister selbst erheben.

Der Meister vom Stuhl erklärt: „Die Meister haben dein Gelöbnis vernommen. Möge dir die Kraft gegeben sein, es zu halten bis ans Ende deiner Tage.“[459]

---

457 Vgl. ebd., S. 38 ff.
458 Ebd., S. 45.
459 Ebd., S. 46. Im Anschluss an das Gelöbnis wird die so genannte Hiramslegende vorgelesen und von allen Anwesenden als Mysterienspiel inszeniert: „Das grundlegende Motiv der maurerischen Symbolik ist der Bau des Salomonischen Tempels. Hiram Abiv (Hiram der Meister), der Sohn einer Witwe aus dem Stamme Naphtali, war nach der Legende der Baumeister, dem König Salomo die Aufsicht über den Bau anvertraut hatte. Fünfzehn Gesellen vom Bau des Tempels sahen, dass das Werk fast vollendet war, ohne dass sie bislang das Meisterwort erhalten hatten. Sie begehrten, es vor der rechten und gesetzmäßigen Zeit zu erlangen, um in anderen Ländern für Meister angesehen zu werden und den Meisterlohn zu empfangen. Sie taten sich zusammen, um es ihrem Meister mit Gewalt abzufordern. Zwölf von ihnen bereuten ihren Vorsatz wieder, drei aber beschlossen, ihn auszuführen. Alle kannten Hirams Gewohnheit, um Hochmittag, wenn die Arbeiter zur Erholung berufen waren, in den Tempel zu gehen und zu beten. So stellten sich die Verschwörer eines Tages um diese Zeit an den drei Toren im Osten, Süden und Westen auf, um ihm beim Verlassen das Meisterwort abzuzwingen. Als Hiram an das östliche Tor kam, vertrat ihm der Erste den Weg und forderte drohend das Wort. Ruhig erwiderte ihm der Meister, dass er es auf diese Weise nicht erlangen werde. Nur die Zeit und seine geduldige Arbeit könnte es ihm verschaffen. Unzufrieden mit dieser Antwort schlug ihm der Geselle mit dem Maßstab quer über die Gurgel. Erschreckt wandte sich Hiram zum südlichen Tor. Dort wurde er in gleicher Weise von dem Zweiten aufgehalten, dem er dieselbe Antwort gab. Aufgebracht versetzte ihm der

Dem neuen Meister werden die Erkennungszeichen mitgeteilt und das Meisterwort wird ihm in beide Ohren geflüstert, womit die Erhebung abgeschlossen ist. Es erklingt jubelnde Musik. Die schwarze Dekoration des Tempel wird wieder abgebaut und der Meisterteppich offengelegt. Der neue Meister bringt schließlich seine Kleidung in Ordnung und erhält den Meisterschurz überreicht, den er in Ehren tragen soll.

3.4 Die Bedeutung des Symbols

Wesen jedes Symbols ist es, nicht für sich selbst zu stehen, sondern auf etwas anderes hinzuweisen. Je einfacher das Symbol in seiner Eigenart ist, umso leichter kann sich dem Unwissenden die Bedeutung erschließen. Dennoch setzt das Verstehen des Symbols eine Unterweisung voraus, die der Wissende dem Unwissenden zuteil werden lässt.

Man kann davon ausgehen, dass die freimaurerischen Symbole bzw. ihre Bedeutung an sich nicht geheim sind, sie allerdings nur für einen begrenzten Personenkreis in ihrer eigentlichen freimaurerischen Bedeutung erschlossen werden.

Geselle mit dem Winkelmaß einen Schlag auf die linke Brust, der ihn taumeln ließ. Schwer getroffen floh Hiram zu dem Tor im Westen. Dort stellte sich ihm der dritte Verschwörer entgegen und forderte das Meisterwort. Den Tod vor Augen blieb der Meister standhaft und empfing mit dem Spitzhammer den dritten und tödlichen Schlag auf die Stirn. Die drei Gesellen trugen Hirams Körper aus dem westlichen Tor des Tempels und verbargen ihn unter dem Bauschutt. Um Hochmitternacht, als alle Arbeiter zur Ruhe gegangen waren, schleppten sie ihn fort und begruben ihn am Hang eines Berges. Um die Stelle wieder finden zu können, steckten sie den Zweig einer Akazie in die Erde. Hiram wurde bald vermisst und König Salomo ließ Nachforschungen über seinen Verbleib anstellen, die jedoch erfolglos blieben. Da wurden die zwölf Gesellen, die von dem verbrecherischen Plan zurückgeschreckt waren, von ihrem Gewissen getrieben. Mit weißen Handschuhen als Zeichen ihrer Unschuld angetan, traten sie vor den König und entdeckten ihm, was sie wussten. Er sandte sie aus, die drei Mörder, die die Flucht ergriffen hatten, zu suchen. Drei gingen nach Osten, drei nach Süden, drei nach Westen und drei nach Norden. Einer von ihnen hörte, als er an einer Felswand ausruhte, aus einer nahe gelegenen Schlucht Stimmen an sein Ohr dringen: ‚O, dass meine Zunge bei der Wurzel ausgerissen und ich im Sande des Meeres zur Zeit der Ebbe verscharrt werde, eines Kabeltaus Länge vom Ufer, wo Ebbe und Flut zweimal in vierundzwanzig Stunden wechselt!' , eine andere Stimme klagte: ‚O, dass mein Herz aus meiner nackenden Brust gerissen und eine Speise der Raubvögel werde!' und eine dritte Stimme: ‚Ich schlug ihn stärker als ihr, ich tötete ihn! O, dass mein Körper in zwei Teile zerteilt, meine Knochen verbrannt und meine Asche in die vier Winde verstreut werde!' Der lauschende Geselle holte seine Gefährten heran. Sie stiegen hinab in die Schlucht, griffen und banden die Mörder und brachten sie vor König Salomo. Sie bekannten, was geschehen war und begehrten nicht zu leben. Danach sandte der König neun Meister aus, um Hirams Körper zu suchen, damit er würdig begraben werde. Aufgrund des Vorgefallenen beschloss er jedoch, das Meisterwort zu ändern. Er ordnete an, das erste bei der Auffindung gesprochene Wort, solle fortan das Meisterwort sein."Ebd., S. 47 – 53.

Der Symbolbegriff der Freimaurer lässt sich nach Reinalter in die „Symbole im weiteren Sinn", die Ausdrucksformen, und die „Symbole im engeren Sinn", Gesten, Zeichen, Gegenstände, unterscheiden.[460] Dabei ist die Symbolik, das heißt die Bedeutung des Symbols, nicht dogmatisch festgelegt, sondern jeder Mensch erkennt in ihr nuanciert etwas anderes.[461] Dadurch erreicht das Symbol eine den Menschen jeweils ganz individuell beeinflussende und ihn mithin auch verändernde Wirkung.
Zur Erklärung der Symbole werden jedoch keine wortreichen Erläuterungen gebraucht, sondern vielmehr wird in Bildern, Handlungen und Gestalten die Symbolik veranschaulicht, was sie lebendig hält und einen Spielraum für die Interpretation des Einzelnen lässt. Sprache hat dabei nur dienende Funktion.

Die freimaurerische Symbolik entstammt im Wesentlichen der Welt des Bauens „wie das ganze Werk der Freimaurerei unter dem Symbol des Bauens verstanden wird"[462]. Winkelmaß, Wasserwaage, Spitzhammer, Kelle und Mörtel, der Raue Stein und das Senkblei gehören zu den Werkzeugen der Steinmetze. Andere Symbole wie das Rechtkreuz, um das die Sonne ihre Bahn zieht, gehen auf Runen, die altgriechische und frühägyptische Mythologie zurück.

Die Werkzeuge der mittelalterlichen Maurer werden bis heute in den Logen als symbolische Werkzeuge gebraucht. Wie beschrieben, werden in den verschiedenen Graden auch verschiedene Werkzeuge verwandt. Dem Lehrling zugeordnet sind der 24-Zoll-Maßstab, der den Lehrling erinnern soll, an 24 Stunden am Tag an seiner Vervollkommnung zu arbeiten, der Meißel bezeichnet die geistigen Unterschiede unter den Brüdern und der Hammer die Stärke und sittliche Entschlossenheit des Lehrlings.
Winkelmaß, Wasserwaage und Senkblei sind die symbolischen Werkzeuge des Maurers. Der rechte Winkel des Winkelmaßes symbolisiert Rechtschaffenheit und Ehrlichkeit, die Wasserwaage die soziale Gleichheit und das Senkblei weist auf die Notwendigkeit des gerechten, unverfälschbaren Urteils hin. Mit diesen drei Werkzeugen wird das Ziel der Vervollkommnung des Menschen, das Errichten des Tempels möglich. Der Zirkel bezeichnet dem Freimaurer, dass die eine Spitze stets in seinem Herzen verankert ist und die andere ihn mit allen Brüdern verbindet. Er ist das Symbol der allumfassenden Menschenliebe.

Unter den Werkzeugen kommt dem Zirkel darüber hinaus noch eine herausragende Bedeutung zu. Er erinnert an die unparteiische Gerechtigkeit Gottes.
Zusammen mit dem Winkelmaß, das ähnlich wie der Zirkel auch von Nichtfreimaurern als freimaurerisches Symbol erkannt wird, und der Bibel bildet der

---

460 Vgl. HELMUT REINALTER, Die Freimaurer, S. 32.
461 Vgl. FRANZ CARL ENDRES, Die Symbole der Freimaurer, Hamburg 1977; sowie AUGUST HORNEFFER, Das Brauchtum der Freimaurer. Sinn und Werte unserer Symbole, Hamburg 1954.
462 HELMUT REINALTER, ebd., S. 33.

Zirkel die drei großen Lichter, die bei jeder Loge aufliegen. Dabei ist die Bibel als „Licht über uns“ Ausdruck des Glaubens an eine sittliche Weltordnung. Bei der Logenarbeit ist die Bibel meist an der Stelle des Prologs im Johannes-Evangelium aufgeschlagen. Die Bibel ist jedoch nicht als christliches Symbol zu verstehen, sondern als Symbol einer nicht näher bestimmten Werteskala, die jeder Freimaurer verinnerlicht haben soll. Darüber hinaus symbolisiert sie den Glauben an ein höchstes Wesen und verweist vom rein Irdischen auf eine übergeordnete Instanz, ohne dass dadurch eine Aussage über die Bedeutsamkeit ihres Inhaltes für Christen getroffen werden soll.[463]

Das Winkelmaß als „Licht in uns“ ist für die Freimaurer das Symbol für Recht und Pflicht zum sittlichen Handeln. Schließlich stellt der Zirkel als „Licht um uns“ das Symbol des Dienstes an allen Menschen dar. Ohne dass diese drei Symbole auf dem Altar aufliegen, kann es keine reguläre Logenarbeit geben.

Die Bibel erfährt eine in den Lehrarten unterschiedliche Deutung. In den Logen der Alten Freien und Angenommenen Maurer ist sie Sinnbild der Frömmigkeit, Symbol einer höheren Ordnung. Andernorts ist sie Sinnbild echter Frömmigkeit und wahrer Religiosität.[464] Sie, so heißt es, bindet nicht an definierte Glaubenssätze, sondern verpflichtet zu sittlichem Handeln.

Die brüderliche Liebe wird symbolisiert durch die Kelle, die vereinigt und gleich macht. Sie ist der Mörtel, der das gemeinsame Handeln am Bau des Tempels erst ermöglicht. Die Kelle steht dann aber auch dafür, die Fugen und Risse im eigenen Herzen gegen Angriffe alles Üblen zu vermauern. Sie ist unpoliert und soll erst durch eifrigen Gebrauch ihren Glanz erhalten.

Neben den Werkzeugen haben auch Farben symbolische Bedeutung, die sich vor allem in der Kleidung der Freimaurer widerspiegelt. Blau, die Hauptfarbe der Johannismaurerei, ist die Farbe des Himmels und bedeutet Unsterblichkeit und Ewigkeit.[465] Rot, das die vorherrschende Farbe im Schottischen Ritus (Hochgradsystem) ist, ist die Farbe „des Glaubens, der Stärke, der göttlichen Liebe“[466], bedeutet aber auch das Feuer oder die Seele und im übertragenen Sinne die Wiedergeburt.[467]

Das Licht hat als Symbol in der Freimaurerei mannigfaltige Bedeutung. Am signifikantesten ist seine Bedeutung im Rahmen und am Ende des Aufnahmeri-

463 Vgl. REINHOLD DOSCH, Deutsches Freimaurerlexikon, Bonn 1999, S. 54.

464 So z.B. in den zur Großen nationalen Mutterloge „Zu den Drei Weltkugeln“ gehörenden Logen.

465 Bis heute wird von der nach ihrer Farbe benannten „Blauen Maurerei“, das ist die Johannismaurerei, gesprochen.

466 MICHEL DIERICKX, Freimaurerei, S. 137.

467 Vgl. LUIGI RANIERI, Die Loge. Macht und Geheimnis der Freimaurer, Bergisch Gladbach 2000, S. 170.

tuals für den Lehrling, der das Licht empfängt, wenn ihm die Binde von den Augen genommen wird und er so einen „initiarischen Schock"[468] erfährt.

468 Vgl. DANIEL BÉRESNIAK, Symbole der Freimaurer, S. 40.

4. Das Selbstverständnis der Freimaurer heute

Durch den Wandel der Werkmaurerei zur spekulativen Maurerei vollzog sich auch ein Wandel der erklärten Ziele der Freimaurer. Hatte man sich im Anfang zunächst als Zweckgemeinschaft zusammengeschlossen, um Vorteile bei der Vergabe und Ausführung bauhandwerklicher Aufträge zu erreichen, um Gemeinschaft zu stiften und Traditionen zu pflegen, war mit der Umwandlung der Werkmaurerei zur spekulativen Maurerei nun der Mensch an sich in den Mittelpunkt des freimaurerischen Tuns gestellt worden.

4.1 Die freimaurerische Anthropologie

Nach den blutigen Erfahrungen der Religionskriege, den Glaubenskämpfen und vielen politischen Auseinandersetzungen in Europa bis zum Ende des 17. Jahrhunderts war die Sehnsucht nach Frieden und gegenseitiger Toleranz[469] groß. In der und durch die Aufklärung waren Fragen der Anthropologie, der Mensch in seinem Wesen und mit seiner Aufgabe, wichtiger geworden. Die Bedeutung der Anthropologie und die vor allem in England durch den englischen Aufklärer John Locke (1632-1702) entwickelte Toleranzidee[470] beeinflussten maßgeblich auch die Freimaurerei und deren Menschenbild.
Neben der Toleranz sind aber auch Begriffe wie Freiheit, Brüderlichkeit und Transzendenz für die freimaurerische Anthropologie von großer Bedeutung.
Locke hatte erklärt, dass Unterdrückung und Gewalt, sei es von staatlicher Seite oder die Haltung und Praxis einer Glaubensgemeinschaft[471], niemals den Men-

---

469 In einer über das Thema Toleranz in der Mutterloge ‚Zu den drei Weltkugeln“ in Berlin im Jahr 1784 gehaltenen Rede heißt es: „Aber nein, m(eine) Br(üder), das schönste Kleinod unseres Ordens ist allgemeine Toleranz. Sie zu üben ist Weisheit, und sie setzt eine gewisse Stärke und Schönheit der Seele voraus, deren gemeine Seelen nicht fähig sind. Unser Orden soll seinem Wesen nach eine Zuflucht für die im bürgerlichen Leben von allen Seiten her gedrückte und eingeengte Menschheit sein. Im bürgerlichen Leben sind nur zuviel Scheidewände, die Menschen von Menschen trennen: Unterschiede des Vaterlandes, des Standes, der Geburt, der Religion – lauter Fesseln, die im bürgerlichen Leben uns nur zu oft voneinander scheiden. Nur allein im Tempel der Maurerei sollen alle diese Scheidewände niedergerissen werden. Wir kommen zusammen, um zu vergessen, dass wir durch unser Vaterland, durch unseren Stand, durch unsere Religion getrennt sind. [...] Unser Orden, m(eine) Br(üder), ist ja keine Sekte. Wir haben gottlob keine symbolische Bücher, auf welche wir schwören.“ KARLHEINZ GERLACH (Hg.), Berliner Freimaurerreden 1743 – 1804 (= Schriftenreihe der Internationalen Forschungsstelle „Demokratische Bewegungen in Mitteleuropa 1770-1850“, hg. von HELMUT REINALTER, Bd. 22), Frankfurt am Main 1996, S. 247 f.

470 Vgl. JOHN LOCKE, Ein Brief über Toleranz, englisch – deutsch. Übersetzt, eingeleitet und in Anmerkungen erläutert von Julius Ebbinghaus. Nachdruck der Ausgabe von 1975, Hamburg 1996.

471 Locke stellte sich hier insbesondere gegen den Anspruch der katholischen Kirche, Gewalt als Mittel zur Glaubensannahme zu gebrauchen. Vgl. JOHN DUNN, Lockes Konzeption von Toleranz, in: John Locke und Immanuel Kant, Historische Rezeption und

schen dazu bringen könnten, ein bestimmtes Bekenntnis anzunehmen. Allenfalls könnten auf diese Weise orthodoxe Rechtgläubige geschaffen werden, deren Glauben allerdings Heuchelei bleiben würde. Deswegen postulierte er das Recht des Menschen, seinen eigenen Glauben haben zu dürfen, der auch respektiert werden müsse. Toleranz bedeutet insofern eine Haltung, die, wenn sie die Meinung oder Handlung eines anderen auch nicht teilt, sie aus Respekt vor der Freiheit des anderen dennoch billigt. Davon zu unterscheiden ist das Toleranzprinzip, das gegenüber jeder anderen Meinung eine indifferente Haltung einnimmt und zwar aus einer zur Liberalität verpflichteten Einstellung heraus.
Der freimaurerischen Idee liegt aber keine Haltung zugrunde, die anderen Ansichten gegenüber in dem Sinne indifferent wäre, dass sie sich für oder gegen solche Ansichten ausspricht, sondern ein im Wissen um die eigene Weltanschauung ein die Ansichten der anderen respektierender Standpunkt.

In enger Verbundenheit zur Toleranz steht der Begriff der Freiheit. Für Freimaurer ist die Freiheit „der Ursprung alles ethischen Lebens im Menschen und Kraftquelle seiner ethischen Dimension“[472]. Neben der dreiteiligen Definition der Freiheit als Fehlen jeden äußeren Zwangs, als Fehlen jeder natürlichen Behinderung und als Verfügbarkeit über Mittel und Macht, eigene Ziele zu erreichen, meint Freiheit auch die Möglichkeit, zwischen wenigstens zwei Alternativen zu entscheiden.
Freiheit bedeutet aber auch die Gelegenheit, sich subjektiv mit einer objektiven Wertordnung identifizieren zu können und somit ein moralisch Handelnder zu werden. Die subjektive Identifizierung mit einer moralischen Ordnung bedeutet den Freimaurern die höchste Verwirklichung des Strebens nach Vervollkommnung.[473]

Der dritte für die Freimaurerei bedeutsame Begriff ist der der Brüderlichkeit. Als Geschöpfe oder Kinder Gottes sind alle Menschen Geschwister, und jeder erkennt im anderen sein Spiegelbild. In dem Sinn kommen jedem Menschen gleiche Rechte zu, was aber deswegen nicht als Gleichheit bezeichnet wird, da die Menschen individuell verschieden sind, insofern sie je eigene Fähigkeiten und Begabungen haben. Die Brüderlichkeit ist in enger Beziehung zur Toleranz Ausdruck einer generellen Gleichberechtigung unter den Menschen.
Zur Brüderlichkeit zählt auch das Postulat der gegenseitigen Hilfeleistung, womit uneigennützige Hilfe für den anderen gemeint ist und nicht eine „Geschäftsmaurerei, das heißt die Nutzung des Freimaurerbundes für wirtschaftliche, gesellschaftliche oder gar politische Transaktionen“[474].

---

gegenwärtige Relevanz (= Philosophische Schriften, Bd. 3), hg, von MARTYN T. THOMPSON, Berlin 1999, S. 16 – 39, S. 19 ff.

472 GIULIANO DI BERNARDO, Die Freimaurer und ihr Menschenbild, S. 38.

473 Vgl. ebd.

474 HELMUT REINALTER, Die Freimaurer, S. 43.

Als vierter fundamentaler Begriff gilt der der Transzendenz, der generell in zweifacher Hinsicht verstanden werden kann. Zum einen im ontologischen Sinn, wonach das, was unser Erfahrungswissen übersteigt, als an sich existierend anerkannt wird, und zum anderen als regulatives Ideal, wonach der transzendente Urgrund allen Seins als nur als ob existierend aufgefasst wird.[475] Nach beiden Auffassungen aber ist die Transzendenz, sei sie als tatsächlich existierend begriffen oder nur als Fiktion verstanden, die Voraussetzung für ethisches Verhalten. Da die Freimaurerei sich nicht als Religion versteht, ist das transzendente Prinzip, das die christliche Religion ihrerseits als die geoffenbarte Wahrheit Gottes begreift, zunächst nur ein regulatives.
Der Allmächtige Baumeister aller Welten, als das regulative freimaurerische Prinzip, muss nicht, kann aber mit dem christlichen Gott gleichgesetzt werden.
Nach freimaurerischer Interpretation hat die Transzendenz eine zweifache Funktion, insofern sie einerseits moralische Wertmaßstäbe setzt und für das menschliche Leben Sinn stiftet, zum anderen aber stellt sie selbst auch das höchste Ziel dar, dem der Mensch bei der Realisierung seiner Ziele entgegengeht.
Neben diesen vier fundamentalen und objektiven Prinzipien von Freiheit, Toleranz, Brüderlichkeit und Transzendenz steht das fünfte Prinzip der Initiation, in dessen Licht die anderen vier begriffen werden müssen. Die freimaurerische Anthropologie kann nach di Bernardo erst im Erleben der Initiationsriten begriffen werden und wird so zu einer philosophischen Anthropologie.[476]

Vor diesem Hintergrund wird der Initiation eine hohe Bedeutung verliehen, die den Schlüssel zum Verstehen der Freimaurerei darstellt.

4.2 Die Veredelung des Menschen

Nach freimaurerischem Verständnis gehört es zu den Aufgaben des Menschen, nach Selbstvervollkommnung zu streben, wozu die freimaurerischen Rituale und Symbole wie auch und vor allem die Initiation in die verschiedenen Grade der Freimaurerei hilfreich sind und ausdrücken sollen, was sie bewirken.

---

475 Vgl. GIULIANO DI BERNARDO, ebd., S. 42.

476 Zum Begriff der philosophischen Anthropologie vgl. ebd., S. 47 ff. Di Bernardo schafft hinsichtlich der Bedeutsamkeit der Initiation in den Bund der Freimaurer eine Parallele zum Sakrament der Taufe oder der Priesterweihe. Wie diese Sakramente drückt die Aufnahme in den Bund ein unverlierbares Prägemal auf. Di Bernardo formuliert: „Der Akt der Maurerweihe durch den Meister vom Stuhl bedeutet für den Maurer eine Bindung, die nur durch den Tod aufgelöst werden kann. Sollten jemals die Lebensumstände ihn veranlassen, von den freimaurerischen Prinzipien abzuweichen, so wird er als ‚im Schlaf' betrachtet. Dies bedeutet, dass die Qualität eines Freimaurers ihm nie verloren gehen und er sie auch von sich aus nie ablegen kann: ein Maurer kann nie in seinen früheren Zustand zurückkehren (das heißt ein Ex-Maurer werden), er wir lediglich ein ‚Freimaurer im Schlaf'." Ebd., S. 52.

Grund und Ziel der Freimaurerei ist die Veredelung des Menschen, die Entwicklung seiner Persönlichkeit hin zur Selbsterkenntnis und Selbstbeherrschung in Achtung und Toleranz gegenüber der Andersartigkeit des Anderen. Die Freimaurerei lässt sich in der Folge der europäischen Aufklärung von ethischen Werten wie Menschlichkeit, Brüderlichkeit, Freiheit, Gerechtigkeit, Friedensliebe und Toleranz leiten. Sie will über weltanschauliche, politische, nationale und soziale Grenzen hinweg Menschen miteinander verbinden, dadurch Trennendes zu überwinden versuchen, Verständigung, Verständnis und Freundschaft ermöglichen, um so der Gefahr der Isolierung des Einzelnen entgegen und auf die Vermenschlichung der Gesellschaft hin zu wirken.[477]
Eine das Wesen der gesamten Freimaurerei in all ihren Ausprägungen umfassende Definition gibt es nicht, da sie sich so verschieden vor nationalem, politischem und philosophischem Hintergrund entwickelt hat.
Versteht sich die englische Freimaurerei als eine vor allem ethisch handelnde Vereinigung, altruistisch und freundschaftlich ausgerichtet, liegt der Schwerpunkt in der Selbstdarstellung der deutschen Freimaurerei beispielsweise auf dem Erleben und Vollziehen der rituellen Arbeit.[478]

Unstrittig ist, dass die mittelalterliche Freimaurerei, bedingt durch ihre Entstehungsgeschichte, einen engen Bezug zur christlichen Religion hatte. Die Errichtung sakraler Bauten durch die mittelalterlichen Bauhütten war notwendigerweise mit der christlichen Religion, mit der christlichen Kirche als dem Auftraggeber für diese Bauwerke verknüpft. Die rituellen Handlungen innerhalb der Bauhütten hatten an sich aber keinen religiösen Bezug. Auch die mittelalterlichen Bauhütten der Freimaurer sind keine wie auch immer gearteten religiösen Gemeinschaften gewesen.

In der Entwicklungsgeschichte der Freimaurer lässt sich feststellen, dass sich die Freimaurer in ihrer Geschichte, vor allem in der Verwandlung von der operativen zur spekulativen Maurerei, um religiöse Freiheit bemühten, wenn in den Andersonschen „Alten Pflichten“ normiert wird, dass die Freimaurer nur auf die Religion verpflichtet werden, in der alle Menschen übereinstimmen, im Glauben an Gott als Schöpfer der Welt. Dieser kleinste gemeinsame Nenner der regulären Freimaurer, der jedoch keine Minimalanforderung darstellen soll, sondern Ausdruck der Überzeugung ist, dass es ein übergeordnetes, Sinn gebendes höheres Sein gibt, an dem sich die Moral des Handelns orientieren muss[479], ent-

---

477 Vgl. dazu die Darstellung im Internet: http://www.freimaurerei.de/index.php?id=5 vom 21.08.2007.

478 Vgl. DIETER A. BINDER, Die diskrete Gesellschaft, S. 171.

479 Vgl. dazu die Darstellung im Internet: http://www.freimaurerei.de/index.php?id=5 vom 21.08.2007. Wäre diese Forderung als kleinster gemeinsamer Nenner zu begreifen, wäre sie eine Art Dogma, was seitens der Freimaurer abgelehnt wird. Ist dieser Gott nur ein Prinzip, das der moralischen Anspannung des Menschen Sinn und Wert verleiht, indem es Vollkommenheit verkörpert und in dem Sinn ein rein regulatives Prinzip dar-

spricht einer deistischen Theologie, wonach Gott lediglich als Schöpfer der Welt begriffen wird, nicht aber als allmächtiger, richtender, weiterwirkender Gott in Natur und Geschichte.[480]

Seinen geistesgeschichtlichen Ursprung hat der Deismus in der Zeit vor der englischen Frühaufklärung zum Anfang des 18. Jahrhundert. In einer Zeit also, in der sich der Wandel von der operativen zur spekulativen Freimaurerei vollzog. Im 17. Jahrhundert hatte Locke die intuitive Wahrheit der sittlichen Vernunft zum Prinzip jeder Religion erklärt, von der sich jeder Mensch leiten lasse und auf der die Verhältnisse zwischen den Menschen beruhen.

Diese sittlichen Wahrheiten sind die Grundlage jeder natürlichen Religion, wobei die Bergpredigt für den Christen der Kern der christlichen Botschaft ist und ihm den Gehorsam gegenüber Gott erleichtert. Die natürliche Religion aber kennt keine Dogmen, sondern nur Einsichten, die Gott durch die Vernunft of-

---

stellt, ist dieser Gott als Großer Baumeister aller Welten tatsächlich nicht existent. Damit würde sich eine gleichzeitige Zugehörigkeit zur Freimaurerei und einem Bekenntnis, das den Glauben an die wirkliche Existenz Gottes voraussetzt, ausschließen. Wird diese Minimalanforderung aber nicht exklusiv verstanden, dann kann jeder Freimaurer seine Vorstellung und Überzeugung von Gott dort implantieren. Vgl. GIULIANO DI BERNARDO, Die Freimaurer und ihr Menschenbild, S. 109 ff.

480 Die Grundidee des Deismus liegt darin, dass der Mensch alles, was er zur rechten Erkenntnis Gottes und seines Willens braucht, in seiner eigenen Vernunft finden kann. Die christliche und jede andere Offenbarung ist danach unnötig oder in ihr ist nichts enthalten, was die allgemeinen Erkenntnisse der Natur nicht auch belegen könnten. Belegen lässt sich diese deistische Auffassung schon in der Mitte des 16. Jahrhunderts in französischer Literatur. Hier hatte Pierre Viret (1511-1571) 1564 in seinem Werk ‚Instruction chrétienne' den Begriff gebraucht und damit das Gegenteil von Atheismus bezeichnen wollen. Von Frankreich aus gelangte der Deismus zu Beginn des 17. Jahrhunderts nach England, wo sich viele Anhänger aber nicht als Deisten, sondern als „freethinkers" bezeichneten. Wichtigster früher englischer Vertreter des Deismus ist Edward Lord Herbert von Cherbury (1583-1648), der in seinem Buch „De veritate" zwei Arten von Wahrheit unterscheidet: die Tatsachenwahrheiten und die Vernunftwahrheiten. Zur ersten Gruppe gehören die sich aus der Geschichte ergebenden Wahrheiten, die mit dem wahrscheinlich Wahren zu tun haben. Zur zweiten Gruppe gehören die Wahrheiten, die sich auf das Notwendige beziehen, was religiöse und sittliche Wahrheiten einschließt. Bei ihnen geht es nicht alleine um Wissen, sondern auch um ihre Bedeutsamkeit für das Leben. Diese Wahrheiten vermitteln sich individuell durch den inneren Sinn, den er als sittliche Urteilskraft und Gewissen begreift, und den menschlichen Instinkt, der den Willen zum Leben darstellt. Was Offenbarung ist und was nicht, muss die Vernunft entscheiden, wonach die Christusoffenbarung nur eine historische Wahrheit ist und den Einzelnen nur dann betrifft, sofern er sie selbst erlebt. Vgl. WOLFGANG GERICKE, Theologie und Kirche im Zeitalter der Aufklärung, (= Kirchengeschichte in Einzeldarstellungen; Bd. 3,2), Berlin 1989, Kapitel 3, Der Deismus, S. 54 – 69, S. 54 f. Vgl. auch CHRISTOPH GESTRICH, Art. Deismus, in: Theologische Realenzyklopädie (= TRE), Berlin – New York 1982, Bd. 9, S. 392 – 406. Vgl. auch Art. Deismus, in: Religion in Geschichte und Gegenwart (= RGG), Tübingen 1999, Bd. 2, Sp. 614 – 623, bes. Sp. 616 – 618.

fenbart. Deswegen muss die Religionsausübung für alle Menschen und Bekenntnisse frei sein, solange sie nicht die Sittengesetze verletzten.[481]

1983/85 hat die Großloge von England ihr areligiöses Selbstverständnis in der „Erklärung über Freimaurerei und Religion" wie folgt erläutert.

> „Freimaurerei ist keine Religion und auch kein Religionsersatz. Von ihren Mitgliedern, deren eigenes religiöses Bekenntnis unberührt bleibt, verlangt sie lediglich den Glauben an ein Höchstes Wesen, ohne ein eigenes Glaubensbekenntnis vorzuschreiben. Das Höchste Wesen, Gott, wird vom einzelnen selbst bestimmt. Einen spezifisch freimaurerischen Gott gibt es nicht. Vielmehr ist der Gott des Freimaurers der, zu dem er sich in seiner Religion bekennt."[482]

Als wesentliche Unterscheidungsmerkmale zwischen Religion und dem Wesen der Freimaurerei werden in der Erklärung weiter aufgezählt, dass es in der Freimaurerei kein Glaubensbekenntnis gibt und durch das Verbot der Diskussion über Religion auch keines entstehen kann. Ferner werden bei den Freimaurern keine Sakramente gespendet und das Seelenheil kann nicht durch Rituale, Werke oder andere geheime Erkenntnisse erlangt werden. Freimaurer müssen ihre Verpflichtungen auf das Buch des heiligen Gesetzes, die Bibel oder das Buch, das vom Einzelnen als heilig erachtet wird, leisten. Alle Freimaurer werden zudem verpflichtet, ihrem Glaubensbekenntnis zu folgen und ihre Pflichten gegenüber Gott höher zu stellen als alle anderen Pflichten. Die Freimaurerei versteht sich als ein diesseitsorientierter Freundschaftsbund mit ethischer Zielsetzung, dem Humanitäts- und Toleranzgedanken verpflichtet, der weder Religion noch Religionsersatz ist.[483]

Die aktive Suche nach der persönlichen Gotteserkenntnis und die Arbeit an sich selbst stehen in der Mitte der freimaurerischen Idee. Während die christliche Religion die Einheit mit Christus sucht, mühen sich die Freimaurer in der gemeinsamen Arbeit um ihre eigene Veredelung, indem sie menschliche Fähigkeiten nutzen. Wenn dabei auch Selbsterkenntnis und christliche Offenbarung einander gegenüberstehen, ersetzen sie einander nicht zwangsläufig, insofern dem einzelnen Freimaurer freigestellt ist, seinen christlichen Überzeugungen zu folgen.

---

481 Vgl. BASIL WILLEY, The Seventeenth Century Background, Harmondsworth 1962, S. 54.

482 GIULIANO DI BERNARDO, Die neue Utopie der Freimaurer, Wien 1997, S. 41 ff.

483 Vgl. KLAUS HAMMACHER, Kritische Überlegungen zum Humanitätsbegriff, in: Quatuor Coronati, Bd. 20 (1983), S. 307 – 310.

4.3 Geheimnis und Geheimbund

Der Vorwurf, ein Geheimbund zu sein, findet sich schon in den ersten staatlichen und kirchlichen Verurteilungen und Angriffen gegen die Freimaurer. War der Vorwurf in den Anfängen der spekulativen Freimaurerei durchaus berechtigt[484], gibt es heute in den aufgeklärten Staaten kaum noch etwas, das ihn aufrechterhalten könnte. Die Veröffentlichung der Satzungen der Logen und ihr demokratisches Fundament werden von den Freimaurervereinigungen selbst immer wieder dafür angeführt, dass sie die Parameter eines Geheimbundes nicht mehr erfüllen.

Der Geheimhaltung unterliegen wohl die jeweiligen Erkennungszeichen und Passwörter[485] sowie innere Angelegenheiten der Loge und der volle Wortlaut der Rituale, der mittlerweile aber auch durch so genannte Verräterschriften mehr oder weniger umfassend veröffentlicht worden ist, wobei es in den englischen und amerikanischen Logen der Tradition entspricht, die Rituale nicht aufzuschreiben, sondern sie an die jeweiligen Amtsinhaber nur mündlich zu überliefern.
Nicht jedermann zugänglich und in dem Sinne geheim bleibt jedoch das individuelle Erleben des Rituals, „das esoterische Fluidum und das weihevolle Umfeld"[486] wie das Erleben der Symbolik. Zurückhaltung und Diskretion auf Freimaurerseite sind vor allem darin begründet, dass die Symbolik wie die Tempelarbeit für einen Laien ohne Weiteres nicht verstehbar ist und missdeutet werden kann, weswegen sie vor Profanierung zu schützen ist. Insofern kann die Freimaurerei eher als eine geschlossene Gesellschaft denn als ein Geheimbund bezeichnet werden.

---

484 Der Grund für die Geheimhaltungspflicht lag zu früheren Zeiten in der Gefahr, dass Debatten über Inhalte der Aufklärung durchaus geeignet waren, Nachteile fürchten zu müssen, weswegen die Geheimhaltung nicht im Wesen der Freimaurerei begründet ist, sondern als Reaktion auf Verfolgung und Verleumdung begriffen werden muss. Anders dazu Reinhardt Koselleck, der die Geheimhaltung als Voraussetzung für die von den Freimaurern als Träger der aufklärerischen Ideen und Mitbegründer der bürgerlichen Gesellschaft begreift und das in den Konstitutionen formulierte apolitische Postulat als Täuschungstaktik versteht. Vgl. REINHARD KOSELLECK, Kritik und Krise, Eine Studie zur Pathogenese der bürgerlichen Welt, 6. Auflage, Frankfurt am Main 1989, S. 60.

485 Selbst diese an sich geheimen Erkennungszeichen und Passwörter dürften heute kaum ausreichend sein, um sich Zugang zur internen Arbeit einer Loge zu verschaffen. Die Geheimhaltungspflicht hat diesbezüglich nur noch traditionellen Wert. Der allen Mitgliedern ausgestellte maßgebliche Logenpass dürfte die Kenntnis der Erkennungszeichen und Passwörter daher nicht mehr ersetzen können. Vgl. INTERNATIONALES FREIMAURERLEXIKON, Art. Geheimnis, S. 333.

486 REINHARD LAMER, Die Freimaurer in Österreich, Innsbruck – Wien – München – Bozen 2001, S. 22.

Ernstzunehmende Hinweise darauf, dass, wie in der Geschichte oftmals vorgeworfen, unterstellt und angenommen, die Freimaurerei ein Geheimnis an sich besitze oder den Schlüssel zu den noch ungelösten Fragen der Welt in Händen halte, gibt es nicht.

Die Pflicht zur Geheimhaltung der Logeninterna hat jedoch eine für die Loge nicht unwichtige soziale und pädagogische Funktion, indem sie einerseits wenigstens die Illusion fördert, eigene Überzeugungen in einem geschützten Raum offen aussprechen zu können und andererseits sich dem Logenbruder gegenüber als dauerhaft vertrauenswürdig und verlässlich zu erweisen. Daneben erhöht die Aura des Geheimnisvollen auch die Attraktivität und das Interesse an der Freimaurerei im Ganzen.

4.4 Zum Selbstverständnis der Freimaurerei in Deutschland

Auch die deutsche Freimaurerei lässt sich auf kein alle Richtungen umfassendes Selbstverständnis festlegen. Parallelen lassen sich aber in den Satzungen erkennen und in den Leitgedanken zur Freimaurerei[487], in denen positive und negative Aussagen über sie getroffen werden.

Nach den positiven Aussagen definiert sich die Freimaurerei als ein ethisch orientierter Freundschaftsbund, als dogmenfreie Kultgemeinschaft sowie als symbolischer Werkbund und stellt so eine „Einheit von leitender Idee, tragender brüderlicher Gemeinschaft und vertiefendem symbolischen Erlebnis dar“[488], wobei jeder Einzelne seinen Schwerpunkt seiner freimaurerischen Arbeit anders zu setzen vermag.

Inhalt der Definition als Freundschaftsbund ist die Zusammenführung von Menschen jedweder gesellschaftlichen Herkunft, die, geistig und menschlich aufgeschlossen, respektvoll gegenüber der Meinung des Anderen, sich mit ihren je eigenen weltanschaulichen, religiösen und politischen Überzeugungen verbinden, um gemeinsam ethische Werte zu verfolgen.
Als somit ethisch orientierter Bund treten die Mitglieder für Menschlichkeit, Brüderlichkeit, Toleranz, Friedensliebe und soziale Gerechtigkeit ein und üben sie, was die Umsetzung der ethischen Überzeugung in der moralischen Lebenspraxis des Einzelnen bewirken soll.

Das in der Freimaurerei überlieferte Brauchtum dient dazu, neue Mitglieder in die Gemeinschaft einzuführen, menschliche Bindungen innerhalb des Bundes zu vertiefen, sich auf die moralischen Normen der Freimaurerei zu besinnen, sowie der Sammlung und Erbauung des Einzelnen. Motiv der rituellen Handlungen ist

487 Vgl. dazu die Darstellung im Internet: http://www.freimaurerei.de/index.php?id=9 vom 21.08.2007.
488 Ebd.

dabei die Erfahrung, dass seelische Vorgänge eines sinnlichen Ausdrucks bedürfen, ohne den Symbolen und Ritualen allerdings eine festgelegte Deutung zuzuweisen. Das Ritual wirkt weder übersinnlich noch magisch, sondern psychisch.

Insofern areligiöse Menschen in den Freimaurerritualen, die dem religiösen Brauchtum entlehnt sind, ihr kultisches Bedürfnis erfüllen können, tritt die Freimaurerei zwar in die Nähe einer Religion, verneint aber jegliche Jenseitsorientierung und bezieht sich ausschließlich auf das diesseitige menschliche Handeln.

Sowenig die Freimaurer Kirche oder Ersatzreligion sein wollen, so wenig verstehen sie sich als eine politische Partei oder als Interessenverband, insofern sie keine politischen Programme formulieren, sich an parteipolitischen Auseinandersetzungen nicht beteiligen und die Interessen bestimmter gesellschaftlich organisierter Gruppen nicht vertreten. Als eine „Gemeinschaft toleranter Ungleichgesinnter"[489] will sie aber dennoch mithelfen, und zwar durch das beispielgebende Vorbild des Freimaurers innerhalb des Bundes wie in der Gesellschaft, die negativen Auswirkungen politischer Konflikte durch eine Verbesserung der politischen Kultur zu verhindern.

489 HANS-HERMANN HÖHMANN, Freimaurerei und gesellschaftliche Gegenwart: Umfeld, Identität, Perspektiven, in: JOACHIM BERGER und KLAUS-JÜRGEN GRÜN (Hrsg.), Geheime Gesellschaft, Weimar und die deutsche Freimaurerei, München – Wien 2002, S. 343 – 350, S. 347.

Teil II Freimaurerei und katholische Kirche

5. Die Freimaurer und die katholische Kirche bis zum CIC/1917

Erst mit dem CIC/1917 wurde das bisher im Corpus Iuris Canonici zusammengfasste Kirchenrecht neu geordnet und als Gesetzbuch der katholischen Kirche für den lateinischen Rechtskreis promulgiert. Bis dahin waren die von kirchlichen Autoritäten erlassenen Gesetze in verschiedenen Sammlungen dokumentiert worden, was das kirchliche Recht unübersichtlich hatte werden lassen. Seit 1738 fanden sich die kirchlichen Veurteilungen der Freimaurer und die katholischen Freimaurer betreffenden Strafnormen in päpstlichen Bullen und Konstitutionen sowie anderen Erlassen kirchlicher Autoritäten.

5.1 Die ersten Verurteilungen der Freimaurer

Bevor die Kirche ihre erste offizielle Stellungnahme gegen die Freimaurerei verfasste, hatten Organe verschiedener Nationalstaaten die Freimaurerei schon verboten. Die ersten Verbote wurden im Jahr 1735 durch die Staaten Holland und Friesland[490] sowie durch den Staatsrat des Kantons Genf[491] ausgesprochen. Zwei Jahre später wurde in Paris durch den Premierminister Ludwigs XV., Kardinal Fleury (1653-1743), ein Dekret erlassen, das das Geheimnis der Freimaurer als strafwürdiges Unternehmen brandmarkte und allen Franzosen den Umgang mit den Freimaurern verbot. Adligen, die Mitglieder in den Freimaurerlogen waren, wurde der Zutritt zum königlichen Hofe untersagt.[492]

Hintergrund der Verbote[493] war jeweils der Umstand, dass das freimaurerische Tun hinter geschlossenen Türen und die Geheimhaltungspflicht der Mitglieder

490 Vgl. MICHEL DIERICKX, Freimaurerei, S. 61. 1735 fürchtete die holländische Regierung eine freimaurerische Verschwörung zur Wiederherstellung des ‚Stadthoudertum', nachdem Cornelius Rademacher, der Schatzmeister des Prinzen von Oranien, Meister vom Stuhl der örtlichen ersten Loge geworden war. Vgl. ALEC MELLOR, Unsere getrennten Brüder, S. 165, Fußnote 15.

491 Vgl. JOSÉ ANTONIO FERRER BENIMELI, Origini, motivazioni ed effetti della condanna vaticana, in: Storia d'Italia, Annali 21, La Massoneria, A cura di Gian Mario Cazzaniga, Turin 2006, S. 143 – 165, S. 143.

492 Vgl. MICHEL DIERICKX, Freimaurerei, ebd.

493 Es folgten weitere Verbote, wobei sich unter den Autoritäten sowohl Katholiken (in Frankreich, Neapel, Spanien, Wien, Bayern, Sardinien und Monaco) als auch Protestanten (Holland, Genf, Bern, Hamburg, Hannover, Schweden, Danzig und Preußen) finden: 1737 durch den Kurfürst Karl Philipp von der Pfalz (1661-1742), der Angehörigen des Zivil- oder Militärdienstes in seinem Einflussbereich die Mitgliedschaft bei den Freimaurern bei Strafe des Amtsentzuges verbot; 1743 durch Maria Theresia von Österreich (1717-1780); 1744 durch die Regierungen in Avignon, Paris und erneut in Genf; 1745 durch die Regierung des Kantons Bern, wo die Freimaurer seitens der Regierung aufgefordert wurden, ihren freimaurerischen Eid zu brechen. Bei Nichterfüllung sollte eine Strafe von 100 Talern verhängt werden. Im selben Jahr verbot der

per se als staatsgefährdend bewertet wurde. Freimaurerverbote erließen auch der Senat von Hamburg, als er im Jahr 1737 die Versammlungen der Logenmitglieder untersagte[494], und die Regierung Schwedens, die über alle Freimaurer die Todesstrafe verhängte.[495]

5.1.1 Clemens XII. (12.07.1730 – 06.02.1740)

Vonseiten der katholischen Kirche wurde unter dem Pontifikat von Papst Clemens XII. (1652-1740), der im Alter von 78 Jahren im Jahr 1730 zum Papst gewählt worden war und seit 1736 schwer unter Altersdemenz und seiner Erblindung litt, im Jahr 1738 in seinem Namen die erste katholische Verurteilung der Freimaurerei in Form der Bulle[496] „IN EMINENTI APOSTOLATUS SPECULA“[497], adressiert an alle Gläubigen, verfasst.[498] Die Mitgliedschaft von Gläubigen, Laien und Klerikern[499], in den Freimaurerlogen und jedwede Unter-

---

Stadtrat von Hannover allen Geistlichen, einer Freimaurerloge beizutreten. Auch der Polizeipräsident von Paris erließ 1745 ein Freimaurerverbot. 1748 wurden Freimaurerversammlungen vom Sultan in Istanbul verboten. 1751 durch Karl III. von Neapel (1716-1788) und Ferdinand VI. von Spanien (1713-1759); 1763 durch den Magistrat von Danzig; 1775 durch den Fürstbischof von Hildesheim und den König von Neapel, Ferdinand IV. (1751-1825); 1782 durch den Rat von Bern und Genf; 1784 durch den Fürst von Monaco und dem Fürst von Bayern, Karl Theodor (1724-1799); 1785 durch den Großherzog von Baden und den Kaiser von Österreich, Josef II. (1741-1790), 1794 durch den Kaiser Franz II. von Deutschland (1768-1835), den König von Sardinien, Vittorio Amedeo III. (1726-1796), und Zar Paul I. (1754-1801); 1798 durch Wilhelm III. von Preußen (1770-1840) und anderen mehr. Vgl. JOSÉ ANTONIO FERRER BENIMELI, Origini, motivazioni ed effetti della condanna vaticana, S. 143 f.

494 In Hamburg war im selben Jahr die erste deutsche Großloge gegründet worden, die trotz des Verbots jedoch weiter existierte.

495 Vgl. DIETER A. BINDER, Die Freimaurer, S. 51.

496 Als Bulle werden seit dem 13. Jahrhundert die päpstlich besiegelten Akten bezeichnet, die unter anderem gesetzliche Regelungen enthalten. Bullen erhalten ihre Namen nach den ersten Worten ihres Textes. Vgl. PÈTER ERDÖ, Die Quellen des Kirchenrechts. Eine geschichtliche Einführung (= Adnotationes Ius Canonicum, Bd. 23), Frankfurt am Main 2002, S. 140 ff. Vgl. auch DIETER A. BINDER, Art. Bulle, in: LThK³, Bd. 2, Sp. 778.

497 CLEMENS XII., „In eminenti apostolatus specula“ vom 28.04.1738, in: CIC-Fontes, I, Nr. 299, S. 656 f.
Die Bulle wurde am 28.04.1738 veröffentlicht und war unter dem maßgeblichen Einfluss der Kardinäle Corsini, Ottoboni, Zondadari, Spinola und dem toskanischen Inquisitor Ambrogio Ambrogi verfasst worden. Vgl. auch ALEC MELLOR, Unsere getrennten Brüder, S. 177 ff.

498 Dieser ersten kirchlichen Verurteilung kommt insofern besondere historische Bedeutung zu, als dass sich spätere Päpste und andere kirchliche und weltliche Autoritäten immer wieder auf sie berufen werden.

499 Dass Geistliche aller Ränge Angehörige der Freimaurerlogen gewesen sind, belegen die überlieferten Mitgliederlisten. Vgl. MICHEL DIERICKX, Freimaurerei, S. 73, sowie KURT BARESCH, Katholische Kirche und Freimaurerei. Ein brüderlicher Dialog 1968 bis 1983, Wien 1984, S. 19.

stützung[500] wurde bei Strafe der dem Papst vorbehaltenen Exkommunikation verboten.[501]
Die Freimaurerei wurde seitens des Papstes generell unter den Verdacht der Ketzerei gestellt und die Bischöfe und Inquisitoren wurden angewiesen, dementsprechend gegen die Mitglieder der Logen vorzugehen.[502]

Wie oben dargelegt, waren die Ereignisse um die Loge in Florenz im Jahr 1737 und der deswegen im selben Jahr getroffene Entschluss, sich gegen die Freimaurerei zu wenden, der konkrete Anlass, sich seitens der Kurie erstmalig in einer päpstlichen Bulle mit der Freimaurerei ablehnend auseinanderzusetzen.[503]
Dort, im Großherzogtum Toskana, hatte 1737 nach dem Tod des letzten Medici, Gian Gastone (1671-1737) der Herzog von Lothringen, der 1731 Freimaurer geworden war, als erster dem Freimaurerbund angehörende italienische Fürst die Regierung übernommen und sich als Beschützer und Förderer der Freimaurer erwiesen. Die Attraktivität der Freimaureridee auch für den politisch einflussreichen Adelsstand musste daher eine Reaktion Roms bewirken.[504]
Schließlich wurde die nicht gehaltene Rede des unter Bischof Fénelon katholisch gewordenen Michael Ramsay[505] in den Logen diskutiert, der darin enthusiastisch für die Erstellung einer wissenschaftlichen Enzyklopädie warb, die die Erkenntnisse der Aufklärung so einem breiten Publikum umfassend zur Verfügung stellen würde, was nur den Widerstand Roms provozieren konnte.

---

500 Als Unterstützung wurde nach dem Wortlaut der Bulle jedwede Aktion der Begünstigung, der Zurverfügungstellung von Räumlichkeiten, ein mittelbarer oder unmittelbarer Rat, ebensolche Hilfe oder Gunst, sei es persönlich oder über einen Mittelsmann, verstanden.

501 CLEMENS XII., „In eminenti“ § 3: „ ... ne quis sub quovis praetextu aut quaesito colore audeat vel praesumat praedictas societates, de liberi Muratori seu Francs Massons, aut alias nuncupatas inire, propagare, confovere ac in suis aedibus vel domibus vel alibi receptare atque occultare, iis adscribi, aggregari aut interesse vel potestatem seu commodidatem facere, ut alicubi convocenur, iisdem aliquid ministrare sive alias consilium, auxilium vel favorem, palam aut in occulto, directe vel indirecte per se vel per alios quoquo modo praestare nec non alios hortari, inducere, provocare aut suadere, ut huiusmodi societatibus adscribantur, annumerentur seu intersint vel ipsas quomodolibet iuvent ac foveant, sed omnino ab iisdem societatibus, coetibus, conventibus, collectionibus, aggregationibus seu conventiculis prorsus abstinere se debeant sub poena excommunicationis per omnes ut supra contrafacientes ipso facto absque ulla declaratione incurrenda, a qua nemo per quemquam nisi per nos romanum pontificem pro tempore existentem praeterquam in articulo mortis constitutus absolutionis beneficium valeat obtinere.“ Ebd., S. 657.

502 CLEMENS XII., „In eminenti“, § 4 „Mandantur locorum ordinarii et inquisitores, ut transgressores tamquam de haeresi vehementer suspectos condignis poenis puniant.“ Ebd., S. 657 f.

503 Vgl. oben 2.2.3, Die Freimaurer in Italien.

504 Seit 1736 war Franz von Lothringen mit Maria Theresia von Österreich verheiratet, und so bestand für ihn die Möglichkeit, als Freimaurer auch auf die anderen europäischen Nationen Einfluss zu nehmen.

505 Vgl. oben 2.2.1, Die Freimaurer in Frankreich.

Neben den die Loge in Florenz betreffenden politischen Belangen werden die Motive des Papstes für die allgemeine Verurteilung der Freimaurerei vor allem aber darin zu sehen sein, dass er in seiner Eigenschaft als Wächter über die Reinheit der katholischen Lehre[506] im Zuge des durch die Aufklärung entstehenden religiösen Indifferentismus und Synkretismus, der in den Freimaurerlogen in vielen europäischen Metropolen immer mehr Anhänger fand und sich auszuweiten begann, die Vorrangstellung der christlichen Religion zu bewahren und zu verteidigen bemüht war. In den Logen sammelten sich, so der Papst, Menschen aller Religionen, Weltanschauungen und aller Schichten, die sich nach den Andersonschen Konstitutionen lediglich nur der Religion verpflichtet sahen, in der alle Menschen übereinstimmen – dem Glauben an den Großen Baumeister aller Welten.
Vor dem Hintergrund des sich vor allem durch die englischen Logen verbreitenden Deismus und der daraus resultierenden Egalisierung des Glaubens, wonach jede Religion gleich einer anderen ist, sah der Papst die Notwendigkeit, gegen solche Auffassungen energisch vorzugehen. Die Freimaurerei erschien ihm somit als häretische Sekte, die zu verurteilen war.
Dem Papst oder besser der römischen Kurie des 18. Jahrhunderts war der Unterschied zwischen religiösem Indifferentismus und religiöser Toleranz als Recht des Menschen, einer von ihm selbst gewählten oder auch keiner Religion anzugehören, wie es spätere Päpste (Johannes XXIII. und Paul VI.) als Haltung der katholischen Kirche selbst fordern würden, nicht so deutlich.

Eine weitere Motivation zur Verurteilung benennt der Papst zwar, lässt sie aber unbestimmt, insofern er nur von „anderen uns bekannten, gerechten und billigen Ursachen" spricht.[507]

---

506 Die Wächterfunktion definiert der Papst zu Beginn der Bulle als eine Aufgabe seines Amtes. CLEMENS XII., „In eminenti": „In eminenti Apostolatus specula, meritis licet imparibus, divina disponente clementia, constituti iuxta creditum nobis pastoralis providentiae debitum iugi, quantum ex alto conceditur, solicitudinis studio iis intendimus, per que erroribus, vitiisque aditu intercluso, orthodoxae Religionis potissimum servetur integritas, atque ab universo Catholico Orbe difficillimis hisce temporibus perturbationum pericula propellantur." Ebd., S. 656.

507 CLEMENS XII., „In eminenti" § 2: [...] aliisque de iustis, ac ratinonabilius causis nobis notis." Ebd., S. 657.
Mellor sieht den Hintergrund für diese für päpstliche Bullen ungewöhnliche Formulierung darin, dass der Papst, dem an der Wiedereinsetzung der katholischen Stuarts in London gelegen war – seit Anfang des 18. Jahrhunderts waren Katholiken nach dem Act of Settelment (1701) von der Thronfolge ausgeschlossen – die Gegner der Stuarts, die zum protestantischen Haus Hannover gehörenden Mitglieder, die sich auch in den englischen Logen auf dem europäischen Festland befanden und dort politisch Einfluss nahmen, hat schwächen wollen. Vgl. ALEC MELLOR, Unsere getrennten Brüder, S. 188.
Diese Auffassung wird von Dierickx nicht geteilt, der als andere Möglichkeit erwähnt, dass es dem Papst darum ging, durch eine so offene Formulierung aus der ihm bekannten Mitgliedschaft von Klerikern und bedeutenden Katholiken in den Freimaurerlogen

Vor allem dass die Logen sich so schnell ausbreiteten und sie unter den Angehörigen der Aristokratie, auf die die Kirche bisher hatte zählen können, immer mehr Anhänger fand, schienen das massive Einschreiten der römischen Kurie nötig zu machen.

Andererseits fürchtete der Papst, dass die einfältigen Menschen durch die Lehren der Freimaurer in die Irre geführt werden könnten[508], und schließlich beklagte er, dass das geheime Tun der Freimaurer, was, wenn es nicht schlecht wäre, nicht im Geheimen geschehen müsse, dem Heil der Seelen schade und die Ruhe im zivilen Gemeinwesen störe.[509] Bezüglich dieser letzten Einschätzung sah sich der Papst in Gesellschaft mit den Oberhäuptern anderer Staaten, denen alle geheim operierenden Gruppen verdächtig waren.

Bemerkenswert ist, dass der päpstlichen Bulle kaum Beachtung geschenkt wurde, da sie von den absolutistischen Herrschern in vielen Ländern, die sich das Recht vorbehielten, Dokumenten der höchsten kirchlichen Autorität erst durch ihr Plazet Rechtskraft zu verleihen, nicht promulgiert wurde und somit als nicht verkündetes Gesetz auch nicht verpflichten konnte.[510] Lediglich in den päpstlichen Gebieten sowie in Spanien, Portugal und Polen war die Bulle verkündet worden.

5.1.2 Benedikt XIV. (17.08.1740 – 03.05.1758)

Das päpstliche Verbot hatte seit 1738 nicht zur Eindämmung der Freimaurer geführt, da es selbst in katholischen Ländern durch das fehlende Plazet der staat-

---

kein großes Aufsehen zu machen, dies aber unterbinden wollte. Vgl. MICHEL DIERICKX, Freimaurerei, S. 66. Dierickx ist hier nicht zu folgen, denn was hätte eine so völlig offene und inhaltsleere Formulierung eines Motivs für das Bemühen, Katholiken vom Einfluss der Freimaurer fernzuhalten, gebracht, wenn zuvor die Mitgliedschaft per se mit dem Kirchenbann belegt worden war.

508 CLEMENS XII., „In eminenti“, § 2: „[...] cum divino eloquio doceamur, die noctuque more servi fidelis, et prudentis Dominicae Familiae praepositi vigilandum esse, ne huismodi hominum genus veluti fures Domum perfodiant, atque instar Vulpium vineam demoliri nitantur.“ Ebd., S. 657.
Diese Sorge mag vor allem deswegen berechtigt gewesen sein, da man davon ausgehen kann, dass in den Logen aufklärerische Literatur gelesen wurde.

509 CLEMENS XII., „In eminenti“, § 1: „[...] nisi enim male agerent, tanto nequaquam odio lucem haberent. Qui idem rumor eo usque percrebuit, ut in plurimis Regionibus memoratae Societates per saeculi Potestates tamquam Regnorum securitati adversantes proscriptae, ac provide eliminatae iampridem extiterint.“ Ebd.,S. 656 f.

510 Rechtsregel „Lex non promulgata non obligat.“ Dictum Gratiani zu c. 3 D 4. „Leges instituuntur, cum promulgantur, firmantur, cum moribus utentium approbantur. Sicut enim moribus utentium in contrarium nonnullae leges hodie abrogatae sunt, ita moribus utentium ipsae leges confirmantur.“
Vgl. auch DIETER A. BINDER, Freimaurer, S. 67 f., sowie ALEC MELLOR, Unsere getrennten Brüder, S. 191 ff.

lichen Autoritäten keine Rechtskraft erlangte. Die Freimaurer breiteten sich weiter aus, und überall in Europa kam es zu neuen Logengründungen.

Mit Benedikt XIV. (1675-1758) hatte ein Papst die Leitung der Kirche übernommen, der sich als vielseitiger Gelehrter, Historiker und Kanonist auszeichnete und der von den aufklärerischen Gedanken vermutlich nicht unberührt geblieben ist.[511] Benedikt XIV. gestattete die kirchlich gebilligte Bibellektüre, verringerte die Vielzahl von kirchlichen Feiertagen, milderte die kirchliche Zensur, indem er zur Beurteilung einen wissenschaftlicheren Maßstab anlegte, und revidierte den Index verbotener Bücher.

Der von Papst Benedikt XIV. im Jahr 1751 veröffentlichten zweiten kirchlichen Freimaurerverurteilung, der Bulle „PROVIDAS ROMANORUM PONTIFICUM"[512] vom 18.05.1751, waren für das erneute Verbot einige Vorfälle vorausgegangen. Im März 1744 schrieb Papst Benedikt XIV. an den französischen Kardinal und Staatsminister Pierre-Guérin de Tencin (1680-1758), dass der sich bei König Ludwig XV. dafür verwenden möge, dass Freimaurer, die schon in Nîmes und Montpellier Logen gegründet hätten und das auch in Avignon zu tun beabsichtigten, nicht geduldet werden dürften.[513]

Im italienischen Neapel leitete der Fürst von San Severo, Raimondo di Sangro (1710-1771), die dortige Loge. Er vermochte den Beichtvater des Königs, Erzbischof Bolanos, und über ihn den König selbst davon zu überzeugen, dass die vorliegenden päpstlichen Zensuren ungültig und der Freimaurerbund harmlos seien und in ihm nichts Bedenkliches geschehe. Deswegen wären die Logen in Frankreich auch öffentlich zugänglich, worüber der Papst sich wiederum beim französischen Kardinal de Tencin schriftlich beschwerte und ihn abermals aufforderte, Einfluss auf den König zu nehmen, die geheim agierende und daher zu verdächtigende Freimaurersekte zu verbieten.[514]

Zudem war der Papst selbst verdächtigt worden, Freimaurer zu sein, da er, das Urteil seines Vorgängers offenbar nicht teilend, dessen Bulle bisher nicht aus-

---

511 Gleichwohl verdammte er mehrere Schriften der Aufklärung wie etwa die von Montesquieu 1748 verfasste Schrift „Esprit des lois", die der Papst 1752 auf den Index setzte. Als Montesquieu 1755 an Grippe erkrankte, ließ sich der Papst allerdings regelmäßig darüber unterrichten, ob Montesquieu gebeichtet und inzwischen Frieden mit der Kirche geschlossen habe.

512 BENEDIKT XIV., „Providas Romanorum Pontificium" vom 18.05.1751, in: CIC-Fontes, II, Nr. 412, S. 315 – 318.

513 Vgl. LUDWIG FREIHERR VON PASTOR, Geschichte der Päpste, Bd. 16/1, Geschichte der Päpste im Zeitalter des fürstlichen Absolutismus, von der Wahl Benedikts XIV. bis zum Tode Pius VI., S. 263 f.

514 Vgl. ebd. S. 264. Ein Auszug des Briefes findet sich bei ALEC MELLOR, Unsere getrennten Brüder, S. 236 f.

drücklich bestätigt hätte.[515] Benedikt XIV. wandte sich jedoch dagegen, dass Erlasse seines Vorgängers zur weiteren Rechtsgeltung von ihm bestätigt werden müssten.[516]

Dem weiteren Sichausbreiten der Freimaurer in den traditionell katholischen Ländern sollte Einhalt geboten werden, nachdem schon im Jahr 1750 der spanischen Inquisition eine Liste mit den Namen von 97 spanischen Logen übergeben worden war.[517]

Nach einleitenden Bemerkungen[518] ist die Bulle zunächst wortgleich mit der Bulle seines Vorgängers, die Benedikt XIV. aber um einige Gründe für die Verurteilung ergänzte. Das Verbot der Mitgliedschaft bei den Freimaurern oder deren Unterstützung war allgemein und umfassend. Ohne Ausnahme sollte die Exkommunikation jedes Mitglied treffen und auch jeden, der die Freimaurerei in welcher Art und Weise auch immer begünstigte.

Als erster Grund für die Verurteilung wird die durch die Zusammenschlüsse von Menschen jeder Religion und Sekte ausgehende Gefahr für die Reinheit des christlichen Glaubens benannt.[519] Als zweiter Grund wird die Geheimnispflicht der Mitglieder genannt, woraus auf lasterliche Taten bei den Versammlungen geschlossen werden könne, wofür der Papst ein Zitat des Cäcilius Natalis bei Minucius Felix verwendet: „Ehrbares hat immer Freude an der Öffentlichkeit, Frevel sind geheim“.[520]

---

515 Man sagte dem Papst nach, als junger Geistlicher in Bologna Freimaurer geworden zu sein zu einer Zeit, als die Freimaurerei noch nicht kirchlicherseits verboten war. Vgl. PAUL DUCHAINE, La Franc-maçonnerie belge au XVIIIième siècle, Brüssel 1911, S. 473. Die Theorie wird widerlegt von VAN DER SCHELDEN, La Francs-Maçonnerie belge, S. 42 ff. Zur Zeit der angeblichen Aufnahme des späteren Papstes gab es in Italien noch keine Freimaurerei.

516 BENEDIKT XIV., „Providas Romanorum Pontificium“ § 3: „Cum autem, sicut accepimus, aliqui fuerint, qui asserere, ac vulgo iactare non dubitaverint, dictam excommunicationis poenam a Praedecessore Nostro, ut praefertur, impositam non amplius afficere, propterea quod Apostolicarum Constitutionum a Praedescessore editarum subsistentia, Pontificis Successoris expressa confirmatio requiratur." Ebd., S. 316.

517 Vgl. LUDWIG VON PASTOR, Geschichte der Päpste, Bd. 16/1, S. 265.

518 Dazu gehört unter anderem die päpstliche Feststellung, dass sich die verbotenen Gesellschaften seit und trotz der Verurteilung Clemens XII. weiter ausgebreitet haben. BENEDIKT XIV., „Providas Romanorum Pontificium“: „[...] in quibusdam Regionibus tunc late diffusas, atque in dies invalescentes, perpetuo damnavit, atque prohibuit.“ Ebd., S. 315.

519 BENEDIKT XIV., „Providas Romanorum Pontificium“ § 7: „Porro inter gravissimas praefata prohibitionis, et damnationis causas in praeinserta Constitutione enunciatas, una est, quod in huiusmodi Societatibus, et Conventiculis, cuiuscumque Religionis, ac Sectae homines invicem consociantur; qua ex re satis patet, quam magna pernicies Catholicae Relgionis puritati inferri valeat.“ Ebd., S. 317.

520 BENEDIKT XIV., „Providas Romanorum Pontificium“ § 7: „Altera est arctum, et impervium secreti foedus, quo occultantur ea, quae in huismodi Conventiculis fiunt;

Den dritten Verurteilungsgrund stellte der Eid dar, den die Mitglieder leisten müssen, über die Vorgänge in der Loge vor allem gegenüber der Staatsgewalt zu schweigen.[521] Der Papst qualifizierte die Verpflichtung, gegenüber einer rechtmäßigen Autorität alles zu bekennen, wonach man gefragt wird, um dadurch zu erkennen, ob etwas gegen die Religion oder den Staat gerichtet ist, gegenüber dem von den Freimaurern zu leistenden Eid als höherrangig.

Als vierten Grund benannte der Papst den Umstand, dass der Zugang zu den Logen nicht frei ist, was der zivilen und kirchlichen Versammlungsfreiheit entgegenstehe[522], und schließlich als fünften Grund, dass auch mehrere weltliche Herrscher die Freimaurerei verboten hätten.[523]
Zum Schluss fordert der Papst die kirchlichen Autoritäten auf, als Verteidiger des Glaubens und Schützer der Kirche die kirchlichen Anweisungen strikt zu beachten.

Wie dreizehn Jahre zuvor wurden das erneuerte päpstliche Verbot der Freimaurerei und die unter Strafe gestellte Mitgliedschaft von Katholiken in den Logen

---

quibus proinde ea sententia merito aptari potest, quam Caecilius Natalis apud Minucium Felicem in causa nimium diversa protulit: Honesta semper publico gaudent, scelera secreta sunt.“ Ebd.

521 BENEDIKT XIV., „Providas Romanorum Pontificium“, § 7: „Tertia est iusiurandum, quo se huismodi secreto inviolabiliter servando adstringunt; quasi liceat alicui, cuiuslibet promissionis, aut iuramenti obtentu se tueri, quominus a legitima potestate interrogatus, omnia fateri teneatur, quaecumque exquiruntur ad dignoscendum, an aliquid in huismodi Conventibus fiat, quod si contra Religionis, aut Reipublicae statum, et Leges.“ Ebd.

522 BENEDIKT XIV., „Providas Romanorum Pontificium“ § 7: „Quarta est, quod huismodi Societates non minus Civilibus, quam Canonicis Sanctionibus adversari dignoscuntur; quum scilicet Iure Civili omnia Collegia, et Sodalitia praeter publicam auctoritatem consociata prohibeantur, ut videre est in Pandectarum libro XLVII, Tit. 22, de Collegiis, et corporibus illictis; et in celebri epistola C. Plinii Caecilii secundi, quae est XCVII libri X, in qua ait, edicto suo, secundum Imperatoris mandata, vetitum fuisse, ne Hetaeriae essent, id est, ne Societates, et Conventus sine Principis auctoritate iniri, et haberi possent.“ Ebd.
Es erscheint widersprüchlich, dass der Papst einerseits in einem Schreiben an den französischen Kardinal Tencin den öffentlichen Zugang zu den Logen in Frankreich beklagt, andererseits die Nichtöffentlichkeit der Versammlungen der Logenbrüder in seiner Bulle als verurteilungswert kritisiert. Es wird jedoch zu differenzieren sein, dass der Papst einerseits durch die Öffentlichkeit in Frankreich die noch schnellere Verbreitung der Freimaurer fürchtete, andererseits die prinzipielle Geschlossenheit der Freimaurer sie verdächtig machte, Böses zu unternehmen.

523 BENEDIKT XIV., "Providas Romanorum Pontificium“ § 7: „Quinta est, quod iam in pluribus Regionibus memorate Societates, et Aggregationes Saecularium Principum Legibus proscriptae atque eliminatae fuerant. Ultima demum, quod apud prudentes, et probos viros eadem Societates, et Aggregationes male audirent, eorumque iudicio, quiumque eisdem nomina darent, pravitatis, et perversionis notam incurrerent." Ebd. Vgl. dazu im Einzelnen DIETER A. BINDER, Freimaurer, S. 71 ff.

kaum berücksichtigt.[524] Nur in Spanien und Portugal erhielt die verstaatlichte Inquisition dadurch neue strafwürdige Tatbestände, die sie gnadenlos ahndete.[525]

5.1.3 Weitere Erlasse

Neben den die Freimaurer betreffenden päpstlichen Bullen von Clemens XII. und Benedikt XIV. sind auch von ihren Nachfolgern weitere päpstliche Stellungnahmen in Form von Konstitutionen[526] und Enzykliken[527] ergangen, die zum einen andere geheim agierende Gesellschaften und Vereinigungen als für Katholiken verboten deklarierten, Straftatbestände im Zusammenhang mit solchen Gruppierungen ausweiteten oder aber auch politische Ansichten und Strömungen als kirchenfeindlich definierten.

Zum Ende des 18. Jahrhunderts waren die Päpste Clemens XIV. (1705-1774) und Pius VI. (1717-1799) damit befasst, die inneren Kämpfe im Vatikan zu überstehen, während in den romanischen Ländern, die in der Zeit der Reformation Rom treu geblieben waren, die Ideen der Aufklärung und des Liberalismus um sich griffen.

5.1.3.1 Pius VII. (14.03.1800 – 20.08.1823)

Im August 1814 war unter Papst Pius VII. (1742-1823), wenige Tage nachdem der Papst durch die Bulle „SOLLICITUDO OMNIUM ECCLESIARUM“[528] den 1773 aufgelösten Jesuitenorden wiederhergestellt hatte, eine Verordnung für den Kirchenstaat erlassen worden, in der unter Bezugnahme auf die Ausfüh-

524 Tatsächlich waren, blieben und wurden viele Geistliche Mitglieder von Freimaurerlogen. Vgl. beispielhaft MICHEL DIERICKX, Freimaurerei, S. 72 f., und ALEC MELLOR, Unsere getrennten Brüder, S. 241, sowie REINHOLD TAUTE, Die katholische Geistlichkeit und die Freimaurer, Berlin 1909.

525 Vgl. MICHEL DIERICKX, Freimaurerei, S. 71 f.

526 Als Konstitution wird in der Kirchengeschichte bis zum II. Vatikanischen Konzil im Allgemeinen ein vom Papst oder einem Konzil erlassenes Disziplinargesetz verstanden. Vgl. PÈTER ERDÖ, Quellen des Kirchenrechts, S. 142, und LOTHAR WÄCHTER, Art. Konstitution II, in: LThK³, Bd. 6, Sp. 322 f.

527 Als Enzykliken werden seit Benedikt XIV. sogenannte Rundschreiben des Papstes bezeichnet, die an das gesamte oder einen Teil des Bischofskollegiums, an alle Menschen guten Willens oder einen Teil der katholischen Welt gerichtet sind. Sie beziehen sich unter anderem auf theologische, philosophische, zeitaktuelle und disziplinäre Fragestellungen, enthalten aber keine kirchenrechtlichen Maßgaben. Vgl. PÈTER ERDÖ, Quellen des Kirchenrechts, ebd. und GEORG MAY, Art. Enzyklika, in: LThK³, Bd. 3, Sp. 687 f.

528 PIUS VII., Bulle „Sollicitudo omnium ecclesiarum“ vom 07.08.1814, in: Magnum Bullarium Romanum, Continuatio, Tomus XIII, Pii VII., hg. von ANDREAS BARBÈRI, bearbeitet von RAINALDI SEGRETI, Rom 1847, photomechanischer Nachdruck, Graz 1964, S. 323 – 326.

rungsbestimmungen zur Bulle Clemens XII. vom 14.01.1739[529] erklärt wurde, dass es bei Strafe stärkster körperlicher Züchtigungen, gänzlicher oder teilweiser Einziehung des Vermögens „allen in Rom und in den anderen Teilen der päpstlichen Herrschaft verboten [ist], fortzusetzen, zu verbreiten, zu erneuern oder herzustellen die Vereinigungen der Freimaurer oder anderer ähnlicher unter alten oder neuen Benennungen, unter dem neuersonnenen Namen der Carbonari, die ein vorgebliches, päpstliches Genehmigungsschreiben verbreitet haben, das jedoch in sich selbst die Beweise der Unechtheit trägt. Es ist auch verboten, sich in diese Gesellschaften einschreiben zu lassen und ihnen beizuwohnen, auch nicht ein einziges Mal, unter welchem Beweggrund, Zweck oder Vorwand es auch sei; irgend jemand einzuladen, zu veranlassen und aufzufordern, sich zu solchen Versammlungen einzufinden; wie auch in seinem Hause oder an irgendeinem anderen Orte aufzunehmen unter dem Rechtsgrund des Pachtes und der Darleihung, oder durch irgendeinen Vertrag, welcher es sei; endlich ihnen Rat und Hilfe zu geben und sie auf irgendeine Weise zu begünstigen."[530]

Das Verbot erstreckte sich auch ausdrücklich auf solche zum Kirchenstaat gehörenden Bürger, die etwaige Kontakte zu außerhalb der päpstlichen Gebiete praktizierenden Geheimgesellschaften unterhielten. Es wurde verboten, irgendwelche zu den Geheimgesellschaften gehörende Accessoires, seien es Siegel, Zeichen, Satzungen, Denkschriften oder ähnliches zu besitzen oder bei sich oder an anderem Ort aufzubewahren. Die Denunziationspflicht wurde eingeführt, die als nicht unanständig qualifiziert wurde, da sie vor Folgen bewahren könne, die von einer Verschwörung ausgehen, „die die Ordnung des Staates und der Religion bedrohe, und dass jeder Eid, der zum Zweck des Gegenteils abgelegt worden sein sollte, ein Band der Ungerechtigkeit wird, das keine Verpflichtung erzeugt und ganz und gar die entgegengesetzte Pflicht bestehen lässt."[531]

Sieben Jahre später, im Jahr 1821, verfasste der Papst seine als Rundschreiben konzipierte Konstitution „ECCLESIAM A IESU"[532], in der er die 1814 für den Kirchenstaat getroffenen Regelungen weltweit ausweitete. Besonders richtete er

---

529 Vgl. oben 2.2.3, Die Freimaurer in Italien.

530 Zitiert nach FRANZ ALFRED SIX, Freimaurerei und Christentum, Hamburg 1940, S. 43 f. Diejenigen, die zur Aufdeckung der Mitgliedschaft in den Freimaurerlogen beitragen konnten, sollten von dem konfiszierten Vermögen einen nach ihrem Einsatz bemessenen Anteil erhalten. Gebäude, in denen Logenzusammenkünfte stattfanden, sollten dem Staatsschatz anheim fallen und, sollte der Besitzer von der Nutzung seiner Räumlichkeiten nichts gewusst haben, ist er aus dem Vermögen der Beschuldigten zu entschädigen.

531 Ebd., S. 44.

532 PIUS VII., Konstitution „Ecclesiam a Iesu" vom 13.09.1821, in: CIC-Fontes, II, Nr. 479, S. 721 – 724. Pius VII. nennt die Freimaurer „Krebs und tödliche Pest der Gesellschaft" und bietet selbst denen, die sich schwerster Verbrechen schuldig gemacht haben, Straffreiheit an, wenn sie denn die Existenz einer Loge ausgekundschaftet haben. Vgl. ebd.

sich in der Konstitution gegen die Carbonari[533], die er für mit den Freimaurern identisch hielt und als kirchen- und staatsfeindlich verurteilte.[534]
Weiter verpflichtete die Konstitution alle, die darum wissen, dass ein Katholik Mitglied einer verbotenen Vereinigung ist oder sich eines der in den die verbotenen Gesellschaften betreffenden Bullen seiner Vorgänger benannten Vergehens schuldig gemacht hat, bei der kirchlichen Obrigkeit anzuzeigen.[535]
Ferner wurde es bei Strafe der Exkommunikation verboten, Bücher, Katechismen und andere Schriften verbotener Gesellschaften, sei es, dass diese von denen selbst verfasst worden sind oder sie diese nur unterstützen, zu lesen oder zu besitzen. Solche Schriften mussten der kirchlichen Obrigkeit ausgehändigt werden.[536]
Folge der Konstitution waren erneut schärfste Maßnahmen der Inquisition.[537]

---

533 Die Carbonari waren eine politische Geheimgesellschaft, die sich im 19. Jahrhundert zunächst in Kalabrien gegen die napoleonische Fremdherrschaft auflehnte, dann jede aristokratische Herrschaftsform ablehnte und später auch im Kirchenstaat ein freiheitliches und unabhängiges Italien forderte. Pius VII. hielt die Carbonari für einen Ableger oder eine Nachahmung der Freimaurer, was aber nicht zutreffend ist, wenn es auch eine gegenseitige Vermischung gegeben hat. 1820 gelang es den Carbonari, in Neapel eine liberale Regierung zu installieren. 1831 forderten die Carbonari das Ende der weltlichen Herrschaft des Papstes. Vgl. GIUSEPPE GABRIELI, Massoneria e Carboneria nel Regno di Napoli, Rom 1982. Vgl. auch INTERNATIONALES FREIMAURERLEXIKON, Art. Carbonari, S. 169 f. sowie EUGEN LENHOFF, Die Freimaurer, S. 200 f.

534 PIUS VII., „Ecclesiam a Iesu“, § 2: „Iampridem sancta haec Sedes, his sectis detectis, magna liberaque voce contra eas clamavit, et consilia, quae clam ab iis essent inita contra religionem, immo contra civilem societatem, patefecit.“ Ebd., S. 722.

535 PIUS VII., „Ecclesiam a Iesu“, § 10: „Praecipimus praetera omnibus sub eadem excommunicationis poena Nobis et Romanis Pontificibus successoribus Nostris reservata, ut teneantur denunciare episcopis, vel caeteris ad quos spectat, eos omnes, quos moverint huic societati nomen dedisse, vel aliquo ex iis criminibus quae commemorata sunt, se inquinasse.“ Ebd., S. 724.
Die Pflicht aller Kirchenglieder zur Denunziation (Anzeige) von Häretikern lässt sich bis ins Mittelalter nachweisen; die Pflichtverletzung war mit der Exkommunikation bedroht, sofern sie nicht innerhalb einer gesetzten Frist unter Angabe des Namens persönlich oder schriftlich bei der zuständigen kirchlichen Autorität erfolgte. Vgl. PAUL HINSCHIUS, System des katholischen Kirchenrechts mit besonderer Rücksicht auf Deutschland, Bd. 5, Graz 1959, unveränderter Nachdruck der 1893 erschienen Ausgabe, § 328, S. 849 ff.

536 PIUS VII., „Ecclesiam a Iesu“, § 11: „Postremo ut omne erroris periculum efficacius arceatur, damnamus et proscribimus omnes Carbonariorum, ut aiunt, catechismos, et libros, quibus a Carbonariis describuntur quae in eorum conventibus geri solent; eorum etiam statuta, codices ac libros omnes ad eorum defensionem exaratos, sive typis editos sive manuscriptos; et quibuscumque fidelibus, sub eadem poena maioris excommunicationis eodem modo reservatae, prohibemus memoratos libros, vel eorum aliquos legere aut retinere, ac mandamus ut illos vel locorum Ordinariis, vel aliis, ad quos eosdem recipiendi ius pertinet, omnino tradant.“ Ebd., S. 724.

537 Vgl. zu den einzelnen Maßnahmen der Inquisition ARTHUR SINGER, Der Kampf Roms gegen die Freimaurerei, Leipzig 1925.

5.1.3.2 Leo XII. (28.09.1823 – 10.02.1829)

Die Konstitution Papst Leo's XII. (1760-1829) „QUO GRAVIORA"[538] vom 13.03.1825 richtete sich vor allem gegen die Unitarier[539] und reihte diese Bewegung in die für Katholiken verbotenen Gesellschaften ein.[540] Katholische Mitglieder und Sympathisanten der Unitarier sowie diejenigen, die um die Mitgliedschaft eines Katholiken in dieser Bewegung wissen und denjenigen nicht anzeigen, sollten sich danach dieselben Strafen zuziehen wie die Mitglieder anderer verbotener Vereinigungen.[541]

Der Papst wandte sich auch an die katholischen Fürsten und verwies darauf, dass die geheimen Gesellschaften nicht nur die Religion, sondern auch die weltliche Gewalt zu beseitigen streben. Die wenige Jahre später sich ereignende Morgan-Affärein Nordamerika (1826)[542] unterstützte die päpstliche Auffassung der gefährlichen Machenschaften der Freimaurer und führte so zu einer verhältnismäßig hohen Akzeptanz der Konstitution.

---

538 LEO XII., „Quo graviora" vom 13.03.1825, in: CIC-Fontes, II, Nr. 481, S. 727 – 733. ASS, vol. I (1865), S. 301 – 318.

539 Die Bewegung der Unitarier (alternativ: Universitarier) ist im 16. Jahrhundert aus den reformatorischen Kirchen entstanden. Wesentlich für sie ist neben dem, dass sie den gesunden Menschenverstand als Maßstab der Wahrheitserkenntnis deklarierten, dass sie im Unterschied zu den Trinitariern nicht an die Dreifaltigkeit Gottes glauben, die göttliche Natur Christi verneinen und auch Erbsünde, Erlösung und Gnade bestreiten. Vgl. KONRAD ALGERMISSEN, Konfessionskunde, neu bearbeitet von HEINRICH FRIES, WILHELM DE VRIES S.J., ERWIN ISERLOH, LAURENTIUS KLEIN OSB, KURT KEINATH, Paderborn 1969, 8. Auflage, S. 417.

540 LEO XII., „Quo graviora" § 7: „Non nullo post editam hanc a Pio VII. constitutionem ad supremam beati Petri cathedram nullis Nostris meritis evecti Nos fuimus; et continuo omnem Nostram operam convertimus ad detegendum, quis esset clandestinarum sectarum status, quis numerus, quae potentia. Haec inquirentes facile intelleximus crevisse illarum insolentiam praecipue ob earum multitudinem novis sectis auctam. Ex quibus ea praesertim memoranda est, quae Universitaria dicitur, quod sedem et domicilium in pluribus studiorum universitatibus habeat, in quibus iuvenes a nonnullis magistris, qui eos non docere, sed pervertere student, eiusdem mysteriis, quae iniquitatis mysteria verissime appelari debent, initiantur, et ad omne scelus informantur." CIC-Fontes, II, Nr. 481, S. 729.

541 LEO XII., "Quo graviora" § 13: „Praecipimus praeterea omnibus sub eadem excommunicationis poena Nobis et Romanis Pontificibus successoribus Nostris reservata, ut teneantur denunciare episcopis, vel caeteris, ad quos spectat, eos omnes, quos noverint his societatibus nomen dedisse, vel aliquo ex iis criminibus, quae modo commemorata sunt, se inquinasse." Ebd., S. 730.

542 Vgl. oben 2.1.3, Die Freimaurer in Nordamerika.

5.1.3.3 Pius VIII. (31.03.1829 – 11.12.1830)

In seiner am 24.05.1829 veröffentlichten Enzyklika „TRADITI HUMILITATI NOSTRAE“[543], einer Art Regierungserklärung, wies Papst Pius VIII. (1761-1830), unter dem die Inquisition neu aufleben sollte, seine bischöflichen Mitbrüder auf die Gefahren der Geheimgesellschaften hin, die die Seelen der jungen Menschen in den Schulen und Gymnasien zu beeinflussen versuchten und so deren Respekt vor der Religion zerstören und damit zu einem zügellosen Leben verleiten würden.[544] Der Papst erklärte, dass es durch die päpstlichen Schriften seiner Vorgänger, „IN EMINENTI“ Clemens XII., „PROVIDAS ROMANORUM“ Benedikt XIV., „ECCLESIAM A IESU“ Pius VII. und „QUO GRAVIORA“ Leo XII., gelungen sei, das konspirative Wirken der Geheimgesellschaften aufzudecken, bekräftigte die darin enthaltenen Anweisungen und forderte zur Abwehr und Zerstörung der Geheimgesellschaften auf.

5.1.3.4 Gregor XVI. (02.02.1831 – 01.06.1846)

Die Französische Revolution hatte zwei wesentliche, das 19. Jahrhundert bestimmende Strömungen geprägt. Den Nationalismus und den Liberalismus. Verfolgte der Nationalismus unter anderem das Ziel, die Volksgemeinschaft als politische Einheit zu bilden, die den nationalen Charakter bewahren und die Interessen des Staates zu optimieren versuchte, war mit dem Liberalismus die deutliche Trennung von Kirche und Staat intendiert und wurde das Selbstbestimmungsrecht und die Autonomie des Einzelnen postuliert.

Die modernen Strömungen forderten die Kirche heraus, vor allem gegen ihren zurückgehenden Einfluss auf den Staat und gegen den liberalen Indifferentismus vorzugehen, der die absolute Freiheit des Gewissens beschwor und den Weg zum Heil in jedem beliebigen Glaubensbekenntnis für möglich erachtete.[545]

543 PIUS VIII., „Traditi humilitati nostrae“ vom 24.05.1829, in: Magnum Bullarium Romanum, Continuatio, Tomus XVIII, Pii VIII., hg. von ANDREAS BARBÈRI, bearbeitet von RAINALDI SEGRETI, Rom 1856, photomechanischer Nachdruck, Graz 1964, S. 17 – 20.

544 PIUS VIII., „Traditi humilitati nostrae“: „Hic porro de alia ex occultis hisce societatibus haud ita pridem constituta scribere ad vos speciatim decrevimus quae ad adolescentium animos corrumpendos coaluit, qui in gymnasiis, ac lyceis instituuntur. Pravos, et qui discipulos in vias Baal deducant per doctrinas, que secundum Deum non sunt, magistros adscisci, paecipua ipsorum ac veteratoria curatio est, cum probe noscant, ex doctorum proeceptis mentes, moresque auditorium effingi. Quo fit, ut eo iam talium adolescentium licentiam pervaisse ingemiscamus, ut religionis metu proiecto, amota disciplina morum, doctrinae purioris sanctitate oppugnata, iuribus sacrae, et civilis potestatis conculcatis, nullius eos neque flagitii, neque erroris, neque ausus pudeat, apud quos vere dicere possumus cum Leone mango lex est mendacium, diabolus religio, sacrificium turpitudo.“ Ebd., S. 19.

545 Schon Leo XII. hatte sich in seiner Enzyklika „Ubi primum“ vom 05.05.1824 gegen die von einer bestimmten Sekte (secta quaedam) vertretene Annahme verwehrt, dass jedwede religiöse Ansicht oder Meinung zum Heil führen könne. Vgl. LEO XII, Enzy-

Papst Gregor XVI. (1765-1846) griff in seiner Bulle "MIRARI VOS ARBITRAMUR"[546] vom 15.08.1832 diese verderbliche Gleichgültigkeit an[547], die in verschiedene Verfassungen einzelner Nationalstaaten schon Eingang gefunden hatte[548], und machte die geheimen Gesellschaften dafür als Urheber verantwortlich. In bildreicher Sprache versucht der Papst, die die Kirche und die Religion gefährdenden Haltungen abzuwerten, indem er die Missachtung heiligster Dinge beklagt, die Schmähung, Profanierung und Verspottung des Gottesdienstes, die Verfälschung der gesunden Lehre und Ausbreitung von Irrtümern aller Art, die Bekämpfung der Autorität der Kirche sowie die staatlichen Gewalten, die die kirchlichen Rechte missachten, die Verführung der Jugend in den Akademien und Gymnasien, den Bruch des Gehorsams gegenüber den Bischöfen, die Niederlage der Religion, den Kampf gegen die Kirche und den Verfall der Sitten. Den Anspruch auf Gewissenfreiheit nennt der Papst einen ‚Wahnsinn'.[549]

Dass die Einschätzung des Papstes hinsichtlich des Einflusses des Liberalismus auf die Gesellschaft, insbesondere die Jugend, nicht falsch war, beweist der 1837 beginnende Kulturkampf in Belgien, in dem sich der Einfluss der Freimaurer und der des Liberalismus als immens erweisen und für 40 Jahre die weltanschaulichen innerpolitischen Auseinandersetzungen in Belgien prägen sollte.[550]

Gregor XVI. hatte in seiner Enzyklika „INTER PRAECIPUAS MACHINANTIONES"[551] auch die im 18. Jahrhundert entstandenen Bibelge-

---

klika „Ubi primum", in: Magnum Bullarium Romanum, Continuatio, Tomus XVI, Leonis XII., hg. von ANDREAS BARBÈRI, bearbeitet von RAINALDI SEGRETI, Rom 1854, photomechanischer Nachdruck, Graz 1964, S. 45 – 49, S. 47.

546 GREGOR XVI., Bulle „Mirari vos arbitramur" vom 15.08.1832, in: CIC-Fontes, II, Nr. 458, S. 744 – 752. Die Bulle Gregors XVI. war als solche die letzte päpstliche Verurteilung. Die folgenden Erlasse wurden als Konstitutionen und Allocutionen (Ermahnungen) herausgegeben.

547 GREGOR XVI., „Mirari vos arbitramur", § 13: „Alteram nunc persequimur causam malorum uberrimam, quibus afflictari in praesens comploramus Ecclesiam, indifferentismum scilicet, seu pravam illam opinionem, [...] qualibet fidei professione aeternam posse animae salutem comparari, si mores ad recti honestique normam exigantur [...] § 14: Atque ex hoc putidissimo indifferentismi fonte absurda illa fluit ac erronea sententia seu potius deliramentum, asserendam esse ac vindicandam cuilibet libertatem conscientiae." Ebd., S. 748.

548 So z.B. in Belgien. Vgl. MICHEL DIERICKX, Freimaurerei, S. 80 ff. Siehe auch oben 2.2.2, Die Freimaurer in Belgien.

549 Die Päpste Pius IX. und Leo XIII. werden in ihren Lehrschreiben diese Formulierung wiederholen.

550 Vgl. ROGER AUBERT, Die erste Phase des katholischen Liberalismus, in: Handbuch der Kirchengeschichte, Bd. 6/1, S. 320 – 347.

551 GREGOR XVI., Litteris encyclicis ad omnes episcopos, quarum initium "Inter praecipuas machinantiones" vom 08.05.1844, in: CIC-Fontes, II, Nr. 502, S. 797 – 804; ASS, vol. IX (1876/77), S. 621 ff.

sellschaften[552] als kirchenfeindlich deklariert.[553] Schon Pius VII.[554] und Leo XII.[555] hatten die Lektüre der Bibel in den jeweiligen Landessprachen durch theologisch ungebildete Laien als Quelle von Fehlverständnissen und sich daraus ergebendem Irrglauben verurteilt.

5.1.3.5 Pius IX. (16.06.1846 – 07.02.1878)

Die Antrittsenzyklika „QUI PLURIBUS“[556] von Papst Pius IX. (1792-1878), dem – wie zuvor schon Benedikt XIV. – nachgesagt wurde, dass er selbst als Nuntius in Pennsylvanien Mitglied einer philadelphischen Freimaurerloge geworden sei[557], verfasst im Jahr 1846, richtete sich an alle Patriarchen, Erzbischö-

552 Im Jahr 1710 hatte der deutsche Protestant Baron Karl Hildebrand Freiherr von Canstein (1667-1719) die erste Bibelanstalt gegründet, deren erklärtes Ziel es war, die Bibel breiteren Volksschichten zugänglich zu machen. Die Berufung der Reformatoren auf die Bibel als einzige Quelle des christlichen Glaubens und Norm der kirchlichen Verkündigung führte zur Kontroverse gegenüber dem kirchlichen Lehramt. Vgl. JOSEF SCHMID, Art. Bibelgesellschaften, in: LThK², Bd. 2, Sp. 346 f.

553 GREGOR XVI., „Inter praecipuas machinantiones" Nr. 2: „[…] Neque denique ignoratis, quanta vel diligentia vel sapientia opus sit transferenda fideliter in aliam linguam eloquia Domini; ut nihil proinde facilius contingat, quam ut in eorundem versionibus per societas biblicas multiplicatis gravissimi ex tot interpretum vel imprudentia vel fraude inserantur errores; quos ipsa porro illarun multidudo et varietas diu occultat in perniciem multorum. Ipsarum tamen societatum parum aut nihil omnino interest, si homines Biblia illa vulgaribus sermonibus interpretata lecturi in alios potius quam alios errores dilabantur; dummodo assuescant paulatim ad liberum de Sciprturarum sensu iudicium sibimet ipsis vindicandum, atque ad contemnendas traditiones divinas ex Patrum doctrina in Ecclesia catholica custodias, ipsumque Ecclesiae magisterium repudidandum.“ Ebd., S. 798.

554 PIUS VII., Brief an den Erzbischof von Mogilev (Russland) „Magno et acerbo“ vom 03. September 1816: „Obversari [...] tibi debuisset ante oculos, [...] si sacra Biblia vulgari lingua passim sine discrimine permittantur, plus inde detrimenti quam utilitatis oriri.“ Zitiert nach HEINRICH DENZINGER, Kompendium der Glaubensbekenntnisse und kirchlichen Lehrentscheidungen, verbesserte und erweiterte ins Deutsche übertragene Ausgabe von PETER HÜNERMANN, 40. Aufl., Freiburg 2005, Nr. 2710 (= DH 2710).

555 Vgl. LEO XII., „Ubi primum“: "Non vos latet, venerabiles fraters, societatem quadam dictam vulgo Biblicam, per totum orbem audacter vagari, quae spretis ss. patrum traditionibus, et contra notissimum Tridentini concilii decretum in id collatis viribus, ac modis omnibus intendit, ut in vulgares linguas nationum omnium sacra vertantur, vel potius pervertantur Biblia. Ex quo valde pertimescendum est, ne sicut in aliquibus iam notis, ita et in caeteris = interpretatione perversa de evangelico Christi, hominis fiat evangelium, aut quod peius est, diaboli." in: Magnum Bullarium Romanum, Continuatio, Tomus XVI, S. 48.

556 PIUS IX., Enzyklika „Qui pluribus“ vom 09.11.1846, in: CIC-Fontes, II, Nr. 504, S. 807 – 817.

557 Obwohl Pius IX. selbst in seiner Allocution aus dem Jahr 1849 klarstellte, dass die Behauptung seiner Mitgliedschaft in einer Freimaurerloge Verleumdung sei (s.u.), wurde sie noch in der Antwerpener Zeitschrift „Précurseur“ im Jahr 1866 sowie von dem französischen Freimaurer und Präsidenten der französischen Abgeordnetenkammer M.

fe und Bischöfe. Pius IX. reihte sich mit seiner Verurteilung der gegen die Kirche und den Staat agierenden Gesellschaften, namentlich die Geheimbünde[558] und die Bibelgesellschaften, in die Reihe seiner Vorgänger ein[559] und setzte sich darin inhaltlich mit den Zielen dieser kirchenfeindlichen Gruppen, die „zum Verderben und zur Verwüstung der Kirche und des Staates aus der Finsternis emporgestiegen sind", auseinander.

Dabei ging der Papst im weiteren Verlauf auch auf die sittlichen und religiösen Hintergründe des Kommunismus und des Sozialismus ein. Er beklagte den sich nach wie vor ausbreitenden Indifferentismus in religiösen Angelegenheiten[560], er beanspruchte die einzig dem kirchlichen Lehramt vorbehaltene Autorität zur Interpretation der Bibel und die Unfehlbarkeit des Papstes[561] und schärfte auch die exklusive Rolle der katholischen Kirche zur Erlangung des Heils ein.[562] Er verurteilte ferner den Kommunismus und die im Geheimen agierenden Sekten,

---

Floquet im Jahr 1891 aufrechterhalten. Der Großorient von Frankreich distanzierte sich später aber davon. Vgl. HERBERT THURSTON S.J., Chapters on antipapal prejudice, London 1930.

558 Zu den Geheimbünden werden nach zwei Entscheidungen des Hl. Offizium vom 02.07.1845 und 05.08.1846 alle Vereinigungen gezählt, die den Zusammenhalt ihrer Mitglieder durch einen geheimen Eid oder wenigstens eine geheime Vereinbarung stärken, selbst dann, wenn der Zweck ihres Zusammenschlusses sich weder gegen Kirche noch Staat richtet. Vgl. S.C.S.Off. (Angliae et Hiberniae) vom 02.07.1845, in: CIC-Fontes, IV, Nr. 896, S. 173, und S.C.S.Off. vom 05.08.1864, ebd., Nr. 899, S. 177.

559 PIUS IX., „Qui pluribus", Nr. 5: „Huc spectant nefariae molitiones contra hanc Romanam Beatissimi Petri Cathedram, in qua Christus posuit inexpugnabile Ecclesiae suae fundamentum. Huc clandestinae illae sectae e tenebris ad rei tum sacrae tum publicae exitium et vastitatem emersae atque Romanis Pontificibus decessoribus Nostris iterato anathematae damnatae suis Apostolicis Litteris, quas Nos Apostolicae Nostrae potestatis plenitudine confirmamus, et diligentissime servari mandamus." Ebd., S. 810 f.

560 PIUS IX.. „Qui pluribus" Nr. 5: „Huc spectat horendum, ac vel ipsi naturali rationis lumini maxime repugnans de cuiuslibet religionis indifferentia systema, quo isti veteratores, omnis virtutis et vitii, veritatis et erroris, honestatis et turpidinis sublato discrimine, homines in cuiusvis religionis cultu aeternam salutem assequi posse comminiscuntur, perinde ac si ulla tumquam esse posset participatio iustitiae cum iniquitate, aut societas lucis ad tenebras, et conventio Christi ad Belial." Ebd., S. 811.

561 PIUS IX., „Qui pluribus" Nr. 4: „Atque hinc plane apparet in quanto errore illi etiam versentur, qui ratione abuentes, ac Dei eloquia tamquam humanum opus existimantes, proprio arbitrio illa explicare, interpretari temere audeant, cum Deus ipse vivam constituerit auctoritatem, quae verum legitimumque coelestis suae revelationis sensum doceret, constabiliret, omnesque controversias in rebus fidei, et morum infallibili iudicio dirimeret, ne fideles circumferantur omni vento doctrinae in nequitia homnium ad circumventionem erroris." Ebd., S. 811.

562 PIUS IX., „Qui pluribus" Nr. 6. „Neque minori animi firmitate in omnibus fovete unionem cum Catholica Ecclesia, extra quam nulla est salus, et obedientiam erga hanc Petri Cathedram, cui tamquam firmissimo fundamento tota sanctissimae nostrae religionis moles innititur." Ebd., S. 812.

die gegen Staat und Kirche aufbegehren, insofern sie etwa den Zölibat der Priester bekämpfen.[563]

Die sich aus einem Fehlverhalten ergebenden kirchenrechtlichen Konsequenzen oder die Beschreibung von Straftatbeständen, wie sie in den Bullen seiner Vorgänger noch genannt worden waren, formuliert Pius IX. in dieser Enzyklika nicht.

In seiner Ansprache an die Bischöfe „QUIBUS QUANTISQUE“[564] aus dem Jahr 1849[565], in der er die gegen ihn selbst erhobenen Vorwürfe – gemeint ist seine Mitgliedschaft in einer Freimaurerloge – zurückwies, wiederholte Pius IX. die Verbote und Verurteilungen seiner Vorgänger in Bezug auf die Freimaurerei und andere Geheimgesellschaften und forderte nachdrücklich die öffentliche Bekanntmachung dieser Verbote.[566]
Wenige Monate später, am 5. Dezember 1849, verfasste Pius IX. einen Brief an die Erzbischöfe und Bischöfe in Italien[567], in dem er erneut auf die sich aus dem Tun der Bibelgesellschaften ergebenden Probleme eingeht und die alleinige Autorität der Kirche zur Auslegung der Heiligen Schrift einfordert.[568]

---

563 PIUS IX., „Qui pluribus“ Nr. 5: „Huc spectat foedissima contra sacrum clericorum caelibatum conspiratio, quae a nonnullis etiam, pro dolor ecclesiasticis viris fovetur, qui propriae dignitatis misere obliti, se voluptatum blanditiis et illecebris vinci et deliniri patiuntur; huc perversa in philosophicis praesertim disciplinis docendi ratio, quae improvidam iuventutem miserandum in modum decipit, corrumpit, eique vel draconis in calice Babylonis propinat; huc infanda, ac vel ipsi naturali iuri maxime adversa de Communismo, uti vocant, doctrina, qua semel admissa, omninum iura, res, proprietates, ac vel ipsa humana societas funditus everterentur.“ Ebd., S. 811.

564 PIUS IX., Allocutio „Quibus quantisque“ vom 20.04.1849, in: CIC-Fontes, II, Nr. 507, S. 823 – 837.

565 Wenige Tage zuvor war am 09. Februar die Römische Republik ausgerufen worden, an deren Regierung der radikaldemokratische Freimaurer Giuseppe Mazzini (1805-1872) beteiligt war.

566 PIUS IX., „Quibus quantisque“ Nr. 21: „[...] Nemini autem ignotum est, quae tenebricosissimae, aeque ac perniciosissimae societates, et sectae a fabricatoribus mendacii, et perversorum dogmatum cultoribus fuerint variis temporibus coactae, et institutae, ac variis nominibus appellatae, quo eorum deliramenta, systemata, molimina in aliorum animos totius installarent, inauctorum corda corrumperent, ac latissimam quibusque sceleribus impune patrandis viam munirent. Quas abominabiles perditionis sectas non solum animarum saluti, verum etiam civiis societatis bono et tranquillitati vel maxime infestas, atque a Romanis Pontificibus Decessoribus Nostris damnatas Nos ipsi iugiter detestati sumus, ac Nostris Encyclicis Litteris die 9 Novembris anno 1846 ad universos Catholicae Ecclesiae Antistites datis condemnavimus, et nunc pariter suprema Nostra Apostolica auctoritate iterum damnamus, prohibemus, atque proscribimus.“, Ebd., S. 835.

567 PIUS IX., Brief „Nostis et nobiscum“ vom 08.12.1849, in: CIC-Fontes, II, Nr. 508, S. 837 – 849.

568 PIUS IX., „Nostis et nobiscum“ Nr. 13: „Inter diversa insidarum genera, quibus vaferrimi Ecclesiae humanaeque Societatis inmici populos seducere annituntur, illud certe in

Am 08.12.1864 nahm Pius IX. in der Enzyklika „QUANTA CURA“[569] an die Ehrwürdigen Brüder Patriarchen, Erzbischöfe und Bischöfe in Gemeinschaft mit dem Apostolischen Stuhl Bezug auf die sich vor allem aus den Lehren der Aufklärung ergebenden Unvereinbarkeiten mit der katholischen Religion und warnte vor deren Einflüssen auf die Unvorsichtigen und die Jugend. Vor allem im Gewinnen der unerfahrenen Jugend für diese Irrlehren sah der Papst einen Angriff auf die Kirche selbst, der so ihre Zukunft und ihre Beständigkeit genommen werden könnte.[570]
Er wehrte sich auch gegen den Anspruch, den Staat von der Religion und ihrem Einfluss zu trennen, gegen die Propagierung der Gewissensfreiheit und gegen den verderblichen Einfluss politischer Meinungen selbst auf den privaten Bereich der Familie.[571]

Der Papst verwehrte sich auch gegen die Ansicht, dass die kirchlichen Gesetze nur dort verpflichten würden, wo die zivile Obrigkeit sie gebilligt habe, was für die von der Kirche verbotenen Gemeinschaften zufolge habe, dass die Mitglied-

praecipuis est, quod nefariis consiliis suis iamdiu paratum in novae Artis librariae pravo usu invenerunt. Itaque in eo toti sunt, ut impios libellos et Ephemerides ac Pagellas mendacii, calumniarium, et seductionis plenas edere in vulgus, ac multiplicare quotidie non intermittant. Immo et praesidio usi Societatum Biblicarum, que a Sancta hac Sede iamdudum damnatae sunt, Sacra etiam Biblia praeter Ecclesiae regulas in vulgarem linguam translata, atque adeo corrupta, et in parvum sensum infando ausu detorta diffundere, illorumque lectionem sub Religionis obtendu fideli plebi commendare non verentur.“ Ebd., S. 841 f.

569 PIUS IX., Enzyklika „Quanta cura“ vom 08.12.1864, in: CIC-Fontes, II, Nr. 542, S. 993 – 999; ASS, vol. III (1867/68), S. 163 – 166.

570 PIUS IX., „Quanta cura“ Nr. 1: „Quocirca iidem Decessores Nostri Apostolica fortidudine continenter obstiterunt nefariis iniquorum hominum molitionibus. [...], cum servi sint corruptionis, fallacibus suis opinionibus, et perniciosissimis scriptis catholicae religionis civilisque societatis fundamenta convellere, omnemque virtutem ac iustitiam de medio tollere, omniumque animos mentesque depravare, et inauctos imperitamque praesertim iuventutem a recta morum disciplina avertere, eamque miserabiliter corrumpere, in erroris laqueos inducere, ac tandem ab Ecclesiae catholicae sinu avellere conati sunt.“ Ebd., S. 993 f.

571 PIUS IX., „Quanta cura“ Nr. 3 f.: „Etenim probe noscitis, Venerabiles Fratres, ac tempore non paucos reperiri, qui civilo consortio impium absurdumque naturalismi, uti vocant, principium applicantes audent docere „optimam societatis publicae ratinonem, civilemque progressum omnino requirere, ut humana societas constituatur et gubernetur, nullo habito ad religionem respectu, ac si ea non existeret, vel saltem nullo facto veram inter falsasque religiones discrimine“. [...] Neque contenti amovere religionem a publica societate, volunt religionem ipsam a privatis etiam arcere familiis. Etenim funestissimum Communismi et Socialismi docentes ac profitentes errorem asserunt Societatem domesticam seu familiam totam suae existentiae rationem a iure dumtaxat civilii mutuari.” Ebd., S. 994 f.

schaft nur dort verboten wäre, wo vom Staat selbst solche Vereinigungen verboten worden seien.[572]

Zum Ende seines Schreibens verwarf, verbot und verurteilte der Papst die in seiner Darstellung genannten Fehlansichten und ordnete die Befolgung seiner Einschätzung für alle Katholiken an[573], ohne jedoch kirchenrechtliche Konsequenzen für diejenigen anzudrohen, die ihm dabei nicht folgten.[574]

Hatte Papst Clemens XII. in seiner ersten katholischen Verurteilung der Freimaurerei (1738) noch eher nur eine pauschale Begründung dafür liefern können, war es die Aufgabe seiner Nachfolger gewesen, sich auch inhaltlich ausführlicher mit den neuen Strömungen inner- und außerhalb der Kirche auseinanderzusetzen und die katholische Position und, was ihre Rolle in der Welt angeht, ihren Anspruch auf Mitbestimmung und Einflussnahme auf die Zivilgesellschaft zu schärfen und zu fordern. Probates Mittel waren neben den nur bedingt inhaltlichen Auseinandersetzungen mit den kirchenfeindlichen Kräften, die in politi-

572 PIUS IX., „Quanta cura" Nr. 5: „Namque ipsos minime pudet affirmare Ecclesiae leges non obligare in conscientia, nisi cum promulgantur a civili potestate; acta et decreta Romanorum Pontificum ad religionem et Ecclesiam spectantia indigere sanctione et approbatione vel minimum assensu potestatis civilis; constitutiones Apostolicas, quibus damnantur clandestinae scocietates, sive in eius exigatur, sive non exigatur iuramentum de secreto servando, earumque asseclae et fautores anathemate mulctantur, nullam habere vim in illis orbis regionibus ubi eiusmodi aggregationes tolerantur a civili gubernio." Ebd., S. 996.

573 PIUS IX., „Quanta cura" Nr. 6: „Itaque omnes et singulas pravas opiniones ac doctrinas singillatim hisce Litteris commemorates auctoritate Nostra Apostolica reprobamus, proscribimus atque damnamus, easque ab omnibus catholicae Ecclesiae filiis, veluti reprobatas, proscriptas atque damnatas omnino haberi volumus et mandamus." Ebd., S. 997.

574 Diese päpstliche Enzyklika forderte den Heidelberger Großmeister Johann Caspar Bluntschli (1808-1881) heraus. Anlässlich des für das Jahr 1869 einberufenen Ökumenischen Konzils verfasste Bluntschli ein Rundschreiben, in dem er die Irrtümer des Papstes einzeln auflistete. Der Papst irre, wenn er die Freimaurer eine unsittliche Sekte nenne, da das Sittengesetz den Freimaurern oberstes Prinzip sei; er irre, wenn er den Freimaurern vorwerfe, die europäischen Revolutionen und Kriege verschuldet zu haben, denn die Freimaurer würden von ihren Mitgliedern die gewissenhafte Beachtung des Staatsgesetzes fordern; er irre, wenn er den Freimaurern glühenden Hass gegen die christliche Religion unterstelle, bestehe sie doch selbst vornehmlich aus solchen, die dieser Religion angehörten und den Stifter hoch verehrten; er irre, wenn er die Freimaurer als Feinde Gottes bezeichne.
Weiter nahm Bluntschli eine kritische Position zum beabsichtigten Unfehlbarkeitsdogma ein und erklärte, dass die Wissenschaft ihrer Natur nach von jeder Autorität unabhängig sei und bleiben müsse, dass die Glaubensfreiheit als heiligste Errungenschaft des Menschen zu bewahren und die Gewissensfreiheit kein Wahnsinn sei, wie der Papst meine, sondern unentbehrlich für die Beziehung der menschlichen Seele zu Gott. Vgl. JOHANN CASPAR BLUNTSCHLI, Rundschreiben der Loge ‚Ruprecht zu den fünf Rosen' in Heidelberg vom 14.10.1865, in: Ders., Denkwürdiges aus meinem Leben, Bd. 3, Nördlingen 1884, S. 122 – 129.

schen Ansichten wie auch in akatholischen Vereinigungen am Werk gesehen wurden und die Menschen für sich zu gewinnen versuchten, scharfe Verurteilungen und Verbote.
Zusammen mit seiner Enzyklika „QUANTA CURA" hat Papst Pius IX. am selben Tag auch einen SYLLABUS[575] herausgegeben, in dem er in 80 Artikeln alle Irrtümer auflistete, zu denen er sich seit Beginn seines Pontifikates geäußert und die er als unvereinbar mit der katholischen Lehre verurteilt hatte.[576]

Papst Pius IX., der die Abfassung eines Syllabus schon 1851 überlegt und angestoßen hatte[577], war daran gelegen, in kurzen und präzisen Sätzen die grenzenlosen Freiheiten, den Allmachts- und Unabhängigkeitsanspruch des Staates sowie die philosophischen Tendenzen, die zu Pantheismus, Naturalismus und zur Säkularisierung der modernen Gesellschaft führen würden, anzuprangern und zu verurteilen.[578]

Der Syllabus wurde in der kirchlichen Öffentlichkeit aufmerksam zur Kenntnis genommen und kritisch kommentiert. Zu den wichtigsten Interpretatoren gehörte der Bischof von Orléans, Félix Antoine Philibert Dupanloup (1802-1878), der einerseits unter anderem erklärte, dass die Widerlegung eines verurteilten Satzes nicht notwendigerweise eine Bestätigung des Gegenteils zu bedeuten habe, und dem es andererseits gelang, die Schärfe des Syllabus gegenüber Kritikern ver-

---

575 PIUS IX., "Syllabus complectens praecipuos nostrae aetatis errores qui notantur in Encyclicis aliisque apostolicis litteris sanctissimi Domini nostri PII PAPAE IX.", in: ASS, vol. III (1867), S. 168 – 176.

576 In § 4 „Socialismus, Communismus, Societates clandestinae, Societates biblicae, Societates clerico-liberales, nimmt der Syllabus Bezug auf die diese Systeme und Vereinigungen betreffenden päpstlichen Verlautbarungen. Ebd., S. 170.

577 Der Bischof von Perugia, Vincenzo Giacomo Pecci (1810-1903), der spätere Papst Leo XIII., der 1843 Nuntius in Belgien gewesen war, hatte schon 1849 eine Liste der „modernen Irrtümer" verfasst, die von der Jesuitenzeitschrift „Civiltà cattolica" veröffentlicht wurde. Vgl. THOMAS WEIßENBORN, Religionsfreiheit. Christliche Wahrheit und menschliche Würde im Konflikt?, Marburg 2003, S. 48.

578 Zu den konkreten Hintergründen und den historischen Anlässen des Syllabus vgl. HUBERT WOLF, Der „Syllabus errorum" (1864). Oder: Sind katholische Kirche und Moderne unvereinbar, in: Kirche im 19. Jahrhundert, hg. von MANFRED WEITLAUFF, Regensburg 1998, S. 115 – 139, S.125 – 127.
Im Einzelnen verurteilte der Papst in dem Syllabus den Pantheismus, Rationalismus und Indifferentismus, der alle Religionen egalisiere, den das Recht auf Eigentum leugnenden Sozialismus, der zudem die Familie dem Staat unterzuordnen trachte, die Fehlansichten über die Institution der christlichen Ehe, das Zurückdrängen der weltlichen Macht des Papstes, damit zusammenhängend den Gallikanismus, der die kirchliche Autorität als abhängig von der weltlichen Macht sieht, den Etatismus, der das Unterrichtsmonopol beanspruche und die Orden aufhebt, den Naturalismus, der es für fortschrittlich hält, die Religionen zu missachten, die Säkularisierung der Institutionen, die Trennung von Kirche und Staat, die absolute Religions- und Pressefreiheit und die Freimaurerei. Vgl. E.E.Y. HALES, Papst Pius IX., Politik und Religion, Graz – Wien – Köln 1957, S. 359 ff.

söhnlich zu mildern und werbend für eine weitere Auseinandersetzung der Kirche mit der modernen Welt beim Papst einzutreten.[579]

Die durchaus verschiedene Aufnahme des Syllabus, vor allem die innerkirchliche Kritik daran, mag unter anderem auch den Boden für das erste Vatikanische Konzil bereitet haben, das sich nach dem erklärten Willen Pius IX. mit den Folgen der Aufklärung und der Französischen Revolution für den katholischen Glauben befassen sollte. Für den Papst sollte es dabei aber zunächst nicht um eine Annäherung an die moderne Welt gehen, sondern um die Bekräftigung und Ergänzung seiner Erinnerungen an und seine Mahnungen bezüglich des Festhaltens an der verbindlichen katholischen Lehre.[580]

Der Syllabus wurde auch im italienischen Piemont und im Königreich Neapel heftig kritisiert und vor allem von den dortigen Freimaurern angegriffen.[581] Das führte am 25. September 1865 zur päpstlichen Ansprache „MULTIPLICES INTER“[582] vor in Rom versammelten Kardinälen, in der sich dieser Papst erstmalig ausdrücklich gegen die Freimaurer wandte, zwar ohne neue Erkenntnisse zu präsentieren, wohl aber um die alten Verurteilungen und Verbote nachdrücklich zu wiederholen.[583]

Aus Anlass dieser Ansprache reagierte der Großmeister einer Bayreuther Großloge, indem er Gegenargumente gegen die vier zentralen Vorwürfe des Papstes, die im Geheimen arbeitenden Zusammenschlüsse, die Vereinigung von Men-

---

579 Vgl. ROGER AUBERT, Dupanloup et le Syllabus, in: RHE 51/I (1956), S. 79 – 142, S. 471 – 512, S. 837 – 915.

580 Vgl. ders., Vaticanum I, Geschichte der ökumenischen Konzilien, hg. von G. DUMEIGE und H. BACHT, Bd. XII, Mainz 1965, S. 50.

581 Vgl. JAQUES GADILLE, Politische Freiheiten – Soziale Frage, in: Die Geschichte des Christentums, Bd. 11, Liberalismus, Industrielalisierung, Expansion Europas (1830-1914), Freiburg – Basel – Wien 1997, S. 10 – 39, S. 27.

582 PIUS IX., Ansprache „Multiplices inter“ vom 25.09.1865, in: CIC-Fontes, II, Nr. 544, S. 1009 – 1012; ASS, vol. I (1865), S. 193 – 196.

583 PIUS IX., „Multiplices inter“: „Quae cum ita sint, ne minus cauti homines, iuvenesque in primis decipiantur, ac ne ex Nostro silentio aliqua tuendi erroris arripiatur occasio, Apostolicam attollere vocem decrevimus, Venerabiles Fratres; atque hic in consessu Vestro memoratas Praedecessorum Nostrorum Constitutiones confirmantes, Massonicam illam, aliasque eiusdem generis Societates quae specie tenus diversae in dies coalescunt, quaeque contra Ecclesiam vel legitimas potestates seu palam, seu clandestine machinentur auctoritate Nostra Apostolica reprobamus et condemnamus, atque ab omnibus Christifidelibus cuiuscumque conditionis, gradus ac dignitatis, et ubicumque terrarum sint, tamquam per Nos proscriptas et reprobatas haberi volumus sub iisdem poenis, quae in memoratis Praedecessorum Nostrorum Constitutionibus continentur.“ Ebd., S. 1011.
Der Papst kritisierte auch den Erzbischof von Paris, dass der sich am Begräbnis des einstigen Großmeisters des Großorienten von Frankreich, Marschall Bernard-Pierre Magnan (1791-1865), beteiligt habe.

schen jeder Religion und jeden Glaubens, den bei der Aufnahme zu leistenden Eid, über die die Freimaurerei betreffenden Angelegenheiten zu schweigen, sowie die Grausamkeit der bei Verletzung des Eides angedrohten Strafen, in einem Rundschreiben veröffentlichte und allenfalls das zweite Motiv, die Vereinigung von Menschen aller Religionen, als berechtigten Vorwurf kennzeichnete.[584]

---

584 Der Großmeister setzte sich allerdings nicht mit der von Pius IX. 1865 gehaltenen Ansprache auseinander, sondern mit dem Text der Verurteilung durch Benedikt XIV. aus dem Jahr 1751. Nach einer Einleitung und dem historischen Abriss der schon ergangenen päpstlichen Verurteilungen formulierte der Großmeister: „[...] Diese Verurteilungen des päpstlichen Stuhles haben keine Ähnlichkeit mit den Urteilen unserer Gerichtshöfe. Den Anstoß dazu geben heimliche Anschwärzungen, welche dem Beschuldigten nicht mitgeteilt werden. Es gibt keine öffentliche Anklage und gar keine Verteidigung, weder eine öffentliche noch eine geheime. Alle Garantien für eine unparteiische Rechtspflege und ein sicheres Urteil fehlen dort. Der Verdacht ersetzt den Beweis, die Schuld wird vermutet, man wird verurteilt, ohne gehört zu sein. [...] Der erste und gewichtigste Grund, welchen alle Päpste ihrem Verdammungsurteil vorangestellt haben, ist der Vorwurf, daß unser Bund Männer aus verschiedenen Religionen und Sekten als Brüder einige. Dadurch wird, wie Benedikt XIV. sich ausdrückte, die Reinheit der katholischen Religion getrübt. Dieser erste und schwerste Vorwurf, meine Brüder, gestehen wir es offen, ist in Wahrheit begründet. Wenn es ein Verbrechen ist, daß Männer verschiedenen Glaubens ohne Rücksicht auf ihr kirchliches Bekenntnis sich freundlich die Hände reichen, so sind wir dieses Verbrechens geständig und schuldig. [...] Zu allen Zeiten hat der Maurerbund jede Verfolgung eines Menschen seines abweichenden Glaubens wegen für ein Vergehen gehalten. Die sittliche Pflichterfüllung wird wirklich von den Maurern weit höher geschätzt als alle Rechtgläubigkeit. Aber diese Grundsätze, welche geraume Zeit sich in den Logen verbergen mußten, sind schon lange zu Grundsätzen der gebildeten Welt geworden und haben ihre Bestätigung gefunden in den Gesetzen aller zivilisierten Staaten. Wird die Maurerei deshalb verdammt, so sind die gebildete Welt und die zivilisierten Staaten derselben Verdammnis teilhaftig. Gott sei Dank, ein aus diesem Grunde geschleuderter Bannstrahl zündet in unserem Zeitalter nicht mehr, aber er erhellt das nächtliche Dunkel der Unduldsamkeit, das ihn geboren hat. Er zeigt der Welt, wie weit man noch in Rom zurückgeblieben ist hinter den sittlichen Fortschritten der Menschheit. Als zweiten Grund der Verdammung führt Benedikt XIV. das Geheimnis an, in welches unser Bund sich hülle. [...] Weder die Grundsätze noch die Ziele des Bundes, weder seine Existenz noch seine Mitglieder an ihrem Wohnsitz sind heute noch geheim. Wer irgend will kann sich über alles dies leicht unterrichten. Geheim sollen bleiben die Erkennungszeichen, damit die Brüder sich leichter auch in der Fremde finden, und geheim die inneren Arbeiten der Loge, damit sich hier das persönliche Vertrauen voller entfalte und die Meinung sich freier äußere. [...] Ist es denn in der katholischen Kirche anders? Ist die Beichte öffentlich oder geheim? Werden die Verhandlungen der katholischen Orden und Behörden öffentlich gepflogen? Hat nicht jede Familie, jeder engere Freundeskreis, jede Privatgesellschaft auch ihre Geheimnisse für sich? Vielleicht, meine Brüder, sind unsere Logen in dieser Hinsicht noch allzu ängstlich in einer Zeit, welche die Öffentlichkeit liebt. Aber nimmermehr kann diese scheue Sorgfalt ein Verbrechen genannt werden, welches eine Verurteilung rechtfertigt. [...] Er [Pius VII.] nennt unseren Bund eine verbrecherische Sekte, obwohl ihm kein anderes Verbrechen als das humaner Duldsamkeit nachgewiesen wird, und eine unsittliche Sekte, obwohl das sittliche Gesetz das eigentliche

In seiner Konstitution „APOSTOLICAE SEDIS“[585] vom 12.10.1869 veröffentlichte Pius IX. bald darauf einen Strafrechtskatalog[586], in dem er unter dem Paragraphen II „Excommunicationes latae sententiae Romano Pontifici reservatae“, Art. 4, das geltende Recht bzgl. der verbotenen Vereinigungen zusammenfasst:

Lebensprinzip der Maurerei ist. Er beschuldet uns, die Revolutionen und Kriege verschuldet zu haben, durch welche Europa in Brand gesteckt worden ist, während alle Welt weiß, daß die Erschütterungen und Kriege in Europa von ganz anderen und mächtigeren Kräften veranlaßt worden sind, als uns zur Verfügung stehen, und es für jeden Kundigen offenbar ist, daß unser Bund von seinen Mitgliedern gewissenhafte Beachtung der Staatsgesetze fordert, daß die Logen verfassungsmäßig sich jeder aktiven Teilnahme an den politischen Kämpfen der Gegenwart enthalten und ausschließlich humane und sittliche Zwecke verfolgen, daß unsere Bauhütten Stätten des Friedens und ein neutraler Boden sind, dessen Schwellen die Leidenschaft der Parteien nicht überschreiten darf. Er wirft uns vor, wir seien von glühendem Haß gegen die christliche Religion erfüllt, ungeachtet wir grundsätzlich jeden aufrichtigen Glauben achten, ungeachtet die Mehrzahl der Brüder sich zur christlichen Religion bekennt, ungeachtet das sittliche Ideal, welches Christus der Welt in seinem Leben wie in seiner Lehre offenbar gemacht hat, von einem sittlichen Verein unmöglich anders als mit Bewunderung und Verehrung betrachtet werden kann. Er nennt uns sogar feindlich gesinnt gegen Gott, obwohl wir unsere Gebete zu Gott richten und aus dem göttlichen Urquell alles sittlichen Lebens schöpfen. [...] Folgen wir, meine Brüder, nicht dem Beispiel des römischen Kirchenfürsten, erwidern wir nicht die ungerechte Beschuldigung. Setzen wir dem kirchlichen Fluch nicht unsere Verwünschung entgegen. Bedauern wir die unglückliche Verblendung eines ehrwürdigen Greises, dessen Seele getäuscht und mißleitet worden ist. Bitten wir den Allmächtigen und Allwissenden Gott, daß er das Trugbild zerstöre, welches den Zorneseifer des Papstes entflammt hat, und den Geist desselben die schlichte Wahrheit erkennen lasse, damit auch er seinen Fluch in Segen wandle.“ Zitiert nach FRANZ ALFRED SIX, Freimaurerei und Christentum, S. 48 ff.

585 PIUS IX., Konstitution „Apostolicae sedis“ vom 12.10.1869, in: CIC-Fontes, III, Nr. 552, S. 24 – 31; ASS, vol. V (1869) S. 287 – 312.

586 Durch die Konstitution, offenbar das Ergebnis der Vorarbeiten zum Ersten Vatikanischen Konzil (1860-1870), wurden die bisherigen von selbst eintretenden Beugestrafen der Exkommunikation, Suspension und des Interdikts, sofern sie das allgemeine Kirchenrecht betreffen, aufgehoben und neu formuliert. Die von selbst eintretenden Beugestrafen, die das Konzil von Trient erstmalig normiert hatte, sollten zusätzlich weiter gelten sowie auch die Beugestrafen, die für Vergehen bei einer Papstwahl und in Bezug auf die innere Leitung von Orden und religiösen Gemeinschaften normiert waren. Hintergrund für die Reform war, dass nach Ansicht zahlreicher Bischöfe der Katalog der durch das allgemeine Recht und die päpstlichen Konstitutionen definierten von selbst eintretenden Strafen unübersichtlich geworden war und daher ihre Verbindlichkeit im Einzelfall zweifelhaft gewesen ist. Durch die Reform sollte nun ein abschließender Strafrechtskatalog formuliert werden, der die Handhabung und Bewertung der Straftaten vereinfachen würde. So werden in der Konstitution als von selbst eintretende Beugestrafen 45 Tatbestände der Exkommunikation benannt, 19 Suspensionen sowie 5 Interdikte. Die Zugehörigkeit zu einer verbotenen Vereinigung im oben beschriebenen Sinn gehörte zu den 17 dem Papst in einfacher Weise reservierten von selbst eintretenden Straftaten. Vgl. PAUL HINSCHIUS, ebd., S. 654 ff. und WILHELM REES, Die Strafgewalt der Kirche, Kanonistische Studien und Texte, Bd. 41, Berlin 1993, S. 150 ff.

“Wir erklären, dass die die von selbst eintretende, dem Papst reservierte Tatstrafe der Exkommunikation auf sich ziehen, die der Sekte der Freimaurer oder der Carbonari oder anderen Sekten dieser Art beitreten, die gegen die Kirche oder die rechtmäßige Gewalt, sei es öffentlich oder geheim, Machenschaften betreiben, oder diese Sekten auf irgendeine Weise unterstützen; oder deren geheime oberste Leiter und Führer nicht anzeigen, solange sie diese nicht angezeigt haben.“[587]

Zu der Gruppe der verbotenen Vereinigungen waren nach Erlass des Hl. Offiziums vom 12.01.1870[588] auch die Fenier[589] zu zählen, die 1858 in den Vereinigten Staaten eine Geheimorganisation gegründet hatten mit dem Ziel, die englische Herrschaft über Irland zu stürzen, sowie die Odd Fellows[590], die die Propagandakongregation am 10.05.1898 für verboten deklarierte.[591]

Noch einmal warnte Pius IX. in seiner Enzyklika „ETSI MULTA LUCTUOSA“ vom 21.11.1873[592], adressiert an die Patriarchen, Erzbischöfe, Bischöfe und Ordinarien in Gemeinschaft mit dem Apostolischen Stuhl, vor den unter anderem

587 Übersetzung des Verfassers. PIUS IX. „Apostolicae sedis“ § 2: „Excommunicationi latae sententiae Romano Pontifici reservatae subiacere declaramus: [...] 4. Nomen dantes sectae Massonicae aut Carbonariae, aut aliis eiusdem generis sectis, quae contra Ecclesiam vel legitimas potestates seu palam, seu clandestine machinantur, nec non iisdem sectis favorem qualemcumque praestantes; earumve occultos coriphaeos ac duces non denunciantes, donec non denunciaverint.“ Ebd., S. 26 f.

588 S.C.S.Off., decret. 12.01.1870, in: CIC-Fontes IV, Nr. 1012, S. 316 f. Schon am 13.07.1865 hatte die S.C. de Prop. Fide ein Dekret „cira ocultas sectas“, adressiert an die Erzbischöfe in Nordamerika, verfasst, in dem die Fenier mit Bezug auf ein am 05.08.1846 erlassenes Dekret zu den verbotenen Gesellschaften gezählt wurden. S.C. de Prop. Fide vom 13.07.1865, in: ASS, vol. I (1865), S. 290 – 294.

589 Die Fenier, engl. Fenian Brotherhood, benannten sich nach einem irischen Sagenhelden. Schon 1848 war die Idee zur Gründung eines Geheimbunds in Paris entstanden, wozu die beiden Köpfe, die Iren James Stephens (1825-1901) und John O’Mahony (1816-1877), zunächst bei den Carbonari in Italien eintraten, um die Technik der Verschwörung zu erlernen. Ziel der Fenier war es, durch einen bewaffneten Aufstand die britische Regierung in Irland zu stürzen. Vgl. FERGUS McDONALD, The Catholic Church and the Secret Societies in the United States, New York 1946, S. 33. Vgl. auch MATTHIAS BUSCHKÜHL, Die irische, schottische und römische Frage, St. Ottilien 1980, S. 30 – 37.

590 Die Odd Fellows (= sonderbare Gesellen) sind eine den Freimaurern ähnliche Vereinigung, ohne direkt mit ihnen im Zusammenhang zu stehen. Die Logen der Odd Fellows sind in Europa und Amerika verbreitet. Vgl. dazu INTERNATIONALES FREIMAURERLEXIKON, Art. Odd Fellows, S. 618 f. Vgl. auch ERICH HEIN, Geheime Gesellschaften in alter und neuer Zeit, ihre Organisation, ihre Zwecke und Ziele, mit besonderer Berücksichtigung der Freimaurer- und Odd-Fellowlogen, des Druiden- und Illuminatenordens, Leipzig 1913.

591 Vgl. S.C. de Prop. Fide, 10.05.1898, in: CIC-Fontes, VII, Nr. 4937, S. 543; ASS, vol. XXXI (1898/99), S. 319 f.

592 PIUS IX., Enzyklika „Etsi multa luctuosa“ vom 21.11.1873, in: ASS, vol. VII (1872), S. 465 – 497.

von den Freimaurern ausgehenden Gefahren für die Kirche und ermahnte die Bischöfe, sich gegen den Einfluss der häretischen Kräfte zur Wehr zu setzen.[593] Die Enzyklika war vor allem eine Reaktion auf den deutschen Kulturkampf[594] sowie die unter anderem von Freimaurern getragene antiklerikale politische Lage in Italien und die staatlich verordneten antikatholischen Ausschreitungen in der Schweiz.

Weiter drängte der Papst darauf, denjenigen Gläubigen die Augen zu öffnen, die die Ziele dieser dunklen Vereinigungen allein in deren sozialem Engagement und guten Werken erkennen würden.[595] Ausdrücklich richtete sich der Papst an die amerikanischen Bischöfe, in deren Diözesen die Freimaurer als wohltätige Organisation aufträten, und erklärte, dass die päpstlichen Dekrete nicht nur in Europa gelten würden.[596]
Aber nicht nur in Italien, auch in Südamerika hatten die Freimaurer Einfluss auf die Politik und waren eine nicht zu übersehende gesellschaftliche Größe. Noch bevor Pius IX. seinen Brief „EXORTAE“[597] am 29.04.1876 an die brasilianischen Bischöfe schrieb, war er über den ihm sehr ergebenen jungen Bischof Vital Maria Goncalves de Oliveira (1844-1878), seit 1872 Bischof der Diözese Olinda, über die Vielzahl der katholischen Freimaurer in Brasilien unterrichtet worden.[598]

593 PIUS IX., „Etsi multa luctuosa“: „Mirabitur fortasse quispiam ex Vobis, Venerabiles Fratres, tam late patere bellum quod aetate nostra Ecclesiae catholicae infertur. Verum quisquis probe noverit indolem, studia, propositum sectarum, sive masonicae dicantur, sive alio quovis nomine veniant, eaque conferat cum indole, ratione, amplitudine huius concertationis, qua ferme ubique terrarum Ecclesia impetitur, ambigere non poterit, quin praesens calamitas fraudibus et machinantionibus earumdem sectarum potissimum accepta referenda sit. Ex his namque coalescit synagoga Satanae quae contra Ecclesiam Christi suas instruit copias, infert signa, et manum conserit.” Ebd., S. 477.

594 Vgl. zum deutschen Kulturkampf WILHELM DAMBERG, Katholiken in den USA und Deutschland. Kirche, Gesellschaft und Politik, hg. von WILHELM DAMBERG und ANTONIUS LIEDHEGENER, Münster 2006, S. 132 – 144, S. 132 f.

595 PIUS IX., “Etsi multa luctuosa”: “Quae cum ita sint, Venerabiles Fratres, omnem adhibete operam muniendis adversus harum sectarum insidias et contagionem fidelibus curare vestrae commissis, illisque qui nomen infauste dederint iisdem sectis, a perditione retrahendis. Eorum vero praesertim ostendite et oppugnate errorem, qui dolum sive passi sive molientes non verentur adhuc asserere socialem tantum utilitatem ac progressum mutuaeque beneficentiae exercitium spectari a tenebricosis hisce conventiculis.” Ebd., S. 478.

596 PIUS IX., “Etsi multa luctuosa”: “Exponite iis saepe, et altius animis defigite Pontificas hac de re constitutiones et edocete, non unos ab iis percelli masonicos coetus in Europa institutos, sed omnes quotquot in America, aliisque totius orbis plagis habentur.” Ebd.

597 PIUS IX., Epistula „Exortae“ vom 29.04.1876, in: CIC-Fontes, III, Nr. 571, S. 99 – 101.

598 Vgl. KLAUS SCHATZ, Vaticanum I, Paderborn 1992, S. 83.

Auf dessen Bericht hatte der Papst schon 1873 geantwortet[599] und ihm nachdrücklich empfohlen, die katholischen Freimaurer zur Kirche zurückzuführen, bei gleichzeitiger, allerdings befristeter Suspension der dem Papst vorbehaltenen Befreiung von der Zensur für die, die die Freimaurerlogen verlassen sollten.[600]

Mit seinem Brief vom 29. April an die brasilianischen Bischöfe verfügte Pius IX., dass die Bruderschaften zu reformieren und alle Freimaurer aus den Bruderschaften auszuschließen sind.[601] Die Umsetzung dieser päpstlichen Weisung führte zu einer Neubestimmung des Verhältnisses von Kirche und Staat in Brasilien.[602]
Mit ausdrücklicher Zustimmung des Papstes erweiterte die S. Poenitentiaria Apostolica am 04.08.1876 den Katalog der verbotenen Gesellschaften um die „Società cattolica italiana per la rivendicazione dei diritti spettani al popolo cristiano ed in specie al popolo romano" und belegte denjenigen, der in irgend-

---

599 In seinem Brief „Quamquam dolores" vom 29. Mai 1873, in: CIC-Fontes, III, Nr. 563, S. 70 – 72, an Bischof Vital Maria Goncalves de Oliveira, reagierte der Papst auf die von Vital geschilderte Situation in Brasilien. Dort waren im 19. Jahrhundert viele katholische Priester Freimaurer geworden, und religiöse Bruderschaften und Freimaurerlogen hatten enge Kontakte untereinander. Die päpstlichen Erlasse hatten bisher in Brasilien nur wenig Wirkung gezeigt. Kaiser Pedro II (1840-1889) hatte sich auch geweigert, die 1864 erlassene Enzyklika „Quanta cura" zusammen mit dem Syllabus zu veröffentlichen und zu verbreiten. Als Vital, der treu zur Kirche und zum Papst stand, 1872 zum Bischof erhoben wurde, beabsichtigte eine Loge eine Hl. Messe aus Anlass des Jahrestages ihrer Gründung zu feiern, womit sie den neuen Bischof prüfen wollte. Der verbot seinem Klerus die Teilnahme an dem Gottesdienst, was die Loge veranlasste, eine Namensliste von Angehörigen religiöser Bruderschaften zu veröffentlichen, die auch Freimaurer waren. Der Bischof forderte diese katholischen Freimaurer auf, den Freimaurern abzuschwören oder ihren Austritt aus den religiösen Bruderschaften zu erklären. In den Streit mischte sich der Kaiser ein, an den die Dritten Orden der Franziskaner und Karmeliter appelliert hatten, der nun gegen den Bischof und einen bischöflichen Mitstreiter vorging und beide 1874 für vier Jahre inhaftieren ließ. 1875 kamen die Bischöfe aufgrund einer Amnestie wieder auf freien Fuß. Vgl. MARY CRESCENTIA THORNTON, The Church an Free Masonry in Brazil 1872-1875, S. 225 f. und S. 248.

600 PIUS IX., „Quamquam dolores": „Itaque memores, Nos Eius vice fungi qui non venit vocare iustos sed peccatores, sequenda censemus vestigia laudati decessoris nostri Leonis XII, et suspendimus idcirco ad integrum anni spatium, postquam hae Nostrae litterae innotuerint, reservationem censurarum, in quas sectis illis nomen dantes inciderunt, eosque absolvi ab iiis censuris posse concedimus a quocumque confessario, modo sit ex eorum numero, qui a locorum, in quibus degunt, Ordinariis approbati sunt." Ebd., S. 71.

601 PIUS IX., "Exortae": „Hinc Nos non potuimus non vehementer mirari, Ven. Fratres, quod cum auctoritate Nostra et consiliis errantium salutem spectantibus interdicta sublata essent, quibus in ista regione nonnullae Ecclesiae et Sodalitia ex Massonicis asseclis late conflata subiecta fuerant, ex hoc occasio capta fuerit in vulgus disseminandi Massonicam societatem in istis plagis consistentem Apostolicarum damnationum exsortem esse, ac proinde eosdem sectarios tuto posse in piorum Christianorum Sodalitatibus partem habere." Ebd., S. 99 f.

602 Siehe dazu oben 2.2.5.4, Brasilien.

einer Weise diese Gesellschaft förderte, die sich für die Übertragung des Papstwahlrechtes von den Kardinälen auf das Volk einsetzte, mit der dem Papst vorbehaltenen Tatstrafe der Exkommunikation.[603]

Vonseiten katholischer Autoren wurde in der zweiten Hälfte des 19. Jahrhunderts eine Reihe von antifreimaurerischen Schriften verfasst.[604]

---

603 Vgl. S. Poenit., vom 04.08.1876, in: CIC-Fontes, VIII., Nr. 6432, S. 460.

604 Dazu gehören die vom Jesuitenpater Michael Pachtler (1825-1889), dem Schriftleiter der „Stimmen aus Maria Laach", verfassten Werke, Der Götze der Humanität oder das Positive der Freimaurerei, Freiburg i.Br. 1875, und ders., Der stille Krieg gegen Thron und Altar oder das Negative der Freimaurerei, Amberg 1876.
Ein weiterer Autor, Gerhard Schneemann, gleichfalls Jesuit, hatte mit Bezug auf den HL. Augustinus, der als erstes Kennzeichen Babels die Verwirrung benannt hatte, hinsichtlich der Bedeutung Gottes bei den Freimaurern aus einer französischen Freimaurerzeitung zitiert: „Die Idee Gottes ist diejenige, welche uns am meisten trennt. Während die Einen einfach den persönlichen Gott des Katechismus annehmen, stellen Andere alle Schattierungen des Pantheismus auf, je nach der Richtung und Neigung ihres Geistes sich den ägyptischen Theorien, der indischen Theologie, der Philosophie des Spinoza oder endlich dem sentimentalen und nebelhaften Mystizismus Renan's zuwendend. Deisten gibt es in großer Anzahl, doch unter ihnen beten die Einen gleich Voltaire Gott durch die Vernunft, die Anderen aber gleich Rousseau denselben durch das Gefühl an, sonst auch sind sie zum wenigsten ebenso sehr als die Pantheisten in ihren Lehren und Anmuthungen verschieden [...] Wir haben ferner Philosophen angetroffen, welche für einen constitutionellen Gott, der König ist, aber nicht regiert, schwärmen, oder für einen der Vervollkommnung fähigen und selbst verantwortlichen Garanten, der bloß ausführt, aber nicht schafft. [...] Eine Anzahl endlich, weniger zahlreich, aber sicher nicht am wenigsten starrköpfig, leugnet mit ebenso viel Lebhaftigkeit (die Existenz Gottes), als die Gläubigen (dieselbe) behaupten." GERHARD SCHNEEMANN, Gegen die Freimaurer, in: Stimmen aus Maria Laach (= SML), Katholische Monatsschrift, Bd. 6 (1874), S. 238 – 257, S. 239. Vgl. auch ders., Die Staatsgefährlichkeit der Loge, SML Bd. 7, S. 3 – 24.
Der vom evangelischen zum katholischen Glauben konvertierte Rechtsanwalt und Schriftleiter der „Historisch-politischen Blätter", Eduard Emil Eckert (+ 1866), beschuldigte die Freimaurer als Urheber der 1848 stattgefundenen Revolutionen und schickte Eingaben an verschiedene Länderregierungen zur Aufhebung der Freimaurerei, insofern sie nach Organismus und Wirksamkeit unverträglich mit dem Staatswohl sei. Daraufhin wurde den Offizieren in Sachsen 1852 die Mitgliedschaft in der Freimaurerei verboten. Eckert verfasste eine ganze Reihe von antifreimaurerischer Literatur. Dazu gehören: „Der Freimaurerorden in seiner wahren Bedeutung", „Geschichte des Verrats der Monarchen und der Staaten durch den Freimaurerorden und seinen Einfluß", „Der Tempel Salomons", „Geschichte der zahlreichen Verschwörungsgesellschaften der Tat in Deutschland und Frankreich seit 1807 bis zur zweiten bourbonischen Revolution" u.v.a.m. Vgl. dazu ALFRED SIX, Freimaurerei und Christentum, S. 52 f.
Auch Wilhelm Emmanuel Freiherr von Ketteler (1811-1877), Bischof von Mainz (1850-1877), hat sich mehrfach mit der Freimaurerei auseinandergesetzt. So z.B. in seiner Schrift „Freiheit, Autorität und Kirche, Erörterungen über die großen Probleme der Gegenwart". Hierin formulierte der Bischof: „Die Freimaurerei allein nimmt in der ganzen Welt einen merkwürdigen Ausnahmezustand ein und grundsätzlich in An-

5.1.4 Das Erste Vatikanische Konzil

Das erste Vatikanische Konzil 1869/1870 beschäftigte sich kaum mit der Freimaurerei.[605] Im Vorfeld wurde jedoch der Einfluss der Freimaurerei auf die staatlichen Autoritäten namhaft gemacht und die Erwartung geäußert, kirchlicherseits dazu eine Antwort zu finden.

Der Kurienkardinal Cagiano de Azevedo (1845-1927) hatte unter den die Kirche und das Christentum bekämpfenden Gruppen die Freimaurer als einen – anders als die Vielfalt der reformatorischen Ideenträger – in sich geschlossenen Gegner gesehen, der wegen seiner Macht über die Regierungen die Geschicke der gesamten Menschheit derzeit beeinflussen würde und gegen den vorgegangen werden müsse.[606]

---

spruch. Sie ganz allein wird mit einigen Ausnahmen in der öffentlichen Presse nicht besprochen und will nicht besprochen werden. Während der Priester über alle anderen Verhältnisse, die die Menschen interessieren, spricht und urteilt, während das Christentum mit allen seinen Lehren und Einrichtungen, der Staat mit allen seinen Rechten und Verfassungen Gegenstand der Diskussion sind; während selbst die intimsten persönlichen Beziehungen der Menschen aufgedeckt werden, bildet die Freimaurerei allein nach einem allgemeinen europäischen Konsens das „Rühre mich nicht an!" Jeder fürchtet sich, davon zu reden, wie von einer Art Gespenst. Diese Erscheinung ist zunächst ein Beweis von der immensen Macht, die die Freimaurerei in der Welt ausübt." WILHELM EMMANUEL FREIHERR VON KETTELER, Freiheit, Autorität und Kirche, Erörterungen über die großen Probleme der Gegenwart, Mainz 1862, S. 15. Einige Jahre später veröffentlichte Bischof Ketteler seine Schrift „Kann ein gläubiger Christ Freimaurer sein? Antwort an den Herrn Dr. Rudolph Seydel", Mainz 1865. Der Bischof, der einschränkend zugibt, dass nicht alle Freimaurer von den Vorwürfen der Kirche getroffen werden würden, monierte darin zuallererst die Geheimnistuerei der Freimaurer, die man zwingen müsse, ans Licht der Öffentlichkeit zu treten, um überhaupt ihren Wert oder Unwert beurteilen zu können. Absolut unvereinbar mit dem Christentum sei jedoch der von der Freimaurerei vertretene Deismus, der jede übernatürliche Offenbarung leugne und keine andere Erkenntnis Gottes als die der Vernunft zulasse, was in einen eklatanten Gegensatz zur katholischen Auffassung über die gnadenreiche Offenbarung Gottes stehe. Vgl. ders., Schriften, Aufsätze und Reden, 1848-1866, bearbeitet von ERWIN ISERLOH, CHRISTOPH STOLL, EMIL VALASEK, NORBERT JÄGER, Mainz 1977, S. 631 – 684.

605 Zur Konzilseröffnung in Rom war in Neapel zeitgleich ein von den Freimaurern organisiertes „Anti-Konzil" ausgerufen worden, das jedoch polizeilich aufgelöst wurde. Vgl. Stimmen aus Maria Laach, Das Ökumenische Konzil, Bd. VI (Ergänzungsband) 1870, S. 186 – 190.

606 „La seconda cagione occulta è la estensione e propagazione della setta massonica, la quale ha invaso ormai tutto il mondo ed è penetrata finanche nel santuario - Setta orribilmente dannosa, poiché se gli eresiarchi, specialmente del secolo XVI, non eran tutti d'accordo nelle loro dottrine, e nella stessa discordia presentavano elementi di sfiducia e dissoluzione, i massoni per converso sono cosí strettamente collegati in forza del segreto, che nascondendo sotto l'aspetto di naturale probità ai minori loro adepti la fondamentale nequizia che si professa ed alimenta dai capi, si sono sempre mantenuti costanti nell'avversare il cattolicismo e nell'attentarne la distruzione. Setta inoltre tanto

Der Mainzer Bischof Wilhelm Emmanuel Freiherr von Ketteler (1811-1877) hatte eine von der Fuldaer Bischofskonferenz approbierte Empfehlung mit dem Titel „Qua via Eccelsia contra societas secretas procedere valeat“[607] formuliert, die sich mit den Freimaurern und wie man kirchlicherseits gegen sie vorgehen könne befasste. In seinem Schreiben war zunächst auf das Umsichgreifen der Freimaurer und anderer geheimer Gesellschaften und deren verderbliches, die christliche Gesellschaft beschädigendes Tun hingewiesen und beantragt worden, früher erlassene Gesetze durch das Konzil in Erinnerung rufen und in allen Diözesen einheitlich zur Befolgung anweisen zu lassen. Das Dokument war an das Konzil übergeben worden[608], wo seitens der Dogmatischen Kommission dazu auch das „Schema decreti de sectis vulgo clandestinis“[609] verfasst worden ist. Verabschiedet wurde es letztlich aber nicht.

Stattdessen klärte das Konzil unter anderem die katholische Ansicht über das Verhältnis von Glauben und Vernunft. Danach besteht zwar zwischen Erkenntnis aus dem Glauben und der Erkenntnis aus der Vernunft ein Unterschied und die Glaubenserkenntnis kann auch Gottes Wesen nicht letztlich vollständig begreifen, dennoch besteht deswegen kein Gegensatz zwischen Glauben und Vernunft an sich, da Gott der Ursprung von beidem ist.

Da die Kirche von Gott den Auftrag erhalten hat, den Glauben zu bewahren, entsteht daraus, so die Konstitution „DEI FILIUS“, auch die Pflicht, Irrglauben zu ächten (vgl. 1 Tim 6,20). Für die Gläubigen ergibt sich daher, die der kirchli-

---

potente cui è riuscito d'impossessarsi di quasi tutti i governi, e può senza dubbitazione affermarsi che di presente da essa dipendono le sorti dell'umanità." JOANNES DOMINICUS MANSI, Sacrorum conciliorum nova et amplicissima collectio, Florenz, Venedig 1757-1798; Neudruck und Fortsetzung, Paris 1899-1927, Bd. 49 (1923), Sp. 25.

Im Dezember 1864 hatte Pius IX. die Kurienkardinäle darüber informiert, dass er sich mit dem Gedanken fasse, ein ökumenisches Konzil einzuberufen und um schriftliche Stellungnahmen dazu gebeten.

607 Abgedruckt bei MANSI, Bd. 53 (1927), Sp. 356 – 378.

608 Bischof Ketteler hatte den Text in siebenhundert Exemplaren nach Rom geschickt, ihn unter den deutschen Bischöfen aber nicht verteilt, weswegen der Mainzer Dompräbendar und Sekretär des dortigen Bischofs, J.M. Raich, sich an den Konzilssekretär Bischof Josef Feßler (1813-1872), Bischof von St. Pölten (1865-1872), wandte und um Überlassung einiger Exemplare bat. Vgl. das Schreiben Raichs an Feßler vom 25.10.1870, abgedruckt in WALTER BRANDMÜLLER, Briefe um das I. Vaticanum, Aus der Korrespondenz des Konzilssekretärs Bischof Feßler von St. Pölten, 1869-1872, Paderborn – München – Wien – Zürich 2005, S. 64.

Am 30.07.1871 wandte sich der Bischof von Regensburg, Ignatius von Senestréy (1818-1906), an Feßler und erklärte, dass die Kritik an den Beschlüssen des I. Vaticanums von den Freimaurern zu verantworten sei und dort auch organisiert werden würde, deren Ziel es ohnehin sei, das Christentum zu vernichten, was Ausdruck der Rache des Teufels für das Dogma von der Unbefleckten Empfängnis Mariens (1854) sei. Vgl. ebd., S. 139 f.

609 MANSI, ebd., Sp. 775 – 781.

chen Lehre entgegenstehenden Meinungen und vor allem die von der Kirche verworfenen Lehren anderer Provenienz, selbst wenn sie als rechtmäßige Folge der wissenschaftlichen Untersuchung dargestellt werden, für Irrtümer zu halten.[610]

5.1.5 Leo XIII. (20.02.1878 – 20.07.1903)

Papst Leo XIII. (1810-1903) sah sich am Ende des 19. Jahrhunderts enormen Aufgaben gegenüber. Er musste die Kirche hinsichtlich der Folgen der Französischen Revolution und der Aufklärung neu positionieren. Er hat den Versuch unternehmen müssen, die katholische Identität mit der Moderne zu versöhnen, und hat es erreicht, die katholischen Gläubigen als eine selbstbewusste Gruppe in einer zunehmend säkularisierten Gesellschaft zu formen.[611]

Vor allem die politische Situation in Italien – der Kirchenstaat war 1870 annektiert und Rom zur Hauptstadt Italiens erklärt worden und die Kirche sah sich massiven Angriffen ausgesetzt[612] – und die deutlich antikirchlichen Tendenzen in Frankreich[613] veranlassten Papst Leo XIII. im Jahr 1884 seine antifreimaure-

---

610 VATICANUM I, Dogmatische Konstitution „Dei Filius“, Art. 4: „Quapropter omnes Christiani fideles huiusmodi opiniones, quae fidei doctrinae contrariae esse cognoscuntur, maxime si ab Ecclesia reprobatae fuerint, non solum prohibentur tamquam legitimas scientiae Conclusiones defendere, sed pro erroribus potius, qui fallacem veritatis speciem prae se ferant, habere tenentur omnino.“ in: ASS, vol. V. (1869/70), S. 460 – 468, S. 467 f.

611 Der Papst bemühte sich darum, durch Enzykliken das christliche Leben in Familie, Gesellschaft und im Staat zu beschreiben und die katholischen Christen zur Mitarbeit an der Kultur- und Sozialpolitik zu ermuntern. Er setzte sich mit zeitaktuellen Fragen auseinander wie z.B. dem Verhältnis von Kirche und Gesellschaft, der christlichen Staatsordnung und dem Ursprung der bürgerlichen Gewalt, der Arbeiterfrage (Enzyklika „Rerum novarum“, 1891) und dem Sozialismus.

612 Klöster und Stammhäuser großer Orden wurden beschlagnahmt, kirchliche Wohlfahrtseinrichtungen säkularisiert, Geistliche zum Militärdienst verpflichtet, Prozessionen und Wallfahrten verboten und der religiöse Eid vor Gericht abgeschafft. Dass die Freimaurer an diesen antikirchlichen Vorgängen nicht unbeteiligt waren, ist im Einzelnen nicht nachweisbar, historisch aber dennoch unumstritten. Vgl. MICHEL DIERICKX, Freimaurerei, S. 91, sowie ALEC MELLOR, Unsere getrennten Brüder, S. 325 ff.

613 Frankreich wird neben Italien das Land gewesen sein, das dem Papst am meisten Sorge bereitete. Seit Mitte des 19. Jahrhunderts versuchten dort antikirchliche Vereinigungen die französischen Intellektuellen und Regierenden für die atheistische Freidenkerei zu gewinnen. Die Religionsfeindlichkeit Voltaires begann sich durchzusetzen. Der Pariser Anwalt und Freimaurer Léon Gambetta (1838-1883) forderte 1876 zum Krieg gegen den Klerikalismus auf und zeichnete das Bild eines antiklerikalen Frankreichs. Zunächst wurden 1878 den katholischen Universitäten in Lille, Paris, Angers und Toulouse das Prüfungsrecht und das Recht zur Verleihung akademischer Würden entzogen. 1880 wurden dann die Schulen der katholischen Orden als staatlich nicht autorisiert aufgelöst und der Religionsunterricht aus den Volksschulen verbannt. Die Bedeutsam-

rische Enzyklika „HUMANUM GENUS“[614], adressiert an alle Patriarchen, Primaten, Erzbischöfe und Bischöfe der katholischen Welt, zu verfassen[615], die bis dahin und seitdem an Schärfe nicht zu überbieten gewesen ist.[616]
Leo XIII. teilte die Welt in zwei Reiche – das Reich Gottes und das Reich des Satans. Er stellte fest, dass die, die es mit dem Bösen halten, sich unter der Führung der Freimaurer zusammengetan und verschworen haben, um unverhohlen

---

keit der Kirche für das gesellschaftliche Leben in Frankreich geriet immer mehr ins Abseits. Das zivile Begräbnis wurde dem kirchlichen vorgezogen, die Militärseelsorge wurde eingestellt und den Soldaten die Teilnahme an religiösen Feierlichkeiten untersagt, die Möglichkeit der Ehescheidung war 1884 eröffnet worden, Geistliche wurden zur Militärpflicht einberufen und staatliche Mittel zur Ausbildung des Klerus gestrichen. Krankenhaus- und Gefangenenseelsorge wurden verboten und caritative Orden aus den öffentlichen Wohlfahrtseinrichtungen vertrieben.
Die englische Zeitung „Times“ schrieb im Jahr 1884: „In einem Lande von 36 Millionen Einwohnern, unter denen noch lange keine Million Freidenker sich befindet, hat nichtsdestoweniger diese Million dem Glauben, dem Herkommen und den Sitten der übrigen 35 Millionen den Krieg auf Leben und Tod erklärt.“ Zitiert nach BERNARD O'REILLY, Leo XIII., Seine Zeit, Sein Pontificat und Seine Erfolge, nach authentischen Aufzeichnungen, autorisierte deutsche Ausgabe, ohne Ort 1903, S. 491.

614 LEO XIII., Enzyklika "Humanum genus" vom 20.04.1884, in: CIC-Fontes, III, Nr. 591, S. 221 – 234. Abgedruckt in deutscher Übersetzung in: Bonifacius-Broschüren, Heft Nr. 8, Paderborn 1884.

615 In der Enzyklika „Quod apostolici muneris“ vom 28.12.1878 (vgl. CIC-Fontes, III, Nr. 576, S. 125 – 132) hatte sich Papst Leo XIII. schon mit den Irrtümern des Sozialismus und des Kommunismus auseinandergesetzt. In der Enzyklika „Arcanum divinae sapientiae“ vom 10.02.1880 (vgl. ASS, vol. XII (1879/80), S. 388 – 394) ging er auf die Bedeutung der Ehe als ursprüngliche Quelle der Familie ein und in der Enzyklika „Diuturnum illud“ vom 29.06.1881 über den Ursprung der weltlichen Macht (vgl. ASS, vol. XIV (1881/82), S. 4 – 8) hat sich der Papst zu Fragen des Ideals einer Staatsverfassung nach christlichen Grundsätzen geäußert. Jede dieser Enzykliken reagierte auf die je veränderte politische Situation in Italien.
In seiner Enzyklika „Diuturnum illud“ forderte der Papst noch die notwendige Anerkennung der göttlichen Autorität seitens der politischen Mächte und die Enzyklika „Humanum genus“ befasste sich mit den verheerenden Einflüssen der Freimaurer auf den Staat. Doch schon die päpstliche Enzyklika „Immortale Dei“ vom 01.11.1885 (vgl. ASS, vol. XVIII (1885/86), S. 162 – 175) anerkannte die gegenüber der religiösen Gesetzgebung indifferente Haltung des Staates und in der Enzyklika „Libertas praestantissimum“ vom 20.06.1888 (vgl. ASS, vol. XX (1887/88), S. 593 – 595) befürwortete derselbe Papst die vom Staat anerkannte religiöse Gewissensfreiheit, womit erste Hinweise auf eine veränderte Position der Kirche zum Freiheitsprinzip auftauchen, die später, etwa in der Enzyklika „Sapientiae christianae“ vom 10.01.1890 (vgl. CIC-Fontes, III, Nr. 605, S. 325 – 340), die sich mit den Werten der Demokratie und dem wissenschaftlichen Fortschritt auseinandersetzen sollte, vertieft werden.

616 Nach Binder erscheint die Enzyklika beeinflusst von den antifreimaurerischen Schriften des Jesuiten M. Pachtler (siehe oben) und des Bischofs von Grenoble, Armand-Joseph Fava (1826-1899), Le Secret de la Franc-Maçonnerie, Lille 1883, sowie Augustin Barruel (1741-1820), einem Jesuiten der die Freimaurer der Weltverschwörung verdächtigte. Vgl. DIETER A. BINDER, Die diskrete Gesellschaft, Innsbruck 2004, S. 81.

zum Gotteshass aufzustacheln.[617] Der Papst sah sich in der Verantwortung, die Kirche gegen diese Angriffe zu schützen und die Gegner der Kirche als solche zu benennen, die oft schon durch ihr eigenes Zeugnis ihr wahres rechtswidriges, christfeindliches und staatsgefährdendes Wesen offenbar gemacht haben. Leo XIII. reihte sich ein in die Tradition der die Freimaurer verurteilenden und verbietenden Päpste und fand Unterstützung auch bei den Staaten, die die Freimaurer als staatsgefährdend gebrandmarkt und verboten hatten. Um so mehr beklagte er den Umstand, dass es nicht gelungen sei, die Freimaurer durch Verbote zu dezimieren, sie vielmehr gewachsen wären und die Staatsverwaltungen mehrerer Nationen inzwischen unterwandert hätten, was sie in die Lage versetze, Einfluss auf die Staatsverfassungen zu nehmen.[618]

Als ersten Grund für die Verurteilung geht der Papst zunächst auf die eidlich besiegelte Geheimnispflicht der Mitglieder der Freimaurerlogen ein und die Beschaffenheit der Befehlsstrukturen im Inneren der Logen, wonach den Führern unbedingter Gehorsam zu leisten sei, die ihrerseits die Untergebenen zu Freveltaten, unter anderem Mord, auffordern würden.[619]
Den zweiten Grund der Verurteilung sah Papst Leo XIII. in dem für ihn offenkundigen Ziel der Freimaurer, die christlich-religiös geprägte Staatsform zu zerstören und eine neue, auf den Gesetzen des Naturalismus fußende Ordnung zu errichten.[620] Danach würde allein die menschliche Vernunft Maßstab aller Dinge sein, was die göttliche Offenbarung und die christlichen Glaubenswahrheiten Lügen strafe, und die Pflichten gegenüber Gott, die zu befolgen und zu verteidigen die katholische Kirche als Aufgabe habe, würden vernachlässigt. Die Frei-

617 LEO XIII., „Humanum genus“ Nr. 1: „Hoc autem tempore, qui deterioribus favent partibus videntur simul conspirare vehementissimeque cuncti contendere, auctore et adiutrice ea, quam Massonum appellant, longe lateque diffusa et firmiter constituta hominum societate. Nihil enim iam dissimulantes consilia sua, excitant sese adversus Dei nomen audacissime.“ CIC-Fontes, III, Nr. 591, S. 222.

618 LEO XIII., „Humanum genus“ Nr. 5: „Quare unius saeculi dimidiatique spatio secta Massonum ad incrementa properavit opinione maiora; inferendoque sese per audaciam et dolos in omnes reipublicae ordines, tantum iam posse coepit, ut prope dominari in civitatibus videatur. Ebd., S. 223.

619 LEO XIII., „Humanum genus“ Nr 7: „Praetera qui cooptati sunt, promittant ac recipiant necesse est, ducibus ac magistris se dicto audientes futuros cum obsequio fideque maxima: ad quemlibet eorum nutum significationemque paratos, imperata facturos: si secus fecerint, tum dira omnia ac mortem ipsam non recusare. Revera si qui prodidisse disciplinam vel mandatis restitisse iudicentur, supplicium de iis non raro sumitur, et audacia quidem ac dexteritate tanta, ut speculatricem ac vindicem scelerum iustitiam sicarius persaepe fallat.“ Ebd., S. 224.

620 LEO XIII., „Humanum genus“ Nr. 8: „Fructus autem secta Massonum perniciosos gignit maximaque acerbitate permixtos. Nam ex certissimis iudiciis, quae supra commemoravimus, erumpit illud, quod consiliorum suorum ultimum, scilicet evertere funditus omnem eam, quam instituta christiana pepererunt, disciplinam religionis reique publicae, novamque ad ingenium suum extruere, ductis e medio Naturalismo fundamentis et legibus.“ Ebd. S., 225.

maurer verfolgten, so der päpstliche Vorwurf weiter, die Trennung von Kirche und Staat und würden, wo sie Macht haben, die Freiheit der Kirche zunehmend einschränken und sie zunächst ihrer Existenzmittel berauben[621], um sie dann gänzlich zu vernichten.[622]

Der Papst prangerte den auch bei den Freimaurern propagierten religiösen Indifferentismus an und stellte den Weg der Freimaurer als Irrweg dar, da sie selbst die mit der natürlichen Vernunft zu erkennenden Wahrheiten, etwa die Existenz eines personalen Gottes und die Unsterblichkeit der Seele, nicht erkennen würden. Da es für die Freimaurer offenbar keinen Unterschied mache, ob jemand nach Art der Pantheisten an Gott glaube oder eben an keinen Gott, könne selbst die pantheistische Gottesvorstellung, da sie überhaupt eine irrige Vorstellung von Gott sei, nicht als Gottesglaube verstanden werden. Wo aber erst die Existenz Gottes geleugnet werde, da werde auch die Erschaffung der Welt durch ihn, Gottes Herrschaft in der Welt, die Unsterblichkeit der Seele und das ewige Leben verleugnet.[623]
Der Schritt zur Verderbtheit und zum Verfall der Sitten sei demzufolge nicht mehr weit, so der Papst, wo man die Erlösung des Menschen, die Gnade, die Sakramente und die Erlangung des himmlischen Glücks als unbekannt verwerfe.[624] Dazu gehöre auch die Leugnung der Erbsünde und jeglichen Offenbarungsglaubens sowie die Propagierung des freien Willens, was – unterstützt durch Zeitschriften, Schauspielerei und schamlose Kunst – dazu führe, dass „die Menge sich dem Laster ohne Grenze und Schranke in die Arme werfe: wenn das

621 LEO XIII., „Humanum genus“ Nr. 10: „Longo sane pertinacique labore in id datur opera, nihil ut Ecclesiae magisterium nihil auctoritas in civitate possit: ob eamque caussam vulgo praedicant et pugnant, rem sacram remque civilem esse penitus distrahendas. Quo facto saluberrimam religionis catholicae virtutem a legibus, ad administratione reipublicae excludunt: illudque est consequens, ut praeter instituta ac praecepta Ecclesiae totas constituendas putent civitates.“ Ebd., S. 225 f.

622 LEO XIII., „Humanum genus“ Nr. 10: „Quam rem, si cetera deessent, satis indicat hominum qui conscii sunt testimonium, quorum plerique cum saepe alias, tum recenti memoria rursus hoc Massonum verum esse declararunt, velle eos maxime exercere catholicum nomen implacabilibus inimicitiis, nec ante quieturos, quam excisa omnia viderint, quaecumque Summi Pontifices religionis causa instituissent.“ Ebd., S. 226.

623 LEO XIII. „Humanum genus“ Nr. 11: „Re autem vera initiatis magnam secta licentiam dat, ut alterutrum liceat suo iure defendere, Deum esse, Deum nullum esse: et qui nullum esse praefracte contendant, tam facile initiantur, quam qui Deum esse opinantur quidem, sed de e prava sentiunt, ut Pantheistae solent: quod nihil est aliud, quam divinae naturae absurdam quamdam speciem retinere, veritatem tollere. Quo everso infirmatove maximo fundamento, consequens est ut illa quoque vacillent, quae natura admonente cognoscuntur, cunctas res libera creatoris Dei voluntate extitisse: mundum providentia regi: nullum esse animorum intertitum: huic quae in terris agitur, hominum vitae successuram alteram eamque sempiternam.“ Ebd., S. 226.

624 Vgl. ebd.

erreicht sei, dann würde sie ein urteilloses und willenloses Werkzeug zur Ausführung aller gottlosen Pläne sein"[625].

Der Papst beklagte die in einigen Staaten schon gesetzlich festgelegten Ansichten, wonach die Ehe lediglich ein weltlicher Vertrag sei, der jederzeit rechtmäßig aufgelöst werden könne, was das Wesen der Ehe als eine von Gott gewollte unauflösbare Verbindung verändere.[626] Auch monierte er, dass nach dem Willen der Kirchengegner kein konfessioneller Religionsunterricht mehr zu erteilen sei, so dass jedem selbst überlassen werde, für welche Richtung er sich im Erwachsenenalter entscheide, und dass die religiöse Erziehung und Aufsicht über die Jugend ganz in die Hände von Laien gegeben werden würde.[627]

Der Papst wehrte sich gegen den von Freimaurern geforderten fehlenden Gottesbezug im Staat[628] und die von ihnen angestrebte Aufhebung der Standes- und Vermögensunterschiede. Dem rechtmäßigen Herrscher im Staat sei Gehorsam zu leisten, und dass die Macht vom Volk ausgehe, so der Papst, sei ein Irrglaube.[629]
Sämtlichen Verboten, Verurteilungen und kirchenrechtlichen Konsequenzen, die seine Vorgänger für die Freimaurer an sich wie für die katholischen Freimaurer im Besonderen normiert haben, schließt sich Leo XIII. im Folgenden an.[630]

625 Zitiert nach Bonifacius-Broschüren, Heft Nr. 8, S. 262.

626 In Italien und auch in den meisten Ländern Südamerikas war unter maßgeblichem Einfluss der Freimaurer ein Gesetz erlassen worden, wonach der kirchlichen Eheschließung keine zivilrechtliche Geltung mehr zuerkannt wurde.

627 Leo XIII. „Humanum genus" Nr. 14: „Quod ad convictum attinet domesticum, his fere continetur omnis Naturalistarum disciplina. Matrimonium ad negotiorum contrahendorum pertinere genus: rescindi ad voluntatem eorum, qui contraxerint, iure posse: penes gubernatores rei civilis esse in maritale vinculum potestatem. In educandis liberis nihil de religione praecipiatur ex certa destinataque sententia: integrum singulis esto, cum adoleverit aetas, quod maluerint sequi. [...] Ita ad illud festinat cursus, ut matrimonia in aliam naturam convertantur, hoc est in coniunctiones instabiles et fluxas, quas libido conglutinet, et eadem mutata dissolvat. [...] Quocirca in educatione doctrinaque puerili nullas Ecclesiae ministris nec magisterii nec vigilantiae sinunt esse partes: pluribusque iam locis consecuti sunt, ut omnis sit penes viros laicos adolescentium institutio." Ebd., S. 228.

628 LEO XIII., „Humanum genus" Nr. 17: „Idcirco qui solutam omni religionis officio civilem communitatem volunt, perspicuum est non iniuste solum, sed etiam indocte absurdeque facere." Ebd., S. 229.

629 LEO XIII., „Humanum genus" Nr. 17: „Quapropter, quatenus finis et natura societatis humanae postulant. Legitimae potestati iusta praecipienti aequum est parere perinde ac numini omnia moderantis Dei: illudque in primis a veritate abhorret, in populi esse voluntate positum obedientiam, cum libitum fuerit, abiicere." Ebd., S. 230.

630 LEO XIII., „Humanum genus" Nr. 22: „Quod pluries Decessores Nostri confirmarunt, nomen sectae Massonum dare nemo sibi quapiam de caussa licere putet, si catholica professio et salus sua tanti apud enim sit, quanti esse debet [...] verumtamen quia sectae

Er übernimmt schließlich noch den Leitsatz der Französischen Revolution – Freiheit, Gleichheit, Brüderlichkeit – und deutet ihn in Hinsicht auf die Kirche, indem er von der Freiheit der Kinder Gottes spricht, die nicht dem Satan und den Leidenschaften dienen, von der Gleichheit, die auf Gerechtigkeit und Liebe gründet und nicht alle Unterschiede aufhebt, sondern in Harmonie vereint, und von der Brüderlichkeit, die ihre Wurzel in Gott, dem Vater aller, hat.[631]

Papst Leo XIII. wollte aber nicht nur verurteilen, sondern sah sich auch herausgefordert. Gerade in den strukturellen Ursprüngen der Freimaurer, in den Zünften und Innungen der Handwerker, die unter religiöser Leitung für materiellen Wohlstand und den Schutz der guten Sitten Sorge tragen, erkannte der Papst das geeignete Mittel, die unerfahrenen, den trügerischen Verlockungen der Sekten leicht erliegenden Menschen vom Beitritt zu diesen nichtchristlichen Vereinigungen abzuhalten, und warb für deren Bildung und Forcierung.[632]

Erstmalig unternahm dieser Papst auch eine ausdrückliche Differenzierung hinsichtlich der Bewertung individuellen Verhaltens innerhalb der Freimaurersekte. Zunächst unterschied er zwischen der Institution der Freimaurer an sich und dem einzelnen Mitglied, das sich gegebenenfalls an den Unternehmungen der Freimaurer gegen Staat und Kirche nicht beteiligt und diese auch nicht billigt. Trotz dieser Differenzierung kommt er dann aber dennoch zu dem Ergebnis, dass nicht die vollendeten Taten entscheidend sind, sondern die Mitgliedschaft in einem Bund, dessen prinzipielle Gesinnung und deren Grundsätze, insbesondere der dort vertretene schrankenlose Naturalismus und das Streben nach einer

---

ipsius tota in vitio falgitioque est et ratio et caussa, congrergare se cum eis, eosve quoquo modo iuvare, rectum est non licet." Ebd., S. 232.

631 LEO XIII., „Humanum genus" Nr. 23: „Novetur itaque quotidianis incrementis isthaec sancta sodalitas, unde cum multi expectari possunt fructus, tum ille egregius, ut traducantur animi ad libertatem, ad fraternitatem, ad aequalitatem iuris: non qualia Massones absurde cogitant, sed qualia et Iesus Christus humano generi comparavit et Franciscus secutus est. Libertatem dicimus filiorum Dei, per quam nec Satanae, nec cupiditatibus, improbissimis dominis, serviamus: fraternitatem, cuius in Deo communi omnium procreatore et parente consistat origo: aequalitatem, quae iustitiae caritatisque constituta fundamentis, non omnia tollat inter homines discrimina, sed ex vitae, officiorum, studiorumque varietate mirum illum consensum efficiat et quasi concentum, qui natura ad utilitatem pertinet dignitatemque civilem." Ebd. S. 232 f.

632 Vgl. LEO XIII., „Humanum genus" Nr. 24, S. 233. In Deutschland sollte es nach dem ersten Weltkrieg in der Weimarer Republik und als Reaktion auf den politischen Einfluss der Nationalsozialisten zu einem Erstarken der katholischen Verbandsarbeit kommen. Vgl. WILHELM DAMBERG, Wende nach Innen? Katholizismus und Diktatur, in: Sozialer Protestantismus im Nationalsozialismus: diakonische und christlichsoziale Verbände unter der Herrschaft des Nationalsozialismus. Hg. von NORBERT FRIEDRICH und TRAUGOTT JÄHNICHEN, Münster 2003, S. 155 – 166, bes. S. 156 – 159.

antichristlichen Staats- und Gesellschaftsordnung, als kirchenfeindlich zu bewerten sind.[633]
Noch im selben Jahr, 1884, veröffentlichte das Hl. Offizium die Instruktion „AD GRAVISSIMA AVERTENDA“[634] für alle Bischöfe des Erdkreises.[635] Of-

633 LEO XIII., „Humanum genus“ Nr. 9: „Haec, quae diximus aut dicturi sumus, de secta Massonica intelligi oportet spectata in genere suo, et quatenus sibi cognatas foederatasque complecitur societates: non autem de sectatoribus earum singulis. In quorum numero utique possunt esse, nec pauci, qui quamvis culpa non careant quos sese istius modi implicuerint societatibus, tamen nec sint flagitiose factorum per se ipsi participes, et illud ultimum ignorent quod illae nitundur adipisci. Similiter ex consociationibus ipsis nonnullae fortasse nequaquam probant conclusiones quasdam extremas, quas, cum ex principiis communibus necessario consequantur, censentaneum esset amplexari, nisi per se foediate sua turpitudo ipsa deterreret. Item nonnullas locorum temporumve ratio suadet minora conari, quam aut ipsae vellent aut veterae solent: non idcirco tamen alienae a Massonico foedere putandae, quia Massonicum foedus non tam est ab actis perfectisque rebus, quam a sentiarum summa iudicandum.“ CIC-Fontes, III, Nr. 591, S. 225.

634 S.C.S.Off., Instructio „Ad gravissima avertenda“ vom 10.05.1884, in: CIC-Fontes, IV, Nr. 1085, S. 415 – 419; ASS, vol. XVII (1884/85), S. 44.

635 Am 02.07.1878 hatte die S.C.S.Off. in einer Instruktion den brasilianischen Bischöfen die strikte Beachtung der römischen Erlasse im Umgang mit den Freimaurern – gemeint waren insbesondere Erklärungen der S.C.S.Off. aus den Jahren 1861 und 1867 – in Erinnerung gerufen. Danach sollen die Priester nach Möglichkeit Ehen von katholischen Freimaurern mit katholischen Frauen verhindern und die Frauen wie ihre Eltern ermahnen, von einer solchen Ehe Abstand zu nehmen. Wenn die Ehe aber nicht zu verhindern wäre, dann sollen die Priester die Angelegenheit dem Bischof schildern, der erlauben kann, dass der Priester an der Eheschließung passiv teilnimmt, d.h. ohne einen Segen und ohne kirchlichen Ritus, wenn denn die katholische Erziehung der Kinder gesichert ist. Für Mischehen von katholischen Frauen mit nichtkatholischen Freimaurern, seien sie Angehörige anderer Religionen, häretischen Sekten oder vom katholischen Glauben abgefallen, muss unter Einhaltung der üblichen Cautelen eine Dispens eingeholt werden.
Die Befreiung von der Tatstrafe der Exkommunikation kann nur denjenigen gewährt werden, die die sakramentale Absolution nicht hartnäckig leugnen und vor allem positiv und ausdrücklich versprechen, die Versammlungen der Freimaurer zukünftig zu meiden oder wenigstens sobald das möglich ist. Vgl. dazu auch S. Cong. S.R.U. Inquisitionis vom 05.08.1898, in: ASS, vol. XXX (1898/99), S. 251.
Die Tauf- oder Firmpatenschaft können die öffentlich bekannten Freimaurer nicht übernehmen bzw. ist es verboten, ihnen diese Ämter zu übertragen.
Bezüglich des Begräbnisses von Freimaurern wird bestimmt, dass dieses nicht zu verweigern ist, wenn der Verstorbene vor seinem Tod Zeichen von Schuld und Reue gesetzt hat. Ist jemand vor seinem Tod in die volle Gemeinschaft der Kirche wieder aufgenommen worden und hat er vor seinem Tod dennoch selbst um die freimaurerischen Bestattungsriten gebeten, muss ihm das kirchliche Begräbnis verweigert werden. Wollen andere gegen den erklärten Willen des Verstorbenen diese Riten vollziehen, sind diese davon abzuhalten.
Vereinbarungen einzelner Priester mit Freimaurergesellschaften über irgendwelche kirchlichen Zeremonien sind untersagt und auch ein solches Verhalten, das den Anschein geben könnte, dass für einen Freimaurer eine Heilige Messe gefeiert werden würde. S.C.S.Off., Instructio vom 02.07.1878, in: CIC-Fontes, IV, Nr. 1056, S. 377 ff.

fenbar war es zu Missverständnissen hinsichtlich der kirchlichen Strafen für die Mitgliedschaft in verbotenen Vereinigungen gekommen, weswegen sich das Hl. Offizium in der Pflicht sah, präzise Aussagen zu treffen. Die Tatstrafe der Exkommunikation galt demnach, unter ausdrücklicher Bezugnahme auf die Konstitution „APOSTOLICAE SEDIS“ von Pius IX., für alle Mitglieder der Freimaurersekte oder einer anderen Sekte, die gegen die Kirche oder die rechtmäßigen Gewalten agiert, wobei weder das geheime Tun noch die eidlich besiegelte Geheimhaltungspflicht als die dafür ausschlaggebenden Straftatbestände benannt wurden, sondern allein die Mitgliedschaft in einer Freimaurerloge an sich.[636]
Zu den verbotenen Vereinigungen, in denen die Mitgliedschaft schwer schuldhaft sein kann, sollten dennoch auch alle die Sekten gehören, in denen die Führer von den Anhängern einen Eid abverlangten, ein Geheimnis zu bewahren und gehorsam zu sein.[637]
Vor der Mitgliedschaft in zweifelhaften Vereinigungen, die weder der einen noch der anderen Gruppe zugerechnet werden können, gleichwohl aber gefährlich sind, wird ebenso gewarnt.[638]

Die Instruktion suspendierte darüber hinaus für ein Jahr nach Veröffentlichung der Enzyklika „HUMANUM GENUS“ die Denunziationspflicht gegenüber den obersten Leitern und übrigen Führern sowie die päpstliche Reservation der Exkommunikation für diejenigen, die aus den verbotenen Gesellschaften austreten.[639]

636 S.C.S.Off. „Ad gravissima avertenda“ Nr. 3: „Ne quis vero errori locus fiat, cum diudicandum erit, quaenam ex his perniciosis sectis censurae, que vero prohibitioni tantum obnoxiae sint, certum imprimis est, excomunicatione latae sententiae mulctari masonicam aliasque eius generis sectas, quae [...] contra Ecclesiam vel legitimas potestas machinantur, sive id clam sive palam fecerint, sive exegerint sive non a suis asseclis secreti servandi iuramentum.“ Ebd., S. 417

637 S.C.S.Off., „Ad gravissima avertenda“, Nr. 4: „Praeter istas sunt et aliae sectae prohibitae atque sub gravis culpae reatu vitandae, inter quas praecipue recensendae illae omnes, quae a sectatoribus secretum nemini pandendum et omnimodam oboedientiam occultis ducibus praestandam iureiurando exigunt.“ Ebd.

638 S.C.S. Off., „Ad gravissima avertenda“, Nr. 4: „Animadvertendum insuper est, adesse nonnullas societates, quae, licet certo statui nequeat, pertineant necne ad has quas memoravimus, dubiae tamen et periculi plenae sunt, tum ob doctrinas quas profitentur, tum ob agendi rationem quam sequuntur ii, quibus ducibus ipsae coaluerunt et reguntur.“ Ebd.

639 S.C.S.Off., „Ad gravissima avertenda“, Nr. 1: „Imprimis peroptans clementissimus Pontifex animarum saluti prospicere, vestigia sequutus Salvatoris Iesu Christi qui non venit vocare iustos sed peccatores ad poenitentiam, paterna voce eos omnes, qui massonicae aliisque damnatis sectis nomen dedere, ad detergendas animae sordes, et ad divinae misericordiae sinum peramanter invitat. In hunc finem eadem usus benignitate, quae eius decessor Leo XIII., ad integrum anni spatium post rite vulgatas supra memoratas Apostolicas Litteras in unaquaque dioecesi, suspendit tum obligationem denunciandi earumdem sectarum occultos coryphaeos et duces, tum etiam reservationem censurarum, peculiarem facultatem concedeno omnibus confessariis ab Ordinariis lo-

Wer sich von der Exkommunikation befreien wollte, musste vier Bedingungen erfüllen, die das Hl. Offizium am 07.03.1883 normierte.[640] Dazu gehörte, sich von der verbotenen Vereinigung loszusagen, diese weder durch seine Teilnahme an Versammlungen noch durch finanzielle Beiträge und jedwedes Tun zu unterstützen, nach Möglichkeit Wiedergutmachung zu leisten und seinen Namen aus dem Mitgliederverzeichnis streichen zu lassen, wenn oder sobald das ohne Nachteil geschehen könnte.[641]

Das italienische Volk, die italienischen Bischöfe und der italienische Klerus waren die Adressaten des päpstlichen Schreibens „DALL'ALTO DELL'APOSTOLICO SEGGIO"[642] vom 15.10.1890. Da seine bisherigen Verlautbarungen über und gegen die Freimaurer weitgehend fruchtlos geblieben seien und es zwecklos erscheine, die Freimaurer selbst zur Umkehr zu bewegen, müsse, so der Papst, nun der Kampf gegen sie begonnen werden, um die katholische Religion zu verteidigen.

Der Papst verstand sich in seinem Schreiben nicht nur als Verteidiger der Kirche und des Glaubens, sondern auch als der Retter der italienischen Nation, die vor den durch die Freimaurer beeinflussten sozialpolitischen Entwicklungen zu schützen sei, insofern die christlichen Werte, Sittlichkeit und Ehre, in einem Land ohne Religion verloren gehen würden.[643]

---

corum adprobatis, ut eos qui vere resipuerint, et sectas deseruerint, ab iisdem censuris absolvere, et Ecclesiae reconciliare valeant." Ebd., S. 416.

640 S.C.S.Off., Dekret vom 07.03.1883, in: CIC-Fontes, IV, Nr. 1080, S. 412.

641 S.C.S.Off., 07.03.1883: „R. Iuxta exposita catholicos, de quibus agitur, admitti posse ad sacramenta, praevia absolutione a censuris, quatenus opus sit (pro qua dantur Episcopo opportunae facultates) dummodo: 1. reapse sese omnino separaverint a societatibus praedictis; - 2. promittant numquam amplius fore ut sese immisceant alicui actui societatum ipsarum tum secreto tum publico, et praesertim numquam amplius se soluturos requisitam contributionem; - 3. removeatur scandalum eo meliori modo quo fieri potest; - 4. Animo sint dispositi ad suum nomen revocandum, si et quando id facere absque gravi damno poterunt." Ebd.

642 LEO XIII., Enzyklika "Dall'alto dell'Apostolico seggio", vom 15.10.1890, in: ASS, vol. XXIII (1890-91), S. 193 – 206.

643 LEO XIII., "Dall'alto dell'Apostolico seggio": [...] Esclusione d'ogni elemento cattolico o clericale da tutte le amministrazioni pubbliche, dalle opere pie, dagli spedali, dalle scuole, dai consigli nei quali si preparano i destini della patria, dalle accademie, dai circoli, dalle associazioni, dai comitati, dalle famiglie; esclusione da tutto, dovunque, per sempre. Invece l'influenza massonica deve farsi sentire in tutte le circostanze della vita sociale, e divenire padrona e arbitra di tutto. – Con questo si spianerà la via all'abolizione del Papato; così l'Italia sarà libera dal suo implacabile e mortale nemico, e Roma che fu in passato il centro della Teocrazia universale, sarà nell'avvenire il centro della secolarizzazione universale, d'onde deve essere proclamata in faccia al mondo intero la "Magna Charta della libertà umana". Sono altrettante dichiarazioni, aspirazioni e risoluzioni autentiche di framassoni o delle loro assemblee." Ebd. S. 197 f.

Am 08.12.1892 wandte sich der Papst mit seinem Schreiben „INIMICA VIS“[644] erneut an die italienischen Bischöfe und am selben Tag mit seiner Enzyklika „CUSTODI DI QUELLA FEDE“[645]auch an das italienische Volk. Inhalt der Verlautbarungen war das schon in seinem Brief vom 15.10.1890 behandelte Thema – die Freimaurerei.

Obwohl die Kirche die Machenschaften der Freimaurer und ihre antikirchliche Haltung aufgedeckt habe, schreibt der Papst an die Bischöfe, und der Kampf gegen sie erfolgversprechend sei, würden sich die freimaurerischen Ideen wie eine Krankheit verbreiten. Das italienische Volk hätte die darin liegende Gefahr für die christliche Zivilisation aber noch nicht erkannt, weswegen er die Bischöfe aufforderte, ihre Herde zu beschützen und gegen den starken heidnischen Gegner zu wappnen.[646]
Zugleich forderte er in seiner Enzyklika auch die italienischen Katholiken und das gesamte italienische Volk auf, sich gegen den Einfluss der Freimaurer, die Wegbereiter des auf Anarchie ausgerichteten Sozialismus und Kommunismus seien, zur Wehr zu setzen, Freundschaft und Vertraulichkeit mit solchen, die im Verdacht stünden, Freimaurer zu sein, zu meiden und auch mit denjenigen, die sich hinter der Maske der Toleranz gegenüber jeder Religion verstecken würden.

Auf eine Anfrage, ob die geheimen obersten Leiter und die Führer von Freimaurersekten gemäß der Konstitution „APOSTOLICAE SEDIS“ von Pius IX. anzuzeigen seien, wenn sie selbst zwar als Freimaurer öffentlich bekannt wären, ihre Eigenschaft, eine leitende Funktion innerhalb der Loge zu haben, aber nicht, reagierte das Hl. Offizium am 19.04.1893 und bestätigte die Denunziationspflicht.[647]

---

644 LEO XIII., Epistola „Inimica vis“ vom 08.12.1892, in: ASS, vol. XXV. (1892-93), S. 274 – 277.

645 LEO XIII., Enciclica “Custodi di quella fede” vom 08.12.1892, deutsche Übersetzung des italienischen Originals, in: AfkKR, 69 (1893), S. 148 – 157; CIC-Fontes, III, Nr. 616, S. 387 – 392.

646 LEO XIII., „Inimica vis“: „Iamvero sectarum, quotquot antea fuere institutis catholicis intensae, in ea revixere spiritus, quae secta Massonica nominatur, quaeque virium et opum valida, acerrimam bello facem praeferens, quidquid usquam sacri est, aggreditur. [...] Nihilominus, si fateri volumus id quod res est, plurimos italorum parum cautos parumque providos inconsiderate quaedam securitas facit, ideo magnitudinem periculi aut omnino non vident, aut non ex veritate metiuntur. Atque fides avita, parta nominibus per Iesum Christum salus, et quod consequens est, ipsa christianae humanitatis benefacta in discrimine vertuntur. Siquidem nihil timens, nemini cedens, maiora quotidie audit secta Massonum: totas civitates velut contagio invasit, omnibusque reipublicae institutis se implicare altius in dies nititur, coniurata, quod passim solet, catholicam religionem, principium et fontem bonorum oppugnandam fidem divinam infinitae artes; hinc spreta, oppressa legibus legitima Ecclesiae libertas.” Ebd., S. 274.

647 S.C.S.Off., 19.04.1893: „1. An occulti sectae massonicae coryphaei ac duces sint denuntiandi iuxta Const. Apostolicae Sedis, quando sunt publice noti ut liberi muratori,

Die zweite Anfrage, ob die Denunziationspflicht in den Ländern ausgesetzt sei, in denen die Mitgliedschaft in den Logen von der Zivilregierung toleriert werden würde und die Mitglieder von der kirchlichen Gewalt daher nicht bestraft und auf keine andere Weise irgendwie gezügelt werden könnten, verneinte das Hl. Offizium am selben Tag.[648]

Am 20.06.1894 befasste sich der Papst ein weiteres Mal mit den Freimaurern. In seinem Brief „PRAECLARA"[649] an die Fürsten und alle Völker warnte er vor allem die Italiener und die Franzosen, sich der Gefahr, die von den Freimaurern in ihren Ländern ausgehe, bewusst zu sein.[650] Zuvor hatte er zusammenfassend diese von den Freimaurern ausgehenden Gefahren für die Kirche und die Zivilgesellschaft noch einmal benannt, deren Kampf gegen das Christentum, die Leugnung der geoffenbarten Wahrheit und ihr Spott über die Glaubenspraxis und die kirchlichen Sakramente, dazu das Bemühen der Freimaurer, die Ehe und Familie, die Erziehung und Bildung der Kinder zu entchristlichen und einzig in den Naturgesetzen den Maßstab sittlichen Handelns zu erkennen.[651]
Wenige Jahre später wandte sich der Papst erneut in seiner in italienischer Sprache verfassten Enzyklika „SPESSE VOLTE"[652] vom 05.08.1898 an die Bischöfe, den Klerus und die Menschen in Italien und protestierte gegen die die Freiheit und den Einfluss der Kirche unterdrückenden politischen Maßnahmen des italienischen Staates.[653] Im Einzelnen geht der Papst darin ein auf die Unterdrü-

---

sed non sunt publice noti ut coryphaei vel duces huius sectae massonicae. [...] R. Ad 1. Affirmative." CIC-Fontes, IV, Nr. 1162, S. 480.

648 S.C.S.Off., 19.04.1893: „2. An denuntiationis obligatio cesset apud eas regiones, in quibus liberi muratori, et ideo ipsorum coryphaei a gubernio civil tolerantur, et ab ecclesiastica potestate puniri non possunt, nec ullo modo cohiberi. [...] R. Ad 2. Negative." Ebd.

649 LEO XIII., Epistula „Praeclara", in: CIC-Fontes, III, Nr. 625, S. 441 – 450.

650 LEO XIII.. „Praeclara" Nr. 11: „Clemens prohibeat Deus nefaria consilia: sentiat tamen atque intelligat populus christianus, indignissimum sectae iugum excutiendum aliquando esse: excutiantque enixius, qui durius premuntur, Itali et Galli." Ebd., S. 448.

651 LEO XIII., „Praeclara" Nr. 11: „Per speciem vindicandi iuris humani civilisque societatis instaurandae, christianum nomen hostiliter petit: traditam a Deo doctrinam repudiat: officia pietatis, divina sacramenta, tales res augustiores, tamquam superstitiosa vituperat: de matrimonio, de familia, de adolescentium institutione, de privata omni et publica disciplina, christianam formam detrahere nititur, omnemque humanae et divinae potestatis reverentiam ex animo evellere populorum. Praecipit vero colendam homini esse naturam, atque huius unius principiis aestimari ac dirigi veritatem, honestam, iustitiam oportere." Ebd., S. 447.

652 LEO XIII., Enzyklika „Spesse volte", vom 05.08.1898, in: ASS, vol. XXXI (1898-1899), S. 129 – 137.

653 LEO XIII., "Spesse volte": „Dopo rovesciato il principato civile dei Papi, si vennero in Italia togliendo gradatamente alla Chiesa cattolica i suoi elementi di vita e di azione, la sua naturale e secolare influenza nei pubblici e sociali ordinamenti. Con atti progressivi e coordinati a sistema si chiusero monasteri e conventi; si dissipò, colla confisca dei beni ecclesiastici, la massima parte del patrimonio della Chiesa: s'impose ai chierici il servizio militare; s'inceppò la libertà dell'ecclesiastico ministero con disposizioni arbi-

ckung der kirchlichen Einflussnahme auf das öffentliche und gesellschaftliche Leben, die Behinderung und Schließung von Klöstern, die Beschlagnahmung kirchlichen Eigentums, die Militärpflicht der Kleriker sowie die Beschneidung der Freiheit des Heiligen Stuhls. Bei allen diesen Maßnahmen erkennt Leo XIII. eine freimaurerische Prägung und sieht die Motive dafür im Hass gegen die Religion.
Mit dieser Enzyklika nahm der Papst Bezug auf seine schon früher veröffentlichen Enzykliken „DALL'ALTO DELL'APOSTOLICO SEGGIO“ (1890) und „CUSTODI DI QUELLA FEDE“ (1892) und forderte trotz einiger schon zu verzeichnenden Erfolge dazu auf, weiter gegen die religiöse Dekadenz, den Sozialismus, die Anarchie, die Perversion des Geistes und die Korruption des Herzens zu kämpfen.

Auch in seinem Apostolischen Schreiben „ANNUM INGRESSI“[654] vom 19.03.1902, das einen Rückblick auf sein Pontifikat darstellt und einen Ausblick in die Zukunft gibt, berücksichtigte der Papst die Freimaurerei, deren Ziel es sei, Staat und Kirche zu vernichten. Ihr sei der Krieg gegen Gott und die Kirche angeboren, sie habe die Leitung des Staates in der Hand, habe sich, erfüllt vom Geist des Satans, in einen Engel des Lichts verwandelt (2 Kor. 11,14), stelle sich als wohltätig dar und auch, wenn sie behaupte, keine politischen Ziele zu verfolgen, nähme sie Einfluss auf die Gesetzgebung des Staates. Im Christentum sähe sie den Feind der Freiheit, weswegen es vernichtet werden müsse. Die Angriffe auf die Kirche seien daher von den Freimaurern initiiert, die sich in der Frechheit der Zeitungen, den Tumulten bei öffentlichen Versammlungen, in der Ausgelassenheit der Theatervorstellungen sowie im Gespött über die Gebräuche und Feste der Kirche ausdrückten, um die Jugend zu beeinflussen, damit sie dem Unglauben und der Gleichgültigkeit zum Opfer falle.[655]

---

trarie ed ingiuste; si mirò con isforzi perseveranti a cancellare da tutte le pubbliche istituzioni l'impronta religiosa e cristiana; si favorirono i culti dissidenti, e mentre si concedeva la più ampia libertà alle sette massoniche, si riserbavano odiose intolleranze e vessazioni a qull'unica religione; che fu sempre gloria, presidio e forza degli italiani." AAS, vol. XXXI (1898-1899), S. 129.

654 LEO XIII., "Annum ingressi" vom 19.03.1902, italienische Fassung in: ASS, vol. XXXIV (1901-1902), S. 513 – 532.

655 LEO XIII., „Annum ingressi“: „Siffatte e simili accuse muovono dunque da pretto maltalento. E in quest'opera perniciosa e sleale va innanzi agli altri una setta tenebrosa, che la società porta da lunghi anni nei suoi finachi, come un morbo letale che ne contamina la sanità, la fecondità e la vita. Personificazione permanente della rivoluzione, costituisce una specie di società a rovescio, il cui scopo è un predominio occulto sulla società riconosciuta, e la cui ragione di essere consiste nella Guerra a Dio ed alla sua Chiesa. Non sarebbe d'uopo neppur nominarla; ché tutti raffigurano a questi contrassegni la massoneria, della quale parlammo di proposito nella Nostra Enciclica "Humanum genus" del 20 Aprile 1884, denunziandone le malefiche tendenze, le false dottrine, le opere nefaste. Questa setta che abbraccia nell'immensa rete quasi tutte le nazioni e si collega con altre sette che muove con occulti fili, allettando i suoi affigliati con l'esca dei vantaggi che loro procura, piegando i reggitori ai suoi disegni or con

5.1.6 Partikularsynoden (1850 – 1895)

Mehrere Partikularsynoden griffen die päpstlichen Verbote bezüglich der Mitgliedschaft in verbotenen Vereinigungen auf. Nach den Vorstellungen des Tridentinums lag der Zweck eines Partikularkonzils unter anderem darin, Gesetzeslücken, die wegen der Natur der Sache in Bezug auf die örtlichen Verhältnisse durch das allgemeine Kirchenrecht nicht geregelt werden konnten und daher dem partikularen Gesetzgeber überlassen waren, auszufüllen bzw. das allgemeine Recht durch weiterführende Maßnahmen zur vollen Geltung zu bringen.

5.1.6.1 Die Partikularsynode von Thurles/Irland (1850)

Auf der Partikularsynode in Thurles wurden am 22.08.1850 25 Dekrete verabschiedet. In Dekret Nr. 18 „De parochis", in dem über die Eignungsvoraussetzungen sowie die Rechte und Pflichten der Pfarrer gehandelt wird, wird in Artikel 15 als eine für die Pfarrer große Aufgabe der Umgang mit den nicht wenigen Katholiken benannt, die Mitglieder von Freimaurerlogen geworden seien.

Es müsse in Erinnerung gerufen werden, dass sowohl die Mitglieder solcher Vereinigungen als auch diejenigen, die sie unterstützten, sich die dem Papst vorbehaltene Tatstrafe der Exkommunikation zugezogen hätten. Die Mitgliedschaft von Katholiken in anderen, vom Apostolischen Stuhl nicht verbotenen Geheimgesellschaften, in denen von den Mitgliedern ein Eid oder ein bloßes Versprechen, ein Geheimnis zu bewahren, abverlangt werde, sollten von den

promesse, or con minacce, è giunta ad infiltrarsi in tutti gli ordini sociali ed a formare quasi uno Stato invisibile ed irresponsabile nello Stato legittimo. Piena dello spirito di Satana che, come diceva l'Apostolo, sa all'uopo trasfigurarsi in angelo di luce, vanta fini umanitari, ma tutto sfrutta ad intento settario, e mentre dichiara di non aver mire politiche, esercita larga azione nel movimento legislativo e amministrativo dello Stato; mentre professa rispetto alle autorità imperanti e perfino alla religione, mira come a scopo suprem0 (ed i suoi stesi regolamenti lo affermano) allo sterminio dell'impero e del sacerdozio, considerati da essa come nemici della libertà. Or si fa sempre più manifesto che alle suggestioni e alla complicità di questa setta vanno attribuite in gran parte le continue vessazioni contro la Chiesa, come pure la recrudescenza di recenti attacchi. Ed invero la contemporaneità della persecuzione, scoppiata testè come procella a ciel sereno, cioè senza cause adeguate all'effetto; il genere identico della preparazione fatta con la stampa giornaliera, con adunanze pubbliche e produzioni teatrali; l'impiego dapertutto, delle medesime armi della calunnia e dell'eccitamento popolare, mostrano l'identità dei propositi e la parola d'ordine uscita da uno stesso centro di direzione. Episodio del resto che si associa a quel piano prestabilito, e che si va largamente traducendo in atto, per moltiplicare i danni già da Noi annoverati, e sopratutto per restringere fino alla totale esclusione l'insegnamento religioso, formando così generazioni d'indifferenti e d'increduli; per impugnare con la stampa la morale della Chiesa; per ischernirne finalmente le practiche e profanarne le feste." Ebd. S. 526 f.

Pfarrern dem Bischof gemeldet werden, damit dieser eine Strafe verhängen könne.[656]

5.1.6.2 Die Partikularsynode von Urbino/Italien (1859)

Mit Bezug auf die Enzyklika „QUI PLURIBUS" von Pius IX. und die Verurteilungen der Geheimgesellschaften seiner Vorgänger wurde unter der Rubrik „De blasphemia" die Mitgliedschaft in den im Geheimen und Dunklen agierenden Sekten mit der Tatstrafe der Exkommunikation belegt, wie sie auch für alle die gelten, die sich der Häresie schuldig oder sich ihrer nur verdächtig machten.[657]

5.1.6.3 Die Partikularsynode von Baltimore/USA (1866)

Auf der Partikularsynode von Baltimore 1866 wurde zunächst das geltende Recht in Erinnerung gerufen und darauf hingewiesen, dass auf die Anfrage des Bischofs von Philadelphia, Francis Kenrick (1797-1863), ob es erlaubt sei, geheimen Gesellschaften, die weder gegen die Kirche noch gegen den Staat agieren, anzugehören, von der Congregatio de Propaganda fide geantwortet worden sei, dass die päpstlichen Richtlinien zu befolgen seien, weil das geheime Tun alleine sie schon verdächtig mache.[658]

---

656 SYNODUS PLENARIA Hiberniae apud Thurles, 1850 augustii 22: "15. Cum vero maximopere dolendum sit non paucos catholicos damnatae societati liberorum muratorum nomen dedisse, parochi eis in memoriam revocent, omnes iure meritoque excommuniationem summo pontifici reservatam ispo facto incurrere, qui audent vel praesumunt huiusmodi societates inire, vel propagare, aut confovere, receptare, occultare, aut iis etiam interesse, [...] Quodsi catholici aliqui in alias societates secretas nominatim a sede apostolica non damnatas convenient, sive iuramento sive mera promissione ad secretum servandum se obligent, eos parochus ad episcopum deferat, ut re perpensa gravissimis poenis ecclesiasticis contumaces puniantur." MANSI, Bd. 44 (1911), Sp. 151 – 212, Sp. 168.

657 Vgl. CONCILIUM URBINATENSE, 1859 iunii 5, Pars III, De disciplinis, Titulus I De blasphemia, Nr. 178, Satz 2, in: MANSI, Bd. 47 (1913) , Sp. 851 – 966, Sp. 901 f.

658 Vgl. Zweites Plenarkonzil Baltimore, Dekr. 514; Rescriptum S. Congregationis Sancti Officii, circa Societates secretas: "Sequitur responsum Emi. Card. Fransoni praefatae epistolae Illi. Di. Kenrick, Episcopi Philadelphiensis: Illme. et Revme. Dne.: Ex adjecto rescripto Congreg. S. Officii, Amplituto Tua dignoscet, quid circa propositum dubium quoad Societates nonnullas istic institutas sit retinendum. Juvat porro animadvertere, secretum ac tenebras, quibus Societates nonnullas obvoluntur, praecipuam esse rationem, ob quam per Apost. Sedem contra ipsas damnatio fuit lata: inde vero facile regula deducti poterit, ut in praxi judicium de iisdem efformetur. Precor Deum, ut Te sospitem servet, neque profiteor Amplitudinis Tuae. [...] J.Ph. Card. Fransonis, Praefectus", in: CONCILII PLENARII BALTIMORENSIS II. in Ecclesia Metropolitanta Baltimorensi a die 7. ad diem 21. Octobris 1866 habiti, et a Sede Apostolica Recogniti, Acta et Decreta, Baltimore 1868, S. 335 – 337. Vgl. auch COLLECTIO LACENSIS, Acta et decreta sacrorum conciliorum recentiorum. 7 Bde., Freiburg i.Br. 1879-1890, Bd. 3, 1875, Nr. 511 – 523. Vgl. auch GERHARD SCHNEEMANN, S.J., Das zweite

Die Synode stellte fest, dass es für Gläubige verboten sei, den Logen der Freimaurer, den Odd-Fellows, den Sons of Temperance[659] oder anderen geheimen Verbindungen anzugehören, die gegen den Staat oder die Kirche agieren und ihre Mitglieder durch einen geheimen Eid binden.[660]

5.1.6.4 Das Zweite Plenarkonzil der Bischöfe Australiens (1895)

Leo XIII. hatte am 31.01.1895 den Kardinal und Erzbischof von Sydney, Patrick Francis Moran (1830-1911), zur Einberufung eines weiteren Plenarkonzils – das erste hatte zehn Jahre zuvor stattgefunden – veranlasst, das am 17.11.1895 unter Teilnahme von dreiundzwanzig Erzbischöfen, Bischöfen, Apostolischen Vikaren und Administratoren eröffnet wurde.

Die auf dem ersten Plenarkonzil von 1885 auch unter dem Einfluss des von Pius IX. veröffentlichten Syllabus und der Enzyklika „Humanum genus" Leo's XIII. erlassenen Gesetze[661] sollten überprüft und gegebenenfalls präzisiert oder erweitert werden. Zu den verabschiedeten Neuerungen gehörte im Dekret über die Kirchendisziplin, dass denjenigen, die die Einäscherung ihrer Leiche verfügt hatten, ein kirchliches Begräbnis zu verweigern war, was ebenso für die kirchliche Bestattung derjenigen galt, an deren Begräbnissen Freimaurer oder Mitglieder anderer Geheimbünde mit ihren Insignien teilnehmen wollten.[662]

5.1.6.5 Erlasse anderer Synoden

Die 1889 gehaltene Synode von St. Boniface, Kanada, verhängte die Exkommunikation über Freimaurer, Carbonari und andere geheime Gesellschaften, die sich mit Kommunisten, Sozialisten und Anarchisten gegen die Kirche verschworen.[663]

Die Enzyklika „QUANTA CURA" und der SYLLABUS von Pius IX. stellten auch den Hintergrund für die Beschlüsse des Provinzialkonzils von Antequera/Oaxaca, Mexico, im Jahr 1893 dar, das die vom Papst benannten Irrtümer der

---

Plenarconcil von Baltimore (1866), in: AfkKR, Bd. 22 (1869), S. 177 – 213, besonders S. 208 – 212.

659 Bei der Vereinigung der ‚Sons of Temperance' handelt es sich um eine Mitte des 19. Jahrhunderts in den Vereinigten Staaten gegründete Geheimgesellschaft, die zur gegenseitigen Unterstützung nach Art einer Versicherung ins Leben gerufen worden war. Die Vereinigung verfügte über geheime Rituale, Zeichen, Kennwörter und Handgriffe.

660 Vgl. CONCILII PLENARII BALTIMORENSIS II , ebd.

661 Vgl. IAN BENJAMIN WATERS, Die Konzilien in Australien (1842-1917), Paderborn 1994, S. 36 ff.

662 Vgl. ebd., S. 53.

663 Vgl. ACTA ET DECRETA PRIMI CONCILII PROVINCIAE SANCTI BONIFACII 1889, St. Boniface 1892, S. 22.

Zeit wiederholte und gleichfalls verdammte, wozu auch die Verurteilung der verbotenen Gesellschaften, namentlich der Freimaurer, gehörte.[664]
Nur drei Jahre später wurde in Mexiko ein Konzil von Erzbischof Próspero María Alarcón y Sánchez de la Barquera (1827-1908) einberufen, der in seinem Einberufungsdekret die schwierige Situation der Kirche in einem durch Liberalismus, Freimaurerei und Positivismus vor allem im Bereich des Schulwesens wie auch der kirchlichen Caritas darstellte und die Notwendigkeit der Stärkung der Kirchendisziplin einforderte.[665] Im selben Jahr wurde auch in der 1863 errichteten Kirchenprovinz Gudalajara ein Provinzialkonzil abgehalten, das gleichfalls die Zeitirrtümer verurteilte und dabei vor allem die Freimaurerei besonders hervorhob.[666]

Vom 28.04.bis zum 12.05.1895 fand die Erste Provinzialsynode von Tokio statt. In der zweiten öffentlichen Sitzung der 14 Teilnehmer[667] wurde das Dekret „De acatholicis et massonibus" approbiert, das auf die kirchlichen Bestimmungen zum Verhalten der Seelsorger bei beabsichtigten Eheschließungen mit Freimaurern[668] und in Bezug auf die Verweigerung des kirchlichen Begräbnisses verwies.[669]

---

664 Vgl. ACTA ET DECRETA CONCILII ANTEQUERENSIS I a die 8. Decembris 1892 ad diem 12. Martii 1893 Oaxacae celebrati, Romae 1894, S. 38 – 44. Die Beschlüsse des Konzils wurden zur Bestätigung am 12.03.1893 nach Rom gesandt, woran in einem weiteren Brief vom 28.08.1893 Erzbischof Eulogio G. Gillow (1841-1922) erinnerte. Handschriftlich vermerkte er auf dem Umschlag, dass es dem Ansehen der Kirche schade, „wenn sie in einer Zeit keine Orientierung gebe, in der die Feinde der Kirche nicht schliefen, allen voran die Freimaurer, deren Einfluss, aus den Vereinigten Staaten kommend, in Mexiko besorgniserregend zugenommen habe." WILLI HENKEL, Die Konzilien in Lateinamerika, Teil I, Mexico 1555-1897, Paderborn 1984, S. 187 f.

665 Vgl. WILLI HENKEL, Die Konzilien in Lateinamerika, S. 189.

666 Vgl. ACTA ET DECRETA CONCILII PROVINCIALIS GUADALAXRENSIS PRIMI, a.d. 1896/97 Guadalaxarae celebrati, Romae 1898, S. 8, Nr.4.

667 An der Synode nahmen der Erzbischof von Tokio, die Bischöfe von Osaka, Nagasaki und Hakodate sowie zehn französische Missionare teil. Vgl. JOSEF METZLER, Die Synoden in China, Japan und Korea, 1570-1931, Paderborn 1980, S. 262.

668 Auf eine Anfrage, wie unter anderem zu verfahren sei, wenn ein Katholik vor der Kirche eine Ehe mit einem Angehörigen einer verbotenen Vereinigung eingehen möchte, antwortete die S.C.S.Off. am 30.01.1867: "Quoties agatur de matrimoni inter unam partem catholicam et alteram quae a fide ita defecit, ut alicui falsae religioni vel sectae sese adsripserit, requirendam esse consuetam et necessariam dispensationem cum soltis ac notis praescriptionibus et clausulis. Quod si agatur de matrimonio inter unam partem catholicam et alteram quae fidem abiecit, at nulli falsae religioni, vel heareticae sectae sese adscripsit, quando parochus nullo modo potest huiusmodi matrimonium impedire (ad quod totis viribus incumbere tenetur), et prudenter timet ne ex denegata matrimonio esse ad R.P.D. Episcopum qui, sicut ei opportuna nunc facultas tribuitur, inspectis omnibus casus adiunctis, permittere poterit ut parochus matrimonio passive intersit tamquam testis autorizalibus, dummodo cautum omnino sit catholicae educationi universae prolis, aliisque similibus conditionibus." CIC-Fontes, IV., Nr. 998, S. 301 f.

Schon am 21.08.1861 hatte die S.C.S.Off., zur Frage von Mischehen Stellung genommen. Auf die Frage, ob es erlaubt sei, den Eheschließungen von denen zu assistieren, die nicht nur der Sekte der Protestanten, sondern auch der Gesellschaft der Freimaurer angehören, hatte das Hl. Offizium unter Hinweis auf eine spätere generelle Regelung geantwortet: „Quoad assistentiam matrimoniis eorum qui pertinent ad societatem liberorum muratorum parochi et missionarii se gerant uti cum agitur de praestanda assistentia matrimoniis eorum qui tamquam publicis peccatores habentur. Cum vero usque adhuc Apostolica Sedes nullum generale decretum super hac re tulerit, oportet ut Pastores caute ac prudenter se gerant: et debent potius in casibus particularibus ea statuere quae magis expedire in Domino iudicaverint, quam generali regula aliquid decernere." CIC-Fontes, IV, Nr. 967, S. 239 f., S. 240.

Vgl. dazu auch die Instruktion des Hl. Offiziums vom 25.05.1897 für die mexikanischen Regionen, CIC-Fontes, IV, Nr. 1186, S. 493.

669 Vgl. JOSEF METZLER, Die Synoden in China, Japan und Korea, S. 265. Siehe dazu auch die Antwort des S.C.S.Off. vom 01.08.1855 an den Bischof der Diözese Portus Aloisii (Brasilien), der aufgrund eigener Erlebnisse in seiner Diözese um Auskunft zum Umgang mit Freimaurern gebeten hatte, die 1. auf dem Sterbebett die Rekonziliation erbitten, und ob man 2. nach dem freimaurerischen Sterberitual jegliche kirchliche Zeremonie verweigern muss? Auf die erste Frage antwortete das Hl. Offizium, dass die Absolution erteilt werden kann, wenn derjenige sich vor seinem Tod der Autorität und den Geboten der Kirche unterwirft. Tritt der Tod vorher ein, kann die Exkommunikation im Fall von ehrlicher Reue auch post mortem aufgehoben werden und ein kirchliches Begräbnis stattfinden. Ansonsten werde derjenige sterbend durch vollkommene Reue die Gnade Gottes wiedergewinnen.

Auf die zweite vorgelegte Frage antwortete das Hl.Offizium, dass ein kirchliches Ritual davon abhängig zu machen sei, ob derjenige die freimaurerische Zeremonie selbst veranlasst hat oder andere für ihn das organisiert haben. Im zweiten Fall wäre ein kirchliches Begräbnis möglich, im ersten nicht. Im Übrigen sei ein Begräbnis immer zu tolerieren, wenn durch die Verweigerung ein schwerer Schaden drohe und durch das vorgenommene Begräbnis nicht selbst ein Ärgernis entsteht. „Haec autem locum etiam sibi vindicant, si quando defuncti corpus in aulam massonum (vulgo Loggia, Loge) delatum fuerit. Etenim, si extrema defuncti voluntate id accidit, procul dubio ecclesiastica sepultura carere debet, cum, ut praefertur, obduratus obierit. Si vero perversa aliorum opera contra defuncti votum, quippe qui cum veris respiscentiae signis decessit, neque absolutionis beneficio privari debet, nec ecclesiastica sepultura, prout ex doctrina nuper exposita, et ex decreto huius S.C. clarissime eruitur." CIC-Fontes, IV, Nr. 932, S. 209.

Am 19.05.1886 war durch eine Instruktion des Hl.Offiziums die Anfrage negativ entschieden worden, ob es erlaubt sei, einer Vereinigung beizutreten, die die Leichenverbrennung fördere. Wenn es sich bei dieser Vereinigung um eine mit den Freimaurern verwandte Gesellschaft handele, würden für diese Vereinigung dieselben Strafen gelten wie für Freimaurer. Die zweite Anfrage, ob es erlaubt sei, seinen eigenen oder andere Leichname zur Verbrennung zu übergeben, wurde gleichfalls negativ beschieden. Vgl. S.C.S.Off., Instructio vom 19.05.1886, in: CIC-Fontes, IV, Nr. 1100, S. 428 f.

Im selben Jahr, am 15.12.1886, antwortete das Hl. Offizium auf die Frage, ob es erlaubt sei, einen kirchlichen Ritus an denen zu vollziehen, deren Leichen nicht aus eigenem Willen, sondern nach Entscheidung anderer verbrannt werden sollten, positiv, wobei der kirchliche Ritus dann zuhause oder in der Kirche, nicht aber am Ort der Verbrennung abzuhalten sei. Für diejenigen aber, die aus eigenem Willen verbrannt werden wollten, gelte die Entscheidung vom 19.05.1886, und im Zweifelsfall solle der

Papst Clemens XII. (1738) hatte zuerst die Mitgliedschaft bei den Freimaurern wegen des sich aus dem geheimen Tun der Logen ergebenden Verdachts der Ketzerei und der Staatsgefährdung unter die Strafe der dem Papst vorbehaltenen Exkommunikation gestellt. Er befürchtete zudem schädlichen Einfluss auf die einfältigen Menschen, die durch die Lehren der Freimaurer in die Irre geführt werden könnten.

Seine Nachfolger bestätigten das Verbot. Benedikt XIV. erkannte im Zusammenschluss von Menschen jedweder Religion eine Gefahr für die Reinheit des christlichen Glaubens und zog aus der eidlich abverlangten Geheimhaltungspflicht der Freimaurer den Schluss auf lasterhafte Taten. Pius VII. weitete das Mitgliedschaftsverbot für Katholiken auf die Gesellschaft der Carbonari aus und führte die Denunziationspflicht ein, die jeden unter Strafe der dem Papst vorbehaltenen Exkommunikation verpflichtete, die ihm bekannten Mitglieder in den verbotenen Vereinigungen bei der kirchlichen Obrigkeit anzuzeigen sowie eventuelle Schriften dort oder beim Ortsordinarius abzugeben, um für die von den

---

Bischof entscheiden. Vgl. S.C.S.Off. vom 15.12.1886, in: ASS, vol. XXV (1892-93), S. 63.

Von Anfang an war die Leichenverbrennung in der christlichen Tradition abgelehnt und die Erdbestattung nach dem Vorbild Christi gefordert worden. In der hellenistischen Umwelt des frühen Christentum war der Botschaft von der leiblichen Auferstehung der Toten mit Skepsis begegnet worden (vgl. Apg 17,32), weswegen gerade diese Botschaft mit Nachdruck in den frühen Gemeinden verkündet wurde (vgl. 1 Kor 15; 1 Thess 4,13-18). Karl der Große (748-814) verbot die Feuerbestattung im Jahr 785, doch im Zuge der Aufklärung wurde sie wieder eingeführt und zuerst 1800 in Frankreich wieder offiziell zugelassen. Seit der zweiten Hälfte des 19. Jahrhunderts nahm die Feuerbestattung aus ästhetischen, hygienischen, sozialen und auch antikirchlichen Gründen zu. Vgl. HEINRICH DE WALL, Art. Feuerbestattung, I. Geschichtlich und rechtlich, in: RGG, Bd. 5, S. 107 f.

Innerhalb der Freimaurerei hat es nie eine Präferenz für die Feuerbestattung gegeben, wenn sie auch aus antikirchlicher Haltung vor allem in Italien bei ihnen vorgekommen ist. Insofern ist die weit verbreitete Ansicht, dass die Ursachen für das kirchliche Verbot der Freimaurerei in der durch die Praxis der Feuerbestattung zum Ausdruck gebrachten Leugnung des Glaubens an die leibliche Auferstehung der Toten besteht, nicht ohne Weiteres erklärbar. Vgl. INTERNATIONALES FREIMAURERLEXIKON, Art. Feuerbestattung, S. 306.

In einem Dokument der italienischen Freimaurerei vom 26. Mai 1874 (Rivista della massoneria italiana, 1. Juni 1874) werden die Mitglieder der Logen allerdings aufgefordert, überall bei den Staatsbehörden auf die Verbrennung der Leichen zu dringen. Als Grund dafür wird angegeben, dass die Urnen nach der Verbrennung nach Hause getragen werden oder in öffentlichen, keiner Religionsgemeinschaft zugehörigen Gebäuden aufbewahrt werden könnten. Im Tode müsse die Unterscheidung des Kultes aufhören, denn so könne ein neuer Schritt zur allgemeinen Religion der Zukunft getan werden. Vgl. die Rezension zum Buch von JOHANN CREUS, Leichenbeerdigung und Leichenverbrennung. Eine historische, wirtschaftliche und medizinische Abhandlung. Aus dem Spanischen übersetzt von Ludwig Schütz, Paderborn 1879, in: SML, Bd. 19 (1880), S. 551 – 559.

Freimaurern und den Carbonari ausgehenden Gefahren für die Ordnung im Staat und der Religion gewappnet zu sein.
Leo XII. verbot die Mitgliedschaft für Katholiken bei den Unitariern und warnte davor, dass die geheimen Gesellschaften nicht nur die Religion, sondern auch die weltlichen Gewalten zu beseitigen trachteten.

Pius VIII. wandte sich gegen den Einfluss der Geheimgesellschaften auf die Jugend, die den Respekt vor der Religion verlieren und deswegen ein zügelloses Leben führen könnte. Gregor XIV. hatte in seiner Enzyklika „MIRARI VOS ARBITRAMUR“ (1832) den um sich greifenden Indifferentismus als verkehrte Ansicht bezeichnet, wonach jeder durch jedes beliebige Glaubensbekenntnis das ewige Heil erlangen könne, wenn das sittliche Leben sich nur an der Norm von Korrektheit und Anständigkeit orientiere.

Papst Pius IX. verurteilte in seiner Enzyklika „QUANTA CURA“ (1864) die verschiedenen Formen des Naturalismus und verwahrte sich vor allem gegen das sich daraus abgeleitete Recht auf religiöse Selbstbestimmung.[670] Einflussreiche Träger dieser freiheitlichen Ideen wären die Freimaurer und andere Geheimgesellschaften, deren Ziel das Verderben und die Verwüstung von Staat und Kirche sei. Zudem beklagte er den sich immer weiter ausbreitenden Indifferentismus, in dem er eine Gefahr für den Anspruch des katholischen Glaubens sah, einzig wahre und heilsnotwendige Religion zu sein.
Er wiederholte die Verbote und verurteilte die Freimaurer erneut, die als häretische Sekte Gegner der Kirche seien. Pius IX. differenzierte auch nicht mehr zwischen offenkundiger und geheimer Gegnerschaft, sondern stellte die kirchenfeindliche Agitation der Freimaurer und anderer Vereinigungen als strafwürdigen Tatbestand dar.

Pius IX. hat auch das erste Vatikanische Konzil (1869-1870) einberufen, das sich mit den aus Aufklärung und Französischer Revolution ergebenden Herausforderungen für die katholische Kirche befassen sollte, allerdings ohne die Einstellung der Kirche gegenüber den kirchenfeindlich agierenden Vereinigungen in besonderer Weise zu berühren.
In seiner Konstitution „APOSTOLICAE SEDIS“ (1869), die den Katalog der von selbst eintretenden Beugestrafen vorstellte, wurde an der dem Papst vorbehaltenen Tatstrafe der Exkommunikation derjenigen festgehalten, die Mitglied

670 Zu dieser Enzyklika würde die Erklärung über die Religionsfreiheit des II. Vaticanums „Dignitatis humanae“ vom 07.12.1965, in: AAS, vol. LVIII (1966), Nr. 2 (= DH 4240), keine 100 Jahre später in einem unauflösbaren Widerspruch stehen. Darin wird die Religionsfreiheit als Recht der menschlichen Person definiert. Nach traditioneller Auffassung hatte nur die wahre Religion ein Existenzrecht, der Irrtum aber nicht. Erst mit dieser Erklärung vollzog sich der Schritt vom „Recht der Wahrheit“ zum „Recht der Person“ (E.W. Böckenförde). Vgl. ALEXANDER HOLLERBACH, Art. Digniatis humanae, in: LThK³, Bd. 3, Sp. 229.

in einer Freimaurersekte oder einer anderen Sekte solcher Art wurden, die öffentlich oder geheim gegen die Kirche oder die rechtmäßige zivile Gewalt agierte. Die Exkommunikation zogen sich aber auch diejenigen zu, die ohne förmliche Mitgliedschaft solche Vereinigungen fördern sollten oder ihr Wissen um leitende Mitglieder solcher Vereinigungen nicht an die kirchliche Obrigkeit weitergaben.

Die Nachfolger Papst Pius IX., die Päpste Leo XIII. und Pius X., änderten das bestehende Gesetz in Hinsicht auf die verbotenen Vereinigungen nur unwesentlich, so dass sich die auf die Mitgliedschaft in Freimaurerlogen beziehende, einschließlich der damit in engem Zusammenhang stehende Denunziationspflicht geltende Rechtslage vor Erlass des CIC/1917 dem Grunde nach seit der Konstitution „APOSTOLICAE SEDIS“ Pius IX. (1869) nicht mehr verändert hatte. Aufgegeben wurde durch Erlass des Hl. Offiziums (1893) die Strafe für die Pflicht zur Denunziation solcher Mitglieder, die keine führende Position in einer Loge innehaben, die Denunziationspflicht an sich aber blieb bestehen.[671]

Vor allem aber Leo XIII. hatte in der Freimaurerei den Kopf und Initiator der gegen die Kirche verschworen agierenden Kräfte ausgemacht, die zum Gotteshass aufstacheln, christfeindlich eingestellt und staatsgefährdend sind, die staatlichen Verwaltungen unterwandert haben und dahingehend beeinflussen, die christlich geprägte Staatsform zu zerstören und eine auf den Gesetzen des Naturalismus aufgebaute Ordnung zu installieren, die zudem die Freiheit der Kirche einzuschränken trachte.

Aus dem Inhalt und den maßgeblichen Adressaten der päpstlichen Schreiben lässt sich erkennen, dass die jeweilige gesellschaftliche Situation in Frankreich und vor allem in Italien die Anlässe boten, die Leo XIII. herausforderten, die Bedeutung der katholischen Religion für die sittlichen Werte des Staates im Sinne einer christlichen Zivilisation zu unterstreichen sowie die Wahrheit des christlichen Glaubens gegen abweichende Annahmen zu verteidigen.

Die dem Papst vorbehaltene Tatstrafe der Exkommunikation zog sich demnach zu, wer Mitglied einer Freimaurerloge wurde, wobei das geheime oder öffentliche Agieren der Loge den Straftatbestand nicht präzisierte. Seit Leo XIII. war auch definiert, dass nicht die aktive Beteiligung des Einzelnen an den Aktionen innerhalb der Freimaurerloge entscheidend war, sondern allein die Mitgliedschaft in einer Vereinigung, deren prinzipielle Gesinnung, nämlich der dort vertretende schrankenlose Naturalismus und das Streben nach einer antichristlichen Staats- und Gesellschaftsordnung, als kirchenfeindlich bewertet wurde.

---

671 Vgl. S.C.S.Off., 19.04.1893, oben unter 5.1.5.

Hatten die Päpste des 18. und 19. Jahrhunderts die Mitgliedschaftsverbote normiert und Strafen verhängt, war es Aufgabe der päpstlichen Verwaltung gewesen, konkrete Fragen im Umgang mit den Freimaurern zu klären, die sich wesentlich bezogen auf die Möglichkeiten der Eheschließung und des kirchlichen Begräbnisses sowie die Maßgaben des verantwortbaren Handelns Einzelner.
Der strafwürdige Eintritt in die Loge musste entweder im Wissen um das Mitgliedschaftsverbot oder die verbotenen Zwecke vorgenommen worden oder der Austritt nach Kenntnis des Mitgliedschaftsverbots bzw. Bewusstwerdens der verbotenen Zwecke der Vereinigung nicht sofort erfolgt sein. Ohne die ausdrückliche Absage an die Loge, was wenigstens vor dem Beichtvater erklärt werden musste[672], war eine gültige Absolution zu keiner Zeit möglich.[673] Die Strafandrohung galt auch dann, wenn jemand sich zwar nicht aktiv in der Loge verhielt und deren Zwecke nicht teilte, sich durch seinen Austritt aber nicht ausdrücklich distanzierte.

Dieselbe Strafe zog sich zu, wer ohne förmliche Mitgliedschaft die Zwecke der Loge in irgendeiner Weise unterstützte.[674] Von der Tatstrafe der dem Papst vorbehaltenen Exkommunikation war ebenso bedroht, wer die geheimen obersten Leiter und Führer der Logen kannte und sie nicht bei der kirchlichen Obrigkeit anzeigte. Die Anzeige musste innerhalb eines Monats nach Bekanntwerden der Umstände[675], ggf. auch über den Beichtvater, bei demjenigen zuständigen kirchlichen Oberen erfolgen, der die Angelegenheit auch weiter amtlich verfolgen konnte.[676] Die Anzeige vor Ablauf der Frist blieb straffrei. Die Anzeige nach Ablauf der Frist befreite von der dem Papst vorbehaltenen Zensur, nicht aber

672 Vgl. S.C.S.Off., 03.08.1889, in: CIC-Fontes, IV, Nr. 1204, S. 504 f.

673 Vgl. S.C.S.Off., 27.06.1838, in: CIC-Fontes, IV, Nr. 877, S. 160 f. Dabei muss der Pönitent bereit sein, seinen Namen löschen zu lassen, sobald das ohne schweren Schaden möglich ist. Vgl. S.C.S.Off., 07.03.1883, in: CIC-Fontes, IV, Nr.1080, S. 412.

674 Erinnert sei hierbei an den Katalog der Möglichkeiten, die CLEMENS XII. in seiner Bulle „In eminenti" 1738 als Form der Unterstützung verstand. Dabei ging es neben dem ausdrücklichen Eintritt in eine Freimaurerloge um Werbung für die Freimaurer, Gewährung von Gastfreundschaft oder Unterschlupf, die bloße Teilnahme an Veranstaltungen, das Erteilen von mittelbaren und unmittelbaren Ratschlägen oder sonstiger Hilfsangebote sowie die Ermutigung anderer, sich dem Einfluss oder Zugriff der Freimaurer auszusetzen. Vgl. CLEMENS XII., „In eminenti" § 3, ebd., S. 657.

675 Die Monatsfrist galt seit einem im Jahr 1677 erlassenen Edikt des S.C.S. Off., das das Verfahren näher bestimmte und alle Kirchenmitglieder in gleicher Weise verpflichtete. Vgl. PAUL HINSCHIUS, System des katholischen Kirchenrechts, Bd. 5, § 328, S. 849. Von der Anzeigepflicht war befreit, wer wegen der Denunziation einen schweren Schaden, etwa Tod, Misshandlung, Verlust des guten Rufes, für sich oder seine Angehörigen zu befürchten hatte oder wer sich selbst belasten würde. Vgl. AUGUSTIN ARNDT S.J., Die Absolution der Freimaurer, S. 737.

676 Infrage kommen der Bischof, sein Stellvertreter, der Apostolische Präfekt und die von ihnen dazu Beauftragten. Vgl. das Schreiben der S.C.S.Off. an den Apostolischen Vikar in Maisur/Südindien vom 01.02.1871, in: CIC-Fontes, IV, Nr. 1014, S. 319 – 321, S. 321.

von der Tatstrafe der Exkommunikation, von der nun aber jeder dazu berechtigte Priester absolvieren konnte.

Für die Eheschließung mit katholischen Freimaurern galt, dass diese nach Möglichkeit verhindert werden sollte. Nach Erlaubnis des Bischofs konnten Priester an einer solchen Eheschließung unter der Voraussetzung, dass die katholische Erziehung der Kinder gesichert wäre, passiv teilnehmen. Das besagte, dass diese Ehe weder gesegnet werden durfte noch ein kirchlicher Ritus vollzogen werden sollte. Für Ehen mit nichtkatholischen Freimaurern musste wie gewöhnlich eine Dispens eingeholt werden.

Hinsichtlich des Begräbnisses von katholischen Freimaurern galt, dass dieses nur dann gewährt werden konnte, wenn der Verstorbene vor seinem Tod Zeichen von Schuld und Reue gesetzt hatte. Hatte ein katholischer Ex-Freimaurer nach seiner Wiederaufnahme in die Kirche dennoch verfügt, dass nach seinem Tod ein freimaurerisches Begräbnisritual vollzogen werden sollte, musste das kirchliche Begräbnis verweigert werden. Die Priester wurden ermahnt, anlässlich des Todes katholischer Freimaurer keinerlei kirchliche Zeremonien zu gewähren, die den Anschein geben könnten, dass für den Verstorbenen gebetet werden würde.

6. Die Freimaurer im CIC von 1917

Während der Amtszeit Papst Benedikt XV. (1854-1922) wurde ein allgemeines Kirchenrecht erlassen, das zwar die Exkommunikation von katholischen Freimaurern aufrechterhielt, nicht aber mehr diejenigen mit der Kirchenstrafe bedrohte, die die Freimaurer unterstützten. Auch mussten Oberhäupter der Logen nicht mehr angezeigt werden, wohl aber die Mitgliedschaft von Klerikern und Ordensleuten, die dann mit Disziplinarstrafen zu rechnen hatten und deren Namen dem Hl. Offizium zu melden waren.
Der Codex Iuris Canonici von 1917[677] führte die zahlreichen, in verschiedenen Sammlungen veröffentlichten Rechtsnormen der katholischen Kirche erstmals in einer Kodifikation zusammen. Formal wurde das bis dahin geltende Recht bis auf wenige Ausnahmen aufgehoben.[678]

6.1 Übersicht

Nach dem Kirchenbegriff des CIC/1917 sind alle Getauften in die eine Kirche Christi eingegliedert, die mit der katholischen Kirche identisch ist. Gemäß c. 1 CIC/1917 betreffen die Normen des CIC alle lateinischen Christen, einschließlich der nichtkatholisch Getauften. Die Christen der mit Rom unierten orientalischen Kirchen sowie die Angehörigen der mit Rom nicht unierten Kirchen sind jedoch nicht betroffen.

Die Rechtsstellung innerhalb der katholischen Kirche von nichtkatholischen Christen, die also weder katholisch getauft noch erzogen worden waren, konnte nicht dieselbe sein wie die der katholischen Christen, weswegen einerseits die Auffassung vertreten wurde, dass sie als so genannte materielle Häretiker oder Schismatiker[679] generell der Strafe der Exkommunikation unterliegen (c. 2314 § 1 CIC), andererseits aber nur im äußeren Rechtsbereich von diesen Strafen betroffen sein können.[680] Erst mit dem Zweiten Vatikanischen Konzil sollte die exklusive Gleichsetzung der Kirche Christi mit der katholischen Kirche aufge-

677 CODEX IURIS CANONICI Pii X Pontificis Maximi iussu digestus Benedicti Papae XV auctoritate promulgatus, Rom 1917.

678 Die Ausnahmen bezogen sich auf die Fortgeltung von Gewohnheitsrecht und Disziplinargesetzen, insoweit sie im neuen Recht nicht ausdrücklich aufgehoben oder gegenteilige Normen erlassen wurden.

679 Im Unterschied zu den nichtkatholischen gutgläubigen materiellen Häretikern und Schismatikern wird von den formellen Häretikern oder Schismatikern in Bezug auf katholische Christen gesprochen, die schuldhaft die Tatbestände der Häresie oder des Schismas verwirklichen.

680 Vgl. HERIBERT HEINEMANN, Die rechtliche Stellung der nichtkatholischen Christen und ihre Wiederversöhnung mit der Kirche (= MthStkan, Bd. 20), München 1964, S. 70 ff.

ben werden[681] und sich die Auffassung durchsetzen, dass sich nichtkatholisch getaufte Christen ohne Schuld außerhalb der aktiven Kirchengemeinschaft befinden[682], was wegen fehlender Zurechenbarkeit nicht strafbewehrt sein könne, wohl aber zum Verlust der Gliedschaftsrechte in der katholischen Kirche führe.[683]

Der CIC/1917 unterscheidet, wenn er von Freimaurern spricht, einerseits nicht zwischen katholisch und nichtkatholisch getauften Freimaurern und anderseits nicht zwischen getauften und ungetauften Freimaurern. Die die Freimaurer betreffenden Canones finden sich in mehreren Büchern des CIC/1917. Neben der Generalnorm in c. 2335 CIC/1917[684], wonach die Mitgliedschaft in einer freimaurerischen Vereinigung Rechtsfolgen nach sich zieht, werden die Freimaurer direkt oder indirekt in folgenden Normen erwähnt.

Nach c. 1065 CIC/1917[685] sollen die Gläubigen davon abgehalten werden, eine Ehe mit jemandem einzugehen, der einer Vereinigung angehört, die zu der Gruppe der von der katholischen Kirche verurteilten Gesellschaften zu zählen ist. Ohne die Erlaubnis des Bischofs darf einer solchen Eheschließung niemand assistieren. Der Ordinarius kann aber die Erlaubnis erteilen, wenn einerseits ein dringender, schwerwiegender Grund dafür vorhanden ist und andererseits die katholische Taufe und Erziehung der Kinder sowie die Freiheit der Glaubenspraxis des katholischen Teils gesichert sind.[686]

---

681 Vgl. VATICANUM II, Dogmatische Konstitution über die Kirche „LUMEN GENTIUM“ vom 21.11.1964, in: AAS, vol. LVII (1965), S. 5 – 67, Art. 8, Abs. 2.

682 Vgl. KLAUS MÖRSDORF, Der CIC und die nichtkatholischen Christen, in: AfkKR, Bd. 130 (1961), S. 31 – 58.

683 Vgl. dazu WILHELM REES, Die Strafgewalt der Kirche, S. 83 ff.

684 Nach dem Votum von Joseph Hollweck im Liber Quartus De Delictis et poenis: pars III. De Delictis in Specie et Relativis Poenis, titulus XIX-XXIII, c. 181 1a hatte die Norm lauten sollen: „Nomen dantes sectae massonicae aut carbonariae aut aliis eiusdem generis sectis, quae contra Ecclesiam vel legitimas potestates seu palam seu clandestine machinantur; nec non iisdem sectis favorem qualemcumque praestantes, earumve occultos coryphaeos ac duces non denuntiantes, donec non denuntiaverint, ipso facto incurrant excommunicationem lat. sent. Rom. Pontifici simpliciter reservatam (Const., Apost. Sedis, n. 17). Clerici sint ipso iure privati beneficiis et officiis quibuscumque et inhabiles ad ea (Forsan addendum!).“ M. VISMARA MISSIROLI und LUCIANO MUSSELLI, Il processo di codificazione del Diritto penale Canonico, Padua 1983, S. 215 f.

685 C. 1065 CIC/1917: “§ 1. Absterreantur quoque fideles a matrimonio contrahendo cum iis qui notorie aut catholicam fidem abiecerunt, etsi ad sectam acatholicam non transierint, aut societatibus ab Ecclesia damnatis adsciripti sunt. § 2. Parochus praedictis nuptiis ne assistat, nisi consulto Ordinario, qui inspectis omnibus rei adiunctis, ei permittere poterit ut matrimonio intersit, dummodo urgeat gravis causa et pro prudenti arbitrio Ordinarius iudicet satis cautum esse catholicae educationi universae prolis et remotioni periculi perversionis alterius coniugis.”

686 Vgl. dazu S.C.S.Off. (Portus Aloisii), 01.08.1855, in: CIC-Fontes, IV, Nr. 932, S. 206 – 212, hier S. 211; (Marysville), 21.08.1861, in: CIC-Fontes, IV, Nr. 967, S. 239 f.;

C. 1240 § 1 n. 1 CIC/1917[687] legt fest, dass Freimaurern das kirchliche Begräbnis zu verweigern ist, sofern die Mitgliedschaft des Verstorbenen vor seiner Beerdigung öffentlich bekannt wird.[688] Nach c. 1241 CIC/1917[689] ist für sie neben der Verweigerung des kirchlichen Begräbnisses auch jede andere damit in Zusammenhang stehende kirchliche Amtshandlung, wie etwa die Feier eines Requiems oder des Jahrgedächtnisses, verboten.[690]

C. 693 § 1 CIC/1917[691] normiert die Unmöglichkeit der Aufnahme eines Freimaurers in eine kirchliche Vereinigung[692] und c. 542 n. 1 CIC/1917[693] bestimmt,

---

(Leodien.), 30.01.1867, in: CIC-Fontes, IV, Nr. 998, S. 301 f.; instr. (ad Ordinarios Imperii Brasil.) 02.07.1878, in: CIC-Fontes, IV, Nr. 1056, S. 377 – 379, und 25.05.1897, in: CIC-Fontes, Nr. 1186, S. 493; S.C.de Prop. Fide (C.G. – Scodren.), 28.11.1796, in: CIC-Fontes, VII, Nr. 4650, S. 201.

687 C. 1240 CIC/1917: „§ 1 Ecclesiastica sepultura privantur, nisi ante mortem aliqua dederint poenitentiae signa: 1. Notorii apostatae a Christiana fide, aut sectae haereticae vel schismaticae aut sectae massonicae aliisve eiusdem generis societatibus notorii addicti."

688 Dieser Canon stellt neben c. 2335 die einzige Norm im CIC/1917 dar, in der die Freimaurer ausdrücklich erwähnt werden. An allen anderen Stellen sind sie nur mittelbar gemeint, wenn über die von der Kirche verbotenen oder geheimen Gesellschaften gehandelt wird. Eine Ausnahme bildet jedoch noch c. 1399 n. 8 CIC/1917, in dem aber nicht die Freimaurer an sich Gegenstand der Regelung sind, sondern die freimaurerische Literatur. Vgl. auch S.C.S.Off. (Portus Aloisii), 01.08.1855, in: CIC-Fontes, IV, Nr. 932, S. 206 – 212, S. 209; S.C.S.Off., instr. (ad Ordinarios Imperii Brasil.), 02.07.1878, in: CIC-Fontes, IV, Nr. 1056, S. 377 – 379, S. 378 f.; S. Poenit., 10.12.1860, ad 21, in: CIC-Fontes, VIII, Nr. 6426, S. 455 f., S. 456.
Auch in den das Begräbnis betreffende liturgischen Büchern wird u.a. auf den Umgang mit katholischen Freimaurern eingegangen. Rituale Rom., tot. VI, c. 2, Quibus non licet dare ecclesiasticam sepulturam, n. 2 – 6. „2. – Negatur igitur ecclesiastica sepultura paganis, Judaeis, et omnibus infidelibus; haereticis, et eorum fautoribus; apostatis a christiana fide; schismaticis, et publicis excommunicatis majori excommunicatione; interdictis nominatim; et iis, qui sunt in loco interdicto, eo durante. 3. – Seipsos occidentibus ob desperationem, vel iracundiam (non tamen si ex insania id accidat), nisi ante mortem dederint signa poenitentiae. 4. – Morientibus in duello, etiamsi ante obitum dederint signa. 5. – Manifestis et publicis peccatoribus, qui sine poenitentia perierunt. 6. – Iis de quibus publice constat, quod semel in anno non susceperunt Sacramenta Confessionis, et Communionis in Pascha, et absque ullo signo contritionis obierunt." RITUALE ROMANUM, Pauli V., Regensburg 1891, S. 153 f.
Wird die Mitgliedschaft des Verstorbenen in einer Freimaurerloge erst nach der Bestattung bekannt, ist gemäß c. 1242 CIC/1917 nach Möglichkeit die Exhumierung zu veranlassen und der Leichnam an einem nicht geweihten Ort erneut zu bestatten.

689 C. 1241 CIC/1917: „Excluso ab ecclesiastica sepultura denegenda quoque sunt tum quaelibet Missa exsequialis, etiam anniversaria, tum alia publica officia funebria."

690 Siehe hierzu auch c. 1233 CIC/1917.

691 C. 693 CIC/1917: "§ 1 Acatholici et damnatae sectae adscripti aut censura notorie irretiti et in genere publici peccatores valide recipe nequeunt."

692 Vgl. PIUS IX., Epistula „Quamquam", vom 29.05.1873: „Praeterea vero plenam tibi potestatem facimus procedendi iuxta canonicarum legum severitatem in ea spiritualia sodalitia, quae per hanc impietatem indolem suam tam foede vitiarunt, illaque prorsus

dass ein Freimaurer als Angehöriger einer verbotenen Vereinigung nicht gültig zum Noviziat zugelassen werden kann und, daraus folgend, auch die von ihm geleisteten Gelübde nach c. 572 § 1 n. 3 CIC/1917[694] als ungültig zu betrachten sind.

C. 1453 § 1 CIC/1917[695] erklärt die Übertragung des Patronatsrechts an ein Mitglied eines von der katholischen Kirche verurteilten Geheimbundes für ungültig und § 3 desselben Canons[696] setzt das Patronatsrecht außer Kraft, wenn und sofern es jemanden aus diesem Personenkreis auf welche Weise auch immer zukommt.

Schließlich verbietet c. 1399 n. 8 CIC/1917[697] Bücher, die über die Freimaurerei handeln, was nach c. 1398 CIC/1917 bedeutet, dass diese weder herausgegeben, gelesen oder aufbewahrt werden dürfen.

---

dissolvendi, aliaque consociandi, quae natiavae suae institutioni respondeant.“ CIC-Fontes, III, Nr. 563, S. 70 – 72, S. 72.
PIUS IX., Constitutio „Exortae“, vom 29.04.1876: „Hinc Nos Apostolico Nostro munere admoniti, et paterna caritate impellente, qua istam Dominici gregis partem prosequimur, huic malo occurendum esse incunctanter existimavimus, ac litteris datis die 29 Maii anno 1873 ad Te, Ven. Frater Olindensis, nostras voces contra hanc deplorandam perversionem in Christianas Sodalitates invectam extulimus, ea tamen lenitatis et clementiae ratione erga deceptos et illusos Massonicae Sectae asseclas adhibita, ut ad congruum tempus reservationem censuram in quas ipsi inciderant suspenderemus, in eum finem ut Nostra benignitate uterentur ad detestandos errores suos et ad damnatos quos iniverant coetus deserendos.“ CIC-Fontes, Nr. 571, S. 99 – 101, S. 99; S.C. de Prop. Fide (C.G.), 19.09.1867, in: CIC-Fontes, VII, Nr. 4877, S. 406.

693 C. 542 CIC/1917: „Firmo praescripto C. 539-541, aliisque in propriis cuiusque religionis constitutionibus, 1. Invalide ad novitiatum admittuntur: Qui sectae acatholicae adhaeserunt."

694 C. 572 CIC/1917: „§ 1 Ad validitatem cuiusvis religiosae professionis requiritur ut: 1. Qui eam emissurus est, legitimam aetatem habeat ad normam c. 573; [...] n. 3 Novitiatus validus ad normam c. 555 praecesserit."

695 C. 1453 CIC/1917: „§ 1 Ius patronatus personale transmitti valide nequit ad infideles, publice apostatas, haereticos, schismaticos, adscriptos societatibus secretis ab Ecclesia damnatis, nec ad quoslibet excommunicatos post sententiam declaratoriam vel damnatoriam.“

696 C. 1453 CIC/1917: „§ 3 Si res, cui ius patronatus reale cohaeret, ad aliquam personam de qua in § 1 transeat, ius patronatus suspensum manet."

697 C. 1399 CIC/1917: "N. 8 Libri qui duellum vel suicidum, vel divortium licita statuunt, qui de sectis massonicis vel aliis eiusdem generis societatibus agentes, eas utiles et non perniciosas Ecclesiae et civili societati esse contendunt."
Vgl. auch PIUS IX., const. „Apostolicae Sedis“ vom 12.10.1869, § 1: „Itaque excommunicationi latae sententiae speciali modo Romano Pontifici reservatae subiacere declaramus: [...] n. 2. - Omnes et singulos scienter legentes sine auctoritate Sedis Apostolicae libros eorundem apostatarum et heareticorum haeresim propugnantes, nec non libros cuiusvis auctoris per Apostolicas litteras nominatim prohibitos, eosdem libros retinentes, imprimentes et quomodolibet defendentes.“ CIC-Fontes, III, Nr. 552, S. 25.

C. 1065 CIC/1917 betrifft den katholischen Nichtfreimaurer mittelbar über den von ihm erwählten Ehepartner[698], der der Freimaurerei angehört, oder in c. 1399 n. 8 CIC CIC/1917 nur insofern, dass er freimaurerische Literatur nicht lesen oder vertreiben darf.

Allein c. 1240 § 1 n.1 CIC/1917 benennt ausdrücklich die Freimaurer im Zusammenhang mit der Verweigerung des kirchlichen Begräbnisses[699], wonach die

---

LEO XIII., const. „Officiorum ac munerum", vom 25. Januar 1897, insb. „Decreta Generalia, de prohibtione et censura librorum": „[...] 2. – Libri apostatarum, haereticorum, schismaticorum et quorumcumque scriptorum haeresim vel schisma propugnantes, aut ipsa religionis fundamenta utrumque evertentes, omnino prohibentur. 3. – Item prohibentur acatholicorum libri, qui ex professo de religione tractant, nisi constet nihil in eis contra fidem catholicam contineri. 4. – Libri eorundem auctorum, qui ex professo de religione non tractant, sed obiter tantum fidei veritates attingunt, iure ecclesiastico prohibiti non habeantur, donec speciali decreto proscripti haud fuerint." CIC-Fontes, III, Nr. 632, S. 502 – 512.

698 Der hier gemeinte Ehepartner kann nur der männliche Teil sein, da bis heute die Aufnahme von Frauen in die Logen oder auch originäre Frauenlogen keine Anerkennung der Großloge von England erhalten. Gleichwohl hat es immer schon den Anspruch und entsprechende Anträge gegeben, dass auch Frauen zugelassen werden. Vgl. INTERNATIONALES FREIMAURERLEXIKON, Art. Frauen als Freimaurer, S. 304 – 306. Frauenlogen oder gemischte Logen existieren im deutschsprachigen Europa seit 1949.

699 Zu den Hintergründen des Verweigerungsgebots vgl. oben unter 5.1.6.5, Fußnote 669. Auf eine Anfrage an die Codexinterpretationskommission, ob ein kirchliches Begräbnis auch denen zu verweigern ist, die zwar die Verbrennung ihres Leichnams zu Lebzeiten angeordnet haben, die Verbrennung dennoch aber nicht erfolgt, antwortete die Kommission am 10.11.1925 positiv. Vgl. den Wortlaut der Entscheidung, in: AAS, vol. XVII (1925), S. 583.
Das Hl. Offizium hat noch mit Datum vom 19.06.1926 unter gewissen Einschränkungen die Leichenverbrennung als barbarischen Brauch bezeichnet und verboten, damit die Erwartung und Hoffnung auf die leibliche Auferstehung der Toten nicht allmählich verloren geht.
S.C.S.Off.: „Et primo quidem, quum non pauci, etiam inter catholicos, barbarum hunc morem, nedum christianae sed naturalis erga defunctorum corpora pietatis sensui constantique Ecclesiae, inde a primis eius initiis, disciplinae plane repugnatem, veluti unum e potioribus hodierni, ut aiunt, civilis progressus scientiaeque valetudinis tuendae meritis celebrare non dubient; haec eadem Sacra Congregatio christiani gregis Pastores quam vehementissime hortatur ut concreditas sibi oves omnimodis edocentas curent hoc reapse consilio a christiani nominis hostibus cadaverum cremationem laudari ac propagari ut, animis a mortis consideratione speque corporum resurrectionis paulatim aversis, materialismo sternatur via." in: AAS, vol. XXVIII (1926), S. 282 f.
Mit Datum vom 05.07.1963 veröffentlichte das Hl. Offizium die Instruktion „Piam et constantem", wonach die Leichenverbrennung dort gestattet ist, wo es Schwierigkeiten bereitet, die hygienischen Voraussetzungen für eine Erdbestattung zu gewährleisten oder dem jeweiligen religiösen Empfinden widerstreitet, sofern die Leichenverbrennung nicht aus Gründen der Ablehnung der christlichen Dogmen, aus sektiererischer Gesinnung oder aus Hass gegen Religion und Kirche veranlasst ist.

hier formulierte Rechtseinschränkung insofern eine Konkretisierung aus der Generalnorm des c. 2335 CIC/1917 darstellt.[700]

Can 2335 CIC/1917[701], der den Vorgänger des aktuellen Canons 1374 CIC/1983 verkörpert, lautet:

> „Nomen dantes sectae massonicae aliisve eiusdem generis associationibus quae contra Ecclesiam vel legitimas civiles potestates machinantur, contrahunt ipso facto excommunicationem Sedi Apostolicae simpliciter reservatam."

„Die, die der Freimaurersekte oder einer anderen Vereinigung dieser Art beitreten, die gegen die Kirche oder die rechtmäßige staatliche Gewalt Böses unternimmt, ziehen sich die dem Apostolischen Stuhl vorbehaltene Tatstrafe der Exkommunikation zu."[702]

S.C.S.Off.: „Huiusmodi animi in melius mutatio et rerum adiuncta inhumationi obstantia iam frequentiora his ultimis temporibus et clariora apparent, unde crebrae porriguntur S. Sedi preces ad obtinendam disciplinae ecclesiasticae mitigationem circa cadaverum cremationem, quam constat multoties hodie promoveri, minime ex odio contra Ecclesiam vel christianos mores, sed tantum ob rationes vel hygienicas, vel oeconomicas, vel alius etiam generis sive publici sive privati ordinis." S.C.S.Off., Instructio „De cadaverum crematione", in: AAS, vol. LVI (1964), S. 822 f.
Vgl. dazu auch die Anweisung der Deutschen Bischöfe vom Juli 1964, in: AfkKR, Bd. 133 (1964), S. 127 f. Die für solche Begräbnisse auferlegten Beschränkungen wurden durch den „Ordo Exsequiarum", Typ.Pol.Vat. 1969, Normae generales, Nr. 15, vom 15.08.1969 beseitigt.

700 Nach c. 1172 § 1 n. 4 i.V.m. cc. 1175 und 1207 CIC/1917 wurde durch das Begräbnis eines Exkommunizierten, dessen Strafe verhängt oder festgestellt worden war, der jeweilige Begräbnisort entweiht. Nach oberhirtlicher Erlaubnis (c. 1214 § 1 CIC/1917) sollte der Leichnam ausgegraben und an einem nichtgeweihten Ort beigesetzt werden (cc. 1212 und 1242 CIC/1917). Vgl. HEINRICH J. F. REINHARDT, Das Begräbnis, in: Grundriss des nachkonziliaren Kirchenrechts. Hg. von JOSEPH LISTL/HUBERT MÜLLER/HERIBERT SCHMITZ, Regensburg 1980, S. 625 ff.

701 Im Quellenapparat dieses Canons werden bei Gasparri genannt: „Clemens XII., litt.ap. „In eminenti", 28.04.1738, § 4; Benedictus XIV., const. „Providas", 18.03.1751; Pius VII., const. „Ecclesiam", 13.09.1821, § 11; Leo XII., const. „Quo graviora", 13.03.1825, § 11; Pius IX., ep. encycl. „Qui pluribus", 09.11.1846; allocut. „Quibus quantisque", 20.04.1849; ep. encycl. „Nostis Nobiscum", 08.12. 1849; ep. encycl. „Quanta cura", 08.12. 1864; allocut. „Multiplices inter", 25.09.1865; const. „Apostolicae Sedis", 12.10.1869, § II, n. 4; ep. „Quamquam", 29.05.1873; ep. „Exortae". 29.04.1876; Leo XIII, ep. encycl. „Humanum genus", 20.04.1884; S.C.S.Off., 27.06.1838; (Angliae et Hiberniae), 02.07.1845; 05.08.1846; (Portus Aloisii), 01.08.1855; decr. 12.01.1870; instr. (ad Ordinarios Imperii Brasil.), 02.07.1878; (S. Hyancinthi), 07.03.1883; instr. 10.05.1884, n. 3; instr. 19.05.1886, ad 1; 03.08.1898; S.C. de Prop. Fide, litt. encycl. (ad Deleg. Ap. et Ep. Orient.), 24.09.1867; litt. encycl. 06.08.1885, n. 2; 10.05.1898; S. Poenit., 04.08.1876." CODEX IURIS CANONICI, Praefatione, fontium annotatione et indice Analytico-alphabetico ab Emo Petro Card. Gasparri, Rom 1933, S. 635 f.

702 Übersetzung des Verfassers.

6.2 Rechtssprachliche Untersuchung des c. 2335 CIC/1917

Obwohl c. 2335 CIC/1917 rechtssprachlich in der Tradition der Quellen zu dieser Strafnorm bleibt, sollen die in ihm verwandten Begriffe im Hinblick auf ihre inhaltliche Bedeutung näherhin dargestellt werden.

6.2.1 Secta massonica

Bemerkenswert ist, dass der Gesetzgeber von der ‚secta massonica' spricht. Nach der gewöhnlichen Bedeutung für ‚secta'[703] im CIC/1917 handelt es sich dabei zunächst um eine häretische oder schismatische Gemeinschaft von Christen, welche sich aus der vollen Gemeinschaft mit der katholischen Kirche gelöst hat oder neben ihr besteht und in irgendeiner Weise auch religiöse Ziele verfolgt.[704]

Neben der üblichen, einfachen Verwendung von ‚secta haeretica et schismatica'[705] im oben beschriebenen Sinne verwendet der Codex auch die Wortverbindung ‚secta acatholica'[706], was zunächst eine weitere Differenzierung verschieden geprägter nichtkatholischer Gemeinschaften vermuten lässt. Tatsächlich aber meint der Gesetzgeber im einen wie im anderen Fall dasselbe. Unter dem

---

703 Im Lateinischen hat secta, ae, f. (von sequor) neben der Bedeutung Folge (im Sinne von befolgten Grundsätzen) unter anderem die Bedeutung Partei oder religiös ausgerichtete Gruppe. Vgl. dazu ‚secta', in: Lateinisch-Deutsches Handwörterbuch, ausgearbeitet von KARL HEINZ GEORGES, Zweiter Band I-Z, Hannover und Leipzig 1918, 8. Auflage, Sp. 2559.

704 Vgl. dazu die cc. 167 § 1 n. 4, 765 n. 2, 795 n. 2, 1060, 1240 § 1 n. 1 CIC/1917. Aus der Zusammenschau ergibt sich, dass unter ‚secta' jede christliche Sekte und auch jede nichtkatholische, christliche oder nichtchristliche Religionsgemeinschaft gemeint sein kann. Vgl. KLAUS MÖRSDORF, Die Rechtssprache des Codex Iuris Canonici, Paderborn 1967, S. 143 f. Das Personsein in der Kirche konstituiert sich gemäß c. 87 CIC/1917 durch die Taufe. Da bis zum Zweiten Vatikanischen Konzil die Kirche Jesu Christi für mit der katholischen Kirche identisch gehalten wurde, wurden auch diejenigen, die außerhalb der katholischen Kirche gültig getauft wurden, Glieder der katholischen Kirche, weswegen neben den alle Menschen verpflichtenden göttlichen und naturrechtlichen Gesetzen auch die rein katholischen Gesetze für sie galten (c. 12 CIC/1917), sofern davon nicht ausdrückliche Ausnahmen gemacht wurden (c. 1099 CIC/1917). Sofern sie als nichtkatholische Christen die Glaubenswahrheiten der katholischen Kirche nicht teilten, zogen sie sich in der Konsequenz wegen materieller Häresie die Tatstrafe der Exkommunikation zu. Vgl. HEINRICH J. F. REINHARDT, Der Häresiebegriff im CIC/1917 und im CIC/1983, in: Theologia et ius, FS für Heribert Heinemann, Essen 1995, S. 415 – 431, S. 418 f. Zur Unterscheidung von materieller und formaler Häresie vgl. HERIBERT HEINEMANN, Die rechtliche Stellung der nichtkatholischen Christen und ihre Wiederversöhnung mit der Kirche, S. 23.

705 So etwa in c. 1060 CIC/1917.

706 Vgl. dazu die cc. 542 n. 1, 1065 § 1, 1131 § 1, 2314 § 1 n. 3 CIC/1917.

Begriff ‚acatholicus' sind alle Angehörigen nichtkatholischer christlicher Gemeinschaften sowie die Ungetauften zu verstehen.[707]
Eine weitere Präzisierung nimmt der Gesetzgeber aber vor, wenn er von der ‚secta massonica'[708] spricht. Aus der Wortverbindung ‚secta' und seinem Adjektiv ‚massonica' ergibt sich zuallererst, dass die Freimaurer[709] als eine nichtkatholische Gesellschaft zu verstehen sind. Über eine kirchenfeindliche Agitation ist damit noch keine Aussage gemacht.

Da ‚secta' eine ergänzende Prüfung auf Häresien oder schismatische Haltungen gar nicht nötig macht, weil ‚secta' per definitionem immer häretisches oder schismatisches Verhalten in der Rechtssprache des CIC meint, hat die Wortverbindung ‚secta massonica" eine darüber hinausgehende besondere Zielrichtung.
Es wird in der Intention des Gesetzgebers gelegen haben, die Freimaurer ausdrücklich als eine solche häretische Gruppe zu benennen, da andernfalls die sonst gewöhnliche Vokabel für auch gegebenenfalls verbotene Vereinigungen ‚associatio'[710] in Verbindung mit ‚secreta', 'damnata', ‚seditiosa' oder ‚suspecta' wohl ausgereicht hätte.
Mit der Wortverbindung ‚secta massonica' konnte nämlich für katholische Christen inklusiv definiert werden, dass sie als Mitglieder der Freimaurersekte den Tatbestand der Häresie und/oder des Schismas erfüllten.

---

707 Vgl. EDUARD EICHMANN, Gottlosenbünde und das Kirchenrecht, in: Theologie und Glaube, Zeitschrift für den katholischen Klerus, 27 (1935), Paderborn 1935, S. 310 – 322, S. 311. Eine klare Definition nahm die Codexinterpretationskommission am 30.07.1934 vor, wonach unter ‚sectae acatholicae' auch die ‚sectae atheisticae' zu verstehen sind. PONTIFICIA COMMISSIO AD CODICIS CANONES AUTHENTICE INTERPRETANDOS, Responsa ad proposita dubia: „D. An ad normam Codicis iuris canonici, qui sectae atheisticae adscripti sunt vel fuerunt, habendi sint quoad omnes iuris effectus etiam in ordine ad sacram ordinationem et matrimonium, ad instar eorum qui sectae acatholicae adhaerent vel adhaeserunt. R. Affirmative." AAS, vol. XXVI (1934), S. 494.
Die Wortverbindung ‚sectae atheisticae' allerdings negiert die ursprüngliche Bedeutung des Wortes ‚secta' als eine Gemeinschaft, die im weitesten Sinne religiöse Ziele verfolgt, da die atheistische Sekte ja gerade das Fehlen von Religion proklamiert. Vgl. auch KLAUS MÖRSDORF, Die Rechtssprache des Codex Iuris Canonici, S. 132 ff.

708 Der Begriff ‚secta' tauchte in Bezug auf die Freimaurer schon in der ersten Verurteilung der freimaurerischen Gesellschaften in der Bulle „In eminenti" Clemens XII. vom 28. April 1738 auf und setzte sich in den weiteren päpstlichen und römischen Verlautbarungen fort. Die Wortverbindung ‚secta massonica' findet sich erstmalig in der Enzyklika „Humanum genus" Papst Leo XIII. vom 20. April 1884.

709 Erst durch die Aufnahme in eine Freimaurerloge ist die Aussage, Freimaurer zu sein, statthaft. Bis zur Aufnahme wird man sich lediglich als Anhänger oder Sympathisant der Freimaurerei bezeichnen können.

710 Siehe dazu c. 684 CIC/1917. Vgl. auch KLAUS MÖRSDORF, Die Rechtssprache des CIC, S. 139.

Insofern bildet c. 2335 CIC/1917 eine Spezialnorm zu c. 2314 § 1 CIC/1917[711]. Angehörige anderer Religionen werden von c. 2335 CIC/1917 nicht betroffen. Straftäter im Sinne des c. 1 CIC/1917 können ausschließlich getaufte Christen sein.

Werden nichtkatholische Freimaurer mittelbar Adressaten des katholischen Kirchenrechts, sind sie das zuallererst nicht aufgrund ihrer Mitgliedschaft bei den Freimaurern, sondern sie werden von den für alle Nichtkatholiken geltenden Normen getroffen.[712]

Eine ausdrückliche Verurteilung der Freimaurersekte als ,secta damnata' findet sich im CIC/1917 nicht. Der Umstand der Verurteilung oder des Verbots ergibt sich daher allein aus der für den Beitritt angeordneten Rechtsfolge der Exkommunikation.

6.2.2 Machinantur – Die Bedeutung von ,machinari' im Kontext der Norm

Der lateinische Ausdruck ,machinari' meint in einer seiner Bedeutungen nach Georges ,etwas Böses denken', ,etwas Böses gegen jemanden im Schilde führen'.[713] Unter der Wortbedeutung ,etwas Böses im Schilde führen'[714] ließe sich vieles fassen, wobei aus der Genese dieses Canons unter Anwendung der gesetzlichen Interpretationsregeln[715] wohl gemeint sein dürfte, dass die Kirche, das heißt ihre Autoritäten, ihre Rechte und Privilegien sowie ihr Auftrag von den benannten Gruppen bekämpft werden und das unter anderem erklärtes Ziel einer solcher Vereinigung ist.[716]

---

711 C. 2314 CIC/1917 § 1: „Omnes a christiana fide apostatae et omnes et singuli haeretici aut schismatici: 1. Incurrunt ipso facto excommunicationem; 2. Nisi moniti resipuerint, priventur beneficio, dignitate, pensione, officio aliove munere, si quod in Ecclesia habeant, infames declarentur, et clerici, iterata monitione, deponantur; 3. Si sectae acatholicae nomen dederint vel publice adhaeserint, ipso facto infames sunt et, firmo praescripto can. 188, n. 4, clerici, monitione incassum praemissa, degradentur."

712 Vgl. KLAUS MÖRSDORF, Die Rechtssprache des CIC, S. 134 f.

713 GEORGES, Wörterbuch, Zweiter Band, ,machinor', Sp. 748. Nach JOSEPH HOLLWECK, Die Kirchlichen Strafgesetze, Mainz 1899, § 104, S. 171, Anm. 7, bedeutet ,machinari' jede schriftliche, mündliche agitatorische Tätigkeit, die zielgerichtet gegen die Kirche oder die Staatsgewalt kämpft.

714 Das ,Böse denken' allein würde keinen im kanonischen Recht normierten und justiziablen Tatbestand erfüllen, weswegen hier nur die aktive Bedeutung gemeint sein kann.

715 Siehe dazu c. 6 CIC/1917.

716 Das Agieren gegen die Kirche kann öffentlich, geheim, schriftlich, mündlich oder mit gewaltsamen Mitteln erfolgen. Der Tatbestand ist erfüllt, wenn der Papst, Bischöfe, andere Geistliche, die Verfassung der Kirche oder Orden bekämpft werden. Vgl. dazu HERIBERT SCHAUF, Einführung in das kirchliche Strafrecht, Aachen 1952, S. 167. Die Wortverbindung ,quae contra Ecclesiam vel legitimas potestates machinantur' findet sich erstmals in der Ansprache Pius IX. „Multiplices inter" vom 25.09.1865. Vgl. auch die Instruktion des Hl. Offiziums „Ad gravissima avertenda" vom 10.05.1884,

6.2.3 Excommunicatio ipso facto

In der Norm des c. 2335 CIC/1917 wird die ‚excommunicatio' als so genannte Tatstrafe (= ipso facto) definiert. Tatstrafen sind solche Strafen, die ohne Weiteres, das heißt allein durch Erfüllung eines im Recht normierten Tatbestandes von selbst eintreten. Die sich aus der Tatstrafe ergebenden Rechtsfolgen muss der Betreffende, sofern die Strafe nicht öffentlich bekannt oder sie von einer zuständigen kirchlichen Autorität nicht als eingetreten deklariert ist, an sich selbst vollziehen.

Neben der Erfüllung des objektiven Tatbestandes bedarf es darüber hinaus lediglich der zurechenbaren Schuld des Täters, wobei nur die unvermeidbare Rechtsunkenntnis von Schuld befreit.

6.2.3.1 Sectae nomen dare – Eintritt der Rechtsfolge

Das ‚sectae nomen dare' belegt den Beginn der Mitgliedschaft in der Sekte. Nach dem Wortlaut des Canons ist demnach das Einschreiben in das Mitgliederverzeichnis der jeweiligen Freimaurerloge der objektive Tatbestand, der ohne Weiteres die Tatstrafe der Exkommunikation nach sich zieht, wohl unter Berücksichtigung der Generalklausel des c. 2195 § 1 CIC/1917. Danach muss die Tat als sittlich zurechenbar qualifiziert werden können.[717]

Das Einschreiben in die Mitgliederliste der Freimaurerloge erfordert darüber hinaus kein weiteres objektives Kriterium wie etwa eine förmliche Aufnahme oder die Teilnahme an den Versammlungen der Freimaurer. Selbst das Einschreiben muss für den Eintritt der Rechtsfolge nicht öffentlich erfolgen oder bekannt sein.[718]

Art. 4, in der auf die Enzyklika „Humanum genus" vom 20.04.1884 Bezug genommen wird, in welcher Leo XIII. die Zerstörung der religiösen und sozialen Ordnung als letztes Ziel der Freimaurer deklarierte. Dort erklärte der Papst: „Offen und unverhohlen arbeiten sie daran, die hl. Kirche zu vernichten und zwar in der ausgesprochenen Absicht, wenn möglich, die christlichen Völker aller der Güter zu berauben, die ihnen durch unseren Heiland Jesus Christus zuteil geworden sind. [...] Es geht klar hervor, was das letzte Ziel ihrer Pläne ist: nämlich die gesamte religiöse und staatliche Ordnung, die das Christentum eingeführt hat, von Grund auf zu zerstören und eine neue zu schaffen nach ihrem eigenen Plan, eine Ordnung, deren Fundamente und Gesetze auf dem Naturalismus beruhen." Zitiert nach CARL ULITZKA, Leo XIII. der Lehrer der Welt, Breslau 1903, S. 255 f.

717 Sittliche Zurechenbarkeit ergibt sich aus der menschlichen Handlung an sich, das heißt, dass der Eintritt in die Loge mit Vernunft und freiem Willen erfolgen muss.

718 Die Wortverbindung ‚nomen dare' findet sich im CIC/1917 noch an zwei anderen Stellen; das sind c. 141 § 2 (Einschreiben beim Militär) sowie c. 684 (Einschreiben bei kirchlichen Vereinigungen).

6.2.3.2 Auswirkungen der Rechtsfolge

Allein die Zugehörigkeit zu einer Sekte, die im oben beschriebenen Sinne immer schismatisch oder häretisch ist, bedeutet den Zuzug der Tatstrafe der Exkommunikation, deren Einfluss auf die kirchlichen Gliedschaftsrechte in foro externo allerdings nur bei Offenkundigkeit ihres Eintritts verpflichtet.

Abgefallene Katholiken, die einer Sekte beitreten, werden nach dem CIC/1917 strenger behandelt als solche, die lediglich ihren Glauben verlieren und danach keinen anderen Glauben annehmen. Je nach Auslegung dessen, ob die Freimaurerei als eine Art Religion zu verstehen ist, würde bei einer bejahenden Position der Katholik, der sich bei den Freimaurern einschreibt, ipso facto auch die Strafe des Ehrverlustes nach c. 2314 § 1 n. 3 i.V.m. c. 2294 § 1 CIC/1917 auf sich ziehen.
Demnach wäre der katholische Freimaurer nach c. 984 n. 5 CIC/1917 für den Empfang und die Ausübung von Weihen untauglich. Kirchliche Ämter, Benefizien, kirchliche Würden und Versorgungsansprüche könnten seinerseits nicht mehr erlangt werden und zur Ausübung von kirchlichen Ehrenrechten[719] wäre ein solcher Katholik unfähig.
Kleriker würden mittels einer gesetzlichen Fiktion nach c. 188 n. 4 CIC/1917 auf ihre Ämter stillschweigend verzichten und sollten auch ihren Klerikerstand verlieren.[720]

Der CIC/1917 konkretisierte für die katholisch getauften Mitglieder der Freimaurer als die sich aus dem Ehrverlust ergebenden Folgen die Unmöglichkeit des kirchlichen Begräbnisses[721], die Unmöglichkeit der Aufnahme in das Noviziat[722] und die Unmöglichkeit der Übernahme des Tauf- und Firmpatenamtes[723].

---

719 Zu den kirchlichen Ehrenrechten gehörte nach c. 2256 n. 2 CIC/1917 u.a. die Verwaltung von Kirchenvermögen, die Betätigung als Richter, als Defensor vinculi und Promotor iustitiae, die Übernahme des Tauf- oder Firmpatenamtes sowie das aktive und passive Wahlrecht.

720 Vgl. c. 2314 § 1 n. 3 CIC/1917. Weitere Bestimmungen finden sich im Bereich des Patronatsrechts. Vgl. dazu cc. 2295 und 1470 § 4 CIC/1917.

721 Vgl. c. 1240 § 1 n. 1 CIC/1917.

722 C. 542 CIC/1917. Die Aufnahme in das Noviziat wäre selbst dann unmöglich, wenn ein ehemaliges Mitglied einer Freimaurerloge nach Absolution darum bitten würde. Vgl. dazu die Erklärung der Codexinterpretationskommission vom 30.07.1934. PONTIFICIA COMMISSIO AD CODICIS CANONES AUTHENTICE INTERPRETANDOS, Responsa ad proposita dubia: „D. I. An declaratione facti, de qua in canone 646 § 2, requiratur ad hoc ut Religosus ipso facto habendus sit tanquam legitime dimissus. II. An praescriptum canonis 672 § 1 extendatur etiam ad Religiosos ipso facto dimissos ad normam canonis 646. R. Ad I. Negative. Ad II. Negative“, in: AAS, vol. XXVI (1934), S. 494.

723 Vgl. cc. 765 n. 2 und 795 n. 2 CIC/1917.

Darüber hinaus sind sie als Exkommunizierte[724] neben anderen Beschränkungen[725] ihrer Gliedschaftsrechte von der Teilnahme am Gottesdienst ausgeschlossen[726] und sie dürfen die Sakramente weder empfangen noch erlaubt spenden.[727]

6.2.3.3 Aufhebung der Exkommunikation

Die Aufhebung der Exkommunikation ist nach c. 2335 CIC/1917 dem Apostolischen Stuhl in einfacher Weise reserviert. Das bedeutet, dass in dem Fall, dass die Zugehörigkeit eines Katholiken zu einer Freimaurerloge nicht öffentlich bekannt ist, der zuständige Ordinarius nur für den inneren Bereich von der Strafe befreien kann, sofern die geforderten Voraussetzungen erfüllt sind.[728] Ist die Mitgliedschaft des Katholiken jedoch öffentlich bekannt, muss der Apostolische Stuhl angegangen werden.[729]

---

724 Im Folgenden wird nicht unterschieden zwischen ‚toleratus' und ‚vitandus'. Vgl. dazu LEHRBUCH DES KIRCHENRECHTS. Begründet von EDUARD EICHMANMN, fortgeführt von KLAUS MÖRDSORF, III. Band, Prozess- und Strafrecht, 11. Auflage, Paderborn u.a. 1979, S. 393. Die Kennzeichnung der Freimaurerei als Sekte erscheint vor dem Hintergrund der sowieso eintretenden Exkommunikation allerdings überflüssig, wenn denn mit dieser Kennzeichnung der Gesetzgeber nicht auch eine weitergehende inhaltliche Aussage treffen wollte.

725 Zu weiteren Einschränkungen vgl. EDUARD EICHMANN/KLAUS MÖRSDORF, Lehrbuch des Kirchenrechts, Bd. III, S. 395 ff.

726 C. 2259 CIC/1917.

727 Cc. 2260, 2261 und 2265 § 1 n. 3 CIC/1917

728 C. 2237 § 2 CIC/1917.

729 Die Vollmacht, von der Tatstrafe der Exkommunikation katholischer Freimaurer loszusprechen, die von Rechtswegen allein dem Papst vorbehalten war, wurde in den Jubiläumsjahren 1925 und 1950 allen Priestern erteilt, sofern im Einzelfall der Austritt aus der Freimaurerloge erklärt worden war. Vgl. PIUS XI., Constitutio Apostolica „Servatoris Iesu Christi" vom 25.12.1925, in: AAS, vol. XVII (1925), S. 611 – 618. "V. Haeretici, praesertim qui fuerint publice dogmatizantes, ne absolvantur, nisi, abiurata saltem coram ipso confessario haeresi, scandalum, ut par est, reparaverint. Similiter quicumque sectis massonicis aliisque id genus vetitis notorie adscripti sint, ne absolvantur servatis de iure servandis, a secta recesserint et scandalum, quantum licuerit, removerint." Ebd., S. 616.

PIUS XII., Constitutio Apostolica „Per annum sacrum" vom 25.12.1950, in: AAS, vol. XLI (1950), S. 853 – 863. "4. Pariter ne absolvant eos, qui sectis vetitis, massonicis allisve id genus nomen dederint, etiamsi occulti sint, nisi, abiurata saltem coram ipso confessario secta, scandalum reparaverint et a quavis activa cooperatione vel favore suae cuiusque sectae praestando cessaverint; nisi ecclesiasticos et religiosos, quos sectae adscriptos noverint, ad can. 2336 § 2, denuntiaverint; nisi libros, manu scripta et signa, quae eamdem secta, respiciant, quotiescumque adhuc retinent, absolventi tradiderint, ad S. Officium quamprimum caute transmittenda, aut saltem – idque iustis gravibusque de causis – per se ipsi destruxerint; sin minus, ipsimet sincero animo spoponderint se memoratas condiciones esse, quamprimum potuerint, adimpleturos; impositis, praeterea, pro modo culparum, gravi paenitentia salutary et frequenti sacramentali Confessione." Ebd., S. 860.

Zu den geforderten Voraussetzungen, die die Absolution überhaupt erst ermöglichten, gehörte nach der allgemeinen Disposition in Bezug auf die Reue über die Tat und die Wiedergutmachungsleistung die gänzliche Trennung von der Freimaurerei durch das Löschen des eigenen Namens im Mitgliederverzeichnis der Loge.[730] Ferner musste das Versprechen abgenommen werden, dass die Loge finanziell nicht weiter unterstützt werden und jede Teilnahme an Logenveranstaltungen zukünftig unterbleiben würde.[731] Abzeichen, Bücher und Dokumente sollten dem Oberen ausgehändigt werden und im Falle einer Verfügung, nach dem Tod den Leichnam zu verbrennen, musste auch das rückgängig gemacht werden.

6.2.4 Aliisve eiusdem generis associationibus quae contra Ecclesiam [...] machinantur

Die Auslegung des Relativsatzes ‚quae contra Ecclesiam [...] machinantur' in Bezug auf die ganze Norm des c. 2335 CIC/1917 kann grammatikalisch in zweifacher Hinsicht erfolgen.
Einerseits könnten die Freimaurersekten durch den Zusatz ‚quae contra Ecclesiam [...] machinantur' in diesem Canon selbst als antikirchliche Vereinigungen[732] näher definiert werden, wenn sich das ‚quae' neben den ‚associationes eiusdem generis' auch auf die ‚sectae massonicae' bezieht.

Andererseits könnte das ‚quae' sich aber auch allein auf die ‚associationes eiusdem generis' beziehen. Damit wäre zunächst über eine besondere Ausrichtung der Freimaurersekte im ersten Teil des Satzes an sich keine Aussage getroffen worden.
In diesem Fall würde die bloße Mitgliedschaft in jeder Freimaurerloge die Rechtsfolge der Exkommunikation nach sich ziehen, ohne dass die antikirchliche Agitation als weiteres Tatbestandsmerkmal relevant wäre.

---

730 War die Namensstreichung im Mitgliederverzeichnis ohne schweren Nachteil nicht möglich, konnte darauf verzichtet werden, sofern die Absicht feststand, das nachzuholen, sobald es möglich wäre. Vgl. S. Offic. vom 07.03.1883, in: CIC-Fontes, IV, Nr. 1080, S. 412.

731 Für den Fall, dass jemand, um bei den Logenbrüdern keinen Verdacht zu erregen, dennoch gelegentlich an den Versammlungen teilnimmt, soll der Beichtvater nach klugem Ermessen Weiteres befinden. Vgl. Comm. in Constit. Apost. Sedis n. 118.

732 Auf die staatsfeindlichen Aktivitäten bestimmter Vereinigungen wird hier und im Folgenden nicht näher eingegangen. Es soll der Hinweis genügen, dass die Gruppen, die auf legale Weise politisch agieren und nach ihrer Machtübernahme die Staatsform ändern wollen, hier nicht gemeint sein dürften.
Zu den verbotenen Gesellschaften gehörten neben den schon oben erwähnten Carbonari auch die Nihilisten, Anarchisten und die revolutionären Sozialisten. Vgl. dazu AUGUSTIN ARNDT S.J., Die Absolution der Freimaurer, S. 737.

Bezieht sich das ‚quae' aber nicht allein auf die ‚associationes eiusdem generis' und würde der Relativsatz nicht bloß deskriptive Bedeutung für andere Vereinigungen haben, sondern auch eine inhaltliche, in gewisser Weise einschränkende Aussage in Bezug auf die durch das ‚ve' verbundenen Freimaurer machen, dann würde sich die Rechtsfolge der Exkommunikation bezüglich der Zugehörigkeit zur Freimaurerei nur dann ergeben, wenn es sich um eine Freimaurerloge handelt, die wirklich kirchenfeindlich auftritt.[733]

Dass es dem Gesetzgeber zuallererst um die antikirchliche Gesinnung zu gehen scheint, erschließt sich aus dem Weglassen weiterer, für die früheren kirchlichen Verbote wichtiger Attribute wie das geheime Tun in solchen Vereinigungen oder die Verpflichtung der Mitglieder durch einen Eid.[734] Wenn das Attribut, um das es dem Gesetzgeber geht, also feststeht, ergibt sich gleichwohl die Frage, wer überhaupt definieren kann, ob und wann dieses Tatbestandsmerkmal im Einzelfall erfüllt ist?
Aus der Genese der Norm erschließt sich, dass eine Einzelfallprüfung der jeweiligen Freimaurerloge nicht intendiert war. Daher kommt der Norm die Qualität einer Rechtsvermutung zu, wonach diese dafür steht, dass alle Freimaurerlogen eine derartige kirchenfeindliche Zielsetzung haben. Die Kirchenfeindlichkeit anderer Vereinigungen dieser Art muss von Fall zu Fall entschieden werden.

Zur Anwendung der Norm ist es darüber hinaus unerheblich, ob diese Gruppen geheim oder öffentlich agieren und ob sie, wie die Freimaurer es tun, ihren Mitgliedern einen Eid auf Wahrung ihres Geheimnisses abverlangen oder nicht.

Da Gesetze, die eine Strafe auferlegen, nach c. 19 CIC/1917 eng ausgelegt werden müssen, darf es über das Gegebensein der Tatbestandsmerkmale des c. 2335

---

733 Vgl. ALFRED E. HIEROLD, Katholische Kirche und Freimaurerei, Anmerkungen zu einer Erklärung der Kongregation für die Glaubenslehre, in: Münchener Theologische Zeitschrift, Bd. 37 (1986), S. 87 – 96, S. 88. Diese Interpretation sollte später in einem Schreiben der Kongregation für die Glaubenslehre aus dem Jahr 1974 zur Geltung kommen.

734 Vgl. dazu Instruktion des Hl. Offiziums „Ad gravissima avertenda" vom 10.05.1884, Art. 4. Darin heißt es auch, dass ferner solche Sekten verboten und daher zu meiden sind, die von ihren Mitgliedern einen Eid auf Wahrung ihres Geheimnisses verlangen und ihren Führern unbedingten Gehorsam schwören. Diese Gruppen gehören zwar zu den verbotenen Vereinigungen, die Mitgliedschaft wird jedoch nicht ausdrücklich mit der Exkommunikation belegt, wobei diese sich dennoch aus der Mitgliedschaft in einer Sekte ergibt. Vgl. 5.1.5, Fußnote 637.
Zu diesen hier gemeinten Gesellschaften gehörten unter anderem die Guttempler (S.C.S.Off., decr. vom 09.08.1893), die Odd Fellows (S.C.S.Off., decr. vom 20.08.1884; S.C. de Prop. Fide, litt encyl. vom 10.05.1898) sowie die Gesellschaft der Leichenverbrennung (S.C.S.Off. vom 19.05.1886 in: ASS, vol. XIX (1886/87), S. 46). Vgl. AUGUSTIN ARNDT S.J., Die Absolution der Freimaurer, S. 737. Vgl. auch HERIBERT SCHAUF, Einführung in das kirchliche Strafrecht, S. 166 f.

CIC/1917 keine Zweifel geben. Dennoch hat es der Gesetzgeber versäumt, diese ‚associationes eiusdem generis' ausdrücklich zu benennen.[735]

Die Feststellung, einer Vereinigung anzugehören, die antikirchlich orientiert ist und entsprechend agiert, kann der Adressat der Norm vor seinem Eintritt kaum selber treffen. Daher würde im Zweifel immer gelten müssen, dass der, der im guten Glauben einer solchen Vereinigung beigetreten ist, sei es weil er das päpstliche Verbot nicht kannte oder seinen Austritt erklärt hat, nachdem er die Wahrheit erfahren hat, sich die Tatstrafe der Exkommunikation sicher nicht zugezogen hat. Wer aber im Bewusstsein des Verbotes eintritt oder nach Kenntnisnahme der antikirchlichen Gesinnung der Vereinigung seinen Austritt nicht erklärt, zieht sich die Strafe zu, wenn sein Bleiben nicht aus einem anderen Grund entschuldbar ist.[736]

6.3 Weitere Normen

Um die Rechtslage im CIC/1917 bezüglich der Freimaurer zu vervollständigen, muss auch c. 2336 CIC/1917[737] erwähnt werden.

Nach c. 2336 § 1 CIC/1917 ziehen sich Kleriker, die sich der Freimaurersekte oder einer ähnlichen Vereinigung anschließen, nicht nur die Exkommunikation zu, sondern sollen auch mit der Suspension oder der Entziehung ihres kirchlichen Amtes bestraft werden. Der Angehörige eines Ordens soll neben der von selbst eintretenden Exkommunikation gleichfalls sein Amt und sein aktives und passives Stimmrecht verlieren.

§ 2 der Norm fordert dazu auf, Kleriker und Ordensangehörige, die Mitglied einer verbotenen Vereinigung sind, beim Hl. Offizium anzuzeigen. Der Canon konkretisiert die in c. 1935 § 2 CIC/1917 normierte gesetzliche Pflicht zur Anzeige.[738] Über Art und Weise der Anzeige sowie einer dafür gesetzten Frist wird

735 Vgl. dazu AUDOMAR SCHEUERMANN, Erwägungen zur kirchlichen Strafrechtsreform, in: AfkKR, Bd. 131 (1962), S. 393 – 414, S. 400.

736 Siehe oben unter 6.2.3.3 „Aufhebung der Exkommunikation".

737 C. 2336 CIC/1917: „§ 1 Clerici qui delictum commiserunt de quo in can. 2334, 2335, praeter poenas citatis canonibus statutas, poena suspensionis vel privationis ipsius beneficii, officii, dignitatis, pensionis aut muneris, si qua forte in Ecclesia habeant; religiosi autem privatione officii et vocis activae ac passivae aliisque poenis ad normam constitutionum plectantur. - § 2 Insuper clerici et religiosi nomen dantes sectae massonicae aliisque similibus associationibus denuntiari debent Sacrae Congregationi S. Officii." Quellen zu 2336 § 1 CIC/1917. C. 25, C. XI, q. 1; c. 7, C. XI, q. 3; c. 1, 2, 5, 6, C. XXI, q. 5; c. 2, de poenis, V, 8, in Clem.; Innocentius VIII, const. „Officii nostri", vom 25.01.1491. Quellen zu § 2 Pius IX., ep. Encycl. „Quanto conficiamur moerore", vom 10.08.1863.

738 Eine Anzeigepflicht bestand beispielsweise auch aufseiten des Pönitenten für das priesterliche Vergehen der Sollizitation innerhalb der Beichte (vgl. c. 904 CIC/1917).

keine Aussage getroffen, so dass die allgemeinen Bestimmungen nach cc. 1935 bis 1937 CIC/1917 greifen, wonach die Anzeigen unter Angabe des eigenen Namens schriftlich oder mündlich bei den zuständigen Oberen zu Protokoll gegeben werden können. Wer eine solche Anzeige macht, muss auch Beweise liefern. Entschuldigungsgründe, die Anzeige nicht zu tätigen, nennt das Gesetz nicht.[739]

739 Nach „Del Bene De offic. Inquis." entband gerechtfertigte Furcht von der Anzeigepflicht als auch der dadurch bedingte Verlust des guten Rufes und die Erwartung schweren Schadens für sich selbst und seine Angehörigen. Vgl. AUGUSTIN ARNDT S.J., Die Absolution der Freimaurer, S. 734.

7. Das Zweite Vatikanische Konzil und die Folgen

Das Zweite Vatikanische Konzil hat mit Papst Johannes XXIII.[740] (1881-1963) begonnen, sich konstruktiv mit den Zuständen der Gesellschaft auseinanderzusetzen und sich ihr gegenüber zu öffnen.[741]

Die Vorbereitungskommission des Zweiten Vatikanischen Konzils hatte aus den Vorschlägen der hinsichtlich der auf dem Konzil bezüglich der Freimaurer zu verhandelnden Themen befragten Bischöfe sechs Punkte erarbeitet. Danach sollte zur Diskussion gestellt werden, dass

1. die Sekte der Freimaurer verurteilt werden sollte[742];

---

740 Schon die Ankündigung des Konzils vor dem Hintergrund des veränderten geistigen Klimas hatte den Großmeister der Großloge von Haiti, Pierre Armand, veranlasst, einen Brief an den Papst zu verfassen, in dem er um die Aufhebung der Exkommunikation für Freimaurer bat. Der Brief ist in deutscher Übersetzung abgedruckt bei KURT BARESCH, Katholische Kirche und Freimaurerei, S. 29 f. In gleicher Mission wandte sich auch der österreichische Großmeister, Carl Helmke, mit einem Brief vom 10. November 1965 an den Wiener Erzbischof Franz Kardinal König (1905-2004). Vgl. ebd. S. 30.
Über Ankündigung und Vorbereitung des Konzils im Spiegel der kirchlichen Presse und zur Rezeption der Konzilsverkündigung in den Pfarrgemeinden 1959 – 1962 vgl. WILHELM DAMBERG, Pfarrgemeinden und katholische Verbände vor dem Konzil, in: Zweites Vatikanum – vergessene Anstöße, gegenwärtige Fortschreibungen, hg. von GÜNTHER WASSILOWSKY (= Quaestiones disputatae Bd. 207), Freiburg i.Br. 2004, S. 9 – 30, S. 20 – 28.

741 Bezüglich des Umgangs mit katholischen Freimaurern hatte das Hl. Offizium allerdings noch am 20.04.1949 auf die Mitteilung eines Bischofs, der davon berichtete, dass es innerhalb der Freimaurerei einen Zweig gäbe, der seinen Mitgliedern nicht nur erlaube, die katholische Religion frei zu praktizieren, sondern das auch aktiv unterstütze, geantwortet, dass hinsichtlich des Umgangs mit katholischen Freimaurern, gleich welcher Art sie seien, die Normen des kanonischen Rechts zu beachten wären. Vgl. S.C.S.Off., decl. vom 20.04.1949, in: XAVERIUS OCHOA, Leges Ecclesiae, vol. 2, n. 2044, Sp. 2595 – 2596.
Die Italienische Bischofskonferenz veröffentlichte anlässlich der Wahlen im Jahr 1958 einen Aufruf, dass die Katholiken nur solchen Parteien ihre Stimme geben sollten, die keine Verbindung zu den Freimaurern haben. Vgl. Conferenza Episcopale Italiana, Nota in vista delle consultazioni popolari (13 marzo 1958), Roma 1958, in: ENCHIRIDON DELLA CONFERENZA EPISCOPALE ITALIANA: decreti, dichirazioni documenti pastorali per la Chiesa Italiana, vol. 1, n. 130.
Am 20.02.1959 hatten die argentinischen Bischöfe anlässlich des in Montevideo vom 26. bis 28.03.1959 geplanten Freimaurerkongresses ein Hirtenwort verfasst, in dem vor dem Einfluss der Freimaurerei auf die Gesellschaft und die Familien gewarnt wird. Das Hirtenwort ist abgedruckt in: Herder-Korrespondenz, Orbis Catholicus, 13. Jg., Heft Nr. 10, Juli 1959, Freiburg i.Br. 1959, S. 475 – 476.

742 Der Bischof von Avvezano (Italien), Domenico Valeri, forderte die Verurteilung der Freimaurer in den Katalog der Irrtümer aufzunehmen: „Ut confirmetur condemnatio errorum in dies ingravescentium, praesertim communismi ac materialismi, naturalismi, laicismi, liberalismi, existentialismi athei necnon massonicae sectae“; in: ACTA ET

2. c. 2335 CIC/1917 nicht solche Freimaurer berücksichtigt, die der Sekte nur aus ökonomischen Gründen angehören, was gütiger zu bewerten sei[743];
3. die Strafe, von der in c. 2335 gehandelt wird, nur auf die hartnäckigen Mitglieder bezogen werden soll[744];

DOCUMENTA Concilio Oecumenico Vaticano II Apparando: Series I (Antepreparatoria), vol. II, pars III, Rom 1960, S. 366.
Der Erzbischof von San Juan de Cuyo (Argentinien), Audini Rodriguez y Olmos (+1965), stellte den Antrag, die Verurteilung der Freimaurer auf dem Konzil zu bestätigen. „Certe opportunum erit damnationes iam factas contra communismum, massonicas sectas et spiritismum sollemniter a Concilio iterum sancire.“ Ebd. vol. II, pars VII, S. 78.
Der Präsident der Bischofskonferenz von Zentralamerika und Panama, A. Chávez González (1901-1987), der mit Mandat und im Namen der gesamten Konferenz sowie im Namen von drei Bischöfen aus Costa Rica, sechs Bischöfen und einem Erzbischof aus Guatemala, zwei Bischöfen aus Honduras und einem aus Nicaragua sprach, erklärte, dass die Freimaurerei zusammen mit dem Kommunismus, dem Laizismus und dem Liberalismus verurteilt werden müsse. Vgl. ebd., vol. II, pars VI, Rom 1960, S. 523.
In gleicher Weise äußerte sich der Bischof von S. Rosa de Copán (Honduras): „Solemnis desideratur a Concilio Oecumenico venturo damnatio communismi doctrinae, sectae massonicae, laicismis ac liberalismi.“ Ebd., S. 585.
Der Patriarch von Antiochien, Maxim IV. Saigh (1878-1965), erklärte zusammen mit 19 Konzilsvätern: „Certains mouvements, partis ou sectes, à l'endroit desquels l'Eglise s'était jadis prononcés, ont revetu de nouvelles formes de nature à tromper les esprits. Aussi estimons-nous utile que l'Eglise fixe à nouveau ses positions à leur égard, de manière que les pasteurs d'ame soient munis des documents officiels nécessaires, convenablement mis à jour. Nous pensons en particulier aux doctrines et organisations suivantes: communisme, francmaçonnerie, racisme, nazisme, fascisme, capitalisme extremiste ecc." Ebd., S. 457.

743 Der Bischof von Garanhuns (Brasilien), José Adelino Dantas (1910-1983), plädierte in seinem Vorschlag für eine differenziertere Sichtweise hinsichtlich der Beurteilung der katholischen Freimaurer: „C. 2335 CIC indiscriminatim respicit massones. Accidit autem in pluribus orbis regionibus, v.g. in Brasilia, ut plerique massonum sectae sua dent nomina, quin vere sciant quid sit vel studeat ea secta, et sic procedunt non ut Ecclesiae vel legitimis legibus civilibus adversantur, sed potius et unice ut rei oecoconomicae consulant suae, fide servata. Quae cum it sint, mihi videretur rectius statui ut massones eiusdemque similes dupliciter haberi possent, ii damnatione plecentur, sicut in Codice inter eos praesertim qui in secta locum gradusque obtinent praecipuos. Alii vero qui sectae associantur rei causa oeconomicae tantum, benignius mihi respici viderentur." ACTA ET DOCUMENTA Concilio Oecumenico Vaticano II Apparando: Series I (Antepreparatoria), vol. II, pars VII, Rom 1961, S. 176.

744 Den Vorschlag machte der Bischof von Tampico (Mexiko), Ernesto Corripio y Ahumada (geb. 1919), der für einen milden Umgang mit den Freimaurern warb, die aus guten Gründen (Arbeit oder Lebensunterhalt der Familie) Mitglieder geworden sind: „Denique ut poena statuta in c. 2335 CIC sit pro „pertinaciter adhaerentibus“ cum in perpluribis dioecesibus sint fideles qui nomen his sectis vel associationibus dent propter ignorantiam curiositatem aut necessitatem laboris vel sustentationis familiaris.“ ACTA ET DOCUMENTA Concilio Oecumenico Vaticano II Apparando: Series I (Antepreparatoria), vol. II, pars IV, Rom 1960, S. 234.

4. es eine Handlungsanweisung gegenüber allen zu den Freimaurern in Beziehung stehenden Organisationen geben soll[745];
5. der Freimaurerorden der katholischen Ordnung entgegensteht und die Gefahr höchstaktuell ist[746];
6. eine Veränderung der die Mitglieder in Freimaurerlogen betreffenden Strafen oder eine Überprüfung der Fragestellung gewünscht wird[747].

---

745 Der Bischof der Diözese Caetité (Brasilien), Iosephus Pedro Costa (1913-1996), wünschte sich ein einheitliches Vorgehen gegenüber allen mit den Freimaurern in Verbindung stehenden Gruppen: „Sententias uniformes adoptare quoad associationes damnatas vel suspectas, exempli gratia, quoad massonicas sectas, protestanticam associationem christianam iuvenum, Rotary Club etc.“ Ebd., S. 146.
Mit Datum vom 20.12.1950 hatte die Suprema Sacra Congregatio S. Officii auf die Frage, ob es erlaubt sei, dass Katholiken Mitglieder des Rotary Clubs werden dürften, negativ geantwortet: „Clericis non licere nomen dare Associationi „Rotary Club“ vel eiusdem coetibus interesse; laicos vero hortandos esse ut servent praescriptum can. 684 CIC.“ in: AAS, vol. XLIII (1951), S. 91. Das Verbot ging auf die enge Verbindung zwischen den Freimaurern und den Rotariern zurück. Der Gründer des 1937 gegründeten Rotary-Clubs, Paul Harris (1868-1947), selbst war Freimaurer und in den Anfängen des Rotary war die gleichzeitige Zugehörigkeit bei den Freimaurern und den Rotariern eher die Regel als die Ausnahme. Vgl. WOLFGANG ZIEGLER, Rotary und die Freimaurer. Von Brüdern und Freunden, in: Rotary, Ausgabe 4/2004, hg. von JOHANN MICHAEL MÜLLER, WOLFGANG HEINRICH u.a., Hamburg 2004, S. 12 f.
Die Deutsche Bischofskonferenz beschloss nach einem Schreiben des Apostolischen Nuntius, der darüber unterrichtete, dass der Heilige Stuhl die Bischofskonferenzen ermächtigt hat, die Frage von Klerikern im Rotary Club zu regeln, dass katholischen Geistlichen die Mitgliedschaft im Rotary-Club unter der Voraussetzung nicht verweigert werden sollte, wenn den betreffenden Priestern keine gesellschaftlichen Verpflichtungen zugemutet werden würden, die sie hindern könnten, den Pflichten ihres geistlichen Amtes in vollem Umfang nachzukommen. Zudem müsse den katholischen Geistlichen die Freiheit zugesichert sein, ihre Glaubensüberzeugung in den Clubversammlungen zu vertreten. Die Entscheidung darüber, ob diese Bedingungen erfüllt sind, sollte der Ortsordinarius treffen. Vgl. Protokolle der Vollversammlung der Deutschen Bischofskonferenz, 1975, S. 72.

746 Ebenfalls aus Brasilien schreibt der Bischof der Diözese Jacarézinho, D. Garibaldi De Proenca Sigaud (1909-1999), und warnt unter anderem vor dem Einfluss der Freimaurer auf die katholischen Autoritäten: „Nostris diebus haec maxima intelligentia, perversitate, energia et logica procurantur, et rapido cursu adveniunt […] En quaesitio vitalis pro Ecclesia. Ordo Massonicus opponitur Ordini Catholico. Vox Ordo Massonicus totam humanitatem complectetur. Tamen multi Duces Catholicorum hoc non vident, plurimi silent. Post Leonem XIII nulla amplius Encyclica de hac Secta. In Universitatibus et Seminariis quid de illa docetur? Quid in Sociologica de hac gravissima quaestione dicitur? In directione mundiali et nationali Ecclesiae, saepe ignoratur hoc problema; adest aliqua tregua. In directione mundiali et nationali Ecclesiae, saepe ignoratur hoc problema: adest aliqua tregua. In studiis et orientationibus sacerdotum non est sermo de eius programmate, methodo, de systema totius sociologiae massonicae, de eius fine, de spiritu, de mediis, de tactica et strategia." ACTA ET DOCUMENTA Concilio Oecumenico Vaticano II Apparando: Series I (Antepreparatoria), vol. II, pars VII, Rom 1961, S. 182 f.

In der Zusammenstellung der Vorbereitungskommission wird auch die Frage des Apostolischen Administrators von Island, Bischof Johannes Gunnarsson (1897-1972), erwähnt, der für eine Ausweitung der Befugnisse der Ortsbischöfe plädierte, in ihren Territorien selbst über die Frage der Möglichkeit der Mitgliedschaft von Katholiken in den verdächtigen Vereinigungen zu urteilen.[748]

7.1 Die Freimaurerei in der Konzilsdiskussion

Während des Konzils wurde das Thema Freimaurerei von Kardinal Ernesto Ruffini (1888-1967) auf der 89ten Generalversammlung[749] und noch drei weitere Male vom mexikanischen Bischof von Cuernavaca, Sergio Méndez Arceo (1907-1992), angesprochen, der während der 35ten Generalversammlung am 06. Dezember 1962 betonte, dass sich in den Freimaurerlogen viele nichtkatholische Christen befänden, die, wenn sie die Kirche besser kennen würden, den Keim dafür darstellen könnten, all das, was in der Freimaurerei antichristlich und antikatholisch ist, aus ihr zu eliminieren. Die Freimaurerei sei in ihrem Ursprung nicht antichristlich und es gäbe Indizien dafür, wenn auch nur wenige, dass sich eine Wiederversöhnung der Freimaurer mit der Kirche ergeben könnte. Der gute Wille auf beiden Seiten könnte dazu beitragen, den entstandenen Skandal zu heilen. Der Bischof setzte sich dafür ein, dass die Kirche dazu einen Weg finden müsse.[750]

---

747 Den Antrag auf Überprüfung der festgesetzten Strafen stellte der Erzbischof von Belém do Parà (Brasilien), Alberto Gaudencio Ramos (1915-1991). Ebd., S. 138.

748 „Participatio fidelium in societatibus, quae generaliter ut acatholicae habentur, sicut ex. g. Good-Templars, Odd-Fellows, Rotary, Lions club, imo detur existimationi Ordinari loci cum eius consilio facultas iudicandi num societas Franco-murariorum in eorum regione prohibenda sit vel non, atque utrum sanctiones canonicae illi applicandae sint.“ ACTA ET DOCUMENTA Concili Oecumenico Vaticano II Apparando: series I (Antepreparatoria), appendix vol. II, pars I, Rom 1961, S. 794.

749 „Etenim, ut id uno confirmem exemplo, pernicosa secta, longe lateque diffusa, massonum cuius asseclae excomunicatione, S. Sedis Apostolicae simpliciter reservata, mulctantur [...], quia contra Ecclesiam multa machinari solet, nonne a Iudaeis fulcitur ac fovetur? Propterea velim ut in declaratione, disceptationi nostrae subiecta, Iudaei efficaciter provocentur ut amori quo eos sincere prosequimur, amore suo ipsi respondeant.” ACTA SYNODALIA Sacrosancti Concilii Oecumenici Vaticani II, Rom 1974, vol. III, pars II, S. 586.

750 SERGIO MÉNDES ARCEO: “I. Attendere debemus: catholici quidem nullo modo coetibus massonicis nomen dare possunt et poena statutae sunt ut deterreantur. Sed cura pastoralis de his catholicis qui quacumque de causa francomuratores fiunt, non cessat. II. Si vero consideremus fraters non catholicos et eorum ministros plures, qui nomen massoneriae dederunt, attendere debemus ad duo consectaria: a) ex una parte hi ministri et christiani non catholici impedimentum non parvum ad unionem communitariam cum Ecclesia in aggregatione fraternitati massonicae invenient; b) ex altera parte hi ministri et christiani non catholici fermentum validum essent ad eliminanda ex ipsa massoneria quaecumque antichristiana et anticatholica existent, si Ecclesiam catholicam melius cognoverint, intellexerint et dilexerint. Origo ipsa massoneriae antichristiani non fuit et indicia quaedam, etsi minima, de possibilitate alicuius reconocilia-

Noch einmal wurde das Thema vom selben Bischof auf der 71ten Generalversammlung am 20. November 1963 angesprochen, der die Freimaurerei als eine Vereinigung bezeichnete, der Männer verschiedener Religionen angehören und deren Prinzipien christlichen Ursprungs waren und die bis heute christlich geblieben sind oder dahin zurückkommen. Daher müssten die kirchlichen Gesetze, die sich gegen diese Vereinigung richteten, widerrufen werden, damit es nicht dazu kommt, dass die Kirche in gut und böse teilt, was gegen die Lehre Christi wäre. Christus, so führte der Bischof weiter aus, habe gelehrt, dass es nötig sei, Uneinigkeit auszuhalten, um nicht die Spreu mit dem Weizen herauszureißen. Ihm, so erklärte der Bischof, sei von einer Freimaurerei berichtet worden, in der sich nicht wenige Christen befänden, von denen viele an Gott glaubten oder wenigstens nicht gegen die Kirche oder den Staat konspirierten.[751]
In der Apostolischen Konstitution „MIRIFICUS EVENTUS" vom 07. Dezember 1965 erteilte Papst Paul VI. für das Jubiläumsjahr 1966 und bis zum Ende des Zweiten Vatikanischen Konzils allen Beichtvätern die Vollmacht, von Zensuren und anderen kirchlichen Strafen auch die Angehörigen der Freimaurerei zu absolvieren, wenn diese sich denn von den Vereinigungen trennten.[752]

Die vom Konzil deklarierte Humanität, die Toleranz und die geforderte Gewissens- und Religionsfreiheit[753] waren der Boden, auf dem eine Annäherung zwischen der Kirche und den Freimaurern versucht werden konnte. Freimaurer und auch katholische Bischöfe forderten und warben für neue Gespräche und ein Überdenken der katholischen Position zu den Freimaurern, die in vielen Ländern den im Kirchenrecht beschriebenen Tatbestand der Kirchenfeindlichkeit nicht erfüllen würden.

---

tionis cum Ecclesia non desunt hinc inde. Bona fides ex utraque parte et magistra vitae quae est historia, valde conferment ad hoc deplorandum dissidum sanandum. Pia Mater Ecclesia viam, duce Spiritu Sancto, quaerere debet." ACTA SYNODALIA Sacrosancti Concilii Oecumenici Vaticani II, Rom 1971, vol. I, pars IV, S. 340 f.

751 Vgl. ACTA SYNODALIA Sacrosancti Concilii Oecumenici Vaticani II, Rom 1973, vol. II, pars V, S. 617 f. In ähnlicher Weise setze sich Bischof Méndez Arceo auch auf der 90ten Generalversammlung für die Freimaurer ein. Vgl. ebd., Rom 1974, vol. III, pars III, S. 19.

752 PAUL VI., Const. "Mirificus Eventus" vom 07.12.1965, in: AAS, vol. LVII (1965), S. 945 – 951. "Ad Nos autem quod attinet, cum id etiam ad fructum hums Iubilaei conferre posse existimemus, Nostra apostolica auctoritate concedimus sacris Confessariis, ad audiendas sacramentales confessiones legitime approbatis, quae sequuntur, facultates, quibus solummodo per idem tempus, in foro conscientiae et in sacramentali confessione uti possint. Quapropter iidem poterunt: […] 3) absolvere a censuris et poenis ecclesiasticis eos qui nomina dederint sectae massonicae aliisque eiusdem generis consociationibus, quae contra Ecclesiam vel legitimas civiles potestates machinantur; dummodo a sua secta vel consociatione omnino se separent, et scandala vel damna, pro viribus, se sarturos et praecauturos esse promittant; iniuncta, pro modo culparum, gravi paenitentia salutari."

753 Vgl. VATICANUM II, Dogmatische Konstitution über die Kirche „Lumen gentium", Art. 76.

Man war um eine differenzierte Beurteilung der Logen bemüht, wonach z.B. in Deutschland, England und zum Teil auch in Frankreich Logen existierten, die als unbedenklich einzuschätzen wären.[754] Vor diesem Hintergrund hatte im Jahr 1966 die Skandinavische Bischofskonferenz erklärt, dass in ihrem Zuständigkeitsbereich jeder Bischof die Mitgliedschaft eines Katholiken in einer Freimaurerloge gestatten könne.[755]

Drei vatikanische Sekretariate[756] sollten den Dialog der Kirche mit den ihr Fernstehenden ermöglichen.[757] Die Freimaurer wurden dem unter der Leitung des Wiener Kardinals König stehenden Sekretariat für die Nichtglaubenden[758] zugewiesen, die zwar gegen diese Zuordnung Einspruch erhoben, sich schließlich aber dennoch darauf einließen. Im Einvernehmen mit der Glaubenskongregation

---

754 Damit gemeint waren die Vereinigten Großlogen von Deutschland, die United Grand Lodge of England und die Loge Nationale Francaise.

755 In gleicher Weise verfuhren auch die Bischofskonferenzen von England und Wales. Vgl. ROLF APPEL und HERBERT VORGRIMLER, Kirche und Freimaurer im Dialog, Frankfurt a.M., 1975, S. 54.
Schon 1965 hatte ein hoher Vertreter der Freimaurer in Norwegen an den Bischof von Oslo, John Willem Nicolaysen Gran OCist (1920-2008), in einem Brief geschrieben: „Die Furcht Gottes und die Liebe zu den Menschen bilden das erste Gebot der Freimaurerei. Niemand kann Mitglied der Freimaurerei (hier in Skandinavien) werden ohne den Glauben an ein höchstes Wesen und die Unsterblichkeit der Seele. Außerdem fordert die Freimaurerei in Norwegen die Zugehörigkeit zum christlichen Glauben."
1966 hatten die skandinavischen Bischöfe auch entschieden, dass Mitglieder der Freimaurer in Skandinavien, die in die katholische Kirche konvertieren, Mitglied ihrer Loge unter der Bedingung bleiben können, dass sie, sollten sie sich in der Folgezeit mit unvereinbaren Positionen konfrontiert sehen, die Freimaurer verlassen. Dezidiert wurde darauf Wert gelegt, dass das keine generelle Erlaubnis für Katholiken sei, Freimaurer zu werden, wohl aber, dass Freimaurer katholisch werden könnten.
Die Pressestelle des Hl. Stuhls verlautbarte aber am 19.03.1968, dass die Möglichkeit, Katholik zu werden und Freimaurer zu bleiben, nicht bestünde. Zwei Monate später äußerte sich der Bischof von Oslo erneut und erklärte, dass er bei den skandinavischen Freimaurern nichts Antiklerikales und Atheistisches finden würde. Vgl. dazu J.A. FERRER BENIMELI und GIOVANNI CAPRILE, Massoneria e Chiesa Cattolica - ieri, oggi e domani, Rom 1979, S. 101 ff.

756 Der Dialog der Kirche sollte geführt werden mit Nichtkatholiken, den nichtchristlichen Religionen und den Nichtglaubenden.

757 Das Konzil selbst hatte sich trotz der gestellten Anträge, sich mit der Haltung der katholischen Kirche gegenüber den Freimaurern zu befassen, mit dieser Frage nicht beschäftigt. Vgl. dazu MICHEL DIERICKX, Freimaurerei, S. 208 f. und 211 f.

758 Im April 1965 war das Sekretariat für den Dialog mit den Nichtglaubenden mit dem Ziel gegründet worden, die drei Hauptformen des Atheismus, den marxistischen, den humanistischen und den agnostischen, zu untersuchen. Vgl. FRANZ KARDINAL KÖNIG, Offen für Gott – Offen für die Welt, Kirche im Dialog, Freiburg – Basel – Wien, 2006, S. 138. Vgl. auch HERBERT VORGRIMLER, Sekretariat für die Nichtglaubenden, in: Wir wollen Frieden, hg. von MARGRET HUDA, Düsseldorf 1968, S. 164 – 170.

wurde eine Kommission von vier Theologen[759] berufen, die sich mit vier Vertretern der Vereinigten Großloge von Deutschland, zeitweilig unterstützt von Vertreten der Freimaurerlogen aus Österreich und der Schweiz, zu ersten Dialoggesprächen in den Jahren 1968 bis 1970 trafen.[760]

7.2 Das Schreiben der Kongregation für die Glaubenslehre vom 26.02.1968

Mit Datum vom 26.02.1968 wandte sich die römische Glaubensbehörde an viele Bischöfe weltweit mit 12 detaillierten Fragen, die sich auf den damaligen Stand der Freimaurerlogen, ihre Lehre und/oder ihr praktisches Verhalten zur Religion und insbesondere zur katholischen Kirche bezogen.[761]
Die Fragen bezogen sich auf die Zahl und die Art der jeweiligen Freimaurerlogen in den Diözesen, ihre Verbindungen untereinander, ihre Beziehungen zur katholischen Kirche, auf ihre Satzungen und ihr gesellschaftliches Auftreten sowie ihre Positionen zu Gott, der Religion und der katholischen Kirche insbesondere.
Auch sollte Auskunft darüber gegeben werden, wie viele Katholiken Mitglieder in den Logen sind und wie die Bischöfe sich verhielten, wenn katholische Freimaurer um Wiederaufnahme in die katholische Kirche bitten würden.

---

759 Dazu gehörten der Domherr an der Laterankirche Johannes B. de Toth, die Dogmatiker Engelbert Schwarzbauer, Herbert Vorgrimler und der Kirchenhistoriker Josef Wodka.

760 Vgl. zum Verlauf der Diskussion KURT BARESCH, Katholische Kirche und Freimaurerei, Wien 1984. Im Jahr 1928 war es schon einmal zu Gesprächen zwischen einem allerdings inoffiziellen Vertreter der katholischen Kirche, dem ausgewiesenen Antifreimaurer und Jesuiten Hermann Gruber, und Vertretern der Freimaurerei in Aachen gekommen. In einem ersten Gespräch wurde vereinbart, dass darauf hingewirkt werden solle, den päpstlichen Bannfluch aufzuheben, wobei man sich im Klaren darüber war, dass die nationalen Unterschiede im Verhältnis zwischen katholischer Kirche und Freimaurerei je verschieden sind und berücksichtigt werden müssen. Hintergrund der getroffenen Vereinbarungen war die Einsicht, dass ein Zusammenwirken zweier ‚moralischer Mächte', gemeint waren die Freimaurer und der Orden der Jesuiten, geeignet sei, sich gegen die von der Sowjetunion ausgehende Gefahr des Bolschewismus und der asiatischen Invasion in Europa zur Wehr zu setzen. Die Freimaurerseite versprach, bei ihren einflussreichen Organisationen darauf hinzuwirken, zukünftig jedwede antikirchliche oder antikatholische Propaganda in Hinsicht auf Ehegesetzgebung, Freimaurerbestattung, Freidenkertum und anderes zu unterlassen. Im gemeinsamen Auftreten gegen den aufkommenden Nationalsozialismus konkretisierte sich die Vereinbarung. Vgl. zu Einzelheiten ALFRED SIX, Freimaurerei und Christentum, S. 77 – 89.
Nach dem Zweiten Vatikanischen Konzil wurden die inoffiziellen Gespräche wieder aufgenommen und mündeten schließlich in die oben erwähnten offiziellen Gespräche zwischen Vertretern der katholischen Kirche und den Freimaurern. Vgl. ALOIS KEHL, Warum Dialog zwischen Katholiken und Freimaurern, Hamburg 1978, S. 9.

761 Das Schreiben ist abgedruckt im Anhang. Dort zitiert nach KURT BARESCH, Katholische Kirche und Freimaurerei, S. 152 f., in deutscher Übersetzung S. 34 f.

Die darauf eingehenden Antworten belegten eine je verschiedene Situation und forderten einen differenzierten Umgang mit der in c. 2335 CIC/1917 normierten Strafsanktion.[762]
Im Juli 1970 wurde vonseiten der Freimaurer ein vorläufiges Ergebnis der Gespräche formuliert, das als „Lichtenauer Erklärung“ Papst Paul VI. vorgelegt wurde.

7.3 Die „Lichtenauer Erklärung“ (1970)

Die „Lichtenauer Erklärung“, die am 5. Juli 1970 von den freimaurerischen Dialogteilnehmern unterzeichnet und Kardinal König zur Weiterleitung an die Glaubenskongregation bzw. dem Papst übergeben wurde, war mit dem erklärten Ziel verfasst worden, die strikte Haltung der katholischen Kirche gegenüber al-

---

762 Vgl. dazu die Darstellung von J.A. FERRER BENIMELI und GIOVANNI CAPRILE, Massoneria e Chiesa Cattolica, S. 95 – 133. Die Französische Bischofskonferenz stellte nach einer seitens des Generalsekretariats der französischen Bischöfe 1967 veranlassten Sondierung fest, dass die regulären Logen in Frankreich bei den Aufnahmevoraussetzungen neuer Mitglieder den Glauben an ein höchstes Wesen verlangen und dieselben Logen in ihren Statuten jegliche von der Loge ausgehenden „Machenschaften gegen die Kirche und die staatlichen Gewalten“ verbieten, weswegen die Mitglieder solcher Logen nicht unter die Strafbestimmung des c. 2335 CIC/1917 fallen würden. Vgl. ebd., S. 96 – 101.
Die Philippinische Bischofskonferenz stellte als Ergebnis ihrer Gespräche mit den Freimaurern vor, dass die philippinische Großloge sich als eine humanitär und sozial ausgerichtete Vereinigung darstelle, die weder geheim agiere noch Beziehungen zu antikatholischen Gruppen unterhalte. Die Großloge versicherte, dass sie selbst keine Religion sei, ihre Mitglieder die Existenz eines persönlichen Gottes und die Unsterblichkeit der menschlichen Seele anerkennen und sie ihre Mitglieder ermuntere, die je eigene Religion frei zu praktizieren. Vgl. ebd., S. 104 – 106.
Mit der Untersuchung der brasilianischen Freimaurerei wurde seitens der Brasilianischen Bischofskonferenz der Franziskanerpater Bonaventura Kloppenburg (geb. 1919), der spätere Bischof von Novo Hamburgo, beauftragt, der als Ergebnis seiner Prüfung feststellte, dass ein Dialog mit den Freimaurern nicht leicht sein werde, dennoch aber geführt werden sollte. In Brasilien, so erklärte Kloppenburg, hätte die Freimaurerei immer den Glauben an ein höchstes Wesen und an die Unsterblichkeit der Seele beibehalten. Wenn es auch vereinzelt Sympathien für den atheistisch orientierten Grand Orient de France geben würde, so würde dennoch die Mehrheit der brasilianischen Freimaurer dem Grand Orient von Brasilien nicht erlauben, die Prinzipien der französischen Freimaurerei zu übernehmen. Vor diesem Hintergrund sei der Dialog mit den Freimaurern durchaus möglich. Vgl. ebd., S. 106 – 113.
In Amerika gab es seit 1965 zahlreiche Gesprächskontakte zwischen Bischöfen und Vertretern der Freimaurerlogen. Im Allgemeinen wurden die Gespräche als ein im Geiste des Konzils offener und brüderlicher Diskurs bewertet. Vgl. ebd., S. 115 f.
Am 07.05.1973 informierte Radio Vatikan darüber, dass der Erzbischof von Melbourne, Kardinal J.R. Knox (1914-1983), die Loge ‚Humanitas' besucht und dort an einer öffentlichen Konferenz zum Schutz des ungeborenen Lebens teilgenommen hatte, um zusammen mit den Freimaurern gegen einen Gesetzesentwurfs zur Abtreibung zu demonstrieren. Vgl. ebd., S. 116.

len katholischen Freimaurern zu revidieren. Das bedeutete, die Exkommunikation katholischer Freimaurer ganz oder teilweise abzuschaffen und die Beurteilung dazu möglicherweise in die Verantwortung und Zuständigkeit der nationalen Bischofskonferenzen zu delegieren.[763] In neun Artikeln wird in der Erklärung nach der Definition des Selbstverständnisses der Freimaurer quasi eine Bestandsaufnahme gemacht.
Zunächst werden die historischen Fehler der Kirche wie der Freimaurer selbst benannt und schuldbewusst bekannt (Art. 1 und 2). Im Folgenden werden die Bemühungen der Kirche um den Dialog mit anderen, vor allem seit dem Zweiten Vatikanischen Konzil, anerkannt (Art. 3). Gegenseitige Toleranz wird eingefordert und die Notwendigkeit der gemeinsamen Verantwortung vor Gott bestätigt (Art. 4). Das Eintreten für die Würde des Menschen und seine Rechte gegen Zwang und Unterdrückung wird als das die großen Religionen Verbindende bewertet, was sich mit der Idee der Freimaurerei decke (Art. 5). Der begonnene Dialog solle auf der Basis des Ja zum Menschen weitergeführt werden (Art. 6), was im gemeinsamen Glauben an Gott bzw. den Baumeister aller Welten leichter erscheine als der Dialog mit den Nichtglaubenden, mit denen selbst die Kirche die Chance einer Übereinstimmung zu finden glaube[764] (Art. 7). Schließlich wird die Zulässigkeit der gleichzeitigen Mitgliedschaft eingefordert, die die Kirche verbiete, die Freimaurer aber den Katholiken ermögliche (Art. 8), und die geschichtlichen Verurteilungen der Kirche werden als nicht mehr zeitgemäß und deswegen als aufgebbar bezeichnet, was mit dem moralischen Appell, den Nächsten zu lieben, unterstützt wird (Art. 9).[765]

Die Erklärung wurde in Rom positiv aufgenommen und bewertet und in Aussicht gestellt, die kirchliche Position zur Freimaurerei zu ändern. Zugleich wurde jedoch entschieden, diese veränderte Position, gemeint war die Streichung der Tatstrafe der Exkommunikation für alle katholischen Freimaurer, nicht in einem Einzelakt zu vollziehen, sondern sie in die Überarbeitung des allgemeinen Kirchenrechts aufzunehmen.

Eine differenzierte Sichtweise nationaler, historischer und ideologischer Unterschiede der einzelnen Logen hielt man auch in Rom für möglich, wonach die Exkommunikation katholischer Freimaurer zukünftig nur diejenigen treffen sollte, die tatsächlich kirchenfeindlich agierten.

763 Vgl. KURT BARESCH, Katholische Kirche und Freimaurerei, S. 61.
764 Vgl. dazu VATICANUM II, Pastoralkonstitution „Gaudium et spes“, in: AAS, vol. LVIII (1966), S. 1025 – 1115, Nr. 92.
765 Die „Lichtenauer Erklärung“ ist im Wortlaut abgedruckt in: ROLF APPEL/HERBERT VORGRIMLER, Kirche und Freimaurer im Dialog, S. 80 – 85.

7.4 Das Schreiben der Kongregation für die Glaubenslehre vom 18.07.1974[766]

Nach der von der Glaubenskongregation im Jahr 1968 veranlassten weltweiten Umfrage bei einigen Bischofskonferenzen nach dem jeweiligen Erscheinungsbild der Freimaurer und den darauf eingegangenen Antworten musste eine Reaktion der Kongregation erfolgen. Dazu kam es im Juli 1974.

Am 18.07.1974 formulierte der Präfekt der Glaubenskongregation, Kardinal Šeper, als Reaktion auf die Umfrage einen Brief an die Vorsitzenden verschiedener Bischofskonferenzen, worin zunächst festgestellt wurde, dass sich das Erscheinungsbild der Freimaurer seit den kirchlichen Verurteilungen gewandelt habe, aber wegen des nicht einheitlichen Erscheinungsbildes an der Norm des c. 2335 CIC/1917 bis auf Weiteres nichts geändert werden könne, bis ein neues kirchliches Gesetzbuch in Kraft getreten sei.
Als sicher könne aber gelten, dass die Norm nur gegen solche Katholiken angewandt werden müsse, die Freimaurerlogen angehören, die gegen die Kirche agieren.[767] Für Geistliche, Ordensleute und Mitglieder von Säkularinstituten gelte der Canon allerdings ohne Einschränkung.
Aus dem Wortlaut des Schreibens wurde der Schluss gezogen, dass zukünftig die Möglichkeit bestünde, es den nationalen Bischofskonferenzen zu überlassen, in ihrem Zuständigkeitsbereich eine Entscheidung darüber zu fällen, ob die in ihrem Territorium befindlichen Freimaurerlogen den Tatbestand der Kirchen-

766 S.C. pro Doctrina Fidei, Litt. “Complures episcopi” ad praesides conferentiarum episcopalium de catholicis qui nomen dant associationibus massonicis, Prot. 272/44 vom 18. Juli 1974, in: AAS, vol. LXXIII (1981), S. 240 f., S. 240, Fußnote 1. Der Text ist auch abgedruckt in: AfkKR Bd. 143 (1974), S. 460. Der Text der Erklärung findet sich zudem auch im Anhang.

767 S.C. pro Doctrina Fidei, Litt. “Complures episcopi”: „Proinde tuto doceri et applicari potest opinio eorum auctorum qui tenent praedictum canonem 2335 respicere eos tantum catholicos qui nomen dant associationibus quae revera contra Ecclesiam machinantur.“ In gleicher, differenzierter Weise antwortete die Glaubenskongregation am 26.02.1975 auch auf die Anfrage des Präsidenten der Brasilianischen Bischofskonferenz vom 04.01.1975 und stellte fest: „Ao item 1): [...]; parece, entretanto, que se possa dar fé àqueles católicos que, inscritos há anos na maçonaria, solicitam espontaneamente serem admitidos aos sacramentos (o que lhes era antes negado por esse motivo), declarando, „onerata ipsorum conscientia“ que a associacao na qual estao inscritos nao persegue e nao tem mais exigido deles compromissos contrarios a sua reta conscientia crista.“ SC pro Doctrina Fidei, Decl. Part. vom 26.02.1975, in: Leges ecclesiae post Codicem iuris canonici editae, XAVERIUS OCHOA, Vol. 5, 1973-1978, Rom 1980, n. 4360, Sp. 6991.
„Inzwischen können wir den Katholiken vertrauen, die seit Jahren bei den Freimaurern eingeschrieben sind und aktuell darum bitten, zu den Sakramenten zugelassen zu werden (welche ihnen bisher aus den bekannten Gründen verweigert wurden), indem sie „aus Gewissensnot“ erklären, dass die Vereinigung, in der sie eingeschrieben sind, zu keinen Verfolgungen und Forderungen verpflichtet, die mit ihrem guten christlichen Gewissen nicht übereinstimmen.“ Übersetzung des Verfassers.

feindlichkeit erfüllten. Ganz eindeutig macht das Schreiben den Umstand der kirchenfeindlichen Agitation zum Brennpunkt einer positiven oder negativen Einschätzung der Freimaurer.

Nach diesem Schreiben des Präfekten der Glaubenskongregation beauftragte die Deutsche Bischofskonferenz eine Dialogkommission unter dem Vorsitz des Augsburger Bischofs Josef Stimpfle (1916-1996), offizielle Gespräche mit den Vertretern der Vereinigten Großlogen in Deutschland zu führen. Hintergrund waren die eingangs erwähnten Fragen, ob sich die Freimaurerei in Deutschland einem Wandel unterzogen habe und daher die Mitgliedschaft von Katholiken in den Logen möglich sei.

7.5 Die offiziellen Gespräche zwischen der Deutschen Bischofskonferenz und den Vereinigten Großlogen von Deutschland (1974-1980)

Die Gespräche der Beauftragten der Deutschen Bischofskonferenz mit denen der Vereinigten Großlogen von Deutschland[768] waren wesentlich geprägt von theologischen Fragestellungen. Ausgehend vom Auftrag des Zweiten Vatikanischen Konzils, den Dialog mit den der Kirche Fernstehenden zu suchen[769], wurde dafür ein Programm entwickelt, das in Bezug auf die Freimaurerei zunächst Gemeinsamkeiten feststellte, auf die aufzubauen möglich schien. Zu den Gemeinsamkeiten gehörten der Anspruch der Religionsfreiheit und der Schutz der Menschenrechte, die karitative Gesinnung der Freimaurer in ihren vielfältigen Einrichtungen und Aktionen, die Bedeutsamkeit von Symbolen und das Eintreten gegen jede materialistische Ideologie. Schließlich prägte auch die Integrität von Einzelpersönlichkeiten aus der Freimaurerei ein positives Meinungsbild.

Wenn diese so beschriebene Basis auch Parallelen zwischen der Kirche und der Freimaurerei deutlich machte, war sie nach Darstellung der katholischen Teilnehmer dennoch nicht geeignet, das Wesen der Freimaurerei objektiv zu untersuchen. Dieses erschließe sich vielmehr in den Ritualen, die, soweit sie von den Freimaurern zur Verfügung gestellt waren[770], der theologischen Kritik unterzogen wurden. Das Ergebnis der Untersuchung wurde in der Erklärung der Deut-

---

768 Die Dialogteilnehmer waren katholischerseits Bischof Josef Stimpfle, Eugen Biser, Josef Lieball und Audomar Scheuermann. Von den Freimaurern nahmen an den Gesprächen Ludwig Peter Freiherr von Pölnitz, Rolf Appel sowie Otto Wolfskehl teil. Es fanden insgesamt fünf Gespräche der Dialoggruppe statt. Am 10.11.1974, am 08.02 und 31.05.1975, am 08.12.1978 und schließlich am 30.06.1979.

769 Parallel zu diesen Gesprächen auf hoher Ebene fanden Fachtagungen zu dem Thema in Aachen und Trier statt. Vgl. REINHOLD SEBOTT S.J., Die Freimaurer und die Deutsche Bischofskonferenz, in: Stimmen der Zeit, Bd. 199 (1981), S. 75 – 87, S. 79.

770 Vonseiten der Freimaurer wurde in die Rituale zu den ersten drei Graden Einblick gewährt.

schen Bischofskonferenz[771] zur Frage der Mitgliedschaft von Katholiken in der Freimaurerei am 12.04.1980 veröffentlicht.[772]

7.6 Die Erklärung der Deutschen Bischofskonferenz vom 12.04.1980

Nach der von der Deutschen Bischofskonferenz am 12.04.1980 veröffentlichten Erklärung zur Freimaurerei ist die gleichzeitige Zugehörigkeit zur katholischen Kirche und zur Freimaurerei wegen des nicht veränderten Selbstverständnisses der Freimaurer unvereinbar, da eine Zugehörigkeit zur Freimaurerei die Grundlagen der christlichen Existenz in Frage stellt.[773]
Diese Unvereinbarkeitserklärung wurde als Verbot der Deutschen Bischöfe aufgefasst, Mitglied einer Freimaurerloge zu werden bzw. zu bleiben, ohne dass dies ausdrücklich als solches formuliert worden war.[774]
In zwölf Punkten werden die Gründe für die Unvereinbarkeit benannt. Die Schwierigkeit dabei war, so wurde seitens der Bischofskonferenz erklärt, dass es vonseiten der Freimaurer keine Art Katechismus gäbe, in dem Wesentliches verbindlich definiert werde. Für die Erklärung der Deutschen Bischöfe haben diese sich daher des Internationalen Freimaurerlexikons aus dem Jahr 1932 bedient.[775] Darin heißt es im Vorwort: „Freimaurerei kann nur als eine Gesinnungsgemeinschaft, nicht aber als geschlossene weltanschauliche oder philoso-

---

771 Damaliges Mitglied der Deutschen Bischofskonferenz war auch der spätere Präfekt der Glaubenskongregation (seit 25.11.1981) und jetzige Papst Benedikt XVI. (seit April 2005).

772 Abgedruckt in: Pressedienst des Sekretariats der Deutschen Bischofskonferenz, Dokumentation 10/1980 vom 12.05.1980. Der Text der Erklärung findet sich auch im Anhang.

773 Vgl. dazu Art. III, Abs. 4 der Erklärung. Der Leiter der Gesprächskommission „Katholische Kirche – Freimaurerei“ gab auf der Frühjahrs-Vollversammlung der Deutschen Bischofskonferenz vom 25. – 28. Februar 1980 einen Zwischenbericht über das Ergebnis der bisherigen Gespräche mit den Freimaurern. Auf seine Empfehlung hin wurde von der Bischofskonferenz ein zustimmendes Votum dafür abgegeben, den Schlussbericht des Bischofs sowie die folgende Erklärung und den entsprechenden Antrag an den Apostolischen Stuhl weiterzuleiten. „(1) Die Zugehörigkeit zur Katholischen Kirche ist mit der Mitgliedschaft in der Freimaurerei unvereinbar. (2) Canon 2335 des CIC soll bei der Codex-Reform erhalten bleiben.“ Protokoll der Frühjahrs-Vollversammlung der Deutschen Bischofskonferenz vom 25. – 28. Februar 1980 in Vierzehnheiligen, S. 7, III, Nr. 11.

774 Dass die Mitgliedschaft in Freimaurerlogen per se bei Strafe der Exkommunikation verboten war, ergab sich aus dem noch geltenden c. 2335 CIC/1917, wobei die Erklärung der Glaubenskongregation vom Juli 1974 hier allerdings eine differenziertere Sichtweise zugelassen hatte. Die Erklärung der Deutschen Bischofskonferenz zur Freimaurerei enthält selbst keine juridischen Aussagen, so dass der Tenor der Erklärung zunächst darauf zielt, die Identitätsprobleme einer gleichzeitigen Mitgliedschaft in der katholischen Kirche und der Freimaurerei aufzuzeigen.

775 Im Jahr 2000 ist eine überarbeitete und erweiterte Auflage erschienen. INTERNATIONALES FREIMAURERLEXIKON, hg. von EUGEN LENNHOFF, OSKAR POSNER, DIETER A. BINDER, München 2000.

phische Geistesgemeinschaft aufgefasst werden. Ihrem Wesen nach […] ist sie kritisch, relativistisch und eklektisch. Da sie das Dogma, sei es auf metaphysischem, erkenntnistheoretischem oder ethischem Gebiete, unbedingt ablehnt, kann sie keine allgemein bindende Lehre verkünden."[776]

Die zwölf Punkte der Unvereinbarkeitserklärung sind:

1. Die Weltanschauung der Freimaurer

Zunächst wird die Weltanschauung der Freimaurer kritisiert, in der vor allem humanitäre und ethische Tendenzen überwiegen, je persönliche Symbolauffassungen gelten können und es an einer verbindlichen Ideologie mangelt.
Der freimaurerische Subjektivismus, der jegliches Dogma ablehne, sei „mit dem Glauben an das geoffenbarte und vom Lehramt der Kirche authentisch ausgelegte Gotteswort" nicht in Einklang zu bringen.

2. Der Wahrheitsbegriff der Freimaurer

Freimaurer verneinen, so wird formuliert, jegliche objektive Wahrheitserkenntnis, was wiederum den Dogmenglauben ausschließe und dem Wahrheitsbegriff der katholischen Theologie entgegensteht.

3. Der Religionsbegriff der Freimaurer

Der indifferente freimaurerische Religionsbegriff, der in allen Religionen nur ein konkurrierendes Bemühen um die letztlich unerreichbare Wahrheit sieht, bildet das dritte Unvereinbarkeitsargument.

Der Begriff „Religion, in der alle Menschen übereinstimmen" impliziere daher eine relativistische Religionsauffassung, die zwar die Notwendigkeit von Religion an sich nicht negieren, ihren Inhalt aber für subjektiv entwickelbar erachten würde.

4. und 5. Der Gottesbegriff der Freimaurer und die Offenbarung

Die Kritik der Deutschen Bischofskonferenz am freimaurerischen Gottesbegriff richtet sich gegen eine deistisch geprägte Konzeption, wonach der als der ,Gro-

776 INTERNATIONALES FREIMAURERLEXIKON, unveränderter Nachdruck der Ausgabe 1932, hg. von EUGEN LENNHOFF und OSKAR POSNER, Graz 1966, Vorwort S. 7. In der Ausgabe von 2000 heißt es weniger dezidiert: „Angesichts der breiten Fülle an Informationen und der weitgehend freien Interpretation freimaurerischer Symbole und Rituale innerhalb eines bewusst dogmenfreien Raumes kann keine angegebene Interpretation einen exklusiven Anspruch erheben." INTERNATIONALES FREIMAURERLEXIKON, München 2000, S. 10.

ße Baumeister aller Welten' titulierte Gott nicht als ein personales, sich selbst offenbarendes Wesen begriffen wird, sondern als ein neutrales Etwas, dem ein religiöses Empfinden entgegenzubringen sei.

6. Die Toleranzidee der Freimaurer

Die Toleranzidee der Freimaurer, die gegensätzlichste Positionen zu vereinbaren ermöglicht, ist nach Ansicht der Bischöfe nicht Toleranz gegenüber dem anders Denkenden, sondern Gleichgültigkeit, die die Treue zur eigenen Überzeugung gefährden kann.

7. Die Ritualhandlungen der Freimaurer

Die Rituale der Freimaurer haben sakramentsähnlichen Charakter, durch die objektive Wandlungen des Menschen, an denen sie vollzogen werden, suggeriert werden, die tatsächlich aber nicht verwandeln, sondern diese nur symbolisieren, was mit dem Glauben an die Wirksamkeit des Sakramentes in der katholischen Kirche konkurriert.

8. Die Vervollkommnung des Menschen

Die Deutschen Bischöfe formulieren kritisch weiter, dass die Bedeutungslosigkeit der göttlichen Gnade und die Machbarkeit der Selbsterlösung und Todesüberwindung durch den Menschen allein der christlichen Lehre von der Rechtfertigung widersprechen.

9. Die Spiritualität der Freimaurer

In ihrer Erklärung kritisieren die deutschen Bischöfe im Artikel über die „Spiritualität der Freimaurer" inhaltlich den Totalitätsanspruch der Freimaurer, dass sie sich auf Leben und Tod dem Bund verpflichten und somit eine Bewusstseins- oder Charakterbildung zulassen, die in dieser Exklusivität dem Sendungsanspruch der Kirche entgegensteht.

10. und 11. Unterschiedliche Richtungen innerhalb der Freimaurerei und der katholischen Kirche

In den beiden folgenden Punkten der Erklärung werden Einzelfragen in Bezug auf die vielfältigen Erscheinungsformen der Freimaurerei auf dem Hintergrund der bisherigen Analyse behandelt. Konkret wird erklärt, dass, egal welche Position die einzelne Loge zur katholischen Kirche einnimmt, eine gleichzeitige Mitgliedschaft in der Loge und der katholischen Kirche aus den bisher genannten Gründen nicht möglich ist.

Zum Abschluss (12.) geht die Erklärung[777] noch auf die Position der evangelischen Kirche zu den Freimaurern ein.
Die evangelische Kirche hat es in das Ermessen des Einzelnen gestellt, die Frage nach der Doppelmitgliedschaft zu beantworten. Sie sieht allerdings hinsichtlich ihrer Rechtfertigungslehre allein aus Gnaden möglicherweise Unvereinbarkeiten mit dem Ritualerlebnis der Freimaurer.[778]

7.7 Die Erklärung der Kongregation für die Glaubenslehre vom 17.02.1981[779]

Das zweite Schreiben der Kongregation für die Glaubenslehre aus dem Jahr 1974 war entsprechend einer der erwähnten Auslegungsalternativen[780] seinem Wortlaut nach teilweise so aufgefasst worden, dass die Mitgliedschaft von Katholiken nur in solchen Freimaurerlogen verboten sei, die gegen die katholische Kirche agieren würden und die Bischofskonferenzen über den Charakter der Kirchenfeindlichkeit der in ihren Zuständigkeitsbereichen arbeitenden Logen befinden könnten. Diese Auffassung war Anlass für ein weiteres, drittes Schrei-

---

777 Dass diese Erklärung nur einseitig verfasst wurde und nicht die Billigung der Vertreter der Vereinigten Großlogen von Deutschland fand, ist offensichtlich. Diese gaben eine Stellungnahme ab, in der sie ihre Betroffenheit über das Ergebnis der Untersuchung zum Ausdruck brachten und bemerkten, dass sie es bedauern, „dass der [...] Dialog nunmehr mit einer derart einseitigen Erklärung endet. Die Vereinigten Großlogen von Deutschland betonten ihrerseits, dass die Gesetze der Freimaurer jedem Katholiken gestatten, Freimaurer zu werden [...]. Die deutschen Freimaurer bekennen sich unverändert zum Grundsatz der Glaubens- und Gewissensfreiheit [...], achten und schützen jedes aufrichtige Glaubensbekenntnis [...]. Der weitaus größte Teil der über 6 Millionen Freimaurer in der freien Welt bekennt sich zum Christentum. Mit den christlichen Kirchen vieler Länder besteht eine fruchtbare Zusammenarbeit." JÜRGEN HOLTORF, Die verschwiegene Bruderschaft. Freimaurer-Logen: Legende und Wirklichkeit, München 1984, S. 11 f.

778 In den Jahren 1972 bis 1973 führte auch die Evangelische Kirche in Deutschland (EKD) drei offizielle Gespräche mit Vertretern der Vereinigten Großlogen von Deutschland. Ergebnis der Gespräche war unter anderem, dass es hinsichtlich des Gottesverständnisses bei den Freimaurern und der evangelischen Theologie keinen sich ausschließenden Gegensatz gäbe. Ob das Ritualerlebnis und die Arbeit des Maurers nicht die Rechtfertigung aus Gnaden nach evangelischem Verständnis mindern könne, müsse offen bleiben. Man glaube aber der Darstellung, dass das freimaurerische Ritual keinen Ersatz für einen Gottesdienst darstelle. Die Entscheidung über die Mitgliedschaft in einer Freimaurerloge müsse der evangelische Christ selber fällen und sei in das Ermessen des Einzelnen gestellt. Vgl. dazu den Gesprächsbericht vom 13.10.1973, bes. nn. 3, 5 und 6 in: Una Sancta 36 (1981), 12 f. Zur Geschichte der Haltung des Protestantismus zur Freimaurerei siehe ALFRED SIX, Freimaurerei und Christentum, S. 59 – 75.

779 Schreiben der Kongregation für die Glaubenslehre vom 17. Februar 1981, in: AAS, vol. LXXIII (1981), S. 240 f.; AfkKR Bd. 150 (1981), S. 172 f. Der Text findet sich auch im Anhang.

780 Siehe oben unter 7.4.

ben der Glaubenskongregation im Februar 1981, das dem Titel nach erklärenden Charakter hat.[781]

In diesem neuerlichen Schreiben wurde darauf hingewiesen, dass die kanonische Bestimmung des c. 2335 CIC/1917 nicht geändert worden sei, man lediglich auf die im bischöflichen Amt gegebene Vollmacht verwiesen habe, in Einzelfällen abweichende Entscheidungen zu treffen. Es sei aber nicht intendiert gewesen, den Bischofskonferenzen die generelle Zuständigkeit zu geben, über die Gesinnung der jeweiligen, in ihrem Zuständigkeitsbereich befindlichen Freimaurervereinigungen selbständig zu entscheiden.

Aber auch diese Erklärung wurde offenbar missverstanden, weswegen in der Zeitschrift „Civiltà cattolica" vonseiten des Hl. Stuhls eine Presseerklärung lanciert wurde, nach der das Schreiben der Glaubenskongregation keine Verschärfung der Position der katholischen Kirche zu den Freimaurern bedeute, sondern es darum ginge, eine einheitliche Position zu den Freimaurern vonseiten aller Bischofskonferenzen sicherzustellen.[782]

---

781 Zwischenzeitlich – was das Tätigwerden der Behörde zusätzlich provoziert haben mag – hatte der Vatikanische Rundfunk zwei Interviews ausgestrahlt, in denen am 27. Januar 1980 R. F. Esposito, ein Mitglied der Pia Socièta San Paolo, die Meinung vertrat, dass die Kirchenstrafen gegen die Freimaurer aufgegeben worden seien und es lediglich den Klerikern, Ordensleuten und Mitgliedern von Säkularinstituten fernerhin verboten sei, Freimaurerlogen beizutreten. Vgl. die Übersetzung in der Zeitschrift „Humanität. Das deutsche Freimaurer Magazin", Bd. 6 (1980), S. 12 f.
In einem zweiten Interview, das am 02. März desselben Jahres gesendet wurde, präzisierte ein Mitarbeiter der Zeitschrift Civiltà Cattolica die Angaben Epositos und erklärte, dass katholische Christen Freimaurer werden könnten, wenn die Loge nicht kirchenfeindlich agiere. Vgl. dazu REINHOLD SEBOTT S.J., Die Freimaurer und die Deutsche Bischofskonferenz, S. 79.

782 Vgl. GIOVANNI CAPRILE, La recente „Dichiarazione sull'appartenenza alla Massoneria, in: Civiltà cattolica, Bd. 132 (1981) – I, S. 159.

8. Exkurs – Versuch einer kritischen Würdigung der Erklärung der Deutschen Bischofskonferenz

Obwohl diese Arbeit sich mit der Entwicklung der kirchlichen Verurteilungen der Freimaurerei in rechtlicher Rücksicht befasst, kommt der Erklärung der Deutschen Bischofskonferenz, wie gezeigt werden wird, eine besondere Bedeutung zu. Deswegen soll der Versuch unternommen werden, in knapper Form Anfragen an die Erklärung der Deutschen Bischofskonferenz zu formulieren.[783]

8.1 Die Weltanschauung der Freimaurer

Weltanschauung ist eine je verschieden inhaltlich ausgerichtete wertende Gesamtschau der Welt und der Stellung des Menschen in ihr. Als christliche Weltanschauung wird verstanden, was zur christlichen Offenbarung hinzukommt in der Auseinandersetzung und Begegnung des christlichen Glaubens mit den sich wandelnden Welt- und Menschenbildern der Zeit.

Bei der Frage nach der freimaurerischen Weltanschauung geht es letztlich also um die Beziehung Gottes zur Schöpfung und seiner Rolle für das Leben der Menschen. Der Glaube an den Großen Baumeister aller Welten, wie ihn die Andersonschen Konstitutionen als Minimalkonsens der Freimaurer einfordern, vergegenwärtigt sicher einen Aspekt des Verhältnisses Gottes zur Schöpfung – nämlich dass alles in ihm seinen Ursprung und seinen Sinn hat und schließlich seine Vollendung findet.
Wie Gott sich zum Menschen in seinem Leben und seiner Geschichte verhält, erschließt sich im verbindlichen Schöpfungsglauben der Freimaurer nicht, soll sich aber wohl auch nicht erschließen. Hier kann der katholische Christ – und um den geht es – wie der Gläubige jeder anderen Konfession oder Religion seine Weltanschauung und Gottesbeziehung implizieren.

Im christlichen Glauben vermittelt sich Gott immer wieder neu dem Menschen, er ist ihm nah im Wort und im Sakrament. Er ist der „Ich bin da", er ist nicht nur ein Angebot von Liebe und Nähe an die Menschen, sondern er bewirkt auch die Annahme des Angebots durch die Menschen. Höhepunkt dieser Präsenz Gottes in der Welt war die Menschwerdung Gottes in Jesus Christus. Wir glauben, dass Gott in dieser Welt wirkt, nicht physikalisch und auch nicht nur als Architekt, sondern im Dialog der Liebe, im Umgang der Menschen miteinander.

Die Freimaurer bauen am Tempel der Humanität in gegenseitiger Achtung und Rücksichtnahme, jeder an seinem Platz in der Loge und in der Welt. Humanität

783 Unterstützung erfährt die Erklärung der Deutschen Bischofskonferenz von MANFRED ADLER, Kirche und Loge, Jestetten 1981. Der Autor mehrerer antifreimaurerischer Schriften kommentiert die Erklärung der Deutschen Bischofskonferenz und belegt sie mit zahlreichen Zitaten aus freimaurerischer Literatur.

geschieht im freimaurerischen Selbstverständnis nicht durch das Bekenntnis zu einer bestimmten Morallehre, sondern ereignet sich durch die persönliche Erfahrung mit Menschlichem. Humanität ist den Menschen veredelnde Praxis – nicht weniger, aber eben auch nicht mehr. Gott und seine Offenbarung haben dabei keine aktive Rolle. Der Mensch lebt auf sich selbst gestellt, unabhängig von einer übernatürlichen höheren Gewalt.

Wenn das alles ist, wird es schwer, beide Auffassungen zu vereinen. Der Glaube an Gott und die Beziehung zu Gott konkretisieren sich ja auch in den Begegnungen der Menschen untereinander. Das wird von Freimaurerseite nicht verneint oder bestritten oder dazu eine andere These aufgestellt. So heißt es etwa in der Verfassung der Großloge der A.F.u.A.M. von Deutschland: „Sie [die Freimaurer] sehen im Weltenbau, in allem Lebendigen und im sittlichen Bewusstsein des Menschen ein göttliches Wirken von Weisheit, Stärke und Schönheit. Dies alles verehren sie unter dem Sinnbild des Großen Baumeisters.“[784]

Wenn das wahr ist und das göttliche Wirken hier nicht nur ein Denkgebilde derart ist, dass die erfahrenen Wirklichkeiten nur ihren Ursprung in Gott haben, nicht aber Gott selbst Ursache ist, dann ergibt sich daraus nicht unbedingt eine Unvereinbarkeit der Positionen, wenn denn der katholische Freimaurer in allem Lebendigen das aktive Wirken Gottes auch erkennen darf.

8.2 Der Wahrheitsbegriff der Freimaurer

Hier stellt sich die Frage nach dem Wahrheitsbegriff an sich und der Haltung des Freimaurers zu den katholischen Dogmen im Besonderen.

In nahezu jeder veröffentlichten Beschreibung der Freimaurerei taucht die kleine Parabel Lessings auf, die auch hier angeführt wird.

> „Wenn Gott in seiner Rechten alle Wahrheit und in seiner Linken den einzig immer regen Trieb nach Wahrheit, obschon mit dem Zusatz, mich immer und ewig zu irren, verschlossen hielte und spräche zu mir: „Wähle“, ich fiele ihm mit Demut in seine Linke und sagte: „Vater, gib! Die reine Wahrheit ist ja doch nur für Dich alleine!“

Wird dies so betont, ist die freimaurerische Haltung zur Wahrheit in der Tat relativ. Das heißt, für den Menschen gibt es niemals die volle Wahrheit. Auf dem Gebiet des Wissens, so beschreibt es das Internationale Freimaurerlexikon, müsse einzig die empirische und in dem Sinn objektive Wahrheit das entscheidende

784 Art. 3, Abs. 2 der Verfassung der Großloge der A.F. und A.M. von Deutschland, Distriktloge Hamburg, Faltblatt für Gäste und Besucher, Februar 2002.

Wort haben, was unter dem Stichwort „objektive Wahrheitserkenntnis“, die für die Freimaurerei verneint wird, durchaus zu fassen ist.
Wahrheitserkenntnis nach katholischer Auffassung kann sich nicht nur durch die natürliche menschliche Vernunft erschließen, sondern auch aus den Quellen der übernatürlichen Offenbarung.
Der Mensch ist trotz seiner Begrenztheit fähig, nicht nur empirische Wahrheiten, naturwissenschaftliche und geschichtliche, sondern auch religiöse und sittliche Wahrheiten als Objekte der natürlichen Theologie mit seiner Vernunft zu erkennen.[785]
Wahrheitserkenntnisse, die sich aus den Quellen der übernatürlichen Offenbarung ergeben, werden in Lehrsätzen, den Dogmen festgehalten, die den Anspruch erheben, wahr zu sein. Wahr in der Weise, wenn die Sätze plausibel machen können, dass das Vertrauen gerechtfertigt ist, das in der Erfahrung, die als Glaubenswahrheit definiert wird, zum Ausdruck kommt. Es geht also nicht um eine Wahrheit, die sich im formalen Bekenntnis erschöpft, sondern die als Lebenswahrheit vollzogen wird, das heißt verifiziert und argumentativ begründet werden kann.
Wenn auch jedes Dogma nie die ganze Wahrheit beschreiben kann, tendiert es doch auf die Fülle der Wahrheit hin (Th. Von Aquin) und ist in seiner Begrenztheit wirkliche und wahre Erschließung der göttlichen Wirklichkeit. Erfahrene Wahrheit wird in wahren Sätzen wiedergeben.

So wie jede Wissenschaft auf Entscheidungen beruht, die sich nur durch Vertrauen legitimieren, so kann auch der Glaube ein Erkenntniskriterium für die Wirklichkeit Gottes sein.

Die Frage ist nun, ob das Nichtvorhandensein eines definierten Wahrheitsbegriffs das gleiche ist wie keine objektive Wahrheitserkenntnis zu haben. Jeder Freimaurer wird wohl für sich in Anspruch nehmen, nach der Wahrheit zu suchen, wenn auch im Bewusstsein, dass es für den Menschen die volle Wahrheit gar nicht geben kann. Das heißt aber nicht, dass es keine Wahrheiten gibt. Wahr sind für Freimaurer aber nur Empirien.
Nicht empirische Wahrheiten aus freimaurerischer Sicht – als solche sind die katholischen Glaubenswahrheiten anzusehen – unterlägen demnach einer nur subjektiven Erkenntnis relativer Vernunft.

---

785 GEORG KRAUS, Art. Natürliche Theologie, in: LThK³, Bd. 7, Sp. 677 – 681. Der Mensch vermag durch seine natürliche Vernunft Gott zu erkennen, vor aller und ohne Gottes Offenbarung und den Glauben an ihn. ‚Natürlich' heißt die Theologie, weil ihr subjektives Erkenntnisprinzip die natürliche Vernunft ist und weil ihre objektive Erkenntnisquelle die natürlichen Gegebenheiten der Welt sind. VATICANUM I., Dogmatische Konstitution „Dei Filius“ über den katholischen Glauben, vom 24.04.1870, ASS, vol. V (1869/70), S. 462 – 471. „Die Existenz Gottes, Ursprung und Ziel aller Dinge, kann mit dem natürlichen Licht der menschlichen Vernunft aus den geschaffenen Dingen sicher erkannt werden.“ (= DH 3004)

Wenn also ein katholischer Freimaurer ein katholisches Dogma als wahr erfahren hat, es nicht nur als formales, von einer Gruppe, die es als Teil ihrer Selbstdefinition versteht, gefordertes Bekenntnis begreift, verbietet die Freimaurerei, es dann anzunehmen?

Insofern ist dem wohl zuzustimmen, wenn behauptet wird, dass die Freimaurerei adogmatisch, nicht aber antidogmatisch sei.[786]
Ein Problem bereitet wohl eine Formulierung in den ‚Thesen bis zum Jahr 2000', die 1980 von zwei deutschen Freimaurern[787] mit deutlicher gesellschaftspolitischer Tendenz[788] verfasst wurden. Der irritierende Satz darin lautet: „Systeme weltanschaulich-religiöser Art, die alleinige Verbindlichkeit beanspruchen können, gibt es nicht."
Das klingt selbst wie ein Dogma und wenn das für alle Freimaurer verbindlich wäre, könnte es keine Vereinbarkeit geben. Tatsächlich wurden die Thesen heftig diskutiert, nicht aber angenommen.[789]

8.3 Der Religionsbegriff der Freimaurer

Betrachtet man dieses Argument, den indifferenten Religionsbegriff, aus dem Blickwinkel des katholischen Freimaurers, wie relevant ist es? Es geht bei den Freimaurern nicht um eine neue Religionsgemeinschaft oder eine Überreligion, in der es egal ist, wie und was man praktiziert, und die sich gerade dadurch bestimmt, sondern es geht nur um den Glauben an Gott: in freimaurerischer Terminologie um den Glauben an den Großen Baumeister aller Welten, eine Formulierung, die sich ähnlich auch im Neuen Testament findet.[790]
Dass dieser Minimalglaube allerdings schon als Religion verstanden werden kann, insofern es weder eine Praxis noch weiteren Inhalt gibt, kann ausgeschlossen werden. Die Frage nach dem Religionsbegriff als Kriterium der Unvereinbarkeit erscheint insofern falsch gewählt, wenn dabei die Frage, ob die Freimaurerei selbst eine Religion ist oder nicht, nicht gelöst wird. Eine Religion, in der alle Menschen übereinstimmen, abschließend definiert als den Glauben an die Existenz Gottes, gibt es bisher nicht. Wenn es sie gäbe, wäre es die Freimaurerei wohl selbst, die aber Inhalt und Form der Glaubenspraxis nicht bestimmt.

Wie andere Religionen auch ist die katholische Kirche als Gemeinschaft der Glaubenden überzeugt, dass sie die wahre Religion ist. Sie steht unter dem An-

---

786 Vgl. INTERNATONALES FREIMAURERLEXIKON, Art. Dogma, S. 230.
787 GERHARD GROSSMANN/ALFRED SCHMIDT, Thesen bis zum Jahr 2000, Beiheft zur Humanität Nr. 1/1980.
788 Es geht etwa um Rechtsstaatlichkeit, Freiheit, Chancengleichheit in der Bildung, soziale Verantwortung, Gleichberechtigung und Gleichwertigkeit, Nutzung der Kernkraft für friedliche Zwecke.
789 Vgl. HORST KISCHKE, Die Freimaurer, S. 148.
790 Vgl. etwa Hebr, 11,10.

spruch, Zeugnis zu geben von dem Gott, der sich als der Einzige offenbart hat. Das beinhaltet aber noch nicht, dass in anderen Religionen keine Wahrheiten vorhanden sind, wie es das Zweite Vatikanische Konzil gelehrt hat.[791]

Gibt es in der Forderung nach dem Glauben an einen näherhin unspezifizierten Gott, wie die regulären Freimaurer es kennen, schon eine Indifferenz oder einen Widerspruch mit katholischen Positionen? Wenn der Disput über Religion und Politik in der Loge verboten ist, was in der Erklärung der Deutschen Bischofskonferenz als Indiz für die Beliebigkeit der Religion gewertet wird, dann entspricht das dem Selbstverständnis der Freimaurer, dass es eben keine eigene Ideologie und keine eigenen Dogmen gibt und aber auch, dass die Gegensätze in den Religionen bei der freimaurerischen Arbeit in den Hintergrund treten sollen. Das ist aber nicht dasselbe wie das Vorhandensein von religiösen Überzeugungen zu negieren und/oder als beliebig im Sinne von unbedeutend zu bewerten.

8.4 Der Gottesbegriff der Freimaurer

Wie im Abschnitt über die Weltanschauung der Freimaurer geht es auch hier wieder um die Beziehung des Menschen zu Gott. Unumstritten ist, dass der Gottesbegriff der Freimaurer – der Große Baumeister aller Welten – ein symbolischer Begriff ist, dessen Deutung dem Einzelnen selbst überlassen bleiben muss. Unumstritten ist auch, dass die Freimaurerei keinen Gottesbeweis antritt und das, insofern sie keine Religion ist, auch gar nicht will und zu tun braucht.
Allein aus der Forderung nach dem Glauben an Gott lässt sich der Nachweis eines wenn auch unspezifisch konzipierten Gottesbegriffes schon führen, der dem des Deismus insofern entspricht, dass er über die Person des Schöpfers hinaus nicht weiter definiert ist. Während der Theismus Gott als persönlichen Schöpfer und Lenker der Welt begreift, bejaht der Deismus zwar einen persönlichen Gott als Schöpfer, verneint aber sein Weiterwirken in Geschichte und Natur. Dieser Gott hat die Welt nach der Schöpfung ihrem Schicksal überlassen

Wenn es die Verpflichtung zum Glauben an den Großen Baumeister aller Welten gibt, dann ist festzustellen, dass die Freimaurerei ohne einen transzendenten Bezug nicht auszukommen scheint. Sie braucht diesen Bezug, um ethisches Handeln zu fordern und zwar in Anbindung an ein über dem Menschen stehendes Ideal.
Ist dieser Große Baumeister aller Welten nun eine Person, der reale Existenz zugesprochen wird, oder eine Fiktion, die als regulatives Ideal gebraucht wird? Wäre es definitiv keine Person, sondern nur Fiktion, wäre die Sache klar: unvereinbar mit dem katholischen Glauben.

791 Vgl. VATICANUM II., Dogmatische Konstitution über die Kirche „Lumen gentium", Art. 8.

Die Deutschen Bischöfe erklären nicht, dass der Große Baumeister aller Welten ein Nichts ist, er ist in ihren Augen ein neutrales Etwas, das heißt objektiv vorhanden, subjektiv zu bestimmen. Wenn die Freimaurerei keine Glaubensgemeinschaft, sondern eine Gemeinschaft von Gläubigen verschiedener Couleur ist, dann bedarf es eines möglichst neutralen Begriffes, der nicht abschließend definiert, sondern offen für Interpretationen ist. Dabei kann der deistische Gottesbegriff sicher zur Entfaltung eines je verschiedenen religiösen Subjekts und zur Relativierung religiöser und kirchlicher Absolutheits- und Geltungsansprüche führen, muss es aber nicht zwangsläufig und jeder ist und bleibt frei, die katholische Interpretation des Verhältnisses Gottes zur Welt anzunehmen. Tut er es, bleibt er katholisch. Tut er es nicht, stellt er sich selbst außerhalb der katholischen Kirche.
Nüchtern betrachtet ist im freimaurerischen Begriff des Großen Baumeisters aller Welten „nichts enthalten und ausgesprochen, was dem christlichen Gottesverständnis im Wege stünde“[792].

In enger Beziehung zum freimaurerischen Gottesbegriff steht auch die Frage nach der Möglichkeit und Akzeptanz der Offenbarung.

Aus Sicht der Deutschen Bischöfe lässt die deistisch angelegte Gottesvorstellung der Freimaurer eine Selbstoffenbarung Gottes nicht zu. Definitiver Deismus und göttliche Offenbarung im Lauf der Zeit schließen sich in der Tat aus. Wäre Gott zwar der Schöpfer der Welt, würde in das Geschehen der Welt nicht weiter eingreifen, wäre die Überzeugung von der Selbstoffenbarung Gottes in der Menschwerdung seines Sohnes ein Irrtum. Wäre der deistische Gottesbegriff ein freimaurerisches Dogma und von daher für jedes Mitglied verbindlich, wäre die Unvereinbarkeit offenkundig.

Wenn das Verhältnis Gottes zu den Menschen, weiterführend oder besser aufbauend auf dem unbestimmten Gottesbegriff der Freimaurer, von den Christen in den Freimaurerlogen, insbesondere den Katholiken, im oben beschriebenen Sinne aber nicht verneint wird, freimaurerisches Tun und Reden diese Ansicht auch nicht beschädigt, in dem Sinn, dass anderes behauptet werden würde, dann wäre eine Vereinbarkeit denkbar.

8.5 Die Toleranzidee der Freimaurer

Bezüglich der Toleranzidee der Freimaurer ist die Frage zu stellen, ob Toleranz dasselbe ist wie Standpunktlosigkeit. Die Forderung nach Toleranz steht in einer Spannung zum Wahrheitsanspruch. Das befreit jedoch nicht davon, nach der Wahrheit zu suchen und der erkannten Wahrheit treu zu sein. Unter einem sol-

792 ROLF APPEL/HERBERT VORGRIMLER, Kirche und Freimaurer im Dialog, S. 74 f.

chen Vorzeichen wird der eigene Standpunkt für die anderen unverbindlich, stellt ihn im Dialog mit anderen aber auch in Frage und beinhaltet auch die Möglichkeit, ihn aufzugeben, wenn ein anderer als eher wahr übernommen werden kann. Toleranz ist also eine Grundhaltung des Einzelnen, die andere Überzeugungen gelten lassen kann und den dafür notwendigen Entfaltungsspielraum einräumt, unbeschadet der jeweiligen eigenen Position.
Toleranz beinhaltet dann auch den Verzicht auf Gewalt zur Behauptung oder Durchsetzung der je eigenen Position.

Nun ist die Toleranzidee der Freimaurer wie die spekulative Freimaurerei selbst ja gerade auch unter dem Eindruck kirchlicher und staatlicher Absolutheitsansprüche entstanden, was im 18. Jahrhundert im Zuge der aufklärerischen Gedanken zu einer Krise der Kirche wie des Staates führte. Wer meint und fest daran glaubt oder auch überzeugt ist, die Wahrheit zu besitzen, mag in aller Redlichkeit sich darum bemühen, dass andere nicht auf falschen Wegen gehen. Das Recht des anderen, nach seinem Gewissen zu handeln, muss aber unangetastet bleiben. In der Geschichte hat sich die katholische Kirche nicht immer daran gehalten.
Das Zweite Vatikanische Konzil hat sich an verschiedenen Stellen dazu geäußert.[793] „Achtung und Liebe müssen sich auch auf jene erstrecken, die in gesellschaftlichen, politischen oder auch religiösen Fragen anders denken oder handeln als wir. Je mehr wir nämlich in Menschlichkeit und Liebe ihre Denkweisen tiefer verstehen, desto leichter werden wir mit ihnen ins Gespräch kommen können“[794] An anderer Stelle heißt es: „Dieses Vatikanische Konzil erklärt, dass die menschliche Person das Recht auf religiöse Freiheit hat. Diese Freiheit besteht darin, dass alle Menschen frei sein müssen von Zwang [...] und zwar so, dass in religiösen Dingen niemand gezwungen wird, gegen sein Gewissen zu handeln, noch daran gehindert wird, privat und öffentlich, als einzelner oder in Verbindung mit anderen [...] nach seinem Gewissen zu handeln.“[795]

Wahrheit an sich ist nun aber intolerant, was bedeutet, dass die Kirche insbesondere ihre Dogmen als wahr erkannte Glaubenssätze nicht zur Disposition stellen kann. Sie zwingt aber auch niemanden (mehr), diesen Glauben anzunehmen, wenn er ihn nicht selbst als wahr erkannt hat.

Wie oben erwähnt, beinhaltet die Toleranzidee tatsächlich eine Gefährdung des eigenen, übernommenen Standpunktes. Sich dieser Gefährdung nicht auszusetzen, kann eine Möglichkeit sein, seinen Standpunkt zu behalten. Wenn aber der Diskurs über religiöse Fragen, weil er zu heftigen Auseinandersetzungen und

793 Vgl. etwa VATICANUM II, Pastoralkonstitution „Gaudium et spes“ vom 07.12.1965, in: AAS, vol. LIV (1962), Nr. 26, 41, 43, 73, 75.
794 Vgl. ebd., Nr. 28. (= DH 4328)
795 VATICANUM II, Erklärung über die Religionsfreiheit, Dignitatis humanae“, vom 07.12.1965, in: AAS, vol. LVIII (1966), Nr. 2, S. 929 – 946, S. 930 ff. (= DH 4240).

auch Übergriffen führen kann, bei den Freimaurern generell verboten ist, zudem die Gewissenfreiheit des Einzelnen zu den Grundüberzeugungen des Christentums gehört, muss in der Toleranzidee der Freimaurer kein Anlass zur Beanstandung gesehen zu werden, wenngleich sich die Idee der Toleranz im Leben erst bewähren muss.

8.6 Die Ritualhandlungen der Freimaurer

Ein Sakrament ist eine Zeichen- oder Symbolhandlung, die auf eine religiöse Wirklichkeit nicht nur hinweist, sondern in einem kommunikativen Geschehen zwischen dem Spender, letztlich Gott, und dem Empfänger Heilswirklichkeit auch vermittelt. Die Sakramente enthalten die Gnade, die sie bezeichnen und teilen sie denen mit, die sie ungehindert empfangen. Dabei ist der Ritus festgelegt.

Der Ritus der sinnfälligen Handlungen der Freimaurer ist nicht verbindlich festgelegt und auch in den Großlogen nicht einheitlich. Die Ritualbücher der deutschen Großlogen belegen eine Rituspluralität.[796] Durch die innere Erfahrung im Vollzug der äußeren Handlung wird der Freimaurer zu einer tieferen Erkenntnis vom Sinn des Lebens und des Todes geführt. Das Symbol soll Geistiges sinnlich wahrnehmbar und die reale Welt in eine bedeutungsvolle Bildlichkeit, gewissermaßen aus Anschauungsgründen, umerschaffen.[797] Hierin liegt nach freimaurerischem Verständnis aber keine religiöse Handlung, nur eine kultische, denn es hat keinen Gottesbezug, verweist auf nichts Übernatürliches, sondern bleibt auf der Ebene des rein Menschlichen, dient der zu entwickelnden Veredelung des Menschen, bewirkt sie aber nicht.

Das behaupten aber auch die Deutschen Bischöfe nicht, sondern sie beklagen, dass es eine Ähnlichkeit zwischen den Ritualhandlungen der Freimaurer und den christlichen Sakramenten gibt. Ähnlichkeit ist aber nur dann gefährlich, wenn die Unterscheidung des einen vom anderen nicht mehr bewusst ist. Würde ein katholischer Freimaurer die Riten in der Loge als Ersatz der Sakramente begreifen, hätte er wohl nicht verstanden, was ein Sakrament wirklich ist, nämlich ein intensives Zeichen der Nähe Gottes und Gottesbegegnung – nicht nur der Form nach, sondern in inniger Kommunikation.

Wenn man dem katholischen Freimaurer unterstellen würde, ein mündiger Katholik zu sein, wären Bedenken hinsichtlich der rituellen Arbeit der Freimaurer nicht berechtigt. Das verpflichtet den katholischen Freimaurer natürlich auch, sich der Bedeutung der rituellen Arbeit wie der Sakramente bewusst zu sein.

---

796 Vgl. INTERNATIONALES FREIMAURERLEXIKON, Art. Ritualfreiheit, S. 711.
797 Vgl. ebd., Art. Symbol, S. 821.

8.7 Die Vervollkommnung des Menschen

Das Internationales Freimaurerlexikon enthält keine Ausführungen zum Stichwort ‚Selbsterlösung'. Nach ‚Selbstbeherrschung' folgt ‚Selbsterkenntnis' und dann ‚Selbstveredlung'. Auch Erlösung ist kein freimaurerischer Terminus. Selbsterlösung besagt schlicht, dass der Mensch aus eigenem Vermögen seine Erlösung bewirken könnte.

Geht es den Freimaurern um Erlösung im religiösen Sinne? Ziel der Freimaurer ist die sittliche Veredelung und Vervollkommnung des Menschen. Das Ritual zur Erhebung des Meisters, die Todeserfahrung selbst und die Erfahrung der Überwindung des Todes verweisen auf Jenseitiges, definieren die Perspektive aber nur insoweit, dass er in den metaphysischen Gefilden, in die der Mensch bzw. seine immaterielle Seele nach seinem Tod eintritt, ewig lebt. In der rituellen Erfahrung des Todes soll der Freimaurer lediglich die Angst vor dem Tod überwinden, um ganz frei zu werden. Eine christliche Deutung dieses ewigen Lebens erscheint nicht ausgeschlossen.
Erlösung im religiösen Sinn ist im Letzten ein endgültiger Zustand, in christlicher Vorstellung vor allem die paradiesische Vollendung von Mensch und Schöpfung. Im Christentum wird die Erlösung durch den Erlöser, den Retter herbeigeführt. „Die Verwirklichung der Erlösung ist durch Gott allein in Jesus Christus durch den Heiligen Geist geschehen.“[798] Menschliche Erfüllung und Heil sind in und von Gott.
Die Sakramente vermitteln dieses Heil. Erlösung ist aber nicht nur Gnade, sondern auch Aufgabe, insoweit der Mensch sich in guten Werken bewähren soll und so auch verändernd auf die Gesellschaft wirken kann. Unter dem Vorzeichen des sittlich guten Handelns zur Humanisierung der Gesellschaft ergeben sich signifikante Parallelen zur Freimaurerei.

Wir Christen glauben, dass das natürlich Gute im Menschen, das durch die Sünde beschädigt wurde, wiederhergestellt werden kann und letztlich bei Gott ewige Vollendung findet. Das geschieht aber eben nicht durch den Menschen allein, sondern durch Christus, der für uns und um unseres Heiles willen Mensch geworden ist, durch die Gnade Gottes und die Heilsmittel, die die Kirche verwaltet. Das heißt, nur durch Christus – ob erkannt oder nicht – kann die Idee der Humanität, das Wollen und Tun des Guten, verwirklicht werden.

Dass der Eindruck der Loslösung von Gnade und Verabsolutierung der ethischen Vervollkommnung dadurch entstehen kann, dass der Freimaurer zum ethischen Handeln durch sich selbst heraus berufen ist, wenn vom Meister im Erhebungsritual gefordert wird, sich durch Reinheit des Herzens, Wahrheit in

798 LOTHAR ULLRICH, Art. Erlösung und Befreiung, in: Lexikon der katholischen Dogmatik, hg. von WOLFGANG BEINERT, 2. Auflage, Freiburg – Basel – Wien 1988, S. 130 – 134, S. 134.

Worten, Vorsicht in Handlungen, Unerschrockenheit bei unvermeidlichen Übeln und unermüdlichem Eifer Gutes zu tun, auszuzeichnen, ist nicht von der Hand zu weisen, muss dem christlichen Verständnis der Rechtfertigung aber zwangsläufig nicht widersprechen.

Einen solchen Widerspruch behaupten die Deutschen Bischöfe nicht, sondern sprechen lediglich von Bedenken in diese Richtung. Für denjenigen katholischen Freimaurer, der die Gnaden- und Rechtfertigungslehre ablehnt und seine Vervollkommnung unabhängig davon zu erreichen sucht, ergibt sich ein Widerspruch, der auch dann erkennbar wäre, wenn seitens der Freimaurerei behauptet werden würde, dass die Vervollkommnung des Menschen nur durch die freimaurerischen Rituale erreicht werden könne.

Hierbei stellt sich aber auch die Frage, ob es den Freimaurern zuerst um die endgültige, auch auf ein Jenseits hin ausgerichtete Vervollkommnung und Erlösung des Menschen geht oder zunächst um die bloße Veredelung des Menschen im Diesseits.

8.8 Die Spiritualität der Freimaurer

„Spiritualität bezeichnet die persönliche Beziehung des Menschen zu Gott mit allem, was dieses Verhältnis an Haltungen und Ausdrucksweisen einschließt.“[799] Theologisch beginnt die Spiritualität in der Geistbegabung, die in der Taufe grundgelegt wird. Spiritualität bedarf aber immer eines persönlichen Freiraums, der auch von kirchlichen Autoritäten zu respektieren ist. „Löscht den Geist nicht aus“ schreibt Paulus im ersten Brief an die Thessalonicher. Derselbe Respekt ist aber auch der kirchlichen Überlieferung entgegenzubringen in gemeinsamer Anerkennung des Notwendigen als die normative Wahrheit des Evangeliums. Spiritualität ist auch mehr als nur theoretische Anerkennung von Glaubenswahrheiten, sie bedarf der gläubigen Lebenserfahrung und des rationalen Diskurses. Dabei bedingt das eine das andere.

In ihrer Erklärung kritisieren die deutschen Bischöfe in Art. 9 über die „Spiritualität der Freimaurer“ inhaltlich nur den Totalitätsanspruch der Freimaurer, dass sie sich auf Leben und Tod, unausgesprochen geht es wohl um die zu leistenden Eide, dem Bund verpflichten.
Der von den Freimaurern zu leistende Eid erscheint eher wie ein Gelöbnis, im Besonderen die Erkennungszeichen geheim zu halten und über innere Angelegenheiten der Loge gegenüber Dritten zu schweigen.
In der Geschichte war es aber gerade die Verpflichtung zur Geheimhaltung der inneren Angelegenheiten, die die Freimaurer per se verdächtig machten, Verbo-

---

799 KARL HEINZ NEUFELD, Art. Spiritualität, in: Lexikon der katholischen Dogmatik, S. 476 – 478, S. 476.

tenes zu tun. Wenn auch heute vieles vom inneren Geschehen der Freimaurer bekannt ist, gibt es immer noch Geheimnisvolles, was die Vorbehalte wohl begründet.

Wenn es, wie die deutschen Bischöfe es anerkennen, bei den Freimaurern in erster Linie um Bewusstseins- und Charakterbildung geht, dann erscheint die Frage, ob diese Aufgabe einer der Kirche fremden Institution überlassen werden kann, den eigenen Totalitätsanspruch der Kirche deutlich zu machen.

Der einzelne Freimaurer kann Mitglied einer Kirche sein. Wenn ein Freimaurer Christ sein darf, wenn er sein Streben nach immer größerer Vollkommenheit als christlichen Auftrag begreift, als Leben nach Gottes Geboten[800], dann könnten Riten und Symbole der Freimaurerei auch als Ergänzung der kirchlichen Liturgie und Sakramente angesehen werden.[801]

800 Vgl. ROLF APPEL/HERBERT VORGRIMLER, Kirche und Freimaurer im Dialog, S. 193.

801 Vgl. ebd., S. 72.

9. Die Codexreform

Papst Johannes XXIII. (1881-1963) hatte am 25. Januar 1959 neben der Ankündigung einer römischen Diözesansynode und eines ökumenischen Konzils auch die Überarbeitung des lateinischen Kirchenrechts und die Promulgation eines ostkirchlichen Gesetzbuches angeordnet.[802] Kurz vor seinem Tod berief der Papst am 28. März 1963 30 Kardinäle zu Mitgliedern der für die Überarbeitung des kirchlichen Strafrechts zuständigen Kommission.[803]

In den Jahren 1965 bis 1977 wurden einzelne Entwürfe (Schemata) verfasst, die parallel dazu seit 1972 bis 1980 aufgrund von eingereichten Verbesserungsvorschlägen seitens nationaler Bischofskonferenzen, einzelner Bischöfe, römischer Behörden sowie von Universitäten und Ordensvereinigungen überarbeitet wurden. Erst 1980 konnte daraufhin ein Gesamtentwurf erstellt werden (Schema CIC/1980), der von der CIC-Reformkommission beraten wurde[804] und zur Erstellung eines zweiten Gesamtentwurfs (Schema CIC/1982) führte.

Durch Papst Johannes Paul II. wurde dieses Schema abschließend unter Hinzuziehung weniger Mitarbeiter geprüft.

9.1 Das „Schema documenti quo disciplina sanctionum seu poenarum in Ecclesia Latina denuo ordinatur“[805] (SchemaPoen/1973)

Am 01. Dezember 1973 wurde das sogenannte SchemaPoen, der erste das kirchliche Strafrecht betreffende Gesamtentwurf, zur Stellungnahme an die Bischofskonferenzen und an andere kirchliche Einrichtungen übersandt. Dem vorausgegangen waren mehrere Entwürfe der Unter- und Zentralkommission zur Revision des Codex Iuris Canonici.[806] In 73 Canones erschien nicht nur eine Überarbeitung des bisherigen Strafrechtsbuches des CIC/1917, sondern es wurde ein

802 JOHANNES XXIII., Ansprache vom 25. Januar 1959, in: AAS, vol. LI (1959), S. 65 – 69, 68 f.

803 Die Namen der Mitglieder in der Kommission, die zum Ende noch einmal um weitere 36 Kardinäle und Bischöfe erweitert wurde, sind aufgelistet in: AAS, vol. LV (1963), S. 363 f., sowie in: Communicationes, Bd. 13 (1981), S. 259 ff.

804 In die Kardinalkommission waren Kardinäle und Erzbischöfe aus allen Erdteilen berufen worden. Sieben aus Amerika, davon sechs aus Mittel- bzw. Südamerika, drei aus Afrika, drei aus Asien, einer aus Australien sowie fünf aus Europa, darunter zwei aus Deutschland. Vgl. PONTIFICIO CONSILIUM de Legum Textibus Interpretandos, Acta et Documenta Pontificae commissionis Codici Iuris Canonci recognoscendo, Congregatio Plenaria diebus 20 - 29 octobris 1981 habita, S. 15.

805 SCHEMA DOCUMENTI quo disciplina sanctionum seu poenarum in Ecclesia Latina denuo ordinatur (= Schema Poen/1973), Typ. Pol. Vat. 1973.

806 Zu Einzelheiten vgl. HARTMUT ZAPP, Zur kanonischen Strafrechtsreform nach dem Entwurf der Kodexkommission, in: ÖAKR 27 (1976), S. 36 – 59, hier S. 42 f.; Vgl. auch WILHELM REES, Die Strafgewalt der Kirche, S. 334 ff.

neues kirchliches Strafrecht unter der erklärten Absicht geschaffen, das Strafrecht zu vereinfachen und nur solches Verhalten unter Strafe zu stellen, das mit dem Leben in der katholischen Kirche in eklatanter Weise im Widerspruch steht.[807]

Das Schema unterscheidet zwei Teile. Im ersten Teil (cc. 1 – 47) werden allgemeine Regelungen zur Bestrafung von Straftaten, Normen über Strafgesetze, Straftäter, Strafmittel, die Strafverhängung und den Straferlass formuliert.
C. 6 SchemaPoen sieht unter Beibehaltung der im CIC/1917 gegebenen Möglichkeit vor, dass die Inhaber der Gesetzgebungsgewalt in ihren Teilkirchen je nach den gegebenen Verhältnissen Strafandrohungen normieren können, wenn es nach reiflicher Überlegung für wirklich unvermeidbar erachtet wird.[808] Dadurch wurde zwar das Prinzip der Subsidiarität unterstützt, doch eröffnete es auch die Möglichkeit, dass es hinsichtlich der strafrechtlichen Normen zu erheblichen Unterschieden in den jeweiligen Teilkirchen würde kommen können.[809]

Im zweiten, kürzeren Teil des Schemas (cc. 48 – 73) geht es um die einzelnen Straftaten, ihre Bestrafung und die Bestrafung ohne Strafandrohung. In den cc. 51 – 54 dieses Schemas werden die Straftaten gegen die kirchlichen Autoritäten und die Freiheit der Kirche behandelt.

Der Straftatbestand der Zugehörigkeit zur Freimaurerei oder vergleichbarer Gesellschaften des c. 2335 CIC/1917 fehlt in dem Schema ebenso wie die weitere Strafandrohung des Verlusts der kirchlichen Ämter und anderer Rechte für die solchen Vereinigungen angehörenden Kleriker und Ordensangehörige aus c. 2336 § 1 CIC/1917 sowie die Verpflichtung zur Anzeige beim Hl. Offizium aus c. 2336 § 2 CIC/1917.[810]

---

807 Vgl. Schema Poen/1973, Motu Proprio „Humanum consortium" vom 01.12.1973, S. 11 – 15, S. 13 ff., und ebd., Praenotanda, Principia generalia, Abs. 4, S. 6.

808 „C. 6: Qui legislativam habet potestatem, potest suis legibus quamlibet legem divinam, aut legem ecclesiaticam intra ambitum suae iurisdictionis vigentem congrua poena, vel ab ipso determinata vel prudenti iudicis arbitrio determinanda, munire; quod si quis legislativam potestatem de quibusdam tantum rebus habeat, de iis tantum potest poenalem legem ferre." Ausdrücklich von der Vollmacht der teilkirchlichen Gesetzgeber ausgeschlossen blieb nach c. 7 SchemaPoen die Strafe der Entlassung aus dem Klerikerstand.

809 Die Verschärfung einer universalkirchlichen Strafe durch einen teilkirchlichen Gesetzgeber war für die Zukunft gemäß c. 8 SchemaPoen nur in Fällen größter Notwendigkeit vorgesehen. Im Schema von 1980 würde in c. 1268 die Notwendigkeit betont werden, im selben Gebiet oder Staat eine einheitliche Strafgesetzgebung zu normieren.

810 Im Motu Proprio „Ecclesiae Sanctae" Papst Pauls VI. vom 06. August 1966, in: AAS, vol. LVIII (1966), S. 757 – 787, war den Ordensleuten in den Ausführungsbestimmungen zu den Dekreten „Christus Dominus" und „Presbyterorum Ordinis" in Art. 25 § 2 c die Mitgliedschaft oder Mitarbeit in einer Gesellschaft oder Vereinigung, vor der der Ortsbischof oder die Bischofskonferenz gewarnt hatte, verboten worden. Darin heißt es: "Item tenentur legibus, decretis et ordinantionibus ab Ordinario loci vel a Conferen-

Das Verbot der kirchlichen Beerdigung eines Freimaurers aus c. 1240 § 1 n. 1 CIC/1917 taucht ebenso nicht mehr auf.

Die Bestimmung aus c. 1399 CIC/1917 bezüglich der indizierten Bücher i.V.m. c. 2318 CIC/1917 wurde im Schema 1973 gleichfalls nicht übernommen, da der Index mit den dazugehörenden Strafbestimmungen 1966 vom Apostolischen Stuhl aufgehoben worden war.[811]
Nach der Veröffentlichung des Schemas wurden die sich daraus für das kirchliche Strafrecht ergebenden Änderungen zum einen gelobt[812], zum anderen aber auch als unpraktikabel ausgewiesen.[813]

Die eingegangen Stellungnahmen und Verbesserungsvorschläge, zu denen auch die Forderung gehörte, die Zugehörigkeit zu verurteilten Vereinigungen als Tatstrafe wieder aufzunehmen[814], wurden in der Folgezeit von der verantwortlichen

---

tia Episcoporum latis, quae respiciunt, inter alia: [...] c) adsriptionem vel cooperationem societatibus seu associationibus, quas Ordinarius loci vel Conferentia Episcopalis cavendas esse edixerit." PAUL VI., Enzyklika „Ecclesiae Sanctae", Art. 25 § 2, S. 770.

811 Notifcatio der S.C. pro doctrina fidei „Index Librorum prohibitorum vim legis ecclesiasticae amplius non habet" vom 14.06.1966, in: AAS, vol. LVIII (1966), S. 445. Abgedruckt auch in AfkKR, Bd. 136 (1966), S. 252 f.
Bis dahin war das Lesen und Aufbewahren verbotener Bücher ohne Erlaubnis mit der Tatstrafe der Exkommunikation belegt gewesen. Vgl. dazu GEORG MAY, Die Aufhebung der kirchlichen Bücherverbote, in: Ecclesia et ius, FS für A. Scheuermann, hg. von K. SIEPEN, J. WEITZEL, P. WIRTH, München – Paderborn – Wien 1968, S. 547 – 571, S. 564 – 567. Vgl. auch WILHELM REES, Der Schutz der Glaubens- und Sittenlehre durch kirchliche Gesetze, in: AfkKR, Bd. 160 (1991), S. 3 – 24.
Nach geltendem Recht können von den kirchlichen Autoritäten Schriften, die dem rechten Glauben und den guten Sitten schaden, zurückgewiesen werden (c. 823 § 1 CIC), wobei die Lektüre solcher Schriften keine Kirchenstrafe nach sich zieht. Unberührt bleibt davon, dass der, der gegen die Kirche hetzt, sie verunglimpft und die guten Sitten verletzt, mit einer Kirchenstrafe belegt werden kann (c. 1369 CIC). Der Wegfall der Bücherzensur im CIC/1983 verdeutlicht einerseits das Bemühen um eine größtmögliche Befreiung von strafrechtlichen Maßgaben und andererseits die Akzeptanz und Herausforderung der Verantwortung des Einzelnen. Vgl. REINHOLD SEBOTT S.J., Das neue kirchliche Gesetzbuch, in: HerKorr 37 (1983), S. 128 – 134, S. 130.

812 Vgl. HARTMUT ZAPP, Zur kanonischen Strafrechtsreform, S. 59, und CARL GEROLD FÜRST, Der Strafrechtsentwurf der Kodexkommission, in: Conc 11 (1975), S. 490 – 494, S. 493 f.

813 Vgl. AUDOMAR SCHEUERMANN, Das Schema 1973 für das kommende kirchliche Strafrecht, in: AfkKR, Bd. 143 (1974), S. 3 – 63, S. 63.

814 Vgl. den Bericht in: Communicationes, Bd. 7 (1975), Nr. 6, S. 96. Die Forderung nach einer Ausweitung der Tatstrafen wurde so begründet, dass die Kirche die im Geheimen sich ereignenden Verbrechen nicht anders bestrafen könne als durch die von selbst eintretenden Tatstrafen.
Die Glaubenskongregation selbst stellte zu den cc. 52 – 54 SchemaPoen den Antrag: „Valde opportunum videtur ut, praeter alia delicta in hoc articulo contenta, ... sequentia addantur: „Qui nomen dant associationibus quae contra Ecclesiam machinantur (cfr. c.

Codex-Reformkommission geprüft und bearbeitet. Am 29. Juni 1980 konnte daraufhin die überarbeitete Strafrechtsordnung im Gesamtentwurf des neuen CIC den Mitgliedern der Kardinalskommission übergeben werden.

9.2 Das Schema 1980 (SchCIC/1980)[815]

Im Schema CIC/1980 regelten die cc. 1263 – 1351 das kirchliche Strafrecht. Die Zahl der Strafrechtsbestimmungen war von 73 im SchemaPoen nun wieder auf 84 Canones angestiegen.
Neben diesen Ergänzungen, der Tatbestand der Zugehörigkeit zu kirchenfeindlichen Vereinigungen hatte inzwischen nach einstimmigem Beschluss der Kommission am 07. Mai 1977 in das Schema Eingang gefunden[816], waren vor allem sprachliche Verbesserungen und Vereinheitlichungen vorgenommen worden.[817]

C. 1326 SchCIC/1980, der die Formulierung aus dem Jahr 1977 unverändert übernahm, normierte den Straftatbestand des Beitritts in einer Vereinigung, die gegen die Kirche agiert. Dort heißt es:

> „Qui nomen dat consociationi, quae contra Ecclesiam machinatur, iusta poena puniatur; qui autem eiusmodi consociationem promovet vel moderatur interdicto puniatur."

> „Wer einer Vereinigung beitritt, die gegen die Kirche Böses unternimmt, soll mit einer gerechten Strafe bestraft werden; wer aber eine solche Vereinigung unterstützt oder leitet, soll mit dem Interdikt bestraft werden."[818]

Wiederum wurde die Norm diskutiert und von fünf Mitgliedern der Reformkommission, darunter der damalige Präfekt der Glaubenskongregation, Franjo

---

2335)": in formulatione generica huius delicti non includeretur expresse secta massonica, sed neque excluderetur ...". PCI, CONGREGATIO PLENARIA diebus 20 - 29 octobris 1981 habita, S. 152.
Auch die Deutsche Bischofskonferenz beauftragte ihren Vorsitzenden, ihren auf Empfehlung des Bischofs von Augsburg gefassten Beschluss, dass die Zugehörigkeit zur katholischen Kirche mit der Mitgliedschaft in der Freimaurerei unvereinbar sei und der c. 2335 bei der Codex-Reform erhalten bleiben soll, dem Apostolischen Stuhl mitzuteilen. Vgl. Protokoll der Frühjahrs-Vollversammlung der Deutschen Bischofskonferenz vom 25. – 28. Februar 1980, III, 11, S. 7.

815 SCHEMA CODICIS IURIS CANONICI IUXTA ANIMADVERSIONES S.R.E. Cardinalium, Episcoporum Conferentiarum, Dicasteriorum Curiae Romanae, Universitatum Facultatumque ecclesiasticarum necnon Superiorum Institutorum vitae consecratae recognitum. Libreria Editrice Vaticana 1980.

816 Adundatio diei 7 maii 1977, C. 53 bis: „Qui nomen dat consociationi quae contra Ecclesiam machinatur, iusta poena puniatur; qui autem eisumodi consociationem promovet vel moderatur interdicto puniatur." Communicationes, Bd. 9 (1977), S. 320.

817 Vgl. WILHELM REES, Die Strafgewalt der Kirche, S. 357.

818 Übersetzung des Verfassers.

Kardinal Šeper (1905-1981), unter Bezugnahme auf das Ergebnis des von der Deutschen Bischofskonferenz mit den Freimaurern geführten Dialogs der Antrag gestellt, den Wortlaut des alten c. 2335 CIC/1917 im neuen Kirchenrecht beizubehalten. Als Begründung wurde angeführt, dass die Norm nicht explizit die Mitgliedschaft von Katholiken in Freimaurerlogen verbiete und die angedrohte Strafe nicht hinreichend sei, da sie nicht als eine von selbst eintretende Strafe formuliert wäre.[819]

Die Diskussion setzte sich in der Vollversammlung der Codex-Reformkommission im Oktober 1981 fort.[820]
Einen Monat zuvor war am 20.09.1981 im L'Osservatore Romano ein Statement der Kongregation für die Heiligsprechung erschienen, in dem der Ansicht widersprochen wurde, dass die Kirche wegen der am 19.06.1955 erfolgten Heiligsprechung des katholischen Priesters Jean Marie Gaillot (1747-1794) ihre Haltung gegenüber den Freimaurern verändert habe und es Geistlichen nun erlaubt sei, Freimaurer zu werden. Gaillot war am 21.01.1794 durch die Guillotine als Märtyrer für den Glauben in Frankreich im Zuge der Französischen Revolution hingerichtet worden, weil er sich 1791 geweigert hatte, den Eid auf die Konstitutionen zu leisten. Gaillot wurde nachgesagt, dass er Mitglied der Freimaurerloge „Union of Laval" gewesen war.[821]

Was die Machenschaften der Freimaurer anginge, müsse festgestellt werden, erklärte im Verlauf der Diskussion Franz Kardinal König (1905-2004), Wien,

---

819 Vgl. Communicationes, Bd. 16 (1984), S. 48 f.

820 Vgl. zum Verlauf der Diskussion PCI, CONGREGATIO PLENARIA diebus 20 - 29 octobris 1981 habita, S. 150 – 168, S. 308 – 335, S. 349 – 352. Der Umgang mit den Freimaurern war eine von sechs sogenannten Spezialfragen, die in der Vollversammlung im Oktober 1981 beraten wurden. Im Wesentlichen ging es, bezogen auf die Freimaurer, um drei Punkte. Die umfassendste Fragestellung war, ob der alte Canon 2335 aus dem CIC/1917 im neuen Recht komplett wieder aufgenommen werden soll. Würde das verneint werden, sollten die Tatbestände des alten Canons hinsichtlich ihres Erscheinens im neuen Recht einzeln geprüft werden. Dazu gehörte die Frage danach, ob die Mitgliedschaft bei den Freimaurern mit der Tatstrafe der Exkommunikation belegt werden soll und ob auch Machenschaften gegen die staatlichen Gewalten kirchlicherseits strafwürdig seien. In der dritten Sitzung am 22. Oktober meldeten sich 17 Teilnehmer zu Wort, vier Mitglieder der Kommission hatten schriftlich Stellung bezogen.

821 Die Kongregation stellte klar, dass sich in dem für die Heiligsprechung gesammelten Material keine Hinweise auf Gaillots Zugehörigkeit zur Freimaurerei gefunden hätten. Wenn es sich bei der „Union of Laval" tatsächlich um eine Freimaurerloge gehandelt habe, dann wisse man, dass die Logen in der Zeit der Französischen Revolution nicht den Charakter gehabt hätten, den die Kirche mit ihrem Verbot der Freimaurerei habe verurteilen wollen. Hätte diese Loge aber diesen Charakter gehabt, dann wären Gaillots mögliche Fehler durch sein Martyrium weggewaschen worden. Aus der Heiligsprechung Gaillots abzuleiten, dass es zukünftig für Geistliche erlaubt sei, Freimaurerlogen anzugehören, sei falsch. Vgl. L'Osservatore Romano, 20.09.1981, S. 2.

als einer der ersten Redner, dass die nicht in allen Nationen gleich wären und die vorgeschlagene Formulierung des betreffenden Canons ausreichend sei.[822] Daher wurde es für klüger erachtet, der entsprechenden Erscheinungsform gemäß gegebenenfalls partikulare Strafgesetze zu erlassen[823], wenn man bedenke, warum Kommunisten, die die Kirche mitunter gehässiger noch als manche

---

822 Den Hintergrund dieser Feststellung von Kardinal König bildete die von der Glaubenskongregation 1968 weltweit durchgeführte Umfrage bezüglich der jeweiligen Erscheinungsform der Freimaurer in den verschiedenen Nationen und das Schreiben der Glaubenskongregation aus dem Jahr 1974, das den Bischofskonferenzen ein je eigenes Urteil über die Freimaurerei in ihrem Zuständigkeitsbereich einräumte. Kardinal König erklärte auf der Sitzung am 22. Oktober 1981: „Textus canonis 1326 schematis sufficit quia in eo etiam, quoad primam partem saltem, secta massonica includitur et inquantum contra Ecclesiam machinatur. […] Argumentum Conferentiae Germanicae fortasse pro diversis regionibus sed non pro omnibus valet. Hoc lucet ex rescripto Congregationis pro Doctrina Fidei anni 1974 in quo ostenditur magna diversitas Conferentiarum Episcoporum in iudicanda secta massonica. Secta massonica revera secundum loca et tempora aliter et aliter se ostendebat et ostendit; ubicumque necesse esset ut remaneat poena latae sententiae, ibi potest Superior competens ad puniendum procedere inquantum necessarium et opportunum videtur; considerandum est num aliae machinantiones, v.g. atheismus qui omnem religionem oppugnat, includendae essent." CONGREGATIO PLENARIA diebus 20 – 29 octobris 1981 habita, S. 316.
Dem Statement Kardinal Königs entgegnete Franjo Kardinal Šeper, dass die Ausarbeitung der Deutschen Bischofskonferenz keine die deutsche Situation allein betreffende Untersuchung sei, sondern die ganze Welt beträfe. Es sei falsch zu glauben, dass nur deswegen, weil die Freimaurer heute nicht mehr offensichtlich gegen die Kirche agierten, auch Katholiken dort Mitglied werden könnten. Man müsse wachsam sein, denn wenn sie auch nicht mehr gegen die Kirche agieren würden, dann nur deswegen, weil sie schon genug erreicht hätten und es nichts mehr geben würde, gegen das sie noch agieren könnten. Seit der Zeit des italienischen Risorgimento gäbe es überall die Früchte des freimaurerischen Einflusses zu beobachten. Auf dem Janiculo sei ein Monument Garibaldis aufgestellt, das alle freimaurerischen Symbole und Zeichen enthalte, zudem seien die Zivilehe, die Scheidung, die Abtreibung und vieles andere mehr Früchte der Freimaurerei und das nicht nur in Italien, sondern auch in anderen Nationen. Šeper plädierte für die ausdrückliche Nennung der Freimaurer im neuen Codex. Vgl. ebd., S. 316 f.

823 Vor allem Erzbischof Raúl Silva Henríquez (1907-1999) setzte sich dafür ein: „Proinde, pro lege universali, sufficit quod in canone 1326 statuitur. Et si revera in aliqua natione vel loco videretur necessarium excommunicationem latae sententiae statuere pro secta massonica, hoc a Conferentia Episcoporum fieri potest." CONGREGATIO PLENARIA diebus 20 – 29 octobris 1981 habita, S. 325.
Der philippinische Erzbischof Carmelo Morelos (geb. 1930) plädierte dafür, die Strafe überhaupt durch die Autorität der Bischofskonferenz festlegen zu lassen. Ebd., S. 326.
Die Möglichkeit der Strafverschärfung durch die örtliche Bischofskonferenz ist mit c. 1315 § 2 im CIC/1983 gegeben. Auf diese Möglichkeit war im Zuge der Codexreform ausdrücklich hingewiesen worden. „Ad practicam activitatem (machinationem) quod attinet, notetr quod massoneria non eadem est in omnibus nationibus; melius ergo esset ut leges particulares iuxta particularia adiuncta propriam legislationem poenalem ferant." Communicationes, Bd. 16 (1984), S. 49.

Freimaurer bekämpften, durch das allgemeine Kirchenrecht nicht mit der Strafe der Exkommunikation bedroht werden würden.[824]
Der französische Kardinal Francois Marty (1904-1994) wies auf die Schwierigkeit hin, dass es zwar schwer fallen werde, den Halbsatz „quae contra Ecclesiam machinantur“ zu interpretieren, doch könne nicht dasselbe Urteil über die Mitglieder in einer ‚Großloge' und in einem ‚Großorient' gefällt werden.[825]
Joseph Kardinal Ratzinger stellte in der Diskussion fest, dass der Kommunismus sicher auch eine Gefahr für die Kirche darstelle, dass er aber sehr viel eindeutiger zu fassen wäre und ihm zu begegnen sei als den Absichten der Freimaurerei, die im Dunkeln liegen würden und subtiler Art seien. Kardinal Ratzinger führte das liberale Urteil verschiedener Bischofskonferenzen über die Freimaurerei auf

824 Am 23.07.1936 hatte das Hl. Offizium anlässlich der Verurteilung eines Buches lediglich vor der Zusammenarbeit mit den Kommunisten gewarnt. Vgl. S.C.S.Off., in: AAS, vol. XXVIII (1936), S. 294. Im Apostolischen Rundschreiben Pius XI. „Divini Redemptoris“ wird der atheistische Kommunismus dann verurteilt. Vgl. PIUS XI., litt. enc. „Divini Redemptoris“ vom 19.03.1937, in: AAS, vol. XXIX (1937), S. 65 ff.
Im Dekret gegen den Kommunismus des Hl. Offiziums vom 28. Juni 1949, vgl. AAS, vol. XLI (1949), S. 334, wird die vorgelegte Frage, ob sich Katholiken, die die Lehren und Thesen des Kommunismus vertreten, verteidigen und verbreiten, die Tatstrafe der Exkommunikation zuziehen, schließlich affirmativ beantwortet. Aktueller Anlass dafür war neben der Verschärfung des kalten Krieges unter anderem auch die aktuelle politische Situation in Italien, wo die kommunistische Partei bei den Wahlen 1946 knapp 20% der Stimmen auf sich hatte vereinigen können. 1948 aber erlangte die vor allem von Katholiken unterstützte Partei ‚Democrazia Cristina', die bis dahin in Koalition mit der kommunistischen Partei regierte, die absolute Mehrheit, was den Anlass bot, nun Katholiken und Kommunisten zu trennen. Durch eine Erklärung des Hl. Offiziums wurde die uneingeschränkte Gültigkeit des 1949 erlassenen Dekrets 1959 in Erinnerung gerufen. Anlass dafür war eine politische Allianz zwischen Christen und der kommunistischen Partei auf Sardinien. Vgl. AAS, vol. LI (1959), S. 271 f. Ausführlich dazu GIUSEPPE ALBERIGO, Die Verurteilung der Kommunisten vom Jahre 1949, in: Concilium, Internationale Zeitschrift für Theologie, Bd. 11 (1975), S. 502 – 506.
Bis heute hat das 1949 erlassene Dekret Geltung, auch wenn der CIC/1983 die Mitgliedschaft in einer kommunistischen Partei oder die Förderung des Kommunismus als Straftatbestand nicht ausdrücklich normiert, sondern unter die Regelung des c. 1364 CIC subsumiert, was allerdings nicht unumstritten ist. Vgl. dazu HANS PAARHAMMER, Das spezielle Strafrecht des CIC, in: Recht im Dienste des Menschen, Graz – Wien – Köln 1986, S. 403 – 466, S. 411 f.

825 Stark vereinfacht kann eine Großloge als kirchenfreundlich gelten, während der Großorient atheistisch und kirchenfeindlich ausgerichtet ist.
Francois Kardinal Marty: "Difficultas interpretationis quae viget etiam inter canonistas quoad applicationem incisi 'quae contra Ecclesiam machinantur'. [...[Diverso modo se gerunt diversae sectae massonicae, sic v.g., non possumus idem iudicium ferre de membris sic dictis 'grande Loge' et de membris sic dictis 'grand Orient'." CONGREGATIO PLENARIA diebus 20 – 29 octobris 1981 habita, S. 318.
Ferner erklärte Marty, dass es der Kirche nicht erlaubt sei, in ihrem Recht Einfluss auf die Politik zu nehmen und dass man sich hinsichtlich der Verhängung der von selbst eintretenden Tatstrafe an die Prinzipen halten möge, die der Überarbeitung des kirchlichen Strafrechts zugrunde gelegt worden seien und wonach die Tatstrafen zu reduzieren wären. Vgl. ebd.

ein nicht hinreichendes Wissen über die Sekte zurück. Die deutschen Sachverständigen hätten sich jedoch eingehend mit der Freimaurerei auseinandergesetzt und deren Urteil beziehe sich nicht allein auf die deutsche Situation, wo die Freimaurer nicht kirchenfeindlich auftreten würden, sondern sei ohne Weiteres übertragbar auf das Wesen der Freimaurerei in anderen Ländern.
Als den Kern des Übels bewertete Kardinal Ratzinger den von den Freimaurern vertreten Relativismus, nach dem wahr und falsch genauso miteinander vertauscht werden könnten wie gut und böse. Diese Pole stünden in der Freimaurerei nur in einem relativen Gegensatz zueinander. Wo dieser Relativismus zur Maxime erhoben werde, beeinflusse er das Bewusstsein der Menschen, einschließlich das der Katholiken. Wo alles für veränderbar gehalten werde und wenn alles zugleich wahr und falsch sein könne, werde bald auch der Glaube sterben.

Der Kardinal sah in der Verbindung von freimaurerischen Prinzipien und Elementen des modernen Bewusstseins, die den Glauben zu zerstören versuchen, eine außerordentliche Gefahr, die mit anderen Gefahren, einschließlich des Kommunismus, nicht vergleichbar ist. Deswegen plädierte er für die Wiedereinführung der von selbst eintretenden Tatstrafe der Exkommunikation für katholische Freimaurer.[826]
Weiter bezog sich Kardinal Ratzinger auch auf die freimaurerische Symbolik, die den Sakramenten der Kirche von Grund auf entgegengesetzt sei, diese jedoch zu imitieren versuche. Zu bedenken sei auch, dass bisher nur die ersten drei von 33 Graden untersucht worden wären und man nicht wisse, was in den 30 Hochgraden betrieben würde. Doch schon die ersten drei Grade seien mit dem Glauben und den Sakramenten der Kirche nicht vereinbar.[827]

---

826 Joseph Kardinal Ratzinger: "Duplex hic relativismus quam maxime consors est mentalitatis hodiernae et quasi certum aliquid in conscientia occidentali praesupponitur. Et sine dubio etiam apud catholicos crassatur. Si autem fides nostra sub hac luce spectatur, secundum primam apparentiam quasi immutata continuare videtur. Revera autem a sua radice, quae est fides veritatis, moritur et evanescit quia solummodo sic tamen omnes mutabiles sunt, quia eodem modo verae ac falsae nominari possunt. [...] Crisim nostrum etiam moralem funditus hoc relativismo ali, nemo est qui non videat, et secundum meam sententiam hic relativismus ad nucleum totius nostrae criseos pertinet. In hac consonantia inter principia massonica et elementa ea conscientia modernae quae fidem destruere conantur ego video periculum illud extraordinarium sectae massonicae quae eam incomparabilem facit cum aliis periculis et canonem seu saltem nominationem nominis massonum necessarium reddit." CONGREGATIO PLENARIA diebus 20 – 29 octobris 1981 habita, S. 319 f.

827 Joseph Kardinal Ratzinger: "Systema nempe symbolorum massonicorum quod per mortem symbolicam vadens, sacramentis Ecclesiae funditus contrariatur, eademque quodammodo etiam imitatur. Notandum hic est triginta tres gradus apud massonicos existere et solummodo tres gradus infimos dialogo et inquisitioni apertos esse, cum quoad alios triginta gradus disciplina arcane quam severrime observata sit. Nescimus ergo quid in his superioribus gradibus contineatur, sed ea quae in tribus primis infimis

Der italienische Kurienkardinal Pietro Palazzini (1912-2000) erklärte zwar, dass er dem Votum der Deutschen Bischofskonferenz zustimmen könne, doch müssten auch die „Principia quae recongnitionem Codicis Iuris Canonici dirigant"[828], die auf der Bischofssynode im Jahr 1967 erarbeitet worden seien und denen auch die deutschen Bischöfe zugestimmt hätten, berücksichtigt werden. Ferner erläuterte er in seinem Statement, dass es nicht Sache des Gesetzgebers sei, den Glauben zu bewerten und den Eintritt einer Strafe festzustellen. Das wäre vielmehr die Aufgabe von Kommentatoren und Beichtvätern.[829]

Jospeh Kardinal Höffner (1906-1987) stellte in Ergänzung zum Vortrag von Joseph Kardinal Ratzinger klar, dass es nicht die Frage sei, ob die Freimaurersekte gegen die Lehre der Kirche eingestellt sei, sondern ob diejenigen, die ihr angehören, gegen die Kirche agieren würden. Es könne nämlich nach den Konsultationen mit Freimaurern in Deutschland festgestellt werden, dass die Freimaurersekte sicher nicht immer offen und direkt gegen die Kirche agiere, wohl aber dass sie daran arbeite, die Gesinnung der Gläubigen zu einer der kirchlichen Lehre und Religion entgegenstehenden Haltung zu verändern.[830]

---

gradibus in lucem venerunt, modo inexpectato penitus incompatibilia cum fide et sacramentis Ecclesiae sunt." Ebd., S. 320.

828 Principia quae Codicis canonici recongnitionem dirigant, in: Communicationes, Bd. 1 (1969), S. 77 – 85. Mit dem Hinweis auf die genannten Prinzipien bezog sich Kardinal Palazzini auf die getroffene Vereinbarung, bei der Erarbeitung des neuen Kirchenrechts darauf zu achten, dass in den Gesetzen der „spiritus caritatis, temperantiae, humanitatis ac moderationis" aufleuchten müsse. Ebd., Nr. 3, S. 79.

829 Pietro Kardinal Palazzini: "Examinare singulis in casibus utrum revera poenam incurrant non est munus legislatoris sed commentariorum et confessariorum." CONGREGATIO PLENARIA diebus 20 – 29 octobris 1981 habita, S. 321.
Für die später noch vor Inkrafttreten des neuen Codex durch den Präfekten der Glaubenskongregation, Kardinal Ratzinger, vorgenommene Erläuterung des c. 1374 CIC ist in dem Zusammenhang bemerkenswert, dass Kardinal Palazzini darauf hinwies, dass es sicher möglich sei, aus dem Fehlen der Verurteilung der Freimaurer im neuen Kirchenrecht den Schluss zu ziehen, dass es nun für Katholiken erlaubt sei, den Freimaurerlogen anzugehören. Bedenken müsse man aber auch, dass die Verurteilung des Kommunismus nicht im alten Codex gestanden hätte und auch im neuen Codex nicht zu finden sein werde. Daher könne niemand sagen, dass der Kommunismus nicht verurteilt sei, nur weil die Verurteilung nicht erneuert werden würde. Vielmehr würde die Verurteilung durch das Hl. Offizium fortbestehen.
Der Hinweis auf die Verurteilung des Kommunismus durch das Hl. Offizium, zuletzt 1959, mag für Kardinal Ratzinger eine Art Vorbild gewesen sein, am Tag vor Inkrafttreten des neuen Kirchenrechts durch eine ähnliche Erklärung an die fortbestehende Verurteilung der Freimaurer zu erinnern.

830 Joseph Kardinal Höffner: „Quaestio nobis proposita non est utrum secta massonica sit contra doctrinam Ecclesiae; hoc non negatur, sed quaestio specialis haec est, utrum illa secta machinetur contra Ecclesiam, vel exactius utrum illi qui nomen dant huic sectae machinentur contra Ecclesiam. Post multas conferentias habitas etiam cum repraesentantibus sectae massonicae in Germania dicendum est sectam massonicam non quidem semper aperte et directe machinari contra Ecclesiam sed laborare da transformandas mentes fidelium in formam doctrinae catholicae et religioni contrariam." Ebd., S. 322.

Vehement setze sich der chilenische Erzbischof Raúl Silva Henríquez (1907-1999) dafür ein, durch die Aufnahme der von selbst eintretenden Tatstrafe der Exkommunikation nicht erneut einen Krieg zu entfachen, da sich die Freimaurerei weltweit je anders darstelle und beispielsweise in Venezuela mit der Kirche friedlich nebeneinander existiere.[831] Die Situation in einem Teil Europas könne nicht den Maßstab für die Weltkirche bilden, zudem der CIC keine theologischen oder philosophischen Fragen zu klären hätte, sondern das praktische Zusammenleben aller Katholiken regeln müsse.

Auch wurde in der Diskussion mehrheitlich die Ansicht vertreten, dass die von selbst eintretende Tatstrafe der Exkommunikation unnötig sei, da sich diese sowieso aus dem Häresietatbestand als solchem ergebe, sofern dieser denn bei der sich differenziert darstellenden Gesinnung der Freimaurer erfüllt werden würde. Im Übrigen belege der Rückgriff auf das Institut der von selbst eintretenden Tatstrafe ein gewisses Unvermögen der Kirchenleitung, die Aufgabe der Leitung auch wahrzunehmen.[832] Auf der sich anschließenden Abstimmung, sprachen sich 31 der 59 stimmberechtigten Teilnehmer für die in c. 1326 SchCIC/1980 vorgelegte Fassung aus. Nur 13 von 59 Stimmen forderten die Wiedereinführung des c. 2335 CIC/1917 einschließlich der von selbst eintretenden Tatstrafe der Exkommunikation.[833]
Das Verbot der Gewährung eines kirchlichen Begräbnisses und damit zusammenhängender Rituale war wieder aufgenommen worden, wobei die Freimaurer darin nicht mehr explizit – wie auch schon in c. 1326 SchCIC/1980 – erwähnt wurden.[834]

831 Erzbischof Raúl Silva Henríquez: „Situatio Ecclesiarum in mundo universo diversissima est, et ita iudicare non possumus situationes alicuius partis Ecclesiae in Europa. [...] Inutile proinde est et perniciosum bellum pacifice exstinctum noviter inflammare, ut certe eveniret si noviter et sollemniter excommunicatione latae sententiae massoneria universaliter plecteretur. Novas inutiles inimicitias suscitare non debemus." Ebd., S. 324.

832 Erzbischof Rosalio José Castillo Lara (1922-2007) fragte am Beispiel der italienischen P2 Loge nach dem praktischen Nutzen der von selbst eintretenden Tatstrafen: „Ceteroquin quinam sint hodie effectus practici, reales, poenae excommunicationis latae sententiae; quinam sunt effectus practici? Iam Exc.mus Henríquez optime dixit sese referendo ad situationem practicam in Italia cum ‚Loggia P 2'". Ebd., S. 328.

833 Vgl. ebd., S. 329 f. Bei einem am folgenden Tag wegen Ungenauigkeiten in der Abstimmung erneut veranlassten Votum, ob die Freimaurer in c. 1326 SchCIC ausdrücklich erwähnt werden sollten, stimmten nur 20 von 58 stimmberechtigten Teilnehmern dafür, womit der von Kardinal Šeper gestellte Antrag abgelehnt wurde. Ebd., S. 351 f.

834 Schon 1964 hatte das Hl. Offizium in einer Instruktion vom 05. Juli die Feuerbestattung, die bis dahin vor allem als Ausdruck kirchenfeindlicher Weltanschauung im Sinne der Leugnung der Glaubenswahrheit der leiblichen Auferstehung der Toten verstanden und daher verboten worden war, unter bestimmten Umständen gebilligt. Bei Vorliegen wichtiger Gründe öffentlichen (Hygiene) oder privaten Interesses (wirtschaftliche Not) wurde die Feuerbestattung für zulässig erklärt, sofern sie eben nicht Ausdruck einer kirchen- oder glaubensfeindlichen Weltanschauung sei. Vgl. Instruktion des Hl.

9.3 Das Schema 1982 (SchCIC/1982)

Der im März 1982 vorgelegte und geringfügig veränderte Entwurf des Schemas aus dem 1980 betraf hinsichtlich der vorgenommen Veränderungen nicht mehr den hier zu behandelnden Gegenstand, so dass die Formulierung

> „Qui nomen dat consociationi, quae contra Ecclesiam machinatur, iusta poena puniatur; qui autem eiusmodi consociationem promovet vel moderatur, interdicto puniatur.“[835]

im Codex Iuris Canonici von 1983 unter c. 1374 CIC Eingang genommen hat.

Offiziums vom 05. Juli 1964 über die Feuerbestattung, in: AAS, vol. LVI (1964), S. 822 f.; vgl. auch AfkKR, Bd. 133 (1964), S. 126 f.

835 C. 1374 CIC (= Codex Iuris Canonici – Codex des kanonischen Rechtes. Lat. - dt. Ausgabe. Mit Sachverzeichnis. Hg. im Auftrag der Deutschen Bischofskonferenz, der Österreichischen Bischofskonferenz, der Schweizer Bischofskonferenz, der Erzbischöfe von Luxemburg und von Straßburg sowie der Bischöfe von Bozen-Brixen, von Lüttich und Metz, 5. Auflage, Kevelaer 2001).

10. Die Freimaurer und der CIC von 1983

Im Strafrechtskatalog des CIC/1983 sind die Freimaurer, die als eine geschlossene Gruppe im CIC/1917 kollektiv von kirchlichen Strafnormen betroffen waren, nicht mehr erwähnt. Der CIC 1983 versucht in seinem Strafrechtskatalog zu viele Einzelvergehen, wie sie der CIC/1917 in 101 Canones normiert hatte, zu vermeiden und Tatbestände zu formulieren, unter die singuläres Verhalten subsumiert werden kann.

Auch außerhalb des Strafrechts des CIC/1983 tauchen die Freimaurer bzw. Mitglieder verbotener Vereinigungen als mittel- oder unmittelbare Adressaten des kanonischen Rechts ausdrücklich nicht mehr auf. So wird nicht mehr erwähnt, dass Katholiken von der Eheschließung mit Freimaurern abgehalten werden sollen.[836] Hier gelten die allgemeinen Normen für die Mischehen.[837]
Es fehlt die explizite Anordnung, Freimaurern das kirchliche Begräbnis und jedwede liturgische Handlung anlässlich ihres Todes zu verweigern, sofern ihre Mitgliedschaft in einer Loge öffentlich bekannt geworden ist.[838] In den Normen zur Gewährung und Verweigerung des kirchlichen Begräbnisses des neuen CIC[839] wird an dieser Stelle nicht auf die förmliche individuelle Mitgliedschaft in einer Loge abgehoben, sondern allgemein und materiell auf die Gesinnung in Bezug auf die christliche Überzeugung von der leiblichen Auferstehung der Toten.
Im Katalog der Tatbestände der unmöglichen Zulassung zum Noviziat[840] und zu den Gültigkeitsvoraussetzungen der Gelübde[841] werden Freimaurer und Mitglieder anderer verbotener Vereinigungen nicht mehr erwähnt.[842]
Die gänzliche Aufgabe des Patronatsrechts im CIC/1983[843] machte eine Nachfolgeregelung für die ungültige Übertragung dieses Rechts an Mitglieder verbotener Vereinigungen[844] überflüssig. Eine Nachfolgenorm für das Verbot der Produktion, Aufbewahrung und Lektüre freimaurerischer Literatur[845] ist im CIC/1983 allgemeiner gefasst.[846]

Das mit der Neufassung des kanonischen Strafrechtskatalogs verbundene Anliegen, individuelles Handeln oder Unterlassen unter in Obersätzen normierte

836 Vgl. c. 1065 CIC/1917.
837 Vgl. cc. 1124 – 1129 CIC.
838 Vgl. cc. 1240 § 1 n.1 sowie 1241 CIC/1917.
839 Vgl. insbesondere die cc. 1184 § 1 n. 2 und 1185 CIC.
840 Vgl. c. 643 § 1 CIC.
841 Vgl. cc. 656 und 658 CIC.
842 Vgl. c. 693 § 1 CIC/1917 sowie cc. 542 n.1 und 572 § 1 n.3 CIC/1917.
843 Der CIC/1983 kennt den Begriff des Patronats nicht mehr, wobei bestehende Patronate gemäß c. 4 CIC den Schutz wohl erworbener Rechte genießen.
844 Vgl. c. 1453 § 1 CIC/1917.
845 Vgl. c. 1399 n. 8 CIC/1917.
846 Vgl. c. 823 § 1 CIC.

Straftatbestände zu subsumieren, hat folgerichtig zum Wegfall der Gruppe der Freimaurer aus dem kanonischen Strafrecht geführt. Seit 1983 treten die Freimaurer insofern nicht mehr als ausdrückliche Adressaten des kanonischen Rechts auf, sondern ordnen sich in den unspezifizierten Adressatenkreis ein, überhaupt kanonische Straftäter werden zu können, wofür die erste Voraussetzung die ist, katholisch getauft bzw. in die katholische Kirche aufgenommen worden zu sein, da nach c. 11 CIC nur Katholiken durch die kirchlichen Strafgesetze verpflichtet werden.

In dieser Hinsicht und mit Blick auf die Vorgängernorm des c. 2335 CIC/1917 ist c. 1374 CIC näherhin zu untersuchen.

10.1 Der systematische Ort des c. 1374 CIC/1983

Die Norm des c. 1374 CIC findet sich im Titel II des zweiten Teils über die Strafen für einzelne Straftaten im vierten Buch des CIC über die Strafbestimmungen in der Kirche. Überschrieben sind die darin enthaltenen acht Normen (cc. 1370 – 1377 CIC) mit „De delictis contra ecclesiasticas auctoritates et ecclesiae libertatem".

Die inhaltliche Parallele zum entsprechenden Titel im Vorgängercodex „De delictis contra auctoritates, personas, res ecclesiasticas" lässt sich durchaus noch erkennen, wobei zahlreiche Normen nun aber weggefallen sind.[847]

Nach der Auflistung strafbewehrter physischer Gewaltakte und dem Ungehorsam gegenüber kirchlichen Autoritäten (cc. 1370 – 1372 CIC) bilden die beiden folgenden Canones inhaltlich gleichfalls eine Gruppe.

Während c. 1373 CIC jedwede individuelle Art von kirchenfeindlicher Agitation, sei es gegen kirchliche Autoritäten oder auch das Aufhetzen eigener Untergebener gegen sie, unter Strafe stellt, soll nach c. 1374 CIC die Mitgliedschaft in kirchenfeindlich orientierten Vereinigungen mit einer gerechten Strafe belegt werden. Förderer und Leiter solcher Vereinigungen werden mit dem Interdikt bestraft.

---

847 Dazu gehören Delikte im Zusammenhang mit der Papstwahl (c. 2330 CIC/1917), Behinderung der päpstlichen Autorität (c. 2333 CIC/1917), Aufruf zu Aktionen gegen die Freiheit und die Rechte der Kirche sowie Appellation an weltliche Gewalten (c. 2334 CIC/1917), Aufhetzung von Gläubigen (c. 2337 CIC/1917), Unterstützung eines Exkommunizierten, unrechtmäßige Feier der Eucharistie und unerlaubte Veranlassung eines Begräbnisses (c. 2338 §§ 2 – 4 CIC/1917), Verletzung des privilegium fori (c. 2341 CIC/1917) und der päpstlichen Klausur (c. 2342 CIC/1917), Aggressionen gegen kirchliche Amtsträger und Behörden (c. 2344 CIC/1917), unberechtigte Inbesitznahme von Gütern und Rechten der Kirche (c. 2345 CIC/1917), unberechtigte Nutzung von Kirchengut (c. 2346 CIC/1917), Nichterfüllung einer testamentarischen Verfügung oder Schenkung (c. 2348 CIC/1917) sowie die Verweigerung von Gebühren (c. 2349 CIC/1917).

Cc. 1375 – 1377 CIC betreffen die Behinderung der Freiheit der Kirche, die Profanierung heiliger Sachen sowie die unerlaubte Veräußerung von Kirchengut.

10.2 Rechtssprachliche Untersuchung und Würdigung des c. 1374 CIC

Auch hier soll die inhaltliche Bedeutung der in c. 1374 CIC verwandten Begriffe in Abgrenzung zur Vorgängernorm näher betrachtet werden. Im rechtssprachlichen Vergleich fällt auf, dass nicht nur Abweichungen zur Vorgängernorm bezüglich der strafwürdigen Tatbestände festzustellen sind, sondern auch die Terminologie abgewandelt wurde.
Den Hintergrund für den Wechsel der Terminologie bildet unter anderem die seit dem Zweiten Vatikanischen Konzil veränderte Rechtsstellung nichtkatholischer Christen innerhalb der katholischen Kirche. Das Weglassen alter und das Einführen neuer, differenzierter Straftatbestände, insbesondere deren inhaltliche Auslegung nach kanonischer Tradition, machen eine kurze Untersuchung notwendig.

10.2.1 Nomen dare

Die aus dem alten Recht übernommene Konstruktion des ‚nomen dare' im Sinne von ‚beitreten' entspricht der schon bei Pius VII. in seiner Enzyklika „ECCLESIAM A IESU" aus dem Jahr 1821[848] verwandten Formulierung und meint ohne Weiteres das Einschreiben in das Mitgliederverzeichnis einer entsprechenden Vereinigung.[849] Das ‚nomen dare' bedeutet jedoch stets ein aktives Verhalten im Sinne einer zurechenbaren menschlichen Handlung.[850]

10.2.2 Consociatio

Das Substantiv ‚consociatio' fand sich im CIC/1917 an keiner Stelle. Im CIC/1983 wird es mannigfach allerdings in unspezifischer Bedeutung gebraucht.[851] Im Lateinischen meint ‚consociatio' eine soziale Vereinigung oder eine soziale oder politisch enge Verbindung.[852] Dass das Substantiv ‚secta', wo-

848 Leo XII. verwendet die Formulierung gleichfalls in seiner Konstitution „Quo graviora" aus dem Jahr 1825 und auch in allen weiteren päpstlichen Dokumenten wird die Formulierung als Terminus technicus gebraucht.

849 Der CIC/1983 benutzt die Wortverbindung ‚nomen dare' noch ein weiteres Mal in c. 307 § 3 im Zusammenhang mit der Mitgliedschaft von Ordensleuten in Vereinen.

850 Vgl. oben unter 6.2.3.1.

851 Im CIC/1983 findet sich die Bezeichnung ‚consociatio' unter anderem für eine private juristische Person (c. 120 § 1), für eine nicht näher bestimmte Personenmehrheit (c. 223 § 1), für einen Interessenverband (cc. 287 § 2, 796 § 2), für fromme Vereinigungen und Vereine (cc. 298, 299, 300, 303 u.a.) oder auch im technischen Sinne als Zusammenschluss (c. 1274 § 4).

852 Vgl. dazu ‚consociatio', in: GEORGES, Wörterbuch, Erster Band, Sp. 1537.

von unter anderem auch in c. 2335 CIC/1917 noch die Rede war, aus dem Sprachgebrauch des CIC/1983 verschwunden ist, ist der veränderten Rechtsstellung nichtkatholischer Christen in der katholischen Kirche geschuldet.
War mit dem Begriff ‚secta' im CIC/1917 jede häretische oder schismatische Vereinigung von Getauften gemeint, ist im CIC/1983 die Rechtsstellung nichtkatholischer Christen in der katholischen Kirche den Erkenntnissen des Zweiten Vatikanischen Konzils und der Anerkennung nichtkatholischer Glaubensgemeinschaften angepasst worden.[853]
Danach können nichtkatholische Christen in der katholischen Kirche zwar einerseits keine Rechte in Anspruch nehmen, wenn sie ihnen nicht im Maße der jeweiligen Glaubensübereinstimmung ausdrücklich zuerkannt werden[854], andererseits bedeutet dies aber zugleich auch, dass nichtkatholische Christen keinerlei Pflichten in der katholischen Kirche haben und sie insofern auch von den Strafgesetzen der katholischen Kirche nicht getroffen werden können.
Wenn im CIC von Kirchen und kirchlichen Gemeinschaften, die nicht in voller Gemeinschaft mit der katholischen Kirche stehen, gehandelt wird[855], fehlt folglich auch jede herabsetzende oder warnende Diskreditierung. Das unspezifische ‚consociatio' in c. 1374 CIC trägt dem in positiver Weise Rechnung.

10.2.3 Quae contra Ecclesiam machinatur

Diese Relativkonstruktion ist aus dem Vorgängercanon des alten Rechts wortgleich übernommen worden. Während dies im CIC/1917 noch Gegenstand einer grammatikalisch alternativen Interpretationsmöglichkeit gewesen war, ob nämlich das ‚quae' sich deskriptiv und einschränkend auf die verbotenen Vereinigungen bezog und insofern eine Mitgliedschaft nur in solchen Freimaurerlogen bei Strafe der Exkommunikation verboten war, die gegen die Kirche agierten[856], oder aber als Kausalkonstruktion sich unterschiedslos auf alle Vereinigungen dieser Art erstreckte, ist in der Nachfolgenorm keine alternative Interpretation mehr möglich. Bezüglich der verbotenen Mitgliedschaft in Vereinigungen geht es nur um solche Gruppen, die gegen die Kirche agieren, unabhängig von einer wie auch immer gearteten Verbandshaftung.

Die kanonische Strafwürdigkeit staatsfeindlichen Verhaltens, wie sie in c. 2335 CIC/1917 noch normiert war, fehlt in c. 1374 CIC. Das Axiom der Gleichschal-

---

853 Das Zweite Vatikanische Konzil hatte das Recht auf Religionsfreiheit als ein im Wesen des Menschen grundgelegtes Recht erkannt, wonach alle Menschen frei sein müssen von jedem Zwang in Bezug auf Glaubens-, Gewissens- und Bekenntnisfreiheit. Vgl. die Erklärung zur Religionsfreiheit „Dignitatis humanae" vom 07.12.1965, in: AAS, vol. LVIII (1966), S. 929 – 946, Nr. 2, S. 930 f.

854 Vgl. etwa c. 844 §§ 3 und 4 CIC, die nichtkatholischen Christen die Möglichkeit des Sakramentenempfangs einräumen, sofern bestimmte Voraussetzungen erfüllt sind.

855 Siehe dazu bspw. c. 463 § 3 CIC.

856 Zur inhaltlichen Bedeutung von ‚machinari' vgl. oben unter 6.2.2.

tung von Kirchen- und Staatsfeindlichkeit war schon in der ersten kirchlichen Verurteilung der Freimaurer, in der Bulle Papst Clemens XII. „IN EMINENTI“, erkennbar, doch erst Benedict XIV. zog das seitens verschiedener staatlicher Autoritäten ausgesprochene Verbot der Freimaurer unter anderem als Begründung und somit zur Unterstützung für das kirchliche Verbot heran. Hintergrund dafür waren die in den Logen geforderte und durch Eid bekräftigte Verschwiegenheit gegenüber staatlichen Autoritäten sowie der Umstand, dass der Zugang zu den Logen nicht frei war, was der zivilen und kirchlichen Versammlungsfreiheit entgegenstand.[857]
Die Parallelkonstruktion ‚contra Ecclesiam vel legitimas civiles potestates' war dem Wortlaut nach so erstmals in der Ansprache Papst Pius IX. „MULTIPLICES INTER“ am 25.09.1865 verwandt worden und setzte sich bis in den CIC/1917 fort.[858]

Die Kodifikation von gegenseitigen Bezügen im Staat-Kirche-Verhältnis im CIC/1917 trug einer wenn auch damals schon im Verschwinden begriffenen Staatskirchenverfassung Rechnung, die sich im CIC/1983 auch nach den Erkenntnissen des Zweiten Vatikanischen Konzils, insbesondere der erklärten Unzuständigkeit der Kirche für den rein politischen, wirtschaftlichen und sozialen Bereich[859], nicht mehr wiederfinden lässt.

Die inhaltliche Bedeutung des ‚quae contra Ecclesiam machinatur' entspricht der des c. 2335 CIC/1917, wonach die Kirche in Person ihrer Autoritäten, ihre Rechte und Privilegien und ihr Auftrag selbst bekämpft werden, was unter anderem erklärtes Ziel einer solchen Vereinigung ist.[860]

857 Vgl. dazu oben unter 5.1.2.

858 Quasi im Gegenzug zur innerkirchlichen Strafverfolgung originär nichtkirchlicher Delikte griff der CIC/1917 aber auch auf die Inanspruchnahme staatlicher Hilfe für die kirchliche Strafverfolgung zurück (s. dazu c. 2198 CIC/1917), was im CIC/1983 nicht mehr aufrecht erhalten wird. Dass es diesen inneren gegenseitigen Bezug gegeben hat, entspricht etwa der Auffassung Papst Leo XIII., der die staatliche Ordnung als vom Christentum eingeführt begreift. Vgl. die Enzyklika Leo XIII. „Humanum genus“, Art. 4.

859 Vgl. die Pastoralkonstitution „Gaudium et spes“, Art. 42, Abs. 2.

860 Vgl. dazu oben unter 6.2.2. Die Glaubenskongregation hat mit Schreiben vom 26.02.1975 eine Interpretationshilfe auf die von der Brasilianischen Bischofskonferenz am 04.01.1975 vorgelegte Frage, wie das ‚machinari contra Ecclesiam' zu verstehen sei, gegeben. Darin heißt es: „Ao item 2): Da frase „machinari contra Ecclesiam“ se pode dizer, de modo geral, que se deva referir a „delicta“ contra a doutrina, as pessoas ou as instituicoes eclesiásticas; note-se que isso diz respeito à associacao come tal e nao a cada membro tomado singularmente.“ SC pro Doctrina Fidei, Decl. Part. vom 26.02.1975, in: Leges ecclesiasticas post Codicem iuris canonici, XAVERIUS OCHOA, vol. V, Leges annis 1973-1975, Rom 1980, n. 4360, Sp. 6991.
„Zu Punkt 2): Zu dem Satz „machinari contra Ecclesiam“ kann man im Allgemeinen sagen, dass man ihn beziehen sollte auf Delikte gegen die Lehre, gegen Personen oder

10.2.4 Iusta poena

Iusta poena war im CIC/1917 kein gebräuchlicher Terminus. Im CIC/1983 wird er jedoch vielfach verwandt und zwar immer dann, wenn der Gesetzgeber für ein strafbewehrtes Verhalten oder Unterlassen keine bestimmte, sondern eine vom Richter nach freiem Ermessen festzusetzende Strafe vorsieht.[861] Das Strafmaß bleibt dabei regelmäßig unter dem von Beugestrafen, was c. 1349 CIC ausdrücklich vorsieht, sofern die Schwere des Delikts eine höhere Bestrafung nicht ausnahmsweise unbedingt fordert. Der Gesetzgeber schweigt darüber, was unter einer ‚iusta poena' zu verstehen ist. Lediglich per Ausschlussverfahren kann diese bestimmt werden.

Nach c. 1349 CIC kommen als ‚iusta poena' keine schwereren Strafen in Betracht, zu denen der Canon selbst die Zensuren (Beugestrafen)[862] rechnet. Gleichfalls können als ‚iusta poena' keine Strafen auf immer (poena perpetuae) verhängt werden. Sühnestrafen (poena expiatoriae) auf bestimmte oder unbestimmte Zeit kommen gleichwohl infrage.[863]

Beim Strafmaß ist der Richter aber auch an die Bestimmung aus c. 1312 § 2 CIC gebunden, wonach die Strafe mit dem übernatürlichen Ziel der Kirche vereinbar sein muss, was einerseits unmoralische Strafen verbietet und andererseits keine erlaubt, die außerhalb des geistlichen Zwecks der Kirche liegen.[864] Demnach käme nur die Verhängung von vorübergehenden Sühnestrafen in Betracht, wie sie c. 1336 § 1, nn. 1 – 4 CIC nennt. Dazu gehören Aufenthaltsverbote oder Aufenthaltsgebote, der Entzug von Vollmachten, Ämtern, Aufgaben und Rechten sowie Ausübungsverbote ebensolcher Vollmachten, Ämter und Rechte oder die strafweise Versetzung.

---

kirchliche Institutionen; es ist zu bemerken, dass dies sich auf die Vereinigung als solche bezieht und nicht auf jedes einzelne Mitglied." Übersetzung des Verfassers.

861 Neben c. 1374 CIC ist das auch in den cc. 1365, 1368, 1369, 1370 § 3, 1371, 1375 bis 1377, 1379, 1381 § 1, 1384, 1386, 1389 § 2, 1391, 1393 und 1399 CIC der Fall. Eine Strafe im Verhältnis zur Schwere des Vergehens drohen cc. 1388 § 1m 1389 § 1 und 1392 CIC an.

862 Als Beugestrafen werden die Exkommunikation, das Interdikt und die Suspension verstanden.

863 Als Sühnestrafen kommen nach c. 1336 § 1 CIC ein lokal begrenztes Aufenthaltsver- oder -gebot (n. 1), der Entzug einer Vollmacht, eines Amtes, einer Aufgabe, eines Rechts oder Privilegs, einer Befugnis, einer Gnade, eines Titels, einer Auszeichnung oder eines Abzeichens (n. 2), ein nur die Erlaubtheit betreffendes Gebrauchsverbot der in n. 2 genannten Berechtigungen (n. 3) oder die Strafversetzung auf ein anderes Amt (n. 4) in Betracht. Die in n. 5 vorgesehene Entlassung aus dem Klerikerstand wäre eine Strafe für immer und kann daher nicht verhängt werden. Die Suspension, die nur Kleriker treffen kann (c. 1333 CIC), und die Exkommunikation zählen zu den Medizinalstrafen oder Zensuren und sind daher als Strafen nicht zulässig (c. 1312 § 1 CIC).

864 Vgl. KLAUS LÜDICKE, in: MK c. 1312, 20 (Stand Juli 1992).

10.2.5 Promovere et moderari

Mit der Wortverbindung ‚promovet vel moderatur' ist im CIC/1983 eine Formulierung aufgegriffen, die sich so in der Vorgängernorm des CIC/1917 zwar nicht, wohl aber ihrem Inhalt nach in den Quellen dieser Norm, insbesondere in der Bulle „IN EMINENTI" (1738) Clemens XII. und in der Konstitution „APOSTOLICAE SEDIS" (1859) Pius IX. findet.

10.2.5.1 Promovere

Das Verb ‚promovere' hat im Sprachgebrauch des CIC/1983 unterschiedliche Bedeutungen. So kann es unterhalten[865], fördern oder unterstützen[866], hinführen[867], widmen[868], ausrichten[869] oder erheben[870] heißen.
In c. 1374 CIC kommt ihm die Bedeutung ‚fördern' oder ‚unterstützen' zu, was im differenzierten Katalog der gegen die Freimaurer formulierten Bulle „IN EMINENTI" (1738) Papst Clemens XII. bedeutete, neben dem ausdrücklichen Eintritt in die Vereinigung für die Freimaurer zu werben, ihnen Gastfreundschaft zu gewähren, an ihren Veranstaltungen teilzunehmen oder sie in irgendeiner Weise zu beraten und ihnen zu helfen oder auch nur andere zu ermutigen, sich dem Einfluss oder Zugriff der Freimaurer auszusetzen.[871]

Im Ergebnis darf die inhaltliche Bedeutung von Unterstützung oder Förderung der gegen die Kirche arbeitenden Vereinigungen in jedweder ihrem Ziel zukömmlichen Handlung bestehen.
Bemerkenswert ist dabei, dass der Gesetzgeber die bloße Zugehörigkeit in einer kirchenfeindlichen Vereinigung mit einer ‚iusta poena' belegt, ihre Förderung, die eine förmliche Mitgliedschaft nicht zwingend voraussetzt, demgegenüber aber mit der gegebenenfalls härteren Strafe des Interdikts belegt wissen will.

Sofern eine Form der Förderung nach der oben beschriebenen Differenzierung lediglich schon in der Mitgliedschaft in einer solchen Vereinigung bestünde, wäre allein dafür schon die gegebenenfalls schwerere Strafe des Interdikts nach

865 Vgl. c. 216 CIC.
866 Vgl. cc. 295 § 1, 357 § 1, 364 n. 5, 365 § 1 n.1, 387, 392 § 1, 431 § 1, 528 § 1, 529 § 2, 592 § 1, 631 § 1, 717 § 3, 755 § 2, 776, 790 § 1 n. 1, 792, 1186, 1445 § 3 n. 3 CIC.
867 Vgl. cc. 295 §§ 1 und 2, 1028, 1029, 1032 §§ 1, 2 und 3, 1033, 1035 § 1, 1036, 1038, 1050, 1052 § 3, 1355 § 1 n. 1, 1356 § 1 n. 2, 1717 § 3, 1718 § 1 n. 1 CIC.
868 Vgl. c. 301 § 1 CIC
869 Vgl. c. 337 § 3 CIC.
870 Vgl. c. 351 § 1 CIC.
871 Vgl. CLEMENS XII., Bulle „In eminenti", § 3. Siehe oben unter 5.1.1. Eine gleichlautende aktuelle Interpretation des ‚promovere' wäre zulässig, da gemäß c. 6 CIC die kirchenrechtlichen Normen unter Berücksichtigung der kanonischen Tradition zu würdigen sind, soweit sie altes Recht wiedergeben.

Satz 2 der Norm zu verhängen und die Androhung einer ‚iusta poena', die regelmäßig unter dem Strafmaß des Interdikts anzusiedeln ist, in Satz 1 obsolet.

Wahrscheinlicher ist daher die Auffassung, dass der Gesetzgeber die Strafwürdigkeit der Form der Mitgliedschaft auch innerhalb der verbotenen Vereinigung unterscheiden wollte. Demnach wäre zum einen die bloße Mitgliedschaft in einer kirchenfeindlich agierenden Vereinigung weniger strafwürdig als ein aktives förderndes Verhalten aus der Vereinigung heraus. Zum anderen bleibt aber auch ein die Ziele der Vereinigung förderndes Verhalten auch ohne förmliche Mitgliedschaft mit dem Interdikt bedroht.
Schon Papst Leo XIII. hatte in seiner Enzyklika „HUMANUM GENUS" (1884) das persönliche Engagement innerhalb einer verbotenen Vereinigung bewerten wollen, war aber zu dem Schluss gekommen, dass allein die Mitgliedschaft in einer der Gesinnung nach kirchenfeindlichen Vereinigung strafwürdig ist und die Tatstrafe der Exkommunikation nach sich zieht.[872]
Papst Leo XIII. nahm zur Förderung der Freimaurervereinigungen ohne förmliche Mitgliedschaft, die Clemens XII. in seiner Bulle „IN EMINENTI" schon als strafwürdig charakterisiert hatte, keine ausdrückliche Stellung.[873]

10.2.5.2 Moderari

Das Verb ‚moderari' hat im CIC/1983 nahezu durchgängig die Bedeutung von ‚leiten'.[874] So auch in c. 1374 CIC. Die Beschreibung des leitenden Engagements in kirchenfeindlichen Vereinigungen war im Vorgängercanon der Norm nicht berücksichtigt worden, da darin unterschiedslos allein die Mitgliedschaft strafbewehrt war.[875]

872 Vgl. LEO XIII., „Humanum genus", § 9. Siehe oben unter 5.1.5.

873 Aus dem Fehlen eines entsprechenden Bezugs hätte der Schluss gezogen werden können, dass eine Unterstützung oder ein Sichbekennen zu den Ideen der Vereinigung ohne förmliche Mitgliedschaft ohne rechtliche Folgen bleiben würde. Da sich aber auch Leo XIII. den Verurteilungen und Sanktionen seiner Vorgänger anschloss und sich in deren Tradition einreihte, galt die in der Konstitution „Apostolicae sedis" veröffentliche Regelung der Unterstützung der kirchenfeindlichen Vereinigungen bei Tatstrafe der Exkommunikation weiter.

874 Vgl. cc. 115 § 3, 215, 254 § 1, 318 § 1, 321, 517 § 2, 528 § 2, 567 § 2, 790 § 1 n. 1, 803 § 1 und 1649 § 1 CIC. In der Wortbedeutung ‚regeln' kommt es vor in den cc. 223 § 2, 576 und 1272 CIC. In c. 1346 CIC wird ‚moderari' einmalig in der Wortbedeutung ‚ermäßigen' verwendet.

875 Eine besondere Strafe für die Leiter solcher Vereinigungen lässt sich aus den Quellen des Canons nicht herleiten. Wohl existierte in Bezug auf leitende Mitglieder in den verbotenen Vereinigungen eine verschärfte Denunziationspflicht, die bei Verletzung mit der dem Papst vorbehaltenen Exkommunikation bedroht war. Die Leiter oder Anführer selbst hatten neben der sich aus der verbotenen Mitgliedschaft ergebenden Exkommunikation mit keinen anderen Strafen zu rechnen, jedoch bestand nach der Denunziation die Möglichkeit, den Eintritt der Tatstrafe kircheamtlich festzustellen.

Neben der aktiven Unterstützung kommt nach c. 1374 CIC auch die Leitung kirchenfeindlicher Vereinigungen, die Mitgliedschaft voraussetzt, strafverschärfend in den Blick.[876] Unter einer leitenden Funktion sind nach vereinsrechtlichen Kategorien sämtliche Mitglieder eines Vorstandes zu verstehen. Außerhalb einer solchen Struktur jedes mit Richtlinienkompetenz ausgestattete Mitglied. Bloß ausführende Funktionsträger werden davon nicht erfasst.

10.2.6 Interdictum

Der CIC selbst enthält keine Legaldefinition des Interdikts.[877] Neben der Exkommunikation und der nur Kleriker treffenden Suspension zählt das Interdikt zu den Beugestrafen des Kirchenrechts. Sinn der Beugestrafe ist es, neben der eigentlichen Intention, der Besserung des Bestraften, Reue über die begangene Straftat zu üben[878], Wiedergutmachung zu leisten und ein entstandenes Ärgernis zu beseitigen.[879] Dem mit dem Interdikt Bestraften ist es verboten, sich mit irgendeinem Dienst an einer gottesdienstlichen Feier zu beteiligen sowie Sakramente und Sakramentalien zu spenden oder zu empfangen.
Ist das Interdikt verhängt oder festgestellt, muss der so Bestrafte von jedwedem Dienst bei einer gottesdienstlichen Feier abgehalten bzw., wenn das nicht möglich ist, die Feier unterlassen oder abgebrochen werden.[880] Ferner darf er zur heiligen Kommunion nicht zugelassen werden[881] und kann die Ämter des Tauf- oder Firmpaten nicht übernehmen[882]. Ein interdizierter Kleriker verliert seine Trauungsvollmacht[883] und ein interdizierter Nupturient unterliegt dem Trauverbot.[884]

Das Interdikt ist in c. 1374 CIC keine von selbst eintretende Tatstrafe und kann somit von der zuständigen Autorität auch nicht als eingetreten festgestellt werden. Die angedrohten Rechtsfolgen greifen nur nach ausdrücklicher Verhängung, was in der Regel ein ordentliches Strafverfahren voraussetzt.[885]

---

876 Da Leitung üblicherweise eine Mitgliedschaft in der entsprechenden Vereinigung voraussetzt, findet sich darin auch ein Hinweis für die in 9.2.5.1 formulierte Annahme, dass der Gesetzgeber besonderes Engagement in den verbotenen Vereinigungen anders bewertet wissen will als die einfache Mitgliedschaft.

877 Zu Entstehung und Wesen des Interdikts vgl. GEORG MAY, Art. Interdikt, in: TRE, Bd. 14, S. 221 – 225.

878 Vgl. c. 1358 § 1 CIC.

879 Vgl. c. 1347 § 2 CIC.

880 Vgl. c. 1332 i.V.m. c. 1331 § 1 nn. 1 und 2 sowie § 2 n. 1 CIC.

881 Vgl. c. 915 CIC.

882 Vgl. cc. 874 § 1 n. und 893 § 1 CIC.

883 Vgl. c. 1109 CIC.

884 Vgl. c.1071 § 1 n. 5 CIC.

885 Die Möglichkeit des Strafdekretverfahrens nach c. 1720 CIC ist immer und nur dann gegeben, sofern bezüglich der Tat, der Täterschaft, der Rechtswidrigkeit sowie der Verschuldens- und Strafzumessungstatsachen keine Zweifel bestehen. Wenn der Täter seine Tat nicht bereut, sie bestreitet oder in einem Dauerdelikt verharrt, kommt nur das

10.2.7 Puniatur

Auch das ‚puniatur' in c. 1374 CIC bringt die Voraussetzung des regelmäßig vorausgehenden ordentlichen Strafverfahrens zum Ausdruck. Die passive, im Konjunktiv verfasste Formulierung in der Norm setzt zwingend das Tätigwerden eines Richters voraus. Das heißt, dass weder die bloße Mitgliedschaft noch ein besonderes Engagement in der kirchenfeindlichen Vereinigung ohne Weiteres zur strafrechtlichen Sanktion führt. Die in c. 2335 CIC/1917 noch als Tatstrafe angedrohte Sanktion wird in c. 1374 CIC nicht nur graduell reduziert, sondern verliert auch ihren Automatismus.[886]

Allerdings ist das ‚puniatur' imperativisch im Sinne von verpflichtend gemeint[887], was aus der Diskussion der Reformkommission hervorgeht, die an anderer Stelle den Wechsel von ‚puniri potest' zu ‚puniatur' als Wechsel von der fakultativen zur verpflichtenden Strafe verstanden hat.[888]

Die erste Voraussetzung für ein Strafverfahren ist die Annahme, dass eine Straftat begangen worden ist.[889] Erst nach einer den Verdacht erhärtenden Voruntersuchung kann das Strafverfahren eingeleitet werden, in dem der Kirchenanwalt als Kläger auftritt.[890]
In dem zur Verhängung der Strafe vorausgehenden Verfahren müssen neben möglichen Strafausschließungs-[891] und Strafminderungsgründen[892] auch die Gründe für eine mögliche Strafverschärfung[893] geprüft werden.[894]

Das ‚puniatur' wird in c. 1374 CIC zweimal verwandt. In Bezug auf ‚iusta poena' und ‚interdicto'. Der Gebrauch des ‚puniatur' verpflichtet den Richter im Fall der gesetzlich vermuteten Zurechenbarkeit der Tat[895] zur Strafverhängung. Lediglich im Strafmaß für die einfachen Mitglieder kirchenfeindlicher Vereinigungen hat er einen Ermessensspielraum.[896]

Strafverfahren in Betracht. Da das kanonische Recht eine im staatlichen Bereich normierte Unschuldsvermutung nicht kennt, muss das Verfahren geführt werden, sofern nicht offenkundig feststeht, dass der Täter schuldlos gehandelt hat (vgl. dazu c. 1321 § 3 CIC).

886 Vgl. c. 1314 CIC.

887 Die in der deutschen Ausgabe des CIC verwandte Formulierung „soll" trifft insofern nicht den Willen des Gesetzgebers.

888 Vgl. Communicationes, Bd. 9 (1977), S. 306.

889 Vgl. c. 1717 § 1 CIC.

890 Vgl. c.1721 § 1CIC.

891 Vgl. cc. 1323 und 1325 CIC.

892 Vgl. c. 1324 CIC.

893 Vgl. c. 1326 CIC.

894 Dass der Verhängung einer Beugestrafe eine Verwarnung vorausgegangen sein muss (vgl. c. 1347 § 1 CIC), kann hier zunächst außer Acht gelassen werden.

895 Vgl. c. 1321 § 3 CIC.

896 Siehe oben unter 10.2.4, Iusta poena.

Das ‚puniatur interdicto' für die fördernden oder leitenden Mitglieder ist ebenso eine Verpflichtung für den Richter, sofern keiner der Strafausschließungs-, keine Strafminderungsgründe und keine Gründe für eine Strafverschärfung greifen. Bei der Ermittlung des Strafmaßes im einen wie im anderen Fall ist der Richter im Zuge eines Strafverfahrens auch an die Bestimmung des c. 1341 CIC gebunden, wonach eine Strafe nur dann verhängt werden soll, wenn nicht auch mit anderen Mitteln – etwa die brüderliche Ermahnung, mittels eines Verweises oder auf anderen Wegen pastoralen Bemühens – das Ärgernis ausreichend behoben, die Gerechtigkeit wieder hergestellt und der Täter gebessert werden kann.
Nach c. 1344 n. 1 CIC besteht die Möglichkeit, dass der Richter eine Strafe auch auf einen späteren Zeitpunkt verschiebt, wenn durch eine übereilte Bestrafung ein größeres Übel entstünde. Die Möglichkeit zur Aussetzung der Strafe auf Bewährung besteht nach c. 1344 n. 3 CIC ebenso.

10.3 Straftat und Schuld als Voraussetzungen für Strafe

Zur Frage der Strafwürdigkeit eines bestimmten Tuns[897] ist c. 1321 § 1 CIC[898] heranzuziehen. Darin werden ein objektives und ein subjektives Element unterschieden.
Das objektive Element ist die wahrnehmbare Verletzung eines Gesetzes oder Verwaltungsbefehls. Das subjektive Element ist die wegen Vorsatz oder Fahrlässigkeit schwerwiegend zurechenbare Schuld. Bei Vorsatz erfolgt die Verletzung im Wissen darum, den gesetzlich formulierten Tatbestand einer Straftat zu erfüllen, d.h. es handelt sich um eine überlegte Entscheidung, die Tat zu begehen. Fahrlässig ist die Verletzung, wenn die gebotene Sorgfalt außer Acht gelassen wird. Fahrlässig begangene Straftaten bleiben jedoch straffrei, wenn im Gesetz nichts anderes normiert ist (c. 1321 § 2 CIC).
Ist das objektive Kriterium im Einzelfall leicht zu prüfen, stellt die Frage nach der Beurteilung persönlicher Schuld ein deutlich schwereres Problem dar. Wären die Ziele des kirchlichen Strafrechts in erster Linie die, Vergeltung zu üben, den reuigen Täter zu bessern und die verletzte Ordnung wiederherzustellen[899], dann ginge eine Strafe ins Leere, wenn dem Täter die Einsicht in sein Fehlverhalten fehlt und er daher zu wirklicher Buße nicht bereit sein kann.
Da fehlende Einsicht aber keinen Schuldminderungstatbestand darstellt, muss es ein anderes, objektives Kriterium geben, das das Strafen dennoch erlaubt. Dieses Kriterium liegt im Interesse der kirchlichen Gemeinschaft, die Reinheit und Einheit des Glaubens (communio fidei) zu schützen und entsprechendes Fehl-

897 Das Unterlassen kann im hier zu prüfenden Kontext vernachlässigt werden, da c. 1374 CIC aktive Handlungen strafrechtlich normiert.

898 C. 1321 § CIC: „Niemand wird bestraft, wenn nicht die äußere Verletzung des Gesetzes oder Befehls, die von ihm begangen wurde, schwerwiegend vorwerfbar ist aus Vorsatz oder Fahrlässigkeit." (Übersetzung nach MK).

899 Siehe dazu cc. 1312 § 2, 1317, 1399 und 1341 CIC.

verhalten Einzelner als solches zu sanktionieren[900] oder auch festzustellen, dass jemand sich aufgrund seines Verhaltens aus der Gemeinschaft (communio fidelium) ausgeschlossen hat.[901]

C. 1321 § 1 CIC spricht in Bezug auf die Zurechenbarkeit nicht abstrakt davon, sondern im Zusammenhang mit Vorsatz oder Fahrlässigkeit. Zurechenbarkeit bedeutet die Interaktion von Verstand und freiem Willen. Vorsatz stellt, wie beschrieben, den Willen zum Vollzug einer Handlung dar, die den im Gesetz formulierten Tatbestand einer Straftat erfüllt. Der Wille und das Wissen darum, eine Straftat zu begehen, sind für den Vorsatz nicht erforderlich.[902]
War unter dem Begriff der Fahrlässigkeit im CIC/1917 noch ausdrücklich die schuldhafte Unkenntnis der verletzten Strafnorm als auch die schuldhafte Unterlassung der gebotenen Sorgfalt normiert[903], nennt c. 1321 § 2 CIC als zurechenbare Schuld (= Fahrlässigkeit) nur noch die Unterlassung der geschuldeten Sorgfalt.[904] In dem hier zu behandelnden Zusammenhang kommt die mit Fahrlässigkeit begangene Gesetzesverletzung als Strafursache nicht in Betracht, da c. 1374 CIC fahrlässiges Verhalten nicht ausdrücklich sanktioniert.

Abweichend von c. 2200 § 2 CIC/1917 wird nach c. 1321 § 3 CIC nicht der Vorsatz selbst, sondern die Zurechenbarkeit der Handlung vermutet.[905] Von der Zurechenbarkeit der Handlung ist jedoch nur dann auszugehen, wenn nichts anderes offenkundig feststeht. Ein nur geringer richterlicher Zweifel an der Zurechenbarkeit der Handlung würde die Strafbarkeit ausschließen.[906]

10.4 Synopse der entscheidenden Regelungen

In der synoptischen Darstellung[907] der die Zugehörigkeit zur Freimaurerei betreffenden kirchenrechtlichen Generalnormen, von der Apostolischen Konstitution „APOSTOLICAE SEDIS“ über den CIC/1917 bis hin zur Regelung in c.

---

900 Vgl. KLAUS LÜDICKE, in: MK, 1311, 9 und 1312, 12 (Stand Juli 1992).

901 Zur Theorie des kirchlichen Strafzwecks siehe LIBERO GEROSA, Exkommunikation und freier Glaubensungehorsam, Paderborn 1995. Darin vertritt der Autor die Auffassung, dass die Kirche keine Strafen im eigentlichen Sinn kennt, insofern alle Zensuren, insbesondere die Exkommunikation, vorwiegend Bußcharakter haben. Auch die sogenannten Sühnestrafen, die ‚poenae expiatoriae', seien eher Disziplinarmaßnahmen denn Strafen. Vgl. ebd., S. 285.

902 Dieses weitere Element des Vorsatzes, nämlich den Willen zu haben, eine Straftat zu begehen, kannte noch c. 2220 § 1 CIC/1917.

903 Siehe dazu c. 2199 CIC/1917.

904 Zur Diskussion und zur Überzeugung der Kodexreformkommission, dass zur Unterlassung der geschuldeten Sorgfalt auch die Unkenntnis des Gesetzes gehört vgl. KLAUS LÜDICKE, in: MK c. 1321, 9 ff. (Stand Juli 1992).

905 Vgl. WILHELM REES, Straftat und Strafe, in: HdbKathKR², 1127 f.

906 Vgl. ELIZABETH MC DONOUGH, A Novus Habitus for Sanctions in the Church, in: The Jurist, Bd. 47 (1988), S. 727 – 746.

907 Vgl. ZBIGNIEW SUCHECKI, La Massoneria, S. 74.

1375 CIC/1983, lässt sich die Veränderung der die Freimaurer betreffenden Rechtslage der katholischen Kirche erkennen.

Pius IX. Konstitution Apostolicae Sedis, 12.10.1869	Codex Iuris Canoici 1917 cc. 2335 und 2336 § 2	Codex Iuris Canonci 1983 c. 1374
Excommunicationi latae sententiae Romano Pontifici reservatae subiacere declaramus: Nomen dantes sectae Massonicae, aut Carbonariae, aut iliis eiusdem generis sectis quae contra Ecclesiam vel legitimas potestates seu palam, seu clandestine machinantur nec non iisdem sectis favorem qualemcumque praestantes; earumve occultos coriphaeos ac duces non denunciantes, donec non denunciaverint.	Nomen dantes sectae massonicae aliisve eiusdem generis associationibus quae contra Ecclesiam vel legitimas civiles potestates machinantur, contrahunt ipso facto excommunicationem Sedi Apostolicae simpliciter reservatam. Insuper clerici et religiosi nomen dantes sectae massonicae aliisque similibis associationibus denuntiari debent Sacrae Congregationi S. Officii.	Qui nomen dat consociationi, quae contra Ecclesiam machinatur, iusta poena puniatur; qui autem eiusmodi consociationem promovet vel moderatur, interdicto puniatur.

Die Regelung aus „APOSTOLICAE SEDIS“ sah die dem Papst vorbehaltene Tatstrafe der Exkommunikation unterschiedslos für alle Mitglieder der Freimaurer oder ähnlicher kirchen- oder staatsfeindlicher Vereinigungen vor sowie die mit selber Strafe belegte Verletzung der Denunziationspflicht hinsichtlich der Führer dieser Vereinigungen.

Die Regelung im CIC/1917 machte dem Wortlaut des c. 2335 nach hinsichtlich der strafbaren Mitgliedschaft von einfachen und leitenden Mitgliedern keinen Unterschied und belegte die einfache Mitgliedschaft mit der dem Papst vorbehaltenen Exkommunikation.

Nach c. 2336 § 2 CIC/1917 mussten nur Kleriker und Ordensleute, die Mitglied in Freimaurerlogen waren, dem Hl. Offizium gemeldet werden.

Nach dem von der Glaubenskongregation 1975 veröffentlichten Antwortschreiben auf eine seitens des Vorsitzenden der Brasilianischen Bischofskonferenz vorgelegte Frage sollte das ‚machinari contra Ecclesiam' in c. 2335 CIC/1917 in genereller Weise so verstanden werden, dass es sich auf Delikte gegen den Glauben, gegen kirchliche Personen oder die Kirche selbst bezieht und dabei nicht das Tätigwerden des Einzelnen gemeint ist, sondern die entsprechende Ausrichtung der Vereinigung an sich.
Zusammen mit der Erklärung der Glaubenskongregation vom 18.07.1974 konnte der Canon nun so gelesen werden, dass die Tatstrafe der dem Papst vorbehaltenen Exkommunikation nur für diejenigen Katholiken galt, die Freimaurerlogen angehören, die tatsächlich gegen die Kirche oder den Staat agieren.[908]

Die Bestimmung aus dem geltenden Recht sieht, ohne auf die Freimaurerei besonders einzugehen, eine gerechte Strafe für die Mitgliedschaft in kirchenfeindlichen Vereinigungen vor und das Interdikt für diejenigen, die diese Vereinigungen leiten oder fördern. Die Denunziationspflicht gegenüber jedem Stand ist aufgegeben.

10.5 Ergebnis

Der Intention des Gesetzgebers, das kirchliche Strafrecht für Einzelvergehen im Verhältnis zum CIC/1917 zu reduzieren, ist bis in den c. 1374 CIC hinein Rechnung getragen worden. So fiel hier – wie an anderen Stellen auch[909] – nach der Maßgabe, den Umfang der Tatstrafen zu verringern und nur schwerste Straftaten damit zu sanktionieren[910], die von selbst eintretende Strafe für die Mitgliedschaft in kirchenfeindlichen Vereinigungen weg.

---

908 Ohne dieses erste Schreiben der Glaubenskongregation aus dem Jahr 1974 hätte die Antwort auch so verstanden werden können wie die Auffassung Papst Leo XIII. in „Humanum genus" gewesen war, dass nämölich nicht das antikirchliche Tun des Einzelnen für die Erfüllung des Tatbestandes entscheidend sei, sondern allein die in seiner Interpretation generell kirchenfeindliche Ausrichtung der Freimaurerei an sich. Da der erste Teil der Antwort an den Vorsitzenden der Brasilianischen Bischofskonferenz Bezug nimmt auf die 1974 veröffentlichte Erklärung der Glaubenskongregation und sie darin wiederholt, nämlich dass nicht jede Freimaurerloge kirchenfeindlich orientiert ist (s. oben 7.4, Fußnote 767), ist diese Deutung jedoch nicht mehr möglich. Vgl. S.C. pro Doctrina Fidei, Litt. "Complures episcopi" ad praesides conferentiarum episcopalium de catholicis qui nomen dant associationibus massonicis, Prot. 272/44 vom 18. Juli 1974, in: AAS, vol. LXXIII (1981), S. 240 f., und SC pro Doctrina Fidei, Decl. Part. vom 26.02.1975, in: Leges ecclesiasticas post Codicem iuris canonici, XAVERIUS OCHOA, vol. V, Leges annis 1973-1975, Rom 1980, n. 4360, Sp. 6991.

909 Der Umfang der Tatstrafen im CIC/1917 ist im CIC/1983 auf nur noch 14 reduziert worden.

910 Vgl. die Principia quae Codicis Iuris Canonici recognitionem dirigant, n. 9, in: Communicationes, Bd. 1 (1969), S. 84 f.

Das Strafmaß ist im Unterschied zu c. 2335 CIC/1917 in c. 1374 CIC reduziert und in der Norm wird persönliches Engagement innerhalb der Loge differenziert bewertet und mit unterschiedlichen Strafen belegt. Die bloße Mitgliedschaft in einer Vereinigung, die kirchenfeindlich agiert, ist dabei weniger strafwürdig als eine aktive Förderung oder die Leitung einer solchen. Die Mitgliedschaft in staatsfeindlichen Vereinigungen ist kanonisch nicht mehr sanktioniert.

Dem nach c. 1374 CIC Beschuldigten muss nach dem Wortlaut des Gesetzestextes in Verbindung mit anderen kanonischen Strafnormen nun aber vorsätzliches Handeln nachgewiesen werden (c. 1321 § 1 CIC), wobei kein Zweifel an der Zurechenbarkeit der Handlung bestehen darf (c. 1321 § 3 CIC). Gelingt das nicht, bleibt der Beschuldigte straffrei.

Es ist Sache des Richters, im Bedarfsfall die Erfüllung der Tatbestandsmerkmale des c. 1374 CIC zu beurteilen. Zu den genannten Tatbestandsmerkmalen gehört neben der Mitgliedschaft oder dem Eintritt in eine kirchenfeindlich agierende Vereinigung, deren eventueller Förderung oder Leitung, vor allem auch der Umstand des kirchenfeindlichen Verhaltens der Vereinigung selbst, was die Bekämpfung der Rechte der Kirche, ihrer Privilegien, ihrer Autoritäten und ihrer Botschaft zum Inhalt haben muss.

10.6 C. 1448 § 2 CCEO

Am 18. Oktober 1990 hat Papst Johannes Paul II für die katholischen Ostkirchen das für sie erstmals systematisch erfasste geltende Recht im „Codex Canonum Ecclesiarum Orientalium“ (CCEO)[911] promulgiert. Unter dem Gesichtspunkt des in der katholischen Kirche geltenden Strafrechts stellt der CCEO insofern eine Alternative dar, als er beispielsweise keine von selbst eintretenden Strafen mehr kennt.[912] Auch hat die im lateinischen Rechtskreis geltende Norm hinsichtlich der Mitgliedschaft von Katholiken in kirchenfeindlichen Vereinigungen im CCEO eine Änderung erfahren. Dort heißt es in c. 1448 § 2:

> “Qui nomen dat consociationi, quae contra Ecclesiam machinatur, congrua poena puniatur.“[913]

911 Codex Canonum Ecclesiarum Orientalium, Auctoritate Ioannis Pauli PP. II promulgatus, Libreria Editrice Vaticana 1990.

912 Das Recht der lateinischen Ostkirchen sieht für Glaubensdelikte erst nach Ermahnung die Spruchstrafe der ‚excommunicatio maior' vor (c. 1436 § 1 CCEO). Vgl. dazu WILHELM REES, Unterschiedliche Strafen in der einen katholischen Kirche. Ein Vergleich zwischen CCEO und CIC, in: Ius Canonicum in Oriente et Occidente, Festschrift für Carl Gerold Fürst zum 70. Geburtstag (= Adnotationes in Ius Canonicum, Bd. 25), hg. von HARTMUT ZAPP, ANDREAS WEIß und STEFAN KORTA, Frankfurt am Main 2003, S. 939 – 958.

913 „Wer einer Vereinigung beitritt, die gegen die Kirche Machenschaften betreibt, soll mit einer angemessenen Strafe belegt werden.“ Übersetzung des Verfassers.

10.6.1 C. 1448 § 2 CCEO und c. 1374 CIC im Rechtsvergleich

Der CCEO lässt in c. 1448 § 2, der Parallelstelle zu c. 1374 CIC, den zweiten Halbsatz aus, was inhaltlich zur Konsequenz hat, dass im CCEO zwischen der bloßen Mitgliedschaft in einer kirchenfeindlichen Vereinigung und ihrer Förderung und Leitung strafrechtlich zunächst nicht unterschieden wird. Die nach c. 1374 CIC für die Förderer und Leiter solcher Vereinigungen vorgesehene höhere Strafe des Interdikts ist im CCEO nicht ausdrücklich vorgesehen, sondern unterschiedslos für alle eine angemessene Strafe zu verhängen. Der CCEO verwendet den Begriff ‚congrua poena' statt ‚iusta poena', den der CIC gebraucht.

Gemäß c. 1409 § 2 CCEO kann, wenn nicht ausdrücklich etwas anderes vorgesehen ist, keine Strafe verhängt werden, die die Aberkennung eines Amtes, eines Titels oder die Aberkennung von Auszeichnungen, die Suspension für mehr als ein Jahr, die Absetzung oder die große Exkommunikation[914] beinhaltet.[915] Damit und in Bezug auf c. 1448 § 2 CCEO bleibt das Strafmaß regelmäßig unter dem des CIC, der für Leiter und Förderer kirchenfeindlicher Vereinigungen das Interdikt und damit neben dem Verbot des Empfangs der Eucharistie auch das Verbot des Empfangs und der Spendung weiterer Sakramente und Sakramentalien vorsieht.

10.6.2 Die Entwicklung zu c. 1448 § CCEO

In einem ersten von der Studiengruppe zur Reform des orientalischen Kirchenrechts im November 1974 vorgelegten Schema, dem „Coetus de Delictis et Poenis", war eine die Mitgliedschaft in der Freimaurerei betreffende Norm nicht enthalten.[916]

---

914 Die ‚große Exkommunikation' verbietet im Verhältnis zur ‚kleinen Exkommunikation', die den Empfang der Eucharistie verbietet und fakultativ auch die Teilnahme an der Göttlichen Liturgie sowie gegebenenfalls das Betreten einer Kirche während eines Gottesdienstes (c. 1431 § 1 CCEO), außerdem noch den Empfang und die Spendung weiterer Sakramente, die Ausübung irgendwelcher Ämter, Dienste oder Aufgaben sowie Akte der Leitungsvollmacht zu setzen. Die Rechtsfolgen der ‚excommunicatio maior' sind insofern dieselben wie die der Exkommunikation im Codex der lateinischen Kirche.

915 Siehe dazu cc. 1409 § 2 i.V.m. 1402 § 2 CCEO.

916 Vgl. „Lo Schema dei canoni riguardanti le sanzioni penali nelle chiese orientali cattoliche" in Nuntia, Pontificia Commissio codici iuris canonici orientalis recognoscendo, Libreria Editrice Vaticana, Città del Vaticano, Nr. 4 (1976), S. 72 – 96. In der schon 1948 begonnenen Vorbereitung des Strafrechtsschemas hatte die Norm aus c. 2335 CIC/1917 zunächst übernommen werden sollen, wobei die Befreiung von der Tatstrafe der Exkommunikation ausdrücklich nicht dem Papst reserviert bleiben sollte. Vgl. ebd., S. 116.

Im März 1980 erschien eine überarbeitete Fassung des Schemas, in das ein neuer c. 46 bis eingeführt worden war. Darin hieß es in § 2:

> „Congrua poena puniri potest qui nomen dat consociationi quae contra Ecclesiam machinatur.“[917]

Hintergrund für die Einführung der neuen Norm waren die in den Communicationes, Bd. IX (1977), abgedruckten Überlegungen der mit der Reform des Strafrechts der lateinischen Kirche befassten Kommission. In der anschließenden Diskussion wurde der Antrag gestellt, aus dem fakultativen ‚puniri potest' ein den auch erzieherischen Anspruch des kirchlichen Strafrechts besser deutlich machendes ‚puniatur' zu machen. Dafür wurde als Argument angeführt, dass, weil das kirchliche Strafrecht stets eng ausgelegt werden müsse, die gesetzliche Verpflichtung des Richters die Schwere des strafwürdigen Verhaltens besser auszudrücken in der Lage sei.[918] Der Antrag wurde bei der 1981 veröffentlichen Überarbeitung „De Sanctionibus poenalibus in Ecclesia“[919] in c. 46 § 2 berücksichtigt.

Im Jahr 1982 wurde das „Schema Canonum de Sanctionibus Poenalibus in Ecclesia“[920] zur Diskussion gestellt. Dabei wurde in Bezug auf c. 46 § 2 der Antrag gestellt, die Förderer und Leiter solcher Vereinigungen härter zu bestrafen. Konkret wurde beantragt, an das Ende der Norm die Klausel „qui autem eiusmodi consociationem promovet vel moderatur gravius puniatur“ anzuhängen.
Mit dem Hinweis auf c. 17 des Schemas[921], der vorsieht, dass der Richter bei Vorliegen außergewöhnlicher Umstände auch härter bestrafen kann als die entsprechende Norm bestimmt, wurde der Antrag abgelehnt.

Vor der Inkraftsetzung des CCEO erfuhr die Norm lediglich eine Veränderung im Satzbau, insofern Objekt und Prädikat vom Satzanfang an das Satzende verschoben wurden.

917 Nuntia, Nr. 12 (1981), S. 68. "Mit einer angemessenen Strafe kann bestraft werden, wer einer Vereinigung beitritt, die gegen die Kirche Machenschaften betreibt.“ Übersetzung des Verfassers.

918 Vgl. ebd. S. 84.

919 Vgl. Nuntia, Nr. 13 (1981), S. 67 – 80.

920 Abgedruckt in Nuntia, Nr. 20 (1985), S. 12 – 58.

921 C. 17: „Si delictum a recidivo commissum sit vel si alia adsint extraordinaria adiuncta, quae delicti gravitatem augeant, iudex potest reum gravius punire quam lex praeceptum statuit, non exclusis poenis in canone 2 § 2 recensitis.“ Ebd., S. 26.
C. 17 des Schemas wurde schließlich leicht verändert in c. 1416 CCEO übernommen, wobei nun aber nicht die außergewöhnlichen Umstände den Hintergrund für die Strafverschärfung bieten, sondern die allgemeine Rechtspraxis und die kanonistische Lehre.

11. Die Declaratio de associationibus massonicis der Glaubenskongregation vom 26.11.1983[922]

Aufgrund der mit den Freimaurern nach dem Zweiten Vatikanischen Konzil geführten Dialoge, der teilweise unterschiedlichen Beurteilung nationaler Bischofskonferenzen, den kirchenamtlichen Verlautbarungen und den Vorabpublikationen des überarbeiteten Kirchenrechts galt der Nachfolgeregelung des c. 2335 CIC/1917 ein besonderes Interesse.

Aus der Tatsache, dass c. 1374 CIC die Freimaurerei als eine von der Kirche verbotene Vereinigung nicht ausdrücklich benannte, konnte geschlossen werden, dass die Exkommunikation von Katholiken in Freimaurerlogen, sofern sie von der Strafbestimmung des c. 1374 CIC nicht getroffen wurden, weil sie nicht gegen die katholische Kirche agieren, aufgehoben ist.[923] Da sich eine solche Interpretation schon im Vorfeld angedeutet hatte[924], reagierte der damalige Vorsitzende der Glaubenskongregation, Joseph Kardinal Ratzinger, noch am Tag vor Inkrafttreten des neuen Kirchenrechts mit einer Erklärung über das Verhältnis der katholischen Kirche zu den Freimaurern. Darin heißt es:

„Erklärung über die freimaurerischen Vereinigungen, deren Prinzipien unvereinbar sind mit der kirchlichen Lehre und daher die Mitgliedschaft darin von der Kirche als verboten beurteilt wird.

Es wurde die Frage gestellt, ob sich das Urteil der Kirche über die freimaurerischen Vereinigungen durch die Tatsache geändert hat, dass der neue Codex Iuris Canonici sie nicht ausdrücklich erwähnt wie der frühere. Diese hl. Kongregation vermag zu antworten, dass diesem Umstand das gleiche Kriterium der Redaktion zugrunde liegt, das auch für andere Vereinigungen beachtet wird, über die

---

922 SC Doctr. Fid., Declaratio de associationibus massonicis, quarum principia habenda sunt inconciliabilia cum Ecclesiae doctrina ideoque eisdem adscriptio ab Ecclesia prohibita censetur, in: AAS, vol. LXXVI (1984), S. 300. Der Text der Erklärung findet sich auch im Anhang.

923 So etwa REINHOLD SEBOTT S.J., Der Kirchenbann gegen die Freimaurer ist aufgehoben, in: Stimmen der Zeit, Bd. 201 (1983), S. 411 – 421.

924 Vgl. REINHOLD SEBOTT S.J., Die Freimaurerei und die Deutsche Bischofskonferenz, in Stimmen der Zeit, Bd. 199 (1981), S. 75 – 87, S. 80.
Auch schon in einem Schreiben vom 24.10.1983 von Pietro Kardinal Palazzini an den Vorsitzenden der Deutschen Bischofskonferenz war zum einen darauf hingewiesen worden, dass die Exkommunikation von Freimaurern nach wie vor bestehe und dass zum anderen die Glaubenskongregation dazu eine Erklärung abgeben werde. Vgl. Protokoll der 49. Sitzung des Ständigen Rates der Deutschen Bischofskonferenz am 21. November 1983 in Würzburg, II, 4, S. 48.
Kardinal Palazzini hatte bei der Codexreform bemerkt, dass aus dem Fehlen der namentlichen Nennung der Freimaurer im CIC genau dieser Schluss gezogen werden könne. Vgl. oben unter 9.2, Fußnote 829.

gleichfalls geschwiegen wird, weil sie in breitere Kategorien eingeschlossen wurden.
Das negative Urteil der Kirche über die freimaurerischen Vereinigungen bleibt daher unverändert, weil ihre Grundsätze immer als unvereinbar mit der Lehre der Kirche betrachtet wurden und deshalb der Beitritt zu ihnen verboten bleibt.
Die Gläubigen, die freimaurerischen Vereinigungen angehören, befinden sich im Stand der schweren Sünde und können nicht die heilige Kommunion empfangen.
Den örtlichen kirchlichen Autoritäten kommt nicht die Berechtigung zu, sich über das Wesen freimaurerischer Vereinigungen in einem Urteil zu äußern, das das oben Bestimmte außer Kraft setzt, und zwar in Übereinstimmung mit der Erklärung dieser Kongregation vom 17. Februar 1981 (vgl. AAS 73/1981; S. 240 – 241).

Die in der ordentlichen Sitzung dieser Kongregation beschlossene Erklärung hat Papst Johannes Paul II. bei der dem unterzeichneten Kardinalpräfekten gewährten Audienz bestätigt und ihre Veröffentlichung angeordnet.

Rom, am Sitz der Kongregation für die Glaubenslehre, 26. November 1983

Joseph Kardinal Ratzinger, Präfekt

Erzbischof Jerome Hamer OP, Sekretär."[925]

11.1 Die Rechtsnatur der Erklärung

Die Erklärung des Präfekten der Glaubenskongregation, die die Mitgliedschaft von Katholiken in freimaurerischen Vereinigungen weltweit verbietet, geht über den Wortlaut der so genannten Unvereinbarkeitserklärung der Deutschen Bischofskonferenz aus dem Jahr 1980 hinaus.[926] Die Erklärung der Deutschen Bischofskonferenz war bei der Reformdiskussion über c. 1374 CIC auf der Vollversammlung 1981 Anlass und Hintergrund für den Antrag einiger Mitglieder gewesen, die Freimaurer im neuen Kirchenrecht explizit als verbotene Vereinigung zu benennen und c. 2335 CIC/1917 unverändert in den neuen Codex aufzunehmen.[927]

925 Übersetzung des Verfassers.
926 Die Geltung der von der Deutschen Bischofskonferenz am 12.05.1980 veröffentlichten Unvereinbarkeitserklärung der gleichzeitigen Mitgliedschaft in der katholischen Kirche und der Freimaurerei und das daraus geschlossene Verbot der Mitgliedschaft in Freimaurerlogen für Katholiken auf dem Gebiet der Deutschen Bischofskonferenz bleiben von der Erklärung der Glaubenskongregation unberührt.
927 Vgl. oben unter 9.2.

Aus der im Text verwandten Terminologie, insofern es um Verbote, um eine Einschränkung des Rechts auf Kommunionempfang und die päpstliche Approbationsformel geht, ergeben sich Hinweise auf den rechtlichen Charakter der Erklärung.
Um die Rechtsnatur der Erklärung festzustellen, ist eine Prüfung des Textes in formaler und inhaltlicher Hinsicht nötig.

11.1.1 Formale Aspekte

Anlass der Erklärung ist nach ihrem Wortlaut eine an die Kongregation gerichtete Frage in Bezug auf eine katholischerseits veränderte Beurteilung der Freimaurerei, da sie im neuen Codex Iuris Canonici nicht ausdrücklich erwähnt werde. Da die Erklärung nicht als Motu Proprio[928], sondern als Antwort verfasst ist, hat sie demnach dem ersten Anschein nach die Rechtsnatur eines Reskriptes im weiteren Sinne.[929]

In der Weise beantwortet ein Reskript ohne bestimmte Erledigungsform, sei es als Dekret, Bulle, Brief oder anderes, eine an eine Behörde gerichtete Anfrage. Dabei kann sich ein Reskript auf einen Einzelfall beziehen oder aber, wenn es keinen Personenkreis explizit anspricht, auch allgemeine Wirkung entfalten.
Unter den Reskripten werden nach dem zur Zeit der Abfassung der Erklärung geltenden Recht zwei Arten unterschieden: das Gnadenreskript, das sich als Akt der freiwilligen Verwaltung darstellt[930], und das Justizreskript, das sich auf rechtliche Fragen bezieht[931], wobei für beide Arten prinzipiell gesetzmäßige, außergesetzliche und widergesetzliche Reskripte unterschieden werden.
Da der Rechtscharakter der Erklärung als Gnadenreskript ihrem Inhalt nach ohne Weiteres ausgeschlossen werden kann, ist die Erklärung vor dem Hintergrund des sich auf rechtliche Fragen beziehenden Justizreskriptes näher zu prüfen.

---

928 Als Motu Proprio, die vollständige Bezeichnung lautet ‚litterae apostolicae motu proprio', werden in der päpstlichen Rechtsetzungspraxis die aus eigenem Antrieb des Gesetzgebers, das heißt ohne Antrag, verlautbarten Gesetze bezeichnet. Vgl. LOTHAR WÄCHTER, Art. Motu Proprio, in: LThK³ Bd. 7, Sp. 506. Vgl. auch PÈTER ERDÖ, Die Quellen des Kirchenrechts (= Adnotationes in Ius Canonicum, Bd. 23), Frankfurt am Main 2002, S. 142.

929 Darauf, wer die Frage gestellt hat, wird allerdings kein Bezug genommen.

930 Etwa in Form der Gewährung eines Privilegs, einer Dispens oder der Verleihung eines Amtes oder einer Würde. Vgl. KLAUS MÖRSDORF, Lehrbuch des Kirchenrechts auf Grund des Codex Iuris Canonici, begründet von EDUARD EICHMANN, fortgeführt von KLAUS MÖRSDORF, 11. Auflage, München – Paderborn – Wien 1964, Bd. I., S. 132.

931 Vgl. ebd., S. 133.

Weil die Erklärung vor Inkrafttreten des CIC/1983 veröffentlicht worden ist, gelten zur Beurteilung ihrer fortdauernden Verbindlichkeit zunächst die im neuen Recht bestimmten Kriterien.
Nach c. 6 CIC sind mit dem Inkrafttreten des CIC der CIC/1917 (n. 1), andere ihm widersprechende universelle und partikulare Gesetze (n. 2)[932], die im CIC nicht aufgenommenen Strafgesetze (n. 3) sowie andere universelle Disziplinargesetze, sofern sie vom CIC gänzlich geordnet werden (n. 4), aufgehoben.[933]
Sollte es sich bei der zu behandelnden Erklärung also um ein Gesetz handeln, wäre es möglicherweise von c. 6 CIC betroffen und von daher aufgehoben.

Zur Feststellung des Rechtscharakters der Erklärung müssen die zur Zeit ihrer Veröffentlichung geltenden Normen herangezogen werden.

Zur Ausstellung von Reskripten waren nach c. 36 CIC/1917 alle Träger oberhirtlicher Gewalt sowie die Organe allgemeiner Verwaltung berechtigt, zu denen die Kongregationen gehören. Diese Behörden mussten vorab jedoch gemäß c. 244 § 2 CIC/1917 die Bestätigung des Papstes einholen. Reskripte gehören materiell zu den Verwaltungsakten und schaffen subjektives Recht für den, den sie betreffen.

Die Kongregationen besaßen schon vor dem CIC/1983 an sich keine eigene gesetzgebende Gewalt, sondern hatten die Aufgabe, die gewissenhafte Beachtung der Kirchengesetze zu beobachten, „durch Instruktionen in das bessere Verständnis der Gesetze und ihres Geistes einzuführen, die Gesetze auf einzelne Fälle anzuwenden [...] und durch disziplinäre Maßnahmen für [die] Durchführung der Gesetze zu sorgen“[934].
Danach haben die als Instruktionen[935] verfassten Veröffentlichungen der päpstlichen Behörden ohne päpstliche Approbation und Promulgationsanweisung einen nur die kirchlichen Gesetze erläuternden Charakter, ohne selbst Gesetz zu

932 Für partikulare Gesetze gilt das nicht, sofern für sie etwas anderes ausdrücklich vorgesehen ist (c. 6 n. 2 CIC, 2. Halbsatz).

933 Das Schreiben der Glaubenskongregation aus dem Jahr 1974 hatte einen rein informellen Charakter an einige Bischöfe, wenn es auch hinsichtlich der Anwendung des c. 2335 CIC/1917 eine an anderem Ort vertretene Auffassung bestätigte.
Die Erklärung der Glaubenskongregation aus dem Jahr 1981 stellte fest, dass sich an der Rechtslage des c. 2335 CIC/1917 auch nach dem Schreiben aus dem Jahr 1974 nichts geändert hat. Insofern schuf die Erklärung weder neues Recht noch hatte sie das Ziel, bestehendes Recht aufzuheben oder zu verändern. Der sich ausschließlich auf Gesetze beziehende c. 6 CIC kommt also weder für das Schreiben der Kongregation aus dem Jahr 1974 noch für die Erklärung aus dem Jahr 1981 zur Anwendung.

934 HERIBERT JONE, Gesetzbuch der lateinischen Kirche, zweite, vermehrte und verbesserte Auflage, Bd. I., Paderborn 1950, S. 264. Vgl. auch FRANZ XAVER WERNZ – PEDRO VIDAL, Ius Canonicum, vol. I, Romae 1952, 2. Auflage, S. 157 f.

935 Auch Instruktionen können der Sache nach Reskripte sein.

sein.[936] Das Recht zur Veröffentlichung von Reskripten mit lediglich erläuterndem Charakter war den Kongregationen durch das Motu Proprio "CUM IURIS" vom 15. September 1917 ausdrücklich zuerkannt worden.[937]
Die als Reskripte verfassten Verlautbarungen wenden, wie beschrieben, entweder Gesetze im Einzelfall an, setzen sie im Einzelfall außer Kraft oder regeln einen vom Recht nicht behandelten Sachverhalt.
Wenn auch die vorliegende Erklärung der Glaubenskongregation vom 26.11.1983 ohne Zweifel dem Rechtsbereich zuzuordnen ist, insofern sie Verbote und eine Rechtseinschränkung hinsichtlich des Kommunionempfangs deklariert, so lässt sich ihr Inhalt dennoch nicht unter die drei oben zuerst beschriebenen gesetzlichen Merkmale eines Reskripts fassen.

---

936 In der Praxis wurde das jedoch nicht durchgehalten. So wurde etwa durch die Instruktion der Sakramentenkongregation „Provida mater Ecclesia" vom 15.08.1936, AAS, vol. XXVIII (1936), S. 313 – 361, die Neuordnung des Eheprozesses als Gesetz eingeführt, ohne dass die päpstliche Approbation und Anweisung zur Veröffentlichung darin enthalten war.
Vgl. dazu auch HUBERT SOCHA, in: MK zu c. 34 § 2 Randnummer 1, Stand Juli 1991. Erst die von Papst JOHANNES PAUL II. verfasste Apostolische Konstitution „Pastor bonus" vom 02. Juni 1988, AAS, vol. LXXX (1988), S. 841 – 912 (mit Adnexa bis 922); deutsche Übersetzung von Ilona Riedel-Spangenberger und Heribert Hallermann, in: CIC/1983, Lateinisch-deutsche Ausgabe, Kevelaer, 2001, 5. Auflage, S. 771 – 833, hat schärfer als das von Benedikt XV. 1917 verfasste Motu Proprio „Cum Iuris", das zwischen allgemeinen Dekreten der Kongregationen, die vom CIC abweichen, ihn abändern oder ergänzen, und Instruktionen, die Normen des CIC nur erläutern und durchführen, unterschied, die Gesetzgebungskompetenz der Kongregationen an die ausdrückliche Zustimmung des Papstes gebunden. Das MP „Cum iuris" enthielt in Nr. II den Hinweis, dass die Kongregationen zukünftig keine für die Gesetzesänderungen vorgesehenen Allgemeinen Dekrete mehr erlassen sollten, was implizit wenigstens bis dahin eine entsprechende Kompetenz bzw. einen entsprechenden Anspruch der Kongregationen ausweist. Zu den zur Gültigkeit der als Allgemeine Dekrete verfassten Gesetze zu beachtenden Verfahrensregeln nach Nr. III des MP „Cum iuris" gehörte der ausdrückliche Hinweis über die gesetzesändernde Wirkung des Allgemeinen Dekretes an den Papst und die Weiterleitung des Dekretes mit dem Auftrag an den Rat zur Gesetzesinterpretation, den Tenor in neue Normen des CIC umzuwandeln, die als weitere Ziffern einer Norm in den CIC einfließen sollten. Vgl. BENEDIKT XV., Motu Proprio „Cum Iuris" vom 15. September 1917, in: AAS, vol. IX (1917), S. 483 f.
Bis zum Inkrafttreten des neuen CIC hat es diese Änderungen im CIC/1917 nicht gegeben. Vgl. dazu BRUNO PRIMETSHOFER, Approbatio in forma specifica, Überlegungen zur Normentypik im kanonischen Recht, in: AfkKR, Bd. 169 (2000), S. 408 – 432, S. 417 ff.

937 Benedikt XV. hatte mit dem MP „Cum iuris" im Jahr 1917 auch eine Kardinalskommission errichtet und ihr das Recht der authentischen Interpretation der Normen des CIC übertragen. Bis zum Inkrafttreten des CIC/1917 stand seit 1908 das Recht der authentischen Interpretation den Kardinalskongregationen zu, die es mit dem erwähnten Motu Proprio aber an die Kardinalskongregation für die authentische Interpretation der Canones des CIC verloren. In der Folgezeit lösten aber auch die Kongregationen Zweifelsfälle des Kirchenrechts, denen nach Promulgation in den AAS verbindlicher Charakter zuerkannt wurde Vgl. dazu NIKOLAUS HILLING, Über die authentische Interpretation des Codex Iuris Canonici, in: AfkKR, Bd. 124 (1950), S. 479 – 482, S. 479 f.

Die Erklärung stellt genau deswegen kein gesetzmäßiges Reskript dar, da sie kein aktives Handeln im Sinne einer Gesetzesanwendung zum Gegenstand hat. Sie ist auch kein außergesetzliches Reskript, da sie kein im Recht weder vorgesehenes noch verbotenes Handeln zubilligt, und sie ist kein widergesetzliches Reskript, da sie keine Ausnahme von der Regel gewährt.

Somit bleibt die Möglichkeit, dass es sich bei der Erklärung um ein rein deklaratorisches Reskript im Sinne einer authentischen Interpretation des allgemeinen Kirchenrechts handelt. Diese Charakterisierung wird auch durch ihren als „Declaratio" ausgewiesenen Titel unterstrichen, der den deklaratorischen Zweck der Erklärung geradezu in den Vordergrund hebt. Ohne dass die Erklärung auf eine konkrete, in ihrer Formulierung zweifelhafte Norm des Kirchenrechts Bezug nimmt, will sie den darüber entstandenen Zweifel, dass sich die Ansicht der katholischen Kirche über die Freimaurer verändert hat, auflösen. Hinsichtlich dieses Zweifels gibt die Erklärung eine negative Antwort, bezieht sich dabei aber auf keine im CIC/1983 erwähnte Norm.

Nach c. 17 § 1 CIC/1917 interpretiert der Gesetzgeber, sein Nachfolger oder ein dazu bevollmächtigtes Organ Gesetze authentisch. Klärt die Interpretation nur eine an sich klare Norm ihrem Inhalt nach, bedarf sie keiner Veröffentlichung und besitzt rückwirkende Rechtskraft. Schränkt die Interpretation geltendes Recht aber ein, erweitert sie es oder klärt einen darüber entstandenen Zweifel, bedarf die Interpretation der Veröffentlichung und gilt ab da für alle nach Art eines Gesetzes.[938]

Ein weiteres Formalkriterium unterstützt den gesetzlichen Charakter der Erklärung. Sie enthält nämlich die Angabe, dass der Papst die Erklärung in ihrer Gesamtheit genehmigt und zur Veröffentlichung angeordnet hat. Wenn auch die Kongregation keine eigene gesetzgebende Gewalt besitzt, kann sie aus einem solchen Passus dennoch Verbindlichkeit schöpfen, insofern der Papst als oberster Gesetzgeber die Veröffentlichung ausdrücklich anordnet. Im vorliegenden Text wurde die Formel ‚approbavit et publici iuris fieri iussit' verwandt. Das ‚publici iuris fieri iussit' in Verbindung mit ‚approbavit' gilt als Terminus für die besondere Approbation des Papstes und Hinweis auf ein Gesetz.[939]
Bei Gebrauch dieser spezifischen Formulierung wird der Urheber der an sich von einer nicht gesetzgebungsbefugten Kongregation verfassten Verlautbarung

938 C. 17 § 2 CIC/1917. Zu beachten ist an dieser Stelle auch, dass die vorgelegte Erklärung sich auf eine zukünftige Gesetzeslage bezieht, welche am Tag der Veröffentlichung der Erklärung noch gar nicht in Kraft getreten ist.

939 Zu den formalen Voraussetzungen eines Gesetzes gehört seine generell abstrakte Norm, dass es von einer zuständigen Autorität für eine passiv gesetzfähige Gemeinschaft erlassen wurde und auf Dauer angelegt sein muss. Durch seine Promulgation tritt es ins Dasein (vgl. c. 8 § 1 CIC/1917).

der Papst selbst.[940] Die in dieser Weise vom Gesetzgeber approbierten Verlautbarungen stellen in der Regel ein neues Gesetz, ein mit Gesetzeskraft ausgestattetes Dekret oder eine Änderung einer Vorschrift universalen Rechts dar.

Es war nach c. 247 CIC/1917 Aufgabe des Hl. Offiziums[941], für die Reinerhaltung der Glaubens- und Sittenlehre zu sorgen (§ 1) sowie über Glaubensdelikte in erster Instanz und in der Berufungsinstanz zu urteilen (§ 2). Gelegentlich hatte das Hl. Offizium schon früher in entsprechenden Situationen definitive Entscheidungen getroffen und auch in Bezug auf die Freimaurer oder mit ihnen im Zusammenhang stehende vorgelegte Fragen entschieden.[942] Die Kongregation war zudem berechtigt, die von der katholischen Lehre abweichenden Meinungen und Auffassungen in unterschiedlichen Stufen als solche zu qualifizieren[943], was für die dadurch Betroffenen zu Rechtsfolgen führte bzw. führen konnte.[944] In der Vergangenheit hatten nicht nur die Päpste selbst, sondern auch unter anderem das Hl. Offizium bestimmte Vereinigungen als für Katholiken verboten erklärt.[945] Im Sinne einer fortwährend geübten Praxis wäre insofern vom rechtsetzenden Charakter der Erklärung in Bezug auf das Verbot der Mitgliedschaft von Katholiken in freimaurerischen Vereinigungen auszugehen.[946]

---

940 Vgl. VALERIO DE PAOLIS, La collacazione della Congregazione per la dottrina della fede nella Curia Romana e la „Ratio agendi" per l'esame delle dottrine, in: Periodica 86 (1997), S. 571 – 613, S. 578, und F.J. URRUTIA, Quandonam habeatur approbatio „in forma specifica", in: Periodica 80 (1991), S. 3 – 17, S. 8 und 16.

941 Das Hl. Offizium wurde 1965 umbenannt in „Sacra Congregatio pro Doctrina Fidei" (= Kongregation für die Glaubenslehre). Vgl. Paul VI., Litterae apostolicae Motu Proprio Datae „Sacrae Congregationis S. Officii nomen et ordo immutantur" vom 07.12.1965, in: AAS, vol. LVII (1965), S. 952 – 955.

942 Vgl. dazu etwa die Antwort des Hl. Offizium vom 19.05.1886 zur Frage, ob es erlaubt sei, Vereinen beizutreten, die die Leichenverbrennung fördern. S.C.S.Off. vom 19.05.1886, in: CIC-Fontes, IV, Nr. 1100, S. 428 f.

943 Vgl. KLAUS MÖRSDORF, Lehrbuch des Kirchenrechts, Bd. I., S. 366.

944 Vgl. PIUS X., Motu Proprio „Praestantia Scripturae" vom 18.11.1907, in: AAS, vol. XL (1907), S. 724 f. Darin heißt es: „Deswegen sehen Wir es als notwendig an, zu erklären und zu gebieten, daß [nämlich] alle insgesamt durch Gewissenspflicht gebunden werden, sich den [...] Dekreten der Heiligen Kongregationen, die sich auf die Lehre beziehen und vom Papst bestätigt wurden, zu unterwerfen." (= DH 3503).

945 So etwa das Hl. Offizium die Gruppe der „Fenier" am 12.01.1870, oder die S. Poenit. am 04.08.1876 die „Societa cattolica italiana" sowie die S.C.S. Prof. Fide am 10.05.1898 die Gruppe der „Odd Fellows" und andere. Vgl. oben unter 5.1.3.5.

946 Vgl. dazu NIKOLAUS HILLING, Über die authentische Interpretation des Codex Iuris Canonici, S. 480. Dass das Problem der authentischen Interpretation von Gesetzestexten auch nach dem Inkrafttreten des neuen CIC und dem von Papst Johannes Paul II. verfassten Apostolischen Schreiben „Pastor bonus" vom 28. Juni 1988, Art. 154 – 158, nicht zufriedenstellend gelöst ist, belegen die Ausführungen von LUDGER MÜLLER, Authentische Interpretation – Auslegung kirchlicher Gesetze oder Rechtsfortbildung?, in: AfkKR, Bd. 164 (1995), S. 353 – 375.

Ein Verbot ist eine für den Einzelfall oder vom Gesetz generell normierte Anweisung einer kirchlichen Autorität, die auf ein Unterlassen bestimmter Handlungs- oder Verhaltensweisen abzielt und entweder Folge einer Strafe oder eine vorbeugende Maßnahme zum Schutz von Personen, Dingen oder Einrichtungen sein kann.[947]
Vor diesem Hintergrund geht es bei dem Verbot der Mitgliedschaft in freimaurerischen Vereinigungen um den Schutz der Gläubigen, sich durch die nicht näher beschriebenen Prinzipien der Freimaurer nicht irritieren zu lassen und sich ggf. durch die Erfüllung kanonischer Straftatbestände die kanonischen Strafen bis hin zur Exkommunikation zuzuziehen.
Das sich an die kirchlichen Autoritäten richtende Verbot, inhaltlich von dieser Erklärung abweichende Urteile zu äußern, zielt auf Einheitlichkeit im Umgang mit der anstehenden Frage.

Es bleibt jedoch die Frage, ob es sich bei der Erklärung aufgrund der formalen Aspekte um ein Strafgesetz im eigentlichen Sinn handelt? Eine ausdrückliche Strafe wird für ein bestimmtes Tun oder Unterlassen aber nicht angeordnet, sondern lediglich die Feststellung getroffen, dass die Mitgliedschaft eines Katholiken in einer Freimaurerloge den Tatbestand der schweren Sünde erfüllt und daher die Unmöglichkeit des Eucharistieempfangs nach sich zieht.

11.1.2 Inhaltliche Aspekte

Die hier zu behandelnde Erklärung hat erklärenden Charakter zur Vorbeugung eines durch die Neucodifizierung des CIC schon entstandenen Missverständnisses. Dabei bezieht sich die Erklärung auf keine im CIC/1983 enthaltene Norm ausdrücklich, sondern auf das Fehlen einer entsprechend normierten Rechtslage, die der Vorgänger-CIC noch kannte.

Zur Bestimmung ihres Rechtscharakters sind neben den formalen auch inhaltliche Aspekte zu berücksichtigen. Die Erklärung berührt verschiedene juridische Sachbereiche.

1. Katholiken wird die Mitgliedschaft in Freimaurerlogen verboten, da deren Prinzipien mit denen der katholischen Kirche immer schon für unvereinbar gehalten wurden.
2. Zum anderen wird kirchlichen Autoritäten die Veröffentlichung eines inhaltlich von der Einschätzung der Glaubenskongregation abweichenden Urteils über die Möglichkeit der gleichzeitigen Mitgliedschaft untersagt.

947 Vgl. HERIBERT HALLERMANN, Art. Verbote, in: Lexikon für Kirchenrecht und Staatskirchenrecht, hg. von AXEL FREIHERR VON CAMPENHAUSEN, ILONA RIEDEL-SPANGENBERGER, P. REINHOLD SEBOTT S.J., Bd. 3, N-Z, Paderborn – München – Wien – Zürich 2004, S. 750 – 752.

3. Weiter definiert die Erklärung, dass sich katholische Mitglieder in Freimaurerlogen im Stand der schweren Sünde befinden und daher das Sakrament der Eucharistie nicht empfangen können.

Was die eigentliche materielle oder formale Wirkursache der schweren Sünde ist, geht aus dem Text nicht eindeutig hervor.[948] Demnach bestünde die Möglichkeit, die Wirkursache in der Verletzung des zuvor angesprochenen Verbots der Mitgliedschaft zu sehen, in der Mitgliedschaft selbst oder aber in der nach Ausweis der Erklärung gegebenen Unvereinbarkeit der freimaurerischen Prinzipien mit der Lehre der katholischen Kirche.

C. 1374 CIC verbietet die Mitgliedschaft in Vereinigungen, die gegen die Kirche Machenschaften betreiben. Eine konkrete Aussage darüber, ob die Freimaurer zu diesen in c. 1374 CIC gemeinten Vereinigungen zu zählen sind, trifft die Erklärung nicht.
Ein Bezug zu c. 1374 CIC besteht aber dennoch in zweifacher Hinsicht. Formal deswegen, da c. 1374 CIC den Nachfolgecanon zu c. 2335 CIC/1917 darstellt und inhaltlich, da es in ihm um die gegen die Kirche agierenden Vereinigungen geht, in denen die Mitgliedschaft für Katholiken strafbewehrt ist.
Aus der in c. 1374 CIC angedrohten Strafe ergibt sich das Verbot der Mitgliedschaft für Katholiken in kirchenfeindlichen Vereinigungen. Ist die Mitgliedschaft in Freimaurerlogen nach der Declaratio für Katholiken verboten, ist, sofern bzw. weil es sich um eine kirchenfeindlich agierende Vereinigung handelt, die Strafe nach c. 1374 CIC anzuwenden, weswegen die Freimaurer nach den Regeln der Subsumtion zu den hier gemeinten Vereinigungen zu zählen sind.

Die Qualifizierung als eine für Katholiken verbotene Vereinigung setzt eine inhaltliche Auseinandersetzung mit der Vereinigung voraus, auf die in der Erklärung allerdings nicht näher eingegangen wird. Vielmehr wird für das Verbot das unverändert negative Urteil der Kirche über die Freimaurer aufgrund ihrer schon immer mit der katholischen Lehre unvereinbaren Prinzipien zur Begründung angeführt[949], wobei nicht näher darauf eingegangen wird, welche Prinzipien überhaupt gemeint sind. Eine Charakterisierung der Freimaurer als eine dezidiert kirchenfeindliche Vereinigung nimmt die Erklärung nicht vor.

Insoweit sich die Erklärung auf „verbotene Vereinigungen" bezieht, tritt sie allenfalls in die Nähe zur authentischen Interpretation einer zweifelhaften Norm

---

948 Dass in diesem Zusammenhang überhaupt von Sünde gesprochen wird, ist neu.

949 Die Kongregation hatte in ihrem Schreiben vom 18.07.1974 allerdings selbst erklärt, dass sich die Freimaurer in ihrem Erscheinungsbild gewandelt hätten und die Mitgliedschaft in Freimaurerlogen, die nicht gegen die Kirche agieren, nicht zwingend strafbewehrt sei. Insofern ist die Aussage, dass die freimaurerischen Prinzipien ‚schon immer' für unvereinbar mit der katholischen Lehre gehalten worden sind, ungenau, sofern mit den Prinzipien auch die Kirchenfeindlichkeit gemeint ist.

(c. 17 § 2 CIC/1917), wobei sie auf c. 1374 CIC allerdings keinen direkten Bezug nimmt. Zweifelhaft und daher interpretationsbedürftig muss aber die Formulierung der Norm an sich sein, nicht die von ihr betroffene Materie, die subsumiert werden soll. Die Zuordnung der Freimaurer zu den in c. 1374 CIC gemeinten Vereinigungen stellt im eigentlichen Sinne keine Interpretation dar, sondern eine Definition.

Eine authentische Interpretation des c. 1374 CIC liegt somit nicht vor, da zweifelhaft weder die Norm des c. 1374 CIC selbst noch eine andere ist. Zweifelhaft ist, wenn auch unter anderem ausgehend von c. 1374 CIC, die möglicherweise veränderte Haltung der katholischen Kirche gegenüber den Freimaurern. Dieser Zweifel war entstanden aufgrund des Fehlens ihrer ausdrücklichen Erwähnung im Nachfolgecanon des c. 2335 CIC/1917 wie im gesamten neuen CIC.

11.1.3 Ergebnis der formalen und inhaltlichen Prüfung

Der Inhalt der Erklärung gibt selbst eine Antwort auf die Frage, ob durch sie neues Recht geschaffen werden soll. Der Verfasser begründet das Fehlen einer die Freimaurer ausdrücklich betreffenden Norm mit dem Hinweis auf die redaktionell bedingten breiteren Kategorien des CIC, die die Freimaurer als auch andere Vereinigungen, über die geschwiegen werde, einschließen würden.
Aus dem erneuerten Verbot der Mitgliedschaft in der Freimaurerei und vor dem Hintergrund der entsprechenden Norm im Vorgängercodex ergibt sich ein sachlicher Hinweis auf im neuen CIC normierte strafrechtliche Erfüllungstatbestände – allerdings ohne dass diese ausdrücklich genannt werden – insbesondere aber auf c. 1374 CIC.
Durch die Erklärung und den Hinweis auf bestehende Gesetze wird aber weder ein konkretes Gesetz näher erläutert noch ein neues formuliert.

Im Ergebnis heißt das, dass die Declaratio nur erklärenden Charakter hat und von daher trotz formaler Hinweise auf eine rechtsetzende Funktion nicht als Gesetz zu begreifen ist.

Insofern die Erklärung zwei Verbote enthält, stellt sie eine Präventivmaßnahme zum Schutz der Gläubigen vor einem gegebenenfalls schädlichen Einfluss der Freimaurer auf sie und zum Schutz vor Irritationen der Gläubigen durch ein einheitliches Vorgehen kirchlicher Autoritäten dar.

Die in der Declaratio definierte Unmöglichkeit katholischer Freimaurer, das Sakrament der Eucharistie zu empfangen, muss gesondert untersucht werden.

11.2 Die Mitgliedschaft in Freimaurerlogen als schwere Sünde und die Unmöglichkeit des Kommunionempfangs

Waren für die Begründung des Verbots der Freimaurer deren mit der katholischen Lehre unvereinbaren Prinzipien angeführt worden, steht die Formulierung, dass die Gläubigen, die Freimaurerlogen angehören, sich im Stand der schweren Sünde befinden und [daher] die Kommunion nicht empfangen können, ohne weitere Erläuterung im Raum. Aus der Relativsatzkonstruktion ergibt sich aber, dass die bloße Mitgliedschaft in einer freimaurerischen Vereinigung die eigentliche Wirkursache für das Vorliegen der schweren Sünde darstellt.

11.2.1 Die Mitgliedschaft in Freimaurerlogen als schwere Sünde

Zunächst ist festzustellen, dass die in der Erklärung verwandte Wortverbindung „schwere Sünde", die der Sache nach früher als Todsünde bezeichnet wurde und an mehreren Stellen im CIC/1983 zu finden ist[950], kein der Rechtssprache entnommener Begriff ist.[951] Eine Legaldefinition dessen, was schwere Sünde meint, kennt der CIC nicht. Papst Johannes Paul II. hat in seinem Apostolischen Schreiben „RECONCILIATIO ET PAENITENTIA"[952] formuliert, dass die Tradition der Kirche über die schwere Sünde lehrt, dass ein Mensch absichtlich und wissentlich Gott selbst, sein Gesetz sowie den Bund seiner Liebe zurückweist, was Erkenntnis und den freien Willen zur Voraussetzung hat.[953] Die schwere Sünde bedarf des Wissens um die Sündhaftigkeit des eigenen Handelns als Gegensatz zum Gesetz Gottes.[954]

Mit der als schwere Sünde definierten Mitgliedschaft in einer Freimaurerloge tritt ein neuer Charakter der Beurteilung des Verhaltens bzw. der Situation von katholischen Freimaurern ins Dasein, der bis dahin in den kirchenamtlichen

---

950 Vgl. cc. 915, 916, 960, 962 § 1, 963, 988 § 1, 989, 1107, 1357 CIC; vgl. XAVERIUS OCHOA, Index verborum ac locutium Codicis Iuris Canonici, Rom 1993, S. 338.

951 Vgl. E. JOMBART, Art. Péché, in: Dictionnaire de droit canonique, contenant tous les termes du droit canonique, hg. von RAOUL NAZ, Bd. 16, Interférences – Pittoni, Paris 1957, Sp. 1286.

952 JOHANNES PAUL II., Apostolisches Schreiben „Reconciliatio et paenitentia" vom 02.12.1984, in: AAS, vol. LXXVII (1985), S. 185 – 275.

953 Vgl. ebd., Nr. 17, S. 222. Im Katechismus der katholischen Kirche, der unter der Nr. 1857 auch Bezug auf das erwähnte Apostolische Schreiben Papst Johannes Pauls II. nimmt, heißt es: „Eine Todsünde ist jene Sünde, die eine schwerwiegende Materie zum Gegenstand hat und die dazu mit vollem Bewußtsein und bedachter Zustimmung begangen wird." KATECHISMUS DER KATHOLISCHEN KIRCHE, München – Libreria Editrice Vaticana 1993, S. 488. Johannes Paul II. kommt ein weiteres Mal in seiner Enzyklika „Veritatis splendor" vom 06.08.1993, AAS, vol. LXXXV (1993), S. 1159 – 1223, in der er sich mit Fragen der Moral auseinandersetzt, auf sein Apostolisches Schreiben „Reconciliatio et paenitentia" zurück und zitiert aus der Nr. 17.

954 Vgl. KATECHISMUS DER KATHOLISCHEN KIRCHE, Nr. 1859.

Texten nicht zu finden war.[955] Unter Anwendung des Sündenbegriffs von Papst Johannes Paul II. muss demnach die Mitgliedschaft in einer Freimaurerloge für Katholiken ein willentliches Aufbegehren gegen Gott darstellen.

Da somit das Vorhandensein von sittlicher Schuld unerlässliche Voraussetzung für Strafe ist (1321 § 1 CIC), kann keine Strafe als eingetreten normiert werden, so dass sie Rechtsfolgen nach sich zieht, ohne dass zuvor die Zurechenbarkeit der Tat geprüft wurde.[956] Die Zurechenbarkeit wird zwar nach c. 1321 § 3 CIC gesetzlich vermutet, verhindert bei einem geringen Hinweis auf die Unrichtigkeit der Rechtsvermutung aber die Strafe.

Schon von daher ist ein bloß objektives Kriterium, die Mitgliedschaft in einer freimaurerischen Vereinigung allein, nicht als schwere Sünde zu qualifizieren. Noch in der Kodexreformkommission war in Bezug auf c. 915 Satz 2 CIC, der die schwere Sünde als einen der möglichen Tatbestände für die Nichtzulassung zur Kommunion normiert, darauf verzichtet worden, einzelne Tatbestände als solche zu deklarieren.[957]

---

955 Seit der Bulle Papst Clemens XII. „In Eminenti“ war die Mitgliedschaft in der Freimaurerei zwar mit der von selbst eintretenden Tatstrafe der Exkommunikation belegt als schwer sündhaft wurde die Mitgliedschaft in Freimaurerlogen aber nicht qualifiziert.

956 Anders dazu Georg May, der die Rechtseinschränkung hinsichtlich des Kommunionempfangs nach cc. 915 und 916 CIC nicht an die individuelle Schuld knüpft, sondern an einen aufgrund der objektiven Sachlage gesetzten Akt (autoritative Feststellung oder Verhängung von Exkommunikation oder Interdikt), der im Fall des c. 915 CIC wegen des im äußeren Bereich bestehenden Scheins gesetzt wurde. Auch im Fall des c. 916 CIC stelle das Recht auf die rein materielle Seite der Sünde ab, wonach es nicht auf die subjektive sittliche Erkenntnis des Handelnden und dessen Absicht und Motivation ankomme. Vgl. GEORG MAY, Das Verhältnis von Gesetz und Gewissen, dargestellt an den cc. 915/916 CIC/1983, in: Forum Katholische Theologie, Bd. 9 (1993), S. 117 – 130, S. 123 ff.
Die Meinung Mays wird am Beispiel der wiederverheiratet Geschiedenen von einer Erklärung der PCI vom 24.06.2000 gedeckt, wonach die so Betroffenen nicht zur hl. Kommunion zugelassen werden dürfen, da sie objektiv im Stand der schweren Sünde stehen. Vgl. Entscheidung des Päpstlichen Rates für die Interpretation von Gesetzestexten vom 24. Juni 2000 zu einem Zweifel bezüglich c. 915 CIC, in: AfkKR, Bd. 169 (2000), S. 135 – 138.

957 Wenn es dabei auch um die Gruppe der wiederverheiratet Geschiedenen ging, haben alle Konsultoren die Auffassung vertreten, dass die Kommission darüber, was schwere Sünde ist, nicht zu befinden habe. Vgl. Communicationes, Bd. 13 (1981), S. 413. Vgl. auch JAN W.M. HENDRIKS, „Ad sacram communionem ne admittantur“. Adnotationes in Canon 915, in: PerRMCL, Bd. 79 (1990), S. 163 – 176. Hendriks zählt die nur zivil verheirateten Katholiken, die wiederverheiratet Geschiedenen, die Konkubinarier, die Partner in nichtehelichen und gleichgeschlechtlichen Lebensgemeinschaften sowie unter Umständen (!) die Freimaurer und die Angehörigen kommunistischer Parteien zu denen, die im Stand der schweren Sünde leben. Vgl. ebd., S. 172 f.

Wird die Mitgliedschaft in der Freimaurerei als Konkretisierung des in cc. 915 und 916 CIC gemeinten Tatbestandes der schweren Sünde verstanden, wäre die Erklärung als eine Art Spezialnorm zu diesen Canones zu verstehen.[958]

11.2.2 Die Unmöglichkeit des Kommunionempfangs

Neben der Definition des durch die Mitgliedschaft in Freimaurerlogen erfüllten Tatbestands der schweren Sünde definiert die Erklärung auch, dass katholische Freimaurer die Kommunion nicht empfangen können, wobei ein – wenn auch wegen des Fehlens einer expliziten Kausalverbindung – nicht genannter Zusammenhang zwischen der im vorhergehenden Hauptsatz definierten schweren Sünde und der Unmöglichkeit des Kommunionempfangs zu unterstellen ist.[959] Die sich für Freimaurer nach c. 2235 CIC/1917 ergebende Tatstrafe der Exkommunikation hatte damit den Ausschluss vom Gottesdienst (c. 2259 CIC/1917) sowie die Unmöglichkeit des Sakramentenempfangs zur Folge (c. 2260 § 1 CIC/1917). Hier lag die Wirkursache für die Rechtseinschränkung in der Exkommunikation, die aber weder der neue CIC für katholische Freimaurer ausdrücklich normiert noch die Erklärung der Glaubenskongregation für katholische Freimaurer definiert.

C. 912 CIC bestimmt, dass jeder Getaufte, der rechtlich nicht daran gehindert ist, zur Kommunion zugelassen werden muss. C. 915 CIC führt weiter aus, welche rechtlichen Hindernisse gemeint sind und nennt als objektive Voraussetzungen der Nichtzulassung die Strafen der Exkommunikation oder des Interdikts, sofern sie verhängt oder festgestellt wurden, sowie den Tatbestand des hartnäckig in einer offenkundigen schweren Sünde Verharrens. Nach c. 916 CIC sind ferner diejenigen, die sich einer schweren Sünde bewusst sind, ohne vorherige sakramentale Beichte nicht berechtigt, die Kommunion zu empfangen.

Während c. 915 CIC die Tatbestände für die Nichtzulassung durch den Kommunionspender normiert, ist die Perspektive des c. 916 CIC der Empfänger selbst, der seiner eigenen Beurteilung folgen muss. Eine Beurteilung dessen, ob eine schwere Sünde begangen wurde oder nicht, liegt im Regelfall im Bereich des Gewissens.[960]

Aus dem ‚ad Sacram Communionem accedere non possent' in der Erklärung der Kongregation und, da es hier nicht um die passive Nichtzulassung zur Kommunion durch andere geht (c. 915 CIC), sondern um das aktive Nichthinzutreten-

958 Unberücksichtigt bleiben dabei allerdings die nach c. 915 CIC zusätzlich geforderten Merkmale der Offenkundigkeit und der Hartnäckigkeit.

959 Der inhaltliche Zusammenhang von Tatbestand und Rechtsfolge ergibt sich jedenfalls aber aus den cc. 915 und 916 CIC.

960 Vgl. GEORG MAY, Das Verhältnis von Gesetz und Gewissen im kanonischen Recht, S. 121. Vgl. auch RÜDIGER ALTHAUS, in: MK, c. 916, 2a (Stand Juli 2004).

können der Gläubigen selbst, ergibt sich eher ein Hinweis auf c. 916 CIC, für den der Tatbestand der schweren Sünde inhaltlich auf die katholischen Freimaurer bezogen zu werden scheint. Es ist dabei zu unterscheiden, dass nicht jeder, der zum Empfang der Kommunion nicht berechtigt ist, deswegen auch nicht zugelassen werden darf. Für die Nichtzulassung müssen weitere, nämlich die in c. 915 CIC normierten Tatbestandsmerkmale erfüllt werden. Da die Definition der schweren Sünde aber immer ein subjektives Element enthält[961], ist die Feststellung des hartnäckigen Verharrens in einer offenkundig schweren Sünde durch keinen Dritten zu treffen.[962]

Festzustellen ist aber darüber hinaus, dass die Erklärung inhaltlich weiter gefasst ist als c. 1374 CIC selbst, der nur für die Förderer und Leiter kirchenfeindlicher Vereinigungen ein Interdikt fordert. Das Interdikt, das das Verbot des Eucharistieempfangs einschließt, und nur, sofern es festgestellt oder verhängt worden ist, auch die Nichtzulassung des Interdizierten zur Eucharistie beinhaltet, darf nach der allgemeinen Strafrechtsregel des c. 1349 CIC als ‚iusta poena', die nach c. 1374 Satz 1 CIC für bloße Mitgliedschaft gefordert ist, nicht bzw. nur dann, wenn es die Schwere des Falls unbedingt fordert, verhängt werden.

Die Unmöglichkeit des Eucharistieempfangs wird jedoch nicht als sich aus der schweren Sünde ergebende Strafe normiert.[963] Es wird vielmehr nur eine ent-

---

961 Vgl. dazu JÜRGEN CLEVE, Die Interpretation des c. 915 CIC im Kontext der fundamentalen Pflichte und Rechte aller Gläubigen, in: Theologia et ius canonicum, Festgabe für Heribert Heinemann zur Vollendung seines 70. Lebensjahres, hg. von HEINRICH J.F. REINHARDT, Essen 1995, S. 385 – 396.

962 Am 24.06.2000 – siehe Fußnote 956 – haben sich der Präsident und der Sekretär des Päpstlichen Rates für die Auslegung von Gesetzestexten im Kontext des Umgangs mit den wiederverheiratet Geschiedenen hinsichtlich ihrer Berechtigung zum Kommunionempfang zu den Bedingungen der schweren Sünde geäußert. Danach meint schwere Sünde in c. 915 CIC einen objektiven Tatbestand, da der subjektive Tatbestand vom Kommunionspender nicht beurteilt werden könne. Hartnäckiges Verharren sei dann ohne Weiteres erfüllt, wenn der Betreffende seine Situation nicht ändern wolle. Notwendig sei aber auch der offenkundige Charakter der schweren habituellen Sünde. Vgl. Entscheidung des Päpstlichen Rates für die Interpretation von Gesetzestexten vom 24. Juni 2000 zu einem Zweifel bezüglich c. 915 CIC, ebd.,in: AfkKR, Bd. 169 (2000), S. 135 – 138.
Da es sich bei dem mit ‚Dichiarazione' überschriebenen Text nicht um eine authentische Interpretation des c. 915 CIC handelt und ein päpstlicher Approbationsvermerk fehlt hat der Text keine rechtliche Relevanz. Die in ihm vorgenommene Definition der schweren Sünde orientiert sich an der Kriteriologie des Sündenbegriffs des c. 855 CIC/1917, den die Kodexreformkommission verlassen hatte. Vgl. dazu RÜDIGER ALTHAUS, in: MK, 915, 5 (Stand Juli 2004).

963 In der die rechtliche Situation der wiederverheiratet Geschiedenen betreffenden Veröffentlichung der Glaubenskongregation zur Frage der schweren Sünde wird in Bezug auf den Eucharistieempfang nicht von einem Nichtkönnen gesprochen, sondern das Nichtdürfen definiert. Vgl. das Schreiben der Kongregation für die Glaubenslehre vom

sprechende Feststellung getroffen, dass die Mitgliedschaft eines Katholiken in einer Freimaurerloge und sein Eucharistieempfang einander ausschließen.

11.3 Das Verbot der Veröffentlichung abweichender Urteile anderer Autoritäten

Die Erklärung enthält die Anweisung, dass es anderen kirchlichen Autoritäten, seien sie Bischöfe oder Bischofskonferenzen, nicht zukommt, eine vom Urteil der Kongregation abweichende Meinung über die freimaurerischen Vereinigungen zu äußern. Als 1968 der zuständige Präfekt der römischen Kongregation um eine Einschätzung verschiedener Bischöfe hinsichtlich des Erscheinungsbildes der Freimaurer in ihren Zuständigkeitsgebieten gebeten hatte, war ihnen nicht nur die Urteilsfähigkeit zugesprochen, sondern diese auch abverlangt worden.
Durch die vorliegende Erklärung wird ihnen die Urteilsfähigkeit zwar nicht abgesprochen, sie verbietet den Autoritäten aber von der Declaratio abweichende Urteile zu äußern. Im Schreiben derselben Kongregation vom 17.02.1981 hatte man in Verbindung mit dem Schreiben vom 18.04.1974 die bischöfliche Vollmacht, in Einzelfällen von der traditionell negativen Einschätzung der Freimaurerei abzuweichen und von der Strafnorm des c. 2335 CIC/1917 keinen Gebrauch zu machen, ausdrücklich erwähnt.
Das Verbot setzt einerseits zwar die Möglichkeit voraus, dass andere Autoritäten zu anderen Schlüssen kommen könnten, verbietet aber deren Veröffentlichung und eine entsprechende Handhabung, wobei auf das Schreiben vom 17.02.1981 ausdrücklich Bezug genommen wird, das zwar den Bischofskonferenzen nicht zugestanden hatte, selbständig in der Frage der Möglichkeit der Mitgliedschaft von Katholiken in Freimaurerlogen zu entscheiden, die im bischöflichen Amt gegebene Vollmacht, in Einzelfällen von der gesetzlichen Norm abweichende Entscheidungen zu treffen, aber ausdrücklich bejahte.
Hintergrund eines solchen Verbotes kann nur die Disziplin und das Bemühen der Glaubenskongregation sein, einen einheitlichen Umgang mit den Freimaurern zu sichern.[964]

14.09.1994 über die Zulassung wiederverheirateter Geschiedener zum Kommunionempfang, in: AAS, vol. LXXXVI (1994), S. 974 – 979, n. 4.

964 Vgl. dazu das intensive, gelegentlich vergebliche Bemühen des Vatikans, die aus den Schreiben der Kongregation entstandenen Missverständnisse durch nachträgliche Erläuterungen zu korrigieren. Siehe dazu oben unter 7.4.
Schon in der Kodexreformdiskussion war das Bemühen um eine möglichst einheitliche Strafgesetzgebung erkennbar gewesen, was sich auch darin ausdrückt, dass die mit Gesetzgebungsgewalt ausgestatteten Autoritäten zwar im Rahmen ihrer Zuständigkeit eigene Strafandrohungen normieren können (c. 1315 CIC), sie aber darauf zu achten haben, dass es im selben Gebiet oder Staat einheitliche Strafgesetze gibt (c. 1316 CIC).

11.4 Zwischenergebnis

Es konnte dargestellt werden, dass die in der Erklärung vom 26. November 1983 verwandte Terminologie, ihr Inhalt und ihre äußere Form nicht ohne Weiteres einen Rückschluss auf ihre Rechtsnatur und der sich daraus ergebenden Verbindlichkeit zulassen.[965]

Die Erklärung hat in Bezug auf die geltende Rechtslage lediglich deklaratorischen Charakter und stellt als solche in keiner Hinsicht ein neues Gesetz dar. Eine authentische Interpretation des c. 1374 CIC nimmt sie nicht vor, verbietet aber den katholischen Christen die Mitgliedschaft in der Freimaurerei, die damit als eine der in c. 1374 CIC gemeinten Vereinigungen deklariert wird.[966]

Wie gezeigt wurde, enthält die Erklärung zwei Verbote. Das sich an alle Katholiken richtende Verbot der Mitgliedschaft in Freimaurerlogen und das Verbot der vom Inhalt der Erklärung abweichenden Meinungsäußerung anderer kirchlicher Autoritäten über das Wesen freimaurerischer Vereinigungen.
Die Verletzung beider Verbote stellt, sofern sie rechtmäßig erlassen sind, einen der in c. 1371 n. 2 CIC genannten Tatbestände dar, die mit einer gerechten Strafe belegt werden sollen, sofern der Täter nach Ermahnung des Apostolischen Stuhls seine Position nicht aufgibt.[967] Eine eigene Strafandrohung enthält die Erklärung nicht.

Der Umstand der behaupteten „schweren Sünde" kann allein aufgrund eines objektiven Tatbestands nicht definiert werden, woraus sich auch die Frage nach der Berechtigung zum Kommunionempfang klärt. Hinsichtlich des Kommunionempfangs katholischer Freimaurer enthält die Erklärung auch kein Verbot, sondern definiert unter den gegebenen Umständen ein Nichtkönnen, das eben keine strafrechtlichen Implikationen eines Nichtdürfens im Sinne einer Einschränkung kirchlicher Gliedschaftsrechte ausweist. Die Frage, ob die Voraussetzungen für den erlaubten Sakramentenempfang erfüllt sind, entscheidet sich im Gewissen des Betroffenen.

---

965 Dass es generell nicht leicht ist, den Rechtscharakter römischer Erlasse zu ergründen, belegen die Untersuchungen von HEINER GROTE, Was verlautbart Rom wie? Eine Dokumentenkunde für die Praxis, Göttingen 1995. Nach Grote werden mit einer ‚Declaratio' Unklarheiten bereinigt. Vgl. ebd., S. 87.

966 Lediglich durch Subsumtion lässt sich dieser Zusammenhang herstellen, insofern das Verbot der Mitgliedschaft kirchenfeindliches Verhalten der entsprechenden Vereinigung voraussetzt. Vgl. oben unter 11.1.2.

967 Zur Abgrenzung von Ungehorsam und Schisma vgl. KLAUS LÜDICKE, in: MK c. 1371, 5a (Stand Juli 2004).

11.5 Reaktionen aus der Wissenschaft

Schon nach Veröffentlichung des neuen CIC im Januar 1983 und vor seinem Inkrafttreten im November desselben Jahres wurde die Bedeutsamkeit des Fehlens einer die Freimaurer betreffenden Norm im neuen Kirchenrecht diskutiert und interpretiert. Die Erklärung der Glaubenskongregation, die als solche ein dadurch entstandenes Missverständnis klären sollte, provozierte sachverständige Theologen, mehrheitlich aus dem Bereich der Kanonistik, zur Stellungnahme.

11.5.1 Reinhold Sebott S.J.

Reinhold Sebott hatte sich schon vor der Inkraftsetzung des neuen Kirchenrechts und der Veröffentlichung der Erklärung der Glaubenskongregation zu Wort gemeldet und 1983 seinerseits erklärt, dass der Kirchenbann gegen die Freimaurer aufgehoben ist.[968] Mit der Erklärung der Deutschen Bischofskonferenz aus dem Jahr 1980 hatte er sich im selben Jahr kritisch auseinandergesetzt.[969] In seinem Lehrbuch „Das kirchliche Strafrecht"[970] widmet er sich erneut der Problematik, indem er die Genese des c. 1374 CIC kurz aufzeigt und feststellt, dass der Straftatbestand vom Gesetzgeber bewusst allgemein gehalten ist, um möglichst alle gegen die Kirche Machenschaften betreibenden Vereinigungen erfassen zu können.[971] Aus dem Fehlen der Erwähnung der Freimaurerlogen in c. 1374 CIC ergibt sich für Sebott unter Anwendung des c. 6 § 1 nn. 1 und 3 CIC jedoch, dass katholische Mitglieder in Freimaurerlogen, die nicht gegen die Kirche agieren, und ebenso deren Leiter und Förderer durch die Norm nicht getroffen werden, wohl aber aufgrund der Erfüllung anderer Straftatbestände Kirchenstrafen auf sich ziehen können, was die Möglichkeit der Bischofskonferenz oder eines Bischofs einschließt, für das jeweilige Zuständigkeitsgebiet eigene Strafgesetze zu erlassen.

---

968 Vgl. REINHOLD SEBOTT S.J., Der Kirchenbann gegen die Freimaurer ist aufgehoben, in: Stimmen der Zeit, Bd. 201 (1983), S. 411 – 421. Nach Darstellung der Rechtslage, ausgehend vom CIC/1917, den neuen Ansätzen des Zweiten Vatikanischen Konzils, den Erklärungen der Glaubenskongregation sowie der Deutschen Bischofskonferenz und der Neucodifizierung des Kirchenrechts stellt Sebott die geltende Rechtslage dar. Im Verhältnis zu der in c. 2335 CIC/1917 angedrohten Tatstrafe der Exkommunikation bezeichnet Sebott die in c. 1374 angedrohten Strafen als geringfügig. Vgl. ebd., S. 416.

969 Ders., Die Freimaurer und die Deutsche Bischofskonferenz, in: Stimmen der Zeit, Bd. 199 (1981), S. 75 – 87. Sebott prüft die wichtigsten Entscheidungsgründe für die Unvereinbarkeitserklärung und relativiert sie. Er kritisiert den apodiktischen Ton der Erklärung und die fehlende Berücksichtigung des Schreibens der Kongregation aus dem Jahr 1974 sowie der positiven Stellungnahmen anderer Bischofskonferenzen. Für die Zukunft und vom neuen Kirchenrecht erwartet er dennoch und offenbar noch in Unkenntnis des SchemaPoen (1980) eine sanfte Regelung.

970 Ders., Das kirchliche Strafrecht, Kommentar zu den Kanones 1311 – 1399 des Codex Iuris Canonici, Frankfurt am Main 1992.

971 Vgl. hierzu und dem Folgenden ebd., S. 180 ff.

Sebott spricht in Bezug auf die Erklärung der Deutschen Bischofskonferenz sowie der der Glaubenskongregation von einem außerhalb des Codex normierten moralischen Gesetz, dessen Verletzung aber nicht, wie darin definiert, zwangsläufig den Tatbestand der schweren Sünde nach sich ziehen muss, der nach c. 915 CIC die Zulassung zur Eucharistie verunmöglicht. Dafür, so Sebott, müssten weitere Kriterien wie die Erkenntnis der Übertretung und der freie Wille, es zu tun, vorliegen, was von außen ohne Weiteres aber nicht zu beurteilen sei.

11.5.2 Josef Stimpfle

Josef Stimpfle war der von der Deutschen Bischofskonferenz beauftragte Vorsitzende der zum Dialog mit den Freimaurern von ihr bestimmten Kommission. In seinem Aufsatz „Freimaurerei und katholische Kirche“[972] versucht der damalige Augsburger Bischof zunächst die an unterschiedlichen Orten geführten Gespräche mit den Freimaurern und die sie begleitenden Kommentare bis über den Zeitpunkt der Veröffentlichung des neuen Codex hinaus zu ordnen und zu werten. Er erklärt, dass die Prüfung des Freimaurerwesens seitens der Deutschen Bischofskonferenz ein Verbot der Mitgliedschaft für Katholiken nach göttlichem Recht ergeben habe. Die von der Glaubenskongregation selbst unternommene Prüfung sei zu demselben Ergebnis gekommen.[973] Die Absicht, das Inkrafttreten des neuen Kirchenrechts mit einer das Verhältnis der katholischen Kirche zur Freimaurerei klärenden Stellungnahme der Glaubenskongregation zu flankieren, sei mit ein Grund dafür gewesen, weswegen der Papst die fehlende Erwähnung der Freimaurer im CIC gebilligt habe.[974]

Stimpfle erkennt die mit der Lehre der Kirche unvereinbaren Prinzipien der Freimaurer in deren „Infragestellung der Lehre der Kirche, der Heilswahrheit unserer Offenbarungsreligion“[975], worin er den Tatbestand der Häresie oder der Apostasie erfüllt sieht, was über die in der Erklärung erwähnte Unmöglichkeit des Empfangs der Eucharistie auch generell hinsichtlich des Rechts auf Sakramentenempfang Folgen zeitigt. Neben dem seiner Ansicht nach durch den Beitritt erfüllten Tatbestand der Häresie nach c. 1364 CIC und der von selbst eintretenden Tatstrafe der Exkommunikation käme für die so Betroffenen auch c. 1374 CIC zur Anwendung.

---

972 JOSEF STIMPLE, Freimaurerei und katholische Kirche. Nach Veröffentlichung des neuen Kirchenrechts, in: Communio. Internationale Katholische Zeitschrift, Bd. 13 (1984), S. 166 – 174.

973 Hier ergibt sich eine Übereinstimmung mit dem von Mitgliedern der Reformkommission gestellten Antrag, die Freimaurer ausdrücklich im neuen CIC zu erwähnen. Diese beziehen sich bei ihrem Antrag jedoch nicht auf selbst vorgenommene Untersuchungen, sondern lediglich auf das Votum der Deutschen Bischofskonferenz..

974 Vgl. JOSEF STIMPFLE, Freimaurerei und katholische Kirche, S. 171. Weder die Absichtserklärung noch eine entsprechende Äußerung des Papstes dazu sind in der zur Verfügung stehenden Literatur belegt.

975 Ebd., S. 172.

11.5.3 Audomar Scheuermann

Audomar Scheuermann skizziert in seinem Artikel „Kirche und Freimaurerei. Eine Klarstellung“[976], die geltende Rechtslage und setzt sie in Bezug zu der Erklärung der Deutschen Bischofskonferenz (1980) und jener der Glaubenskongregation, die er in sechs Abschnitten zum Teil unrichtig paraphrasiert und erläutert.[977] Scheuermann stellt mit der Erklärung fest, dass sich Katholiken, die der Freimaurerei angehören, im Stand der schweren Sünde befinden, da sie Mitglied einer Vereinigung sind, deren Prinzipien mit der Lehre der Kirche unvereinbar sind, was als Straftat gegen die Glaubenstreue zu werten sei. Das erfülle wenigstens den Straftatbestand der Häresie, wenn nicht den der Apostasie, weswegen alle, die solchen Prinzipien anhängen, die Tatstrafe der Exkommunikation nach c. 1364 § 1 CIC auf sich ziehen. Was für Scheuermann Grundlage dafür ist, die unvereinbaren Prinzipien mit Tatbeständen der Häresie und/oder der Apostasie gleichzusetzen, bleibt unklar, er verweist jedoch auf die Unvereinbarkeitserklärung der Deutschen Bischofskonferenz.

Wenn auch zunächst der Eindruck entsteht, dass Scheuermann nicht zwischen bloßer Mitgliedschaft und innerer Überzeugung zu unterscheiden scheint, indem er alle katholischen Mitglieder in Freimaurerlogen als im Stand der schweren Sünde charakterisiert, tut er es aber wohl, insofern er einschränkend angibt, dass nur diejenigen, die diese unvereinbaren Prinzipien tatsächlich teilen, den Straftatbestand der Häresie bzw. der Apostasie erfüllen. Dabei rekurriert er jedoch nicht auf c. 1374 CIC, sondern auf die Legaldefinition von Häresie, Apostasie und Schisma in c. 751 CIC.

Weiter wiederholt Scheuermann den Inhalt der Erklärung bezüglich der Richtlinienkompetenz der von ihm als höchste kirchliche Instanz bezeichneten Glaubenskongregation gegenüber den nationalen Bischofskonferenzen und Bischöfen und deren Unmöglichkeit, ein vom Urteil der Kongregation abweichendes Urteil zu fällen, wobei die Erklärung nur davon spricht, dass ein von ihr abweichendes Urteil nicht veröffentlicht werden darf.
Schließlich zitiert Scheuermann die letzten Sätze der Erklärung der Deutschen Bischofskonferenz, ohne sich inhaltlich damit näher auseinanderzusetzen.

976 AUDOMAR SCHEUERMANN, Kirche und Freimaurerei. Eine Klarstellung, in: Klerusblatt, Bd. 64 (1984), S. 41.

977 In seinem Artikel vermittelt Scheuermann in Punkt 4 seiner Ausführungen den Eindruck, dass die Erklärung selbst enthalte, dass die Mitgliedschaft eines Katholiken in einer Freimaurerloge als Straftat gegen die Glaubenstreue betrachtet werden muss, die die Tatstrafe der Exkommunikation nach sich zieht. Hierbei handelt es sich aber um eine Interpretation des Autors.

11.5.4 Alfred E. Hierold

Nach einer kurzen Darstellung der Rechtslage nach dem CIC/1917 und der Skizzierung des historischen und inhaltlichen Ablaufs der Überprüfung der Haltung der Kirche gegenüber den Freimaurern kommt Alfred E. Hierold in seinem Artikel „Katholische Kirche und Freimaurerei. Anmerkungen zu einer Erklärung der Kongregation für die Glaubenslehre“[978] über die Erläuterung der Rechtslage nach dem CIC/1983 schließlich zur Erklärung selbst. Neben der aufgrund der fehlenden Erwähnung der Freimaurer im CIC entstandenen Unsicherheit über die katholische Position zu ihnen erkennt Hierold auch in der durch den CIC geschaffenen Möglichkeit, dass die Bischöfe einzelner Länder sich je verschieden zu den Freimaurern verhalten könnten, einen Anlass für das Tätigwerden der Kongregation. Ferner nennt Hierold einen ganz praktischen Grund für die Erklärung, nämlich dass durch eine allgemeine Norm eine individuelle Prüfung jedes Einzelfalls unnötig sei.

Hierold bemängelt die ungenaue Darstellung der geschichtlichen Umstände in dem Punkt, dass es, anders als es die Erklärung ausführt, in der jüngeren Geschichte durchaus eine differenzierte Beurteilung der Freimaurerlogen hinsichtlich ihres kirchenfeindlichen Auftretens und der sich daraus ergebenden unterschiedlichen Rechtsfolgen gegeben hat. Nach der Erklärung sieht Hierold die katholischen Freimaurer als objektiv schwere Sünder qualifiziert, was er zwar als eine moralische Kategorie begreift, dic wegen des geistlich-sittlichen Charakters des Kirchenrechts aber auch Rechtsfolgen nach sich zieht. Wie Sebott versteht er die Erklärung als ein moralisches Verbot, das der katholische Freimaurer an sich selbst vollziehen muss, sobald er sich der von ihm begangenen schweren Sünde bewusst wird (c. 916 CIC).
Würde die Zugehörigkeit zur Freimaurerei offenkundig (c. 915 CIC), dürfte neben der Nichtzulassung zur Kommunion auch nach c. 1007 CIC die Krankensalbung nicht gespendet werden und ein kirchliches Begräbnis könne nur dann stattfinden, wenn daraus nach c. 1184 § 1 n. 3 CIC kein öffentliches Ärgernis entstünde.[979]

Auch Hierold geht auf die subjektive Voraussetzung einer Strafe, die zurechenbare Schuld, zumindest in Bezug auf c. 915 CIC nicht ein. Der allein objektive Umstand der Verletzung einer kirchlichen Norm erscheint für ihn ausreichend für den Eintritt der beschriebenen Rechtsfolgen zu sein, sofern dieser Umstand offenkundig ist.

---

978 ALFRED E. HIEROLD, Katholische Kirche und Freimaurerei. Anmerkungen zu einer Erklärung der Kongregation für die Glaubenslehre, in: Münchener Theologische Zeitschrift, Bd. 37 (1986), S. 87 – 96.

979 Die Unmöglichkeit des kirchlichen Begräbnisses ergibt sich aus dem in c. 1184 § 1 n. 3 CIC erfüllten Umstand des „öffentlichen Sünders“, nicht etwa aus einer die Freimaurer positiv betreffenden Regelung, wie sie im CIC/1917 noch enthalten war.

11.5.5 Wolfgang Waldstein

In seinem Artikel „Zum rechtlichen Charakter der ‚Declaratio de Associationibus Massonicis'"[980] untersucht Waldstein die sich – wie der Titel es sagt – aus ihrem Rechtscharakter ergebende Verbindlichkeit der Erklärung der Glaubenskongregation. Zur Grundlage seiner Überlegungen macht der Autor zum einen c. 1364 § 1 CIC, der verschiedene Tatbestände der von selbst eintretenden Exkommunikation normiert. Dazu gehören der Abfall vom Glauben (Apostasie), das Befolgen einer Irrlehre (Häresie) und die Zugehörigkeit zu einer von der katholischen Kirche getrennten Kirche (Schisma). Zum anderen stellt c. 1374 CIC die Basis für die weiteren Überlegungen des Autors dar.

Waldstein erachtet die sich aus dem Fehlen einer ausdrücklichen Freimaurernorm im CIC ergebenden Fehldeutungen als hinreichenden Anlass, diesbezüglich seitens der für Fragen der Vereinbarkeit von Glaube und anderen Prinzipien zuständigen Kongregation Klarheit zu schaffen. Die in der Erklärung zur Beurteilung erwähnten ‚breiteren Kriterien' identifiziert Waldstein mit den in c. 1364 § 1 CIC normierten Generaltatbeständen, die, da sie als Tatstrafen ausgewiesen sind, ohne Weiteres die angedrohten Rechtsfolgen nach sich ziehen.[981]
Zum rechtlichen Charakter der Norm stellt Waldstein fest, dass sie ihrem Inhalt nach als authentische Interpretation des c. 1364 CIC aufzufassen ist. Die von Waldstein im Anschluss aufgeführte Rechtslage des CIC 1983 zur authentischen Interpretation von Gesetzestexten kann jedoch zur Beurteilung der Erklärung selbst nicht herangezogen werden, da diese einen Tag vor Inkrafttreten des neuen Rechts veröffentlicht worden und von daher nach altem Recht zu beurteilen ist.
Das ausdrückliche Recht der authentischen Interpretation hatten vor Inkrafttreten des neuen Kirchenrechts die Päpstliche Kommission für die Auslegung der Beschlüsse des Zweiten Vatikanischen Konzils sowie die Codex-Reformkommission. Mit Hilling[982] schließt sich Waldstein der Auffassung an, dass sich aus der Gewohnheit, dass nämlich die Kongregationen in der Vergangenheit öfters generelle Entscheidungen getroffen hätten, ein „fester stilus curiae und eine vigens ecclesiae disciplina"[983] entwickelt hätten, woraus sich Verbindlichkeit ergebe. Aus dem Hinweis, dass der Papst die Erklärung approbiert und zur Veröffentlichung angeordnet hat, zieht Waldstein den Schluss, dass es

980 WOLFGANG WALDSTEIN, Zum rechtlichen Charakter der „Declaratio Associationibus Massonicis", in: Im Dienst von Kirche und Staat, In memoriam Carl Hölböck (= Kirche und Recht, Bd. 17), hg. von FRANZ POTOSCHNIG und ALFRED RINNERTHALER, Wien 1985, S. 523 – 527.

981 Ebd., S. 525.

982 NIKOLAUS HILLING, Über die authentische Interpretation des Codex Iuris Canonici, S. 480.

983 Ebd., S. 479.

sich zweifelsfrei um eine vom Gesetzgeber selbst gebilligte Interpretation des Gesetzes handelt, die er sich zu eigen gemacht habe.

Im Folgenden stellt Waldstein mit Bezug auf c. 16 § 2 CIC die Frage nach dem Charakter der Interpretation selbst, ob es sich um eine nur erläuternde Erklärung eines an sich klaren Gesetzes mit rückwirkender Kraft handelt oder durch die Erklärung ein Zweifel behoben werden solle, der nur auf Zukunft hin Rechtswirkung entfalte. Waldstein erkennt in c. 1374 CIC eine an sich klare Norm, die nicht weiter erklärt werden müsse. Im Beitritt zu einer Vereinigung, deren Prinzipien mit den katholischen Glaubenswahrheiten unvereinbar sind, versteht Waldstein die Erfüllung des objektiven Tatbestands der Apostasie im Sinne einer Abstandsnahme vom katholischen Glauben an sich. Dies sei, so Waldstein, die katholischerseits in Bezug auf die Freimaurer von Anfang an definierte Rechtslage, weswegen sie auch rückwirkende Kraft entfalte. Nur insofern beinhalte die Erklärung eine Klarstellung, dass sie ein Missverständnis ausräumt, das sich aus dem Fehlen einer Norm, nicht aber aufgrund einer missverständlichen Formulierung ergeben habe.

11.5.6 Hans Paarhammer

In seinem Aufsatz über „Das spezielle Strafrecht des CIC“[984] unterstützt Paarhammer die Auffassung Sebotts, dass die Freimaurer durch eine allgemeine Strafrechtsnorm des CIC nicht mehr betroffen sind, gleichwohl aber das Mitgliedschaftsverbot der Deutschen Bischofskonferenz aus dem Jahr 1980 zu beachten sei. Das Fehlen einer ausdrücklichen Nennung der Freimaurer im CIC wertet Paarhammer so, dass eine Pauschalverurteilung der Freimaurer hinsichtlich ihrer kirchenfeindlichen Agitation eben nicht statthaft sei, was bei einer allgemeinen Strafanordnung die Prüfung dieser Kirchenfeindlichkeit aber in jedem Fall voraussetze. Eine gewissensmäßige Prüfung durch ein Mitglied der Freimaurerei würde bei Feststellung der kirchenfeindlichen Agitation der jeweiligen Loge und fortbestehender Mitgliedschaft aber zu einer Sperre in Bezug auf den Sakramentenempfang führen, was in der Wirkung gleichbedeutend mit Strafe sei.

Hans Paarhammer begreift das in der Erklärung normierte pauschale Mitgliedschaftsverbot von Katholiken in Freimaurerlogen als unmissverständlichen Hinweis darauf, dass Freimaurerlogen zu den in c. 1374 CIC genannten Vereinigungen zu zählen sind und jedes katholische Mitglied sich daher im Stand der schweren Sünde befinde. Das bleibe jedoch ohne ausdrückliche strafrechtliche Konsequenz, sondern versetze den so Betroffenen nur in die Lage, die sich aus

984 HANS PAARHAMMER, Das spezielle Strafrecht des CIC, in: Recht im Dienste des Menschen, Festschrift für Hugo Schwendenwein, Graz – Wien – Köln 1986, S. 403 – 466, besonders S. 425 – 427.

diesem Obex ergebenden Folgen ohne Strafcharakter an sich selbst zu vollziehen, was wiederum ein entsprechendes subjektives Erkennen voraussetze.[985]

11.5.7 Dieter A. Binder

Binder fragt in seinem Artikel „Zum Dialog zwischen der katholischen Kirche und der Freimaurerei in Österreich", ob es tatsächlich Sache der Glaubenskongregation sein kann, eine authentische Interpretation des CIC vorzunehmen und kommt mit Waldstein zu dem Schluss, dass diese Frage durch Waldstein „positiv und überzeugend"[986] geklärt worden sei. In seinem Buch „Die Freimaurer"[987] distanziert sich Binder jedoch von seiner früheren Auffassung und stellt zunächst fest, dass ein katholischer Freimaurer durch den CIC nicht mehr strafrechtlich erfasst wird.
Die Erklärung charakterisiert er als ein moralisches Verbot, dessen Übertretung als schwere Sünde deklariert werde, ohne dass dafür die Gründe benannt werden würden. Aus der bloßen Mitgliedschaft bei den Freimaurern eine schwere Sünde zu deklarieren sei „theologisch unzulässig und deswegen wie auch wegen mangelnder Subsumtion nicht zutreffend"[988]. Die Erklärung als Interpretation der cc. 1364 und 1374 CIC anzusehen hält Binder daher für falsch, wofür auch das Fehlen eines direkten Bezugs auf die entsprechenden Canones maßgeblich sei.

11.5.8 Wilhelm Rees

Rees formuliert in seinem Buch über die kirchliche Strafgewalt[989], dass die Erklärung der Glaubenskongregation eine authentische Interpretation enthalte, die jedoch keine Aussage über die strafrechtliche Seite der Mitgliedschaft in Freimaurervereinigungen, die von der Erklärung eindeutig zu den in c. 1374 CIC genannten kirchenfeindlichen Vereinigungen zu rechnen seien, treffe.[990] Rees stimmt Scheuermann zu, der in der Zugehörigkeit zur Freimaurerei den Tatbe-

---

985 Vgl. dazu c. 87 CIC/1917: „Baptismate homo constituitur in Ecclesia Christi persona cum omnibus christianorun iuribus et officiis, nisi, ad iura quod attinet, obstet obex, ecclesiasticae communionis vinculum impediens, vel lata ab Ecclesia censura." Allein durch den Willen der Kirche kann ein rein tatsächlicher äußerer Umstand dazu führen, dass ein katholischer Christ an der Ausübung seiner Gliedschaftsrechte ganz oder teilweise gehindert ist. Die Behinderung tritt wie eine Tatstrafe im Moment des Vollzugs ohne Tätigwerden der kirchlichen Autorität ein. Die Frage des schuldhaften Handelns muss dabei nicht erörtert werden. Vgl. KLAUS MÖRSDORF, Lehrbuch des Kirchenrechts, Bd. I., S. 179 f.

986 DIETER A. BINDER, Zum Dialog zwischen der katholischen Kirche und der Freimaurerei in Österreich von 1968 bis 1983, in: Recht im Dienste des Menschen. Eine Festgabe, Hugo Schwendenwein zum 60. Geburtstag, S. 61 – 77, S. 72.

987 DIETER A. BINDER, Die Freimaurer, Ursprung, Rituale und Ziele einer diskreten Gesellschaft, Freiburg – Basel – Wien 1998.

988 Ebd., S. 190.

989 Vgl. WILHELM REES, Die Strafgewalt der Kirche, S. 447 f.

990 Vgl. ebd., S. 448.

stand der Straftat gegen die Glaubenstreue im Sinne einer Häresie oder Apostasie erfüllt sieht, was die Tatstrafe der Exkommunikation nach sich ziehe.

11.5.9 Klaus Lüdicke

Klaus Lüdicke stellt in seinem Kommentar zu c. 1374 CIC unter Nr. 6 zunächst fest, dass die Erklärung der Glaubenskongregation zur Frage der Kirchenfeindlichkeit der Freimaurerei keine Angaben macht und referiert die in der Literatur vorkommenden Ansichten über die sich aus der Erklärung ergebenden Folgen.[991] Die von Rees und Scheuermann vertretenen Auffassungen zur sich bei Mitgliedschaft in Freimaurervereinigungen aus c. 1364 CIC ergebenden Tatstrafe der Exkommunikation beurteilt Lüdicke als zu weitgehend.

Es ist jedoch auch auf Lüdickes Auffassung bzgl. der schweren Sünde näher einzugehen, die er in seiner Kommentierung zu c. 1374 mit dem Hinweis, dass die Frage der schweren Sünde hier nicht zu erörtern sei, nicht vertieft. Dazu verweist er auf einen anderen Ort, namentlich auf die Kommentierung zu c. 915 CIC[992], in der die Parameter der Sünde selbst und die Notwendigkeiten für ihre Qualifizierung als schwer erläutert werden. Demnach ist mit Bezug auf die von Papst Johannes Paul II. verlautbarte Definition[993] nicht alleine wegen eines äußeren Verstoßes gegen die für Christen geltenden Forderungen zu beurteilen, ob etwas Sünde sei, sondern es ist auch ein Urteil darüber verlangt, ob die Verletzung subjektiv den Charakter einer Auflehnung gegen Gott habe. Die Schwere der Sünde werde zudem von der persönlichen Schuld bestimmt.

Dies angewandt auf die Erklärung der Glaubenskongregation muss nach Lüdicke dazu führen, dass es außerhalb des Bußsakraments einem Dritten, insofern auch der Glaubenskongregation, schlechterdings entzogen ist, über das Vorhandensein von schwerer Sünde zu urteilen.

11.5.10 Ronny E. Jenkins

In seinem Artikel „The evolution of the church's prohibition against catholic membership in freemasonry“[994] stellt Jenkins ausgehend vom CIC/1917 die in der Reform des Kirchenrechts relevanten Veränderungen und Diskussionsbeiträge bis zur Rechtslage nach dem CIC/1983 dar. In Bezug auf c. 1374 CIC

991 Vgl. KLAUS LÜDICKE, in: MK c. 1374, 6 (Stand November 1993).

992 Vgl. RÜDIGER ALTHAUS, in: MK c. 915, 4a (Stand Juli 2004). Vgl. auch PETER KRÄMER, Kirchenrecht I. Wort – Sakrament - Charisma, Stuttgart – Berlin – Köln 1992, S. 138.

993 Vgl. JOHANNES PAUL II., Apostolisches Schreiben „Reconciliatio et paenitentia“, Nr. 17.

994 RONNY E. JENKINS, The evolution of the church's prohibition against catholic membership in freemasonry, in: The Jurist, Bd. 56 (1997), S. 735 – 755.

stellt er fest, dass der nur Strafen für die gegen die Kirche agierenden Vereinigungen vorsieht und stellt die Frage danach, was genau unter ‚machinantur' zu verstehen ist, da der Canon selbst darüber keine Aussage trifft. Sollte das kirchenfeindliche Agieren eine Propagierung von Lehren einschließen, die geeignet sind, die geistlichen Interessen der Kirche zu beschädigen? Oder, so fragt er weiter, meint die kirchenfeindliche Konspiration eine offensichtliche Aktion zur Behinderung der Organisation und der zeitlichen Interessen der Kirche?

Sollte c. 1364 CIC für katholische Freimaurer Anwendung finden, müsste nicht nur nachgewiesen werden, dass die freimaurerischen Prinzipien tatsächlich im Widerspruch zur kirchlichen Lehre stehen, sondern auch, dass das katholische Mitglied bewusst Grundsätze des Glaubens leugnet oder den gesamten Glauben ablehnt.

Damit cc. 1364 und 1374 CIC überhaupt zur Anwendung gelangen könnten, formuliert Jenkins, dass der katholische Freimaurer in schwerwiegender Weise mit Vorsatz (c. 1321 § 1 CIC) und im Wissen um die kirchenrechtliche Bedeutung seines Eintritts bei den Freimaurern (c. 1321 § 2 CIC) gehandelt haben muss.
Unter diesen Umständen hält Jenkins die Anwendbarkeit des neuen Strafrechts in Bezug auf eine früher verbotene Vereinigung für zweifelhaft.[995]

Zur Erklärung der Glaubenskongregation nimmt Jenkins keine inhaltliche Stellung, sondern zitiert lediglich die einschlägigen Darstellungen namhafter Autoren.[996] Er qualifiziert die letzte Erklärung der Glaubenskongregation als ungeeignet, die Debatte um Katholiken in Freimaurerlogen zu beenden und hätte es für besser gehalten, wenn c. 1374 CIC durch seine Anwendung in spezifischen Fällen durch sich selbst gesprochen hätte.

11.6 Gesamtergebnis des kirchenrechtlichen Befundes

Die Verschiedenheit der Meinungen, die sich in den fachlichen Kommentierungen zu c. 1374 CIC abbilden[997], macht deutlich, wie Jenkins zu Recht feststellt,

995 Vgl. ebd., S. 747 f.

996 Jenkins geht ein auf Wolfgang Waldstein, ‚Zum rechtlichen Charakter der Declaratio de Associationibus Massonicis'; Audomar Scheuermann, ‚Kirche und Freimaurerei. Eine Klarstellung'; Nikolaus Hilling, ‚Über die authentische Interpretation des Codex Iuris Canonici'; Reinhold Sebott S.J., ‚Die Freimaurer und die Deutsche Bischofskonferenz'; Wilhelm Rees, ‚Die Strafgewalt der Kirche'; Felix Bernard, ‚Entscheidungsfreiheit im neuen Kirchenrecht', in: Theologisch-Praktische Quartalsschrift, Bd. 133 (1985), S. 28 – 40; Alfred Hierold, ‚Katholische Kirche und Freimaurerei'.

997 Im Kommentar zu c. 1374 der amerikanischen Kirchenrechtsgesellschaft (Canon Law Society) wird formuliert, dass der praktische Umgang mit der Norm zeigen wird, ob eine Differenzierung der freimaurerischen Provenienzen möglich scheint. Vgl. The Code of Canon Law. A Text and Commentary, commissioned by The Canon Law So-

dass die Erklärung der Kongregation nicht ohne Weiteres zur Klärung der Frage beigetragen hat, ob ein katholischer Christ durch seine Mitgliedschaft in einer freimaurerischen Vereinigung seine Rechte in der katholischen Kirche zwingend einschränkt.

Als unstreitig kann festgehalten werden, dass das in der Erklärung normierte Verbot, als katholischer Christ einer Freimaurerloge beizutreten, zu beachten ist. Dasselbe gilt für das in Richtung auf andere kirchliche Autoritäten formulierte Verbot der öffentlichen Erklärung abweichender Meinungsäußerungen. Beide Verbote haben jedoch keine rechtsetzende Qualität und sind, wie Sebott feststellt, außerhalb des im CIC verfassten Kirchenrechts normiert und als ein moralisches Gesetz zu qualifizieren.[998]

Gemäß c. 212 § 1 CIC sind die Gläubigen verpflichtet, nicht nur gegenüber dem den Glaubensinhalt selbst betreffenden „munus docendi" Gehorsam zu üben, sondern auch gegenüber dem die Disziplin betreffenden „munus regendi".
Jedoch steht, abgesehen von der unbedingten Gehorsamspflicht gegenüber dem göttlichen Recht, die das „munus docendi" wie das „munus regendi" betreffende

---

ciety of America, edited by JAMES A. CORIDEN, THOMAS J. GREEN, DONALD E. HEINTSCHEL, New York – Mahwah 1985, S. 923.

Im Kommentar der britischen, irischen und kanadischen Kirchenrechtsgesellschaft wird auf die unter Kanonisten verschiedene Auffassung über die in der Erklärung der Glaubenskongregation erlassenen Verbote eingegangen und eine Lösung der Frage nach der Kirchenfeindlichkeit der Freimaurer auf lokaler Ebene erwartet. Vgl. The Canon Law, Letter & Spirit. A practical guide to the Code of Canon Law. Prepared by The Canon Law Society of Great Britain and Ireland in association with the Canadian Canon Law Society, ed. by RT. REV. MGR GERARD SHEEHY and others. Goeffrey Chapman 1995, S. 791 f.

Vgl. auch R.G.W. HUYSMANS, Novum Commentarium Lovaniense in Codicem Iuris Canonci, Liber VI, Kerkelijk strafrecht. Sancties in de Kerk, Leuven 2005, S. 274 – 277. Hierin wird ein Vergleich mit der gleichfalls für Katholiken verbotenen Mitgliedschaft in der kommunistischen Partei gezogen. Vgl. ebd., S. 277.

Vgl. auch Codice di diritto canonico commentato, Milano 2001, S. 1087. Im italienischen Kommentar zu c. 1374 werden die Freimaurer als eine von der Norm betroffene Vereinigung definiert.

Auch der spanische Kommentar des Instituto Martín de Azpilcueta von der Facultad de Derecho Canónico Universidad de Navarra, Commentario Exegético al Código de Derecho Canónico, nennt die Freimaurer als eine von c. 1374 CIC betroffene Gruppe und benennt die Möglichkeiten der Bestrafung nach der Verschiedenheit der Delikte. Die bloße Mitgliedschaft soll unter Berücksichtigung der cc. 1344, 1347, 1349 und 1350 CIC erfolgen, die Förderung und Leitung mit der in der Norm selbst vorgesehenen Strafe nach c. 1322 CIC. Vgl. ebd., vol. IV/1, Navarra 2001³, S. 512 – 517.

998 Vgl. REINHOLD SEBOTT S.J., Das kirchliche Strafrecht, Kommentar zu den Kanones 1311 – 1399 des Codex Iuris Canonici, S. 183, Fußnote 50. Was Sebott unter einem „moralischen Gesetz" versteht, wird nicht näher erläutert. Materiell ist das Verbot, solange es keine Strafe anordnet, nicht mehr als die einem Schaden vorbeugende Anweisung einer Autorität zu einer bestimmten Handlung oder Unterlassung.

kirchliche Gehorsamspflicht immer in einer Spannung zur eigenen Verantwortung der Gläubigen[999], die aufgefordert sind, verantwortungsvoll und gewissenhaft zu entscheiden.

Generell kann im Falle der Mitgliedschaft eines katholischen Christen in einer Freimaurerloge oder deren Leitung oder Förderung ein kirchliches Gericht tätig werden und die Tatbestände des c. 1374 CIC im Einzelfall als erfüllt feststellen und eine dort vorgesehene Strafe verhängen. Daneben muss das Verbot der Glaubenskongregation berücksichtigt werden. Die Umsetzung der darin normierten Beeinträchtigung der Gliedschaftsrechte bleibt aber eine Sache des eigenen Gewissens und der eigenen Verantwortung der Gläubigen.

Dabei ist die Erfüllung des in c. 1374 CIC normierten Tatbestandes etwas anderes als die Missachtung des in der Erklärung der Glaubenskongregation aufgestellten Verbots der Mitgliedschaft von Katholiken in der Freimaurerei. In beiden Fällen muss aber der Verhängung und somit dem Eintritt der Strafe nach c. 1371 n. 2 CIC ein ordentliches Strafverfahren vorausgehen.[1000]

Zweifelhaft ist die von zahlreichen Autoren vertretene Ansicht bzgl. der durch die bloße Mitgliedschaft in Freimaurerlogen erfüllten Tatbestände des c. 1364 § 1 CIC und der sich daraus ergebenden Tatstrafe der Exkommunikation. Wer als katholischer Christ seinen Glauben verliert, als Häretiker einen Teil der katholischen Glaubenswahrheiten ablehnt und als Schismatiker sich nicht unter die Autorität des Papstes stellt, zieht sich die Exkommunikation als Tatstrafe zu (c. 1364 § 1 CIC).
Apostasie bedeutet nach der Legaldefinition des c. 751 CIC die Ablehnung des christlichen Glaubens im Ganzen. Das kann tatsächlich das gesamte Glaubensgut betreffen oder auch nur eine zentrale christliche Glaubenswahrheit, ohne die ein Bekenntnis zum Christentum nicht mehr denkbar wäre. Neben formalen Aspekten, etwa dem Beitritt zu einer heidnischen oder atheistischen Vereinigung, müssen auch subjektive Elemente des Glaubensabfalls, insbesondere die schuldhafte Zurechenbarkeit, erwiesen sein, um überhaupt von strafwürdigem Verhalten sprechen zu können.
Zudem muss, wie im Fall des Häretikers und Schismatikers auch, die Entscheidung nach außen kundgegeben werden (c. 1330 CIC), da es sich andernfalls nur um eine Angelegenheit des ‚forum internum' handelt, das einer Bewertung von außen entzogen ist.[1001]

---

999 Vgl. LUDGER MÜLLER, „Im Bewusstsein der eigenen Verantwortung ..." Die Gehorsamspflicht im kanonischen Recht, in: AfkKR, Bd. 165 (1996), S. 3 – 24, S. 20.

1000 Gemäß c. 1371 n. 2 CIC ist die Einleitung eines Strafverfahrens erst nach einer Verwarnung und dem fortgesetzten Verharren im Ungehorsam möglich.

1001 Wird der innere Glaubensabfall oder das Schisma nach außen nicht bekannt, bleibt es eine versuchte Straftat, die nicht strafbewehrt ist.

Häresie meint in Abgrenzung zur Apostasie „die nach Empfang der Taufe erfolgte beharrliche Leugnung einer kraft göttlichen und katholischen Glaubens zu glaubenden Wahrheit oder einen beharrlichen Zweifel an einer solchen Glaubenswahrheit“ (c. 751 CIC).[1002]
Der Tatbestand des Schismas kann hier unberücksichtigt bleiben, da im Sinne der Fragestellung die gleichzeitige Zugehörigkeit in der katholischen Kirche und bei den Freimaurern zu erörtern ist.[1003]

Strafbar ist nach den allgemeinen Strafrechtsregeln des CIC nur die vorsätzlich begangene Tat (c. 1321 § 1 CIC), das heißt, dass der Betroffene die Tatbestände der Apostasie, der Häresie bzw. des Schismas als solche versteht und erfüllen will. Versteht er sein Handeln und Denken aber nicht so, das heißt will er weder den katholischen Glauben aufgeben noch einzelne Glaubenswahrheiten leugnen oder die Gemeinschaft mit dem Papst kündigen, fehlt der Vorsatz, der wiederum die Strafbarkeit ausschließt.[1004]

Die Rechtsfolgen der in c. 1364 § 1 CIC als Tatstrafe normierten Exkommunikation verpflichten den Betroffenen zunächst nur im Gewissen. Er kann und muss die Folgen der Exkommunikation an sich selbst vollziehen, solange nicht durch ein gerichtliches Urteil für ihn die Tatstrafe als eingetreten festgestellt oder verhängt worden ist. Für den Fall der Feststellung des Eintritts der Exkommunikation oder ihrer Verhängung greift hinsichtlich der Zulassung zum Eucharistieempfang c. 915 CIC.

Die Feststellung der Autoren, die angeben, dass katholische Freimaurer Straftäter im Sinne des c. 1364 § 1 CIC sind, ist von daher zu verneinen.[1005] Es kann und darf von Rechtswegen nicht unterstellt werden, dass der für die Strafbarkeit erforderliche Vorsatz und damit schuldhaftes Handeln im Einzelfall gegeben sind. Darüber hinaus ist die Mitgliedschaft in einer Freimaurerloge nirgendwo als Erfüllungstatbestand von Apostasie, Häresie oder Schisma definiert.

Kannte der CIC/1917 in c. 87 noch den ‚obex' als Ursache der Beschneidung von Gliedschaftsrechten, verwendet die Nachfolgeregelung in c. 96 CIC die Formulierung ‚nisi obstet lata legitime sanctio'. Dabei meint ‚sanctio' nicht

---

1002 Die hier gemeinten Glaubensinhalte beziehen sich ausschließlich auf Wahrheiten, die die katholische Kirche als unfehlbar lehrt. Vgl. HEINRICH REINHARDT, Der Häresiebegriff im CIC/1917 und im CIC/1983. Ein Vergleich, in: Theologia et ius canonicum, S. 415 – 431, S. 416.

1003 Konkret heißt das, dass der katholische Freimaurer keine anderen (Straf-)Tatbestände erfüllt als Freimaurer zu sein.

1004 Vgl. KLAUS LÜDICKE, in: MK c. 1364, 5 (Stand November 2001).

1005 Diese Auffassung war schon von der Kodexreformkommission vertreten worden. Siehe oben unter 9.2.

Strafe, sondern eine schuldunabhängige autoritativ festgelegte Rechtseinschränkung aufgrund äußerlich feststellbaren Verhaltens von Gläubigen.[1006]

Nach dem Wortlaut der Erklärung, insbesondere dem ,ad Sacram Communionem accedere non possent', handelt es sich bei der normierten Unmöglichkeit des Eucharistieempfangs katholischer Freimaurer um eine Tatbestandsdefinition zur Feststellung des Grundrechtsverlusts auf Eucharistieempfang. Das zu definieren war die Glaubenskongregation als Organ der römischen Kurie nach ihrem Aufgabenkatalog berechtigt.[1007] Von der Rechtmäßigkeit ist zudem wegen der päpstlichen Approbationsformel auszugehen.
Als äußerlich feststellbares Kriterium kommt hierbei nur die Mitgliedschaft in einer Freimaurerloge in Betracht, da schwere Sünde objektiv nicht feststellbar ist. Der aus der schweren Sünde folgende Verlust des Grundrechts auf Eucharistieempfang bleibt abhängig von der tatsächlichen Verwirklichung der schweren Sünde.

Wegen der in c. 209 § 1 CIC normierten Pflicht, die Gemeinschaft mit der Kirche zu wahren, ergibt sich für katholische Freimaurer, die die Tatbestände des c. 1364 § 1 CIC nicht erfüllen, dennoch die Pflicht, die in der Erklärung der Glaubenskongregation postulierte Rechtseinschränkung aufgrund von schwerer Sünde zu prüfen. Diese Pflicht besteht objektiv. Subjektiv jedoch verpflichtet sie nur dann, wenn dem Betroffenen ein materielles Glaubensdelikt als solches auch bewusst ist. Ist er ohne schwere Schuld, das heißt im konkreten Fall, ist für den katholischen Freimaurer eine Unvereinbarkeit zwischen Freimaurerei und den katholischen Glaubenswahrheiten nicht zu erkennen und will er guten Glaubens beides nebeneinander praktizieren, kann seine Mitgliedschaft in der Freimaurerei kirchlicherseits wenigstens solange nicht sanktioniert werden, bis ein Richter ihm die Erfüllung strafwürdiger Delikte nach Maßgabe des kirchlichen Strafrechts nachweist und deswegen eine Strafe verhängt.

Anders verhält es sich selbstverständlich für den katholischen Freimaurer, der die Tatbestände des c. 1364 § 1 CIC willentlich erfüllt, der bspw. willen- und wissentlich eine von der katholischen Lehre abweichende Position in elementaren Glaubensangelegenheiten auch nach außen vertritt. Er kann nicht darauf bestehen, straflos zu bleiben. Er wird neben der außergesetzlichen Anordnung, das Sakrament der Eucharistie nicht empfangen zu können, auch die weiteren sich aus der allgemeinrechtlich vorgesehenen Tatstrafe der Exkommunikation ergebenden Rechtsfolgen an sich vollziehen müssen, wobei dafür aber c. 1364 § 1 CIC einschlägig ist und nicht c. 1374 CIC.

1006 Vgl. HELMUTH PREE, in: MK, c. 96, 8 (Stand November 1995).

1007 Vgl. PAUL VI., Litterae apostolicae Motu Proprio Datae „Sacrae Congregationis S. Officii nomen et ordo immutantur" vom 07.12.1965, in: AAS, vol. LVII (1965), S. 952 – 955, n. 3, S. 954.

12. Zusammenfassung und Schluss

Die Geschichte des von Anfang an spannungsreichen Verhältnisses von katholischer Kirche und Freimaurerei hat in ihrem Verlauf unterschiedliche rechtliche Facetten und Pointierungen erfahren.

Im Zuge der europäischen Aufklärung, zu deren Trägern auch die Freimaurerlogen gehörten, sah sich die Kirche Anfragen und Herausforderungen gegenüber, die sie in ihren Grundfesten erschütterten. Im Ergebnis sollten diese gesellschaftlichen Umstände – zuerst im christlichen Abendland – zu einer Neubestimmung der gesellschaftlichen Verhältnisse im Allgemeinen und des Staat-Kirche-Verhältnisses im Besonderen führen.

War seitens der Kirche im 18. Jahrhundert nur mit Verboten und Verurteilungen auf die neuen Ideen von Liberalismus und Naturalismus reagiert worden und hatte Pius IX. in seinem SYLLABUS im Jahr 1846 im letzten Artikel und quasi als Unterschrift unter die Irrtümer seiner Zeit es noch verworfen, dass der römische Bischof sich mit dem Fortschritt, dem Liberalismus und der modernen Kultur versöhnen und anfreunden solle[1008], setzte zum Ende des 19. Jahrhunderts, nachdem die Kirche viele ihrer Privilegien verloren hatte, mit Papst Leo XIII. eine grundlegende Auseinandersetzung mit den die Aufklärung bestimmenden Ideen ein. Dies geschah wohl auch aus der Einsicht heraus, dass eine inhaltliche Auseinandersetzung mit den teils kirchenfeindlichen und insofern revolutionären Gedanken das Überleben der Kirche eher sichern könne als eine bloße Verurteilung und ein autoritäres Verbot des Papstes, der als richtungweisende Instanz längst an Einfluss verloren hatte.

Die sich aus der Französischen Revolution ergebenden Freiheitsideen, insbesondere die gegenüber Andersdenkenden zu übende Toleranz und die Neubestimmung des Verhältnisses von Staat und Kirche bildeten das Fundament für das später vom Zweiten Vatikanischen Konzil verabschiedete Dokument über die Religionsfreiheit „DIGNITATIS HUMANAE“.

Leo XIII. hatte in den Freiheitsideen, die sich in Europa seit der Französischen Revolution ausgebreitet hatten, die Basis für Irrtümer, böse Begierden, Schandtaten und Laster gesehen.[1009]
Auch wenn der Papst in Bezug auf die Wahrheit, die nicht zu diskutieren sei und mit der kirchlichen Lehre identisch ist, weswegen der Mensch dieser daher einfach nur zustimmen müsse, einen festen Standpunkt hatte, bemühte er sich den-

1008 N. 80: “Romanus Pontifex potest ac debet cum progressu, cum liberalismo et cum recenti civilitate sese reconciliare et componere”, in: ASS, vol. III (1867), S. 168 – 176, S. 176.

1009 Vgl. LEO XIII., Enzyklika „Instructabili Dei Consilio“ vom 21.04.1878, Nr. 10, in: CIC-Fontes, III, Nr. 573, S. 109 – 116.

noch um Toleranz gegenüber denjenigen, die andere Auffassungen vertraten. Dabei verstand er Toleranz aber nicht als einen an sich erstrebenswerten Zustand, sondern lediglich allein als Duldung eines Übels aus zweckmäßigen Gründen.[1010]

Die gegenüber anderen Auffassungen seitens der Kirche geübte Toleranz war insofern eine andere als die tolerante Haltung gegenüber jeder Meinung, gerade auch in religiösen Angelegenheiten, wie sie bei und von den Freimaurern gefordert wurde. Leo XIII. musste also, wie seine Vorgänger, in der in den Freimaurerlogen geübten Toleranz gegenüber jeder Religion wenigstens eine Infragestellung des Wahrheitsanspruchs und –monopols der katholischen Kirche sehen und insofern einen willentlichen Ungehorsam gegenüber der Offenbarung Gottes und damit gegen die von der Kirche dargelegten Lehre.

Die Forderung nach bürgerlicher Freiheit, inklusive der Freiheit zur Wahl des religiösen Bekenntnisses, erschien dem Papst als nichts anderes als eine Forderung nach Beliebigkeit.

Deswegen durfte die von der Kirche verkündete Wahrheit von niemandem zur Disposition gestellt und in Bezug auf sie keine indifferente Position eingenommen werden. Wer eine solche Möglichkeit erst in Erwägung zog und damit mittelbar die von der katholischen Kirche verkündete Wahrheit infrage stellte, musste als jemand gelten, der die von Gott gesetzte Ordnung zerstören wollte.[1011]

Das Zweite Vatikanische Konzil erklärte dem gegenüber, dass „die menschliche Person das Recht auf religiöse Freiheit hat. Diese Freiheit besteht darin, dass alle Menschen frei sein müssen von jedem Zwang sowohl von Seiten Einzelner wie gesellschaftlicher Gruppen, wie jeglicher menschlichen Gewalt, so dass in religiösen Dingen niemand gezwungen wird, gegen sein Gewissen zu handeln, noch daran gehindert wird, privat und öffentlich, als einzelner oder in Verbindung mit anderen – innerhalb der gebührenden Grenzen – nach seinem Gewissen zu handeln. Ferner erklärt das Konzil, das Recht auf religiöse Freiheit sei in Wahrheit auf die Würde der menschlichen Person selbst gegründet, so wie sie

1010 Vgl. LEO XIII., Enzyklika über die Natur der menschlichen Freiheit „Libertas praestantissimum bonum" vom 20.06.1888, in: CIC-Fontes, III, Nr. 600, S. 295 – 311. „Und was besonders die Toleranz betrifft, so ist es zum Staunen, wie weit die Anhänger des Liberalismus von jenem gerechten Maß und jener Klugheit, so wie wir sie bei der Kirche sehen, entfernt sind. Indem sie nämlich den Bürgern in all den oben erwähnten Fragen eine schrankenlose Freiheit gestatten, überschreiten sie alles Maß; und sie kommen zuletzt dahin, dass ihnen Wahrheit und gute Sitten nicht mehr zu gelten scheinen als Falschheit und Schändlichkeit." Übersetzung des Verfassers.

1011 Vgl. THOMAS WEIßENBORN, Religionsfreiheit. Christliche Wahrheit und menschliche Würde im Konflikt?, Marburg 2003, S. 78.

durch das geoffenbarte Wort Gottes und durch die Vernunft selbst erkannt wird.“[1012]

Jeder Mensch, so heißt es in der Konzilserklärung, werde durch sein Gewissen gedrängt, nach der Wahrheit zu suchen und an der erkannten Wahrheit festzuhalten.[1013] Ferner soll der Mensch freiwillig durch seinen Glauben Gott antworten, weshalb niemand zur Annahme des Glaubens gezwungen werden dürfe.[1014] In enger Verbindung zur Frage der Religionsfreiheit an sich steht somit auch die Frage nach der Freiheit innerhalb der Kirche, nach der Verantwortung des mündigen Katholiken. Diese Freiheit innerhalb der Kirche ist jedoch nicht grenzenlos. Als Gemeinschaft der an Christus Glaubenden und in Gemeinschaft mit der katholischen Kirche kommt ihren Autoritäten das Recht zu, fehlende Übereinstimmungen mit der katholischen Lehre als solche zu benennen und festzustellen, dass Vertreter dieser abweichenden Lehre außerhalb der Kirche stehen, was gesetzlich normierte Rechtseinschränkungen innerhalb der Kirche nach sich zieht.
Die Freiheit, die Gemeinschaft mit der katholischen Kirche zu verlassen, ist jedem unbenommen, was jedoch zu Konsequenzen hinsichtlich der Gliedschaftsrechte in der Kirche führt und führen muss.

Stand am Anfang der kirchlichen Verurteilungen der Freimaurerei neben den kirchenpolitischen Ängsten vor allem die Sorge um Gefahren für den katholischen Glauben in dem Sinn, dass das Wahrheitsmonopol infrage gestellt wurde, insofern die Freimaurer allen Religionen indifferent gegenüberstanden[1015], wurden die Freimaurer im weiteren Verlauf der Geschichte und in den je verschiedenen Zusammenhängen der nationalpolitischen Umstände zu Gegnern der Kirche. Sie vertraten oder bejahten nicht mehr nur im weitesten Sinne religiöse Alternativen zum katholischen Wahrheitsmonopol, sondern ihre politisch aktiven Vertreter bekämpften die Bedeutung für und den Einfluss der katholischen Kirche auf die Gesellschaft, suchten die kirchlichen Privilegien abzuschaffen und ein gänzlich anderes Wertesystem zu errichten.

Weil das geheime Tun der Freimaurer in Verbindung mit dem auf Geheimhaltung der Logeninterna zu leistenden Eid schon immer verdächtig gewesen war, hatte Pius VII. die Freimaurer – neben anderen Geheimgesellschaften – ausdrücklich als staats- und religionsfeindlich qualifiziert und führte zum Schutz des Gemeinwesens die Denunziationspflicht ein.
Somit war nicht mehr das Prinzip des religiösen Indifferentismus vorrangig der Stein des Anstoßes, sondern die sich daraus ergebende und ausgewiesene Kir-

1012 VATICANUM II, Erklärung zur Religionsfreiheit „Dignitatis humanae“, Nr. 2.
1013 Vgl. ebd. Die Konzilsaussage ist in c. 748 § 1 CIC umgesetzt.
1014 Vgl. ebd., Nr. 10.
1015 Der von der regulären Freimaurerei geforderte Glaube an Gott kann in Abgrenzung zu den atheistisch geprägten Logen hier außer Acht gelassen werden.

chenfeindlichkeit der Freimaurerei, die, wie Leo XIII. es formulierte, danach strebe, die Kirche gänzlich zu vernichten.[1016] Konkreter Ausdruck dieser Kirchenfeindlichkeit blieb natürlich auch die mit der damaligen katholischen Lehre unvereinbare Forderung nach religiöser Selbstbestimmung.

Der CIC/1917 wies zu Beginn des 20. Jahrhunderts die Freimaurer als eine gegen die katholische Kirche agierende Vereinigung ausdrücklich aus, was im CIC/1983 der Formulierung nach nicht mehr definiert ist. Nur insofern die Freimaurerei eine gegen die kirchlichen Autoritäten und die Freiheit der Kirche agierende Vereinigung ist, wie es im Titel II des zweiten Teils des sechsten Buchs des CIC heißt, kann sie in c. 1374 CIC gemeint sein.

Im Zuge der Codexreform hatte der daran beteiligte Joseph Kardinal Ratzinger sein Votum für die Nennung der Freimaurer im neuen CIC und die Beibehaltung der Tatstrafe der Exkommunikation bei Mitgliedschaft in einer Freimaurerloge nicht mit einer aktiven Kirchenfeindlichkeit der Freimaurerei begründet, die nach der weltweiten Erhebung generell eben nicht mehr festgestellt werden konnte. Seine Auffassung begründete der Kardinal mit dem bei den Freimaurern vertretenen Relativismus sowie den freimaurerischen Prinzipien in Verbindung mit Elementen des modernen Bewusstseins, die den Glauben zu zerstören suchen. Danach teilte und unterstützte Kardinal Ratzinger die von der Deutschen Bischofskonferenz formulierte Unvereinbarkeitserklärung aus dem Jahr 1980.
Darin aber war die deutsche Freimaurerei als der Kirche wohl gesonnen gegenüberstehend ausgewiesen worden und Aktivitäten gegen die Interessen der Kirche konnten nicht namhaft gemacht werden. Trotz einer nicht feststellbaren Kirchenfeindlichkeit wurde formuliert, dass die Grundlagen der christlichen Existenz durch das Wesen der Freimaurerei infrage gestellt werden würden.[1017]

Aufgrund der in c. 1374 CIC fehlenden Nennung der Freimaurer als einer kirchenfeindlichen Vereinigung war unter anderem geschlussfolgert worden, dass die Mitgliedschaft in der Freimaurerei für Katholiken an sich nicht länger verboten bleiben würde, wenn es sich denn um Logen handelte, die nicht gegen die Kirche agieren.
Die noch vor Inkrafttreten des Codex veröffentlichte Erklärung des damaligen Präfekten der Glaubenskongregation, Joseph Kardinal Ratzinger, aber subsumiert die Freimaurer dem Inhalt nach unter die in c. 1374 CIC gemeinten kirchenfeindlichen Vereinigungen und weist die Mitgliedschaft als schwere Sünde aus, was für Katholiken ohne Weiteres zu der darin beschriebenen Rechtseinschränkung, die Eucharistie nicht empfangen zu können, führen soll, was von den in c. 1374 CIC normierten Strafandrohungen allerdings abweicht.

1016 Vgl. LEO XIII., "Humanum genus" Nr. 10, in: CIC-Fontes, III, Nr. 591, S. 226.
1017 Vgl. Erklärung der Deutschen Bischofskonferenz zur Frage der Mitgliedschaft von Katholiken in der Freimaurerei, Nr. V.

Wenn nach der von Papst Johannes Paul II. in seinem Apostolischen Schreiben „RECONCILIATIO ET PAENITENTIA“[1018] vorgelegten Definition von schwerer Sünde der Mensch mit freiem Willen absichtlich und wissentlich[1019] Gott selbst oder sein Gesetz zurückweist, dann kann die bloße Mitgliedschaft in einer Freimaurerloge den Tatbestand der schweren Sünde nur dann objektiv erfüllen, wenn die Zurückweisung Gottes oder seines Gesetzes wenigstens formal zur Voraussetzung der Mitgliedschaft in einer Freimaurerloge erhoben wird.
Ohne hier auf die Aspekte der Freiwilligkeit und des Vorsatzes einzugehen, werden in der päpstlichen Definition zwei materielle Tatbestandsmerkmale ausdrücklich genannt. Die Zurückweisung Gottes einerseits und die Zurückweisung des göttlichen Gesetzes andererseits.

Auch wenn es unbestritten in den verschiedenen Freimaurerprovenienzen ausgewiesene atheistisch und antikirchlich ausgerichtete Logen gibt, so wird jedoch in keiner von ihnen von den Mitgliedern ein atheistisches Bekenntnis oder ein Bekenntnis zu einer bestimmten Religion gefordert.[1020] Die religiöse Selbstbestimmung ist vonseiten der Freimaurerei jedem Mitglied freigestellt. Von daher verfängt das erste Tatbestandsmerkmal der päpstlichen Sündendefinition an dieser Stelle nicht.
Das zweite meint, wie erwähnt, die Zurückweisung des göttlichen Gesetzes, also all oder Teile dessen, was sich aus dem Naturgesetz ergibt oder in der göttlichen Offenbarung enthalten ist und von der Kirche als geoffenbarte Wahrheit verkündet wird.

Maßgeblich für das Argument der fundamentalen Infragestellung der Kirche durch die Freimaurerei und die Negierung einer objektiven Geltung der geoffenbarten Wahrheit war in der Erklärung der Deutschen Bischofskonferenz die in den nicht verabschiedeten ‚Thesen 2000' vorkommende Formulierung „Systeme weltanschaulich-religiöser Art, die alleinige Verbindlichkeit beanspruchen können, gibt es nicht“[1021]. Da diese Thesen die Zustimmung des Deutschen Großlogentages nicht erfuhren[1022], können sie – jedenfalls was die deutsche Freimaurerei anbelangt – als ein freimaurerisches Prinzip im Sinne einer fundamentalen Bedingung auch nicht angenommen werden.

1018 JOHANNES PAUL II., Apostolisches Schreiben „Reconciliato et paenitentia“ vom 02.12.1984, in: AAS, vol LXXVII (1985), S. 185 – 275.

1019 Der Erfüllungstatbestand der schweren Sünde korrespondiert insofern mit dem zur Zurechenbarkeit einer Straftat notwendigen Vorsatz.

1020 In Deutschland stellt die ‚Große Landesloge der Freimaurer von Deutschland' dabei eine Ausnahme dar, insofern sie nur Männer aufnimmt, die sich zur christlichen Religion bekennen. Vgl. dazu 2.3.1, Fußnote 339.

1021 Vgl. Erklärung der Deutschen Bischofskonferenz zur Frage der Mitgliedschaft von Katholiken in der Freimaurerei, Nr. III, 2.

1022 Vgl. HORST KISCHKE, Die Freimaurer, S. 148.

Der von der Erklärung der Glaubenskongregation vermittelte Eindruck ist dennoch der, dass darin ein weiterer, wenn auch außerhalb des kodikarischen Strafrechts normierter Tatbestand sanktioniert wird, der zwar nicht als von selbst eintretende Tatstrafe definiert ist, im Ergebnis aber dasselbe bedeutet.[1023] Somit hat – wenigstens dem Eindruck nach – die Glaubenskongregation ihre Auffassung über die sanktionswürdige Mitgliedschaft von Katholiken in der Freimaurerei quasi über die moralische Schiene umgesetzt, nachdem die unter anderem von Kardinal Šeper und Kardinal Ratzinger in der Diskussion zur Strafrechtsreform gestellten Anträge nicht angenommen und im Strafrecht des CIC explizit nicht berücksichtigt worden waren.

In kanonistischer Rücksicht ist die Erklärung der Glaubenskongregation weder ein Gesetz im Allgemeinen, noch ein Strafgesetz im Besonderen, sondern bleibt eine kirchenamtliche Erklärung, die mit drastischen Mitteln vor der Mitgliedschaft in einer Freimaurerloge warnen will. Hintergrund des drastischen Verbots ist, dass die Mitgliedschaft in der Freimaurerloge geeignet ist, die Identität des katholischen Christen zu gefährden.

Die Erfüllung eines Straftatbestandes muss sich aus den Normen des codifizierten Strafrechts ergeben, wofür in jedem Einzelfall ein Strafverfahren zu führen ist.

Wie gezeigt wurde haben sich die Motive zur Verurteilung oder zum Verbot der Freimaurerei durch die katholische Kirche im Verlauf der Geschichte verschoben. Von der anfänglichen Sorge um die Reinheit des katholischen Glaubens führten die gesellschaftlichen Umbrüche dazu, dass die Freimaurer vielerorts zu politischen und ideologischen Gegnern der Kirche wurden, was die Definition ihrer Kirchenfeindlichkeit zur Folge hatte.
Mittlerweile aber geht es in der Argumentation nicht mehr um eine kirchenfeindliche Agitation an sich, sondern im weitesten Sinne wieder um die Gefahr für den katholischen Glauben, insofern durch die Prinzipien der Freimaurerei in Verbindung mit solchen den Glauben zerstörenden Elementen des modernen Bewusstseins eine Gesinnung gefördert wird, die der kirchlichen Lehre entgegensteht bzw. mit ihr unvereinbar ist. Allenfalls mittelbar lässt sich so eine Kirchenfeindlichkeit begründen.

Insofern kirchliche Strafgesetze gemäß c. 18 CIC jedoch eng ausgelegt werden müssen, ist die Kirchenfeindlichkeit zur Erfüllung des in c. 1374 CIC normierten Tatbestandes zur Strafverhängung nachzuweisen. Was unter Kirchenfeindlichkeit in der Tradition der Kirche zu verstehen ist, ist in zahlreichen päpstlichen Lehrschreiben in diesem Zusammenhang definiert worden. Danach erfor-

1023 Nach den Leitlinien der Strafrechtsreform hatte die Anzahl der von selbst eintretenden Tatstrafen verringert werden sollen. Vgl. Principia quae Codicis Iuris Canonici recognitionem dirigant, n. 9, in: Communicationes, Bd. 1 (1969), S. 84 f.

dert die Kirchenfeindlichkeit eine zum Schaden der Kirche zielgerichtete Agitation[1024], was eine programmatische Ausrichtung meint, nicht nur eine gegebenenfalls von katholischen Auffassungen abweichende Lehre oder Gesinnung.

Einzelne Katholiken, die Mitglied einer Freimaurerloge sind, wie zahlreiche Logen selbst, verneinen eine entsprechende Ausrichtung ihrer Loge. Viele katholische Freimaurer halten das erlassene Verbot daher für nicht rechtmäßig. Auch sehen sie sich in einer Situation, in der ihnen die Mündigkeit zur eigenen Beurteilung nicht zugestanden wird.

Zu bedenken ist vor diesem Hintergrund, ob hinsichtlich der Bewertung der Freimaurerei seitens der katholischen Kirche nicht die gleichen Argumente Platz greifen könnten, die maßgeblich waren für die Aufhebung des Bücherverbots durch das Dekret der Glaubenskongregation vom 15. November 1966.[1025]
Dabei wurde das Bemühen um eine Schärfung des Gewissens der Gläubigen für wichtiger erachtet als der Erlass eines Verbotes. An die Stelle rechtlicher Vorschriften trat das mündige Gewissen der Gläubigen, ohne die Pflicht und Aufgabe der kirchlichen Autoritäten zu desavouieren, auf konkrete Abweichungen von der Glaubens- und Sittenlehre hinzuweisen.[1026]

Die historischen Argumente, die im 18., 19. und bis in die Mitte des 20. Jahrhunderts berechtigt waren, nämlich dass auch die Freimaurer Anteil am Einflussverlust der Kirche im politischen und gesellschaftlichen Bereich hatten, sind obsolet geworden, wie Franjo Kardinal Šeper es im Zuge der Codexreform selbst formuliert hat, weil es inzwischen nichts mehr gibt, was noch bekämpft werden könnte.[1027]

Dies gilt so sicher nicht in allen Staaten dieser Erde. In den Staaten aber, in denen die Trennung von Staat und Kirche vollzogen ist, ist es Sache der Kirche,

---

1024 Diese Agitation kann sich ausdrücken in der Bekämpfung kirchlicher Autoritäten, der Verfassung der Kirche oder der Orden. Seit 1975 wurden gemäß einer Stellungnahme der Glaubenskongregation auch Delikte gegen den Glauben unter dem ‚machinari contra Ecclesiam' verstanden (vgl. oben unter 10.2.3). Der Vorwurf des Glaubensdelikts sollte sich dabei nicht auf den Einzelnen beziehen, sondern auf die Ausrichtung der Vereinigung an sich. Da nach dem im Verhältnis zum CIC/1917 veränderten Kirchenbegriff des CIC/1983 jedoch nur Katholiken Adressaten des kirchlichen Strafrechts sind und somit Glaubensdelikte begehen können, kann eine im Wesen nichtkatholische Vereinigung sich nicht strafbar machen.

1025 Vgl. S.C. pro Doctrina Fidei, notificatio „Index Librorum prohibitorum vim legis ecclesiasticae amplius non habet", vom 14.06.1966, in: AAS, vol. LVIII (1966), S. 445. Vgl. dazu WILHELM REES, Der Schutz der Glaubens- und Sittenlehre durch kirchliche Gesetze. Index librorum prohibitorum. Bücherzensur. Lehrbeanstandungsverfahren. Nachkonziliare Änderungen und gegenwärtiger Rechtszustand, in: AfkKR, Bd. 160 (1991), S. 3 – 24.

1026 Vgl. ebd., S. 11 f.

1027 Vgl. oben unter 9.2, Fußnote 822.

ihrer Autoritäten und ihrer Gläubigen, die katholischen Wahrheiten, ihre Überzeugungen und Werte in aller Freiheit zu vertreten. Sache und Pflicht aller Gläubigen ist es, sich gemäß c. 212 § 1 CIC damit auseinanderzusetzen und in derselben Freiheit zu entscheiden.

Somit kann aus einem vermeintlichen Verlust an gesellschaftlichem Einfluss oder Macht ein reflektiertes Selbstbewusstsein der Kirche erwachsen, das in der Opposition nicht den Gegner, sondern den Antrieb zur eigenen Bewusstseinsbildung begreift.

Teil III Anhang

Anhang 1

THE CONSTITUTIONS OF THE FREE-MASONS

containing the History, Charges, Regulations etc. of that most Ancient and Right Worshipful Fraternity. For the use of the lodges. London 1732.

In der ins Deutsche übersetzten Fassung von Wilhelm Begemann[1028]

The Charges of a Free-Mason, extracted from The ancient Records of Lodges beyond the Sea, and of those in England, Scotland and Ireland, for the use of the Lodges in London: To be read at the making of New Brethren or when the Master shall order it.

I. Von Gott und Religion
II. Von der höhern und niederen bürgerlichen Obrigkeit
III. Von den Logen
IV. Von Meistern, Aufsehern, Genossen und Lehrlingen
V. Von der Führung der Zunft bei der Arbeit
VII. Vom Benehmen, nämlich:
  1. In der Loge, solange sie gestaltet ist
  2. Wenn die Loge zu Ende ist und die Brüder noch nicht gegangen sind
  3. Wenn die Brüder sich treffen ohne Fremde, aber nicht in der Loge
  4. In Gegenwart Fremder, die keine Maurer sind
  5. Zu Haus und in der Nachbarschaft
  6. Gegen einen fremden Bruder

I. Gott und die Religion betreffend

Ein Maurer ist durch seine Berufspflicht gehalten, dem Sittengesetz zu gehorchen; und wenn er die Kunst recht versteht, wird er nie ein törichter Gottesleugner oder ein ungläubiger Freigeist sein. Aber obwohl in den alten Zeiten die Maurer verpflichtet waren, in jedem Lande der Religion jenes Landes oder Volkes anzugehören, welche es auch war, so wird es doch jetzt für zweckmäßiger gehalten, sie nur zu derjenigen Religion zu verpflichten, in der alle Menschen übereinstimmen, indem man ihre besonderen Meinungen ihnen selbst überlässt, nämlich: gute und redliche Männer zu sein, Männer von Ehre und Rechtschaf-

1028 WILHELM BEGEMANN, Vorgeschichte und Anfänge der Freimaurerei in England, Erstes Buch: Die alten englischen Werklogen und ihre Sprösslinge; Zweites Buch: Anfänge und Weiterentwicklung der Londoner Großloge, Berlin 1909.

fenheit, durch was für Benennungen oder Überzeugungen sie sich auch unterscheiden mögen. Dadurch wird die Maurerei der Einigungspunkt und das Mittel, unter Leuten, die einander beständig hätten fremd bleiben müssen, treue Freundschaft zu stiften.

II. Von der höheren und niederen bürgerlichen Obrigkeit

Ein Maurer ist ein friedlicher Untertan der bürgerlichen Gewalten, wo er auch wohnen oder arbeiten mag, und darf sich nie bei Anschlägen oder Verschwörungen gegen den Frieden und die Wohlfahrt des Volks beteiligen, auch sich nicht unbotmäßig gegen niedere Obrigkeiten betragen; denn da die Maurerei immer durch Krieg, Blutvergießen und Unordnung geschädigt worden ist, so sind frühere Könige und Fürsten sehr geneigt gewesen, die Zunftleute wegen ihrer Friedlichkeit und Staatstreue, wodurch sie die Verleumdungen ihrer Gegner mit der Tat widerlegten, zu ermutigen, und förderten die Ehre der Brüderschaft, die immer in Friedenszeiten blühte. Wenn daher ein Bruder ein Aufrührer gegen den Staat sein sollte, darf er nicht in seiner Auflehnung unterstützt werden, so sehr man ihn als einen Unglücklichen bedauern mag; und wenn er keines anderen Verbrechens überführt ist, obwohl die staatstreue Brüderschaft seine Auflehnung verleugnen müsste und sollte, um der jeweiligen Regierung keinen Verdacht oder Grund zu politischem Misstrauen zu bieten; so kann man in nicht aus der Loge stoßen, und seine Verbindung mit ihr bleibt unauflöslich.

III. Von den Logen

Eine Loge ist ein Ort, wo Maurer sich versammeln und arbeiten; daher wird auch keine Versammlung oder gehörig eingerichtete Gesellschaft von Maurern eine Loge genannt, und jeder Bruder sollte einer angehören und sich ihren Satzungen und Allgemeinen Verordnungen unterwerfen. Sie ist entweder eine einzelne oder eine allgemeine, man lernt sie am besten kennen, wenn man sie besucht, und durch die hier angehängten Verordnungen der Allgemeinen und Großen Loge. In alten Zeiten durfte ihr kein Meister oder Genoß fern bleiben, besonders wenn er erinnert wurde zu erscheinen, ohne sich einer strengen Strafe auszusetzen, bis der Meister und die Aufseher sich überzeugten, dass reine Notwendigkeit ihn verhinderte.
Die Leute, die als Mitglieder einer Loge zugelassen werden, müssen gute und redliche Männer sein, frei geboren, von reifen und besonnenem Alter, keine Leibeigenen, keine Frauen, keine sittenlosen und anstößigen Männer, sondern von gutem Ruf.

IV. Von Meistern, Aufsehern, Genossen und Lehrlingen

Jedes Ehrenamt unter Maurern gründet sich allein auf wahren Wert und persönliches Verdienst, damit die Bauherren gut bedient, den Brüdern nicht Schande gebracht und das Königliche Handwerk nicht verachtet werden. Deshalb wird kein Meister oder Aufseher nach dem Alter gewählt, sondern nach dem Verdienst. Es ist unmöglich, diese Dinge näher schriftlich anzugeben, jeder Bruder muss an seinem Platz aufpassen und dieselben auf eine dieser Brüderschaft eigentümlichen Weise lernen; nur das mögen Bewerber wissen, dass kein Meister einen Lehrling nehmen sollte, wenn er nicht genügende Beschäftigung für ihn hat, und wenn er nicht ein vollkommener junger Mensch ist, ohne Verstümmelung oder Gebrechen an seinem Körper, die ihn unfähig machen können, die Kunst zu lernen, seines Meisters Bauherrn zu dienen, sowie zum Bruder und dann in gehöriger Zeit zum Zunftgenossen gemacht zu werden, nachdem er eben einen solchen Zeitraum von Jahren gedient hat, wie der Brauch des Landes vorschreibt; und dass er von ehrlichen Eltern abstammen sollte, damit er, wenn sonst tauglich, zu der Ehre gelangen kann, der Aufseher und dann der Meister der Loge, der Groß-Aufseher und endlich der Groß-Meister aller Logen zu sein, je nach seinem Verdienst.

Kein Bruder kann Aufseher sein, eher er den Grad eines Zunftgenossen durchgemacht hat, auch nicht Meister, ehe er als Aufseher gewirkt hat, auch nicht Groß-Aufseher, eher er Meister einer Loge gewesen ist, auch nicht Groß-Meister, wenn er nicht vor seiner Wahl Zunftgenosse gewesen ist, auch muss dieser edelgeboren sein oder ein vornehmer Mann von feinsten Sitten oder ein hervorragender Gelehrter oder ein bedeutender Baumeister oder anderer Künstler, der von ehrlichen Eltern stammt und nach der Meinung der Logen von besonders großem Verdienst ist. Und zur besseren und leichteren und ehrenvolleren Verwaltung seines Amtes hat der Groß-Meister Vollmacht, sich selbst einen Abgeordneten Groß-Meister zu wählen, der Meister einer Einzelloge sein oder gewesen sein muss, und der hat das Vorrecht, alles zu verrichten, was der Groß-Meister, sein Vorgesetzter, zu verrichten hätte, wenn der besagte Vorgesetzte nicht gegenwärtig ist oder durch ein Schreiben sich seine oberste Gewalt nicht vorbehält. Diesen höheren und niederen Leitern und Lenkern der alten Loge müssen alle Brüder in ihren betreffenden Stellungen gehorchen, gemäß den alten Pflichten und Verordnungen, in aller Ergebenheit, Ehrfurcht, Liebe und Freudigkeit.

V. Von der Führung der Zunft bei der Arbeit

Alle Maurer sollen ehrlich an Werktagen arbeiten, damit sie an Feiertagen anständig leben können, und die vom Gesetz des Landes bestimmte oder durch Herkommen festgesetzte Zeit soll beobachtet werden.

Der Geschickteste der Zunftmänner-Genossen soll als der Meister der Oberleiter bei des Bauherrn Werk gewählt oder ernannt werden, und er ist Meister zu nennen von denen, die unter ihm arbeiten. Die Zunftmänner haben jede Schimpfrede zu vermeiden und einander nicht mit beleidigenden Namen zu benennen, sondern Bruder oder Genosse; auch sollen sie sich in und außer der Loge höflich benehmen.

Der Meister, wenn er seiner Kunsttüchtigkeit gewiß ist, soll des Bauherrn Werk so preiswürdig wie möglich übernehmen und redlich dessen Vermögen verwenden, als es sein eigenes; auch soll er keinem Bruder oder Lehrling mehr Lohn geben, als er wirklich verdient.
Sowohl der Meister wie der Maurer sollen, wenn sie ihren Lohn rechtmäßig erhalten, dem Bauherrn treu sein und ihr Werk ehrlich vollenden, sie es Stückarbeit oder Tagewerk; auch sollen sie das Werk nicht in Stücklohn bringen, das herkömmlich in Tagelohn geht.
Keiner soll Neid zeigen über den Erfolg eines Bruders, auch ihn nicht verdrängen oder aus seinem Werk bringen, wenn er fähig ist, dasselbe zu vollenden; denn niemand kann eines Bauherrn Werk so sehr zu den Bauherrn Vorteil vollenden, wenn er nicht mit den Zeichnungen und Rissen dessen, der es begann, völlig vertraut ist.
Wenn ein Zunftmann-Genosse zum Aufseher des Werks unter dem Meister gewählt wird, soll er sowohl dem Meister wie den Genossen treu sein, soll sorgsam in des Meisters Abwesenheit das Werk zu des Bauherrn Vorteil beaufsichtigen, und seine Brüder sollen ihm gehorchen.
Alle beschäftigten Maurer sollen bescheiden ihren Lohn nehmen, ohne Murren oder Auflehnung, und den Meister nicht verlassen, bis das Werk vollendet ist.
Ein jüngerer Bruder soll in der Arbeit unterrichtet werden, um zu verhindern, dass er aus Mangel an Verständnis die Bausteine verderbe, sowie zur Vermehrung und Förderung der Brüderlichen Liebe.
Alle bei der Arbeit gebrauchten Werkzeuge sollen von der Groß-Loge genehmigt werden.
Kein Handlanger soll bei dem eigentlichen Werk der Maurerei beschäftigt werden; auch sollen Freie Maurer nicht mit solchen arbeiten, die nicht frei sind, ohne zwingende Notwendigkeit; auch sollen die Handlanger und nichtangenommenen Maurer nicht lehren, wie sie einen Bruder oder Genossen lehren sollten.

VI. Vom Benehmen, nämlich

1. In der Loge, solange sie gestaltet ist

Ihr sollt nicht Sonderberatungen oder getrennte Besprechung halten, ohne Erlaubnis vom Meister, auch nicht von etwas Ungehörigem oder unziemlich reden, auch nicht den Meister oder Aufseher oder einen Bruder, der zum Meister spricht, unterbrechen; auch sollt ihr keine Possen oder Scherz treiben, während die Loge mit etwas Ernstem und Feierlichem beschäftigt ist, und keine unpassenden Reden führen, unter welchem Vorwande es auch sei, sondern ihr sollt eurem Meister, euren Aufsehern und Genossen schuldige Achtung bezeigen und ihnen Ehrerbietung erweisen.
Wenn eine Klage vorgebracht wird, soll der schuldig befundene Bruder sich dem Urteil und der Entscheidung der Loge stellen, wo die eigentlichen und zuständigen Richter in allen solchen Streitigkeiten sind (wenn ihr es nicht durch Berufung an die Große Loge bringt), und denen sie vorgetragen werden sollten,

wenn nicht eines Bauherrn Werk unterdessen aufgehalten wird, in welchem Falle ein Einzelschiedsspruch bewirkt werden kann; aber ihr dürft in dem, was die Maurerei betrifft, nie vor Gericht gehen, wenn es nicht in der Loge unbedingt notwendig erscheint.

2. Benehmen, wenn die Loge zu Ende ist und die Brüder noch nicht gegangen sind

Ihr mögt euch in unschuldiger Heiterkeit erfreuen, indem ihr einander nach Vermögen bewirtet, aber ihr sollt jedes Übermaß vermeiden und keinen Bruder nötigen, über seine Neigung zu essen oder zu trinken, oder ihn am Gehen hindern, wenn seine Geschäfte ihn rufen, oder irgend etwas Anstößiges sagen oder tun, oder was eine ungezwungene und freie Unterhaltung stören kann; denn das würde unseren Einklang sprengen und unsere löblichen Zwecke vereiteln.

3. Benehmen, wenn Brüder sich treffen ohne Fremde, aber nicht in einer geöffneten Loge

Ihr habt einander in höflicher Weise zu grüßen, wie man euch unterrichten wird, idem ihr einander Bruder nennt und freimütig wechselseitige Belehrung gebt, wie sie angemessen erscheint, ohne beobachtet und belauscht zu werden, ohne Anmaßung gegeneinander oder Schmälerung der Achtung, die man jedem Bruder schuldet, wäre er auch kein Maurer; denn obwohl alle Maurer als Brüder auf derselben Waagerechten stehen, so nimmt doch die Maurerei keinem Mann die Ehre, die er zuvor besaß; sie erhöht vielmehr seine Ehre; besonders wenn er sich wohl verdient gemacht hat um die Brüderschaft, die demjenigen Ehre geben muß, dem sie gebührt, und feine Sitten vermeiden soll.

4. Benehmen in Gegenwart Fremder, die keine Maurer sind

Ihr sollt vorsichtig in euren Worten und in eurer Aufführung sein, damit der scharfsinnige Fremde nicht zu entdecken oder herauszufinden vermag, was ihm nicht anvertraut werden darf; und manchmal sollt ihr ein Gespräch ablenken und es klüglich leiten zur Ehre der ehrwürdigen Bruderschaft.

5. Benehmen zu Haus und in eurer Nachbarschaft

Ihr sollt handeln, wie es einem sittlichen und weisen Mann geziemt; besonders sollt ihr eure Familie, eure Freunde und eure Nachbarn die Angelegenheiten der Loge usw. nicht wissen lassen, sondern weislich eure eigne Ehre und die der alten Brüderschaft zu Rate ziehn, aus Gründen, die hier nicht zu erwähnen sind. Ihr müsst auch eure Gesundheit zu Rate halten, dadurch dass ihr nicht zu spät zusammen bleibt oder zu lange von Haus, nachdem die Logenstunden vorüber sind, und dadurch, dass ihr Schlemmerei und Trunkenheit vermeidet, damit ihr eure Familie nicht vernachlässigt oder schädigt, auch ihr selbst nicht untauglich zur Arbeit werdet.

6. Benehmen gegen einen fremden Bruder

Ihr sollt ihn vorsichtig prüfen, in solcher Weise, wie die Klugheit euch leiten wird, damit ihr nicht von einem unwissenden falschen Heuchler betrogen werdet, den ihr mit Verachtung und Spott zurückweisen und dem ihr euch hüten sollt, irgendwelche Winke eurer Kenntnis zu geben.

Aber wenn ihr entdeckt, dass er ein treuer und echter Bruder ist, sollt ihr ihn demgemäß achten, und wenn er in Not ist, müsst ihr ihm helfen, wenn ihr könnt, oder ihn sonst anleiten, wie er Hilfe finden kann; ihr müsst ihn einige Tage beschäftigen oder sonst ihn zur Beschäftigung empfehlen. Aber ihr seid nicht verpflichtet, über euer Vermögen zu tun, sondern nur, einen armen Bruder, der ein guter und redlicher Mann ist, allen anderen armen Leuten in denselben Verhältnissen vorzuziehen.

Zum Schluss: Alle diese Pflichten sollt ihr beobachten, wie auch diejenigen, die euch auf andre Weise werden mitgeteilt werden, idem ihr Brüderliche Liebe pflegt, den Grundstein und Schlussstein, den Kitt und Ruhm dieser alten Brüderschaft, indem ihr alles Zanken und Streiten, alles Verleumden und Afterreden vermeidet, auch anderen nicht gestattet, einen ehrlichen Bruder zu verleumden, sondern seinen Charakter verteidigt und ihm alle guten Dienste leistet, soweit es mit eurer Ehre und Wohlfahrt vereinbar ist, und nicht weiter. Und wenn einer von ihnen euch unrecht tut, müsst ihr euch an eure eigene oder an seine Loge wenden, und von da mögt ihr Berufung einlegen bei der Großen Loge in der Vierteljahrsversammlung und von da bei der jährlichen Großloge, wie das alte löbliche Verfahren unserer Vorväter bei jedem Volk gewesen ist, indem ihr immer erst dann zu einem gerichtlichen Verfahren greift, wenn der Fall anders nicht entschieden werden kann, auch geduldig hört auf den ehrlichen und freundlichen Rat von Meister und Genossen, wenn sie euch zurückhalten möchten, mit Fremden vor Gericht zu gehen, oder wenn sie euch antreiben möchten, alle Rechtshändel schnell abzumachen, damit ihr die Sache der Maurerei mit umso mehr Freudigkeit und Erfolg betreiben könnt; aber gegenüber Brüdern oder Genossen, die vor Gericht gegangen sind, sollten der Meister und die Brüder freundlich ihre Vermittlung anbieten, der sich die streitenden Brüder dankbar unterwerfen sollten; und wenn solche Unterwerfung untunlich ist, so müssen sie doch ihren Rechtstreit oder Rechtshandel ohne Zorn und Groll weiterführen (nicht in der gewöhnlichen Weise), indem sie nichts sagen oder tun, was die Brüderliche Liebe sowie die Erneuerung und Fortsetzung guter Dienste hindern kann, damit alle den wohltätigen Einfluß der Maurerei sehn mögen, wie alle echten Maurer von Anfang der Welt an getan haben und bis ans Ende der Zeiten tun werden.

Amen, so möge es sein.

Anhang II

Liste der maßgeblichen kirchlichen Verurteilungen der Freimaurer

28.04.1738 — **Clemens XII.: Bulle „In eminenti“** (CIC-Fontes, I, Nr. 299, S. 656 f.)

Verbot der Mitgliedschaft und jedweder Unterstützung bei Strafe der dem Papst vorbehaltenen Exkommunikation. Begründung: 1. Gefahr des Indifferentismus und Synkretismus; 2. Irreführung der Menschen, 3. das geheime Tun ist verdächtig und schadet der Ruhe im Gemeinwesen, 4. ein weiterer unbestimmter Grund.

14.01.1739 — **Kardinalstaatssekretär Firrao: Durchführungsbestimmungen zur Bulle „In eminenti“** (Vgl. J.A. Ferrer Benimeli, Origini, motivazioni ed effetti della condanna vaticana, in: Storia d'Italia, Annali 21, La Massoneria, A cura di Gian Mario Cazzaniga, Turin 2006, S. 143 – 165, S. 146 f.)

Verbot der Unterstützung der Freimaurerei bei Androhung der Todesstrafe, der Konfiszierung des Vermögens ohne Aussicht auf Gnade.
Begründung: Gefahr für die Ruhe im Staate und die Sicherheit der Kirche.

18.05.1751 — **Benedikt XIV.: Bulle „Providas romanorum pontificium“** (CIC – Fontes, II, Nr. 412, S. 315 – 318)

Verbot der Mitgliedschaft und jedweder Unterstützung bei Strafe der dem Papst vorbehaltenen Exkommunikation. Begründung: 1.Vermischung der Religionen stellt eine Gefahr für die Reinheit des christlichen Glaubens dar; 2. das geheime Tun ist verdächtig; 3. der zu leistende Eid; 4. kein freier Zugang; 5. Verbot der Freimaurerei auch durch weltliche Herrscher.

00.08.1814 — **Verordnung für den Kirchenstaat** (vgl. Franz Alfred Six, Freimaurerei und Christentum, Hamburg 1940, S. 43 f.)

Verbot der Mitgliedschaft und jedweder Unterstützung bei Strafe körperlicher Züchtigung und Einziehung des Vermögens.

14.09.1821 **Pius VII.: Konstitution „Ecclesiam a Iesu“** (CIC-Fontes, II, Nr. 479, S. 721 – 724)

Verbot der Mitgliedschaft und jedweder Unterstützung bei Strafe der dem Papst vorbehaltenen Exkommunikation. Verbot der Lektüre und des Besitzes von freimaurerischer Literatur.
Aufforderung zur Denunziation von Freimaurern.
Begründung: Freimaurer = Krebs und Pest der Gesellschaft.

13.03.1825 **Leo XII.: Konstitution „Quo Graviora“** (CIC-Fontes, II, Nr. 481, S. 727 – 733)

Verbot der Mitgliedschaft und jedweder Unterstützung der Geheimgesellschaften sowie Strafandrohung wegen Nichtanzeige der Mitglieder. Warnung der katholischen Fürsten vor der Freimaurerei.
Begründung: Geheimbünde bemühen sich um die Beseitigung der Religion und der weltlichen Autoritäten.

24.05.1829 **Pius VIII.: Enzyklika „Traditi Humilitati Nostrae“** (Magnum Bullarium Romanum, Continuatio, Tomus XVIII, Pii VIII., Rom 1856, photomechanischer Nachdruck, Graz 1964, S. 17 – 20)

Warnung vor den Gefahren der Geheimgesellschaften, die die jungen Menschen zu beeinflussen versuchen und zu einem zügellosen Leben verleiten.
Aufforderung zur Abwehr und Zerstörung der Geheimgesellschaften.

15.08.1832 **Gregor XVI.: Bulle „Mirari vos arbitramur“** (CIC-Fontes, II, Nr. 458, S. 744 – 752)

Verantwortlichkeit der Geheimgesellschaften für die religiösen Überzeugungen gegenüber gleichgültigen Staatsverfassungen.

09.11.1846 **Pius IX.: Enzyklika „Qui pluribus“** (CIC-Fontes, II, Nr. 504, S. 807 – 817)

Verurteilung der Geheimgesellschaften als kirchenfeindliche Gruppen mit dem Ziel der Verwüstung der Kirche und des Staates.

20.04.1849 **Pius IX.: Ansprache an die Bischöfe „Quibus Quantisque"** (CIC-Fontes, II, Nr. 507, S. 823 – 837)

Wiederholung der Verbote der Freimaurer und anderer Geheimgesellschaften und Forderung nach öffentlicher Bekanntmachung des Verbots.

08.12.1864 **Pius IX.: Enzyklika „Quanta cura"** (CIC-Fontes, II, Nr. 508, S. 837 – 849)

Warnung vor dem Einfluss der Aufklärung auf die Jugend und Anspruch auf die Gültigkeit päpstlicher Erlasse auch dort, wo die zivilen Gewalten entsprechende Gesetze nicht erlassen haben.
Ablehnung der Religions- und Gewissensfreiheit.

08.12.1864 **Pius IX.: Syllabus** (ASS, vol. III (1867), S. 168 – 176)

Verurteilung der Freimaurer.

25.09.1865 **Pius IX.: Ansprache an Kardinäle „Multiplices Inter"** (CIC-Fontes, II, Nr. 544, S. 1009 – 1012)

Erneute Verurteilung und Verbot der Freimaurerei, die sowohl offen als auch geheim gegen Kirche und Staat arbeitet, bei Beibehaltung der dem Papst vorbehaltenen Strafe der Exkommunikation.

12.10.1869 **Pius IX.: Konstitution „Apostolicae Sedis"** (CIC-Fontes, III, Nr. 552, S. 24 – 31; ASS, vol. V (1869), S. 287 – 312)

Strafrechtsnorm: Zuordnung der Mitgliedschaft bei den Freimaurern, Unterstützung und Nichtanzeige von obersten Leitern und Führern dieser und anderer verbotener, gegen die Kirche und den Staat agierenden Gesellschaften zum Katalog der dem Papst in einfacher Weise vorbehaltenen Tatstrafen der Exkommunikation.

21.11.1873 **Pius IX.: Enzyklika „Etsi multa luctuosa“** (ASS, vol. VII (1872), S. 465 – 497)

Päpstliche Warnung vor den von den Freimaurern ausgehenden Gefahren für die Kirche und Aufforderung, sich gegen die häretischen Kräfte zu wehren, von deren sozialem Engagement man sich nicht täuschen lassen solle.

20.04.1884 **Leo XIII.: Enzyklika „Humanum genus“** (ASS, vol. XVIII (1883-1884), S. 417 – 433)

Verurteilung der christ- und staatsfeindlichen Freimaurer wegen 1. Geheimnispflicht, 2. Absicht, die christliche Staatsform zu zerstören und die Freiheit der Kirche einzuschränken, 3. religiösem Indifferentismus.

Der Papst bewertet persönliches Verhalten innerhalb der Loge differenziert, sieht den Tatbestand der Mitgliedschaft in einer kirchenfeindlichen Vereinigung aber als ausreichend für den Eintritt der Strafe an.

10.05.1884 **Leo XIII.: Instructio „Ad gravissima avertenda“** (CIC-Fontes, IV, Nr. 1085, S. 415 – 419)

Einschärfung des Eintritts der Tatstrafe der Exkommunikation für alle Mitglieder der Freimaurerlogen und anderer durch Eid verpflichtenden Geheimgesellschaften.

15.10.1890 **Leo XIII.: Schreiben „Dall'alto dell'Apostolico seggio“** (ASS, vol. XXIII (1890-91), S. 193 – 206)

Aufruf zur Verteidigung der christlichen Werte gegen den Einfluss der Freimaurer auf die italienische Staatsverfassung.

08.12.1892 **Leo XIII.: Schreiben „Inimica vis“** (ASS, vol. XXV. (1892-93), S. 274 – 277)

Erneuter Aufruf an die italienischen Bischöfe, sich gegen die von den Freimaurern ausgehende Gefahr für die christliche Zivilisation zur Wehr zu setzen.

08.12.1892	**Leo XIII.: Enzyklika „Custodi di quella fede"** (AfkKR, 69 (1893), S. 148 – 157) Aufruf an das italienische Volk, sich gegen die Freimaurer als Wegbereiter des Sozialismus und Kommunismus zu wappnen.
20.06.1894	**Leo XIII.: Brief „Plaecara"** (CIC-Fontes, III, Nr. 625, S. 441 – 450) Warnung an die Fürsten und die Völker, sich die von den Freimaurern ausgehende Gefahr für Kirche und Zivilgesellschaft bewusst zu machen.
19.03.1902	**Leo XIII.: Schreiben „Annum ingressi"** (ASS, vol. XXXIV (1901-1902), S. 513 – 532) Identifizierung der Freimaurer als Urheber der Angriffe gegen die Kirche.
1917	**Pius X.: c. 2335 CIC/1917** Verbot der Mitgliedschaft in Freimaurerlogen bei der dem Papst vorbehaltenen Tatstrafe der Exkommunikation.
18.07.1974	**Kardinal Šeper: Schreiben der Kongregation für die Glaubenslehre** (AAS, vol. LXXIII (1981), S. 240 f.) Feststellung des nicht einheitlichen Erscheinungsbildes der Freimaurerei. Einschränkung des Erfüllungstatbestandes auf die gegen die Kirche agierenden Freimaurerlogen. Unbedingtes Verbot der Mitgliedschaft für Kleriker und Ordensleute.
12.04.1980	**Erklärung der Deutschen Bischofskonferenz** (Pressedienst des Sekretariats der Deutschen Bischofskonferenz, Dokumentation 10/1980 vom 12.05.1980) Mitgliedschaft in der Freimaurerei und der katholischen Kirche ist unvereinbar.

17.02.1981	**Kardinal Šeper: Erklärung der Kongregation für die Glaubenslehre** (AAS, vol. LXXIII (1981), S. 240 f.) Korrigierende Interpretation der Erklärung vom 18.07.1974 und Hinweis auf die Fortgelung des c. 2335 CIC.
26.11.1983	**Kardinal Ratzinger: Erklärung der Kongregation für die Glaubenslehre** (AAS, vol. LXXVI (1984), S. 300) Mitgliedschaft von Katholiken in Freimaurerlogen ist schwere Sünde.

Anhang III

Schreiben der Glaubenskongregation[1029]
zur Feststellung des Erscheinungsbildes der Freimaurer 1968

Em. Me (Exc. Me) Domine,

Haec Sacra Congregatio in animo habet notitias colligere de statu hodierno variarum associationum quae sub nomine massonico veniunt, sive quoad doctrinam, sive quoad practicam relationem ad religionem et Ecclesiam catholicam. Ad hunc finem rogo Eminentiam (Excellentiam) Tuam Reverendissimam, ut adiutorio utens Commissionis doctrinalis istius Conferentiae Episcopalis necnon aliorum peritorum in materia ad sequentes quaestiones praesertim respondere velit:

1. Quaenam e quales consociationes massonicae extent in territorio istius Conferentiae Episcopalis?
2. An et quibus associationibus massonicis in aliis nationibus adfilientur?
3. Quales fuerint relationes earum ad Ecclesiam catholicam?
4. Utrum hae consociationes statuta publice nota possideant et quosnam fines prospequantur?
5. Utrum aliam quoque actuositatem, in statutis minime praevisam, praesertim secretam exerceant?
6. Quid de Deo, de religione, de Ecclesia catholica sentiant?
7. Utrum membris secretum de quibusdam imponant vel iuramentum speciale exigant?
8. Quomodo verbo et facto erga Ecclesiam catholicam, eius hierarchiam et institutiones se gerant?
9. Utrum libertatem religiosam membrorum aliquo modo coarctent, aut indifferentismum religiosum foveant?
10. An et quot catholici – saltem approximative – singulis consociationibus massonicis in territorio istius Conferentiae adhaereant?
11. Qualis sit animus et sensu fidelium erga istas associationes?
12. Quomodo se gesserit et se great Sacra Hierarchia casu quo massonicus quidam ad Ecclesiam convertatur et casu quo catholicus consociationi massonicae nomen dederit; quid in specie solitum sit concedi relate ad Sacramentorum administrationem?

1029 Zitiert nach KURT BARESCH, Katholische Kirche und Freimaurerei. Ein brüderlicher Dialog 1968 bis 1983, Wien 1984.

In file velit Eminentia (Excellentia) Tua alia forte hic non considerata adiungere, necnon iudicium complexivum istius Conferentiae de tota hac quaestione exprimere.
Ne tatem inutiles illationes vel suppositiones oriantur, rogo Te ut omnes ad hunc laborem cooperantes ad necessariam discretionem invitare simulque studium ita disponere velis, ut sollicite ac sine nimia mora fiat.
De benevola collaboratione cum hac Sacra Congregatione pro bono totius Ecclesiae gratias agens, impensos aestimationis meae sensus Tibi pando meque profiteor

Eminentiae (Excellentiae) Tuae Reverendissime
addictissimum
Franciscus Card. Šeper
Praef.

Anhang IV

Erklärung der Glaubenskongregation
„De catholicis qui nomen dant associationibus massonicis“[1030]

Eminentissime Domine,

Complures Episcopi ab hac Sacra Congregatione quaesiverunt de pondere et interpretatione Canonis 2335 C.I.C. qui sub poena excommunicationis vetat catholicis nomen dare associationibus massonicis aliisve eiusdem generis.

Decursu longioris examinis huius quaestionis Sancta sedes Conferentias Episcopales quarum res particulari modo interest pluries consuluit, ut istarum associationum naturam et navitatem hodiernam necnon Episcoporum mentem melius cognosceret.

Magna tamen divergentia responsionum quae rationem reddit doversarum situationum in unaquaque natione non sinit S. Sedem mutare legilationem generalem hucusque vigentem quae igitur in vigour manet usquedum nova lex canonica a competenti Pontificia Commissione Codici iuris canonici recognoscendo publici iuris fiat.

In considerandis autem casibus particularibus prae oculis tenendum est legem poenalem strictae subesse interpretationi. Proinde tuto doceri et applicari potest opinio eorum auctorum qui tenent praedictum canonem 2335 respicere eos tantum catholicos qui nomen dant asociationibus que revera contra Ecclesiam machinantur.

Manet tamen in quocumque casu prohibitio pro clericis religiosis necnon membris Instututorum saecularium nomen dandi quibuscumque associationibus massonicis.

Que dum tecum communico, sensus profundae aestimationis meae Tibi pando atque remaneo Tibi addictissimus in Domino

Franciscus Card. Šeper, praefectus
J. Hamer, secretis

Romae, 18 iulii 1974

1030 S.C. pro Doctrina Fidei, Litt Complures episcopi, ad praesides conferentiarum episcopalium de catholicis qui nomen dant associationibus massonicis, Prot. 272/44 vom 18.07.1974, in: AAS, vol. LXXIII (1981), S. 240 f.

Anhang V

Erklärung der Deutschen Bischofskonferenz
zur Frage der Mitgliedschaft von Katholiken in der Freimaurerei[1031]

I. Ausgangslage

1. Die Gespräche

Zwischen der Katholischen Kirche und der Freimaurerei in Deutschland fanden in den Jahren 1974 bis 1980 offizielle Gespräche im Auftrag der Deutschen Bischofskonferenz und der Vereinigten Großlogen von Deutschland statt.

2. Der Auftrag

Die Deutsche Bischofskonferenz hatte der Gesprächsgruppe folgenden Auftrag gegeben:

a) Feststellung von Veränderungen innerhalb der Freimaurerei in Deutschland.

b) Prüfung der Vereinbarkeit von Zugehörigkeit zur Katholischen Kirche und gleichzeitig zur Freimaurerei.

c) Im Falle einer bejahenden Beantwortung der obigen Frage publizistische Vorbereitung der Öffentlichkeit auf die veränderte Situation.

3. Die Situation bei den Freimaurern

Die deutsche Freimaurerei ist aus der nationalsozialistischen Verfolgung ungefähr auf ein Viertel reduziert hervorgegangen; dadurch mögen Wandlungen im Hinblick auf eine gewisse Offenheit anderen gesellschaftlichen Gruppen gegenüber bewirkt worden sein.

Aufgrund dieser Situation hat sich dann auch das Interesse der Freimaurerei an einer Bereinigung ihres Verhältnisses zu den christlichen Kirchen ergeben.

4. Das Zweite Vatikanum und die Enzyklika «Ecclesium suam»

Im Zweiten Vatikanischen Konzil hat sich die Kirche aufgemacht zum Dialog mit allen Menschen «guten Willens», zum Gespräch mit jeder Gruppierung, die dazu Bereitschaft zeigt.

Diese Absicht, welche sich in verschiedenen Konzilstexten dokumentiert, hat dann Paul VI. in seine Antrittsenzyklika «Ecclesiam suam» weitergeführt, theoretisch umfassender unterbaut und praktische Richtlinien dazu gegeben. Vor

1031 BESCHLÜSSE DER DEUTSCHEN BISCHOFSKONFERENZ, Partikularnormen und weitere Gesetze, zusammengestellt, bearbeitet und herausgegeben von REINHARD WENNER, Sankt Augustin 1999, Nr. 745.

allem hat er die verschiedenen Kreise genannt, mit denen der Dialog aufzunehmen ist: angefangen in der eigenen Gemeinschaft bis hin zu denen, die nicht an Gott glauben.

Schon während des Konzils und in zunehmendem Maße danach wurde der Dialog mit der Freimaurerei für notwendig erkannt.

II. Verändertes Meinungsbild

1. Das humanitäre Anliegen

Die von der Kirche zumal im Zweiten Vaticanum geforderte richtig verstandene Freiheit des Menschen im privaten, religiösen und öffentlichen Leben ergab eine Gesprächsbasis mit der Freimaurerei, sofern sie sich in ihrer humanitären Haltung für die menschliche Freiheit verpflichtet fühlt. Ähnliches ist bezüglich des Eintretens für die Menschenrechte zu sagen.

2. Die Wohltätigkeit

Die deutsche Freimaurerei unterhält Anstalten bruderschaftlicher Hilfe und menschlicher Wohltätigkeit. Sie unternimmt Hilfsaktionen gegenüber leidenden Menschen.

Da die karitative Gesinnung und Tätigkeit wesentlich zur Kirche gehören, wurden auch hier gewisse Berührungspunkte gesehen.

3. Symbolverständnis

In unserer nüchternen Zeit suchen manche Menschen in den Symbolen und Riten der Freimaurerei eine gewisse Erfüllung sonst unbefriedigter Bedürfnisse. In der Katholischen Kirche haben Symbole und Riten ihren angestammten Platz. Von hieraus wird darum ein Berührungspunkt und eine Verständnisbasis vermutet.

4. Freimaurerische Einzelpersönlichkeiten

Die Integrität, Qualifikation, Haltung und persönliche Meinung von freimaurerischen Einzelpersönlichkeiten, die bei verschiedenen Anlässen in und außerhalb eines kirchlichen Rahmens auftraten, haben ebenfalls eine positive Meinungsbildung der Loge gegenüber begünstigt.

5. Gemeinsam gegen Materialismus

Von freimaurerischer Seite gab es immer wieder Bekundungen der Bereitschaft, den Kampf gegen die materialistische Ideologie und die sich daraus ergebenden menschenfeindlichen Konsequenzen auch gemeinsam mit den christlichen Kirchen zu führen.

6. Ein neues Verhältnis?

Vor allem die unter den obigen Nummern 1 - 5 angeführten Punkte ließen die Meinung aufkommen, die Freimaurerei habe sich so sehr gewandelt, dass die frühere Stellungnahme der Kirche überholt sei und jeder Katholik problemlos einer Freimaurerloge zugehören könne.

7. Öffentlichkeitsarbeit

Die genannte Meinung einer selbstverständlichen Vereinbarkeit der Zugehörigkeit zur Katholischen Kirche und zur Freimaurerei wurde durch eine umfangreiche Öffentlichkeitsarbeit in Form von Akademietagungen, offenen Logensitzungen, Buchpublikationen, Zeitungs- und Zeitschriftenartikeln verbreitet.

8. «Die kopernikanische Wende»

Der oben genannten Meinung kam ein gewisses, wenn auch durchaus falsches Verständnis des jüngsten Konzils entgegen, das infolge der erwähnten Öffentlichkeitsarbeit auftauchte. Nach dieser Ansicht hat das Konzil in einer wahrhaft kopernikanischen Wende den Leitbegriff einer objektiven Wahrheit in der Kirche beseitigt und durch den der menschlichen Würde ersetzt.

Es besteht demzufolge ein Verhältnis der Nähe zwischen Katholischer Kirche und Freimaurerei.

III. Die Reaktion der Kirche

1. Das Prüfungsverfahren

All die oben angeführten Unternehmungen waren nicht geeignet, die anstehenden Fragen wirklich sachgerecht zu untersuchen und zu einer fundierten und tragfähigen Antwort zu kommen.

Entscheidend sind hier nicht die Integrität, Meinung und Haltung einzelner Freimaurer, denn diese sind völlig der Subjektivität überlassen.

Um zu einer wirklich sachgerechten Prüfung der anstehenden Fragen zu kommen, war es vielmehr notwendig, das Wesen der Freimaurerei, so wie es sich in den Vereinigten Großlogen von Deutschland vorfindet, zu untersuchen.

Unabhängig von allen subjektiven Auffassungen manifestiert sich das objektive Wesen in den offiziellen Ritualien der Freimaurerei.

Deshalb wurden diese Dokumente einer sorgfältigen und langwierigen Prüfung (von 1974 - 1980) unterzogen, und zwar die Ritualien der ersten drei Grade, in deren Text die Freimaurer Einblick gewährten, wenngleich die Gespräche sich nicht nur auf die Ritualien bezogen.

2. Der unveränderte Standpunkt der Freimaurerei

Die fundamentale Infragestellung der Kirche durch die Freimaurerei hat sich nicht gewandelt. Diese Tatsache wird besonders deutlich, wenn wir zur Kenntnis nehmen, welch konkretes Selbstverständnis und welche geistige Grundlage, welche Gegenwartskonzeption und welche Zukunftsperspektive die Freimaurer sich selbst in dem erst nach Abschluss der Gespräche in diesem Jahr veröffentlichten Papier «Thesen bis zum Jahr 2000» als mutiges und kämpferisches Programm gegeben haben. Darin ist die objektive Geltung der geoffenbarten Wahrheit grundsätzlich verneint und durch diesen Indifferentismus eine Offenbarungsreligion vom Prinzip her ausgeschlossen. Schon die 1. und wohl wichtigste These besagt: «Systeme weltanschaulich-religiöser Art, die alleinige Verbindlichkeit beanspruchen können, gibt es nicht» (Das deutsche Freimaurer-Magazin «humanität» 1980, Nr. 1, Einlage nach S. 20).

3. Atmosphärische Verbesserungen - praktische Zusammenarbeit

Verbessert und verändert gegenüber früheren Jahrhunderten haben sich der Ton, die Art und die Ebene der Austragung der Differenzen. Gab es früher Feindseligkeiten und Beschimpfungen, so ist die Diskussion heute auf eine sachliche Ebene gehoben.

Betont muss auch werden, dass die Gespräche in einer guten Atmosphäre der Offenheit und Objektivität verliefen.

Verschiedene unhaltbare Vorurteile konnten ausgeräumt werden.

Die Katholische Kirche weiß sich heute zu gemeinsamem Handeln mit anderen Religions- und Weltanschauungsgemeinschaften verbunden, wenn es sich um die Verwirklichung humanitärer und karitativer Ziele handelt. Insoweit solche Ziele bei den Freimaurern im Vordergrund stehen, ist die Katholische Kirche zu gemeinsamem und unterstützendem Handeln bereit. Dadurch darf aber nicht der Eindruck entstehen, als habe die Kirche Grund, ihre warnende und ablehnende Haltung zur Freimaurerei für überholt zu halten.

4. Das Ergebnis der Gespräche

Hatten bei der schon vorausgegangenen Diskussion des ersten Grades durch die Evangelische Kirche ernste Bedenken nicht ausgeräumt werden können, so musste die Katholische Kirche bei der Überprüfung der ersten drei Grade grundlegende und unüberwindliche Gegensätze feststellen.

Die Freimaurerei hat sich in ihrem Wesen nicht gewandelt. Eine Zugehörigkeit stellt die Grundlagen der christlichen Existenz in Frage.

Die eingehenden Untersuchungen der freimaurerischen Ritualien und der freimaurerischen Wesensart, wie auch ihres heutigen unveränderten Selbstverständnisses machen deutlich:

Die gleichzeitige Zugehörigkeit zur Katholischen Kirche und zur Freimaurerei ist ausgeschlossen.

Im Folgenden werden einige der vielen Diskussionsgegenstände und Argumente aufgeführt, welche zu dem Ergebnis geführt haben. Andere nicht minder wichtige wurden von der Kommission ebenfalls erörtert.

IV. Gründe der Unvereinbarkeit

1. Die Weltanschauung der Freimaurer

Die Weltanschauung der Freimaurer ist nicht verbindlich festgelegt. Es überwiegt die humanitäre und ethische Tendenz. Die textlich festgelegten Ritualbücher mit ihren Worten und Symbolhandlungen bieten einen Vorstellungsrahmen, den der einzelne Freimaurer mit seiner persönlichen Auffassung ausfüllen kann.

Eine gemeinsame verbindliche Ideologie ist hier nicht festzustellen.

Dagegen gehört der Relativismus zur Grundüberzeugung der Freimaurer.

Das als objektive Quelle anerkannte «Internationale Freimaurer Lexikon» erklärt zu dieser Frage: «Die Freimaurerei dürfte das einzige Gebilde sein, dem es auf die Dauer gelungen ist, Ideologie und Praxis weitgehend von Dogmen freizuhalten. Die Freimaurerei kann daher als eine Bewegung aufgefasst werden, die relativistisch eingestellte Menschen zur Förderung des Humanitätsideals zusammenzufassen trachtet» (Eugen Lennhoff - Oskar Posner, Internationales Freimaurer Lexikon, Wien 1975, Sp. 1300).

Ein Subjektivismus dieser Art lässt sich mit dem Glauben an das geoffenbarte und vom Lehramt der Kirche authentisch ausgelegte Gotteswort nicht in Einklang bringen. Außerdem erzeugt er eine Grundeinstellung, welche die Haltung des Katholiken zu Wort und Handlungen im sakramentalen und sakralen Geschehen der Kirche gefährdet.

2. Der Wahrheitsbegriff der Freimaurerei

Von den Freimaurern wird die Möglichkeit objektiver Wahrheitserkenntnis verneint. Während der Verhandlungen wurde besonders an das bekannte Wort von G. E. Lessing erinnert:

«Wenn Gott in seiner Rechten alle Wahrheit und in seiner Linken den einzig immer regen Trieb nach Wahrheit, obschon mit dem Zusatz, mich immer und ewig zu irren, verschlossen hielte und spräche zu mir: <Wähle>, ich fiele ihm mit Demut in seine Linke und sagte: <Vater, gib! Die reine Wahrheit ist ja doch nur für Dich alleine!> » (G.E.Lessing, Duplik, 1977, Ges. Werke, V, 100).

Dies wurde in den Gesprächen als für die Freimaurerei signifikant bezeichnet.

Die Relativität jeder Wahrheit stellt die Basis der Freimaurerei dar. Da der Freimaurer jeden Dogmenglauben ablehnt, duldet er auch in seiner Loge kein Dogma (vgl. Dr. Th. Vogel in KNA vom 11. 2. 1960 S. 6).

Vom Freimaurer wird daher verlangt, ein freier Mann zu sein, der «keine Unterwerfung unter Dogma und Leidenschaft kennt» (Lennhoff - Posner Sp. 524f.). Das bedingt die grundsätzliche Verwerfung aller dogmatischen Positionen, die in dem Satz des Freimaurer-Lexikons zum Ausdruck kommt: «Alle Institutionen auf dogmatischer Grundlage, als deren hervorstechendste die Katholische Kirche gelten kann, üben Glaubenszwang aus» (Lennhoff - Posner, Internationales Freimaurer Lexikon 1975, Sp. 374).

Ein derartiger Wahrheitsbegriff ist vom Standpunkt weder der natürlichen Theologie noch der Offenbarungstheologie mit dem katholischen Wahrheitsbegriff vereinbar.

3. Der Religionsbegriff der Freimaurer

Das Religionsverständnis der Freimaurer ist relativistisch: alle Religionen sind konkurrierende Versuche, die letztlich unerreichbare Gotteswahrheit auszusagen. Denn dieser Gotteswahrheit angemessen ist nur die vieldeutige, der Interpretationsfähigkeit des einzelnen Maurers überlassene Sprache der maurerischen Symbole. Nicht umsonst ist der religiöse Disput innerhalb der Loge den Angehörigen der Loge streng untersagt. In den Alten Pflichten von 1723 heißt es unter I: «Der Maurer ist als Maurer verpflichtet, dem Sittengesetz zu gehorchen; und wenn er die Kunst recht versteht, wird er weder ein engstirniger Gottesleugner noch ein bindungsloser Freigeist sein.
In alten Zeiten waren die Maurer in jedem Lande zwar verpflichtet, der Religion anzugehören, die in ihrem Lande oder Volke galt, heute jedoch hält man es für ratsamer, sie nur zu der Religion zu verpflichten, in der alle Menschen übereinstimmen, und jedem seine besonderen Überzeugungen selbst zu belassen» (Die Alten Pflichten von 1723, Hamburg 1972, S. 10).

Der Begriff der Religion, «in der alle Menschen übereinstimmen», impliziert eine relativistische Religionsauffassung, die sich mit der Grundüberzeugung des Christentums nicht zur Deckung bringen lässt.

4. Der Gottesbegriff der Freimaurer

In den Ritualien findet sich der Begriff des «Grossen Baumeisters aller Welten» an zentraler Stelle. Er ist, bei allem Willen zu religionsumgreifender Offenheit, eine deistisch geprägte Konzeption.

Danach gibt es keine objektive Erkenntnis von Gott im Sinne des personalen Gottesbegriffes des Theismus. Der «Grosse Baumeister aller Welten» ist ein neutrales «Es», undefiniert und offen für jedwedes Verständnis. Jeder kann hier seine Gottesvorstellung einbringen, der Christ wie der Moslem, der Konfuzianer wie der Animist oder der Angehörige irgendeiner Religion. Der Weltenbaumeister gilt den Freimaurern nicht als Wesen im Sinne eines personalen Gottes; deshalb genügt für sie ein beliebiges religiöses Empfinden für die Anerkenntnis des «Baumeisters aller Welten».

Diese Imagination eines im deistischen Abseits thronenden Weltenbaumeisters entzieht der Gottesvorstellung des Katholiken und seiner Antwort auf den ihn väterlich-herrscherlich ansprechenden Gott den Boden.

5. Freimaurerischer Gottesbegriff und Offenbarung

Die Gottesvorstellung der Freimaurerei lässt den Gedanken an eine Selbstoffenbarung Gottes, wie er von allen Christen geglaubt und festgehalten wird, nicht zu. Eher noch wird durch die Vorstellung des «Grossen Weltenbaumeisters» das Gottesverhältnis auf eine vordeistische Position zurückgeworfen.

Ebenso steht die ausdrückliche Herleitung des Christentums von der astralen Urreligion der Babylonier und Sumerer in vollem Widerspruch zum Offenbarungsglauben (vgl. Ritual II, S. 47).

6. Die Toleranzidee der Freimaurer

Aus dem Wahrheitsbegriff leitet sich auch die spezifische Toleranzidee der Freimaurerei ab. Der Katholik versteht unter Toleranz die den Mitmenschen gegenüber geschuldete Duldsamkeit. Bei den Freimaurern jedoch herrscht die Toleranz gegenüber Ideen, wie gegensätzlich zueinander sie auch sein mögen.

Wieder ist auf Lennhoff - Posner zu verweisen:

«Aus dem Relativismus lässt sich der Standpunkt der Freimaurer zu den Problemen der Welt und Menschheit ableiten . . . Der Relativismus unterbaut die Toleranz mit Vernunftargumenten. Die Freimaurerei ist eine der Bewegungen, die vom Ausgang des Mittelalters an als Reaktion gegen die Unbedingtheit der Kirchenlehre und den politischen Absolutismus, als Reaktion gegen den Fanatismus jeder Art entstanden sind ...» (Sp. 1300).

Eine Toleranzidee dieser Art erschüttert die Haltung des Katholiken in der Glaubenstreue und in der Anerkennung des kirchlichen Lehramts.

7. Die Ritualhandlung der Freimaurer

In ausführlichen Gesprächen und Erklärungen wurden die drei Ritualien des Lehrlings-, des Gesellen- und des Meistergrades erörtert. Diese Ritualhandlungen zeigen in Wort und Symbol einen sakramentsähnlichen Charakter. Sie erwecken den Anschein, als würde hier unter Symbolhandlungen objektiv etwas den Menschen Verwandelndes bewirkt. Inhalt ist eine symbolhafte Initiation des Menschen, die ihrem ganzen Charakter nach in einer deutlichen Konkurrenz zu seiner sakramentalen Umwandlung steht.

8. Die Vervollkommnung des Menschen

Nach Ausweis der Ritualien geht es in der Freimaurerei letztlich um eine ethische und geistige Optimierung des Menschen.

Im Meisterritus heißt es: «Welche Tugenden muss ein wahrer Meister besitzen? Reinheit des Herzens, Wahrheit in Worten, Vorsicht in Handlungen, Unerschrockenheit bei unvermeidlichen Übeln und unermüdlichen Eifer, wenn es gilt, Gutes zu tun» (Ritual III, S. 66).

Hier konnte das Bedenken nicht ausgeräumt werden, dass die ethische Vervollkommnung verabsolutiert und so von der Gnade gelöst wird, dass kein Raum für die Rechtfertigung des Menschen im christlichen Verständnis bleibt.

Was sollen sakramentale Heilsvermittlung in Taufe, Busse und Eucharistie noch bewirken, wenn bereits durch die drei grundlegenden Grade die in den Ritualien ausgesagte Erleuchtung und Todesüberwindung erzielt wird?

9. Die Spiritualität der Freimaurer

Die Freimaurerei stellt an ihre Mitglieder einen Totalitätsanspruch, der ihnen eine Zugehörigkeit auf Leben und Tod abfordert. Auch wenn man davon ausgeht, dass der in den drei Graden beschrittene Weg in erster Linie das Ziel einer Bewusstseins- und Charakterbildung verfolgt, bleibt doch die Frage, ob der Sendungsanspruch der Kirche es zulässt, dass Formung solcher Art von einer ihr fremden Institution übernommen wird.

In diesem Totalitätsanspruch aber wird die Unvereinbarkeit von Freimaurerei und Katholischer Kirche besonders deutlich.

10. Unterschiedliche Richtungen innerhalb der Freimaurerei

Es gibt innerhalb der Freimaurerei neben der überwiegenden Zahl der Logen mit humanitärer, «gottgläubiger» Grundtendenz Extreme, wie die atheistische Bruderschaft des «Grand Orient de France» auf der einen Seite, der auch einige Logen in Deutschland besitzt, und der in Deutschland bestehenden «Grossen Landesloge» auf der anderen Seite. Letztere nennt sich auch «Christlicher Freimaurerorden» (vgl. Lennhoff - Posner, Sp. 1157).

Diese «christliche Freimaurerei» liegt aber keinesfalls außerhalb der freimaurerischen Grundordnung; hier wird nur eine größere Möglichkeit intendiert, Freimaurerei und subjektive christliche Gläubigkeit miteinander zu vereinen. Eine theologisch zulässige Verwirklichung muss jedoch verneint werden, weil die

Grundtatsachen der Offenbarung des menschgewordenen Gottes und seine Gemeinschaft mit den Menschen nur als mögliche Variante der freimaurerischen Weltansicht verstanden und überdies nur von einem kleinen Teil der Maurer anerkannt werden.

11. Freimaurerei und Katholische Kirche

So wichtig die Unterscheidung zwischen kirchenfreundlicher, neutraler und kirchenfeindlicher Freimaurerei auch sein mag, ist sie im vorliegenden Zusammenhang doch irreführend, denn sie legt nahe, dass für Katholiken eine Mitgliedschaft lediglich bei der kirchenfeindlichen nicht in Frage käme. Nun hat sich die Untersuchung gerade auf jene Freimaurerei erstreckt, welche der Katholischen Kirche gegenüber wohl gesonnen ist; aber selbst hier mussten die unüberwindlichen Schwierigkeiten festgestellt werden.

12. Freimaurer und Evangelische Kirche

Gespräche haben 1973 auch auf dieser Ebene stattgefunden. Die evangelischen Gesprächsteilnehmer haben in ihrer Schlusserklärung vom 13. Oktober 1973 zwar die Möglichkeit einer Doppelmitgliedschaft dem «freien Ermessen des einzelnen überlassen».

Beachtlich aber ist, was hier in Ziff. 5 festgestellt ist: «Es war für die kirchlichen Gesprächspartner nicht möglich, sich über das Ritual in seiner Bedeutung und in seiner Erlebnisqualität eine abschließende Meinung zu bilden. Dabei bewegte sie die Frage, ob das Ritualerlebnis und die Arbeit des Maurers nicht die Rechtfertigung aus Gnaden in ihrer Bedeutung für den evangelischen Christen mindern könnten» (Information Nr. 58 der Evangelischen Zentralstelle für Weltanschauungsfragen 58/74, Seite 19).

V. Abschließende Stellungnahme

Mag auch die Freimaurerei aufgrund der in der nationalsozialistischen Ära erlittenen Verfolgung eine Wandlung im Sinn einer größeren Offenheit gegenüber anderen gesellschaftlichen Gruppen durchgemacht haben, so ist sie doch in ihrer Mentalität, ihrer Grundüberzeugung und ihrer Tempelarbeit sich völlig gleich geblieben.

Die aufgezeigten Gegensätze rühren an die Grundlagen der christlichen Existenz. Die eingehenden Untersuchungen der freimaurerischen Ritualien und Geistigkeit machen deutlich: Die gleichzeitige Zugehörigkeit zur Katholischen Kirche und zur Freimaurerei ist ausgeschlossen.

Erklärung der Glaubenskongregation
„De catholicis qui nomen dant associationibus massonicis“[1032]

S. Congregatio pro Doctrina Fidei, die 19 mensis iulii anni 1974, ad aliquas conferentias episcopales epistulum, ipsis tantum directam, scriptis circa interpretationem can. 2335 CIC, qui vetat sub poena excommunications ne catholici nomen dent sectae massonicae aliisque eiusdem generis associationibus.

Quoniam praedicta epistula, publici iuris facta, locum dedit falsis et captiosis interpretationibus, haec Congregatio, sine praeiudico quoad futuram revisionem eiusdem CIC, confirmat et declarat quae sequuntur:

quod attinet ad quaestionem de qua agitur, nullo modo mutate est disciplina canonica, quae proinde totam vim suam retinet;

consêquenter neque excommunicatio neque ceterae praevisae poena abrogatae sunt;

quae in memorata epistula spectant ad interpretationem canonis, de quo agitur, accipienda sunt, sicut in propositis erat S. Congregationis, solummodo tamquam appellatio ad principia generalia de interpretatione legum poenalium pro solutione casuum singularum personarum, qui subici possunt iudicio ordinarii loci. Mens autem S. Congregationis non erat, ut demanderetur conferentiis episcopalibus facultas publice proferendi iudicium indolis generalis circa naturam associationum massonicarum quod secumferat derogations normis praedictis.

Romae, ex aedibus S. Congregationis pro Doctrina Fidei, die 17 februarii 1981

Franciscus Card. Šeper, praefectus
Fr. Hieronymus Hamer, OP,
archiepiscopus tit. Loriensis, secretarius

1032 S.C. pro Doctrina Fidei, Declaratio de canonica disciplina quae sub poena excommunicatiois vetat ne catholici nomen dent sectae masonicae aliisque eiusdem generis associationibus, vom 17.02.1981, in: AAS, vol. LXXIII (1981), S. 240 f.

Anhang VII

Erklärung der Glaubenskongregation
„Declaratio de Associationibus massonicis“[1033]

Quaestium est an mutata sit Ecclesiae sententia circa associationes massonicas propterea quod in novo Codice iuris canonici de ipsis non fit mentio expressa sicut in vetere codice.

Sacra haec Congregatio respondere valet talem circumstantiam tribuendam esse criterio in redactione adhibito, quod servatum est etiam quad alias associationes pariter silentio praetermissas eo quod in categoriis latius patentibus includebantur.

Perstat igitur immutata sententia negative Ecclesiae circa associationes massonicas, quia earum principia semper inconciliabilia habita sunt cum Ecclesiae prohibita remanet. Christifideles qui associationibus massonicis nomen dant in peccato gravi versantur et ad sacram communionem accedere non possunt.

Auctoritatibus ecclesiasticis localibus facultas non est proferendi iudicium circa naturam associationum massonicarum quod secumferat supradictae sententiae derogationem, ad mentem declarationis sacrae congregationis, die 17 februarii 1981 factae.

Hanc declarationem in conventu ordinario huius s. congregationis deliberatam, summus pontifex Ioannes Paulus pp. II, in audientia infrascripto cardinali praefecto concessa, adprobavit et publici iuris fieri iussit.

Romae, ex aedibus S. Congregationis pro Doctrina Fidei, die 26 novembris 1983

Ioseph Card. Ratzinger, praefectus
Fr. Hieronymus Hamer, OP
Archiep. Tit. Loriensis, secretarius

1033 S.C. pro Doctrina Fidei, Decl. Quaestium est: de associationibus massonicis, vom 16.11.1983, in: AAS, vol. LXXVI (1984), S. 300.

Quellen- und Literaturverzeichnis

Quellen

ACTA et DECRETA primi Concilii provinciae Sancti Bonifacii 1889, St. Boniface 1892.

ACTA et DECRETA Concilii Antequerensis I a die 8. Decembris 1892 ad diem 12. Martii 1893 Oaxacae celebrati, Romae 1894.

ACTA et DECRETA Concilii Provincialis Guadalaxarensisi Primi, a.d. 1896/97 Guadalaxarae celebrati, Romae 1898.

ACTA et DOCUMENTA Concilio Oecumenico Vaticano II Apparando: series I (Antepreparatoria), appendix vol. II, pars I, Romae 1961.

ACTA et DOCUMENTA Concilio Oecumenico Vaticano II Apparando: Series I (Antepreparatoria), vol. II, pars III, Romae 1960.

ACTA et DOCUMENTA Concilio Oecumenico Vaticano II Apparando: Series I (Antepreparatoria), vol. II, pars IV, Rom 1960.

ACTA et DOCUMENTA Concilio Oecumenico Vaticano II Apparando: Series I (Antepreparatoria), vol. II, pars VII, Rom 1961.

ACTA SYNODALIA Sacrosancti Concilii Oecumenici Vaticani II, Rom 1971, vol. I.

ACTA SYNODALIA Sacrosancti Concilii Oecumenici Vaticani II, Rom 1973, vol. II.

ACTA SYNODALIA Sacrosancti Concilii Oecumenici Vaticani II, Romae 1974, vol. III.

BENEDICT XIV., Bulle „PROVIDAS ROMANORUM PONTIFICIUM", 18.05.1751, in: CIC-Fontes, II, Nr. 412, S. 315 – 318.

BENEDICT XV., Motu proprio „CUM IURIS", 15.09.1917, in: AAS, vol. IX (1917), S. 483 f.

BESCHLÜSSE DER DEUTSCHEN BISCHOFSKONFERENZ, Partikularnormen und weitere Gesetze, zusammengestellt, bearbeitet und herausgegeben von Reinhard Wenner, Sankt Augustin 1999 ff.

BOLETIN Oficial del Estado, núm. 62, Madrid, 2 de marzo de 1940, págs. 1537-1538, abgedruckt in: José A. Ferrer Benimeli, La Masonería espagnola, S. 205 f.

CLEMENS XII., Bulle „IN EMINENTI APOSTOLATUS SPECULA", 28.04.1738, in: CIC-Fontes, I, Nr. 299, S. 656 f.

CODEX CANONUM ECCLESIARUM ORIENTALIUM, Auctoritate Ioannis Pauli PP. II promulgatus, Libreria Editrice Vaticana 1990.

CODEX IURIS CANONICI Pii X Pontificis Maximi iussu digestus Benedicti Papae XV auctoritate promulgatus, Rom 1917.

CODEX IURIS CANONICI, Praefatione, fontium annotatione et indice Analytico-alphabetico ab Emo Petro Card. Gasparri, Rom 1933.

CODEX IURIS CANONCI, Auctoritate Ioannis Pauli PP. II promulgatus, Libreria Editrice Vaticana 1983.

CODEX DES KANONISCHEN RECHTS, Lateinisch-deutsche Ausgabe mit Sachverzeichnis, Kevelaer, 5. Auflage 2001.

COLLECTIO LACENSIS, Acta et decreta sacrorum conciliorum recentiorum. 7 Bände, Freiburg i.Br. 1879 – 1890.

CONCILLII PLENARII BALTIMORENSIS II in Ecclesia Metropolitanta Baltimorensi a die 7. ad diem 21. Octobris 1866 habiti, et a Sede Apostolica Recogniti, Acta et Decreta, Baltimore 1868, S. 335 – 337.

CONCILIUM URBINATENSE, 09.06.1859, in: MANSI, Bd. 47 (1913), Sp. 851 – 966.

CONFERENZA EPISCOPALE ITALIANA, Nota in vista delle consultazioni popolari (13 marzo 1958), Roma 1958, in: Enchiridon della Conferenza Epsicopale Italiana: decreti, dichirazioni documenti pastoralai per la Chiesa Italiana, vol. 1, n. 130.

CRONISTORIA DELL'ANNO SANTO MCMXXV, Typ. Poly. Vat. 1928.

DIE ALTEN PFLICHTEN VON 1723. In neuer Übersetzung herausgegeben von der Großloge A.F.u.A.M.v.D., Hamburg 1982.

DOKUMENTATION zum Ergebnis des Dialogs Deutsche Bischofskonferenz – Vereinigte Großlogen von Deutschland 1974 – 1980, Hamburg 1980 (= Quellenkundliche Arbeit Nr. 14 der Freimaurerischen Forschungsgesellschaft Quatuor Coronati).

GASPARRI, P./SEREDI, I., Codicis Iuris Canonici Fontes, vol. I-X, Romae 1926 – 1939.

GESANGBUCH für Freimaurer, hg. von G.E. Dietrich, Altenburg 1906.

GREGOR XVI., Bulle „MIRARI VOS ARBITRAMUR“, 15.08.1832, in: CIC-Fontes, II, Nr. 458, S. 744 – 752.

GREGOR XVI., Litt. encycl. “INTER PRAECIPUAS MACHINANTIONES”, 08.05.1844, in: CIC-Fontes, II, Nr. 502, S. 797 – 804.

JOHANNES XXIII., SOLLEMNIS ALLOCUTIO, 25.01.1959, in: AAS, vol. LI (1959), S. 65 – 69.

JOHANNES PAUL II., Constitutio „PASTOR BONUS“, in: AAS, vol. LXXX (1988), S. 841 – 912.

JOHANNES PAUL II., Litt. apostol. „RECONCILIATIO ET PAENITENTIA“, 02.12.1984, in: AAS, vol. LXXVII (1985), S. 185 – 275.

JOHANNES PAUL II., Lit. encycl. „VERITATIS SPLENDOR“, 06.08.1993, AAS, vol. LXXXV (1993), S. 1159 – 1223.

KATECHISMUS DER KATHOLISCHEN KIRCHE, München – Libreria Editrice Vaticana 1993.

LEHRGESPRÄCHE II, Katechismus der Gesellen nach dem Ritual der GL.A.F.u.A.M.v.D., 3. Auflage, Bonn 1996.

LEO XII., Litt. encycl. „UBI PRIMUM“, 05.05.1824, in: Magnum Bullarium Romanum, Continuatio, Tomus XVI, Leonis XII., hg. von Andreas Barbèri, bearbeitet von Rainaldi Segreti, Rom 1854, photomechanischer Nachdruck, Graz 1964, S. 45 – 49.

LEO XII., Constitutio „QUO GRAVIORA“, 13.03.1825, in: CIC-Fontes, II, Nr. 481, S. 727 – 733.

LEO XIII., Litt. encycl. “INSTRUCTABILI DEI CONSILIO”, 21.04.1878, in: CIC-Fontes, III, Nr. 573, S. 109 – 116.

LEO XIII., Litt. encycl. „QUOD APOSTOLICI MUNERIS“, 28.12.1878, in: CIC-Fontes, III, Nr. 576, S. 125 – 132.

LEO XIII., Litt. encycl. „ARCANUM DIVINAE SAPIENTIAE“, 10.02.1880, in: ASS, vol. XII (1879/80), S. 388 – 394.

LEO XIII., Litt. encycl. „DIUTURNUM ILLUD“, 29.06.1881, in: ASS, vol. XIV (1881/82), S. 4 – 8.

LEO XIII., Litt. encycl. “HUMANUM GENUS”, 20.04.1884, in: ASS, vol. XVIII (1883-1884), S. 417 – 433.

LEO XIII., Litt. encycl. „IMMORTALE DEI“, 01.11.1885, in: ASS, vol. XVIII (1885/86), S. 162 – 175.

LEO XIII., Litt. encycl. “LIBERTAS PRAESTANTISSIMUM BONUM”, 20.06.1888, in: CIC-Fontes, III, Nr. 600, S. 295 – 311.

LEO XIII., Litt encycl. “SAPIENTIAE CHRISTIANAE”, 10.01.1890, in: CIC-Fontes, III, Nr. 605, S. 325 – 340.

LEO XIII., Litt. encyl. „DALL’ALTO DELL’APOSTOLICO SEGGIO”, 15.10.1890, in: ASS, vol. XXIII (1890-91), S. 193 – 206

LEO XIII., Epistola “INIMICA VIS“, 08.12.1892, in: ASS, vol. XXV (1892-1893), S. 274 – 277.

LEO XIII., Litt. encycl. “CUSTODI DI QUELLA FEDE“, 08.12.1892, in: CIC-Fontes, III, Nr. 616, S. 387 – 392.

LEO XIII., Epistola „PRAECLARA“, 20.06.1894, in: CIC-Fontes, III, Nr. 625, S. 441 - 450.

LEO XIII., Constitutio „OFFICIORUM AC MINERUM“, 25. Januar 1897, in: CIC-Fontes, III, Nr. 632, S. 502 – 512.

LEO XIII., Litt encycl. „SPESSE VOLTE“, 05.08.1898, in: ASS, vol. XXXI (1898-1899), S. 129 – 137.

LEO XIII., Litt. apostol. „ANNUM INGRESSI“, 19.03.1902, in: ASS, vol. XXXIV (1901-1902), S. 513 – 532.

MANSI, Joannes Dominicus, Sacrorum conciliorum nova et amplicissima collectio, 31. Bd., Florenz, Venedig 1757-1798; Neudruck und Fortsetzung hg. v. Petit, L. und Martin, J.B., 60 Bde., Paris 1899 – 1927.

ORDO EXSEQUIARUM, Typ. Pol. Vat. 1969.

PAUL VI., Constitutio “MIRIFICUS EVENTUS”, 07.12.1965, in: AAS, vol. LVII (1965), S. 945 f.

PAUL VI., Litterae apostolicae Motu Proprio Datae „Sacrae Congregationis S. Officii nomen et ordo immutantur” vom 07.12.1965, in: AAS, vol. LVII (1965), S. 952 – 955.

PAUL VI., Litt. encycl. „ECCLESIAE SANCTAE “, in: AAS, vol. LVIII (1966), S. 757 – 787.

PIUS VII., Bulle „Sollicitudo omnium ecclesiarum“, 07.08.1814, in: Magnum Bullarium Romanum, Continuatio, Tomus XIII, Pii VII., hg. von Andreas Barbèri, bearbeitet von Rainaldi Segreti, Rom 1847, photomechanischer Nachdruck, Graz 1964, S. 323 – 326.

PIUS VII., Brief an den Erzbischof von Mogilev (Russland) „MAGNO ET ACERBO“, 03.09.1816, in: DS 2710.

PIUS VII., Constitutio „ECCLESIAM A IESU“, 13.09.1821, in: CIC-Fontes, II, Nr. 479, S. 721 – 724.

PIUS VIII., Litt. encycl. “TRADITI HUMILITATI NOSTRAE”, vom 21.05.1824, in: Magnum Bullarium Romanum, Continuatio, Tomus XVIII, Pii VIII., hg. von Andreas Barbèri, bearbeitet von Rainaldi Segreti, Rom 1856, photomechanischer Nachdruck, Graz 1964, S. 17 – 20.

PIUS IX., Litt. encycl. „QUI PLURIBUS“, 09.11.1846, in: CIC-Fontes, II, Nr. 504, S. 807 – 817.

PIUS IX., Allocutio „QUIBUS QUANTISQUE“, 20.04.1849, in: CIC-Fontes, II, Nr. 507, S. 823 – 837.

PIUS IX., Epistola „NOSTIS ET NOBISCUM“, 05.12.1849, in: CIC-Fontes, II, Nr. 508, S. 837 – 849.

PIUS IX., Litt. encycl. „QUANTA CURA", 08.12.1864, in: CIC-Fontes, II, Nr. 542, S. 993 – 999.

PIUS IX., Allocutio „MULTIPLICES INTER", 25.09.1865, in: CIC-Fontes, II, Nr. 544, S. 1009 – 1012.

PIUS IX., Constitutio „APOSTOLICAE SEDIS", 12.10.1869, in: CIC-Fontes, III, Nr. 552, S. 24 – 31.

PIUS IX., Epistola „QUAMQUAM DOLORES", 29.05.1873, in: CIC-Fontes, III, Nr. 563, S. 70 – 72.

PIUS IX., Litt. encycl. "ETSI MULTA LUCTUOSA", 21.11.1873, in: ASS, vol. VII (1872), S. 465 – 497.

PIUS IX., Epistola „EXORTAE", 29.04.1876, in: CIC-Fontes, III, Nr. 571, S. 99 – 101.

PIUS X., Motu Proprio „PRAESTANTIA SCRIPTURAE", 18.11.1907, in: AAS, vol. XL (1907), S. 724 f

PIUS XI., Constitutio Apostolica „SERVATORIS IESU CHRISTI", 25.12.1925, in: AAS, vol. XVII (1925), S. 611 – 618.

PIUS XI., Litt. encycl. „DIVINI REDEMPTORIS", 19.03.1937, in: AAS, vol. XXIX (1937), S. 65 ff.

PIUS XII., Constitutio Apostolica „PER ANNUM SACRUM", 25.12.1950 in: AAS, vol. XLI (1950), S. 853 – 863.

PONTIFICIA COMMISSIO CODICI IURIS CANONCI AUTHENTICE INTERPRETANDO, Communicationes, Romae 1969 ff.

PONTIFICIA COMMISSIO CODICI IURIS CANONICI AUTHENTICE RECOGNOSCENDO, Schema legis Ecclesiae fundamentalis. Textus emendatus, Città del Vaticano 1971.

PONTIFICIA COMMISSIO CODICI IURIS CANONICI AUTHENTICE RECOGNOSCENDO, Schema documenti quo disciplina sanctionum seu poenarum in Ecclesia Latina denuo ordinatur (reservatum), Città del Vaticano 1973.

PONTIFICIA COMMISSIO CODICI IURIS CANONICI AUTHENTICE RECOGNOSCENDO, Schema canonum de modo procedendi pro tutela iurium seu processibus, Città del Vaticano 1976.

PONTIFICIA COMMISSIO CODICI IURIS CANONICI AUTHENTICE RECOGNOSCENDO, Codex iuris canonci. Schema novissimum iuxta partum commissionis emendatum atque summon pontifici praesentatum, Città del Vaticano 1982.

PONTIFICIUM CONSILIUM DE LEGUM TEXTIBUS INTERPRETANDIS, Acta et documenta Pontificiae Commissionis Codici Iuris Canonici

Recognoscendo: Congregatio Plenaria: Diebus 20-29 octobris 1981 habita, Città del Vaticano 1991.

PROTOKOLLE DER VOLLVERSAMMLUNG DER DEUTSCHEN BISCHOFSKONFERENZ

PROTOKOLLE DES STÄNDIGEN RATES DER DEUTSCHEN BISCHOFSKONFERENZ

RITUAL des Lehrlingsgrades, Friedrich Ludwig Schröders Ritual von 1801, neu herausgegeben von der Loge „Absalom zu den drei Nesseln" (nr. 1) i. Or. Hamburg, 3. Auflage, Hamburg 1975.

RITUALE ROMANUM, Pauli V., Regensburg 1891.

RITUALKUNDE der GL.A.F.u.A.M.D., Handschrift für Brüder Freimaurer, Bd. I-III, Hamburg 1971/72.

S.Cong. S.R.U. Inquisitionis, 13.07.1865, in: ASS, vol. I (1865), S. 290 – 294.

S.Cong. S.R.U. Inquisitionis, 05.08.1898, in: ASS, vol. XXX (1898/99), S. 251.

S.C. de Prop. Fide (C.G. – Scodren.), 28.11.1796, in: CIC-Fontes, VII, Nr. 4650, S. 201.

S.C. de Prop. Fide, 19.09.1867, in: CIC-Fontes, VII, Nr. 4870, S. 406.

S.C. de Prop. Fide, Litt. encycl. (ad Deleg. Ap. et Ep. Orient.), 24.09.1867, in: CIC-Fontes, VII, Nr. 4871, S. 406 f.

S.C. de Prop. Fide, Litt. encycl., 06.08.1885, in: CIC-Fontes, VII, Nr. 4910, S. 512 f.

S.C. de Prop. Fide, Litt. encyl. (Old Fellows), 10.05.1898, in: CIC-Fontes, VII, Nr. 4937, S. 543.

S.C. pro Doctrina Fidei, Notificatio „Index Librorum prohibitorum vim legis ecclesiasticae amplius non habet", 14.06.1966, in: AAS, vol. LVIII (1966), S. 445.

S.C. pro Doctrina Fidei, Litt. "Complures episcopi" ad praesides conferentiarum episcopalium de catholicis qui nomen dant associationibus massonicis, Prot. 272/44, 18.07.1974, in: AAS, vol. LXXIII (1981), S. 240 f.

S.C. pro Doctrina Fidei, Declaratio, 26.02.1975, in: Leges ecclesiasticas post Codicem iuris canonici editae, Xaverius Ochoa, vol. 5, 1973-1978, Rom 1980, n. 4360, Sp. 6991.

S.C. pro Doctrina Fidei, Litt., 17.02.1981, in: AAS, vol. LXXIII (1981), S. 240 f.

S.C. pro Doctrina Fidei, Declaratio "Quaestium est: de associationibus massonicis", 16.11.1983, in: AAS, vol. LXXVI (1984), S. 300.

S.C. pro Doctrina Fidei, Epistula de receptione communionis eucharisticae a fidelibus qui post divortium novas inierunt nuptias, in: AAS, vol. LXXXVI (1994), S. 974 – 979.

S.C.S.Off., 27.06.1838, in: CIC-Fontes, IV, Nr. 877, S. 160 f.

S.C.S.Off., (Angliae et Hiberniae), 02.07.1845, in: CIC-Fontes, IV, Nr. 896, S. 173.

S.C.S.Off., (Portus Aloisii) 01.08.1855, in: CIC-Fontes, IV, Nr. 932, S. 206 – 212.

S.C.S.Off., (Marysville) 21.08.1861, in: CIC-Fontes, IV, Nr. 967, S. 239 f.

S.C.S.Off., 05.08.1864, in: CIC-Fontes, IV, Nr. 899, S. 177.

S.C.S.Off., 30.01.1867, in: CIC-Fontes, IV., Nr. 998, S. 301 f.

S.C.S.Off., Decretum, 12.01.1870, in: CIC-Fontes IV, Nr. 1012, S. 316 f.

S.C.S.Off., 01.02.1871, in: CIC-Fontes, IV, Nr. 1014, S. 319 – 321

S.C.S.Off., Instructio, 02.07.1878, in: CIC-Fontes, IV, Nr. 1056, S. 377 ff.

S.C.S.Off., (S. Hyancinthi) 07.03.1883, in: CIC-Fontes, IV, Nr. 1080, in: S. 412.

S.C.S.Off., Instructio „AD GRAVISSIMA AVERTENDA“, 10.05.1884, in: CIC-Fontes, IV, Nr. 1085, S. 415 – 419; ASS, vol. XVII (1884/85), S. 44.

S.C.S.Off., Instructio, 19.05.1886, in: CIC-Fontes, IV, Nr. 1100, S. 428 f.

S.C.S.Off., Instructio, 15.12.1886, in: ASS, vol. XXV (1892-93), S. 63.

S.C.S.Off., Instructio, 03.08.1889, in: CIC-Fontes, IV, Nr. 1204, S. 504 f.

S.C.S.Off., 19.04.1893, in: CIC-Fontes, IV, Nr. 1162, S. 480.

S.C.S.Off., 25.05.1897, in: CIC-Fontes, IV, Nr. 1186, S. 493.

S.C.S.Off., Instructio, “CADAVERUM CREMATIONIS”, 19.06.1926, in: ASS vol. XVIII (1926), S. 282 f.

S.C.S.Off., Decretum, 20.04.1949, in: XAVERIUS OCHOA, Leges Ecclesiae, vol. 2, n. 2044, Sp. 2595 – 2596

S.C.S.Off., Decretum, 20.12.1950, in: AAS, vol. XXXXIII (1951), S. 91.

S.C.S.Off., Instructio, “PIAM ET CONSTANTEM”, 05.07.1963, in: AAS, vol. LVI (1964), S. 822 f.

S. POENIT., 10.12.1860, in: CIC-Fontes, VIII, Nr. 6426, S. 455 f.

S. POENIT., 04.08.1876, in: CIC-Fontes, VIII., Nr. 6432, S. 460.

SCHEMA DOCUMENTI quo disciplina sanctionum seu poenarum in Ecclesia Latina denuo ordinatur (= SchemaPoen/1973), Typ. Pol. Vat. 1973.

SCHEMA CODICIS IURIS CANONICI IUXTA ANIMADVERSIONES S.R.E. Cardinalium, Episcoporum Conferentiarum, Dicasteriorum Curiae Romanae, Universitatum Facultatumque ecclesiasticarum necnon Superiorum Institutorum vitae consecratae recognitum. Libreria Editrice Vaticana 1980

SYNODUS PLENARIA Hiberniae apud Thurles, 22.08.1850, in: Mansi, Bd. 44 (1911), Sp. 151 – 212.

THE CONSTITUTIONS OF THE FREE-MASONS, containing the History, Charges, Regulations etc. of that most Ancient and Right Worshipful Fraternity. For the use of the lodges. London 1732.

THE CONSTITUTION OF THE FREE-MASONS, London 5723 (1723). Reprint in: Die alten Pflichten von 1723, Hamburg 1982.

Konzilsdokumente

VATICANUM I, Dogmatische Konstitution „Dei Filius“, in: ASS, vol. V (1869/70), S. 460 – 468.

VATICANUM II, Dogmatische Konstitution „Lumen gentium“, in: AAS, vol. LVII (1965), S. 5 – 67.

VATICANUM II, Pastoralkonstitution „Gaudium et spes“, in: AAS, vol. LVIII (1966), S. 1025 – 1115.

VATICANUM II, Erklärung über die Religionsfreiheit „Dignitatis humanae“, in: AAS, vol. LVIII (1966), S. 929 – 946.

Sekundärliteratur

Lexika

BROCKHAUS, Die Enzyklopädie, in 24 Bänden, zwanzigste, überarbeitete und aktualisierte Ausgabe, Leipzig – Mannheim 1997.

DICCIONARIO de la Francmasonería, Madrid 1997.

DICTIONAIRE de la franc-maçonnerie, ed. Daniel Ligou, Paris 1987.DICTIONAIRE DE SPIRITUALITÈ, ascetique et mystique, doctrine et histoire, fondé par M. Viller, F. Cavallera, J. de Guibert, S.J., continué par A. Rayez, A. Derville et A Solignac, S.J., avec le concours d’un grand nombre de collaborateurs, 17 Bände, Paris 1937 – 1995.

DEUTSCHES FREIMAURERLEXIKON, hg. von Reinhold Dosch, Bonn 1999.

INTERNATIONALES FREIMAURERLEXIKON, unveränderter Nachdruck der Ausgabe 1932, hg. von Eugen Lennhoff und Oskar Posner, Graz 1966.

INTERNATIONALES FREIMAURERLEXIKON, hg. von Eugen Lennhoff, Oskar Posner, Dieter A. Binder, überarbeitete und erweiterte Neuauflage der Ausgabe von 1932, München 2000.

LEXIKON DER KATHOLISCHEN DOGMATIK, hg. von Wolfgang Beinert, 2. Auflage, Freiburg – Basel – Wien 1988.

LEXIKON FÜR KIRCHENRECHT UND STAATSKIRCHENRECHT, 3 Bde., hg. von Axel Freiherr von Campenhausen, Ilona Riedel-Spangenberger, P. Reinhold Sebott S.J., 2. korrigierte Auflage, Paderborn 2000 – 2004.

LEXIKON FÜR THEOLOGIE UND KIRCHE (= $LThK^2$), 2. Auflage, Bd. I-X und Register, Freiburg i.Br. 1957 – 1967.

LEXIKON FÜR THEOLOGIE UND KIRCHE (= $LThK^3$), 3. völlig neu bearbeitete Auflage, Bd. I-XI, Freiburg i.Br. 1993 – 2001.

Sammelwerke

DIE GESCHICHTE DES CHRISTENTUMS, Religion, Politik, Kultur, hg. von Jean-Marie Mayeur, Charles und Luce Pietri, André Vauchez und Marc Venard, deutsche Ausgabe hg. von Norbert Brox, Odilo Engels, Georg Kretschmar, Kurt Meier, Heribert Smolinsky, 14 Bde., Freiburg – Basel – Wien 1991 – 2004.

DIE RELIGION IN GESCHICHTE UND GEGENWART (= RGG), Handwörterbuch für Theologie und Religionswissenschaft, vierte völlig neu bearbeitete Auflage, hg. von Hans Dieter Betz, Don S. Browning, Bernd Janowski, Eberhard Jüngel, 8 Bde., Tübingen 1998 – 2005.

HANDBUCH DER KIRCHENGESCHICHTE, hg. von Hubert Jedin, 7 Bde., Freiburg i.Br. 1962 – 1979.

JONE, Heribert, Gesetzbuch der lateinischen Kirche, zweite, vermehrte und verbesserte Auflage, Bd. I., Paderborn 1950.

LEHRBUCH DES KIRCHENRECHTS. Begründet von Eduard Eichmann, fortgeführt von Klaus Mörsdorf, München – Paderborn – Wien. 1964.

MÜNSTERISCHER KOMMENTAR zum Codex Iuris Canonici, unter besonderer Berücksichtigung der Rechtslage in Deutschland, Österreich und der Schweiz, hrsg. Von Klaus Lüdicke, Essen 1986 ff.

THE CANON LAW, Letter & Spirit. A practical guide to the Code of Canon Law. Prepared by The Canon Law Society of Great Britain and Ireland in association with the Canadian Canon Law Society, ed. by Rt. Rev. Mgr Gerard Sheehy and others. Goeffrey Chapman 1995.

THE CODE OF CANON LAW. A Text and Commentary, commissioned by The Canon Law Society of America, edited by James A. Coriden, Thomas J. Green, Donald E Heintschel, New York – Mahwah 1985.

THEOLOGISCHE REALENZYKLOPÄDIE (= TRE), hg. von Gerhard Krause und Gerhard Müller, Berlin – New York 1977 ff.

WERNZ, Franz Xaver – VIDAL, Pedro, Ius Canonicum, vol. I, 2. Auflage, Romae 1952.

Hilfsmittel

CCEO – Übersetzung

Gesetzbuch der katholischen Ostkirchen, Lateinisch-deutsche Ausgabe, hg. von Libero Gerosa/Peter Krämer (Amateca Repertoria 2), Paderborn 2000.

CIC – Übersetzung

Codex des kanonischen Rechts. Lateinisch-deutsche Ausgabe. Mit Sachverzeichnis, hg. im Auftrag der Deutschen Bischofskonferenz, der Schweizer Bischofskonferenz sowie der Bischöfe von Bozen-Brixen, von Luxemburg, von Lüttich, von Metz und von Straßburg, Kevelaer, 5. Auflage 2001.

COMMENTARIO EXEGÉTICO AL CÓDIGO DE DERECHO CANÓNICO, vol. IV/1, Navarra 2001[3].

COMMUNICATIONES, hg. von der Pontificia Commissio Codici Iuris Canonici Recognoscendo, Typ. Pol. Vat. 1969 ff.

DENZINGER, Heinrich (Hrsg.), Kompendium der Glaubensbekenntnisse und kirchlichen Lehrentscheidungen, verbessert, erweitert, ins Deutsche übertragen von Peter Hünermann, 40. Auflage, Freiburg – Basel – Wien 2005.

FRIEDBERG, Emil (Hg.), Corpus Iuris Canonici, 2 Bde., Graz 1959 (= Leipzig 1879-1881).

GEORGES, Karl Ernst, Ausführliches Lateinisch-deutsches Handwörterbuch in zwei Bänden. Hannover-Leipzig, 9. Auflage 1913.

NUNTIA, hg. von der Pontificia Commissio Codici Iuris Canonci Orientalis recognoscendo, Libreria Editrice Vaticana, Città del Vaticano 1975 bis 1990.

OCHOA, Xaverius, Leges ecclesiae post Codicem iuris canonici editae, vol. V, 1973-1978, Rom 1980.

DERS., Index verborum ac locutionum Codicis Iuris Canonici, Città del Vaticano, 2. Auflage 1984.

Lexikonartikel

ALBERT, Marcel, Art. Frankreich, in: LThK³ Bd. 4, Sp. 11 – 28.

BEUTEL, Albrecht, Art. Aufklärung I. Geistesgeschichtlich, in: Religion in Geschichte und Gegenwart (= RGG), Handwörterbuch für Theologie und Religionswissenschaft, vierte völlig neu bearbeitete Auflage, hg. von Hans Dieter Betz, Don S. Browning, Bernd Janowski, Eberhard Jüngel, Bd. 1, Tübingen 1998, Sp. 930 – 942.

DERS., Art. Aufklärung II, Theologisch-kirchlich, in: RGG Bd. 1, Sp. 942 – 948.

BINDER, Dieter A., Art. Bulle, in: LThK³, Bd. 2, Sp. 778.

BRADLEY, Denis, Art. England, in: LThK³, Bd. 3, Sp. 661 – 672.

CHATELLIER, Louis, Art. Gallikanismus historisch, in: LThK³, Bd. 4, Sp. 274 – 279.

CIAFARDONE, Raffaele, Art. Aufklärung, I. Die Philosophie der Aufklärung, in: LThK³, Bd. 1, Sp. 1207 f.

COGNET, Louis, Art. Fénelon, in: Dictionaire de Spiritualité, Bd. V, Paris 1964, Sp. 151 – 170.

FORSCHNER, Maximilian, Art. Rousseau, in: LThK³, Bd. 8, Sp. 1332 f.

GATZ, Erwin, Art, Kirchenstaat, in LThK³, Bd. 6, Sp. 58 – 62.

GESTRICH, Christoph, Art. Deismus, in: Theologische Realenzyklopädie (= TRE), Berlin-New – York 1982, Bd. 9, S. 392 – 406.

HALLERMANN, Heribert, Art. Verbote, in: Lexikon für Kirchenrecht und Staatskirchenrecht, hg. von Axel Freiherr von Campenhausen, Ilona Riedel-Spangenberger, P. Reinhold Sebott S.J., Bd. 3, N-Z, Paderborn – München – Wien – Zürich 2004, S. 750 – 752.

HILDESHEIMER, Francoise, Art. Jansenismus, in: LThK³, Bd. 5, Sp. 739 – 744.

HOLLERBACH, Alexander, Art. Dignitatis humanae, in: LThK³, Bd. 3, Sp. 229.

JOMBART, E., Art. Péché, in: Dictionnaire de droit canonique, contenant tous les termes du droit canonique, hg. von Raoul Naz, Bd. 16, Interférences – Pittoni, Paris 1957, Sp. 1286.

KRAUS, Georg, Art. Natürliche Theologie, in: LThK³, Bd. 7, Sp. 677 – 681.

KREUZER, Georg, Art. Nantes, in: LThK³, Bd. 7, Sp. 634.

LAUTEL, Alain, Art. Ramsay, André Michel, in: Dictionaire de spiritualité, Bd. 13, Paris 1988, Sp. 72 – 81.

MAY, Georg, Art. Enzyklika, in: LThK³, Bd. 3, Sp. 687 f.

NEUFELD, Karl Heinz, Art. Spiritualität, in: Lexikon der katholischen Dogmatik, S. 476 – 478.

RASPE, Martin, Art. Gotik, in: LThK³, Bd. 4, Sp. 848 – 852.

PIEPMEIER, Rainer, Art. Aufklärung I, in: Theologische Realenzyklopädie, hg. von Gerhard Krause und Gerhard Müller, Bd. IV, Berlin – New York 1979, S. 575 – 594.

SCHILSON, Arno, Art. Aufklärung IV., Die Theologie in der Aufklärung, LThK³, Bd. 1, Sp. 1213 – 1216

SCHMID, Josef, Art. Bibelgesellschaften, in: LThK², Bd. 2, Sp. 346 f.

ULRICH, Lothar, Art. Erlösung und Befreiung, in: Lexikon der katholischen Dogmatik, S. 130 – 134.

WÄCHTER, Lothar, Art. Konstitution II, in: LThK³, Bd. 6, Sp. 322 f.

DERS., Art. Motu Proprio, in: LThK³ Bd. 7, Sp. 506.

WALLL De, Heinrich, Art. Feuerbestattung, I. Geschichtlich und rechtlich, in: Die Religion in Geschichte und Gegenwart (= RGG), 3. Auflage, 6 Bde und Registerband, Tübingen 1957 – 1965, Bd. 5, S. 107 f.

Weitere Literatur

ABAFI, Lajos, Geschichte der Freimaurerei in Oesterreich-Ungarn, 4 Bde., Budapest 1890 – 1893.

ADLER, Manfred, Kirche und Loge, Jestetten 1981.

AGETHEN, Manfred, Geheimbund und Utopie. Illuminaten, Freimaurer und deutsche Spätaufklärung, München 1984.

ALBERIGO, Giuseppe, Die Verurteilung der Kommunisten vom Jahre 1949, in: Concilium, Internationale Zeitschrift für Theologie, Bd. 11 (1975), S. 502 – 506.

ALGERMISSEN, Konrad, Konfessionskunde, neu bearbeitet von Heinrich Fries, Wilhelm de Vries S.J., Erwin Iserloh, Laurentius Klein, Kurt Keinath, 8. Auflage, Paderborn 1969.

APPEL, Rolf/OBERHEIDE, Jens, Freiheit, Gleichheit, Brüderlichkeit, Graz 1986.

APPEL, Rolf, Was ist Freimaurerei?, Münster 1985.

DERS., Die großen Leitideen der Freimaurerei, Münster 1986.

DERS./VORGRIMLER, Herbert, Kirche und Freimaurer im Dialog, Frankfurt a.M, 1975.

ARENTIN, Karl Otmar Freiherr von, Italien im 18. Jahrhundert, in: Handbuch der europäischen Geschichte, Bd. IV., hg. von Theodor Schieder, Stuttgart 1968, S. 585 – 633.

DERS., Papsttum und moderne Welt, München 1970.

ARNDT, Augustin S.J., Die Absolution der Freimaurer, in: Theologische Quartalsschrift, Jg. 69, Linz 1916, S. 732 – 738.

AUBERT, Roger, Dupanloup et le Syllabus, in: RHE 51/I, 79 – 142, 471 –512, 837 – 915, Louvain 1956.

AUBERT, Roger, Vaticanum I (= Geschichte der ökumenischen Konzilien, hg. von G. Dumeige und H. Bacht, Bd. XII), Mainz 1965.

DERS., Die erste Phase des katholischen Liberalismus, in: Die Kirche in der Gegenwart. Erster Halbband. Die Kirche zwischen Revolution und Restauration (= Handbuch der Kirchengeschichte, Bd. 6/1, hg. von Hubert Jedin), Freiburg – Basel – Wien, S. 320 – 347.

DERS., Die scheinbaren Erfolge der Kirche Frankreichs während des Zweiten Kaiserreichs und der „Ordre Moral“, ebd. S. 517 – 532.

DERS., Die Auseinandersetzungen zwischen Katholizismus und Liberalismus, ebd., S. 696 – 725.

DERS., L’enseignement du magistère ecclésiastique au XIXième siècle sur le libéralisme: Tolérance et communauté humaine, Tournai 1952.

AUF DEM WEGE ZUM LICHT, Die Freimaurer in Österreich – Ein historisches Porträt, Rundfunkmanuskript vom 09. Oktober 1975 (Freimaurer-Museum-Bayreuth).

AYLLON, Manuel, Historias de Masones, De El Escorial a Banesto 1577-1993, Barcelona 2001.

BAIGNET, Michael/LEIGH, Richard, The Temple an the Lodge, London 1989; dt. Ausgabe: Der Tempel und die Loge. Das geheime Erbe der Templer in der Freimaurerei, Bergisch Gladbach 1990.

BARESCH, Kurt, Katholische Kirche und Freimaurerei. Ein brüderlicher Dialog 1968 bis 1983, Wien 1984.

BARRIE-CURIEN, Viviane, Die Reformation auf den Britischen Inseln, in: Die Geschichte des Christentums, Bd. 8, Die Zeit der Konfessionen (1530-1620/30), Freiburg – Basel – Wien 1992, S. 523 – 572.

BECKMANN, Johannes, Die Französische Revolution und Pius VI., in: Die Kirche in der Gegenwart. Erster Halbband. Die Kirche zwischen Revolution und Restauration (= Handbuch der Kirchengeschichte, Bd. 6/1), Freiburg – Basel – Wien 1985, S. 13 – 59.

BEGEMANN, Wilhelm, Vorgeschichte und Anfänge der Freimaurerei in England, Erstes Buch: Die alten englischen Werklogen und ihre Sprösslinge; Zweites Buch: Anfänge und Weiterentwicklung der Londoner Großloge, Berlin 1909.

DERS., Vorgeschichte und Anfänge der Freimaurerei in Schottland, Berlin 1914.

BERESNIAK, Daniel, Symbole der Freimaurer, Augsburg 1999.

BERGEMANN, Günther, „Geheimloge P2“: Skandal oder Intrige, in: Humanität 1, 8 (1982), S. 13 – 19.

BERINGER, Franz, Die Ablässe, ihr Wesen und Gebrauch, bearbeitet von Pet. Al Steinen, 2 Bde., Paderborn 1921 f.

BERNARD, Felix, Entscheidungsfreiheit im neuen Kirchenrecht, in: Theologisch-Praktische Quartalsschrift, Bd. 133 (1985), S. 28 – 40.

BETHENCOURT, F., L'Inquisition à l'époque moderne: Espagne, Italie, Portugal, XVième – XIXième siècles, Paris 1995.

BETTINGER, Sven-Claude, „Très cher Frère“ – Die Freimaurer in Brüssel, eine einzigartige Symbiose von Wissen, Macht und Kultur, SWR 2 Literatur-Manuskriptdienst, Sendung vom 03. Juni 2007.

BEUTEL, Albrecht, Aufklärung in Deutschland, Göttingen 2006.

BIHAY, A. le, Francs-maçons parisiens du Grand Orient de France à la fin du XVIIIième siècle, 3 Bde., Paris 1966/1972.

BINDER, Dieter A., Zum Dialog zwischen katholischer Kirche und der Freimaurerei in Österreich 1968 bis 1983, in: Recht im Dienst des Menschen. Festgabe Hugo Schwendenweins zum 60. Geburtstag, hg. von Klaus Lüdicke, Hans Paarhammer, Dieter A Binder, Graz – Wien – Köln 1986, S. 61 – 77.

DERS., Katholische Kirche und Freimaurerei. Vom Dialog zur Distanz, in: Geschichte und Gegenwart 6 (1987), S. 300 – 322.

DERS., Die Freimaurer, Freiburg im Breisgau 1998. Lizenzsausgabe des Styria Verlages, Graz – Wien – Köln, Originaltitel: Die diskrete Gesellschaft. Geschichte und Symbolik der Freimaurer.

DERS., Die Freimaurer. Ursprung, Rituale und Ziele einer diskreten Gesellschaft, Freiburg – Basel – Wien 1998.

DERS., Freimaurerei als Erziehung zum Gentleman, in: Ojnikov Zbornik, Festschrift für Stanislava Ojnika, hg. von Borut Holcman und Franci Ramsak, S. 91 – 116, Maribor 2002.

DERS., Die diskrete Gesellschaft, Geschichte und Symbolik der Freimaurer, Innsbruck 2004³.

BINDING, Günther, Baubetrieb im Mittelalter, Darmstadt 1993.

BLUNTSCHLI, Johann Caspar, Rundschreiben der Loge Ruprecht zu den fünf Rosen in Heidelberg vom 14.10.1865, in: Ders., Denkwürdiges aus meinem Leben, Bd. 3, Nördlingen 1884, S. 122 – 129.

BOKOR, Charles von, Winkelmaß und Zirkel, Die Geschichte der Freimaurer, Wien – München 1980.

BÖTTNER, Friedrich John, Zersplitterung und Einigung. 225 Jahre Geschichte der deutschen Freimaurer. Hg. von der Loge „Absalom zu den drei Nesseln“ (Nr. 1) in Hamburg aus Anlass ihres 225jährigen Bestehens am 06. Dezember 1962. Hamburg 1962.

BOOS, H., Geschichte der Freimaurerei. Ein Beitrag zur Kultur- und Literaturgeschichte des 18. Jahrhunderts, Aarau 1906, Neudruck 1962.

BRANDMÜLLER, Walter, Briefe um das I. Vaticanum, Aus der Korrespondenz des Konzilssekretärs Bischof Feßler von St. Pölten, 1869 – 1872, Paderborn – München – Wien – Zürich 2005.

BRAUN, Christian, Zur Sprache der Freimaurerei. Eine textsortenspezifische lexikalisch-semantische Untersuchung (= Berliner Sprachwissenschaftliche Studien, Bd. 5) Berlin 2004.

BRÖCKER, Carl, Freimaurer-Logen Deutschlands von 1737 bis einschließlich 1893, Nachdruck der Ausgabe 1894, Osnabrück 1984.

BRÜCK, Heinrich, Die geheimen Gesellschaften in Spanien und ihre Stellung zu Kirche und Staat, Mainz 1881.

BUSCHKÜHL, Matthias, Die irische, schottische und römische Frage, St. Ottilien 1980.

CAPRILE, Giovanni, La recente „Dichiarazione sull'appartenenza alla Massoneria, in: Civiltà cattolica, Bd. 132 (1981) – I, S. 159.

CHABOD, Federico, Italien – Europa, Studien zur Geschichte Italiens im 19. und 20. Jahrhundert, Göttingen 1962.

CHEVALLIER, Pierre, Histoire de la Franc-Maçonnerie francaise, 3 vol., Fayard 1976.

CLEVE, Jürgen, Die Interpretation des c. 915 CIC im Kontext der fundamentalen Pflichten und Rechte aller Gläubigen, in: Theologia et ius canonicum, Festgabe für Heribert Heinemann zur Vollendung seines 70. Lebensjahres, hg. von Heinrich J.F. Reinhardt, Essen 1995, S. 385 – 396.

COGNET, Louis, Das kirchliche Leben in Frankreich, in: Die Kirche im Zeitalter des Absolutismus und der Aufklärung (= Handbuch der Kirchengeschichte, Bd. 5), Freiburg – Basel – Wien 1985, S. 3 – 119.

CONTI, Fulvio, Storia della massoneria italiana. Dal Risorgimento al facismo, Bologna 2003.

CORBIÈRE, Emilio J., La Masoneria, Ed. Sudamericana, Buenos Aires 1998.

COUTURA, Johel, Le parfait Maçon. Les debuts de la maçonnerie francaise (1736-1748), Saint-Ètienne 1994.

CREUS, Johann, Leichenbeerdigung und Leichenverbrennung. Eine historische, wirtschaftliche und medizinische Abhandlung. Aus dem Spanischen übersetzt von Ludwig Schütz, Paderborn 1879.

CUCCIA, Andrea, Più luce!: gli aspetti massonici nella vita e nelle opere di Johann Wolfgang Goethe, Soveria Mannelli 2007.

D'ALEMA, Giuseppe, Der aufhaltsame Aufstieg der Loge P2, Reinheim (ohne Jahr).

DAMBERG, Wilhelm, Wende nach Innen? Katholizismus und Diktatur, in: Sozialer Protestantismus im Nationalsozialismus: diakonische und christlich-soziale Verbände unter der Herrschaft des Nationalsozialismus. Hg. von Norbert Friedrich und Traugott Jähnichen, Münster 2003, S. 155 – 166.

DERS., Pfarrgemeinden und katholische Verbände vor dem Konzil, in: Zweites Vatikanum – vergessene Anstöße, gegenwärtige Fortschreibungen, hg. von Günther Wassilowsky (= Quaestiones disputatae Bd. 207), Freiburg i.Br. 2004, S. 9 – 30.

DERS., Katholiken in den USA und Deutschland. Kirche, Gesellschaft und Politik, hg. von Wilhelm Damberg und Antonius Liedhegener, Münster 2006, S. 132 – 144.

DEMOTT, Bobby J., Freemasonry in American culture and society, Lanham u.a., University Press of America 1986.

DENHAM, Thomas, The Temporal goverment of the Pope's State, London 1788.

DENISART, J.B., Collection de décisions nouvelles et de notions relatives à la jurisprudence, Paris 1764.

DI BERNARDO, Giuliano, Die Freimaurer und ihr Menschenbild: Über die Philosophie der Freimaurer, (aus dem Italienischen übersetzt von Walter Hess), Wien 1989.

DERS., Die neue Utopie der Freimaurer, Wien 1997.

DIERICKX, Michel S.J., Freimaurerei, die große Unbekannte, ein Versuch zu Einsicht und Würdigung, dt. übersetzt von H.W. Lorenz, Innsbruck – Wien 1999.

DOMPNIER, Bernard, Frankreich, in: Geschichte des Christentums, Bd. 9, Das Zeitalter der Vernunft (1620/30-1750), Freiburg – Basel – Wien 1998, S. 117 – 142.

DONOUGH, Elisabeth Mc, A Novus Habitus for Sanctions in the Church, in: Jurist, Bd. 47 (1988), S. 727 – 746.

DOTZAUER, Winfried, Quellen zur Geschichte der deutschen Freimaurerei im 18. Jahrhundert, Frankfurt am Main 1991.

DREYER, Siegbert, England und die Freimaurer, Berlin 1940.

DUCHAINE, Paul, La Franc-maçonnerie belge au XVIIIième siècle, Brüssel 1911.

DÜLMEN, Richard van, Die Gesellschaft der Aufklärer. Zur bürgerlichen Emanzipation und aufklärerischen Kultur in Deutschland, Frankfurt am Main 1986.

DERS., Kultur und Alltag der frühen Neuzeit. Dritter Band: Religion, Magie, Aufklärung 16. – 18. Jahrhundert, München 1994.

DUNN, John, Lockes Konzeption von Toleranz, in: John Locke und Immanuel Kant, Historische Rezeption und gegenwärtige Relevanz (= Philosophische Schriften, Bd. 3, hg. von Martyn P. Thompson), Berlin 1999, S. 16 – 39.

EICHMANN, Eduard, Gottlosenbünde und das Kirchenrecht, in: Theologie und Glaube, Zeitschrift für den katholischen Klerus, 27 (1935), Paderborn 1935, S. 310 – 322.

ELM, Veit, Die Moderne und der Kirchenstaat, Aufklärung und römisch-katholische Staatlichkeit im Urteil der Geschichtsschreibung vom 18. Jahrhundert bis zur Postmoderne, Berlin 2001.

ENDLER, Renate, Geschichte der beschlagnahmten Archive deutscher Freimaurerlogen, in: Joachim Berger/Klaus-Jürgen Grün (Hrsg.), Geheime Gesellschaft, Weimar und die deutsche Freimaurerei, München – Wien 2002, S. 337 – 343.

ENDRES, Franz Carl, Die Symbole der Freimaurer, Hamburg 1977.

ERDÖ, Péter, Die Quellen des Kirchenrechts (= Adnotationes in Ius Canonicum, Bd. 23), Frankfurt am Main 2002.

ESPOSITO, Rosario F., La massoneria e l'Italia: dal 1800 ai nostri giorni, Roma, Edizione Paoline, 1979.

FAUCHER, Jean-André/RICKER, Achille, Histoire de la franc-maçonnerie, Paris, Nouvelles Éditions Latines, 1968.

FAY, B., La Franc-Maçonnerie et la révolution intellectuelle du XVIIIième Siècle, Paris 1935.

FEDDERSEN, Klaus C., Quellenkundliche Arbeit No. 16 der Forschungsloge Quatuor Coronati, Bayreuth 1987.

DERS., Constitutionen, Statuten und Ordensregeln der Freimaurer in England, Frankreich, Deutschland und Skandinavien. Eine historische Quellenstudie aus den Constitutionen der freimaurerischen Systeme, insbesondere zu religiösen und christlichen Traditionen in der Freimaurerei, Wiesbaden 1989.

FERRER BENIMELI, José A., Rom und die Verfolgung der Freimaurer in Österreich (1743-1744), in: Beförderer der Aufklärung in Mittel und Osteuropa, Freimaurer, Gesellschaften, Clubs, hg. von Eva H. Balazs, Ludwig Hammermayer, Hans Wagner und Jerzy Wojtowicz (= Studien zur Geschichte der Kulturbeziehungen in Mittel- und Osteuropa, Bd. V) Berlin 1979, S. 87 – 102.

DERS., La Masonería en la España del Siglo XIX, Bd. II, Salamanca 1985.

DERS., Maçoneria espanyola: mite i realitat, in: Maçoneria i educacio a Espanya, hg. von der Fundació caixa de pensions, Barcelona 1986, S. 15 – 67.

DERS., La Masonería Espanola, La Historia en sus textos, Madrid 1996.

DERS., Origini, motivazioni ed effetti della condanna vaticana, in: Storia d'Italia, Annali 21, La Massoneria, A cura di Gian Mario Cazzaniga, Turin 2006, S. 143 – 165.

DERS., und CAPRILE, Giovanni, Massoneria e Chiesa Cattolica - ieri, oggi e domani, Rom 1979.

FITSCHEN, Klaus, Der Katholizismus von 1648 bis 1879 (= Kirchengeschichte in Einzeldarstellungen, III/8), hg. von Ulrich Gäbler, Gert Haendler und Joachim Rogge, Leipzig 1997.

FOSCHI, Enrico, La Massoneria nella storia politica d'Italia, Dalle Origini al primo governo a guida massonica e alla politica della Loggia Universo, Città di Castello 1999.

FRANCOVICH, Carlo, Storia della massoneria in Italia della origini alle rivolutione francese, Florenz 1975.

FRANKE, Karl Heinz, Militär- und Feldlogen des 18., 19. und 20. Jahrhunderts, in: Quatuor Coronati, Bd. 3 (1976), S. 87 – 98.

FRANTIS, Alfred, Beitrag zur Entwicklung der Hochgradsysteme in Mitteleuropa im 18. Jahrhundert, in: Quatuor Coronati, Bd. 20 (1983), S. 87 – 98.

Die Freimaurerei in der Schweiz. Buch der Jahrhundertfeier, Zürich 1944.

FÜRST, Carl Gerold, Der Strafrechtsentwurf der Kodexkommission, in: Concilium, Bd. 11 (1975), S. 490 – 494.

GABRIELI, Giuseppe, Massoneria e Carboneria nel Regno di Napoli, Rom 1982.

GADILLE, Jaques, Politische Freiheiten – Soziale Frage, in: Die Geschichte des Christentums, Bd. 11, Liberalismus, Industriealisierung, Expansion Europas (1830-1914), Freiburg i.Br., 1997, S. 10 – 39.

GEPPERT, Ernst-Günther, die Herkunft die Gründer die Namen der Freimaurerlogen in Deutschland seit 1737 (= Quellenkindliche Arbeit Nr. 8 der Freimaurerischen Forschungsgesellschaft Quatuor Coronati), Hamburg 1976.

GERICKE, Wolfgang, Theologie und Kirche im Zeitalter der Aufklärung, (= Kirchengeschichte in Einzeldarstellungen; 3,2), Berlin 1989.

GERLACH, Karlheinz, Berliner Freimaurerreden 1743 – 1804 (= Schriftenreihe der Internationalen Forschungsstelle „Demokratische Bewegungen in Mitteleuropa 1770-1850", hg. von Helmut Reinalter, Bd. 22), Frankfurt am Main 1996.

DERS., Österreichische und preußische Freimaurer im Jahrhundert der Aufklärung 1731/1738-1795/1806, in: Aufklärung, Freimaurerei und Demokratie im Diskurs der Moderne, Festschrift zum 60. Geburtstag von Helmut Reinalter, hg. von Michael Fischer, Marita Gilli, Manfred Jochum und Anton Pelinka (= Schriftenreihe der Internationalen Forschungsstelle „Demokratische Bewegungen in Mitteleuropa 1770-1850", Bd. 36), Frankfurt am Main 2003 S. 229 – 273.

GEROSA, Libero, Exkommunikation und freier Glaubensungehorsam, Paderborn 1995.

GESCHICHTE des Schicksals der Freymäurer zu Neapel, ohne Namen, Frankfurt 1779.

GESCHICHTE der Kirche, 5 Bände, hrsg. v. L.J. Rogier, R. Aubert und M.D. Knowles, Einsiedeln – Zürich – Köln, 1963 – 1977.

GIESE, Alexander, Die Freimaurer, Wien – Köln – Weimar 1998.

DERS., Freimaurer heute. Lebens- und Geisteshaltung, Böhlau 2007.

GOELLER, Tom, Freimaurer. Aufklärung eines Mythos, Berlin 2006.

GÖSSLING, Andreas, Die Freimaurer. Weltverschwörer oder Menschenfreunde?, München 2007.

GOULD, R.F., The History of Freemasonry, 6 Bände, London 1884/87, überarbeitet von POOLE, H., vier Bände, London 1951.

GRAINHA, Manuel Carlos, História da Franco-Maçonaria em Portugal, 1733-1912, Lisboa 1976.

GROSSMANN, Gerhard/SCHMIDT, Alfred, Thesen bis zum Jahr 2000, Beihefter zur Humanität Nr. 1/1980.

GROTE, Heiner, Was verlautbart Rom wie?, Eine Dokumentenkunde für die Praxis, Göttingen, 1995.

GRUBER, Hermann, Zweihundert Jahre Freimaurerei im Lichte des freimaurerischen Grundgesetzes von 1723, in: Stimmen der Zeit. Katholische Monatsschrift für das Geistesleben der Gegenwart, Bd. 93 (1917), Freiburg i.Br., S. 251 – 278.

GRÜTER, Thomas, Freimaurer, Illuminaten und andere Verschwörer, München 2006.

HALES, E.E.Y., Papst Pius IX., Politik und Religion, Graz – Wien – Köln 1957.

HAMMACHER, Klaus, Kritische Überlegungen zum Humanitätsbegriff, in: Quatuor Coronati, Bd. 20 (1983), S. 307 – 310.

HAMMERMAYER, Ludwig, Zur Geschichte der europäischen Freimaurerei und der Geheimgesellschaften im 18. Jahrhundert, in: Beförderer der Aufklärung in Mittel- und Osteuropa. Freimaurer, Gesellschaften, Clubs, hg. von Eva H. Balasz, Ludwig Hammermayer, Hans Wagner und Jerzey Wojtowicz (= Studien zur Geschichte der Kulturbeziehungen in Mittel- und Osteuropa Bd. V), Berlin 1979, S. 9 – 68.

DERS., Der Wilhelmsbader Freimaurer-Konvent von 1782. Ein Höhe- und Wendepunkt in der Geschichte der deutschen und europäischen Geheimgesellschaften, Heidelberg 1980.

HAMILL, John, The Craft. A History of English Freemasonry, London 1986.

HARWOOD, Jeremy Die Freimaurer: Zeremonien, Zeichen, Symbole und Riten, Wien 2007.

HASSELMANN, Kristiane, Identität – Verwandlung – Darstellung, Das Freimaurer-Ritual als Cultural Performance, (= Quellen und Darstellungen zur europäischen Freimaurerei, Bd. 2, hg. von Helmut Reinalter), Innsbruck 2002.

DIES., Die Rituale der Freimaurer. Performative Grundlegungen eines bürgerlichen Habitus im 18. Jahrhundert, Bielefeld 2007.

HAYDON, Colin, Anti-Catholicism in eighteenth-century England, c. 1714-80, Manchester and New York 1993.

HEIDELOFF, Carl, Die Bauhütte des Mittelalters in Deutschland. Eine kurzgefasste geschichtliche Darstellung, Nürnberg 1844.

HEIN, Erich, Geheime Gesellschaften in alter und neuer Zeit, ihre Organisation, ihre Zwecke und Ziele, mit besonderer Berücksichtigung der Freimaurer- und Odd-Fellowlogen, des Druiden- und Illuminatenordens, Leipzig 1913.

HEINEMANN, Heribert, Die rechtliche Stellung der nichtkatholischen Christen und ihre Wiederversöhnung mit der Kirche (= MthStkan, Bd. 20), München 1964, S. 70 ff.

HENDRIKS. Jan W.M., „Ad sacram communionem ne admittantur". Adnotationes in Canon 915, in: PerRMCL, Bd. 79, (1990), S. 163 – 176.

HENKEL, Willi, Die Konzilien in Lateinamerika, Teil I, Mexico 1555-1897, Paderborn 1984.

„Het Huis van Oranje en de Nederlandsche Orde von Vrijmetselaren", Festschrift anlässlich der Hochzeit der Prinzessin Juliana mit dem Prinzen Bernhard von Lippe-Biesterfeld, S-Gravenhage 1937.

HIEROLD, Alfred E., Katholische Kirche und Freimaurerei, Anmerkungen zu einer Erklärung der Kongregation für die Glaubenslehre, in: Münchener Theologische Zeitschrift, Bd. 37 (1986), S. 87 – 96.

HIERONIMUS, Ekkehard, Leo Taxil. Ein Beitrag zur Geschichte der Antifreimaurerei, in: Quatuor Coronati, Bd. 13 (1976), S. 99 – 118.

HILLING, Nikolaus, Über die authentische Interpretation des Codex Iuris Canonici, in: AfkKR 124 (1950), S. 479 – 482.

HINSCHIUS, Paul, Das Kirchenrecht der Katholiken und Protestanten in Deutschland, 6 Bände, unveränderter Nachdruck der seit 1869 erschienen Ausgabe, Graz 1959.

HOEDE, Roland und BERGER, Joachim, Freimaurerei nach 1945, Einführung, in: Joachim Berger und Klaus-Jürgen Grün (Hrsg.), Geheime Gesellschaft, Weimar und die deutsche Freimaurerei, München – Wien 2002, S. 335 – 337.

HÖHMANN, Hans-Hermann, Freimaurerei und gesellschaftliche Gegenwart: Umfeld, Identität, Perspektiven, in: Joachim Berger und Klaus-Jürgen Grün (Hrsg.), Geheime Gesellschaft, Weimar und die deutsche Freimaurerei, München – Wien 2002, S. 343 – 350.

HOLLWECK, Joseph, Die Kirchlichen Strafgesetze, Mainz 1899.

HOLTORF, Jürgen, Die Logen der Freimaurer, München, ohne Jahr.

DERS., Die verschwiegene Bruderschaft. Freimaurer-Logen: Legende und Wirklichkeit, Hamburg 1984.

HORNEFFER, August, Das Brauchtum der Freimaurer. Sinn und Werte unserer Symbole, Hamburg 1954.

DERS., Sinn und Wert der Symbole, Hamburg 1981.

HORNEFFER, Klaus, Der Meistergrad, Bonn ohne Jahr.

DERS., Die Aufnahmehandlung, Hamburg 1976.

HOWE, Ellic, The Collapse of Freemasonry in Nazi Germany 1933-35, in: AQC (= Ars Quatuor Coronatum), Bd. 45, 1982, S. 21 – 326.

HUGHAN, William James, The jacobite Lodge at Rome, 1735-1737, Leicester 1910.

HUYSMANS, R.G.W., Novum Commentarium Lovaniense in Codicem Iuris Canonci, Liber VI, Kerkelijk strafrecht. Sancties in de Kerk, Leuven 2005, S. 274 – 277.

IM HOF, Ulrich, Das Europa der Aufklärung, München 1995².

IMHOF, Gottlieb, Kleine Werklehre der Freimaurerei, 3 Bde., Zürich 1960, 1961 und 1966.

JACOBS, Manfred, Die Kirchengeschichte Südamerikas spanischer Zunge, in: Die Kirche in ihrer Geschichte. Ein Handbuch, hg. von Kurt Dietrich Schmidt und Ernst Wolf, Bd. 4, Göttingen 1963, S. 35 – 63.

JAYNE, Allen, Jefferson's Declaration of Independence. Origins, Philosophy and Theology, Kentucky 1998.

JENKINS, Ronny E., The evolution of the church's prohibition against catholic membership in freemasonry, in: The Jurist, Bd. 56 (1997), S. 735 – 755.

JOHNSON, Melvin Maynard, The Beginnings of Freemasonry in America; containing a reference to all that is known of freemasonry in the Western hemisphere prior 1750, New York 1924.

JONES, Bernhard E., Freemasons guide and compendium, London 1965.

KANT, Immanuel, Beantwortung der Frage: Was ist Aufklärung?, in: Berlinische Monatsschrift, hg. v. F. Gedike und J.E. Biester, II/1784, Berlin 1784, S. 481 – 494.

KEHL, Alois, Warum Dialog zwischen Katholiken und Freimaurern, Hamburg 1978.

KETTELER, Wilhelm Emanuel Freiherr von, Bischof von Mainz, Freiheit, Autorität und Kirche, Erörterungen über die großen Probleme der Gegenwart, Mainz 1862.

DERS., Kann ein gläubiger Christ Freimaurer sein? Antwort an den Herrn Dr. Rudolph Seydel,, in: Schriften, Aufsätze und Reden, 1848-1866, bearbeitet von Erwin Iserlo, Christoph Stoll, Emil Valasek, Norbert Jäger, Mainz 1977, S. 631 – 684.

KHEGEL, Alain de, La franc-macconerie en Amérique du Nord, Paris 2002.

KISCHKE, Horst, Die Freimaurer. Fiktion, Realität und Perspektiven, Taschenbuchausgabe, München 1999.

KLINGENSTEIN, Grete, Österreich und Europa 1780, in: Österreich im Europa der Aufklärung, Kontinuität und Zäsur in Europa zur Zeit Maria Theresias und Josephs II. Internationales Symposion in Wien 20 .– 23. Oktober 1980, Bd. I, Wien 1985, S. 19 – 27.

KLOSS, Georg, Geschichte der Freimaurerei in England, Irland und Schottland aus ächten Urkunden dargestellt (1685-1784) nebst einer Abhandlung über die Ancient Masons, unveränderter Nachdruck der 1852-1853 erschienen Ausgabe, Graz 1971.

DERS., Geschichte der Freimaurerei in Frankreich aus ächten Urkunden dargestellt (1725-1839), zwei Bände, unveränderter Nachdruck der 1852-1853 erschienen Ausgabe, Graz 1971.

KNEISNER, Friedrich, Geschichte der deutschen Freimaurerei, Berlin 1912.

KNOOP, Douglas/JONES, Gwilym P., The Genesis of Freemasonry = Publications of the University of Manchester, Bd. 299, Manchester 1948. Deutsche Übersetzung: Die Genesis der Freimaurerei. Ein Bericht vom Ursprung und der Entwicklung der Freimaurerei in ihren operativen, angenommenen und spekulativen Phasen, Bayreuth 1968).

KOCH, Adrienne, The Philosophy of Thomas Jefferson, Gloucester MA 1957.

KÖHLER, Oskar, Die Aufklärung, in: Die Kirche im Zeitalter des Absolutismus und der Aufklärung (= Handbuch der Kirchengeschichte, hg. von Hubert Jedin, Bd. 5), Freiburg – Basel – Wien 1985, S. 368 – 408.

KÖNEKE, Horst Rudolf, Freimaurerlogen, Die letzten Mysterienbünde, Delmenhorst 1998.

KÖNIG, Franz, Offen für Gott – Offen für die Welt, Kirche im Dialog, Freiburg – Basel – Wien 2006.

KOSELLECK, Reinhardt, Kritik und Krise, Eine Studie zur Pathogenese der bürgerlichen Welt, 6. Auflage, Frankfurt am Main 1989.

KRÄMER, Peter, Kirchenrecht I. Wort-Sakrament-Charisma, Stuttgart – Berlin – Köln 1992.

KRAUS, Michael, Die Freimaurer, Salzburg 2007.

KRIVANEC, Ernst, Die österreichische Freimaurerei im 18. Jahrhundert, in: Österreichische Freimaurerlogen, S. 12 – 14.

DERS:, Humanität und Toleranz. Österreichische Freimaurerlogen im 18. Jahrhundert, in: Österreichische Freimaurerlogen, S. 14 – 18.

KRÜGER, G., Der Antifreimaurer-Beschluß der Katholischen Deutschen Bischofskonferenz. Aktuell und geschichtlich gesehen. Vertrauliche Handschrift für Brr. Stuhlmeister und Redner, Hannover 1981 (Manuskript im Freimaurer-Museum Bayreuth).

KUÈES, Gustav R., Die Vorgeschichte der Freimaurerei im Lichte der englischen Forschung, Hamburg o. J., (Die Blaue Reihe 11).

DERS./SCHEICHELBAUER Bernhard, 200 Jahre Freimaurerei in Österreich, Wien 1959.

LACHMANN, Heinrich, Geschichte und Gebräuche der maurerischen Hochgrade und Hochgrad-Systeme, Braunschweig 1866.

LAMER, Reinhard, Die Freimaurer in Österreich, Weg und Schicksal der königlichen Kunst, Innsbruck – Wien – München – Bozen 2001.

LANIK, Monika/WIDMANN, Helga, Frauen und Freimaurerei. Feminine Freimaurerei in Deutschland im Spiegel ihrer Entwicklung, in: Quatuor Coronati, Jahrbuch 40/2003, S. 103 – 119.

LAZZARI, Eugenio, L'ideologia massonica nella vita e nella musica di Mozart, Foggia 2007.

LEA, Henry Charles, Geschichte der Spanischen Inquisition, deutsch bearbeitet von Prosper Müllendorff, Bd. 3, Leipzig 1912.

LEHNER, Alfried, Das wunderbare Wissen vom Wesen der Welt. Eine Ritualkunde für Freimaurermeister, Bonn 1993.

LENNHOFF, Eugen, Die Freimaurer. Geschichte, Wesen, Wirken und Geheimnis der königlichen Kunst, Wien 1929.

DERS., Die Freimaurer, Zürich – Leipzig – Wien 1929.

LEVESQUE, Maurice, Tableau politique, religieux et moral de Rome et des états ecclésiastiques, Paris 1791.

LEVY, Leonard W., Origins of the Bill of Rights, Harrisonburg 1999.

LIGOU, Daniel, Frédéric Desmons et la Franc-Maçonnerie sous la IIIème République, Paris 1966.

DERS, La franc-maçonnerie, Paris, Presses Universitaires de France, 1977.

DERS., Hrsg., Histoire de Francs-Maçons en France, Paris 1977.

DERS., La Franc-Maçonnerie au XVIIIième siècle: L'information historique, Paris 1955.

DERS., Franc-Maçonnerie et Révolutions. Franc-Maçonnerie et Révolution francaise 1789-1799, Paris 1989.

LINDERT, Wilgert te, Aufklärung und Heilserwartung, Philosophische und religiöse Ideen Wiener Freimaurer (1780-1795) (= Schriftenreihe der Internationalem Forschungsstelle „Demokratische Bewegungen in Mitteleuropa 1770-1850, hg. von Helmut Reinalter, Bd. 26), Frankfurt am Main 1998.

LOCKE, John, Ein Brief über Toleranz, englisch – deutsch. Übersetzt, eingeleitet und in Anmerkungen erläutert von Julius Ebbinghaus. Nachdruck der Ausgabe von 1975, Hamburg 1996.

LUQUET, G.- H., La Franc-Maçonnerie et l'Ȅglise en France au XIIIième siècle, Paris 1955.

DERS., La Franc-Maçonnerie et l'etat en France au XVIIIme Siècle, Paris 1963.

MARTIN, LUIS P., Un ejemplo de la prensa masónica en Castilla-León en el siglo XIX.: „LA Acacia", de Salamanca, in: J.A. Ferrer Benimeli, La Masonería en la España del Siglo XIX, Bd. II, Salamanca 1985, S. 899 – 909.

MARTINA, Giacomo, Pio IX (1867-1878), Rom 1990.

MARTIRE, Gilberto, La Massoneria italiana. A proposito di una Massoneria Filo-Cattolica, Mailand 1984.

MATTIOLI, Vitaliano, Massoneria e Communismo contro la Chiesa in Spagna (1931-1939), Milano 2000.

MAY, Georg, Die Aufhebung der kirchlichen Bücherverbote, in: Ecclesia et ius (FS für A. Scheuermann), hg. von K. Siepen, J. Weitzel, P. Wirth, München – Paderborn – Wien 1968, S. 547 – 571.

DERS., Art. Interdikt, in: TRE, Bd. XVI, S. 221 – 225.

DERS., Das Verhältnis von Gesetz und Gewissen, dargestellt an den cc. 915/916 CIC/1983, in: Forum Katholische Theologie, Bd. 9 (1993), S. 117 – 130.

McDONALD, Fergus, The Catholic Church and the Secret Societies in the United States, New York 1946.

MEAD, Sidney E., Das Christentum in Nordamerika. Glaube und Religionsfreiheit in vier Jahrhunderten, Göttingen 1987.

MELLOR, Alec, Unsere getrennten Brüder die Freimaurer, Graz – Wien – Köln, 1964.

DERS., Dictionnaire de la franc.maçonnerie et des francs-maçons, Paris 1971.

DERS., La Grande Loge Nationale Francaise, Paris 1980.

DERS., Logen, Rituale, Hochgrade. Handbuch der Freimaurerei, Graz 1937.

MELZER, Ralf, Freimaurerei im politischen Kräftefeld der Weimarer Republik, in: Berger, Joachim/Grün, Klaus-Jürgen (Hrsg.), Geheime Gesellschaft, Weimar und die deutsche Freimaurerei, München – Wien 2002, S. 291 – 296.

METZLER, Josef, Die Synoden in China, Japan und Korea, 1570-1931, Paderborn 1980.

MINDER, Robert A., Freimaurer, Politiker, Lexikon, Innsbruck 2004.

MISSIROLI, Vismara, und MUSSELLI, Luciano, Il processo di cofificazione del Diritto penale Canonico, Padua 1983.

MÖRSDORF, Klaus, Der CIC und die nichtkatholischen Christen, in: AfkKR 130 (1961), S. 31 – 58.

DERS., Lehrbuch des Kirchenrechts auf Grund des Codex Iuris Canonici, begründet von Eduard Eichmann fortgeführt von Klaus Mörsdorf, 11. Auflage, München – Paderborn – Wien 1964.

DERS., Die Rechtssprache des Codex Iuris Canonici, Paderborn 1967.

MOLA, Aldo Alessandro, Storia della Massoneria italiana dall'Unita alla Republica, Mailand 1976.

DERS., Storia della Massoneria italiana dalle origni ai nostri giorni, Mailand 1992.

MOSS, W.E., A Note on the Relation apologique et historique de la Société des Francs-maçons, in: AQC, Bd. 51.

MÜLLER, Ludger, Authentische Interpretation – Auslegung kirchlicher Gesetze oder Rechtsfortbildung?, in: AfkKR, Bd. 164 (1995), S. 353 – 375.

DERS., „Im Bewusstsein der eigenen Verantwortung ..." Die Gehorsampflicht im kanonischen Recht, in: AfkKR, Bd. 165 (1996), S. 3 – 24.

MULLETT, Michael A., Catholics in Britain and Ireland, 1558-1829, New York 1998.

NAUDON, Paul, La Franc-Maçonnerie, Paris 1963.

DERS., La Franc-Maçonnerie et le divin, Paris 1960.

DERS., Geschichte der Freimaurerei. Aus dem Französischen übersetzt und bearbeitet von HANS-HEINRICH SOLF, Frankfurt am Main – Berlin – Wien, 1982.

NEFONTAINE, Luc, RIES, Julien, Église et Franc-maçonnerie, Paris 1990.

NEEDEL, Jeffrey D., Brasilien 1830-1889, in: Handbuch der Geschichte Lateinamerikas, hg. von Walther L. Bernecker, Raymon Th. Buve, John

R. Fisher, Horst Pietschmann, Hans Werner Tobler, Bd. 2, Stuttgart 1992, S. 441 – 679.

NEUBERGER, Helmut, Freimaurerei und Nationalsozialismus. Bd. 1: Der völkische Propagandakampf und die deutsche Freimaurerei bis 1933. Bd. 2: Das Ende der deutschen Freimaurerei, Hamburg 1980.

NIETO, Victoria Hidalgo, Masoneria y libertad de asociación, in: J.A. Ferrer Benimeli, La Masonería en la España del Siglo XIX, Bd. II, Salamanca 1985, S. 409 – 439.

NITSCHE, Ernst, Die großen und die kleinen Lichter der Freimaurerei, Hamburg 1962 (= Die Blaue Reihe 12/13).

OLIVEIRA MARQUES de, A. H., A Maçonaria em Portugal, Lisboa 1998.

O'REILLY, Bernhard, Leo XIII., Seine Zeit, Sein Pontificat und Seine Erfolge, nach authentischen Aufzeichnungen, autorisierte deutsche Ausgabe, ohne Ort 1903.

OSLO, Allan, Freimaurer, Frankfurt am Main 1988.

OTTEN, Kurt, England – Wiege der Aufklärung?, in: Europäische Aspekte der Aufklärung. Deutschland, England, Frankreich, Italien, Spanien, hg. v. Anselm Maler, (= Studien zur neueren Literatur Bd. 6) Frankfurt am Main 1998, S. 37 – 56.

PAARHAMMER, Hans, Das spezielle Strafrecht des CIC, in: Recht im Dienste des Menschen, Festgabe Hugo Schwendenweins zum 60. Geburtstag, hg. von Klaus Lüdicke, Hans Paarhammer, Graz – Wien – Köln 1986, S. 403 – 466.

PACHTLER, Michael, Der Götze der Humanität oder das Positive der Freimaurerei. Nach Dokumenten, Freiburg i.Br. 1875.

DERS., Der stille Krieg gegen den Thron oder das Negative der Freimaurerei. Nach Dokumenten, 2. stark vermehrte und verbesserte Auflage, Amberg 1876.

PAOLIS, Valerio de, La collacazione della Congregazione per la dottrina della fede nella Curia Romana e la „Ratio agendi" per l'esame delle dottrine, in: Periodica 86 (1997), S. 571 – 613.

PAPE, Carlos Pape SVD, Katholizismus in Lateinamerika, Steyl 1963.

PASTOR, Ludwig Freiherr von, Geschichte der Päpste seit dem Ausgang des Mittelalters, 16 Bände, Freiburg i.B. 1925-1932.

PAULO, Jean, La Franc-Maçonnerie, Paris 1989.

PELLICARI, Angela, Papi e la Massoneria, Milano 2007.

PETERS, Bruno, ... für und über .... Die Geschichte der Freimaurerei im Deutschen Reich 1870 bis 1933, Berlin o.J.

PETRE, M.D., The ninth Lord Petre, or Pioneers of Roman Catholic Emancipation, London 1928.

PFAHL-TRAUGHBER, Armin, Der antisemitische-antifreimaurerische Verschwörungsmythos in der Weimarer Republik und im NS-Staat, Wien 1993.

PFEIFENBERGER, Werner, Internationalismus gegen Nationalismus, in: Freiheit und Verantwortung. Jahrbuch für politische Erneuerung, Wien 1994, S. 494 – 546.

PICK, Fred L./KNIGHT, Norman G., The Pocket History of Fremasonry, London 1991.

PILATI, Carlantonio, Nouovo progetto d'una riforma d'Italia ossia Dei mezzi di liberar l'Italia dalla tirannia de pregiudizi e della superstizione Col riformare i più cattivi costumi e le più perniciose leggi, Venedig 1767.

PLONGERON, Bernard, Die Konfrontation zwischen Kirchen und Moderne. Über den „Fanatismus" des katholischen Europas, in: Die Geschichte des Christentums, Bd. 10, Aufklärung – Revolution – Restauration (1750 – 1830), Freiburg – Basel – Wien 2000, S. 165 – 173.

DERS., Bekräftigungen und Anfechtungen des christlichen Statsbürgers (1789 – 1792), in: Die Geschichte des Christentums, Bd. 10, S. 311 – 368.

DERS., Die Entwicklung in Nordamerika, in: Die Geschichte des Christentums, Bd. 10, S. 482 – 514.

PÖHLMANN, Matthias, Verschwiegene Männer, Freimaurer in Deutschland (= EZW-Texte 182), Berlin 2005.

POSNER/VOGEL, Am Rauhen Stein, Leitfaden für Freimaurerlehrlinge, Handschrift für Brr. Freimaurer, Arbeitsgemeinschaft freimaurerischer Verleger, Frankfurt – Hamburg – Mainz 1951.

POUTRIN, Isabelle, Spanien, Portugal und Italien, in: Die Geschichte des Christentum. Religion, Politik Kultur, Bd. 9, Das Zeitalter der Vernunft (1620/30 – 1750), hg. von Marc Venard, deutsche Bearbeitung von Albert Boesten-Stengel, Freiburg – Basel – Wien 1998, S. 143 – 161.

PREIß, Klaus, Freimaurerei und Ethik, Frankfurt a.M. 1999.

PRIEN, Hans Jürgen, Die Geschichte des Christentums in Lateinamerika, Göttingen 1978.

DERS., Das Christentum in Lateinamerik.a (= Kirchengeschichte in Einzeldarstellungen IV/6), Leipzig 2007.

PRIMETSHOFER, Bruno, Approbatio in forma specifica, Überlegungen zur Normentypik im kanonischen Recht, in: AfkKR 169 (2000), S. 408 – 432.

PRINKE, Hermann, Frühe Freimaurerei und Aufklärung, in: Das Vermächtnis der Aufklärung, Akademie Forum Masonicum, Jahrbuch 1988, St. Ingbert 1989, S. 9 – 21.

RAHNER, Karl/VORGRIMLER, Herbert, Kleines Konzilskompendium, 22. Auflage, Freiburg i.Br. – Basel – Wien 1990.

RANIERI, Luigi, Die Loge. Macht und Geheimnis der Freimaurer, Bergisch Gladbach 2000.

REES, Wilhelm, Der Schutz der Glaubens- und Sittenlehre durch kirchliche Gesetze, in: AfkKR, Bd. 160 (1991), S. 3 – 24.

DERS. Die Strafgewalt der Kirche (= Kanonistische Studien und Texte, Bd. 41), Berlin 1993.

DERS., Straftat und Strafe, in: HdbKathKR², S. 1127 f.

DERS., Unterschiedliche Strafen in der einen katholischen Kirche. Ein Vergleich zwischen CCEO und CIC, in: Ius Canonicum in Oriente et Occidente, Festschrift für Carl Gerold Fürst zum 70. Geburtstag (= Adnotationes in Ius Canonicum, Bd. 25), hg. von Hartmut Zapp, Andreas Weiß und Stefan Korta, Frankfurt am Main 2003, S. 939 – 958.

REINALTER, Helmut, Freimaurer und Geheimbünde im 18. Jahrhundert in Mitteleuropa, Frankfurt a.M. 1983.

DERS., Die Freimaurerei in Österreich von der Aufklärung bis zur Revolution 1848/49, in: Zirkel und Winkelmaß, 200 Jahre große Landesloge der Freimaurer, Katalog der 86. Sonderausstellung des Historischen Museums der Stadt Wien, Wien 1984, S. 7 – 25.

DERS., Freimaurerei und französische Revolution, in: Quatuor Coronati, Jahrbuch 1922 (1985), S. 155 ff.

DERS., Joseph II. und die Freimaurer im Lichte zeitgenössischer Broschüren, Wien 1987.

DERS., Das demokratische Potential in der Freimaurerei der Spätaufklärung, in: Das Vermächtnis der Aufklärung, Akademie Forum Masonicum, Jahrbuch 1988, St. Ingbert 1989, S. 43 – 65.

DERS., Aufklärung und Geheimgesellschaften, München 1989.

DERS., Aufklärung und Gegenaufklärung – Freimaurerei im philosophischen Konflikt, in: Symposium 250 Jahre Freimaurerei in Österreich. Rückblick und Ausblick, Wien 1992, S. 42 – 49.

DERS., Die Rolle der Freimaurerei und Geheimgesellschaften im 18. Jahrhundert, Innsbruck 1995.

DERS., Aufklärung und Geheimgesellschaften: Freimaurer, Illuminaten und Rosenkreuzer, Bayreuth 1996.

DERS., Die Freimaurer, München 2001.

REINHARDT, J. F. Heinrich, Das Begräbnis, in: Grundriss des nachkonziliaren Kirchenrechts. Hrsg. von Joseph Listl/Hubert Müller/Heribert Schmitz, Regensburg 1980, S. 625 ff.

DERS., Der Häresiebegriff im CIC/1917 und im CIC/1983, in: Theologia et ius canonicum, Festgabe für Heribert Heinemann zur Vollendung seines 70. Lebensjahres, hg. von Heinrich J.F. Reinhardt, Essen 1995, S. 415 – 431.

REINHARDT, V., Der doppelt stilisierte Anachronismus. Kirchenstaat und päpstliche Herrschaftsausübung im Bild der europäischen Aufklärung, Zeitschrift für Schweizerische Kirchengeschichte, Bd. 88 (1994), S. 7 – 25.

REUSCH, Heinrich, Der Index der verbotenen Bücher: ein Beitrag zur Kirchen- und Literaturgeschichte, Bonn, 2. Bände, Aalen 1883 – 1885.

RICHERT, Thomas, Der Wiederaufstieg der deutschen Großlogen nach 1945, in. Quatuor Coronati – Jahrbuch 37/2000, S. 135 ff.

RIEGELMANN, Hans, Die europäischen Dynastien in ihrem Verhältnis zur Freimaurerei, Nachdruck der 1943 erschienen Ausgaben, Preußisch Oldendorf 1985.

RINIERI, Ilario, Il Congresso di Vienna e la Santa Sede, Rom 1904.

ROGIER, L.J., R. AUBERT und M.D. KNOWLES, Geschichte der Kirche in 5 Bänden, Einsiedeln – Zürich – Köln, 1963 – 1977.

ROSA, Mario, Der zersplitterte Katholizismus in Italien, in: Die Geschichte des Christentums, Religion, Politik, Kultur, hrsg. von Jean-Marie Mayeur, Charles und Luce Pietri, André Vauchez und Marc Venard, deutsche Ausgabe hg. von Norbert Brox, Odilo Engels, Georg Kretschmar, Kurt Meier, Heribert Smolinsky, Bd. 1 – 14, Bd. 10, Aufklärung, Revolution, Restauration, Freiburg – Basel – Wien 2000, S. 25 – 30.

ROSSBERG, Adolf, Freimaurerei und Politik im Zeitalter der Französischen Revolution, o.O. 1942, Neuauflage Bremen-Huchting 1980.

ROTTJER, Anibal A., La Masonería en Argentina y en el mundo, Ed. Nuevo Orden 1976.

RUNKEL, Ferdinand, Geschichte der Freimaurerei in Deutschland, 3. Bde., Berlin 1933.

SCHATZ, Klaus, Vaticanum I, Bd. I, Paderborn 1992.

SCHAUF, Heribert, Einführung in das kirchliche Strafrecht, Aachen 1952.

SCHELDEN, Bertrand van der, La franc-maçonnerie belge, sous le régime autrichien (1721-1794), Loverval 2006.

SCHERPE, Wolfgang, Das Unbekannte im Ritual, Handschrift für Brr. Freimaurer-Meister, Braunschweig 1981.

SCHEUERMANN, Audomar, Erwägungen zur kirchlichen Strafrechtsreform, in: AfkKR, Bd. 131 (1962), S. 393 – 414.

DERS., Das Schema 1973 für das kommende kirchliche Strafrecht, in: AfkKR 143 (1974), S. 3 – 63.

DERS., Kirche und Freimaurerei. Eine Klarstellung, in: Klerusblatt, Bd. 64 (1984), S. 41.

SCHIFFMANN, G.A., Andreas Michael Ramsay, Eine Studie zur Geschichte der Freimaurerei, Leipzig 1878.

SCHMIDINGER, Heinrich (Hg.), Wege zur Toleranz. Geschichte einer europäischen Idee in Quellen, Darmstadt 2002.

SCHMIDLIN, Josef, Papstgeschichte der neuesten Zeit, Zweiter Band, Papsttum und Päpste gegenüber den modernen Strömungen, Pius IX. und Leo XIII. (1846-1903), München 1934.

SCHMIDT, Friedrich Wilhelm, 75 Jahre AASR, in: Eleusis 59 (6/2004), S. 4 f.

DERS., Irregularität und Regularität – Bewertungsmaßstäbe im historischen Wandel, in: Joachim Berger und Klaus-Jürgen Grün (Hrsg.), Geheime Gesellschaft, Weimar und die deutsche Freimaurerei, München – Wien 2002, S. 117 – 122.

SCHNEEMANN, Gerhard, Gegen die Freimaurer, in: Stimmen aus Maria Laach, Katholische Monatsschrift (= SML), Bd. 6 (1874), S. 238 – 257.

DERS., Die Staatsgefährlichkeit der Loge, SML, Bd. 7, S. 3 – 24.

DERS., Das zweite Plenarconcil von Baltimore (1866), in: AfkKR, Bd. 22 (1869), S. 177 – 213.

SCHNEIDER, Burkhard Schneider, Benedikt XIV., in: Handbuch der Kirchengeschichte, Bd. V, S. 618 – 626.

SCHNEIDERS, Werner, Lexikon der Aufklärung, München 2001.

SCHOTTNER, Alfred, Das Brauchtum der Steinmetzen in den spätmittelalterlichen Bauhütten und dessen Fortleben und Wandel bis zur heutigen Zeit, Münster – Hamburg 1992.

SCHRADER, Klemens, Der Heilige Stuhl und die Freimaurer, in: Der Papst und die modernen Ideen, Bd. IV., Wien 1886.

SCHUMACHER, Joseph, Esoterik – die Religion des Übersinnlichen. Eine Orientierungshilfe nicht nur für Christen, Paderborn 1994.

SCHUSTER, Jochen, Freimaurer und Justiz in Norddeutschland unter dem Nationalsozialismus: die beruflichen Folgen der Mitgliedschaft in Logen für Richter und Staatsanwälte, Frankfurt am Main u.a. 2007.

SCHWAIGER, Georg, Papsttum und Päpste im 20. Jahrhundert, von Leo XIII. zu Johannes Paul II., München 1999.

SEBOTT, Reinhold S.J., Die Freimaurer und die Deutsche Bischofskonferenz, in: Stimmen der Zeit, Bd. 199 (1981), S. 75 – 87.

DERS., Das neue kirchliche Gesetzbuch, in: HerKorr 37 (1983), S. 128 – 134.

DERS., Der Kirchenbann gegen die Freimaurer ist aufgehoben, in: Stimmen der Zeit, Bd. 201 (1983), S. 411 – 421.

DERS., Das kirchliche Strafrecht, Kommentar zu den Kanones 1311 – 1399 des Codex Iuris Canonici, Frankfurt am Main 1992.

SERBANESCO, G., Histoire de la Franc-Maçonnerie universelle, 6 Bände, Bd. 1, Paris 1963 ff.

SHERIDAN, Eugene R., Freiheit und Tugend. Religion und Republikanismus im Denken Thomas Jeffersons, in: Thomas Jefferson. Historische Bedeutung und politische Aktualität, S. 153 – 168.

SIEBERTZ, Paul, Freimaurer im Kampf um die Macht, Hamburg 1938.

SINGER, Arthur, Der Kampf Roms gegen die Freimaurerei, Leipzig 1925.

SIX, Franz Alfred, Freimaurerei und Christentum, Hamburg 1940.

SMITH, Craig R., To form a more perfect Union. The Ratification of the Constitution and the Bill of Rights 1787 – 1791, Laham – New York – London 1993.

STIMPFLE, Josef, Die katholische Kirche und die Freimaurerei. Die Dialogkommission hat die entscheidende Frage geklärt, in: Deutsche Tagespost vom 28./29. März 1986 (nr. 38), S. 21 – 23.

DERS., Freimaurerei und katholische Kirche. Nach Veröffentlichung des neuen Kirchenrechts, in: Communio, Bd. 13 (1984), S. 166 – 174.

STROUT, Cushing, Jeffersonian Religious Liberty and American Pluralism, in: The Virginia Statute for Religious Freedom. Its Evolution and Consequences in American History, hg. von Merrill D. Peterson and Robert C. Vaughan, Cambridge 1988, S. 201 – 235.

SUCHECKI, Zbigniew, La Massoneria. Nelle Disposizioni del „Codex Iuris Canonici“ del 1917 e del 1983, Rom 1997.

TARGHETA, Renata, La Massoneria veneta dalle origini alla chiusura delle Logge (1729-1785), Udine 1988.

TAUTE, Reinhold, Die katholische Geistlichkeit und die Freimaurer, Berlin 1909.

TAXIL, Leo, Der Meuchelmord der Freimaurer, Salzburg 1891.

THORNTON, Mary Crescentia, The Church and Freemasonry in Brasil 1972-1875, A Study in Regalism, Washington D.C. 1948.

THURSTON, Herbert S.J., Chapters on Antipapal Prejudice, London 1930.

TILLOT, Guillaume de (Hrsg.), La Belgique maçonnique, Bruxelles 1887.

TRITHENIUS, Johannes, Chronicon Hirsaugiense, St. Gallen 1690.

ULITZKA, Carl, Leo XIII. der Lehrer der Welt, Breslau 1903.

URRUTIA, F.J., Quandonam habeatur approbatio „in forma specifica", in: Periodica 80 (1991), S. 3 – 17.

VERUCCI, Guido, Antiklerikalismus und Laizismus in den Jahren des Kulturkampfes, in: der Kulturkampf in Italien und in den deutschsprachigen Ländern, hg. von Rudolf Lill und Francesco Traniello, (= Schriften des Italienisch-Deutschen Historischen Instituts in Trient, Bd. 5) Berlin 1993, S. 27 – 56.

DERS., L'Italia prima e dopo L'Unita, 1848-1876, Anticlericalismo, libero pensiero e ateismo nella società italiana, Roma/Bari 1981.

VOGEL, Christine, Der Untergang der Gesellschaft Jesu als europäisches Medienereignis (1758-1773), Mainz 2006.

VORGRIMLER, Herbert, Sekretariat für die Nichtglaubenden, in: Wir wollen Frieden, hg. von Margret Huda, Düsseldorf 1968, S. 164 – 170.

WAGNER, Hans, Politische und kulturelle Bedeutung der Freimaurer im 18. Jahrhundert, in: Beförderer der Aufklärung in Mittel- und Osteuropa. Freimaurer, Gesellschaften, Clubs, hg. von Eva H. Balasz, Ludwig Hammermayer, Hans Wagner und Jerzy Wojtowicz (= Studien zur Geschichte der Kulturbeziehungen in Mittel- und Osteuropa Bd. V), Berlin 1979, S. 69 – 86.

WALDSTEIN, Wolfgang, Zum rechtlichen Charakter der „Declaratio de Associationibus Massonicis", in: Im Dienst von Kirche und Staat. In memoriam Carl Holböck, hg. von Franz Pototschnig und Alfred Rinnerthaler, Wien 1985, S. 519 – 527.

WALLACE, W. Stewart, The Encyclopedia of Canada, Vol. II, University Associates of Canada, Toronto 1948.

WARD, William Reginald, Kirchengeschichte Großbritanniens vom 17. bis zum 20. Jahrhundert (= Kirchengeschichte in Einzel-darstellungen III/7), Leipzig 2000.

WASSER, Hartmut, Thomas Jefferson: Philosoph, Staatsmann, Gelehrter und Literat, in: Thomas Jefferson. Historische Bedeutung und politische Aktualität, hg. von Hartmut Wasser, Paderborn – München – Wien – Zürich 1995, S. 11 – 48.

WATERS, Ian Benjamin, Die Konzilien in Australien (1842-1917), Paderborn 1994.

WEBER, Christoph, Die Territorien des Kirchenstaates im 18. Jahrhundert, Frankfurt am Main – Bern – New York – Paris 1991.

WEBER, Wolfgang, Namhafte Freimaurer, 30 Kurzbiographien, Essen 2006.

WEIN, Bernhard, Die Bauhütten und ihre Entwicklung zur Freimaurerei, Hamburg 1977.

WEIS, Eberhard, Frankreich von 1661 bis 1789, in: Handbuch der europäischen Geschichte, Bd. 4, Stuttgart 1968, S. 166 – 303.

WEIßENBORN, Thomas, Religionsfreiheit. Christliche Wahrheit und menschliche Würde im Konflikt?, Marburg 2003.

WHITTERMORE, Henry, Free masonry in North America from the colonial period to the beginning of the present century: also the history of masonry in New York from 1730 to 1888, in connection with the history of the several lodges included in what is now known as the Third Masonic District of Brooklyn, compiled by Henry Whittemore, New York 1889.

WHALEN, W.J., Christianity and American freemasonry, Milwaukee 1961.

WILLEY, Basil, The Seventeenth Century Background, Harmondsworth 1962.

WINKELMÜLLER, Otto, Die deutschen Bauhütten. Ihre Ordnungen und die Freimaurerei, Bad Harzburg 1964.

WINKLER, Gerhard B., Mensch und Gott in den Alten Pflichten (1723) der Freimaurer, in: Gottesherrschaft – Weltherrschaft, Festschrift für Bischof Dr. Dr. h.c. Rudolf Graber, hg. von Johann Auer – Franz Mußner – Georg Schwaiger, Regensburg 1980, S. 261 – 267.

WOLF, Hubert, Der „Syllabus errorum“ (1864). Oder: Sind katholische Kirche und Moderne unvereinbar, in: Kirche im 19. Jahrhundert, hg. von Manfred Weitlauff, Regensburg 1998, S. 115 – 139.

ZAPP, Hartmut, Zur kanonischen Strafrechtsreform nach dem Entwurf der Kodexkommission, in: ÖAKR 27 (1976), S. 36 – 59.

ZAUNSTÖCK, Holger, Sozietätslandschaft und Mitgliederstrukturen. Die mitteldeutschen Aufklärungsgesellschaften im 18. Jahrhundert, Tübingen 1999.

ZIEGLER, Adolf Wilhelm, Das Verhältnis von Kirche und Staat in Amerika, 3. Band des Handbuches: Religion, Kirche und Staat in Geschichte und Gegenwart, München 1974.

ZUNNECK, Karl Heinz, Die geheimen Zeichen und Rituale der Freimaurer, Rottenburg 2002.

ZIEGLER, Wolfgang, Rotary und die Freimaurer. Von Brüdern und Freunden, in: Rotary Magazin, Ausgabe 4/2004, hrsg. von Johann Michael Möller, Wolfgang Heinrich u.a., Hamburg 2004, S. 12 f.

Internetadressen

www.3wk.org

www.aeiou.at

www.g-o-s.ch

www.grandlodge-england.org

www.freemasons-freemasonry.com

www.freimaurer.at

www.freimaurerei.de

www.freimaurerei.com

www.kath.net

www.srjarchives.tripod.com

Zeitschriften

ARCHIV FÜR KATHOLISCHES KIRCHENRECHT, Innsbruck 1857 – 1998; Paderborn 1999 ff.

ARS QUATUOR CORONATORTUM, Transactions of the Quatuor Coronatorum Lodge number 2076, London 1888 – 1959.

BERLINISCHE MONATSZEITSCHRIFT, hg. von J.E. Biester, F. Gedike, Berlin 1783 – 1811.

BONIFACIUS-BROSCHÜREN, Heft Nr. 8, Paderborn 1884.

CIVILTÀ CATTOLICA, Rom seit 1850 ff.

COMMUNIO, Internationale Katholische Zeitschrift, hg. von Rémi Brague und Horst Bürkele und anderen, Freiburg i.Br. seit 1972.

CONCILIUM, Internationale Zeitschrift für Theologie, Einsiedeln u.a. 1965 ff.

DICTIONNAIRE DE DROIT CANONIQUE, contenant tous les termes du droit canonique, hg. von Raoul Naz, Paris 1935 – 1965.

DIE BAUHÜTTE, Zeitschrift für deutsche Freimaurerei, hg. von J.G. Findel, Leipzig 1858 – 1932.

ELEUSIS – Beiträge zur Kultur freimaurerischer Geisteshaltung, 2006 im 61. Jahrgang hg. vom Obersten Rat für Deutschland der Freimaurer des Alten und Angenommenen Schottischen Ritus, erscheint monatlich.

HERDER-KORRESPONDENZ, Freiburg im Breisgau 1946 ff.

HUMANITÄT – Das deutsche Freimaurermagazin, 2006 im 32. Jahrgang, hg. von der Großloge der Alten Freien und Angenommenen Maurer von Deutschland, erscheint zweimonatlich.

KLERUSBLATT, München 1925 ff.

MÜNCHENER THEOLOGISCHE ZEITSCHRIFT, München 1950 ff.

ÖSTERREICHISCHES ARCHIF FÜR KIRCHENRECHT, Wien 1950 ff.

QUATUOR CORONATI, Jahrbuch, hg. von der Freimaurerischen Forschungsgesellschaft e.V. u. d. Forschungsloge Quatuor Coronati, Bayreuth, No 808 der Vereinigten Großlogen von Deutschland, Bruderschaft der Deutschen Freimaurer, Bayreuth 1975 ff.

PERIODICA DE RE MORALI CANONICA LITURGICA, Roma 1905-1990.

REVUE D'HISTOIRE ECCLÈSIASTIQUE, Louvain 1900 ff.

ROTARY MAGAZIN, hrsg. von Johann Michael Möller, Wolfgang Heinrich u.a., Hamburg 1999 ff.

STIMMEN AUS MARIA LAACH, Katholische Monatsschrift, Freiburg im Breisgau 1872 – 1914, danach Stimmen der Zeit, Freiburg im Breisgau 1915 ff.

THE JURIST, Studies in Church Law and Minstry. A Twice-Yearly Review, published by the School of Canon Law. The Catholic University of America, Washington D.C. 1941 ff.

THEOLOGIE UND GLAUBE, Zeitschrift für den katholischen Klerus, Paderborn 1909 ff.

THEOLOGISCHE QUARTALSCHRIFT, Tübingen 1819 ff.

UNA SANCTA, Zeitschrift für ökumenische Begegnung, Meitingen 1945 ff.

ZEITSCHRIFT FÜR INTERNATIONALE FREIMAURER-FORSCHUNG, Bd. 1 (1999) bis Bd. 10 (2003).

ZEITSCHRIFT FÜR SCHWEIZERISCHE KIRCHENGESCHICHTE, Fribourg 1907 ff.

Adnotationes in Ius Canonicum

Herausgegeben von Elmar Güthoff und Karl-Heinz Selge

Band 1 Anton Morhard: Die gerichtliche Berufung im kanonischen Recht. Eine Analyse des klassischen remedium iuris. 1995.

Band 2 Elmar Güthoff (Hrsg.): Der Schutz des geistigen Eigentums in den Schriften von Winfried Schulz. Festgabe für Theodor Schmitz zur Vollendung des 80. Lebensjahres. 1997.

Band 3 Richard Puza/Andreas Weiß (Hrsg.): Iustitia in caritate. Festgabe für Ernst Rößler zum 25jährigen Dienstjubiläum als Offizial der Diözese Rottenburg-Stuttgart. 1997.

Band 4 Ernst Freiherr von Castell: Alkoholismus in der Rechtsprechung der Rota Romana. 1997.

Band 5 Burghard Pimmer-Jüsten: Facultas vel licentia imponendi tributa sacerdotibus. Partikularrechtliche Untersuchung zu den diözesanen "Pflichtabgaben" der Kleriker. 1997.

Band 6 Jürgen Olschewski: Das Recht auf Sakramentenempfang. Zur Entwicklung eines Fundamentalrechtes der Gläubigen vom Konzil von Trient bis zur Gegenwart. 1998.

Band 7 Martin Grichting: Die Umschreibung der Diözesen. Die Kriterien des II. Vatikanischen Konzils für die kirchliche Zirkumskriptionspraxis. 1998.

Band 8 Cesare Mirabelli/Giorgio Feliciani/Carl Gerold Fürst/Helmuth Pree (Hrsg.): Winfried Schulz in memoriam. Schriften aus Kanonistik und Staatskirchenrecht. 1999.

Band 9 Christoph Kühn: Die Rechtsbeziehungen des Heiligen Stuhls zum Europarat. 1999.

Band 10 Peter Stockmann: Außerordentliche Gemeindeleitung. Historischer Befund – Dogmatische Grundlegung – Kirchenrechtliche Analyse – Offene Positionen. 1999.

Band 11 Jürgen Cleve: Inkompatibilität und Kumulationsverbot. Eine Untersuchung zu c. 152 CIC/1983. 1999.

Band 12 Karl-Heinz Selge: Ehe als Lebensbund. Die Unauflöslichkeit der Ehe als Herausforderung für den Dialog zwischen katholischer und evangelisch-lutherischer Theologie. 1999.

Band 13 Elmar Güthoff / Karl-Heinz Selge (Hrsg.): Der Staat der Vatikanstadt, der Heilige Stuhl und die Römische Kurie in den Schriften von Winfried Schulz. Città del Vaticano, Santa Sede e Curia Romana negli Scritti di Winfried Schulz. Franz X. Walter zur Vollendung des 70. Lebensjahres. 1999.

Band 14 Hermann Kahler: Absentia consensus. Der fehlende Mindestwille zur Ehe als Ehenichtigkeitsgrund. 1999.

Band 15 Nikolaus Schöch: Die kirchenrechtliche Interpretation der Grundprinzipien der christlichen Anthropologie als Voraussetzung für die eheprozessrechtliche Beurteilung der psychischen Ehekonsensunfähigkeit. Eine kanonistische Studie unter besonderer Berücksichtigung der päpstlichen Allokutionen und der Judikatur der Römischen Rota. 1999.

Band 16 Michael Landau: Amtsenthebung und Versetzung von Pfarrern. Eine Untersuchung des geltenden Rechts unter besonderer Berücksichtigung der Rechtsprechung der Zweiten Sektion des Höchsten Gerichts der Apostolischen Signatur. 1999.

Band 17 Paul Weibel: Das Selbstbestimmungsrecht der römisch-katholischen Kirche. Eine staatskirchenrechtliche Studie am Beispiel des Kantons Schwyz. 2003.

Band 18 Stefan Korta: Der katholische Kirchenvertrag Sachsen. 2001.

Band 19 Jürgen Wätjer: Das katholische Domkapitel zu Hamburg von den Anfängen bis zur Reformation und seine Wiedererrichtung 1996. Eine kanonistische Untersuchung. 2001.

Band 20 Bernd Matecki: Der Traktat *In primis hominibus*. Eine theologie- und kirchenrechtsgeschichtliche Untersuchung zu einem Ehetext der Schule von Laon aus dem 12. Jahrhundert. Anhang: Edition des Traktates *In primis hominibus*. 2001.

Band 21 Stefan Gatzhammer: Der Souveränitätsanspruch des Apostolischen Stuhles in päpstlichen Lehraussagen und in der Kanonistik von 1846 bis 1978. 2001.

Band 22 Andreas Franitza: Das Domkapitel zu Hildesheim in der Zeit zwischen Preußenkonkordat (1929) und Niedersachsenkonkordat (1965) und seine Statuten von 1984. 2001.

Band 23 Péter Erdö: Die Quellen des Kirchenrechts. Eine geschichtliche Einführung. 2002.

Band 24 Rüdiger Althaus / Rosel Oehmen-Vieregge / Jürgen Olschewski (Hrsg.): Aktuelle Beiträge zum Kirchenrecht. Festgabe für Heinrich J. F. Reinhardt zum 60. Geburtstag. 2002.

Band 25 Hartmut Zapp / Andreas Weiß / Stefan Korta (Hrsg.): Ius Canonicum in Oriente et Occidente. Festschrift für Carl Gerold Fürst zum 70. Geburtstag. 2003.

Band 26 Johnson Michael Kallidukil: The Canonical Significance of the Synod of Bishops of 1994 on Consecrated Life. From the *Lineamenta* to the *Vita consecrata*. 2003.

Band 27 Hubert Schiepek: Der Sonntag und kirchlich gebotene Feiertage nach kirchlichem und weltlichem Recht. Eine rechtshistorische Untersuchung. 2003.

Band 28 Andreas Weiß / Stefan Ihli (Hrsg.): Flexibilitas Iuris Canonici. Festschrift für Richard Puza zum 60. Geburtstag. 2003.

Band 29 Benita von Beyme: Die Baulast für das Freiburger Münster. 2003.

Band 30 Nikolaus Schöch: Festlegung, Änderung und Konformität von Klagegründen im kanonischen Eheprozess. 2003.

Band 31 Andreas Weiß / Stefan Ihli (Hrsg.): Kulturgutschutz und Kirche, Bibel und Kirchenrecht. Symposion und Festakt anlässlich des 60. Geburtstags von Professor Dr. Richard Puza. 2004.

Band 32 Stefan Lunze: The Protection of Religious Personnel in Armed Conflict. 2004.

Band 33 Christian Kröber: Zur Bedeutung der urheberrechtlichen Vergütungspflicht von kultischer Kirchenmusik in Deutschland. 2004.

Band 34 Szabolcs Anzelm Szuromi: Anselm of Lucca as a Canonist. 2006.

Band 35 Robert Oswald: Streikrecht im kirchlichen Dienst und in anderen karitativen Einrichtungen. 2005.

Band 36 Heribert Schmitz: Die Liturgie-Instruktion *Redemptionis Sacramentum* von 2004. Kirchenrechtliche Anmerkungen zum Erlaß der Kongregation für den Gottesdienst und die Sakramentenordnung vom 25. März 2004. 2005.

Band 37 Krzysztof Górski: Das personenbezogene Eheverständnis und relatives Erfüllungsunvermögen. 2006.

Band 38 Salus animarum suprema lex. Festschrift für Offizial Max Hopfner zum 70. Geburtstag. Herausgegeben von Ulrich Kaiser, Ronny Raith und Peter Stockmann. 2006.

Band 39 Bernd Eicholt: Geltung und Durchbrechung des Grundsatzes „Nullum crimen nulla poena sine lege" im kanonischen Recht, insbesondere in c. 1399 CIC/1983. 2006.

Band 40 Georg May: Die Auseinandersetzungen zwischen den Mainzer Erzbischöfen und dem Heiligen Stuhl um die Dispensbefugnis im 18. Jahrhundert. 2007.

Band 41 Wolfgang F. Rothe: Die Statuten der Kollegiatkapitel im deutschen Sprachraum. Rechtslage und Rechtspraxis. 2007.

Band 42 Markus Müller: *Officium divinum.* Studien zur kodikarisch-rechtlichen Ordnung des kirchlichen Stundengebetes in der lateinischen Kirche. 2007.

Band 43 Dagmar Schaaf: Der kirchliche Strafanspruch. Die Begründung der kirchlichen Strafgewalt vom Ius Publicum Ecclesiasticum bis zum CIC/1983. 2007.

Band 44 Burkhard Josef Berkmann: Die Ehen von/mit Nichtkatholiken vor der lateinischen Kirche. Das neue Ehe-Kollisionsrecht in *Dignitas Connubii.* 2008.

Band 45 Klaus Kottmann: Die Freimaurer und die katholische Kirche. Vom geschichtlichen Überblick zur geltenden Rechtslage. 2009.

www.peterlang.de

Dagmar Schaaf

Der kirchliche Strafanspruch

Die Begründung der kirchlichen Strafgewalt vom Ius Publicum Ecclesiasticum bis zum CIC/1983

Frankfurt am Main, Berlin, Bern, Bruxelles, New York, Oxford, Wien, 2007.
322 S.
Adnotationes in Ius Canonicum.
Herausgegeben von Elmar Güthoff und Karl-Heinz Selge. Bd. 43
ISBN 978-3-631-55929-1 · br. € 59.70*

Das kirchliche Strafrecht hat in jüngster Zeit verstärkt die Aufmerksamkeit einer interessierten Öffentlichkeit auf sich gezogen. Diese Untersuchung will das Proprium der kirchlichen Strafgewalt aufzeigen und so ihren theologischen Kern freilegen. Sie geht der Frage nach, warum und zu welchem Zweck die Kirche Strafen verhängt, warum sie bis heute an einer ihr eigenen und unabhängigen Strafgewalt festhält, warum eine solche Strafgewalt notwendig ist und worin sie begründet liegt. Die Untersuchung konzentriert sich dabei auf die Entwicklung der Strafrechtsbegründung vom Rechtsdenken des Ius Publicum Ecclasiasticum über das kirchliche Gesetzbuch von 1917 bis hin zum CIC/1983 und die Interpretation des kirchlichen Strafanspruchs in der neueren Kanonistik.

Aus dem Inhalt: Der kirchliche Strafanspruch im Ius Publicum Ecclesiasticum: Die Begründungsstruktur am Beispiel Alfredo Ottavianis · Der kirchliche Strafanspruch im CIC/1917: Genese, Quellen und Analyse der Canones, Begründung der kirchlichen Strafgewalt in der zeitgenössischen Kanonistik · Der kirchliche Strafanspruch im CIC/1983: Entwicklung während der Codexreform und Analyse der geltenden Normen · Darstellung und kritische Analyse neuerer kanonistischer Ansätze zur Begründung des kirchlichen Strafanspruchs

www.ingramcontent.com/pod-product-compliance
Ingram Content Group UK Ltd.
Pitfield, Milton Keynes, MK11 3LW, UK
UKHW021237031026
15588UKWH00001B/135

9 783631 584842